suhrkamp taschenbuch
wissenschaft 2432

In seinem fesselnden Buch, das international für Furore gesorgt hat, wirft Quinn Slobodian einen neuen Blick auf die Geschichte von Freihandel und neoliberaler Globalisierung. Im Mittelpunkt steht dabei eine Gruppe von Ökonomen um Friedrich von Hayek und Wilhelm Röpke, die aus einer Außenseiterposition heraus die Deutungshoheit eroberten. Getrieben von der Angst, nationale Massendemokratien könnten durch Zölle oder Kapitalverkehrskontrollen das reibungslose Funktionieren der Weltwirtschaft stören, bestand ihre Vision darin, den Markt auf der globalen Ebene zu verrechtlichen und so zu schützen.

Quinn Slobodian ist Associate Professor am Department of History des Wellesley College. Seine Spezialgebiete sind deutsche Geschichte, soziale Bewegungen und das Verhältnis zwischen den Industrieländern und dem globalen Süden. Für *Globalisten* erhielt er 2019 den George Louis Beer Prize der American Historical Association, der für die beste Veröffentlichung des Jahres zur europäischen Geschichte verliehen wird.

Quinn Slobodian
Globalisten

Das Ende der Imperien
und die Geburt
des Neoliberalismus

Aus dem Englischen
von Stephan Gebauer

Suhrkamp

Die Originalausgabe erschien erstmals 2018 unter dem Titel
Globalists. The End of Empire and the Birth of Neoliberalism
bei Harvard University Press

Klimaneutral
Druckprodukt
ClimatePartner.com/14438-2110-1001

Erste Auflage 2023
suhrkamp taschenbuch wissenschaft 2432

Umschlag nach Entwürfen von Willy Fleckhaus und Rolf Staudt
Druck und Bindung: C. H. Beck, Nördlingen
Printed in Germany
ISBN 978-3-518-30032-9

www.suhrkamp.de

Inhalt

Einleitung: Denken in Weltordnungen

Eine Nation kann ihre barbarischen Invasoren selbst hervorbringen.

Wilhelm Röpke, 1942

Am Ende des 20. Jahrhunderts war die Überzeugung verbreitet, die Ideologie des freien Marktes habe die Welt endgültig erobert. Die Staaten konnten die Kräfte der Weltwirtschaft kaum beeinflussen. Beim Weltwirtschaftsforum in Davos, einer ikonischen Veranstaltung jener Zeit, erklärte US-Präsident Bill Clinton im Jahr 1995, dass die »rund um die Uhr geöffneten Märkte mit atemberaubender und manchmal erbarmungsloser Geschwindigkeit reagieren können«.[1] Im Jahr 2002 sprach Bundeskanzler Gerhard Schröder in seiner Regierungserklärung die »Stürme der Globalisierung« an, als er eine große Reform des Sozialsystems im wiedervereinigten Deutschland ankündigte. Das Land müsse seine soziale Marktwirtschaft modernisieren, erklärte er, »oder wir werden modernisiert, und zwar von den ungebremsten Kräften des Marktes, die das Soziale beiseite drängen würden«.[2] Die Politik konnte nur noch reagieren, die Aktion war der globalen Wirtschaft vorbehalten. Alan Greenspan, der Vorsitzende der amerikanischen Federal Reserve, sagte es im Jahr 2007 ganz unverblümt: Es spiele »kaum eine Rolle, wer der nächste Präsident wird. Die Welt wird durch die Marktkräfte regiert«.[3] In den Augen der Kritiker wirkte diese Welt wie ein neues Kolonialreich, in dem »die Globalisierung den Kolonialismus ersetzt«.[4] In den Augen der Befürworter war es eine Welt, in der sich Güter und Kapital, wenn auch nicht die Menschen, gemäß der Logik von Angebot und Nachfrage ungehindert bewegen konnten, wodurch Wohlstand – oder zumindest Chancen – für alle entstanden.[5] Diese Philosophie einer Herrschaft der Marktkräfte wurde von Kritikern als »Neoliberalismus« bezeichnet. Die Neoliberalen, erklärte man uns, glaubten an den globalen Laissez-faire-Kapitalismus mit sich selbst regulierenden Märkten, schlanken Staatsbürokratien und einer Reduktion der menschlichen Motivation auf das eindimensionale rationale Eigeninteresse des Homo oeconomicus. Die neoliberalen Globalisten, hieß es, verschmölzen den Kapitalismus des freien Marktes mit der Demokratie und träumten von einem einzigen, grenzenlosen Weltmarkt.

In meiner Version der Geschichte versuche ich, dieses Bild zu korrigieren. Ich werde zeigen, dass jene Gruppe von Intellektuellen, die sich selbst als Neoliberale bezeichneten, keineswegs an sich selbst regulierende Märkte als eigenständige Gebilde glaubte. Sie setzte den Kapitalismus nicht mit Demokratie gleich. Sie glaubte nicht, dass die Menschen nur von der wirtschaftlichen Vernunft motiviert werden. Sie wollte weder den Staat noch die Grenzen beseitigen. Und sie betrachtete die Welt keineswegs nur mit den Augen des Individuums. Tatsächlich ist die grundlegende neoliberale Erkenntnis mit der von John Maynard Keynes und Karl Polanyi vergleichbar: Der Markt reguliert sich nicht selbst und kann sich nicht selbst regulieren. Im Kern des neoliberalen Denkens im 20. Jahrhundert finden wir das, was die Neoliberalen als metaökonomische oder extraökonomische Bedingungen für die Aufrechterhaltung des Kapitalismus im globalen Maßstab bezeichneten. Ich werde zeigen, dass im Mittelpunkt des neoliberalen Projekts die Gestaltung von Institutionen stand – und dass das Ziel nicht darin bestand, die Märkte zu befreien, sondern sie zu ummanteln, um den Kapitalismus gegen die von der Demokratie ausgehende Bedrohung zu isolieren und einen Ordnungsrahmen zu schaffen, der es ermöglichen würde, das oft irrationale menschliche Verhalten unter Kontrolle zu bringen. Die Neoliberalen wollten die Welt nach dem Ende der Kolonialreiche neu ordnen und in einen Raum mit konkurrierenden Staaten verwandeln, deren Grenzen eine unverzichtbare Funktion erfüllten.

Wie können wir den Neoliberalismus verstehen – und sollten wir diese Bezeichnung überhaupt verwenden? Viele vertreten seit Langem die Ansicht, dass der Begriff mehr oder weniger sinnlos ist. Kürzlich erklärte ein Autor, für praktische Zwecke gebe es so etwas wie eine neoliberale Theorie überhaupt nicht.[6] Hingegen bezeichnete der Internationale Währungsfonds (IWF) den Neoliberalismus im Jahr 2016 nicht nur als kohärente Doktrin, sondern stellte auch die Frage, ob die Erfolge der Politik von Privatisierung, Deregulierung und Liberalisierung womöglich übertrieben positiv dargestellt worden seien.[7] In der Zeitschrift *Fortune* hieß es: »Mittlerweile gibt sogar der IWF zu, dass der Neoliberalismus gescheitert ist.«[8] Doch die Darstellung der Zeitschrift, dabei handle es sich um eine neue Entwicklung, war nicht ganz korrekt. Die mit dem Neoliberalismus verbundene Politik wurde – zumindest theoretisch – bereits seit zwei Jahrzehnten infrage gestellt. Zu den frühen Zweiflern zählte Joseph Stiglitz.[9] Der Wirtschaftsnobelpreisträger, der von 1997 bis 2000 als Chefvolkswirt der Weltbank amtierte, verwandelte sich nach der asiatischen Finanzkrise von 1997 in einen lautstarken Kritiker der neoliberalen Globalisierung. Ende der neunziger Jahre erklärten weitere Skeptiker, der nicht regulierte freie Weltmarkt sei »das letzte Utopia«, und die internationalen Finanzinstitutionen stimmten diesem Urteil teilweise zu.[10] Sie gaben ihren doktrinären Widerstand gegen Kapitalverkehrskontrollen auf, die das Thema des *Fortune*-Artikels von 2016 waren. Die Welthandelsorganisation (WTO) versuchte ebenfalls, sich dem Zeitgeist anzupassen: Nachdem ihr Gipfel im Jahr 1999 durch Protestkundgebungen verhindert worden war, machte sie sich daran, die menschliche Seite der Globalisierung zu betonen.

Aber auch wenn die als neoliberal bezeichnete Politik seit Langem kritisiert wurde, war der IWF-Bericht bedeutsam, weil er das Etikett »Neoliberalismus« sanktionierte. Damit hielt der Begriff Einzug in die Diskussion der breiten Öffentlichkeit und tauchte in der *Financial Times*, dem *Guardian* und anderen Zeitungen auf.[11] Ebenfalls im Jahr 2016 bekannte sich das 1977 gegründete Adam Smith Institute, an dessen Analysen sich seinerzeit Margaret Thatcher orientiert hatte, öffentlich zum Neoliberalismus und distanzierte sich von seiner früheren Einstufung als »libertäre« Einrichtung.[12] Das Institut nahm für sich eine »globalistische Ausrichtung« in Anspruch. Im Jahr 2017 verteidigte der Leiter des deutschen Walter Eucken Instituts öffentlich die Ehre des »klassischen Neoliberalismus«, der »einen starken Staat« fordere, der »über den Partikularinteressen steht«.[13] Anscheinend konnte »die Bewegung, die ihren Namen nicht zu sagen wagte«, nun sowohl von Kritikern als auch von Anhängern beim Namen genannt werden.[14] Die Klärung ist zu begrüßen. Die Benennung des Neoliberalismus hilft uns, ihn als ein geschlossenes Gedankengebäude und als eine Theorie der Governance unter mehreren zu betrachten, das heißt als eine Form oder Variante der Regulierung anstatt als radikale Verneinung der Regulierung.

Im vergangenen Jahrzehnt sind große Anstrengungen unternommen worden, um den Neoliberalismus und seine Empfehlungen zur globalen Governance zu historisieren und das »politische Schimpfwort« beziehungsweise den »antiliberalen Slogan« in einen Gegenstand der rigorosen Archivforschung zu verwandeln.[15] Meine Darstellung stellt eine Verbindung zwischen zwei Forschungsrichtungen her, zwischen denen sonderbarerweise ein Graben klafft. Da sind auf der einen Seite die Untersuchungen zur Ideengeschichte der neoliberalen Bewegung;[16] auf der anderen Seite widmen sich Sozialwissenschaftler, nicht jedoch Historiker, dem Studium der neoliberalen globalistischen Theorie. Sie haben gezeigt, dass der Begriff des »Neoliberalismus« erstmals im Jahr 1938 im Walter Lippmann Colloquium in Paris auftauchte, wo er den Wunsch der versammelten Ökonomen, Soziologen, Journalisten und Wirtschaftsführer nach einer »Erneuerung« des Liberalismus ausdrückte.[17] Wie ein Autor erklärt, besteht eine der solidesten Methoden zum Studium der neoliberalen Bewegung darin, »eine organisierte Gruppe von Personen« zu betrachten, die »den Gedankenaustausch in einem gemeinsamen intellektuellen Rahmen pflegt«.[18] Die Historiker haben sich insbesondere auf die 1947 von Friedrich August von Hayek und anderen gegründete Mont Pèlerin Society (MPS) konzentriert, eine Gruppe gleichgesinnter Intellektueller und Politiker, die sich periodisch versammelte, um über das Weltgeschehen und die aktuelle Situation des politischen Projekts zu diskutieren, dem sie sich verschrieben hatte. In dieser Gruppe gab es durchaus Meinungsverschiedenheiten, wie die in den Endnoten zu diesem Abschnitt zitierten Arbeiten zeigen. Sieht man jedoch von der Geldpolitik und der Entwicklungsökonomie ab, so findet die Frage der internationalen und globalen Governance in diesen historischen Darstellungen überraschend wenig Beachtung.[19] Obwohl die neoliberalen Intellektuellen unterschiedliche Vorstellungen vertraten, stelle ich die These auf, dass wir in ihren Texten und Aktivitäten die groben Umrisse eines kohärenten Projekts für eine bestimmte Weltordnung finden. Sie globalisierten das ordoliberale Prinzip des »Denkens in Ordnungen« und legten in ihrem Projekt der Auseinandersetzung mit Weltordnungen eine Reihe von Vorschlägen vor, deren Ziel es war, die Weltwirtschaft gegen die Demokratie zu verteidigen, die sich erst im 20. Jahrhundert in der gesamten Welt ausbreitete, was die Neoliberalen mit einer Weltlage und einer Reihe von Herausforderungen konfrontierte, die ihre Vorläufer, die klassischen Liberalen, unmöglich hätten voraussehen können.

Die scharfsinnigsten akademischen Untersuchungen zur neoliberalen Philosophie der globalen Ordnung stammen nicht von Historikerinnen, sondern von Sozialwissenschaftlern. In den vergangenen zwei Jahrzehnten haben Politikwissenschaftlerinnen und Soziologen sorgfältige Analysen des neoliberalen Projekts vorgelegt. Sie haben beschrieben, wie eine Reihe von Institutionen – darunter der Internationale Währungsfonds (IWF) und die Weltbank, Hafenbehörden und Zentralbanken, Governance-Strukturen wie die Europäische Union, die WTO und Handelsabkommen wie das Nordamerikanische Freihandelsabkommen (Nafta) – versucht, die Marktakteure gegen demokratischen Druck abzuschirmen. Ähnliche Bemühungen wurden in der Ausweitung des internationalen Investitionsrechts, mit dem ausländische Investoren vor verschiedenen Formen der Enteignung geschützt werden sollen, sowie in einem parallelen globalen Rechtssystem erkannt, das als transnationales Handelsrecht bezeichnet wird.[20] Andere Autoren haben die Entstehung der »Offshore-Welt« der Steueroasen und die Ausbreitung von verschiedenartigen Wirtschaftszonen beschrieben, die allesamt dazu dienen, dem Kapital Zufluchtsorte zu bieten, an denen es vor Steuerprogression und Umverteilungsmaßnahmen sicher ist.[21] Die »Isolierung der Märkte« ist eine hilfreiche Metapher, um das Ziel des Neoliberalismus nicht als nebulöse »Logik« oder »Rationalität«, sondern als konkretes Projekt zur Errichtung von Institutionen zu beschreiben. Sozialwissenschaftlerinnen haben die Isolierung der Märkte gegen demokratische Einflussnahme rigoros beschrieben, aber ihre Geschichte der neoliberalen Theorie ist weniger rigoros: Oft gestehen sie Intellektuellen wie Hayek und Milton Friedman nur Statistenrollen zu.[22] Es heißt, die Ideen dieser führenden neoliberalen Köpfe hätten bestimmte Formen der globalen und regionalen Governance inspiriert oder sie »nahegelegt«, aber es bleibt ungeklärt, wie diese Einflüsse tatsächlich wirkten und wo die Vorstellungen ihren Ursprung hatten. Insbesondere der Name Hayek fungiert oft als frei flottierender Signifikant ohne klaren Bezug zu einer tatsächlichen historischen Figur. Beispielsweise sehen manche in der Europäischen Union eine »hayeksche Föderation«, während andere den Wunsch, die EU zu *verlassen*, als Hoffnung auf eine »Wiederbelebung von Hayeks Traum« bezeichnen.[23] Was genau strebten Intellektuelle wie Hayek an? Wo und wann haben die Konzepte des neoliberalen Globalismus ihren Ursprung? Ich siedle eine wichtige Quelle der globalistischen Vorstellungen der Neoliberalen in der epochalen Neuordnung an, die am Ende der Ära der Imperien stattfand. Die Entkolonialisierung hatte wesentlichen Einfluss auf die Entstehung des neoliberalen Modells der globalen Governance.

Nicht Befreiung, sondern Ummantelung

Der Versuch, die Neoliberalen anhand ihrer eigenen Konzepte zu verstehen, wird unter anderem durch die übertriebene Fixierung auf die Vorstellungen des ungarischen Wirtschaftshistorikers Karl Polanyi behindert, der »nach Michel Foucault wahrscheinlich der bei den heutigen Sozialwissenschaftlern populärste Theoretiker« ist, wie eine Soziologin feststellt.[24] Viele Versuche zur Beschreibung der neoliberalen Globalisierung sind von Polanyis 1944 erschienenem Buch *The Great Transformation* geprägt. Nach Ansicht derer, die Polanyis Narrativ übernehmen, bewegte der »Marktfundamentalismus« die Neoliberalen dazu, den »natürlichen« Markt aus der Gesellschaft zu »entbetten« und so ihren utopischen Traum von einem »selbstregulierenden Markt« zu verwirklichen. Obwohl regelmäßig darauf hingewiesen wird, dass Polanyi eigentlich über das 19. Jahrhundert schrieb, gehen die Kritiker oft so weit, ihm eine vorausschauende Kritik des Neoliberalismus zuzuschreiben. Die Vorstellung, das Ziel der Neoliberalen sei es, die Märkte zu befreien, deckt sich mit dieser polanyischen Logik. Im angloamerikanischen Diskurs wird »den Märkten« häufig das ansonsten eher unübliche Adjektiv »unfettered« (ungehindert) zugeordnet, und zwar sowohl als neoliberales Ziel als auch als vermeintliche Realität.[25] Entgegen den Absichten der Urheber der neoliberalen Theorie essentialisiert diese Metapher den Gegenstand der Kritik: Der Markt wird zu etwas, das von Akteuren befreit werden kann, anstatt, wie die Neoliberalen selbst glaubten, ein Gefüge von Beziehungen zu sein, die von einem institutionellen Rahmen abhängen.[26]

Die Anwendung von Polanyis Kategorien hat wesentliche Einsichten ermöglicht, und ich stütze mich auf die Erkenntnisse von Forschern, die seit der Jahrtausendwende versuchen, das neoliberale Projekt als »gleichzeitige Einschränkung und Ausweitung der staatlichen Funktionen« zu definieren.[27] In Anlehnung an Polanyi sprechen einige Autoren sogar vom »eingebetteten Neoliberalismus«.[28] Wenn wir den Neoliberalismus jedoch aus sich selbst heraus verstehen wollen – was eine unverzichtbare Voraussetzung für eine Kritik ist –, dürfen wir uns nicht von der Vorstellung eines von der staatlichen Einflussnahme befreiten selbstregulierenden Marktes in die Irre führen lassen. Beim Studium der Schriften der Neoliberalen, die sich mit der globalen Ordnung befassten, wird klar, wie wichtig es ist, dass sie Zeitgenossen Polanyis waren. Wie er sahen sie in der Weltwirtschaftskrise der dreißiger Jahre einen Beleg dafür, dass die althergebrachte Form des Kapitalismus untauglich war, und machten sich daran, die Bedingungen zu definieren, die für sein Überleben erforderlich waren. Sowohl Hayek als auch Polanyi »beschäftigten sich mit soziointitutionellen Antworten auf den freien Markt«, wie es ein Politikwissenschaftler ausdrückt.[29] Tatsächlich entwickelte Hayek eine eigene Vorstellung von »sozial eingebetteten freien Märkten«.[30] Wenn wir uns zu sehr auf den Marktfundamentalismus fixieren, entgeht uns, dass die neoliberalen Vorschläge in Wahrheit nicht auf den Markt an sich zielen, sondern auf eine Umgestaltung von Staat, Recht und anderen Institutionen zum Schutz des Marktes. Juristen verweisen auf die zunehmende »Verrechtlichung« oder »Juridizierung« des

Welthandels.[31] Die Konzentration auf Hayek und seine Mitstreiter ermöglicht es uns, diesen Prozess mit der Geschichte des neoliberalen Denkens zu verknüpfen.

In einem Artikel in der führenden neoliberalen Zeitschrift *Ordo* aus dem Jahr 2006 wird klargestellt, dass die Gründer der neoliberalen Bewegung das Präfix »neo« ergänzten, weil sie die Notwendigkeit sahen, »die Staatstätigkeit genauer und teilweise auch anders« zu definieren, und dies beinhaltete größere Aufmerksamkeit für den »rechtlich-institutionelle[n] Rahmen«.[32] Die Neoliberalen hegten keineswegs einen utopischen Glauben an einen Markt, der unabhängig von menschlichen Eingriffen funktionierte, sondern sie wiesen auf die »außerökonomischen Bedingungen für ein freiheitliches Wirtschaftssystem« hin.[33] Es wird nicht ausreichend gewürdigt, dass das Augenmerk sowohl des deutschen Ordoliberalismus als auch der österreichischen Ökonomik nicht auf der Wirtschaft an sich liegt, sondern auf den Institutionen, die einen Raum für die Entfaltung der Wirtschaft schaffen.[34] Wenn Hayek von den »selbstregulierenden Kräften der Wirtschaft« sprach, was er zum Beispiel in seiner Antrittsvorlesung an der Universität Freiburg tat, ging er rasch zu einer Diskussion der Notwendigkeit eines »Rahmens« für die Wirtschaft über.[35] Sein Werk war in erster Linie der Frage gewidmet, wie man eine »Verfassung der Freiheit« gestalten konnte, wie er in dem Buch schrieb, das er nach *Der Weg zur Knechtschaft* veröffentlichte.[36]

Ein Autor erklärt: »Hayek sah klar, dass der Markt eine soziale Institution ist, die in eine Vielzahl von Institutionen eingebettet ist, die ihr Sinn verleihen.«[37] Hayek selbst wies die Behauptung zurück, er fordere einen »Minimalstaat«.[38] Die verkürzte Formel »Starker Staat, freier Markt« ist nützlich zur Erklärung des Neoliberalismus, aber damit ist noch nicht gesagt, was mit diesem starken Staat gemeint ist.[39] Ein Autor erklärt, es sei nicht sinnvoll, den Staat quantitativ statt qualitativ zu definieren: Die Frage, »wie viel« Staat nötig sei, müsse durch die Frage ersetzt werden, »welche Art« von Staat nötig sei.[40] In den folgenden Kapiteln werde ich nachzeichnen, wie sich die neoliberale Vorstellung, die Märkte seien nicht naturgegeben, sondern Produkte der politisch konstruierten Institutionen, die sie ummanteln, im Lauf der Zeit entwickelte. Die Märkte brächten zudem eine Reihe kultureller Werte hervor, die notwendige, aber keine hinreichenden Bedingungen für die andauernde Existenz der Märkte seien.

Die Genfer, nicht die Chicagoer Schule

Im Jahr 1983 schrieb der Hayek-Schüler Ernst-Ulrich Petersmann, ein führender Experte für internationales Wirtschaftsrecht: »Der gemeinsame Ausgangspunkt der neoliberalen Wirtschaftstheorie ist die Erkenntnis, dass in jeder gut funktionierenden Marktwirtschaft die ›unsichtbare Hand‹ des Marktwettbewerbs notwendigerweise durch die ›sichtbare Hand‹ des Gesetzes ergänzt werden muss.« Petersmann listet die bekannten neoliberalen Denkschulen auf: die Freiburger Schule, die der Geburtsort des deutschen Ordoliberalismus und die akademische Heimat Walter Euckens und Franz Böhms war, die Chicagoer Schule, die mit dem Werk von Milton Friedman, Aaron Director, Richard Posner und anderen identifiziert wird, und die Kölner Schule von Ludwig Müller-Armack. Und dann nennt er eine praktisch unbekannte: die Genfer Schule.[41]

Was war die Genfer Schule? Wer gehörte dieser Schule an? Die folgenden Kapitel enthalten die Geschichte einer von den Historikern bislang vernachlässigten Strömung des Neoliberalismus. Ich stelle eine Gruppe von Intellektuellen vor, die in der angloamerikanischen Literatur keine wichtige Rolle spielen, und ordne das Werk von Theoretikern, die im englischsprachigen Raum umfassend rezipiert wurden, anders ein als gewohnt. Ich verwende und erweitere das Etikett der »Genfer Schule«, um eine Variante des neoliberalen Denkens zu beschreiben, deren Geschichte sich von Seminarräumen im Wien des Fin de Siècle bis in die Hallen der Welthandelsorganisation im Genf der Jahrtausendwende erstreckt. Mit der Einführung dieses Begriffs beabsichtige ich nicht, einen Anstoß zur Haarspalterei über die Zuordnung dieses oder jenes Neoliberalen zu geben, und ich will auch nicht darüber streiten, wer nun genau zu dieser Schule gehört und wer nicht. Vielmehr möchte ich der Verwirrung ein Ende machen, die entsteht, wenn sehr unterschiedliche Denker unter dem Dachbegriff »Neoliberale« zusammengefasst werden. Ein Studium der Genfer Schule bietet provisorische, aber hilfreiche Einblicke in die mit der Weltordnung zusammenhängenden Aspekte des neoliberalen Denkens, die mehr oder weniger im Dunkeln liegen. In meiner Darstellung umfasst die Genfer Schule Intellektuelle, die akademische Posten in Genf bekleideten – Wilhelm Röpke, Ludwig von Mises, Michael A. Heilperin und andere –, Personen, die dort Forschung betrieben oder wichtige Ergebnisse vorlegten – darunter Hayek, Lionel Robbins und Gottfried Haberler –, sowie Mitarbeiter des in Genf ansässigen Sekretariats des Allgemeinen Zoll- und Handelsabkommens (GATT) – darunter Jan Tumlir, Frieder Roessler sowie Petersmann. Die Neoliberalen der Genfer Schule hatten ein Naheverhältnis zur Freiburger Schule, aber anders als diese übertrugen sie die ordoliberale Vorstellung von der »Wirtschaftsverfassung«, das heißt der Gesamtheit der Regeln, denen das Wirtschaftsleben unterworfen ist, auf eine Ebene oberhalb des Nationalstaats.

Die eigenständigen Beiträge der Genfer Schule zum neoliberalen Denken werden in der englischsprachigen Literatur zum Neoliberalismus oft ignoriert. Die meisten Darstellungen der neoliberalen Bewegung beginnen in Europa bei den Treffen der dreißiger und vierziger Jahre, aber das Augenmerk verlagert sich vor dem neoliberalen Durchbruch unter Reagan und Thatcher in den achtziger Jahren auf die Vereinigten Staaten und Großbritannien. Diese Verschiebung geht mit einer Konzentration auf die Chicagoer Schule und insbesondere Friedman einher. Obwohl mittlerweile erfreulicherweise auch das Gebiet von Recht und Ökonomie sowie die von James M. Buchanan und anderen Mitgliedern der Virginia School entwickelte Theorie der Neuen Politischen Ökonomie Aufmerksamkeit findet, ist das Verständnis des Neoliberalismus insgesamt zugunsten der angloamerikanischen Seite verzerrt.[42] So wird die Bedeutung der Beiträge jener in den Hintergrund gedrängt, die in Europa blieben oder wie Hayek dorthin zurückkehrten. Diese Vernachlässigung muss korrigiert werden, waren es doch die europäischen Neoliberalen, die der internationalen Ordnung die größte Aufmerksamkeit widmeten.

Meine Darstellung des neoliberalen Globalismus geht von Mitteleuropa aus, denn die mitteleuropäischen Neoliberalen befassten sich am gründlichsten mit der Welt als Ganzer. Sowohl die Mitglieder der Chicagoer Schule als auch jene der Virginia School legten die eigentümliche amerikanische Fähigkeit an den Tag, die übrige Welt zu ignorieren und gleichzeitig anzunehmen, die Vereinigten Staaten seien ein Modell für die Welt.[43] Diesen Luxus konnten sich die europäischen Neoliberalen nicht leisten, denn sie lebten über weite Strecken des Jahrhunderts unter dem Einfluss der amerikanischen Hegemonialmacht. Es lag nahe, dass sich die mitteleuropäischen Neoliberalen in frühe Theoretiker der Weltordnung verwandelten. Ihren Heimatländern fehlte ein riesiger Binnenmarkt wie jener, über den die Vereinigten Staaten verfügten, weshalb sie sich zwangsläufig genauer mit der Frage befassten, wie ihre Länder durch Handel oder Annexion fremder Territorien Zugang zum Weltmarkt finden konnten. Das frühe Ende der Großreiche in Mitteleuropa nach dem Ersten Weltkrieg zwang sie auch, Strategien für einen Ausgleich zwischen staatlicher Macht und wirtschaftlicher Interdependenz zu entwickeln. Obwohl die Geschichte in Wien beginnt, wurde Genf – die spätere Heimat der WTO – zur geistigen Hauptstadt einer Gruppe von Intellektuellen, die versuchten, das Rätsel der postimperialen Ordnung zu lösen.

Die meisten Historiker würden sagen, dass die Frage der Weltordnung zu Beginn des 20. Jahrhunderts weitgehend geklärt war: Die sowohl von Lenin als auch von Woodrow Wilson vertretene Idee der nationalen Selbstbestimmung setzte sich durch, und die antikolonialen Bewegungen in aller Welt verlangten nationale Unabhängigkeit. In dieser Deutung triumphierte das Prinzip der Selbstbestimmung, dessen Verwirklichung in Versailles an der mangelnden Bereitschaft der Vereinigten Staaten und der europäischen Großmächte gescheitert war, ihr eigenes Bekenntnis in die Tat umzusetzen, und das durch den faschistischen Expansionismus Italiens und Deutschlands und später durch die Kontrolle der Sowjetunion über ihre Satellitenstaaten unterdrückt wurde, schließlich in der Entkolonialisierungswelle nach dem Zweiten Weltkrieg und in jüngerer Vergangenheit mit dem Ende der Apartheid in Südafrika und der sowjetischen Herrschaft in Osteuropa.

Die Neoliberalen stimmten dieser Deutung nicht zu. In ihren Augen war das Bekenntnis zu nationaler Souveränität und Autonomie gefährlich, wenn es ernst genommen wurde. Sie waren hartnäckige Gegner der nationalen Selbstbestimmung und überzeugt, die Nationen müssten auch nach dem Ende der Kolonialzeit in eine internationale institutionelle Ordnung eingebunden bleiben, die das Kapital und seine globale Bewegungsfreiheit schützen konnte. Die Todsünde des 20. Jahrhunderts war in ihren Augen der Glaube an die unbeschränkte nationale Unabhängigkeit, und die neoliberale Weltordnung erforderte eine durchsetzbare Isonomie – ein »gleiches Gesetz«, wie es Hayek später ausdrücken sollte –, die der Illusion der Autonomie oder des »eigenen Gesetzes« entgegengesetzt wurde.

Die Neoliberalen der Genfer Schule lösten die Spannung zwischen der Weltwirtschaft und der Welt der Nationalstaaten mit einer ganz eigenen Geografie auf. Den Entwurf ihres Weltbilds lieferte der ehemalige NS-Jurist Carl Schmitt im Jahr 1950. Er sah nicht eine, sondern zwei Welten: Die eine war in territorial abgegrenzte Staaten unterteilt, in denen Regierungen über die Bevölkerungen herrschten. Diese Welt bezeichnete er unter Rückgriff auf den römischen Rechtsbegriff als *imperium*. Die andere war die Welt des Eigentums, in der Menschen über die ganze Erde verteilte Dinge, Geld und Land besaßen. Dies war die Welt des *dominium*. Die gespaltenen Sphären des modernen Kapitalismus verschmolzen im 19. Jahrhundert miteinander. Die Allgegenwärtigkeit von Auslandsinvestitionen hatte dafür gesorgt, dass viele Menschen in Ländern, deren Staatsbürgerschaft sie nicht besaßen und deren Gebiet sie in vielen Fällen nie betreten hatten, Unternehmen oder Unternehmensanteile kontrollierten. Das Geld funktionierte fast überall und konnte zu festen, an den Goldpreis gekoppelten Wechselkursen zwischen den verschiedenen Währungen getauscht werden. Verträge wurden universell durch schriftlich festgehaltene und ungeschriebene Kodizes des Geschäftsgebarens durchgesetzt. Selbst eine militärische Besatzung wirkte sich nicht auf das Privateigentum aus. Anders als in früheren Zeiten, in denen die Plünderung eroberter Gebiete üblich gewesen war, blieb das Eigentum an Land und Unternehmen auch nach dem Einfall einer feindlichen Armee unangetastet. Für Schmitt hatte die Unterscheidung zwischen *dominium* und *imperium* Vorrang vor der rein politischen Unterscheidung zwischen ausländisch und inländisch. Die wichtigste Grenze teilte die Welt nicht wie eine Orange in Osten und Westen oder Norden und Süden, sondern bewahrte die einander überlappenden Gesamtheiten wie das Fruchtfleisch und die Schale einer Orange. Schmitt erklärte, »über, unter und neben den staatlich-politischen Grenzen eines scheinbar rein zwischen-staatlichen politischen Völkerrechts« habe sich, »alles durchdringend, der Raum einer freien, d. h. nicht-staatlichen Wirtschaft« verbreitet, »die eine Weltwirtschaft war«.[44]

Schmitt verstand die doppelte Welt negativ, als Einschränkung der umfassenden Ausübung der nationalen Souveränität. Die Neoliberalen gelangten jedoch zu der Überzeugung, dass dies die beste

Beschreibung der Welt war, die sie bewahren wollten. Wilhelm Röpke, der fast dreißig Jahre in Genf unterrichtete, sah in ebendieser Teilung die Grundlage für eine liberale Weltordnung. Die ideale neoliberale Ordnung würde das Gleichgewicht zwischen den beiden globalen Sphären mittels eines vollziehbaren Weltrechts aufrechterhalten, das »ein Minimum von konstitutioneller Ordnung« und eine »Trennung einer staatlich-öffentlichen Sphäre von den Bereichen des Privaten« gewährleisten würde.[45] In einem Vortrag an der Akademie für Völkerrecht in Den Haag im Jahr 1955 hob Röpke die Bedeutung der Trennung hervor, wies zugleich jedoch auch auf ihre paradoxe Natur hin: »Eine Verringerung der nationalen Souveränität ist zweifellos eines der dringendsten Erfordernisse unserer Zeit«, erklärte er, aber »die übermäßige Souveränität sollte beseitigt werden, anstatt sie auf eine übergeordnete politische und geografische Einheit zu übertragen.«[46]

Es war also keine Lösung, die nationale durch eine globale Regierung zu ersetzen. Die Neoliberalen standen vor der schwierigen Aufgabe, geeignete Institutionen zu finden, die das oft belastete Gleichgewicht zwischen wirtschaftlicher und politischer Welt erhalten konnten. Die Auswirkungen der doppelten Natur der Welt auf die Bemühungen zu ihrer Neuordnung nach dem Ende der Kolonialreiche werden in den Darstellungen, in denen die moderne Weltgeschichte als Übergang von der kolonialen Unterwerfung zur nationalen Unabhängigkeit verstanden wird, allzu leicht ignoriert. Kaum eine Gruppe von Intellektuellen setzte sich eingehender mit den Auswirkungen dieser Zweiteilung der Welt auseinander als die Ökonomen und Juristen, mit denen wir uns in diesem Buch beschäftigen werden. In der Überzeugung, es könne nur eine einzige Weltwirtschaft geben, bemühten sie sich ab dem frühen 20. Jahrhundert, die wechselseitige wirtschaftliche Abhängigkeit mit der politischen Selbstbestimmung in Einklang zu bringen.

In seinem Vortrag in Den Haag deutete Röpke eine mögliche Lösung an, die er in dem Raum zwischen Ökonomie und Recht ansiedelte.[47] Wie wir in den folgenden Kapiteln sehen werden, war der Neoliberalismus der Genfer Schule weniger eine ökonomische Disziplin als eine Disziplin von Staatskunst und Recht. Diese Gruppe von Neoliberalen konzentrierte sich weniger auf die Schaffung von Märkten als auf die Schaffung von Institutionen, die Märkte durchsetzen können. Als Hayek 1962 von der Universität Chicago nach Freiburg wechselte, wurde er Teil der deutschen Tradition des rechtlich-ökonomischen Ordoliberalismus, und die meisten Autoren betrachten ihn als Verbündeten, wenn nicht als Mitglied der Freiburger Schule.[48] Sein Buch *Die Verfassung der Freiheit* (1960), vor allem aber seine in den siebziger Jahren während seiner Freiburger Zeit entstandene Trilogie *Recht, Gesetzgebung und Freiheit* rechtfertigen diese Zuordnung, denn er konzentrierte sich zusehends auf die Suche nach einer rechtlichen und institutionellen Lösung für die Störung der Marktprozesse durch die Demokratie. Anders als die Ordoliberalen, die nach einer »Wirtschaftsverfassung« auf nationaler Ebene riefen, strebten die Neoliberalen der Genfer Schule eine Wirtschaftsverfassung für die Welt an. Ich argumentiere, dass wir den Vorschlag der Genfer Schule als Neukonzeption des Ordoliberalismus im globalen Maßstab verstehen können. Wir können ihn als Ordoglobalismus bezeichnen.[49]

Die Neoliberalen der Genfer Schule lieferten eine Blaupause für den Globalismus, deren Hauptbestandteile Institutionen für eine Mehrebenen-Governance sein sollten, die gegen demokratische Entscheidungsprozesse abgeschirmt sein und die Aufgabe haben sollten, das Gleichgewicht zwischen der politischen Welt des *imperium* und der wirtschaftlichen Welt des *dominium* aufrechtzuerhalten. Das *dominium* war dabei kein Raum für Laissez-faire oder Nichtinterventionismus, sondern ein Gegenstand unablässiger Wartung, Konfliktlösung und Neugestaltung. Im Mittelpunkt der Vorstellungswelt der Genfer Schule stand eine Vision, die in Hayeks Augen erstmals im Habsburgerreich verwirklicht worden war – ein Modell dessen, was er als »Doppelregierung aus kultureller und wirtschaftlicher Regierung« bezeichnete.[50] Die Neoliberalen der Genfer Schule sahen weder eine Auslöschung der Politik durch die Ökonomie noch eine Auflösung der Staaten in einem globalen Markt vor, sondern träumten von einem gewissenhaft strukturierten und regulierten Ausgleich zwischen den beiden Sphären.

Wie zuvor erwähnt, verwenden die Sozialwissenschaftler gerne die Metapher der Isolierung (*insulation*), um die Beziehung zwischen Staat und Markt im Neoliberalismus zu beschreiben. Das ist eine ironische Tendenz. Wie wir sehen werden, verwendeten die Neoliberalen von den dreißiger bis in die siebziger Jahre eine geografische Version dieser Metapher, um den Glauben an die Möglichkeit der »wirtschaftlichen Isolation« zu bekämpfen, womit sie ein Maß an Autarkie meinten, das die Staaten gegen Schocks auf den globalen Märkten absichern würde. Die Neoliberalen waren überzeugt, die Fixierung auf die Autarkie könne »die universelle Gesellschaft zerstören« und »die Welt erschüttern«. Doch mit dem Übergang zu einer Elektrizitätsmetapher in den neunziger Jahren wurde die Isolierung zu einer neoliberalen Norm. Einer von Hayeks Nachfolgern in Freiburg schrieb: »Hayeks wichtigste Botschaft ist der Ruf nach einer institutionellen Regelung, welche die für die Festlegung der Regeln zuständige Autorität gegen die kurzfristigen Forderungen des alltäglichen Regierungsgeschäfts isoliert.«[51] Der semantische Wandel war symptomatisch für eine umfassende Neukonzeption der Weltwirtschaft: An die Stelle der Idee einer aus Inseln (*insulae*) und Territorien bestehenden globalen Wirtschaft trat das Bild eines geschlossenen Wirtschaftskreislaufs in einer vernetzten Welt. Nun wurde nicht mehr das Endziel des Schocks des Preissignals isoliert, sondern das Kabel, das dieses Signal weiterleitete. Doch auch diese Metapher ist letzten Endes unbefriedigend. Das neoliberale Ziel ist absoluter als die von der Metapher der Isolierung vermittelte Dämpfung. Die Neoliberalen streben keinen partiellen, sondern einen vollständigen Schutz der privaten Kapitalrechte an und wollen supranationale Rechtsprechungsorgane wie den Europäischen Gerichtshof und die WTO in die Lage versetzen, nationale Gesetze aufzuheben, welche die Rechte des Kapitals beeinträchtigen könnten. Aus diesem Grund schlage ich vor, statt der bloßen Isolierung die Metapher der *Ummantelung* (*encasement*) der Weltwirtschaft als imaginäres *telos* des neoliberalen Projekts zu betrachten– eines Projekts, in dem der Staat eine unverzichtbare Rolle spielt.

Dieses Narrativ ordnet den Neoliberalismus historisch ein. Es spürt der Entwicklung des neoliberalen Globalismus als eines intellektuellen Projekts nach, das in den Trümmern des Habsburgerreichs entstand und in der Gründung der WTO kulminierte. Ich betrachte den Ordoglobalismus als Versuch, der Tatsache gerecht zu werden, dass der Nationalstaat zu einem dauerhaften Bestandteil der modernen Welt geworden war. Der Neoliberalismus strebte über die Jahrzehnte hinweg eine institutionelle Ummantelung der Welt der Nationalstaaten an, um einen katastrophalen Zusammenbruch der Grenzen zwischen *imperium* und *dominium* zu verhindern. Geeignete Institutionen, Gesetze und bindende Zusagen sollten das Wohlergehen des Ganzen gewährleisten. Hier handelt es sich nicht um die Geschichte eines Triumphs – die stockende Arbeit der WTO ist bestenfalls ein Pyrrhussieg für die spezifische Strömung des neoliberalen Globalismus, die ich in den folgenden Kapiteln beschreiben werde. Vielmehr zeigt meine Darstellung, dass der Neoliberalismus als Gedankengebäude im frühen 20. Jahrhundert in Reaktion auf eine Krise entstand, bei der es darum ging, wie man die Welt insgesamt organisieren konnte.

Nicht Marktfundamentalismus, sondern militanter Globalismus

Der Ordoglobalismus suchte während des gesamten 20. Jahrhunderts Antworten auf zwei Fragen: Wie konnte man angesichts ihres Potenzials zur Selbstzerstörung auf die Demokratie vertrauen? Und wie konnte man in Anbetracht des Potenzials des Nationalismus zur »Desintegration der Welt« auf die Nationalstaaten vertrauen? Der erste Spannungszustand ist denen wohlbekannt, die sich mit der jüngeren Geschichte Europas beschäftigen. Wir wissen, dass die Demokratie illiberale Ergebnisse zeitigt, ja, dass sie sich mit demokratischen Mitteln selbst zerstören kann. Insbesondere in Deutschland war die Überzeugung verbreitet, die Erfahrung der Zwischenkriegszeit beweise, dass die Demokratie begrenzt werden müsse. Um illiberale Resultate zu verhindern, seien Kontrollmechanismen und Einschränkungen erforderlich. Das Konzept der »streitbaren Demokratie« wurde in den dreißiger Jahren von Politikwissenschaftlern entwickelt und nach dem Zweiten Weltkrieg in Westeuropa in die Tat umgesetzt.[52] Insbesondere den Verfassungsgerichten kam eine Schlüsselrolle bei der Verteidigung der freiheitlichen Ordnung gegen Angriffe von links und rechts zu. Viele Intellektuelle waren sich darin einig, dass die liberalen Staaten in der Auseinandersetzung mit denen, welche die konstitutionelle Ordnung ablehnten, »Mut zur Intoleranz« beweisen mussten, wie es ein sozialdemokratischer Politiker ausdrückte.[53]

Die Konfrontation mit der Massendemokratie war auch für die Neoliberalen eine zentrale Frage des 20. Jahrhunderts. Auf der einen Seite begrüßten sie, dass die Demokratie ein Instrument für friedliche Veränderungen war und einen Raum für evolutionäre Entdeckungen bot, die dem System als Ganzem zugutekamen – was jene widerlegt, die behaupten, die Neoliberalen lehnten die Demokratie als solche ab. Auf der anderen Seite trug dieses System die Saat der Zerstörung in sich. Mit Blick auf die Probleme, mit denen die Forderungen einer politisch mobilisierten Arbeiterklasse die liberale Ordnung konfrontierten, erklärte Röpke im Jahr 1942: »Eine Nation kann ihre barbarischen Invasoren selbst hervorbringen.«[54] Aus amerikanischer und britischer Sicht geschriebene Darstellungen der neoliberalen Bewegung – in dieser Perspektive gehört sie zur Vorgeschichte der Regierungen von Margaret Thatcher und Ronald Reagan – übersehen den spezifischen postfaschistischen Kontext der neoliberalen Pläne für die nationale und internationale Organisation.[55] Tatsächlich waren die Neoliberalen wichtige Vertreter dessen, was Jan-Werner Müller als »selbstdisziplinierte Demokratie« bezeichnet.[56] Es bestand eine ständige Spannung zwischen der Befürwortung der Demokratie als Vehikel der friedlichen Veränderung und ihrer Ablehnung als potenzieller Zerstörerin der Ordnung.

Die Historiker lassen allerdings nicht nur den postfaschistischen, sondern auch den postimperialen Kontext außer Acht. Es wird nur selten darauf hingewiesen, dass Hayek sich erstmals in Reaktion auf die Entstehung »neuer Nationen« im Zuge der Entkolonialisierung mit der Umgestaltung repräsentativer Regierungsmodelle befasste – wobei er sich, wie er selbst einräumte, dem Vorwurf der Inkohärenz aussetzte, indem er statt einer »gewachsenen« eine »gemachte« Verfassung propagierte.[57] Er bestand darauf, dass sein Verfassungsmodell nicht für Großbritannien bestimmt war, sondern für »neue Nationen« und faschistische Staaten wie das Portugal Salazars. Mit Blick auf die neuen Nationen sowie auf südamerikanische Länder mit einer politischen Tradition, die »nicht vollkommen geeignet« für die Demokratie sei, schrieb er: »Ich glaube, dass eine Beschränkung der demokratischen Macht [...] die einzige Chance ist, um die Demokratie in diesen Teilen der Welt zu erhalten. Wenn die Demokratien ihre Macht nicht selbst beschränken, werden sie zerstört werden.«[58] Die Historiografie hat die Tatsache außer Acht gelassen, dass das Ende der globalen Imperien wesentlich zur Entstehung des Neoliberalismus als intellektueller Bewegung beitrug.

Neben der Konfrontation mit der Massendemokratie hatte die damit zusammenhängende Spannung zwischen Nationalstaat und Weltebene zentrale Bedeutung für die Neoliberalen. Der Nationalstaat konnte insofern nützlich sein, als er stabilisierend wirkte (viele

Neoliberale sahen in der Beschränkung der Migration eine dieser stabilisierenden Funktionen) und für Legitimität in der politischen Sphäre sorgte. Aber wie die Demokratie war auch der Nationalstaat ständig in Gefahr, in Exzesse abzugleiten, weshalb er so wie die Demokratie Beschränkungen unterworfen werden musste. Die Neoliberalen glaubten an das, was man als militanten Globalismus oder, um Müllers Terminus zu verwenden, als selbstdisziplinierten Nationalismus bezeichnen könnte: Es bedurfte einer Reihe institutioneller Sicherungsvorkehrungen und rechtlicher Beschränkungen, um die Nationalstaaten daran zu hindern, ihre Verpflichtungen in der Weltwirtschaftsordnung zu missachten. Die Neoliberalen befürworteten einen institutionellen Rahmen, in dem die Weltwirtschaft Bedrohungen ihrer holistischen Integrität überleben würde. Der militante Globalismus würde die Nationalstaaten nicht ersetzen, sondern er würde sie einsetzen, um dafür zu sorgen, dass die Weltwirtschaft in ihrer Gesamtheit richtig funktionierte.

Wie ich in den folgenden Kapiteln zeigen werde, können wir die Neoliberalen nicht als Kritiker des Staates an sich betrachten. Sie sind vielmehr ewige Zweifler am *National*staat. Hayek schrieb im Jahr 1979, er habe den Eindruck, »daß in diesem Jahrhundert unsere Versuche, eine internationale Regierung zu schaffen, die fähig ist, Frieden zu sichern, die Aufgabe im allgemeinen von der falschen Seite angepackt haben: nämlich große Mengen von spezialisierten Behörden zu schaffen, die auf bestimmte Regulierungen zielen, statt auf ein wahres internationales Recht, das die Gewalten der nationalen Regierungen, einander zu schaden, beschränken würde«.[59] Er bezeichnete das als »Entthronung der Politik«, aber offenkundig war es auch eine Entthronung des Nationalstaats. So wie die Befürworter der wehrhaften Demokratie die Notwendigkeit sahen, die Demokratie einzuschränken, hielten es die Verfechter des militanten Globalismus für notwendig, die Befugnisse der Nationalstaaten einzuschränken und ihrer Souveränität Grenzen zu setzen.

Der wehrhafte Globalismus hat Ähnlichkeit mit dem, was Hermann Heller im Jahr 1933 als »autoritären Liberalismus« bezeichnete.[60] Wie Heller hielten es die Neoliberalen für nötig, Entscheidungen des Volkes außer Kraft zu setzen, wenn sie dem widersprachen, was die Neoliberalen als übergeordnetes Ordnungsprinzip betrachteten. Einige Autoren verwenden Hellers Begriff zur Erklärung der Funktionsweise der Europäischen Union.[61] Ein Vorteil des militanten Globalismus als Erklärungskategorie besteht darin, dass er der Frage der Ebene Aufmerksamkeit schenkt, die in vielen Untersuchungen über das neoliberale Denken vernachlässigt wird. Wie wir sehen werden, war es kein Zufall, dass viele neoliberale Denker Lösungen auf der globalen Ebene anstrebten. Auch vertrug sich ihre Vision nicht unbedingt mit einer Logik der »variablen Dimensionen«. Für die Mitglieder der Genfer Schule, die sich eingehend mit den Problemen der globalen systemischen Interdependenz beschäftigten, kam nur der globale Maßstab infrage. Für sie war der Kapitalismus auf globaler Ebene eine unverzichtbare Voraussetzung der normativen neoliberalen Ordnung.

Ich vertrete die Einschätzung, dass die aus einer Haltung des wehrhaften Globalismus heraus betriebene Ummantelung des Marktes die internationalen Dimensionen des neoliberalen Projekts besser auf den Punkt bringt als die von Polanyi beschriebene Entbettung der Wirtschaft gemäß einer marktfundamentalistischen Doktrin. Polanyis Analyse stellt eine elegante Parabel dar, gemäß der die kapitalistische Weltwirtschaft Schritt für Schritt die Hindernisse für ihr Funktionieren beseitigt, bis sie schließlich ihre eigene Fähigkeit zur Selbstreproduktion zerstört. In dieser Darstellung ist der Markt ein Allesfresser, der unablässig Boden, Arbeit und Geld in Wirtschaftsgüter verwandelt, wodurch er schließlich die Grundlagen des sozialen Lebens zerstört. Der Kapitalismus braucht demnach einen Gegner, der ihn vor sich selbst rettet. Indem er sich mit Herausforderungen auseinandersetzt und sie absorbiert – Beispiele wären hier die Arbeitslosenversicherung oder der Ausbau des Sozialstaats –, stabilisiert der Kapitalismus die gesellschaftlichen Bedingungen, die sein Fortbestehen ermöglichen.[62] Wie die folgenden Kapitel zeigen, bestand ein wesentlicher Aspekt des neoliberalen Projekts darin herauszufinden, wie der Widerstand der Gegner durch die Errichtung eines extraökonomischen Rahmens gebrochen werden konnte, der die Existenz des Kapitalismus dauerhaft sichern würde. Statt eines selbstregulierenden Marktes und einer alles verschlingenden Wirtschaft richteten die Neoliberalen ihren Blick und ihre Hoffnungen auf eine laufend neu auszuhandelnde Vereinbarung zwischen *imperium* und *dominium* und setzten sich gleichzeitig für politische Eingriffe ein, welche die Fähigkeit des Wettbewerbs zur Gestaltung und Lenkung des menschlichen Lebens erhöhen sollten. Die normative neoliberale Weltordnung ist kein grenzenloser Markt ohne Staaten, sondern eine doppelte Welt, die von den Hütern der Wirtschaftsverfassung vor den Forderungen der Massen nach sozialer Gerechtigkeit und Umverteilung geschützt wird.

Die drei Umwälzungen im neoliberalen Jahrhundert

Eine neoliberale Betrachtung der Geschichte des 20. Jahrhunderts liefert ein alternatives Bild der Moderne. In einer neoliberalen Geschichte des Jahrhunderts begann die Entkolonialisierung im Jahr 1919. Der Faschismus schien einigen Neoliberalen vielversprechend, bis er Zollmauern errichtete. Der Kalte Krieg trat gegenüber dem Kampf gegen den globalen New Deal in den Hintergrund. Das Ende der Apartheid war für einige Neoliberale eine Tragödie, und die Staaten waren in ihren Augen sekundäre Gebilde, die der Gesamtheit des Erdballs untergeordnet waren. In dieser Lesart war das sogenannte Goldene Zeitalter des Nachkriegskapitalismus in Wahrheit ein dunkles Zeitalter, geprägt von keynesianischen Illusionen und irregeleiteten Träumen von globaler wirtschaftlicher Gleichheit. Diese Geschichte handelt von der Entwicklung einer Welt, die durch Geld, Information und Güter zusammengehalten wird und in der die größte Leistung des Jahrhunderts keine internationale Gemeinschaft, keine globale Zivilgesellschaft oder eine Vertiefung der Demokratie war, sondern die zunehmende Integration eines als Weltwirtschaft bezeichneten Objekts und die Institutionen, die es ummanteln sollten.

In den folgenden Kapiteln werden wir die Geschichte des 20. Jahrhunderts mit den Augen der Neoliberalen betrachten, die Kapitalismus und Demokratie nicht als sich gegenseitig verstärkende Systeme betrachteten, sondern in der Demokratie tatsächlich ein Problem sahen. Die Demokratie war gleichbedeutend mit aufeinanderfolgenden Wellen von Forderungen der Massen, welche die Marktwirtschaft immer wieder aus der Bahn zu werfen drohten. Aus Sicht der Neoliberalen konnte die demokratische Bedrohung verschiedenste Formen annehmen, von der weißen Arbeiterklasse bis zur nichteuropäischen entkolonialisierten Welt. Geprägt wurde das Jahrhundert von drei Umwälzungen, die jeweils mit einer Expansion der »Demokratisierung der Welt« einhergingen, wie es der deutsche Ordoliberale Walter Eucken im Jahr 1932 ausdrückte.[63] Die erste, grundlegende Umwälzung war der Erste Weltkrieg, der die Staaten dazu bewegte, die wichtigste Voraussetzung für das Funktionieren des Welthandels und der globalen Investitionsströme aufzugeben: den Goldstandard. In der Zwischenkriegszeit wurde die Trennung zwischen politischer und wirtschaftlicher Welt verwischt, und es kam zu einer »Politisierung« des Wirtschaftlichen, als sich das allgemeine Wahlrecht in der westlichen Welt ausbreitete und die neuen Staaten in Mittel- und Osteuropa das legitime Ziel der Unabhängigkeit mit einem aussichtslosen Projekt der Autarkie verwechselten und die regionale Arbeitsteilung beseitigten, die ein Modell für eine größere globale Interdependenz gewesen war.

Die zweite Umwälzung war die Weltwirtschaftskrise, die 1929

ausbrach. Die Intellektuellen, die sich nach 1938 als Neoliberale bezeichneten, erkannten, dass es aussichtslos war zu versuchen, die verlorene Einheit der Weltwirtschaft durch akademische Studien und die Koordinierung internationaler Statistikexperten wiederherzustellen. Die Aufgabe war nicht nur grundsätzlich politisch, sondern sie war *ausschließlich* politisch. Es ist allgemein bekannt, dass die führenden Figuren der neoliberalen Bewegung, darunter Mises, Hayek und Haberler, ihre wissenschaftlichen Karrieren im Bereich der Konjunkturforschung begannen, also in der Suche nach Mustern regelmäßig auftretender Wirtschaftskrisen. Weniger bekannt ist, dass sich diese Gruppe Ende der dreißiger Jahre von der Statistik und der Konjunkturforschung abwandte. Ich werde zeigen, wie sie zu dem Schluss gelangten, die Weltwirtschaft sei erhaben, nicht darstellbar und unermesslich. Also kehrten sie der Dokumentation und Analyse der Wirtschaft den Rücken und machten sich daran, geeignete Institutionen zu entwerfen, die den unantastbaren Raum der Weltwirtschaft stabilisieren und schützen sollten.

In den Dreißigern wurde Hayek klar, dass das Wissen in einer Marktwirtschaft derart verstreut war, dass kein einzelner Mensch jemals einen anwendbaren Überblick darüber gewinnen konnte. Nach dem Schock der Weltwirtschaftskrise reifte in ihm die Überzeugung, dass die Weltwirtschaft im Grunde etwas war, das sich der menschlichen Erkenntnis entzog. Das Vorhaben, die Beziehung zwischen den beiden Welten – jener der vielen Nationalstaaten und jener der einen Wirtschaft – wiederherzustellen, musste ein Projekt des Neuentwurfs des Staates sein, und nach dem Zweiten Weltkrieg wurde daraus eine Neugestaltung des Rechts. Den Kern dieses Projekts stellte die Mehrebenen-Governance oder der neoliberale Föderalismus dar. Nach der Mystifizierung der Weltwirtschaft war das wichtigste Betätigungsfeld der Neoliberalen der Genfer Schule nicht länger die Ökonomie an sich, sondern das internationale Recht und die internationale Governance.

Die dritte zentrale Umwälzung des Jahrhunderts war weniger

der Zweite Weltkrieg oder der Kalte Krieg – die im Denken der Neoliberalen keine große Rolle spielten –, sondern die Revolte des globalen Südens in den siebziger Jahren. Mit der Ölkrise von 1973/74 traten die postkolonialen Akteure ins Rampenlicht. Die von den ärmeren Ländern vorgelegte und 1974 von der Generalversammlung der Vereinten Nationen verabschiedete Erklärung über eine Neue Weltwirtschaftsordnung (NWWO) beinhaltete die Forderung nach wirtschaftlicher Umverteilung und Stabilisierung. In der Auseinandersetzung mit dem globalen Süden und dem Vormarsch der computergestützten Modelle für globale Reformen in den siebziger Jahren entwarf die Genfer Schule ihre eigene Vision einer Weltwirtschaft ohne Zahlen: einer Welt der Information und der Regeln. Die Neoliberalen der Genfer Schule beschrieben von den siebziger bis in die neunziger Jahre eine Weltwirtschaft, die ein gigantischer Informationsprozessor war, und entwarfen globale Institutionen, die mit der Feinabstimmung dieses Prozessors betraut werden sollten. Klare Regeln für den Welthandel, die mit international geltenden konstitutionellen Gesetzen durchgesetzt werden sollten, würden für Stabilität sorgen.

Der Aufstieg des Globalismus der Genfer Schule hatte wenig mit der vermeintlichen Utopie des freien Marktes oder dem Marktfundamentalismus zu tun, der dieser Schule oft vorgeworfen wird. Den liberalen Intellektuellen der dreißiger Jahre war klar, dass es nicht um eine Wahl zwischen regierten Nationalstaaten und einer nicht regierten Weltwirtschaft ging. Eine der Überraschungen in meiner Darstellung dürfte sein, dass häufig als libertär beschriebene Denker wie Hayek und Mises nüchtern über die Notwendigkeit verschiedener Formen von internationaler und sogar globaler Governance sprachen. Die Verringerung des relativen Einflusses der Nationalstaaten sollte stets mit einer entsprechenden Stärkung der supranationalen Institutionen einhergehen. Im Kern des Ordoglobalismus finden wir seine eigene Version dessen, was Polanyi als Wiedereinbettung des Marktes bezeichnete. Der entscheidende Unterschied zwischen seiner und der neoliberalen Position ist das Ziel dieser Wiedereinbettung des Marktes: Polanyi wollte ein gewisses Maß an Menschlichkeit und sozialer Gerechtigkeit wiederherstellen; die Neoliberalen wollten egalitäre Umverteilungsvorhaben des Staates verhindern und den Wettbewerb gewährleisten, den sie alternativ als optimales Funktionieren des Systems von Preissignalen definierten.

Vertikale Lösungen für das Problem einer zerfallenden Welt

Das 20. Jahrhundert wird im Allgemeinen als Epoche des neoliberalen Triumphs beschrieben. Lange Zeit schien es, als hätte die Geschichte den Neoliberalen recht gegeben. Alle Götter mit Ausnahme des Kapitalismus waren gescheitert. Der Kommunismus endete mit einer spektakulären Implosion. Doch trotz ihres vordergründigen Siegs wurden die Neoliberalen der Genfer Schule während des gesamten 20. Jahrhunderts von der Vision einer zerfallenden Welt gequält. Es wird ihnen manchmal ein selbstgefälliges Vertrauen in die Widerstandsfähigkeit des Kapitalismus vorgeworfen, aber in Wahrheit litten sie unter der Befürchtung, dass die globalen Fundamente, auf denen eine kapitalistische Weltwirtschaft beruht, bedroht waren. Das vorherrschende Gefühl der Neoliberalen, die im Mittelpunkt meiner Darstellung stehen, war nicht Anmaßung, sondern Angst. Sie suchten angestrengt nach Möglichkeiten, eine in ihren Augen instabile Ordnung zu stabilisieren.

Obwohl ich mich auf eine relativ kleine Personengruppe konzentriere, schreibe ich diesen Intellektuellen keine übermenschliche Kraft zu, mir geht es nicht um schlichte Kausalität und ich behandle ihre Texte auch nicht als heilige Schriften. Das neoliberale Denken wurde in der Epoche seit den achtziger Jahren nicht direkt auf die Realität übertragen. Ich stelle weder die Schriften Hayeks noch die irgendeines anderen Intellektuellen als Rosettastein dar, anhand dessen sich die innere Logik einer zwangsläufig komplexen Realität entschlüsseln ließe. Die seit den Wahlsiegen Thatchers und Reagans ergriffenen politischen Maßnahmen und rhetorischen Strategien entsprangen unterschiedlichen Strömungen und gingen von unterschiedlichen Interessengruppen aus, die individuell betrachtet werden müssen und sich der Verallgemeinerung entziehen. Weder versuche ich, ein abschließendes Urteil über den Neoliberalismus zu fällen, noch will ich eine alles erklärende Theorie über Jahrzehnte des sich unablässig wandelnden globalen Kapitalismus aufstellen.

Vielmehr nutze ich die Biografien der Neoliberalen der Genfer Schule, um die Diskussion über eine Reihe von Institutionen zu verfolgen, die den globalen Markt ummanteln und gegen Einmischungen nationaler Regierungen abschirmen sollten. Die folgenden Kapitel enthalten einen historischen Überblick über diese Institutionen, die teilweise tatsächlich in ihrer Urform von neoliberalen Intellektuellen entworfen wurden, deren Rolle in den meisten Fällen jedoch darauf beschränkt war, diese Institutionen zu verfechten, umzusetzen oder anzupassen. Hayeks Forderung nach einer »Entthronung der Politik« war nur der erste Schritt zur neoliberalen Lösung. Der zweite bestand darin, die Wirtschaft nicht zu inthronisieren, sondern zu ummanteln und geeignete Institutionen zu finden, um die Abschirmung gegen politische Einflussnahme durchzusetzen. Wiederholt suchten die Neoliberalen eine vertikale Lösung für das Problem der Ordnung. Diese Suche führte ein ums andere Mal zu einer Verschiebung der Ebene der Governance. Ihren Ausdruck fand diese Bestrebung in der Struktur des Völkerbunds, im internationalen Investitionsrecht, in den Entwürfen für eine supranationale Föderation, in Systemen des gewichteten Wahlrechts, im europäischen Wettbewerbsrecht und schließlich in der Welthandelsorganisation.

Der Neoliberalismus wird manchmal als Philosophie beschrieben, die von einem Berg herabgebracht wurde, konkret vom Gipfel des Mont Pèlerin in der Schweiz. Die Neoliberalen selbst fördern das Bild einer über die Niederungen des politischen Alltags erhabenen intellektuellen Bewegung mit Verweisen auf Alexis de Tocqueville, Immanuel Kant, John Stuart Mill und Lord Acton. Doch wie wir sehen werden, gingen die führenden Köpfe des Neoliberalismus in Wahrheit einer durchaus praktischen Aktivität nach – der Anwendung ökonomischer Kenntnisse – und machten sich die Hände schmutzig, indem sie die Wirtschaft berieten, Druck auf Regierungen ausübten, Diagramme entwarfen und Statistiken sammelten. Im Lauf des Jahrhunderts sprachen die Neoliberalen verschiedenen Einrichtungen das Potenzial zu, den Weltmarkt durchzusetzen. Die folgende Darstellung beginnt in der Zeit unmittelbar nach dem Ersten Weltkrieg. Die Globalisierungsdiskussion vor dem Krieg hatte viele der Tropen hervorgebracht, deren Echo noch heute nachhallt: Die Ökonomen sprachen vom Ende der Distanz, von der Überflüssigkeit von Grenzen, von der Unmöglichkeit einer autonomen Innenpolitik. In dieser Zeit wurden auch mehrere Argumente entwickelt, die zentrale Bestandteile der neoliberalen Vorstellungen wurden. Die Weltwirtschaft war *unitär* und konnte nicht sinnvoll in Nationalstaaten oder Imperien unterteilt werden. Sie war *interdependent*, denn die Industrieländer waren auf andere Länder als Rohstofflieferanten und Absatzmärkte angewiesen, und Schwankungen von Angebot und Nachfrage machten sich weltweit bemerkbar. Sie war *infrastrukturell homogen* und auf ein Netzwerk von Straßen, Telegrafenleitungen und Schifffahrtsrouten sowie auf einheitliche Standards in den Bereichen des Rechts, des Finanzwesens und der Produktion angewiesen. Gleichzeitig war sie *funktional heterogen*, weil sich die einzelnen Regionen auf wirtschaftliche Aktivitäten spezialisierten, die ihren spezifischen Voraussetzungen entsprachen, was zu einer zunehmenden internationalen Arbeitsteilung führte und eine effizientere Nutzung der globalen Ressourcen ermöglichte. Besonders wichtig war, dass die Weltwirtschaft eine *supranationale* Kraft darstellte, die Versuche einzelner Staaten, sie zu beeinflussen, abwehren konnte.

Die Internationale Handelskammer (ICC) war eine internationalistische Einrichtung, die versuchte, die Idee einer geeinten Weltwirtschaft zu dokumentieren und zu verbreiten. Die ICC sammelte internationale Wirtschaftsstatistiken und setzte sich für die Beseitigung von Handelshemmnissen und die Freizügigkeit des Kapitals ein. Kurz nach dem Ende des Ersten Weltkriegs und der Auflösung des Habsburger- und des Osmanischen Reichs gelangten Mises und sein Wiener Kreis zu der Überzeugung, diese Einrichtung sei ein geeigneter Partner. Mises selbst war Delegierter bei der ICC, und die Angehörigen der ersten Generation österreichischer Neoliberaler arbeiteten allesamt in der Wiener Handelskammer. Die neoliberale Doktrin wurde von Anfang an den Bedürfnissen ihrer Schirmherren in der Wirtschaft angepasst. Die »Welt der Mauern« (Kapitel 1), die nach dem Ersten Weltkrieg entstand, wurde zu einem Gegenentwurf, dem die Neoliberalen ihre offene Weltwirtschaft gegenüberstellten.

In den zwanziger Jahren sahen einige spätere Neoliberale dann im Völkerbund eine supranationale Behörde, die geeignet schien, die Bedingungen der doppelten Welt des Kapitalismus aufrechtzuerhalten. Mises, Hayek, Haberler und Röpke trugen in Zusammenarbeit mit dem Völkerbund in Genf zu den ersten synoptischen Darstellungen einer »Welt der Zahlen« bei (Kapitel 2). Doch Ende der dreißiger Jahre reagierten die Neoliberalen auf den Vormarsch dessen, was sie als Wirtschaftsnationalismus bezeichneten, indem sie die Möglichkeit bestritten, die Wirtschaft könne sichtbar gemacht werden. Hayeks Urteil, die Wirtschaft entziehe sich der Erfassung durch den menschlichen Verstand, widersprach den Thesen der neuen Disziplin der Makroökonomie, aber es gab dem neoliberalen Projekt eine einheitliche Richtung: Die Diskussion verlagerte sich von der Wirtschaft auf den Rahmen, der sie umschloss.

In den dreißiger und vierziger Jahren entwickelten die Neoliberalen eigene Konzepte für eine Ordnung im großen Maßstab und entwarfen Pläne für eine internationale Föderation mit einer Doppelregierung, die den unerkennbaren Markt ummanteln sollte. Statt des Imperiums schlugen Robbins, Hayek und Mises eine »Welt der Föderationen« vor (Kapitel 3).

Das im Jahr 1944 errichtete Bretton-Woods-System schien den Neoliberalen ungeeignet, die Funktion eines Hüters der Weltwirtschaft zu erfüllen. Die Lösung der Vereinten Nationen für das Ende der Kolonialreiche – die Einräumung von Stimmrechten für die wachsende Zahl neuer Nationen in der außereuropäischen Welt – drohte das Gleichgewicht zwischen *dominium* und *imperium* zu zerstören. In Zusammenarbeit mit der ICC entwarfen die Neoliberalen einen universellen Investitionskodex und bilaterale Investitionsabkommen, die das Kapital in einer »Welt der Rechte« schützen sollten (Kapitel 4).

Die Notwendigkeit, die Weltwirtschaft zu verteidigen, bewegte einige Neoliberale dazu, sich scheinbar illiberale Bettgenossen zu suchen. Der Fall Chiles unter der Diktatur Augusto Pinochets erregte beträchtliches Aufsehen, während die Beziehung der Neoliberalen zum südafrikanischen Apartheid-Regime weniger eingehend untersucht worden ist. An diesem Punkt kam es zu einer Spaltung der Genfer Schule. Fast alle Neoliberalen, mit denen wir uns in diesem Buch beschäftigen, lehnten insbesondere nach 1945 Rasse als analytische Kategorie ab, doch Wilhelm Röpke fiel mit seiner Überzeugung aus dem Rahmen, die Verteidigung der Weltwirtschaft erfordere auch eine Verteidigung der westlichen christlichen – und weißen europäischen – Prinzipien gegen das, was William H. Hutt, ein weiterer Neoliberaler, als »schwarzen Imperialismus« bezeichnete.[64] Röpkes nach dem Krieg entwickelte Vorstellung von einer »Welt der Rassen« (Kapitel 5) wich in mehrerlei Hinsicht deutlich von der Hauptströmung der Genfer Schule ab. Figuren wie Hayek, Friedman und Hutt kritisierten ebenfalls die Ausgrenzung der von den weißen Minderheiten bestellten Regierungen im südlichen Afrika, aber das taten sie aus Gründen, die eher mit den in diesem Buch behandelten Gefahren – insbesondere jener der unbeschränkten Demokratie – und mit der Notwendigkeit zusammenhingen, die weltwirtschaftliche Ordnung gegen politische Forderungen nach sozialer Gerechtigkeit abzuschirmen.

Sehr viel eher als in den segregationistischen Lösungen im südlichen Afrika sahen die Neoliberalen der Genfer Schule in der Europäischen Wirtschaftsgemeinschaft (EWG), die im Jahr 1957 mit der Unterzeichnung der Römischen Verträge ins Leben gerufen wurde, eine Institution, die geeignet war, ihre Vorstellung einer Wirtschaftsverfassung in der Nachkriegszeit durchzusetzen. Die EWG war das Ergebnis eines Kompromisses mit der Christdemokratie, der Agrarlobby und dem Sozialismus, aber einige Neoliberale hatten den Eindruck, dass sie ein mögliches Modell für eine »Welt der Verfassungen« darstellte (Kapitel 6), in der die nationale Souveränität im Namen des Wettbewerbs eingeschränkt wurde. Das mehrschichtige Modell wirkte wie ein institutionelles Werkzeug zur Sicherung der Marktrechte.

In den siebziger Jahren wandten die Neoliberalen der Genfer Schule das europäische Modell im globalen Maßstab an, um den Forderungen der ärmeren Länder nach einer Neuen Weltwirtschaftsordnung (NWWO) zu begegnen. Ausgehend von Hayeks Theorien entwickelten seine Schüler und Anhänger im GATT-Sekretariat eine Alternative zur NWWO, die verhindern sollte, dass die wirtschaftliche Entkolonialisierung, wie sie den Prozess nannten, die Weltordnung in der Peripherie zu zersetzen begann. Die Hayek-Schüler in Genf verstanden die Weltwirtschaft als »Welt der Signale« (Kapitel 7) und sahen die Notwendigkeit, rechtlich bindende konstitutionalisierte Rahmenbestimmungen zu schaffen, um die Stabilität der Signalübermittlung mittels der Preise und ihre Vorhersehbarkeit für die wirtschaftlichen Akteure zu erhalten. Diese einflussreiche intellektuelle Strömung mündete in die Gründung der WTO, die ein großer Erfolg für die Neoliberalen war, die das ganze Jahrhundert nach einem extraökonomischen Regulierungsmechanismus für die Weltwirtschaft gesucht hatten.

Als das GATT-Sekretariat im Jahr 1977 in den ehemaligen Hauptsitz der Internationalen Arbeitsorganisation (ILO) einzog, wurde das Gebäude nach dem Schweizer Neoliberalen und Gastgeber der Gründungsversammlung der Mont Pèlerin Society in Centre William Rappard umbenannt. Rappard hatte in den dreißiger und vierziger Jahren Röpke, Mises, Hayek und Robbins nach Genf geholt. In diesem Gebäude nahm die WTO im Jahr 1995 den Betrieb auf. Die lange intellektuelle Vorgeschichte des größten Triumphs der Genfer Schule zeigt, dass der Neoliberalismus ursprünglich keine Philosophie des freien Marktes, sondern ein Entwurf für eine Doppelregierung in der doppelten Welt des Kapitalismus war. Da sich meine Darstellung über den Großteil des 20. Jahrhunderts erstreckt, ist sie zwangsläufig unvollständig. Ich konzentriere mich auf den Zeitraum zwischen den frühen zwanziger und den frühen achtziger Jahren und beende meine Untersuchung im Wesentlichen vor dem Durchbruch der neoliberalen Politik unter den Regierungen Reagan und Thatcher. Nicht untersucht werden hier die lohnenswerten Themen der Hinwendung des IWF und der Weltbank zu der unter dem Schlagwort »Washington-Konsens« bekannt gewordenen Politik. Auch habe ich mich nicht mit den Wandlungen der internationalen geldpolitischen Lenkung einschließlich des Monetarismus, dem Ende des Bretton-Woods-Systems, der Einführung des Euro und der Neuausrichtung der Zentralbankpolitik befasst. Das bedeutet, dass ich mich nicht mit der Finanzialisierung beschäftige, der vielleicht wichtigsten Transformation des globalen Kapitalismus seit den siebziger Jahren. Ein Grund für die Auslassung ist, dass diese Fragen von anderen Autoren, deren ausgezeichnete Arbeiten in den Endnoten zu dieser Einleitung genannt werden, bereits eingehend untersucht worden sind.[65] Dazu kommen Platzgründe und mein Wunsch, eine Geschichte detailliert genug zu erzählen, um die Verallgemeinerungen zu vermeiden, unter denen die sozialwissenschaftliche Literatur leidet.

Die hier rekonstruierte Geschichte ist klar eingegrenzt und folgt im Wesentlichen den Biografien von drei Generationen von Intellektuellen, vom Mises-Kreis im Wien der zwanziger Jahre bis zu den Völkerrechtsexperten, die in Genf in den achtziger Jahren zu den theoretischen Grundlagen der WTO beitrugen. Das Hauptaugenmerk liegt auf dem Konzept einer Doppelregierung, welche die Bereiche von *dominium* und *imperium* getrennt halten und voneinander isolieren sollte. Ich mache die intellektuellen Ursprünge des neoliberalen Globalismus in der Neuordnung der Welt nach dem Ende der Kolonialreiche aus, und ich spüre den historischen Wurzeln der Paradigmen des internationalen Wirtschaftsrechts und des neoliberalen Konstitutionalismus nach, die eher von Politikwissenschaftlern und Soziologinnen als von Historikern untersucht worden sind. Wenn wir das Jahrhundert nicht von Chicago, Washington oder London, sondern von Genf aus betrachten, sehen wir eine Denkschule, die zu dem Schluss gelangte, dass Gesetze und eine Beschränkung der nationalen Autonomie Voraussetzungen für das Überleben der Weltwirtschaft seien. Wir sehen eine Version des Neoliberalismus, deren zentraler Wert nicht die Freiheit des Einzelnen, sondern die Interdependenz des Ganzen war.

Es muss von vornherein klargestellt werden, dass keine der hier untersuchten Vorstellungen jemals unangefochten war und dass nur wenige dieser Ideen in den Mainstream eingeflossen sind. Erfolg und Scheitern des Neoliberalismus als historisches Phänomen können nicht allein durch das sorgfältige Studium der Schriften seiner bekanntesten Vertreter erklärt werden. Ich urteile nicht über Erfolg oder Scheitern des Neoliberalismus, sondern ich will verschiedene Augenblicke beleuchten, in denen das neoliberale Denken in Kooperation mit Politikerinnen, Bürokraten oder Wirtschaftsvertretern in politische Maßnahmen umgesetzt wurde oder in die Gestaltung von Institutionen einfloss. Es sind zahlreiche Auswirkungen des Neoliberalismus als politisches Projekt auf die reale Welt belegt. Man kann ihre Geschichte schreiben. Dieses Buch enthält eine solche historische Darstellung und ordnet das neoliberale Projekt in einen von anderen Autoren entwickelten größeren Rahmen ein. Die von der Geschichtsschreibung weitgehend ignorierten Fragen von Imperium, Entkolonialisierung und Weltwirtschaft standen von Anfang an im Mittelpunkt des neoliberalen Projekts.

***

Die Tatsache, dass Ausnahmeregelungen und Regelverstöße die Geschichte des paradigmatischen Produkts des Neoliberalismus der Genfer Schule – der WTO – prägen, zeigt, dass die Auseinandersetzung zwischen den ökonomischen Vorstellungen keineswegs beendet ist und dass die Weltwirtschaft weiterhin laufend neu definiert wird.[66] Wie eine Historikerin bemerkt, gehört zu den auffälligsten Merkmalen des komplexen Rechtssystems, das zum Schutz der privaten Eigentumsrechte in der Nachkriegszeit errichtet wurde, die Tatsache, dass es »nicht funktionierte«.[67] Zu Beginn des 21. Jahrhunderts ist die Zahl der Länder, die Investitionsabkommen ablehnen oder sich aus bestehenden Verträgen zurückziehen, weiter gestiegen.[68] Immer mehr Staaten verzichten darauf, sich für Kredite an den IWF zu wenden, da die Regierungen die vom Währungsfonds diktierten Sparprogramme bei den Wahlen teuer bezahlen. Die Träume von der nationalen wirtschaftlichen Unabhängigkeit – und die entsprechenden Forderungen – haben sich als höhere Hürde erwiesen, als zuversichtliche Neoliberale erwartet hatten.

Es sollte mittlerweile vollkommen klar sein, dass eine Analyse der neoliberalen Ordnungskonzepte insbesondere auf supranationaler Ebene nicht auf die Behauptung einer neoliberalen Allmacht hinausläuft. Seit der globalen Finanzkrise im Jahr 2008 sind zahlreiche links- und rechtspopulistische Bewegungen aus dem Boden geschossen, die viele der in diesem Buch beschriebenen Institutionen bekämpfen. Als ich vor einigen Jahren an diesem Buch zu arbeiten begann, war Globalismus noch ein wenig gebräuchlicher, lediglich in akademischen Analysen verwendeter Begriff. Mittlerweile sind »die Globalisten« jedoch zum Ziel rechtsextremer Wut geworden; der siegreiche Bewerber für das Weiße Haus verwendete sie im Wahlkampf erfolgreich als Feindbild. Die »Globalisten«, die als schwer abgrenzbare und oft mysteriöse Vertreter der politischen, akademischen und Finanzelite dargestellt werden (sofern überhaupt eine Zuordnung versucht wird), werden regelmäßig zu Sündenböcken für alle Übel der Politik gemacht und sind in der öffentlichen Vorstellung Schreckgespenste, deren Ideen gefährlich weit von den Sorgen der Normalbürger entfernt sind. In den folgenden Kapiteln beschreibe ich das Selbstverständnis derer, die nichts dagegen hätten, als »Globalisten« bezeichnet zu werden. Die Schilderung trägt dazu bei, den Neoliberalismus auf den Boden der Tatsachen zurückzuholen, indem sie sowohl diese Bewegung als auch den Globalismus nicht als abstrakte Geschichtskonzepte, sondern als politische Projekte begreift, die von Personen vorangetrieben wurden, die an bestimmten Orten und zu bestimmten Zeiten tätig waren. Trotz des Wechselspiels von Händeringen und hämischen Nachrufen seiner Kritiker, trotz der abwechselnden Selbstgefälligkeit und Verzweiflung seiner Anhänger ist der neoliberale Globalismus nur ein Projekt unter vielen. Es folgt die Geschichte nicht eines Sieges, sondern eines andauernden Kampfes um die Prinzipien, denen die Weltwirtschaft und damit unser aller Leben unterworfen werden sollte.

1. Eine Welt der Mauern

> Aber wie für den Liberalen die Welt nicht an den Grenzen des Staates endet, wie für ihn die Staatsgrenzen überhaupt nur eine nebensächliche und untergeordnete Bedeutung haben, wie sein politisches Denken die gesamte Menschheit umfaßt, wie der Ausgangspunkt aller seiner politischen Doktrinen die Überzeugung ist, daß die Arbeitsteilung eine internationale und nicht bloß eine nationale ist, wie er von vornherein weiß, daß es nicht genügt, den Frieden im Innern des Staates herzustellen, daß es vielmehr notwendig ist, daß alle Staaten untereinander in Frieden leben, so fordert er auch, daß die staatliche Organisation ihre Fortsetzung und ihren Abschluß finde in einer staatsgleichen Verbindung aller Staaten zu einem Weltstaat.
>
> *Ludwig von Mises, 1927*

Mit dem Ende des Ersten Weltkriegs mussten die Imperien einen ersten schweren Schlag hinnehmen. Österreich-Ungarn, das sich vor dem Krieg über den Großteil Ost- und Südosteuropas erstreckt hatte, war nach dem Krieg nur noch ein Schatten seiner selbst: Die Habsburgermonarchie verlor drei Viertel ihres Territoriums, und Österreich hatte nur noch ein Fünftel der Bevölkerung des ehemaligen Vielvölkerstaates. Vom Herrschaftsgebiet des sechs Jahrhunderte alten Osmanischen Reichs, das sich auf dem Höhepunkt seiner Macht über Teile Europas, des Nahen Ostens und Nordafrikas erstreckt hatte, blieben nur die türkische Halbinsel und ein Brückenkopf auf der europäischen Seite des Bosporus übrig. Die zuvor osmanischen Gebiete in Syrien, dem Irak und Palästina wurden der Kontrolle Frankreichs und Großbritanniens unterstellt, die zumindest auf dem Papier vorhatten, die Mandatsgebiete auf die Selbstverwaltung vorzubereiten. Die deutschen Kolonien in Afrika und im Südpazifik wurden unter den Siegern des Kriegs aufgeteilt (die Kontrolle über Deutsch-Südwestafrika übernahm Südafrika). Diese früheren Kolonien wurden nun als Mandatsgebiete bezeichnet, und ihre Unabhängigkeit wurde auf die unbestimmte Zukunft verschoben. Der Völkerbund, der als »Bund von Imperien« entstanden war, verwandelte sich in eine Bühne, auf der Nationen aus den Randzonen des globalen Systems Forderungen zu erheben begannen.[1] Auch wenn die europäischen Imperien nicht bereit waren, ihre Kolonien aufzugeben, sah man auf der neuen Karte Osteuropas und hörte man in den Reden Woodrow Wilsons, Wladimir Iljitsch Lenins und antikolonialer Intellektueller wie Jawaharlal Nehru und Mao Tse-tung, dass ein neues Prinzip der nationalen Selbstbestimmung auf dem Vormarsch war. Das Konzept des transnationalen Imperiums war in die Defensive geraten.[2]

So wie die Idee der Nation erfreute sich auch die Idee der Weltgemeinschaft in den zwanziger Jahren wachsender Beliebtheit. Der Begriff »world economy« wurde in dem Jahrzehnt ins Englische eingeführt, in dem sich auch die Vorstellung von der »Entstehung der internationalen Gesellschaft« durchsetzte.[3] Dazu kamen zahlreiche weitere Begriffe wie »Weltgeschichte«, »Weltliteratur«, »Weltpolitik« und natürlich »Weltkrieg«. Genau wie über Familienmitglieder und saubere Luft wurde über die Weltwirtschaft am meisten diskutiert, als sie verschwunden war. Der österreichische Ökonom Ludwig von Mises schrieb im Jahr 1922, dass »kurz vor dem Ausbruch des Weltkrieges [die] Verwirklichung des Traumes einer ökumenischen Gesellschaft in die Nähe gerückt« sei. »Hat der Weltkrieg diese Entwicklung nur für kurze Zeit unterbrochen, oder hat er sie ganz vernichtet? Ist es denkbar, daß diese Entwicklung überhaupt zum Stillstand kommt, daß sich die Gesellschaft gar rückbildet?«[4] Mises fragte: »Wer sollte die zerstörte Welt wieder aufbauen?«[5] Die Liberalen sahen sich mit der sonderbaren Notwendigkeit konfrontiert, etwas zu rekonstruieren, das teilweise einfach deshalb funktioniert hatte, weil es als selbstverständlich betrachtet worden war. Der Krieg hatte gezeigt, dass der Fortschritt keine Einbahnstraße war: Die Welt konnte sich tatsächlich zurückentwickeln. Ökonomen, Politiker und Wirtschaftstreibende würden zusammenarbeiten müssen, um die zerschmetterte Welt des globalen Kapitalismus wieder zusammenzusetzen.

Der Erste Weltkrieg war eine der großen Bruchstellen im neoliberalen Narrativ des 20. Jahrhunderts. Historikerinnen haben festgestellt, dass sich alle kriegführenden Mächte im Lauf des Krieges dem »organisierten Kapitalismus und dem Kriegskollektivismus« zuwandten.[6] Ausländisches Eigentum wurde beschlagnahmt, das freie Spiel von Angebot und Nachfrage wurde durch eine Befehlswirtschaft ersetzt, zentralisierte Systeme für Rationierung und Ressourcenzuteilung traten an die Stelle des Preismechanismus, die nationalen Regierungen und Planungsgremien rissen die Mauern der vertraulichen Unternehmenstätigkeit nieder, spionierten Privatkonten und Geschäftsabläufe aus, um Daten über die Produktion und Verteilung von Gütern zu sammeln, und errichteten ein System, das in den Augen mancher Beobachter nichts anderes als »Kriegssozialismus« war; der deutsche Politiker und Unternehmer Walther Rathenau bezeichnete es als »Großwirtschaft«.[7]

Im Lauf des Krieges mehrten sich die Verstöße gegen die grenzüberschreitende Unantastbarkeit des Privateigentums: Der private Raum des Kapitalisten wurde entweiht. Der Staat nahm nun Einblick in Privatkonten, die sich in Inputs in einem umfassenden Plan für die Zuteilung der Ressourcen des Nationalstaats verwandelten. Nirgendwo verlief die Auslöschung der Trennlinie zwischen öffentlichem und privatem Raum ähnlich katastrophal wie dort, wo sozialistische Revolutionen Erfolg hatten: in Russland im Jahr 1917, in der Münchner Räterepublik im Jahr 1918 und in der ungarischen Revolution unter Béla Kun. Aber nach dem Ersten Weltkrieg wurden die Geheimnisse der Privatunternehmen überall offengelegt: Die Unternehmenstätigkeit musste zum Wohl der Wirtschaft transparent gemacht werden.

In den Augen der Liberalen lag es an drei Faktoren, dass die Politik nach dem Weltkrieg eine Vormachtstellung gegenüber der Wirtschaft erlangte. Erstens weitete der Siegeszug des allgemeinen Wahlrechts für Männer in Europa und Nordamerika die Volkssouveränität aus, wodurch es schwieriger wurde, den Goldstandard durch interne Abwertungen aufrechtzuerhalten, die zulasten der einfachen Bürger gingen.[8] Zweitens hatte der Krieg in der Gesellschaft eine – aus liberaler Perspektive – unangebrachte Hoffnung auf die Fähigkeit des Staates zur Ressourcenzuteilung geweckt. Es ist kein Zufall, dass unter den wichtigsten Gegnern Hayeks und Mises' in Wien Otto Neurath war, jener Mann, der für die Münchner Räterepublik einen Plan für eine geldlose Wirtschaft entworfen hatte. Seit dem Krieg sahen viele in einer zentral gesteuerten Planwirtschaft eine realistische Alternative. Drittens bestätigte das Ergebnis des Kriegs in Form der Friedensverträge von Versailles und St. Germain die Vorstellung, die Nation sei die wichtigste Einheit für die Organisation des menschlichen Zusammenlebens. In den Augen der Intellektuellen, die als Neoliberale bekannt wurden, war die Epoche nach 1918 durch das Bemühen gekennzeichnet, das angemessene Gleichgewicht zwischen der öffentlichen Welt des Staates und der privaten Welt von Eigentum und Vertragsbeziehungen wiederherzustellen. Seinen konkreten Ausdruck fand dieses Bemühen in verschiedenen Projekten für einen kapitalistischen Internationalismus: Der Respekt vor dem Privateigentum musste Vorrang vor dem nationalen Recht haben. Die Unternehmen mussten bei grenzüberschreitenden Investitionen vor Einschränkungen ihrer Bewegungsfreiheit und vor Enteignungen geschützt werden. Das Kapital musste wieder kosmopolitisch werden.

In diesem Kapitel werde ich mich auf die Liberalen im Wien der zwanziger Jahre sowie auf die Institutionen konzentrieren, in denen sie ihre Theorien und ihr politisches Weltbild entwickelten. Die zwei wichtigsten internationalen Wirtschaftsorganisationen jener Zeit waren die Internationale Handelskammer und der Völkerbund. Diese beiden Einrichtungen organisierten im Jahr 1927 die Weltwirtschaftskonferenz, die erste Tagung, deren Thema die Welt als Ganze war. Auf dieser Konferenz wurde internationaler Widerstand gegen Handelshindernisse organisiert und die Metapher der »Zollmauern« in die öffentliche Debatte eingeführt. Zu einer Zeit, da die Vereinigten Staaten eine relative diplomatische Isolation suchten, übernahm der Völkerbund die Führung bei der Entwicklung von Plänen für eine globale Wirtschaftsordnung und organisierte eine Reihe von Gesprächen, an denen die späteren Neoliberalen Ludwig von Mises, Gottfried Haberler, Wilhelm Röpke, Lionel Robbins und Friedrich Hayek persönlich teilnahmen.

Eines der vorrangigen Ziele dieser Einrichtungen war die Wiederherstellung des Freihandels; das andere war die Überwindung der Gewerkschaften, die als inneres Hindernis betrachtet wurden. Im selben Jahr, in dem die Weltwirtschaftskonferenz stattfand, wurde Mises Zeuge eines Arbeiteraufstands in Wien, bei dem fast hundert Menschen den Tod fanden und der Justizpalast in Flammen aufging. Die Liberalen betrachteten sowohl die Zollschranken als auch die Lohnforderungen der Arbeiterschaft als Markthindernisse. Um das liberale Ideal verwirklichen zu können, brauchte man einen Staat, der Handelshemmnisse und Hindernisse für Lohnkorrekturen beseitigen konnte. Das bedeutete einen militanten und nötigenfalls militarisierten Widerstand gegen die Strategien, mit denen die organisierte Arbeiterschaft ihre Löhne und vom Staat garantierten Ansprüche verteidigte. Die blutige Niederschlagung der Unruhen im Jahr 1927 bestärkte Mises in der Überzeugung, dass der Staat bereit und imstande war, alle erforderlichen Mittel einzusetzen, um die Arbeiter daran zu hindern, geeignete politische Bedingungen für die Verwirklichung ihrer Vorhaben zu schaffen.

Wehrhafter Liberalismus in der Ringstraße

Wenn es einen Geburtsort des organisierten Neoliberalismus gibt, so ist es das Haus am Stubenring 1-10 am Anfang der Wiener Ringstraße. In diesem Haus unweit des Donaukanals bezog im Jahr 1907 die Niederösterreichische Handels- und Gewerbekammer (die spätere Wiener Handelskammer) ihren neuen Sitz in einem von Ludwig Baumann entworfenen sechsgeschossigen Gebäude, das neoklassizistische mit Jugendstilelementen verband und an einer Ecke mit dem Wappenschild der Habsburgermonarchie verziert war, das den Doppeladler zeigte. Durch das von vier Marmorsäulen getragene Portal betrat man ein Treppenhaus, in dem lebensgroße Bronzeskulpturen barbusiger ägyptischer Altardienerinnen, die Votivschüsseln über ihre Köpfe hielten, vor großen Fenstern mit geometrisch angeordneten blauen und grünen Glasscheiben standen. Nachdem er dort im Jahr 1909 im Alter von 27 Jahren eine Stelle angenommen hatte, ging Ludwig Mises 25 Jahre lang jeden Morgen über diese Treppe hinauf zu seinem Büro. Friedrich Hayek kam im Jahr 1921 in die Handelskammer und arbeitete anderthalb Jahre an der Seite Mises' in einer Kommission, die sich mit dem Friedensvertrag von St. Germain beschäftigte.[9] Mitte der zwanziger Jahre schloss sich Hayek erneut Mises an und arbeitete von da an mit Gottfried Haberler zusammen, den Mises im gemeinsam mit Hayek gegründeten Österreichischen Institut für Konjunkturforschung platzierte, das im selben Gebäude wie die Handelskammer untergebracht war. Das der Ringstraße zugewandte Büro Mises' im zweiten Stock war auch der Versammlungsort für sein privates Seminar, an dem Fritz Machlup und gelegentlich Lionel Robbins, Frank Knight und John Van Sickle teilnahmen und das sich in einen Bestandteil der »außerakademischen kosmopolitischen Intellektuellengruppe« verwandelte, die sich im Jahr 1947 in der neoliberalen Mont Pèlerin Society zusammenschloss.[10]

Indem wir den Beginn der Geschichte des Neoliberalismus nicht am Mont Pèlerin im Jahr 1947, sondern am Wiener Stubenring in den zwanziger Jahren ansetzen, entlarven wir eine selbstverherrlichende Selbstdarstellung, in der von einsamen, bedrängten Intellektuellen die Rede ist, und erhalten Einblick in die Welt, in der die zukünftigen Neoliberalen ihre Grundsätze entwickelten. Wir erkennen auch, dass sie in ihren Schriften nicht von abstrakten Überlegungen, sondern von konkreten politischen Problemen ausgingen. Obwohl Mises behauptete, für ihn sei kein anderer Beruf erstrebenswerter gewesen als der des Universitätslehrers,[11] war die Handelskammer in mancher Hinsicht sein eigentliches Milieu, und seine politischen Vorschläge blieben bemerkenswert konsistent. Er begann seine österreichische Karriere in den letzten Jahren des Habsburgerreichs als Befürworter geringerer Gewerbesteuern und beendete sie in den letzten Jahren der Ersten Republik mit derselben Forderung. In seiner Funktion als Sekretär der Kammer, die er ab dem Jahr 1918 innehatte, hatte Mises in der Zwischenkriegszeit die Aufgabe, die Regierung zu beraten und Expertengutachten zu neuen Gesetzesvorhaben zu verfassen, eine Pflicht, die ihren Höhepunkt mit der Leitung einer dreiköpfigen Wirtschaftskommission im Jahr 1930 erreichte.[12] Selbst wenn vor allem seine sozialphilosophischen Arbeiten und seine theoretische Auseinandersetzung mit Geld und Kredit in Erinnerung geblieben sind, verdiente sich Mises seinen Lebensunterhalt über weite Strecken seines Erwachsenenlebens als Fürsprecher der Wirtschaft, sei es in den zwanziger und dreißiger Jahren in der Wiener Handelskammer oder nach seiner Auswanderung in die Vereinigten Staaten in der National Association of Manufacturers und der Foundation for Economic Education.[13]

Der Sitz der Wiener Handelskammer an der Ringstraße war ein symbolträchtiger Ort. Ein genauerer Blick darauf erleichtert uns das Verständnis des Milieus, in dem die österreichische Schule des Neoliberalismus entstand. Die Ringstraße wurde nach der Revolution von 1848 auf den Freiflächen gebaut, die durch den Abriss der mittelalterlichen Stadtmauern entstanden waren. In seiner klassischen Studie über das Wien der Jahrhundertwende beschreibt Carl Schorske, wie die liberale Stadtregierung die Ringstraße nutzte, um ihre Vorstellung von der gesellschaftlichen Ordnung zum Ausdruck zu bringen, indem sie das Parlament und das Rathaus in der Nachbarschaft von Burgtheater und Universität errichten ließ.[14] Die Pläne Wiens ähnelten denen, die in Paris unter der Leitung von Baron Georges-Eugène Haussmann vorangetrieben wurden. Beide Erneuerungsprojekte öffneten in mittelalterlichen Städten Arterien für Handel und Verkehr. Es wurden breite Prachtstraßen gebaut, die gleichzeitig der kulturellen Bereicherung durch Opern und Museen, der Bekräftigung der staatlichen Macht mit beeindruckenden Denkmälern und dem Konsum in Geschäften und Kaffeehäusern dienten.[15] Zudem würden es die breiten Boulevards Aufständischen erschweren, jene Art von Barrikaden zu errichten, die in den Revolutionen des Jahres 1848 so wirksam eingesetzt worden waren. Beide Pläne sahen die Ansiedlung von Arsenalen und Kasernen im Stadtzentrum vor, was einen raschen Einsatz von Truppen zur Unterdrückung von Unruhen ermöglichen sollte.[16] Die Ringstraße und Haussmanns Boulevards verwandelten Wien und Paris in moderne Städte, in Handelszentren, die in der Lage waren, eine wachsende und vielschichtige Bevölkerung aufzunehmen und zu kontrollieren.

Das Stubenviertel wurde im ersten Jahrzehnt des 20. Jahrhunderts »am Ende der liberalen Epoche« errichtet.[17] Von der Handelskammer aus blickte man über den Stubenring auf den klobigen siebengeschossigen Bau des Kriegsministeriums, der vom selben Architekten entworfen und 1913 fertiggestellt wurde. Dieses Gebäude wurde von einem bronzenen Doppeladler mit einer Flügelspannweite von sechzehn Metern gekrönt, den das Gemäuer nur tragen konnte, weil ein zusätzliches Stockwerk eingezogen wurde. Auf der Rückseite des Gebäudes prangte der Schriftzug »Si vis pacem para bellum« (Wenn du den Frieden willst, bereite den Krieg vor). Nach dem Krieg verwandelte sich das Gebäude in eine Kaserne für das österreichische Militär. Der Doppeladler durfte bleiben, verlor jedoch seine Krone (die Inschrift wurde dann nach dem Zweiten Weltkrieg entfernt). Das dritte Gebäude im Stubenringensemble blieb unverändert: Der Sitz der Postsparkasse (Postsparcassen-Amt), ein von Otto Wagner entworfener massiver Jugendstilbau, der im Jahr 1906 eingeweiht wurde, ist aus Stahlbeton und hat eine gewagte Fassade ohne ornamentalen Schmuck.

Mises verfolgte die Geschehnisse des Jahrzehnts im Stubenviertel, und dort entwickelte er seine Vorstellungen von der Wirtschaftsordnung. Das Gebäude des Kriegsministeriums gegenüber der Handelskammer schien das zu verkörpern, was Mises später als »allmächtigen Staat« bekämpfen würde.[18] Aber in seiner Version des Neoliberalismus wird der Staat als solcher nie abgelehnt.[19] Michel Foucaults Vorwurf der »Staatsphobie« an die Adresse der österreichischen Neoliberalen ist insbesondere in Anbetracht der Tatsache unangebracht, dass sich Mises dafür aussprach, Wirtschaftsinteressen mit Steuern zu finanzieren.[20] Mises wurde zu einem Schutzheiligen dar amerikanischen Libertären, aber er arbeitete nicht nur als staatlich finanzierter Berater der Regierung, sondern sprach dem Staat auch eine wichtige Funktion beim Schutz des Eigentums und bei der Wahrung des gesellschaftlichen Friedens zu. In einer aufschlussreichen Textstelle aus dem Jahr 1922 bezeichnete er den Staat als »Sicherheitsproduzent«.[21] In Mises' Augen hing die Beurteilung des staatlichen Handelns vom Einsatzgebiet ab. Der imperiale Staat an sich interessierte ihn nicht. Er fürchtete einen interventionistischen Staat, der seine Legitimität vom »Volk« bezog. In seinen Augen erlangte der Staat nur dadurch Legitimität, dass er die Unantastbarkeit des Privateigentums und das freie Spiel der Wettbewerbskräfte verteidigte.

Wie wir in Kapitel 3 sehen werden, hatte Mises nichts gegen den Einsatz der staatlichen Militärmacht zur Öffnung und Sicherung von Märkten in Übersee einzuwenden. Und während er das ablehnte, was er als »Etatismus« bezeichnete – das heißt staatliche

Eingriffe in Produktion und Bereitstellung von Gütern –, kritisierte er den Staat dafür, dass er seiner Meinung nach nicht aggressiv genug gegen die Gewerkschaften vorging.[22] Die Aufrechterhaltung der Sicherheit erforderte oft die Unterdrückung von Arbeiterprotesten, die für Mises einfach kriminelle Gewalt darstellten. Derartige Aufgaben konnte ein schwacher Staat nicht bewältigen. In diesem Sinn sollte die Umwandlung des ehemaligen Reichskriegsministeriums an der Ringstraße in eine Militärgarnison nach 1920 auch als notwendiger und angemessener Bestandteil von Mises' neoliberalem Modell betrachtet werden.

Der Historiker Carl E. Schorske vertrat die Auffassung, Anfang des 20. Jahrhunderts habe die liberale Ära geendet. Das mag für die Parteipolitik gelten, aber im Jahr 1907 wurde auch das allgemeine Wahlrecht für Männer eingeführt, womit eine der zentralen Forderungen der Liberalen auf dem Weg zur Volkssouveränität verwirklicht wurde. Diese Errungenschaft war teilweise direkten Aktionen einschließlich von Kundgebungen im Jahr 1907 zu verdanken, was Mises zutiefst erschütterte. Er bezeichnete öffentliche Kundgebungen als Taktik von »Terror und Einschüchterung«. In seinen Memoiren schreibt er: »Die Sozialdemokratie nahm unbestritten für sich das ›Recht auf die Straße‹ in Anspruch.«[23] Die Straßen Wiens und insbesondere die Ringstraße waren nicht einfach ein symbolischer öffentlicher Raum: Sie waren das Forum, in dem das Volk seine Forderungen erhob, die manchmal erfüllt und manchmal abgelehnt wurden. In Zeiten des Aufruhrs wurden Menschenansammlungen zu Symbolen für das Volk als solches, und jene, die skeptisch gegenüber der Demokratie waren, begründeten ihren Widerstand gegen Veränderungen oft mit dem Anblick solcher Kundgebungen. Die Stadt war nicht einfach die Kulisse für die Inszenierung bestimmter Ideen. Die neoliberalen Denker entwickelten ihre Vorstellungen in Reaktion auf die Welt, die sie beobachteten. Zu der Zeit, als das allgemeine Wahlrecht in Österreich eingeführt wurde, rückte die Frage der Demokratie in den Vordergrund ihrer Überlegungen. Man könnte sagen, dass das »Ende der liberalen Epoche« – das gleichbedeutend mit der Entstehung eines neuen Paradigmas des militarisierten Liberalismus war, der später als Neoliberalismus bezeichnet wurde – eine Reaktion auf die Entfaltung der Massendemokratie darstellte. Der Brennpunkt dieses neuen Paradigmas war weder das Parlament noch die Universität, sondern das Dreigestirn von Sicherheits-, Finanz- und Wirtschaftseinrichtungen im Stubenviertel. Ein gut gerüsteter Staat und eine solide Geldpolitik, die Hand in Hand mit den Interessen der Wirtschaft gingen, waren die Ikonen der Ideologie, die dort Form annahm.

Die Erfindung der Zollmauern

Nach dem Ersten Weltkrieg fanden Mises und sein Kreis institutionelle Verbündete jenseits der Nation und des Imperiums. Eine Schlüsselrolle bei der Wiedererrichtung der »zerstörten Welt« der globalen Wirtschaft, wie Mises es ausdrückte, war die 1920 in Paris gegründete Internationale Handelskammer. In den zahlreichen neueren historischen Darstellungen der internationalen Zivilgesellschaft wird der internationalen Koordinierung der Wirtschaftstreibenden – der globalen öffentlichen Sphäre der Kapitalisten – überraschend wenig Aufmerksamkeit geschenkt. Über die ICC, ihre paradigmatische Organisation, gibt es nur zwei Bücher: eine deutschsprachige Dissertation und einen in den dreißiger Jahren von der Kammer selbst in Auftrag gegebenen Band, dessen Titel *Merchants of Peace* auf eine gewisse Voreingenommenheit hindeutet.[24] Die ICC wurde ein wichtiger institutioneller Partner der österreichischen Neoliberalen.

Die ICC war aus zwei Organisationsformen des späten 19. Jahrhunderts hervorgegangen: aus internationalen Kartellen und internationalen Statistikvereinigungen. Bei den Kartellen handelte es sich um Gruppen von Wirtschaftstreibenden, die im selben Sektor tätig waren und mit Preisabsprachen kollektiv die Rentabilität ihrer Unternehmungen gewährleisteten. Die direkten Vorläufer der ICC waren die im Jahrzehnt vor dem Ersten Weltkrieg entstandenen internationalen Wirtschaftsverbände. Diese verliehen den bis dahin geheimen Kartellabsprachen einen öffentlichen Charakter und machten die Darstellung ihrer Aktivitäten zu einem Bestandteil ihrer Praxis.[25] Die internationalen Statistikvereinigungen hatten ihren Ursprung im 1885 gegründeten International Statistical Institute, der ersten Einrichtung, die globale Statistiken zusammenstellte. Das Institut wurde von Karl Theodor von Inama-Sternegg und Franz Juraschek geleitet, zwei Ökonomen der Universität Wien, bei denen Mises studiert hatte. Juraschek hatte als Großvater von Friedrich Hayek eine zusätzliche Verbindung zum neoliberalen Kreis.[26]

Da die Vereinigten Staaten keinen Sitz im Völkerbund hatten, nutzten amerikanische Wirtschaftsinternationalisten oft die ICC als Forum, um sich international Gehör zu verschaffen. Bei einer Handelskonferenz in Atlantic City im Jahr 1919, die zur Gründung der ICC führte, erklärten die Organisatoren, dass es nach dem Krieg sehr schwierig werden würde, den Welthandel wiederherzustellen. Die isolationistische Haltung der amerikanischen Regierung hatte bereits zu einem sonderbaren Rollentausch geführt: Europäische Wirtschaftslenker mussten nun den Amerikanern zur Hilfe eilen. Der Vorsitzende der Konferenz in Atlantic City, Alfred C. Bedford, eröffnete den fünfzig europäischen Gästen: »Es ist, als wären Sie eine Entsatzstreitmacht, die uns zu Hilfe gekommen ist, um eine Blockade zu durchbrechen. Denn über Amerika hängt – ebenso wie über Europa – die Gefahr einer Blockade durch die Schäden, die der Krieg dem sehr empfindlichen Mechanismus des Welthandels zugefügt hat.« Die versammelten Wirtschaftsführer wünschten sich eine Welt, die frei von Hindernissen für den Austausch von Gütern und Kapital sein würde. Bedford erklärte, dass »nicht nur die physische Unversehrtheit und das Wohlergehen, sondern das Leben von Millionen Menschen davon abhängen, dass dieser moderne Mechanismus des internationalen Handels wiederhergestellt wird, dass die Hindernisse, die nach dem Krieg errichtet wurden, wieder beseitigt und die Handelskammern wieder geöffnet werden, damit die Güter, von denen das menschliche Dasein abhängt, ungehindert von den Orten, an denen sie im Überfluss vorhanden sind, dorthin gebracht werden können, wo sie dringend benötigt werden«.[27] Ihm schwebte ein hydraulisches System der Weltwirtschaft vor: Ermöglicht durch den freien Informationsfluss in den Kommunikationsnetzen, würden die Güter durch »Handelskanäle« in Form von Schifffahrts- und Eisenbahninfrastrukturen fließen. Eine vernetzte Weltwirtschaft ohne zentralisierte Kontrolle, in der die Gesetze von Angebot und Nachfrage über die Verteilung der Ressourcen der Welt und der von Menschen erzeugten Güter entscheiden würden.

Um diese Vision zu verwirklichen, bedurfte es menschlicher und staatlicher Unterstützung. Doch unter Rückgriff auf klassische liberale Vorstellungen wurde der Prozess als natürliches Ergebnis der physikalischen Gesetze und sogar der Schwerkraft dargestellt. Bedford verurteilte die »Hindernisse«, die im Krieg errichtet worden seien, womit er die protektionistischen Maßnahmen meinte, mit denen Länder in aller Welt die heimische Produktion schützen und die nationale Selbstversorgung gewährleisten wollten. Diese Handelshemmnisse waren in den Augen der versammelten Wirtschaftstreibenden künstliche Eingriffe in den Naturzustand. Die gewählten Metaphern erinnerten an die Wortwahl Woodrow Wilsons in seinen »Vierzehn Punkten«, insbesondere an seine Forderung, »alle wirtschaftlichen Hindernisse nach Möglichkeit zu beseitigen und gleiche Handelsbedingungen für alle Nationen zu schaffen, die sich zum Frieden bekennen und sich zusammenschließen, um ihn zu erhalten«.[28]

In der Erklärung der Gründungsversammlung der ICC hieß es: »Eine Nation bildet keine unabhängige wirtschaftliche Einheit.

Die Tatsachen belegen jeden Tag die Interdependenz aller Länder im wirtschaftlichen Bereich.«[29] Schon am ersten Kongress der ICC im Jahr 1921 nahmen Vertreter des besiegten Österreich teil, und ab 1923 zählte auch Deutschland zu den 33 Mitgliedsländern.[30] Im Jahr 1927 hatte die ICC über 2300 Mitglieder, von denen fast die Hälfte aus dem Industriesektor und jeweils etwa ein Viertel aus dem Bankensektor und dem Handel kamen.[31] Ab 1925 vertrat Mises Österreich in der ICC. Er nahm 1925 am dritten Kongress in Brüssel teil und besuchte im Jahr darauf erstmals die Vereinigten Staaten. In seiner Eigenschaft als österreichischer Repräsentant reiste er viel und übernahm die Organisation des 7. Kongresses der ICC in Wien im Mai/Juni 1933.[32]

Auch der Völkerbund verteidigte den Liberalismus, hielt jedoch am nationalen Selbstbestimmungsrecht fest. In einer deutschen Zeitung wurde die ICC als »europäischer Völkerbund« bezeichnet, der den Vorteil habe, dass auch die Vereinigten Staaten Mitglied waren.[33] Amerikanische Unternehmer und Bankiers, die an die Interdependenz glaubten, schlossen sich der ICC an. Beispielsweise waren Charles Dawes von General Electric und der amerikanische Bankier Owen D. Young, die 1924 und 1929 die Planungen für eine Friststreckung der Kriegsschulden und die Bemühungen um einen Schuldenerlass vorantrieben, aktive Mitglieder.[34] Willis H. Booth bezeichnete den Dawes-Plan als »Produkt« der ICC.[35] Norman H. Davis, ein ehemaliger Spitzenbeamter im amerikanischen Außenministerium, brachte vor dem Aufbruch zur 5. Versammlung in Brüssel im Jahr 1925 eine pragmatische Einstellung zur Interdependenz zum Ausdruck: »Ob es uns gefällt oder nicht, wir können die Geschehnisse in der Welt nicht länger ignorieren. Unsere Position als Gläubigerland, das Märkte finden muss, erlegt uns eine Pflicht auf.«[36]

Bis 1926 konzentrierte sich die ICC in erster Linie auf eine Aufgabe, die sie als wirtschaftlichen Wiederaufbau beschrieb, aber in der Folge verschob sich ihr Augenmerk auf den Kampf gegen Zollschranken und andere Handelshemmnisse.[37] In diesem Kampf erhielt sie aktive Unterstützung vom Stubenring-Kreis. Richard Riedl, ein Volkswirt der Wiener Handelskammer, bereitete einen der umfassendsten Berichte für die ICC vor; in zwei Publikationen wurde zur Abschaffung von Zöllen aufgerufen.[38] Es handelte sich um den bis dahin umfangreichsten Versuch zur Berechnung der Zölle: Riedl legte Zahlen für 402 Güter und 14 Länder vor.[39] Als der Völkerbund im Jahr 1920 die Aufgabe in Angriff nahm, internationale Wirtschaftsstatistiken zu sammeln, die schließlich einen beispiellosen Umfang annahmen, zählte die ICC zu den Mitgliedern.[40]

Für Arthur Salter, den Leiter der Wirtschafts- und Finanzabteilung des Völkerbunds, war der Bericht über den Abbau von Handelshemmnissen die Grundlage für die Weltwirtschaftskonferenz von 1927.[41] Salter beschrieb die Arbeitsteilung zwischen den beiden Organisationen: Die ICC habe »direkte Erfahrung mit den praktischen Auswirkungen administrativer Aktionen«, wo der Völkerbund »direkten und offiziellen Zugang zu den Regierungsberatern und zu den Ministerien« habe, den »die Kammer als private Einrichtung nicht hat«. »Während der Völkerbund die Maschinerie für die Durchsetzung von Verwaltungsreformen anbieten kann«, erklärte er in einem Vortrag vor ICC-Mitgliedern, »ist er auf Ihre motivierende Kraft angewiesen.« Das vorrangige Ziel war ein negatives, nämlich die Beseitigung von Handelshemmnissen. »Die tatsächlichen Aufgaben, denen wir uns gemeinsam widmen, bestehen im Wesentlichen darin zu versuchen, politische Maßnahmen oder Verwaltungsmethoden zu ändern, welche die Wirtschaft behindern.«[42]

In diesen Monaten fanden die wirtschaftlichen Internationalisten das bleibende Symbol für ihren Feldzug gegen Handelshemmnisse. Die Geschichte der »Zollmauer« liefert ein schönes Anschauungsbeispiel dafür, wie sich Metaphern in Wirtschaftspolitik verwandeln. Sie beginnt im Jahr 1926. Clive Morrison-Bell, ein britischer Parlamentsabgeordneter und ehemaliger Parlamentarischer Privatsekretär von Winston Churchill, hörte im Radio einen Bericht über protektionistische Maßnahmen und gelangte zu der Überzeugung, dass die europäischen Länder »einen langsamen Selbstmord« begingen. Er machte sich daran, die wirtschaftlichen Beziehungen auf dem Kontinent anschaulich darzustellen, um zu zeigen, dass Europa »eine große Gemeinschaft« sei, »deren Mitglieder gemeinsam schwimmen oder untergehen würden«.[43]

Morrison-Bell beauftragte einen Londoner Tischler mit dem Bau einer hölzernen Karte Europas, auf der sich entlang der Ländergrenzen Miniaturmauern erheben sollten. Die Höhe der Hindernisse, die mit einem roten Ziegelmuster bemalt wurden, sollte der durchschnittlichen Höhe der von diesem Land erhobenen Zölle entsprechen. Doch zu seiner Überraschung stellte Morrison-Bell fest, dass die staatlichen Behörden die entsprechenden Daten nicht besaßen. Er musste sich an den Völkerbund wenden, der ihm die 1920 gesammelten Zahlen zur Verfügung stellte. Eine spätere Version der Karte trug einen fettgeschriebenen Titel: »Mache die Idee anschaulich.« Welche Idee wurde hier veranschaulicht? Die rot bemalten Mauern erweckten den Eindruck, dass die europäischen Nationen zu einer gefährlichen und anachronistischen Abkapselung übergegangen waren. Im Vorwort zu Morrison-Bells Buch *Tariff Walls* schrieb der Viscount D'Abernon, der Kontinent auf dieser Karte ähnle »einer Gruppe mittelalterlicher Festungen, deren Zweck es ist, den Fortschritt zu verhindern«.[44]

Genau diese Botschaft hatte Morrison-Bell beabsichtigt. Er wollte die »grundlegende Massenpsychologie« einsetzen, auf der »die Hoffnung auf Fortschritt beruht, so gering er auch sein mag, und am einfachsten kann man diese Idee mittels dieser neuartigen Form von Kartografie visuell verbreiten«.[45] Er erklärte, wie die visuelle Metapher der Ziegelsteine in der Zollmauer die wirtschaftlichen Zusammenhänge sichtbar machte – und stellte fest, dass sich dieses Bild rasch durchsetzte. Wer, fragte er,

> hätte vor einigen Jahren darüber gesprochen, eine Zollmauer aus Ziegelsteinen zu errichten? Es hätte langwieriger Erklärungen zu diesem einfachen Gleichnis bedurft. Das allein erreicht zu haben ist daher vielleicht schon von einem gewissen Nutzen, denn in dem Augenblick, da die Menschen in anderen Ländern beginnen [...], sich mit dem Gedanken zu beschäftigen, dass sie daran gehindert werden, die notwendigen Dinge des Lebens in vollem Umfang zu genießen, weil sie von einer Ziegelmauer eingeengt werden, wird möglicherweise eine weitere Idee Wurzeln schlagen, nämlich die, dass es eigentlich kein allzu schwieriges Unterfangen sein dürfte, gemeinsam ein paar Ziegel aus den Mauern zu schlagen.[46]

Die Karte war ein visuelles Argument für die Beseitigung von Handelshemmnissen.

Morrison-Bells Reiseroute mit der Karte zeigt die Orte, an denen er in den zwanziger Jahren für eine Welt ohne Mauern warb. Seine erste Station war die Bank of England, wo er von Gouverneur Montagu Norman begrüßt wurde, der die Karte im Jahr 1926 ausstellte.[47] Als Nächstes zeigte er sie an der Londoner Börse, und anschließend wurde sie in der Pariser Zentrale der ICC im Büro des Präsidenten präsentiert. Von dort aus zog Morrison-Bell in den Völkerbundpalast weiter, wo die Karte im Foyer gut sichtbar für die Delegierten der Vorbereitungssitzung für die Weltwirtschaftskonferenz 1927 aufgebaut wurde. Arthur Balfour, der Vorsitzende der Royal Commission on Trade, nahm die Karte, in Stücke zerlegt, mit nach Berlin und Kopenhagen, wo sie anlässlich seiner Besuche zusammengesetzt wurde.[48] Nicholas Murray Butler, der sowohl der Columbia University als auch dem Carnegie Endowment for International Peace vorstand, schickte Fotos der Karte an 1500 amerikanische Zeitungen.[49] Morrison-Bell stellte die durchaus plausible Behauptung auf, sein Modell habe die Metapher der »Zollmauern« (*tariff walls*) als Synonym für die Begriffe »Zollschranken« (*tariff barriers*) oder »Handelshemmnisse« (*obstacles to trade*) in die öffentliche Debatte eingeführt.[50] Ende des Jahres 1926 füllte die *New York Times* eine Seite über die gesamte Breite

Abb. 1: Ein Europa der Mauern: Clive Morrison-Bell in der Wiener Handelskammer.

mit einem Bild der Karte und versah es mit der Bildunterschrift »Tariff ›walls‹«.[51]

Im März 1927 stellte Morrison-Bell sein Modell im Budgetsaal des österreichischen Parlaments und anschließend in der Handelskammer am Stubenring aus, wobei er beobachtete, dass die Kammer »im Gegensatz zu ähnlichen Institutionen in England eine halb amtliche Einrichtung zu sein scheint, die eng mit dem Staat verbunden ist«.[52] Die Mitarbeiter der Handelskammer waren derart angetan von seinem Modell, dass sie ihn um eine Kopie baten. Morrison-Bell kam der Bitte gerne nach und schickte im Jahr 1929 ein Duplikat, das im »Kampf für die Verbesserung der Handelsbedingungen in Mitteleuropa für eine pädagogische Wanderausstellung« eingesetzt wurde.[53]

Das größte Aufsehen erregte die Karte bei der Weltwirtschaftskonferenz im Jahr 1927. Morrison-Bell hatte sich entschlossen, die Karte deutlich zu vergrößern: Er wollte am Ufer des Genfer

Sees ein Modell mit einer Fläche von mehr als sechzehn Quadratmetern bauen.[54] In diesem Maßstab würden die Umrisse von Ländern mit geringen Zöllen von oben leicht erkennbar sein, während andere Länder verzerrt wirkten, weil ihre Umrisse durch hohe Barrikaden entstellt würden. Die Verzerrung des vertrauten Profils Europas war beabsichtigt. Für das Titelbild seines Buchs wählte Morrison-Bell eine niederländische Karikatur zur Weltwirtschaftskonferenz von 1927, in der eine kleine Figur im Vordergrund vor steil aufragenden, beängstigenden »Zollmauern in Europa« stand.[55]

Da er beim Bau des großen Modells auf Schwierigkeiten stieß, ließ Morrison-Bell in einem eigens dafür bestimmten Gebäude am Seeufer eine Karte in kleinerem Maßstab installieren. Während er die Arbeiten überwachte, erhielt er eine Kopie eines Berichts, den Riedl für die Wiener Handelskammer verfasst hatte. Der Bericht enthielt eine Karte, auf der die Länder entsprechend ihren relativen Zöllen schattiert waren. Die neuen Statistiken waren sehr viel umfangreicher als die Daten, die Morrison-Bell zur Verfügung gestanden hatten. Der Völkerbund hatte lediglich Preisdaten zu 78 Gütern gesammelt; nun legte die österreichische Handelskammer Daten zu 402 Gütern vor.[56] Morrison-Bell stellte diese Karte neben seiner eigenen aus. Die Vorstellungen der österreichischen und englischen Liberalen durchdrangen einander gegenseitig und ließen eine gemeinsame visuelle Sprache entstehen, in der sie ihre Forderungen nach Freihandel zum Ausdruck brachten.

Sowohl die Weltwirtschaftskonferenz im Mai 1927 als auch die ICC-Konferenz in Stockholm im Juli desselben Jahres schrieben sich den Kampf gegen Handelshemmnisse auf die Fahnen. Wesentlich war, wie William Rappard später erklärte, dass »diese Empfehlungen nicht im Namen einiger verschrobener liberaler Professoren ausgesprochen wurden, sondern die Unterstützung einer großen, repräsentativen Versammlung genossen, der sogar amerikanische Wirtschaftstreibende angehörten, denen niemand vorwerfen konnte, internationalistische Visionäre zu sein«.[57] Die Beteiligung der Wirtschaft deutete auf die wachsende Bereitschaft der Unternehmer hin, eine aktive Rolle im öffentlichen Leben zu übernehmen. Außerdem war das Bemühen unübersehbar, bei der Meinungsbildung auf wissenschaftliche Sachkenntnis zurückzugreifen. Der ICC-Präsident erklärte: »Die Welt wendet sich immer häufiger an uns, wenn sie herausfinden möchte, wie die Wirtschaft denkt. Dem Beispiel des Völkerbunds folgend, bemühen sich große internationale Einrichtungen für Landwirtschaft, Kommunikation und Verkehr um unsere Unterstützung. Wir beanspruchen die Verantwortung für die Vertretung der Wirtschaft, und mittlerweile wird dieser Anspruch auf allen Seiten anerkannt. Wir dürfen die in uns gesetzten Hoffnungen nicht enttäuschen. *Noblesse oblige*, und wenn Sie mir erlauben, das zu sagen: Es ist in unserem eigenen Interesse.«[58] Der Wirtschaftsinternationalismus trug mit Unterstützung sachkundiger Ökonomen dazu bei, neue Spielregeln für die Weltwirtschaft festzulegen.

Ein zeitgenössisches Foto zeigt Clive Morrison-Bell mit seiner Karte in der Wiener Handelskammer. Auf einem Schild steht in Französisch: »Ein Blick aus der Vogelperspektive auf die europäische Wirtschaft.« Wie die modernen Architekten oder Stadtplaner, die gerne am Boden symmetrische Formen gestalteten, die einem Betrachter aus der Luft gefallen würden, verlieh die Karte der Zollmauern ihren eigenen Lösungen Gestalt und regte zur Verwirklichung einer Welt ohne Mauern an. Die Karte sagte den liberalen Unternehmern zwar nichts Neues, aber sie verlieh ihrer Vision Klarheit und gab ihr wie von Morrison-Bell beabsichtigt eine Form, die das Argument sowohl für den Normalbürger als auch für die Presse ungeachtet der tatsächlichen Auswirkungen auf ihr Leben überzeugender machte.

Die Metapher hatte ihre eigenen Implikationen. Mises' Protegé in der Handelskammer, Gottfried Haberler, wies darauf hin, dass ein Taschenspielertrick nötig war, um die »Höhe« (er selbst setzte das Wort zwischen Anführungsstriche) der Zollmauern auf eine einzige Zahl zu reduzieren. Abgesehen davon, dass die Zölle von Produkt zu Produkt unterschiedlich waren, wurden sie normalerweise in Abkommen zwischen zwei Ländern festgelegt, was bedeutete, dass die Karte je nachdem, aus wessen Sicht man sie betrachtete, anders aussah.[59] Die Vorstellung von einer einzigen Zollmauer beinhaltete implizit die Vorstellung vom Meistbegünstigungsmodell, das heißt den Grundsatz, dass die Senkung eines Zolls auf ein aus einem Land importiertes Produkt automatisch zur Verringerung desselben Zolls für alle anderen Länder führen würde. Diese auf die US-Zölle zielende Norm wurde auf der Weltwirtschaftskonferenz von 1927 eingeführt. In den protektionistischen dreißiger Jahren wurde sie untergraben, um nach dem Zweiten Weltkrieg mit der Einführung des Allgemeinen Zoll- und Handelsabkommens zurückzukehren.[60]

Juli 1927: Barrikaden in der Stadt

Die Karte der Zollmauern, die ein durch innere Mauern zerstückeltes Europa zeigte, drückte eine implizite normative Vision der Freizügigkeit aus. Bemerkenswert ist jedoch, dass auf dieser Karte nicht die Hindernisse für Menschen, sondern für Güter dargestellt wurden. Haberler schrieb: »Die Militärsprache, Ausdrücke wie ›Wirtschaftsfront‹, ›Verteidigungsstellungen‹ usw. sind denkbar unzweckmäßig für die Analyse der Probleme des internationalen Handels und der zwischenstaatlichen Arbeitsteilung [...]. Es wird dadurch [...] der Eindruck suggeriert, als ob die Front des wirtschaftlichen Interessengegensatzes immer zwischen zwei Ländern verlaufe, während sie in Wahrheit zwischen verschiedenen Interessengruppen *innerhalb* jedes Landes liegt.«[61] Mises verfocht einerseits die Vision von ungehinderten Güterströmen, die Preisungleichgewichte beseitigen würden. Die andere Seite dieser Vision war die Notwendigkeit, Hindernisse für die Lohnkonvergenz zu beseitigen. Im Österreich der zwanziger Jahre waren die Gewerkschaften das größte dieser Hindernisse. In einer seiner ersten veröffentlichten Arbeiten aus dem Jahr 1905 fragte Mises: »Wird der englische, der deutsche Arbeiter, um den Wettkampf mit Hindus und Kulis aufnehmen zu können, auf ihren niedrigen standard of life hinabsteigen müssen?«[62] Im Jahr 1919 gab er eine widersprüchliche Antwort: Auf der einen Seite würden die europäischen Arbeiter in der Weltwirtschaft, die ihm vorschwebte, zweifellos weniger als das verdienen, was sie mittlerweile gewöhnt waren; auf der anderen Seite würden die Einkommen der »Hindus und Kulis« der Welt steigen. Mises erklärte, habe man einmal David Ricardos sonderbares Zögern angesichts der Ausweitung der räumlichen Arbeitsteilung überwunden, so sähe man »auf der ganzen Erde eine Tendenz zur Ausgleichung des Kapitalgewinnsatzes und des Arbeitslohnes vorwalten. Dann gibt es schließlich nicht mehr ärmere und reichere Völker, sondern nur noch dichter und weniger dicht besiedelte und bewirtschaftete Länder.«[63]

Das größte Problem war das offenkundigste, nämlich die mangelnde Bereitschaft der europäischen Arbeiter, im Interesse der übergeordneten Gesetzmäßigkeit des Liberalismus oder wie in Mises' Argument zum Vorteil eines fernen, vermutlich nicht weißen ausländischen Arbeiters niedrigere Löhne zu akzeptieren. Viele der Probleme, auf die der Liberalismus in den zwanziger Jahren stieß, hatten ihren Ursprung in diesem Hindernis. Während Mises global dachte, musste er lokal handeln, und zwar in einer sozialistisch regierten Stadt. Die Realität im »Roten Wien« stand der Verwirklichung der Vision jener Gruppe von Intellektuellen im Weg, die sich in die Neoliberalen verwandeln sollten – und sie entwickelten ihre Vorstellungen in der Auseinandersetzung mit der sozialistischen Stadtregierung.

Die politischen Empfehlungen, die Mises in den zwanziger Jahren gab, hatten stets zwei Seiten: Österreich musste sich für den Weltmarkt öffnen und die internen Anpassungen vornehmen, die erforderlich waren, um im internationalen Wettbewerb bestehen zu können. Es waren insbesondere zwei Eingriffe nötig: Die Löhne mussten sinken, und die steuerliche Belastung der Industrie musste verringert werden. In seinen nach dem Ersten Weltkrieg veröffentlichten Schriften wiederholte er immer wieder das Argument, ein kleines Land wie Österreich könne nicht autark sein: Diese Fantasievorstellung könne (zumindest für eine Weile) in Ländern mit einem riesigen Binnenmarkt aufrechterhalten werden – zum Beispiel in den Vereinigten Staaten, in England mit seinem Kolonialreich und seinen Dominions und sogar in Deutschland –, aber Österreich, das nur noch etwas mehr als sechs Millionen Einwohner hatte, sei seit der Unterzeichnung des Vertrags von Saint-Germain für seine Versorgung mit Rohstoffen vollkommen vom Weltmarkt abhängig. Um es mit den Worten eines amerikanischen Journalisten zu sagen: Das Land war auf einen »verstümmelten Torso« reduziert worden.[64] Hier kündigte sich ein Dilemma an, mit dem andere Länder nach dem Zweiten Weltkrieg infolge der Entkolonialisierung konfrontiert werden würden: Nach dem Ende des Habsburgerreichs war Österreich vom Zugang zu einem offenen Weltmarkt abhängig.

In einem politischen Programm, das er im Februar 1921 im Auftrag eines Politikers verfasste, formulierte er das Problem systematisch: »Österreich braucht Freihandel.« Neben der Forderung nach Aufhebung von Einfuhr- und Ausfuhrverboten schlug Mises vor, Staatsbetriebe zu privatisieren und Lebensmittelhilfen zu beseitigen, und forderte in Einklang mit seinem Glauben an die Freizügigkeit, die Einreise- und Aufenthaltsbeschränkungen für Ausländer aufzuheben.[65] Ab 1920 gehörte es zu den Aufgaben der Handelskammer, für die Regierung Gesetzesvorhaben zu beurteilen.[66] In einem Positionspapier bekräftigte Mises seine Einschätzung, Österreichs Zukunft hänge vom Freihandel ab und die Löhne müssten deutlich unter das Vorkriegsniveau sinken, wenn sich das Land auf den internationalen Märkten behaupten wolle.[67]

Mitte Juli 1927 wurde der Kampf um die Klassengerechtigkeit auf die Ringstraße getragen. Ausgelöst worden war die Eskalation sechs Monate zuvor, als Angehörige der rechtsextremen Frontkämpfervereinigung auf Mitglieder des Republikanischen Schutzbunds, der paramilitärischen Organisation der Sozialdemokratischen Arbeiterpartei (SDAP), schossen und einen Arbeiter und ein Kind töteten. Ein halbes Jahr später wurden die Täter in einem von der Öffentlichkeit aufmerksam verfolgten Prozess freigesprochen, was Empörung bei der Arbeiterschaft auslöste, die in diesem Urteil einen Beleg für die Einseitigkeit der Justiz sah. Die SDAP unter der gemäßigten Führung Otto Bauers versuchte, eine gewaltsame Reaktion zu verhindern, aber die Arbeiter waren anderer Ansicht. Am Tag nach der Urteilsverkündung schalteten die Städtischen Elektrizitätswerke den Strom der Wiener Straßenbahn ab, worauf der Verkehr zum Erliegen kam. Dies war das Signal zu einem Generalstreik.[68] Die Arbeiter marschierten zum Parlament an der Ringstraße. Dann wurde der Justizpalast zum Ziel ihrer Wut: Ein Teil der Menge stürmte das Gebäude und setzte es in Brand. Andere behinderten die Feuerwehr, schnitten Löschschläuche auf und öffneten zahlreiche Hydranten, um den Wasserdruck zu verringern, womit die Arbeit der Rettungskräfte unmöglich gemacht wurde.[69]

Unter Druck wählten die Behörden eine radikale Lösung. Der Polizeichef wurde mit Notstandsbefugnissen ausgestattet und gab den Befehl, das Feuer auf die Demonstranten zu eröffnen. Mit Gewehren bewaffnete Polizisten erschossen zahlreiche Demonstranten im Stadtzentrum und rückten anschließend in die Arbeiterwohnsiedlungen in den Vororten vor, wo sie weitere Menschen töteten. Nach drei Tagen wurden 89 Tote und mehr als 1000 Verletzte gezählt.[70] Die Arbeiterbewegung blieb dauerhaft gelähmt zurück. Die SDAP konnte nicht mehr glaubwürdig mit einer Massenmobilisierung drohen. Vor allem aber hatte die Julirevolte gezeigt, dass selbst die vermeintlich sozialistischen Angehörigen der Polizei nicht zögern würden, auf die Arbeiter zu schießen.

Die Julirevolte blieb bis zum Bürgerkrieg im Jahr 1934 die schwerste Krise in Wien. Der Anblick des brennenden Justizpalastes erschütterte den Autor und Kulturkritiker Elias Canetti zutiefst und bewegte ihn dazu, sein Leben der Untersuchung der Beziehung zwischen Masse und Macht zu widmen.[71] Mises hingegen empfand die Vorgänge nicht als traumatisch, sondern verfolgte sie mit Erleichterung. Er war zu jener Zeit in Wien und schrieb an einen Freund: »Der Putsch am Freitag hat die Atmosphäre wie ein Gewitter gereinigt. Die sozialdemokratische Partei hat alle Machtmittel eingesetzt und trotzdem verloren. Der Kampf auf der Straße endete mit einem vollständigen Sieg der Polizei. [...] Die Truppen sind der Regierung treu.«[72] – »Die Drohungen, mit denen die sozialdemokratische Partei unentwegt versucht hat, die Regierung und die Öffentlichkeit unter Druck zu setzen«, fuhr er fort, »haben sich bisher als sehr viel weniger bedrohlich erwiesen, als man geglaubt hatte.«[73] Wie sein Biograf erklärt, reagierte Mises »mit Überraschung und Begeisterung auf das Scheitern des Generalstreiks«.[74] Es hat den Anschein, dass er die zur Unterdrückung der Arbeiterbewegung eingesetzten Mittel, die viele seiner Zeitgenossen schockierten, leichthin akzeptierte. Mises war damit einverstanden, dass die Sicherheitskräfte während des Ausnahmezustands ungestraft Menschen töteten.

So wie die anderen Neoliberalen, denen wir in diesem Buch begegnen werden, betrachtete Mises die Demokratie nicht als absoluten Wert. Er hielt sie für das System, das am ehesten geeignet war, für gesellschaftliche Stabilität zu sorgen und günstige Bedingungen für den wirtschaftlichen Austausch zu schaffen. Er bezweifelte, dass die Demokratie bessere politische Führer hervorbrachte als die Autokratie oder die Aristokratie, hielt dies jedoch nicht für die ausschlaggebende Frage: »In Wahrheit ist die Bedeutung der demokratischen Verfassungsform eine ganz andere. Ihre Funktion ist Friedensstiftung, Vermeidung von gewaltsamen Umwälzungen.«[75] Wenn das Volk das Gefühl habe, seine Forderungen und Meinungen wirkten sich auf die Zusammensetzung der Regierung aus, so werde es weniger oft zu Gewaltmitteln greifen. Die Definition der Gleichheit musste in seinen Augen jedoch auf die Gleichheit vor dem Gesetz beschränkt sein. Jeder Versuch, eine darüber hinausgehende Gleichheit zu erzwingen, widerspreche der grundlegenden Tatsache, dass »die Menschen von Natur aus verschieden veranlagt sind«.[76] Daher sah er eine wesentliche Ergänzung zur Wählerdemokratie in dem, was er später als »Verbraucherdemokratie« bezeichnen sollte, die in den Käufen und Investitionen auf dem Markt zum Ausdruck komme. »Es ist wahr, in dieser Demokratie gibt es keine Gleichheit des Stimmrechtes, sondern Pluralstimmrecht. Doch die stärkere Stimmbefugnis, die die Verfügung über ein größeres Einkommen bedeutet, kann wieder nur dadurch erworben und erhalten werden, daß man sich in der Wahl bewährt hat.« Der Reichtum erfolgreicher Geschäftsleute, erklärte er, sei »stets das Ergebnis eines Plebiszits der Konsumenten«.[77] Mises' funktionale Definition der Demokratie hatte eine klare Implikation: Sollte die Demokratie ihre Funktionalität einbüßen, das heißt, sollte sie aufhören, die gesellschaftliche Stabilität zu gewährleisten, so gab es keinen Grund, an ihr festzuhalten.

Im Jahr 1927 erfüllte die Demokratie ihre vorrangige Funktion nicht mehr. Sie war nicht länger geeignet, die Revolution zu verhindern. Daher war es in Mises' Augen vollkommen legitim, die Demokratie auszusetzen und die Ordnung mit anderen Mitteln aufrechtzuerhalten. Die strukturelle Verbindung zwischen dem entstehenden Wohlfahrtsstaat und dem Notstandsrecht trat im Juliaufstand ebenfalls deutlich zutage. Das einzige Zugeständnis, das die Sozialdemokraten der Regierung während des Streiks abringen konnten, bestand darin, dass die Regierung ihre Notstandsbefugnisse nicht nutzen würde, um die Arbeitslosenunterstützung und die sozialen Wohnbauprogramme zu beseitigen.[78] Aber genau diese Eingriffe hielt Mises für notwendig, um die Wettbewerbsfähigkeit der österreichischen Industrie wiederherzustellen. Im Februar

1930 empfahl die Handelskammer, deren wichtigster Berater Mises war, Kürzungen des Arbeitslosengeldes und der Leistungen der Kranken- und Unfallversicherung. Wenn die Arbeiter eine Abfindung wollten, sollte diese nicht vom Arbeitgeber oder vom Staat, sondern von den Gewerkschaften bestritten werden.[79] Als einflussreichstes Mitglied einer dreiköpfigen Wirtschaftskommission erklärte Mises im Jahr 1930, Wechselkurse, Zinsen und die Preise zahlreicher Güter hingen von den globalen wirtschaftlichen Bedingungen ab und entzögen sich mithin der Kontrolle der österreichischen Behörden. Einfluss habe der Staat nur auf Löhne und Steuern. Beide müssten gesenkt werden, um die Produktionskosten zu senken.[80] Die Taktik der Handelskammer bestand darin, die gewerkschaftliche Organisation der Arbeiter als illegal darzustellen, weshalb die Gewerkschaften keinen Anspruch auf gesetzlichen Schutz hätten und zerschlagen werden könnten. Die Kammer sprach sich für die Verabschiedung eines »Antiterrorgesetzes« aus, das gegen streikende Arbeiter eingesetzt werden sollte.[81] Eine ähnliche Taktik wurde im Jahr 1934 im Bürgerkrieg angewandt, als die Arbeitersiedlungen, in denen die Polizei im Juli 1927 Demonstranten erschossen hatte, erneut attackiert und unterworfen wurden.

Kritiker bezeichneten die von der Handelskammer angeregte Politik als »Klassenkampf von oben« und erklärten, das Antiterrorgesetz belege, dass die Herrschenden seit je »nur die Gewalt, das einzige Mittel, das ihr Gehirn letztlich erdenken kann, gegen die Arbeiter und Angestellten angewendet« hätten.[82] Die Empfehlung der Handelskammer zeigte, wie dieses Modell in der Praxis angewandt wurde. Eine funktional verstandene Demokratie konnte abgeschafft werden, wenn das nötig war, um den Markt zu stabilisieren. Die *Neue Freie Presse*, für die Mises Artikel schrieb, rief zu einer »wirklichen Entpolitisierung des Ökonomischen« auf.[83] Es erübrigt sich zu sagen, dass diese »Entpolitisierung« sehr politisch war und einen dramatischen Einsatz der Staatsmacht beinhaltete. Der internationale Wettbewerb und in weiterer Konsequenz der

Hinweis auf die Weltwirtschaft waren eine Keule, die geschwungen wurde, um sozialpolitische Errungenschaften wie die Krankenversicherung für Arbeiter, Abfindungszahlungen bei Entlassungen und die Arbeitslosenversicherung rückgängig zu machen.

Mises und Hayek sahen die Ursachen des wirtschaftlichen Einbruchs im Jahr 1929 in einer lockeren Geldpolitik und Überinvestitionen und waren überzeugt, dass die Gewerkschaften dafür verantwortlich waren, dass sich dieser Einbruch in eine schwere Wirtschaftskrise verwandelt hatte. Die Arbeitslosigkeit war in ihren Augen freiwillig. »Die Arbeitslosigkeit ist ein Lohnproblem und kein Arbeitsproblem. [...] Die Unterstützung der Arbeitslosen ist es mithin, die Arbeitslosigkeit als Massen- und Dauererscheinung erst schafft.«[84] In einem vor deutschen Industriellen gehaltenen Vortrag mit dem Titel »Die Ursachen der Weltwirtschaftskrise« verurteilte Mises im Jahr 1931 jene Regierungen, die vor den Gewerkschaften »kapituliert« hätten, die ihre Ziele durch »Gewaltanwendung« verfolgten. »Würde er gegen die Gewalttäter, die die Arbeitswilligen mißhandeln, und in den Unternehmungen, die Streikbrecher einstellen wollen, Maschinen und Betriebseinrichtungen zerstören, so vorgehen, wie er sonst gegen Gewalttäter einschreitet, dann wäre die Sachlage eine andere.«[85] In derselben Zeit reiste er in seiner offiziellen Funktion für die ICC nach England, wo er für ausländische Investitionen in Österreich warb. Der Kampf der gewerkschaftlich organisierten Arbeiterschaft gegen Lohnsenkungen erschwerte das. Die Erfordernisse der Weltwirtschaft wurden gegen die der organisierten Arbeiter ins Feld geführt.

Im Zweiten Kaiserreich füllte Haussmanns Mammutprojekt zur Öffnung breiter Verkehrsadern für Handel und Konsum die Hauptstadt Paris mit Bauarbeitern und Dienstleistungsbeschäftigten. In der Pariser Kommune eigneten sich die marginalisierten und verarmten Arbeiter den urbanen Raum an. Die Kommune hatte mehrere Monate Bestand und endete in der »Blutigen Maiwoche«, die 20000 Kommunardinnen und Kommunarden das Leben kostete.

Man könnte argumentieren, dass liberalen Internationalisten wie Mises in den zwanziger Jahren eine »Haussmannisierung« der Welt vorschwebte: Man wollte die Ziegelmauern niederreißen, die den Handel behinderten, und eine produktivere Nutzung der Ressourcen der Welt ermöglichen. Diese Vision setzte voraus, dass Güter und Kapital im Streben nach Gewinnen ungehindert zu neuen Zentren der Produktivität fließen konnten.

Das Rote Wien prägte das Weltbild der Österreicher, die die neoliberale Bewegung begründeten und die Vorstellung von einem bewaffneten Konflikt zwischen Arbeit und Kapital entwickelten. In seinen Memoiren beschrieb Mises eine drastische Situation. Die sozialdemokratische Partei »konnte jeden Augenblick durch Streiks das ganze Wirtschaftsleben lahmlegen«. Noch wichtiger war jedoch, dass »die Sozialdemokratie über eine mit Gewehren und Maschinengewehren, ja auch mit leichter Artillerie wohlausgerüstete, mit reicher Munition versehene Parteiarmee verfügte, die an Mannschaftszahl mindestens dreimal so stark war als die der Regierung zur Verfügung stehenden Truppen«.[86] Mises bezeichnete die Kollektivverhandlungen einmal als Verhandlungen mit der »Pistole unter dem Tisch«. Das war vielleicht metaphorisch gemeint, aber in Wien war es keine Metapher.

Im Jahr 1927 war ein klar definiertes und international organisiertes Netzwerk von wirtschaftsfreundlichen Einrichtungen entstanden, die ökonomische Informationen sammelten, um das gemeinsame Ziel einer negativen globalen Integration zu verfolgen: die Wiederherstellung einer offenen Weltwirtschaft. Es war eine Vision der Handelskammer: Man musste die Wirtschaftstreibenden in die Lage versetzen, ihre Angelegenheiten möglichst ungestört selbst zu regeln. An der Mobilisierung war jedoch eine versteckte dritte Partei beteiligt, die zwischen Wirtschaft und Staat intervenierte: der Produzent von ökonomischem Wissen. Selbst wenn es das Ziel war, der Weltwirtschaft die Herrschaft zu überlassen, konnten die Wirtschaftstreibenden das nicht selbst erreichen.

Sie brauchten dafür Statistiker und Ökonomen. Morrison-Bell ging beim Bau seiner Karte von Statistiken des Völkerbunds aus. Während der typische politische Ökonom des späten 19. Jahrhunderts ein Sozialreformer war, der die schädlichen Auswirkungen des Kapitalismus bekämpfen und abschwächen wollte, tauchte in der Zwischenkriegszeit eine Generation von Ökonomen auf, die ihr Wissen in den Dienst des Kapitals stellten.

Mit den Augen eines Handelsguts

Haberler, Hayek und Machlup wurden in Mises' Privatseminar sozialisiert, dessen Mitglieder sich in seinem Büro in der Handelskammer am Stubenring trafen. Alle zwei Wochen um sieben Uhr abends ging eine Schar junger Intellektueller im Treppenhaus an den blaugrünen Glasscheiben und den Altardienerinnen vorbei in das Büro, wo Mises umringt von nicht weniger als 25 Personen an seinem Schreibtisch saß.[87] Die Diskussion dauerte bis etwa zehn Uhr abends und wurde anschließend in einem nahe gelegenen italienischen Restaurant fortgesetzt, von wo aus man ins Café Künstler weiterzog. Haberler erinnert sich, dass Mises stets zum harten Kern der ausdauerndsten Seminarteilnehmer zählte und nie vor ein Uhr morgens nach Hause ging.[88]

Die Handelskammer funktionierte wie eine Art von alternativer Universität. Unter den Teilnehmern waren international angesehene Ökonomen wie Lionel Robbins, Ragnar Nurkse und Howard S. Ellis.[89] Mises nahm für sich in Anspruch, eine Bibliothek aufgebaut zu haben, deren Sammlung angelsächsischer Wirtschaftsliteratur jener der Universitätsbibliothek überlegen war.[90] Deutsche Beamte baten die Kammer gelegentlich um statistisches Material, das besser war als das der deutschen Behörden. Die Diskussionen im Privatseminar erstreckten sich auf zahlreiche Bereiche und wurden legendär dank der intellektuellen Qualität der Teilnehmer.

Einer von ihnen schrieb kitschige Gedichte, die später in der Publikation der Mont Pèlerin Society abgedruckt wurden, was auf ihren sentimentalen Wert für die Mitglieder der Gruppe hindeutet. Hier eine Kostprobe: »Ich geh heut abend zum Mises hin / weil ich so gern dort bin. / Man spricht ja nirgends so schön in Wien / über Wirtschaft, Gesellschaft und Sinn.«[91]

Die Mitglieder des Mises-Kreises versuchten, die Frage zu klären, die ein Teilnehmer im Jahr 1928 aufwarf: War es möglich, »daß wenigstens eine Brücke zwischen Wirtschaftstheorie und Wirtschaftspolitik gebaut wird«?[92] Die österreichischen Liberalen zerbrachen sich Ende der zwanziger Jahre den Kopf über ein zentrales Problem: Welche Art von wirtschaftlicher Information war verlässlich, und welche Art von Information war politisch nützlich? Im Monat nach dem Brand des Justizpalasts befasste sich Gottfried Haberler am Stubenring mit dieser Frage, als er sein Buch *Der Sinn der Indexzahlen* fertigstellte.[93] Haberler, der einer Familie gut situierter Beamter entstammte, war 1900 im malerischen Vorort Purkersdorf im Wienerwald geboren worden, das vor allem für sein vom Secessionsarchitekten Josef Hoffmann entworfenen Sanatorium bekannt war. Zu den Besuchern des Sanatoriums, das gebaut worden war, als Haberler ein Krabbelkind war, zählten illustre Köpfe wie Gustav Mahler, Arnold Schönberg und Arthur Schnitzler. Die klaren geometrischen Linien des Jugendstilbaus entsprachen den künstlerischen Vorstellungen der Secession, deren Gebäude mit der emblematischen Laube aus vergoldetem Eisen unweit des Karlsplatzes steht und die das »Gesamtkunstwerk« zum Ideal erhoben hatte: Die Kunst sollte Harmonie und Vollkommenheit in das menschliche Leben bringen.

Der Kontrast zwischen den sinnlichen Figuren Klimts und Schieles und den trockenen Texten der Ökonomen mag extrem wirken, aber Haberler und seine Kollegen verfolgten ein ähnliches Ziel. Ihre Fragen waren grundlegender und auf einem bestimmten Niveau auch ästhetischer Natur: Wie konnte man das »komplizierte Gewebe individueller Wirtschaftsakte« messen und anschaulich machen?[94] Welche Seite der wirtschaftlichen Vorgänge sollte der Öffentlichkeit gezeigt werden? Im Jahr 1927 schrieb Haberler, in der Ökonomie gehe es nicht nur um die sichtbaren Handlungen, sondern auch um innere Motivation, um Fragen der »Psyche« und des »Geistes«. Aus diesem Grund zählte er die Wirtschaftswissenschaft zu den Geisteswissenschaften.[95]

Aber wie konnte man eine Wissenschaft, die zur Abstraktion neigte, operationalisieren? Mises, Haberler und andere Ökonomen bemühten sich Seite an Seite mit Wirtschaftsführern um die Bereitstellung von Daten und Konzepten, die der Verwirklichung ihres Traums von einem ungehinderten Welthandel dienen konnten. In seinem ersten wichtigen Artikel beschäftigte sich Haberler mit den komparativen Kosten.[96] Es ging ihm um eine Verteidigung des Freihandels, der nicht nur in der Theorie, sondern auch unter den realen politischen Bedingungen in der Nachkriegswelt funktionieren würde. Im Mittelpunkt stand für ihn die Frage der ungehinderten Migration. Das Hauptargument für den Freihandel war die internationale Arbeitsteilung, aber die »Wanderungsfreiheit«, erklärte Haberler, bestehe nicht, »hat nie bestanden und wird wahrscheinlich nie bestehen«. Selbst wenn sie möglich sei, sei sie nicht wünschenswert. Das Ruhrgebiet würde hoffnungslos übervölkert werden, während die Alpen vollkommen entvölkert würden: »Man muß kein Nationalist sein, um einen solchen Zustand der Dinge für nicht wünschenswert zu halten.« Haberler wollte beweisen, dass »Freihandel für alle Beteiligten auch dann vorteilhaft ist, wenn überhaupt keine Wanderungsmöglichkeit besteht und die Völker fest an ihre Länder gebunden sind«.[97]

Für diesen Beweis griff er auf David Ricardos Konzept des komparativen Vorteils zurück, bereinigte es jedoch um die diskreditierte Arbeitswerttheorie. Solange sich die Preise bewegen konnten, mussten die Arbeitskräfte in seiner Version der Theorien nicht über die nationalen Grenzen hinweg mobil sein. Wenn die Preise das Verhältnis zwischen Angebot und Nachfrage auf den Märkten richtig widerspiegelten, würden die Unternehmen ihre Ressourcen effizient einsetzen. Damit die Preise ihre Funktion erfüllen konnten, müssten sie jedoch auf Widerstand stoßen. Haberler führte das Beispiel der Arbeit an: »Hier wird der Preismechanismus teilweise ausgeschaltet, und es können echte Reibungsverluste in Form von Streiks und Arbeitslosigkeit entstehen.« Glücklicherweise, erklärte er, sei die Arbeit »kein spezifisches, an eine bestimmte Verwendung gebundenes Produktionsmittel [...], sondern das beweglichste und vielseitigste überhaupt«.[98] Selbst wenn die Arbeitslosenzahlen konstant blieben, rotiere die tatsächliche Masse der Arbeitslosen normalerweise in den Arbeitsmarkt hinein und hinaus, da sich die Arbeitskräfte von einer Position zur anderen bewegten. Mit der Forderung nach einem »klaglose[n] Funktionieren des Preismechanismus« beschwor Haberler ein Bild herauf, das an ein gewaltiges Uhrwerk oder eine Werkshalle erinnerte, in der Komponenten von einem Ort zum anderen befördert wurden. Er zitierte frühere Denker wie Bastiat, der erklärt hatte, der Freihandel funktioniere wie der Prozess der Erfindung, indem er die Produktionslandschaft ständig neu anordne und die Arbeitskräfte zu anderen Arbeitsplätzen verlege, wenn die bestehenden nicht mehr zeitgemäß waren oder von der ausländischen Konkurrenz verdrängt wurden.

Die Arbeiter selbst waren neutrale Behälter der Arbeitskraft, die genauso verschoben werden konnte wie Investitionskapital oder eine Ladung Kohle. Haberler beschrieb die Vorstellung anschaulich: »Diese stillstehenden Produktionsmittel sind in Wahrheit nicht Zeugen einer Kapitalzerstörung, eines Verlustes, der gegen die Vorteile der Arbeitsteilung in Rechnung gestellt werden muss, sondern sie sind Meilensteine des durch die internationale Arbeitsteilung bewirkten wirtschaftlichen Fortschrittes.«[99] Ungeachtet der emotionalen Bindung der Menschen an eine Erwerbsarbeit und an einen Ort war die verfallende Fabrik kein Stein auf dem Grab einer verlorenen Lebensart, sondern ein Monument für den Siegeszug des Marktes.

Haberler war überzeugt, dass die Löhne in der Nachkriegszeit sinken mussten, um die Wettbewerbsfähigkeit Österreichs wiederherzustellen. In einem Zeitungsartikel im Jahr 1933 sagte er es unverblümt: »Der Abbau der Zölle wird einer Reihe von Wirtschaftszweige[n] wehe tun. [...] Aber diese Übergangsschmerzen sind nicht von Dauer, sie werden auch bestimmt nicht ärger sein als das Unglück, in das uns der durch Jahre betriebene Zollmorphinismus gestürzt hat.«[100] Er stellte folgende Frage: »Wie kann eine Wirtschaft, die fast in jeder Hinsicht ungünstiger gestellt ist, den Wettbewerb einer unter günstigeren Produktionsbedingungen arbeitenden Industrie und Landwirtschaft aushalten, ohne durch extrahohe Zölle geschützt zu sein?« Die Antwort war einfach: »Trotzdem kann die arme Wirtschaft mit der reichen konkurrieren, wenn nur die Löhne und alle andern Einkommen entsprechend kleiner sind.« Er sagte es mit schonungsloser Klarheit: »Wenn wir die nötigen Konsequenzen vollständig gezogen haben, wenn der Lebensstandard tief genug gesunken, die Einkommen stark genug gefallen sind, kann die Wirtschaft weitergehen, business as usual. [...] Wenn die qualifizierten Arbeiter der Exportindustrien in die Kohlenbergwerke, vielleicht sogar in die Landwirtschaft und in andere Wirtschaftszweige, deren Produkte besser im Austausch gegen qualifizierte Exportgüter eingeführt werden könnten, abgewandert und der Rest der Arbeiter, soweit es geht, ausgewandert ist, werden vielleicht alle wieder beschäftigt sein, allerdings auf bedeutend tieferem Lebensniveau.«[101] In Haberlers Augen war Österreich der prototypische Fall eines kleinen Landes, das in den Sturm der Globalisierung geraten war. Wie er einige Jahre früher geschrieben hatte, mochten riesige Länder wie die Vereinigten Staaten und das britische »Weltreich« in der Lage sein, das interne Preisniveau zu stabilisieren, aber kleine Länder mussten attraktiv für ausländische Investitionen bleiben und daher ihre Währung stabilisieren.[102] Es war unmöglich, sich den Kräften der Weltwirtschaft zu entziehen.

Die Politik durfte den Forderungen des Volkes nicht nachgeben. Ein einschlägiges Beispiel war die Forderung nach einer Stabilisierung der Güterpreise im Anschluss an den Börsenkrach von 1929. Im Jahr 1931 sprach sich Haberler gegen den Vorschlag aus, die Preise für bestimmte Güter festzuschreiben. Er räumte ein, dass die Preisbindung die gesellschaftlichen Spannungen verringere, »da den Arbeitern so steigende Löhne und – auf Kosten der Rentiers – ein höherer Anteil am Sozialprodukt angeboten werden können«, doch die unvermeidliche Folge sei Inflation. Er persönlich wollte lieber »steigende soziale Spannungen« als eine Geldentwertung riskieren.[103] Hier folgte er seinem Mentor Mises, der beklagt hatte, die Regierungen hätten sich in Gefangene der öffentlichen Meinung verwandelt, »welche die Rettung in niedrigen Zinsen und steigenden Preisen sieht«. Da sich die Wirtschaft billige Kredite wünsche, ermutigten die Regierungen die Banken, Geld zu drucken, aber die kurzfristigen Gewinne würden langfristig »unweigerlich eine Situation von Krise und Depression« erzeugen.[104] Die Banken müssten von Ökonomen über die Konsequenzen ihres Vorgehens aufgeklärt werden und dem Druck der Öffentlichkeit widerstehen. Nur so könne ein auf stabilen Wechselkursen beruhender Welthandel funktionieren.

Angesichts der unvollkommenen realen Welt mit ihren Streiks, Zöllen und demokratischen Forderungen nach geldpolitischer Lockerung wandte sich Haberler einem Idealtyp zu, um sein Konzept des Freihandels zu verteidigen. In seinen Schriften aus den dreißiger Jahren ging er von einem Modell aus, das er als »Hypothese einer geschlossenen Wirtschaft, welche die ganze Welt umspannt« bezeichnete, um anschließend der Reihe nach die Umstände zu beschreiben, »welche diese Wirtschaft trennen und desintegrieren«.[105] Er erklärte, dass er die Kategorie »Länder« in Anführungsstrichen verwende, weil die in einem Modell der weltwirtschaftlichen Integration erforderliche Verteilung der Ressourcen nicht zwangsläufig den »politischen Grenzen« entspreche.[106] In dieser Perspektive wurde das Politische ausgeklammert, um eine Vision der Welt zu entwerfen, die, je nachdem, wie man sie betrachtete, entweder prä- oder postnational war. Die gesamte Welt war ein Behälter natürlicher Ressourcen, die von politischen Einheiten beansprucht wurden. Die in Haberlers Augen ideale Politik würde die Realität besser mit dem Modell einer »raumlosen« Weltwirtschaft in Einklang bringen, in der weder geografische noch vom Menschen errichtete Hürden die effiziente Ressourcenallokation mittels der Mechanismen des freien Marktes verhindern konnten. Die Idee einer raumlosen Welt war in den dreißiger Jahren keine bloße Fantasievorstellung. In einigen Fällen war sie der Verwirklichung nahe gekommen. Haberler wies darauf hin, dass die Telefon- und Telegrafenverbindungen dafür gesorgt hatten, dass die Devisen-, Aktien- und Warenmärkte beinahe im Gleichschritt funktionierten.[107] Die örtlichen und Weltmarktpreise beeinflussten einander.[108] Viele Güter waren insofern »international«, als ihr Import rentabler war als die Produktion im Inland. Der Transport entwickelte sich ähnlich wie die Kommunikation: Beide waren auf dem besten Weg, die Distanz zu beseitigen.

Haberler betrachtete die Welt als hypothetische Einheit und katalogisierte die Störungen dieser Einheit. Die Entfernung verlor an Bedeutung, während rechtliche Hindernisse wie Zölle und Einfuhrbeschränkungen Bestand hatten. Haberler erklärte: »Zollveränderungen haben genau die gleichen Folgen wie Transportkostenveränderungen«, was bedeutete, dass die Güter statt einer horizontalen eine vertikale Distanz überwinden mussten.[109] Damit wiederholte er eine Einschätzung, die sich im Völkerbund durchgesetzt hatte. Im Jahr 1932 schrieb Salter, dass »vollkommen klar ist, welche als unvermeidlich betrachtete Rolle die Schutzzölle in der Weltwirtschaft einnehmen. Sie sind wie die natürlichen Barrieren von Gebirgszügen oder andere Hindernisse für den Gütertransport, die den Preis erhöhen, der für den Nutzen des Austauschs von Produkten weit voneinander entfernter Regionen und die daraus resultierenden Ersparnisse bezahlt werden muss.«[110] In der liberalen Geografie der Ökonomen des Völkerbunds wurden Zölle als metaphorische Hindernisse dargestellt, die es zu überwinden galt.

Die schädlichsten Hindernisse waren jedoch jene, welche die Freizügigkeit des bedeutsamsten Gutes behinderten: der menschlichen Arbeitskraft. In Haberlers Augen war die Arbeit ortsgebunden, aber sehr wandlungsfähig, wenn sie zur Wanderung gezwungen wurde. Er pries die Arbeiter für ihre Anpassungsfähigkeit, verurteilte sie jedoch dafür, dass sie an einem Ort bleiben wollten. Gefahr sah er dann heraufziehen, wenn die Arbeiter Verbündete gewannen, die als Anker fungierten. Die Arbeiterbewegung, der »Einfluß der Gewerkschaften [und] die Eingriffe des Staates (Arbeitslosenunterstützung)« waren seiner Meinung nach für die Verringerung von »Anpassungsfähigkeit und Mobilität der Arbeitskraft« verantwortlich.[111] Und Gewerkschaften waren nicht nur Anker; wie Mises betrachtete Haberler sie als Mauern. Er bezeichnete sie als »künstliche[] durch Recht, Sitte oder Macht der Gewerkschaften herbeigeführte[] Hindernisse des Eintritts in einen bestimmten Beruf«, als Hindernisse, die dank der »Monopolmacht« über das Wirtschaftsgut des menschlichen Arbeitseinsatzes aufrechterhalten wurden.[112] Damit der Freihandel funktionieren konnte, mussten die Gewerkschaften zu Fall gebracht werden. Nur wenn der nationalstaatliche Behälter der Arbeitskraft dem Wechselspiel von Angebot und Nachfrage innerhalb des Nationalstaats ausgesetzt wurde, konnte er intakt bleiben.

***

Nach dem Ersten Weltkrieg gelangten österreichische Liberale wie Mises und Haberler zu der Überzeugung, dass eine metaphorische und buchstäbliche Demolierung des bestehenden Systems Voraussetzung für den Wiederaufbau der zerstörten Welt war. Streikende Arbeiter und zum Schutz heimischer Industrien erhobene Zölle wurden als Mauern beschrieben, die abgerissen werden mussten. Paradoxerweise konnten sich die österreichischen Liberalen diesen Abriss nur als negativen Prozess vorstellen, so als ginge es einzig und allein um eine Flurbereinigung. Aber die Wiederherstellung des Handelsraums war im Wesentlichen ein aktiver Prozess. Die in Wien entstandene Kerngruppe der neoliberalen intellektuellen Bewegung hatte ihre engsten Verbündeten in der in der ICC organisierten Internationalen der Unternehmer und im Völkerbund gefunden. Beide Einrichtungen schienen Partner im Bemühen um die Wiederherstellung der Grenzen der beiden Welten des Kapitalismus zu sein. Kapital, Güter und Löhne mussten sich unabhängig von nationalen Grenzen frei bewegen können. Neu an Haberlers Theorie war, dass er den Nationalstaat als Behälter für die Arbeitskraft erhalten wollte. Seine Theorie der komparativen Kosten besagte, dass der Freihandel die fehlende Mobilität der Arbeit über die Landesgrenzen hinweg ausgleichen konnte, sofern die von den Gewerkschaften errichteten inneren Hindernisse beseitigt wurden. Haberlers Vision zeigte, dass das Europa der Festungen einer Betrachtung der Welt mit den Augen von Handelsgütern entsprang. Die nationalen Grenzen für Güter sollten fallen, nicht jedoch die Grenzen für die Menschen.

Wie wir in Kapitel 2 sehen werden, versetzte die Weltwirtschaftskrise der dreißiger Jahre dem globalen Wirtschaftssystem einen zweiten existenzbedrohenden Schlag. Die Bühne für die Liberalen wurde von Wien nach Genf verlegt, als Mitglieder der Bewegung vor den Faschisten fliehen mussten, und die negative liberale Vision der Flurbereinigung oder Beseitigung von Hindernissen machte einem produktiven neoliberalen Programm Platz, das darin bestand, neue extraökonomische Bedingungen zu schaffen, um die Weltwirtschaft zu schützen. Mises erhielt im Jahr 1934 einen Lehrstuhl in Genf, und die Mitglieder seines Seminars verabschiedeten ihren Mentor mit dem Wunsch, »dass sein starker Geist, dem Völkerbund die Wege weist«.[113]

2. Eine Welt der Zahlen

Es ist keine Übertreibung zu sagen, daß die Zeit des Verfalls der Weltwirtschaft zugleich diejenige der internationalen Wirtschaftskonferenzen gewesen ist.

Wilhelm Röpke, 1952

Im Jahr 1929 verwandelte sich der Traum von einer integrierten Weltwirtschaft in einen Albtraum. Der Zusammenbruch der New Yorker Börse löste eine Kettenreaktion aus, die zur Weltwirtschaftskrise führte. Ein Historiker hat die dreißiger Jahre als »Ende der Globalisierung« bezeichnet.[1] Nach dem Ersten Weltkrieg hatte sich der internationale Handel überraschend erholt, doch wenige Jahre später begann er, wieder zu schrumpfen, da die Staaten die heimische Produktion zu schützen versuchten, indem sie Zollmauern von bis dahin ungekannter Höhe errichteten. In der monetären Sphäre setzten die Vereinigten Staaten die Konvertierbarkeit des Dollar in Gold aus, und Großbritannien folgte ihrem Beispiel. Das Ende des Goldstandards bedeutete, dass man nicht länger davon ausgehen konnte, dass die gegenwärtigen Investitionen – selbst wenn sie auf Pfund Sterling lauteten und damit in der beherrschenden Weltwährung erfolgten – in der Zukunft denselben Wert in Gold haben würden. In den Augen der Liberalen war das ein Angriff nicht nur auf die Unantastbarkeit des Geldes, sondern auch auf die Verlässlichkeit vertraglicher Garantien. Der deutsche Liberale Wilhelm Röpke erklärte, diese Entscheidung habe mehr als jede andere »die wirtschaftliche Einheit der Welt zerstört«.[2]

Während der Goldstandard aufgegeben wurde, erhielt das Großmachtdenken, das mit der Auflösung des Habsburgerreichs und des Osmanischen Reichs einen schweren Rückschlag erlitten hatte, neuen Auftrieb, denn die europäischen Mächte stützten sich auf ihre Kolonien sowie die von ihnen kontrollierten Staatenbünde und tauschten hinter Zollmauern Rohstoffe innerhalb ihrer imperialen Blöcke aus. Die Liberalen sahen in den dreißiger Jahren eine in Segmente unterteilte Welt. Die Hindernisse in Clive Morrison-Bells Zollmauernkarte erstreckten sich von Europa aus nach Süden und schotteten Überseegebiete wie Indien, Algerien, die Goldküste und Südafrika ab. Die Weltwirtschaft ähnelte einer Bienenwabe, deren Trennwände aus »Zollbefestigungen« bestanden.[3]

Für die Liberalen war es eine schmerzhafte Ironie, dass die Statistiker die Weltwirtschaft ausgerechnet in dem Moment in ihrer Gesamtheit zu erfassen begannen, als sie sich in der Realität aufzulösen schien. Um die globale Wirtschaftskrise zu bewältigen, wurden Vorschläge für globale Lösungen vorgelegt, wobei der Völkerbund eine führende Rolle übernahm. Die Losung der dreißiger Jahre lautete, »die Welt zu betrachten«, wie es ein Historiker ausdrückte.[4] Es wurden mehr und mehr wirtschaftliche Daten gesammelt. Der Generalsekretär der Internationalen Handelskammer erklärte im Jahr 1937, es gebe »so viele verschiedene Quellen und über die ganze Welt verstreute Informationszentren, die keinerlei Verbindungen miteinander haben, dass die Wirtschaftstreibenden und Ökonomen beinahe in einer Flut von Pamphleten, Statistikbulletins, Berichten und Papieren ertrinken«.[5] Die Pläne für die Weltausstellung in Paris im Jahr 1937, die einen Leuchtturm der Welt von der doppelten Höhe des Eiffelturms vorsahen, brachten den Geist des Jahrzehnts zum Ausdruck: Die Besucher sollten über eine Rampe, die sich spiralförmig um die 800 Meter emporragende Betonstruktur winden würde, im eigenen Auto zur Spitze des Leuchtturms hinauffahren; eine fantasievolle Illustration zeigte Besucher, die von der Turmspitze bis nach Belgien, Spanien und England schauen konnten.[6]

Zeitgleich zur Weltausstellung fand in Paris der »Weltkongress der Dokumentation« statt, aber nirgendwo war das globale Denken so allgegenwärtig wie im idyllischen Genf, wo sich der klassizistische Völkerbundpalast wie ein säkularer Tempel des Internationalismus erhob.[7] Die Namen der Mieter eines einzigen Gebäudes, des Palais Wilson, das im Jahr 1937 am Ufer des Genfer Sees eröffnet wurde, verrieten einiges über die vielfältigen Vorstellungen von einer geeinten Welt. Zu den dreißig Organisationen, die in dem ehemaligen Hotel untergebracht waren, zählten die Carnegie-Stiftung für Internationalen Frieden, das New Commonwealth Institute, die Internationale Arbeitsorganisation, der Weltbund für internationale Freundschaftsarbeit der Kirchen, der Frauenweltrat, das International Bureau of Education, der International Migration Service, die World Association for Reform of the Calendar, die World Narcotic Defence Association (Weltweite Vereinigung zum Schutz gegen Drogenmissbrauch) und der Esperanto-Weltbund.[8] In den zwanziger und dreißiger Jahren setzte man sich in Genf nicht nur mit den einzelnen Problemen der Welt auseinander, sondern mit dem Problem der Welt an sich: Wie konnte man den Planeten als Ganzes managen? »Der berühmte ›Geist von Genf‹«, erklärte ein Beobachter im Jahr 1931, »könnte durchaus der Embryo eines zukünftigen Weltpatriotismus sein.«[9] Die Stadt war offenkundig der einzige Kandidat für den Status als Hauptstadt der Weltgemeinschaft, die H. G. Wells als Cosmopolis bezeichnet hatte.

Die Weltwirtschaft entstand in den dreißiger Jahren auf dem Papier und in Zahlen. Geschaffen wurde sie von Ökonomen, die versuchten, die Ursachen der Weltwirtschaftskrise zu verstehen und Abhilfe zu schaffen. Arthur Salter, der Leiter der Wirtschaftsabteilung des Völkerbunds (er gehörte später der Mont Pèlerin Society an), schrieb 1932, dass die Weltwirtschaftskrise »zumindest eines für uns getan hat, was sich in Zukunft als sehr wertvoll erweisen kann: Sie hat die Anatomie der Weltwirtschaft offengelegt.«[10] Der Kern der zukünftigen neoliberalen Bewegung siedelte sich in den dreißiger Jahren in Genf an oder machte dort Station. In den zwanziger und dreißiger Jahren waren alle diese Ökonomen damit beschäftigt, statistische Modelle der nationalen Volkswirtschaften und der Weltwirtschaft zu entwickeln oder das zyklische Auf und Ab der Wirtschaft zu verstehen. Im Jahr 1926 weiteten Mises und Hayek ihre Zusammenarbeit mit der ICC aus und gründeten in der Wiener Handelskammer das Österreichische Institut für Konjunkturforschung, das Anfang 1927 seine Türen öffnete. Als Leiter dieses Instituts nahm Hayek bald einen zentralen Platz in der Erforschung der Weltwirtschaft ein, die von Genf aus vorangetrieben wurde. Im Jahr 1934 beauftrage der Völkerbund Gottfried Haberler mit einer großen Studie zur Weltwirtschaft. Drei Jahre später zog Wilhelm Röpke, der eine zentrale Rolle in der neoliberalen Bewegung spielen sollte, ebenfalls nach Genf und übernahm die Leitung einer Studie über die globalen Auswirkungen von Verschiebungen in Welthandel und Produktion. Historiker bezeichnen das berühmte Lippmann-Kolloquium in Paris im Jahr 1938 als »Geburtsort des Neoliberalismus«.[11] Es wird jedoch nur selten erwähnt, dass dies nur eines von zahlreichen einander überlappenden Projekten war, bei denen es darum ging, die Bedingungen der »Offenen Gesellschaft« nicht auf nationaler, sondern auf globaler Ebene zu studieren.

Der Neoliberalismus entstand aus Projekten zur Beobachtung der Welt, aus der Sammlung globaler Statistiken und aus der internationalen Konjunkturforschung. Warum übersehen so viele Historiker diese Tatsache? Ein Grund ist, dass die Neoliberalen aus der Weltwirtschaftskrise und ihren Folgen den Schluss zogen, dass es nicht genügte, Zahlen zu sammeln. Selbst als sich die Planungstechniken Ende der dreißiger Jahre sowohl in Genf als auch in der Wirtschaftsforschung insgesamt durchsetzten, hielten die Neoliberalen an der Überzeugung fest, dass weder Statistiken noch eine auf der Mathematik beruhende Theorie oder die neue Wissenschaft der Ökonometrie genügen würden, um zukünftige Krisen vorauszusagen oder zu vermeiden. Mehr noch, sie waren überzeugt, dass die Vervollkommnung dieser Ansätze wider Erwarten eine neue Krise wahrscheinlicher mache, da sie den Irrglauben wecke, dass die Wissenschaft die Weltwirtschaft krisenfest machen könne.

Wie Röpke und der deutsche Soziologe Alexander Rüstow in ihrem Beitrag zum Lippmann-Kolloquium im Jahr 1938 schrieben, »haben die jüngsten Fortschritte in der rein ökonomischen Analyse unser Verständnis der Mechanik wirtschaftlicher Schwankungen deutlich verbessert. Aber die Verbesserung im Detail wurde mit einer Blindheit für die außerökonomischen Zusammenhänge erkauft, die das Problem der Realität erzeugen.«[12] Den vielleicht radikalsten Weg schlug Hayek ein, der, ausgehend von der in den Wiener Debatten entwickelten Skepsis gegenüber der Statistik, den Schluss zog, dass der Ökonom nie zu einem umfassenden Verständnis der wirtschaftlichen Zusammenhänge gelange – und nie dazu gelangen könne –, weil dieses Verständnis zwangsläufig auf alle Mitglieder der Gesellschaft verteilt sei. In Hayeks Augen würde jeder Versuch, den Leuchtturm der Welt zu erklimmen, um einen umfassenden Überblick über die Weltwirtschaft zu gewinnen und sie lenken und planen zu können, zwangsläufig mit einem tiefen Fall enden.

Ende der dreißiger Jahre einigten sich die in der Genfer Schule versammelten Neoliberalen darauf, dass die wichtigsten Säulen der Integration nicht anhand von Grafiken, Diagrammen, Tabellen, Mappen oder Formeln dargestellt oder verstanden werden konnten. Also wandten sie ihre Aufmerksamkeit den kulturellen und gesellschaftlichen Beziehungen sowie den Rahmenbedingungen der Tradition und der Rechtsstaatlichkeit zu, die in ihren Augen in den dreißiger Jahren allesamt in Auflösung begriffen waren. Die Abkehr von der Statistik und der Erforschung der Konjunkturzyklen führte die Neoliberalen zum, wie sie es ausdrückten, Denken in Ordnungssystemen. Von nun an konzentrierten sie sich darauf, Institutionen zu entwerfen, die geeignet sein würden, das Funktionieren des Marktes zu gewährleisten. Die Weltwirtschaft musste verteidigt werden, und kennzeichnend für den Neoliberalismus der Genfer Schule wurde die Suche nach staatlichen und Rechtssystemen, die diese Aufgabe erfüllen konnten – und zwar nicht nur auf nationaler, sondern auf globaler Ebene.

Der Blick auf das Barometer

Eines der berühmtesten Bilder, die verwendet wurden, um die Entwicklung der Weltwirtschaftskrise zu veranschaulichen, war die sogenannte Kindleberger-Spirale.[13] In dieser visuell ansprechenden kreisförmigen Grafik wird der kontinuierliche Rückgang des Welthandels zwischen Januar 1929 und Juni 1933 dargestellt. Die Grafik trägt den Namen des amerikanischen Wirtschaftshistorikers, der sie bekannt machte, aber eine zutreffendere Bezeichnung wäre »Morgenstern-Spirale« nach dem österreichischen Ökonomen, der diese Darstellungsform entwickelte, oder »Condliffe-Spirale« nach dem Schöpfer der ersten populären Version. Die Prozentzahlen und Linien veranschaulichen die Entwicklung des internationalen Handelsvolumens in jener Zeit. Oskar Morgenstern hatte die Spirale im April 1933 verwendet, um den Rückgang des österreichischen Außenhandels zu veranschaulichen.[14] Das nächste Mal tauchte das Diagramm in einem Zeitungsbericht zur Weltwirtschaftskonferenz in London auf, wobei die Spirale vom Schweizerischen Bankverein auf den Welthandel ausgeweitet wurde. Kurze Zeit später fand sie Eingang in die von J. B. Condliffe gestaltete zweite Ausgabe der *World Economic Survey* des Völkerbunds.[15] Im November tauchte die mittlerweile globalisierte Spirale erneut in Wien auf.[16]

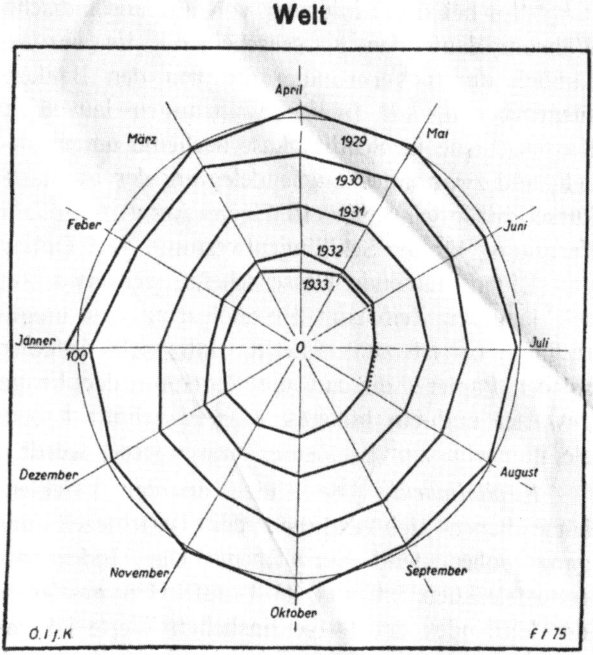

Abb. 2: Die Abwärtsspirale des Welthandels.

Die Wiener Publikation, in der das Diagramm erschien, war der Monatsbericht des von Mises und Hayek gegründeten Konjunkturforschungsinstituts, das 1927 im Gebäude der Wiener Handelskammer am Stubenring die Arbeit aufgenommen hatte. Morgenstern löste im Jahr 1931 Hayek als Leiter des Instituts ab. Das Verständnis der Konjunkturzyklen war in den zwanziger und dreißiger Jahren die größte intellektuelle Herausforderung für die Ökonomen. Anfang der dreißiger Jahre war Genf die Schaltstelle für diese Studien, die Ökonomen nicht nur in Wien, sondern in ganz Mitteleuropa, Großbritannien und auf der anderen Seite des Atlantiks beschäftigten. Es ging um die Frage, ob es möglich war, die Zukunft vorherzusagen: Wenn es gelang, die relevanten Aspekte des Wirtschaftslebens zahlenmäßig zu erfassen, konnte man vielleicht nicht nur verstehen, sondern auch vorhersehen, was der Ökonom Wesley Clair Mitchell von der Columbia University in seiner grundlegenden Arbeit aus dem Jahr 1913 als jene komplizierten Prozesse bezeichnet hatte, welche »die saisonale Entwicklung von Wohlstand, Krise, Rezession und Erholung in die moderne Welt gebracht haben«.[17] Die Erforschung der Konjunkturzyklen hatte schon vor dem Ersten Weltkrieg begonnen, aber erst nach dem Krieg kam sie in Mode. Die US-Regierung fing an, Studien auf diesem Gebiet zu finanzieren, und überall in Europa sowie in der Sowjetunion entstanden Konjunkturforschungsinstitute.[18]

Die Wissenschaftler suchten unter anderem nach anschaulichen Darstellungen des Konjunkturzyklus: Wie konnte der unsichtbare Markt sichtbar gemacht werden? Die Techniken zur Illustration des Konjunkturzyklus wurden ursprünglich in privaten Informationsdiensten für Investoren verwendet. In der Blütezeit der amerikanischen Börse in den zwanziger Jahren wurde das Vermögen einer wachsenden Zahl von Bürgern in Finanzkapital gebunden, wodurch die Nachfrage nach einer Beratung stieg, von der die Investoren profitieren konnten. Grafiken und Diagramme lieferten leicht verdauliche Informationen über die Entwicklung der Wirtschaftsaktivität. Durch eine derartige Veranschaulichung, erklärt ein Autor, vermittelten beliebte Konjunkturberichte wie die von Roger Babson den Lesern ein Gespür »für ›die Wirtschaft‹ als komplexes, aber in sich geschlossenes System, das einer inneren Logik gehorchte«.[19] Beispielsweise wurden breit gestreute Daten in einem Diagramm zu den »Fundamentalbedingungen« zu einer einzigen steigenden und fallenden Linie aggregiert, sodass sich der zeitliche Verlauf in eine Topografie wirtschaftlicher Täler und Gipfel verwandelte.[20]

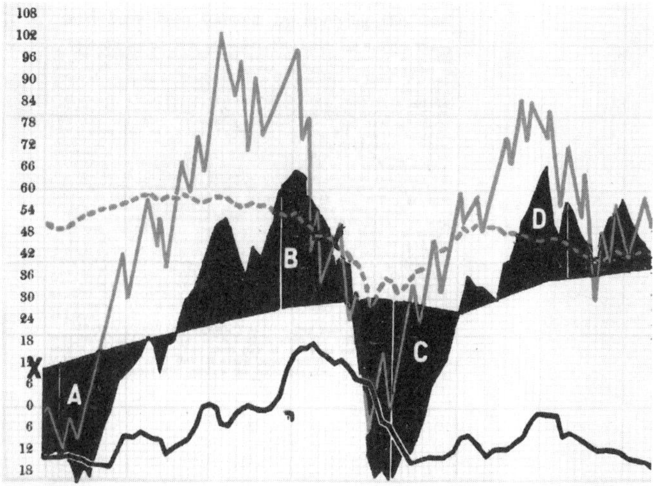

Abb. 3: Babsons wirtschaftliche Gipfel und Täler.

Die auf (visuell aufbereiteten) Statistiken beruhenden Prognosen zur zukünftigen Wirtschaftsentwicklung wurden in ihrer Gesamtheit als »Konjunkturbarometer« bezeichnet. In den zwanziger Jahren war das »Drei-Zyklen-Barometer« des Harvard Committee on Economic Research das Maß aller Dinge. Die als A, B und C bezeichneten Kurven im Harvard-Barometer standen für »Spekulation, Industrieproduktion und Geldmarkt« und beruhten im Grunde auf der Entwicklung der Aktienkurse, der Güterpreise und des Kreditvolumens der Großbanken. Die Betrachter des Barometers glaubten, ausgehend von einer Beobachtung der Verschiebungen zwischen diesen drei Indikatoren die Veränderungen der wirtschaftlichen Bedingungen im Lauf der Zeit vorhersagen zu können.[21]

Die Metapher des Barometers implizierte, dass die Wirtschaft dem Wetter vergleichbar war: Sie entzog sich der direkten menschlichen Kontrolle. Man könnte in Abwandlung von Adam Smith'

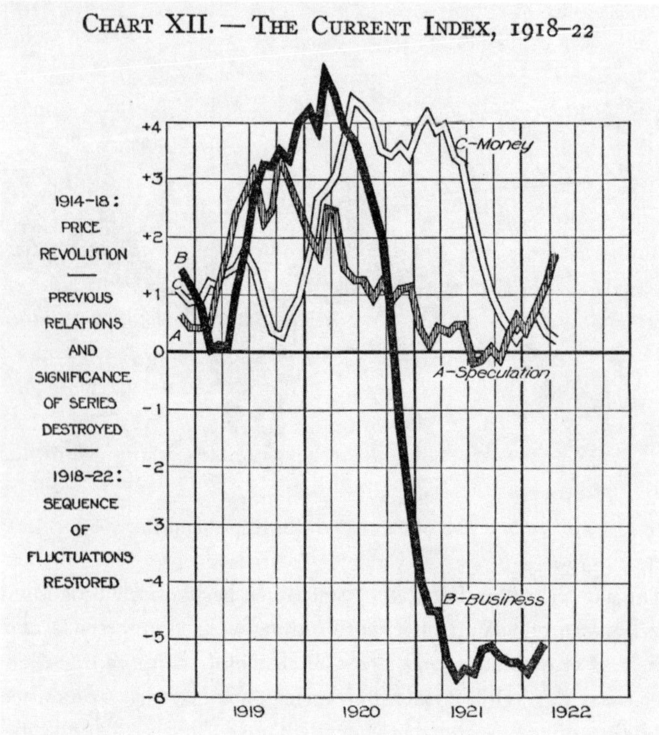

Abb. 4: Die drei Linien im Harvard-Economic-Service-Barometer.

berühmter Metapher der »unsichtbaren Hand« von einem »unsichtbaren Wind« des Marktes sprechen, der hier in Diagrammen und Grafiken visualisiert wurde. Die anhand der drei Linien dargestellten wirtschaftlichen Bedingungen wurden als Einheit betrachtet, setzten sich in Wirklichkeit jedoch aus zahllosen winzigen organischen Prozessen zusammen, deren Auswirkungen nur in ihrer Gesamtheit erkennbar waren. Die Metapher des Barometers wirkte in zwei Richtungen. Wie Hayek im Jahr 1927 erklärte, schien sie die Zukunft für den Normalbürger durchschaubar zu machen – aber das Barometer sage das kommende Wetter für den Laien nur scheinbar verständlich voraus, messe es doch eigentlich »nur die Höhe des herrschenden Luftdrucks«, was lediglich auf eine Wahrscheinlichkeit schließen lasse. Ein Meteorologe – oder ein Ökonom – habe Zugang zum umfassenderen Kontext, was bedeute, dass »die bloße Beobachtung eines ›Konjunkturbarometers‹ nie eine auf die Kenntnis der kausalen Zusammenhänge gegründete Beurteilung aller erlangbaren Angaben über die bestehende Situation ersetzen« könne.[22] Die im Diagramm erkennbare Wellenbewegung sei »nur aus einer eigenen Gesetzmäßigkeit des Wirtschaftslebens zu erklären«, die in Hayeks Augen allein der Ökonom verstehen konnte.[23]

Das Ziel dessen, was man als »Barometerinterpretation« bezeichnen könnte, war »die Entdeckung der Gesetzmäßigkeiten in der Sequenz der wirtschaftlichen Fluktuationen«, wie es der österreichische Statistiker Karl Pribram ausdrückte.[24] Die Metapher des Barometers stärkte die Autorität des Ökonomen, indem sie seine Erkenntnisse denen eines Naturwissenschaftlers gleichsetzte und die wirtschaftlichen Phänomene in einer für den Laien verständlichen Form darstellte, während das Monopol des Ökonomen auf das Verständnis der Geheimnisse der Kausalität unangetastet blieb. Fritz Machlup, ein Mitglied des Mises-Kreises, beschrieb die Vorstellung vom Ökonomen als Wissenschaftler im Jahr 1932 in einer Zeitungskolumne: »Die nationalökonomischen Gesetze gelten nämlich auch dann, wenn die Minister, die Bankleiter und die Volksvertreter sie nicht kennen oder anerkennen, ebenso wie sich die Gesetze der Physik nicht davon beirren lassen, ob irgendein Techniker sie beachtet oder nicht.«[25] Das Konjunkturbarometer enthüllte die Wahrheit des wirtschaftlichen Lebens – und verbarg sie zugleich.

Es ist bezeichnend, dass die Welt in der Barometerinterpretation im nationalen Maßstab betrachtet wurde. Die nationale Volkswirtschaft war der Beobachtungsgegenstand und das Subjekt des Handelns. In einer verwandten zeitgenössischen Metapher, die der britische Ökonom (und spätere Architekt des Wohlfahrtsstaats) William Beveridge einführte, wurden die grafischen Darstellungen der Konjunkturzyklen als »Puls der Nation« beschrieben.[26] Der niederländische Neurophysiologe Willem Einthoven war im Jahr 1924 für seine Pionierarbeit auf dem Gebiet der Elektrokardiografie mit dem Nobelpreis für Medizin ausgezeichnet worden. Er hatte eine Methode entwickelt, um den Herzschlag im zeitlichen Verlauf in einem Liniendiagramm darzustellen.[27] Die Konjunkturforschung – und die visuelle Technik des Konjunkturbarometers – setzten den Ökonomen als Experten auf einem esoterischen Wissensgebiet, das für eine für den Normalbürger verständliche Darstellung geeignet war, mit dem Arzt gleich. Wie ein Historiker bemerkt hat, verwandelte sich die Ökonomie in den zwanziger Jahren in der öffentlichen Wahrnehmung in einen technischen Fachbereich jenseits der Politik.[28] Das Diagramm war ein Werkzeug, das zu dieser Verschiebung beitrug. Wohl und Wehe der Volkswirtschaft wurden im Liniendiagramm veranschaulicht, und dasselbe galt für die Ursachen von Not oder Wohlstand des einzelnen Menschen.

Die Konjunkturforschung und der moderne Staat

Die mit dem Studium der Konjunkturzyklen beschäftigten Institute verwandelten sich in der Zwischenkriegszeit in feste Bestandteile des modernen Staates. Bei Ausbruch der Weltwirtschaftskrise hatten die meisten europäischen Staaten bereits eigene Konjunkturforschungsinstitute eingerichtet, und verschiedene Autorinnen haben gezeigt, wie der Völkerbund dieses Forschungsmodell ab den dreißiger Jahren nach Asien exportierte.[29] Eines der weltweit bedeutendsten Zentren war das National Bureau of Economic Research (NBER) in den Vereinigten Staaten, das unter Herbert Hoover eine wichtige Rolle bei der wirtschaftspolitischen Beratung der

Regierung übernahm. Das NBER war ein Produkt des transatlantischen Austauschs. Sein erster Leiter war von 1920 bis 1933 Edwin Gay, der zwölf Jahre in Deutschland Wirtschaftswissenschaften studiert hatte, bevor er im Jahr 1902 nach Harvard gewechselt war.[30] Hayek besuchte das NBER und seinen einflussreichen Forschungsleiter Wesley Clair Mitchell, als er Anfang der zwanziger Jahre ein Jahr in den Vereinigten Staaten verbrachte. Er lernte auch Charles Bullock kennen, den Leiter des Harvard Economic Service, der von dem jungen Österreicher sehr angetan war.[31] Hayek nahm die Idee der Konjunkturforschung mit zurück nach Wien.[32] Später erinnerte er sich, dass er aus Amerika »eine neue Idee für ausgezeichnete Prognosen« importiert habe.[33] Im Jahr 1926 schrieb er an Mitchell, dass er in seiner Tätigkeit mittlerweile »einige der langsam reifenden Früchte« seines Aufenthalts in den Vereinigten Staaten ernte.[34]

Mises und Hayek setzten sich an die Spitze der Bemühungen, in Wien eine permanente Heimstatt für die Konjunkturforschung zu finden. »In einer Zeit, in der die ganze zivilisierte Welt wirtschaftlich nach den Erkenntnissen der Wirtschafts- und Konjunkturforschungsinstitute urteilt und disponiert, würde Österreich, das wegen seiner besonderen Wirtschaftsverhältnisse erst recht eines solchen Instituts bedarf, der Welt entweder eine beschämende, indolente Rückständigkeit zum eigenen Nachteil oder eine mißtrauenerweckende Unaufrichtigkeit und Geheimniskrämerei demonstrieren, die seine Kreditwürdigkeit in Frage stellen müsste.«[35] Wer das Institut ablehne, lehne den Fortschritt ab. Mises und Hayek warben beharrlich dafür, dem Ökonomen eine zentrale Rolle in der Leitung des modernen Staates zuzugestehen. Die Kenntnis der wirtschaftlichen Zusammenhänge war in ihren Augen ein unverzichtbarer Bestandteil des modernen Denkens. Ein Staat, der sich nicht auf wirtschaftswissenschaftliche Erkenntnisse stützen könne, sei dazu verurteilt, im Wettbewerb der Nationen ins Hintertreffen zu geraten.

Da sich der Ökonom, der die Hand am Puls der Nation hatte, in derselben Position wie der Naturwissenschaftler oder Arzt befand, hatte der Ökonom einen privilegierten Zugang zu den internen Abläufen in der Privatwirtschaft. Um den Konjunkturzyklus zu verstehen, musste man Zugriff auf die Daten haben. Mises und Hayek hielten es für notwendig, »die lebensbedrohliche Geheimniskrämerei der österreichischen Unternehmen und Organisationen zu überwinden«. In ihren Augen gab es kein Privateigentum an Wirtschaftsdaten. Die internen Abläufe in den Privatunternehmen mussten für den Ökonomen transparent gemacht werden. Wer – im Interesse des eigenen zukünftigen Wohlstands – ein guter Unternehmensbürger sein wollte, musste seine internen Abläufe offenlegen.

Akzeptabel geworden war die Forderung nach Zugang zu den internen Daten der Unternehmen im Ersten Weltkrieg. Eine der maßgeblichen Figuren in Mitteleuropa war AEG-Aufsichtsratschef Walther Rathenau, der im Krieg den offiziellen Titel eines »Rohstoffdiktators« getragen hatte. Hayek erklärte, Rathenau und dessen Vorstellungen von der Reorganisation der Wirtschaft hätten sein Interesse an der Ökonomie geweckt.[36] Rathenaus Leistung bestand darin, im deutschen Kaiserreich die Grenze zwischen Staat und Wirtschaft zu beseitigen. Dasselbe geschah fast zur selben Zeit in Russland im Zuge der Revolution. Aber Rathenaus Eingriffe waren langfristig vermutlich wirksamer, denn er führte eine staatliche Lenkung ein, ohne die Institution des Privateigentums anzutasten. Er machte die Aktivitäten der Kapitalisten transparent, ohne sie zu enteignen. Der Kern des Privateigentums blieb erhalten. Die Kriegswirtschaft machte extreme Maßnahmen erforderlich, aber die Unantastbarkeit der Unternehmensinformationen wurde auch nach dem Ende des Ersten Weltkriegs in keinem der am Krieg beteiligten Länder wiederhergestellt. Auf allen Seiten des Konflikts erzwang der totale Krieg die Nutzung sämtlicher Energien der Volkswirtschaft für den Kriegseinsatz. Die gemeinsamen Anstrengungen verbündeter Staaten erforderten zudem eine länderübergreifende Kooperation. Im Ersten Weltkrieg wurden die groß angelegte Planung und Erhebung von Statistiken in das Repertoire der modernen Staatsführung aufgenommen.

Wie in Kapitel 1 erwähnt, mussten die Liberalen ihre klassischen Vorstellungen revidieren, um sich mit der Idee anzufreunden, dass die Unternehmen ihre Bücher öffnen sollten. Der private Charakter der Geschäftstätigkeit war nicht länger unantastbar. In der Konjunkturforschung wurde die Sozialwissenschaft auf den Markt angewandt, aber der Zweck der Übung war nicht – wie bei der »Sozialreformbewegung« und beim Progressivismus –, die schädlichen Auswirkungen des Kapitalismus auf die gewöhnlichen Arbeitskräfte zu verringern. »Das Soziale« oder »die Gesellschaft« war parallel, aber im Gegensatz zu »der Wirtschaft« in mehrerlei Hinsicht als ein Bereich mit nicht zum Markt gehörenden Werten und Eigenschaften konzipiert worden, der gegen die potenziell zersetzenden Auswirkungen einer nicht regulierten privaten Unternehmenstätigkeit abgeschirmt werden musste. (Diese Implikation ist im Deutschen sehr viel klarer erhalten geblieben, wo der Begriff »sozial« eine normative Konnotation hat und im Gegensatz zum neutraleren Begriff »gesellschaftlich« Sozialreformen impliziert.) Der Verein für Sozialpolitik ist das archetypische Beispiel für diese Art von *sozialen* Eingriffen, die in zahlreichen Ländern von Japan über Irland bis zu den Vereinigten Staaten übernommen wurden. Die Konjunkturforschung der zwanziger Jahre war in mancher Hinsicht ein anderes Geschöpf. In dieser Disziplin wurden wirtschaftliche Kenntnisse vorwiegend hervorgebracht, um die Effektivität und den Einzugsbereich des Marktes nicht einzuschränken, sondern zu maximieren. Die Konjunkturforschungsinstitute waren die »Augen«, welche die Aktivitäten der Unternehmen beobachteten, um den Unternehmen dabei zu helfen, die wirtschaftliche Situation klarer zu sehen. Hayek bezeichnete diese Institute als »Konjunkturbeobachtungsdienste« und die Sammlung statistischer Daten als »neue Betrachtungsweise«.[37] Das statistische Diagramm war ein Spiegel, in dem sich die Unternehmen betrachten konnten, um sich selbst besser verstehen zu können.

Wie die Metaphern zeigen, war der visuelle Aspekt von zentraler Bedeutung. Mises und Hayek schrieben, dass die Information unverzüglich bereitgestellt und in leicht verständlicher Form präsentiert werden müsse.[38] Entscheidend schien beiden der »erzieherische Wert des ständigen Hinweises auf die zyklische Natur der Konjunkturbewegung, die eine solche regelmäßige Konjunkturberichterstattung ausübt. Sie erlaubt auch eine planmäßige Verteilung der Investitionen über längere Zeiträume sowie für die Wahl des Zeitpunktes für öffentliche Arbeiten.«[39] Das Konjunkturforschungsinstitut sollte nützliches Wissen liefern und Daten über die Entwicklung der Wirtschaft so aufbereiten, dass sowohl der private als auch der öffentliche Sektor daraus geeignete Maßnahmen zur Koordinierung ihrer Aktivitäten ableiten konnten. Sowohl der Unternehmer als auch der Politiker mussten in der richtigen Deutung der Konjunkturzyklen geschult werden.

Ende 1926 trugen die Bemühungen Mises' und Hayek Früchte. Am 15. Dezember jenes Jahres wurde das Österreichische Institut für Konjunkturforschung offiziell ins Leben gerufen. Hayek übernahm im Januar 1927 die Leitung; das Personal bestand nur aus ihm und einer Sekretärin.[40] Die österreichischen Liberalen suchten sofort Anschluss an internationale Kreise. Im November 1926 kommunizierte Mises mit Alexander Loveday, dem Leiter der Wirtschaftsabteilung des Völkerbunds, der die Gründung des neuen Instituts begrüßte und zusagte, es bei der Vergabe der in Genf organisierten internationalen Projekte zu berücksichtigen.[41] Im Januar 1927 erklärten Hayek und Richard Reisch in einem Schreiben an den Völkerbund die Tätigkeit ihres neuen Instituts: Sie wollten die historische Forschungsarbeit mit Analysen der aktuellen Entwicklungen verbinden. Das Institut werde eine Zeitreihe erarbeiten, die lange vor dem Krieg begann, und in Zusammenarbeit mit Einrichtungen aus Nachbarländern Daten sammeln.[42]

Das Österreichische Konjunkturforschungsinstitut verwendete das »Drei-Zyklen-Barometer« des Harvard Economic Service. Wie andere Konjunkturbarometer lieferte auch dieses eine quantitative Darstellung der Volkswirtschaft in einem bestimmten Zeitraum. Der erste Bericht des Instituts enthielt ein Drei-Zyklen-Diagramm der Entwicklung der österreichischen Wirtschaft bis zum Ausbruch des Ersten Weltkriegs.[43] In einem anderen Diagramm, das als Beispiel für die in den Berichten verwendeten Visualisierungsmethoden angeführt wurde, reduzierte das Institut die Gesundheit der Volkswirtschaft auf eine einzige Linie. Die Kurve sollte »einen Durchschnitt aus der Bewegung der wichtigsten Zahlen [darstellen], die für den Geschäftsgang in Österreich charakteristisch sind«.[44] Die Talsohlen wurden mit Streiks und Arbeitskräftemangel, die Gipfel mit lokalen und internationalen Ereignissen erklärt. In den Augen eines Unternehmers oder interessierten Bürgers veranschaulichte die Linie den in wirtschaftlichen Daten ausgedrückten Lauf der Geschichte: Die Politik war dem Auf und Ab eines abstrahierten Marktklimas untergeordnet.

Die nationalen Konjunkturbarometer waren aussagekräftig für das Heimatland der Konjunkturforschung, denn die Vereinigten Staaten hatten die größte Binnenwirtschaft der Welt. Aber auch dort bewegte die Bedeutung der globalen Geschehnisse den Harvard Economic Service dazu, seine Forschung Mitte der zwanziger Jahre auf die internationale Sphäre auszuweiten. Die erste Begegnung zwischen Hayek und John Maynard Keynes fand im Juni 1928 bei einer vom Harvard Economic Service organisierten Versammlung von Prognostikern in der London School of Economics (LSE) statt.[45] Hayek erkannte früh, dass der nationale Rahmen für kleinere Länder nicht gut geeignet war. Die wirtschaftlichen Geschicke Österreichs und anderer postimperialer Nachfolgestaaten in Mitteleuropa waren sehr viel enger mit den Konjunkturzyklen benachbarter Länder verknüpft als die größerer Länder oder Kolonialreiche. Nach der Auflösung des Habsburgerreichs befand sich

Österreich in einer derart prekären Lage, dass sein wirtschaftliches Wohl von der Entwicklung in anderen Volkswirtschaften abhing. Im Jahr 1927 schrieb Hayek in der Zeitschrift *Die Industrie*, kleine Länder hingen selbst dann von ihrer Umgebung ab, wenn sich die Struktur ihrer Volkswirtschaft deutlich von der ihrer Nachbarländer unterscheide.[46] Kein Land ohne einen großen Binnenmarkt oder weitläufige Überseegebiete könne es sich leisten, seine Nachbarn zu ignorieren.

Hayeks Ziel war die Koordinierung mit anderen mitteleuropäischen Ländern. Er begann, sich theoretisch mit der Frage zu beschäftigen, wie man ein synthetisches statistisches Porträt der Region zeichnen konnte. Im März 1928 organisierte er eine Konferenz mitteleuropäischer Konjunkturforschungsinstitute, an der Vertreter von Einrichtungen aus Ungarn, Polen, der Tschechoslowakei sowie Adolph Löwe vom Kieler Weltwirtschaftsinstitut und Paul Rosenstein-Rodan, einer der Begründer der Entwicklungsökonomie, teilnahmen.[47] In der Einladung erklärte Hayek, dass »die Berücksichtigung der wirtschaftlichen Entwicklung der Nachbarstaaten vielleicht ebenso wichtig ist wie die Wirtschaftslage des eigenen Landes«.[48] Er verwies auf eine Expertentagung in Genf im Jahr 1926, die zu dem Ergebnis gelangt war, dass »in im Wesentlichen von ausländischen Märkten abhängigen Ländern, genauer gesagt im Fall bestimmter europäischer Staaten, ein ausschließlich auf Daten zu nationalen Phänomenen beruhendes Barometer mit aller Wahrscheinlichkeit unzureichend wäre, um die Entwicklung des Wirtschaftslebens vorauszusagen, da die Wirtschaft in diesen Ländern den Schwankungen des Wohlstands der Märkte folgen wird, von denen sie abhängt«.[49] Im Bemühen um ein solches länderübergreifendes Porträt der volkswirtschaftlichen Gesundheit regte Hayek einen geregelten Austausch ökonomischer Daten zwischen den mitteleuropäischen Staaten an, um ein »Gesamtbild der Wirtschaftslage eines größeren Gebietes zu vereinigen« und anhand dessen »die wechselseitige Abhängigkeit der kleineren Wirtschaftsgebiete« zu untersuchen.[50] Die Randexistenz von Ländern wie dem postimperialen Österreich machte es erforderlich, dass man sich mit dem größeren System beschäftigte. Im Grunde schlug Hayek vor, wirtschaftliche Informationen zu nutzen, um die vom Zerfall des Habsburgerreichs verursachten Probleme zu lösen. Indem Hayek und seine Kollegen Verbindungen zu Ökonomen in den Nachfolgestaaten herstellten, versuchten sie, den zersplitterten Wirtschaftsraum des früheren Habsburgerreichs durch den Datenaustausch und in der Folge durch die Wiederherstellung der Marktbeziehungen erneut zusammenzusetzen. Da die politische Einheit des Reiches verloren war, schlugen die Experten ein Informationsnetz vor, das den Wirtschaftsraum zusammenhalten sollte.

Nach dem Börsenkrach von 1929 und dem Ausbruch der Weltwirtschaftskrise wurde die Vision eines durch Informationsströme vernetzten Mitteleuropa mit finanzieller Hilfe aus den Vereinigten Staaten verwirklicht. Der Statistiker und Ökonom Edmund E. Day übernahm im Jahr 1929 die Leitung der Rockefeller Foundation und konzentrierte sich bei der Finanzierung in erster Linie auf »die Erforschung industrieller Risiken und der wirtschaftlichen Stabilisierung«.[51] In den fünf Jahren nach dem Börsenkrach stellte die Rockefeller-Stiftung fast 18 Millionen Dollar für die sozialwissenschaftliche Forschung bereit; dies war eine gewaltige Investition in die Lösung gesellschaftlicher und wirtschaftlicher Probleme durch Wissen.[52] Das Konjunkturforschungsinstitut in Wien war das erste in Europa, das Gelder der Rockefeller-Stiftung erhielt: Ein Forschungszuschuss von 20000 Dollar im Jahr 1931 kam im wirtschaftlich darbenden Österreich einem warmen Geldregen gleich.[53] Die Finanzierung von Wirtschaftsforschungsinstituten in Bulgarien, Rumänien, Ungarn und Polen weckte Hoffnungen auf eine Verwirklichung von Hayeks Vision eines mitteleuropäischen Netzwerks für den Datenaustausch.[54]

Ende der dreißiger Jahre nahmen die vom Völkerbund finanzierte Internationale Studienkonferenz und die Carnegie-Stiftung für

Internationalen Frieden die Erforschung der wirtschaftlichen Entwicklungen in der Donauregion in Angriff. Das Studium der Wirtschaft in den Nachfolgestaaten des Habsburgerreichs stellte eine frühe Version dessen dar, was nach dem Zweiten Weltkrieg als Regionalstudien bezeichnet werden sollte: Eine aus formal unabhängigen Staaten bestehende Region wurde als wirtschaftliche Einheit mit interdependenten Bestandteilen untersucht. Hayeks Beiträge trugen wesentlich dazu bei, dass die Ökonomen begannen, bei der Analyse von Konjunkturzyklen und Wirtschaftsbarometern über die Grenzen einzelner nationaler Volkswirtschaften hinauszublicken. Die Notlage des postimperialen Österreich lenkte die Aufmerksamkeit auf die Nachbarländer und die Weltwirtschaft. Es genügte nicht, den Puls der Nation zu messen. Hayek machte seinen Kollegen klar, dass man den Puls der Region und der Welt nehmen musste.

Der Puls der Welt

Die Arbeit am Österreichischen Konjunkturforschungsinstitut brachte Friedrich Hayek in Kontakt mit dem Brennpunkt der globalen Wirtschaftsforschung in Genf. Alexander Loveday unterstützte Hayeks Bemühungen, ein Netzwerk mitteleuropäischer Konjunkturforschungsinstitute aufzubauen.[55] Anfang des Jahres 1931 lud Loveday seinen österreichischen Kollegen als Repräsentanten des Wiener Instituts zu einem internationalen Treffen von Ökonomen ein, die in Genf die Situation der Weltwirtschaft nach dem Börsenkrach analysieren wollten.[56] Loveday hielt große Stücke auf Hayek. Im März 1931 schrieb er an Morgenstern, niemand in Europa könne die Ursprünge und Auslöser der Weltwirtschaftskrise »besser beurteilen als Sie und Dr. Hayek«.[57] In jenem Jahr hatte der institutionelle Auflösungsprozess bereits begonnen. Als Hayek nach Genf aufbrach, steuerte die altehrwürdige Creditanstalt auf den Bankrott zu (der im Mai unausweichlich wurde) und löste eine Reihe von Bankenzusammenbrüchen aus, die den Absturz Mitteleuropas in eine tiefe wirtschaftliche Depression beschleunigten (und schließlich im September 1931 zur Abkehr vom Goldstandard führte). Das Treffen in Genf war keine zufällige Zusammenkunft von Gelehrten: Die versammelten Ökonomen sollten eine Bestandsaufnahme der wirtschaftlichen Schäden machen. In Lovedays Augen war es ein Versuch, »den Blick über den Abgrund der unmittelbaren Zukunft hinaus auf die nebulösen Gefahren am Horizont« zu richten.[58]

Koordiniert wurde das Treffen von dem schwedischen Ökonomen Bertil Ohlin, der Berichte der eingeladenen Forscher über die Konjunkturzyklen in ihren jeweiligen Ländern gesammelt hatte. Eine solche internationale Koordination wurde als notwendig betrachtet, weil »die Auswirkungen der Rezession heute in aller Welt zu spüren sind, nachdem verschiedene Vorkriegsrezessionen auf relativ begrenzte Gebiete beschränkt« gewesen waren. »Das weltweite Problem«, erklärten die Experten, »sollte auf globaler Basis untersucht werden.«[59] Denselben Vorschlag, wenn auch anders formuliert, hatte der chilenisch-deutsche Statistiker Ernst Wagemann bereits im Jahr 1928 gemacht: Er wollte herausfinden, ob es »neben einem nationalen auch einen weltweiten Konjunkturzyklus« gab.[60] Die in Genf versammelten Ökonomen gelangten zu einem einhelligen Ergebnis: Es waren noch keine Lösungen in Sicht, aber die Suche sollte weltweit erfolgen.[61]

Der erste Schritt zur Lösung des »Weltproblems« bestand darin, die Daten vergleichbar zu machen. Der Völkerbund hatte nach dem Ersten Weltkrieg mit der Vereinheitlichung der globalen Wirtschaftsstatistiken begonnen. Im Jahr 1920 richtete er eine Internationale Statistikkommission ein, der Mitglieder des International Statistical Institute, des Internationalen Landwirtschaftsinstituts und der Internationalen Handelskammer angehörten. Ab dem Jahr 1927 veröffentlichte diese Kommission das *Statistical Year Book*.[62]

Im Jahr 1928 nahmen Delegierte aus vierzig Ländern an einem internationalen Kongress für Wirtschaftsstatistiken teil, der ein Komitee von Statistikexperten einrichtete.[63] Die Standardisierung und Erhebung weltweiter Daten brachten eine neuartige globale Vision hervor. Condliffe, einer der für den Prozess verantwortlichen Experten, schrieb, dass »die beteiligten Ökonomen nicht nur international sind, weil sie verschiedenen Nationalitäten angehören, sondern auch, weil sie imstande, besser noch: weil sie gezwungen sind, ihre Daten unter nicht nationalen Gesichtspunkten auszuwerten«. Die Erstellung dieser Statistiken wirkte insofern globalisierend, als die Daten ein einziges globales Bild zeichneten und die Mentalität der Ökonomen änderten. »Da die Daten eines Landes mit denen eines anderen verknüpft werden«, schrieb Condliffe, »betrachten [die Ökonomen] die Welt als einen sich entwickelnden wirtschaftlichen Organismus.«[64]

Mises schrieb im Jahr 1927, dass »für den Liberalen die Welt nicht an den Grenzen des Staates endet«, sondern dass »sein politisches Denken die gesamte Menschheit umfaßt«.[65] Der statistische Globalismus des Völkerbunds machte diese Vision zahlenmäßig erfassbar. Der Bericht, den Ohlin im Anschluss an das Treffen im Jahr 1931 schrieb, festigte die Überzeugung von der Bedeutung dessen, was er als internationale »Interdependenzen« bezeichnete: Die Staaten seien nicht imstande, sich dem Hin und Her der globalen Wirtschaftskräfte zu entziehen.[66] Im Jahr 1932 sprach Arthur Salter von der »kollektiven Laborarbeit« zur Untersuchung des Problems des Konjunkturzyklus, womit er eine Analogie zwischen den Ökonomen und den Naturwissenschaftlern herstellte und andeutete, die Wirtschaftsforscher arbeiteten an einem Problem, für das es eine endgültige Lösung gebe.[67] Im selben Jahr übernahm Condliffe die Leitung der neuen jährlichen *World Economic Survey*, einer Publikation, die er als »natürlichen Nachfolger« des von Ohlin organisierten internationalen Kooperationsprojekts beschrieb.[68] Die zweite Ausgabe enthielt Morgensterns adaptierte Spirale des

Welthandels; das Wiener Konjunkturforschungsinstitut nahm an dem Projekt teil, dessen Ziel darin bestand, die Weltwirtschaft als einen Raum zusammenhängender Prozesse zu betrachten. So wurde eine Weltwirtschaft der Zahlen erschaffen.

Die Beziehung zwischen dem Mises-Kreis und den Genfer Einrichtungen wurde enger, als Haberler im Mai 1934 auf Hayeks Empfehlung beauftragt wurde, die Nachfolgepublikation zu Ohlins Bericht über die theoretische Auseinandersetzung mit den Konjunkturzyklen und der Weltwirtschaftskrise zu verfassen.[69] Wie wir in Kapitel 1 gesehen haben, verwendete Haberler das Modell der raumlosen Welt für seine Analyse und stellte Zölle, räumliche Entfernungen und die Aktivitäten der gewerkschaftlich organisierten Arbeiterschaft als vergleichbare Hindernisse für die optimale Verteilung der globalen Ressourcen dar. Obwohl er es nicht wissenschaftlich belegen konnte, betrachtete er es als Tatsache, dass die Konjunkturzyklen internationalisiert werden konnten. »Seit hundert Jahren oder länger«, schrieb er, »sind die wirtschaftlichen Beziehungen zwischen den meisten Ländern der Welt, seien es Industrie-, Agrar- oder Rohstoffe produzierende Länder, derart eng und der internationale Handel derart wichtig für die verschiedenen nationalen Wirtschaftssysteme, dass ein engerer Zusammenhang zwischen den konjunkturellen Auf- und Abschwüngen in verschiedenen Ländern zu erwarten ist.« Der »Bazillus von Aufschwung und Rezession«, erklärte er, verbreite sich ungehindert »von Land zu Land«.[70]

Obwohl die Kausalität unklar blieb, weckte die Weltwirtschaftskrise in Expertenkreisen die Überzeugung, dass die wirtschaftliche Aktivität in den verschiedenen Weltregionen zusammenhing. Auf der American Economic Conference im März 1931 erklärte Ernest Minor Patterson: »Es ist mittlerweile eine schmerzhaft banale Erkenntnis, dass die Welt eine wirtschaftliche Einheit ist. Jedes Gebiet und jeder Wirtschaftssektor hängt mehr denn je von allen anderen ab, und jede Unregelmäßigkeit in der Funktionsweise eines

Teils der Weltwirtschaftsmaschine hat weitreichende Auswirkungen.« Dennoch, so Patterson, wählten die Ökonomen »einen im Wesentlichen nationalen Zugang«. Als löbliche Ausnahmen nannte er die Internationale Handelskammer und den Völkerbund.[71] Das Eingeständnis der Verwobenheit der Weltwirtschaft war eine Sache. Etwas anderes war es, wie man darauf reagieren sollte. Im Jahr 1936 versammelte Loveday eine Gruppe angesehener Ökonomen, um den ersten Entwurf von Haberlers Bericht zu analysieren. An dem Treffen nahmen Figuren teil, die später Hauptrollen in der neoliberalen intellektuellen Bewegung spielen sollten, darunter Lionel Robbins, Wilhelm Röpke und Charles Rist.[72] Hayek, der mittlerweile einen Posten an der London School of Economics übernommen hatte, war nicht anwesend, da Robbins die LSE vertrat.[73]

Haberlers Studie und die zu ihrer Auswertung einberufene Konferenz lieferten die Grundlage für das, was Robbins als »Methode nach Haberler« bezeichnete.[74] Diese Methode beinhaltete die Untersuchung eines »großen Themas« durch eine Forschergruppe, deren Ergebnisse anschließend von einem größeren Expertengremium ausgewertet wurden. Die Haberler-Methode begründete eine Form der internationalen Zusammenarbeit und Datensammlung, die auf einer Mischung von abstrakter Nationalökonomie und empirischer Statistik beruhte und nicht weniger als die gesamte Weltwirtschaft als ihren Untersuchungsgegenstand betrachtete. Die Methode war organisch und an keine Institution gebunden; die Expertengruppen versammelten sich regelmäßig, um die Forschungsergebnisse auszutauschen und auszuwerten. Die Ähnlichkeit der Haberler-Methode mit der Arbeitsweise der nach dem Krieg gegründeten Mont Pèlerin Society war kein Zufall. Das Genfer Experiment beruhte zum Teil auf der Überzeugung, dass sich die theoretische Analyse und die grundlegende Arbeit der Datensammlung und Standardisierung auf halbem Weg begegnen mussten.

Karl Pribram, ein Wiener Bekannter von Mises, der mittlerweile eine führende Rolle in der Internationalen Arbeitsorganisation spielte, beschrieb in einem Vortrag vor dem International Statistical Institute im Jahr 1936, wie die Ökonomen aus den Wolken zur Erde herabgestiegen waren. Ursprünglich hätten sie sich mit abstrakten Vorstellungen wie der von einem »weltweiten universellen Wirtschaftssystem« beschäftigt, aber die Geschehnisse hätten sie gezwungen, »von hochtrabenden theorisierenden Analysen abwärts zur wesentlichen Realität des Wirtschaftslebens zu arbeiten«.[75] Die Auseinandersetzung mit dem Problem der Weltwirtschaftskrise schweißte Statistiker und Ökonomen enger zusammen. Wie Haberler in einem Brief an Loveday erklärte, verfolgte er dasselbe Ziel wie Mitchell und das amerikanische NBER: Er wollte »die Verbindung zwischen Theorien und Fakten stärken«.[76] Haberlers Methode sollte den Geltungsbereich der Ökonomie im öffentlichen Leben ausweiten und ihren Einfluss in der Politik vergrößern. So wie die Konjunkturforschungsinstitute versuchten, die Mauern um die Betriebsgeheimnisse der Unternehmen zu durchlöchern, bemühten sich internationale Institutionen wie der Völkerbund, den nationalen staatlichen Verwaltungen Informationen zu entlocken.

Gibt es eine Weltwirtschaft?

Nach der ersten Konferenz, auf der im Jahr 1936 der Bericht des Völkerbunds über schwere Rezessionen diskutiert worden war, wurde die Haberler-Methode unverzüglich ein zweites Mal angewandt. Eine Woche nach dem Ende dieser Konferenz brachen mehrere mit Ökonomen gefüllte Autos zu einer einstündigen Fahrt nach Süden auf, wo in Annecy am Ufer eines anderen Sees eine weitere, von der Rockefeller-Stiftung bezahlte Konferenz im Imperial Palace Hotel stattfand.[77] Unter den Teilnehmern waren Mises,

Morgenstern, Alvin Hansen, Ohlin, Robbins und Röpke.[78] Die Konferenz fand im Vorfeld einer Versammlung in Wien statt, bei der die Wirtschaftsforschungsinstitute die Möglichkeiten zu einer engeren Koordinierung ihrer Arbeit ausloten wollten.[79] Bevor Ohlin und Haberler ihre Berichte über die Weltwirtschaftskrise präsentiert hatten, waren die meisten Untersuchungen über den Konjunkturzyklus im Wesentlichen auf die nationale Sphäre beschränkt gewesen. Die Rockefeller-Stiftung legte den in Annecy versammelten Ökonomen eine grundlegende Frage vor: Gibt es eine globale Wirtschaft? Wie es in der Einladung hieß: »Ist das Konzept der ›Weltwirtschaft‹ real genug, um es zum Gegenstand kontinuierlicher Forschung zu machen?«[80]

In der Tagesordnung, die der in Sofia ansässige russischstämmige Statistiker Oskar Anderson gestaltet hatte, war die Zielsetzung der Konferenz ein wenig ausführlicher formuliert: »Können wir sagen, dass diese Kräfte eine gewisse organische Einheit darstellen, die den Schluss zulässt, dass es so etwas wie eine ›Weltwirtschaft‹ gibt? Oder sind sie lediglich eine physische Häufung nicht verbundener Kräfte, die aus zahlreichen widersprüchlichen nationalen Programmen und Eingriffen resultiert?«[81] Die in Annecy versammelten Ökonomen versuchten, das Problem zu lösen, wie man die Weltwirtschaft messen konnte: »Wenn ausreichende Einigkeit über die Identität dieser Kräfte besteht, lautet die folgerichtige Frage, wie effektiv wir sie gegenwärtig erfassen, aufzeichnen und analysieren.« Wie konnte man die Weltwirtschaft greifbar machen und darstellen? Und sollte dafür ein »zentrales Spezialinstitut« eingerichtet werden? Die Konferenzteilnehmer einigten sich darauf, dass eine internationale Untersuchung der Auswirkungen des Agrarprotektionismus in den Industrieländern und des Industrieprotektionismus in den Agrarstaaten erforderlich war. Dies war relevant, weil es einem zentralen Aspekt des liberalen Globalismus widersprach: der internationalen Arbeitsteilung. Die Konferenz schlug vor, aus der Studie sollte in weiterer Folge ein »internationales Institut für Konjunkturforschung« hervorgehen, das »mit den verschiedenen nationalen Konjunkturforschungsinstituten kooperieren und ihre Erkenntnisse allgemein zugänglich machen« werde.[82]

Als Leiter der neu zu gründenden internationalen Beobachtungsstelle wurde Wilhelm Röpke nominiert, für den sich insbesondere William Rappard und Robbins ausgesprochen hatten.[83] Röpke gilt als einer der geistigen Väter der sozialen Marktwirtschaft im Westdeutschland der Nachkriegszeit. Er leistete aber auch wichtige Beiträge zur Organisation der länderübergreifenden neoliberalen Bewegung und spielt in den folgenden Kapiteln eine zentrale Rolle, weil er eine entschieden globalistische Haltung einnahm und die außerökonomischen Bedingungen für das Funktionieren der Marktgesellschaft hervorhob, darunter Fragen von Rasse und Kultur. Röpke, 1899 in Schwarmstedt bei Hannover geboren, hatte 1921 sein Wirtschaftsstudium in Marburg abgeschlossen und kehrte im Jahr 1929 als Professor an diese Universität zurück. Im Jahr 1933 wurde er wegen seines liberalen Widerstands gegen die neuen nationalsozialistischen Machthaber von seinem Posten entfernt und wanderte in die Türkei aus, wo er eine Stelle an der Universität Istanbul annahm.[84] Nun bemühte er sich um eine Rückkehr in die gelehrten Kreise Europas, und die Studie schien ein vielversprechendes Projekt zu sein.

Rappard schlug vor, Röpke solle die länderübergreifende Studie von Genf aus koordinieren. Jacques Polak bezeichnete diese Stadt später als »vielleicht *das* führende Zentrum der angewandten Wirtschaftswissenschaft in Europa« in den dreißiger Jahren.[85] Die institutionelle Basis war das von Rappard gegründete und geleitete Hochschulinstitut für internationale Studien. Rappard ist vor allem als Leiter der Sektion Völkerbundsmandate in Erinnerung geblieben, aber er trug auch entscheidend dazu bei, das Genfer Hochschulinstitut in den dreißiger Jahren zu einem akademischen Zufluchtsort für die Neoliberalen zu machen: Er holte Mises (1934),

Michael Heilperin (1935) und Röpke (1937) an die Einrichtung und veranstaltete und veröffentlichte wichtige Vorträge von Hayek und Robbins.[86]

Rappard bewegte sich in der akademischen Welt, in der Wirtschaft und in internationalen Organisationen auf beiden Seiten des Atlantik. Geboren in Manhattan im Jahr 1883, besaß er sowohl die amerikanische als auch die schweizerische Staatsbürgerschaft und kehrte im Alter von fünfzehn Jahren mit seiner Familie nach Genf zurück.[87] Im Jahr 1901 nahm er ein Studium auf, und im Lauf seiner akademischen Reisen vor dem Ersten Weltkrieg begegnete er führenden Wirtschaftswissenschaftlern wie Gustav von Schmoller, Adolph Wagner und Lujo Brentano in Berlin und München, Edwin Francis Gay, Frank Taussig und Charles J. Bullock in Harvard sowie Eugen Böhm-Bawerk, Eugen Philippovich und Carl Grünberg in Wien.[88] Seine Lehrer in Wien vermittelten Rappard im Jahr 1910 seinen ersten Posten in einer internationalen Einrichtung: Er wurde einer von zehn Mitarbeitern des Internationalen Arbeitsamts (IAA) in Basel, einer Untereinrichtung der Internationalen Vereinigung für gesetzlichen Arbeiterschutz und ein Vorläufer der Internationalen Arbeitsorganisation.[89] Im Jahr 1911 kehrte Rappard nach Harvard zurück, um eine Vorlesung zu halten, und knüpfte Kontakte zur Bostoner Handelskammer, die ihm eine Reise nach Südamerika finanzierte.[90] Seine amerikanischen Verbindungen verhalfen ihm nach dem Ersten Weltkrieg zum Posten des Leiters der Sektion Mandate des Völkerbunds.

Im Jahr 1925 begann Rappard, über die Gründung eines Hochschulinstituts nachzudenken, das die in Genf gebündelte Sachkenntnis nutzen und die transatlantischen Beziehungen festigen sollte. An diesem Institut, das zunächst Wilson Institute heißen sollte, wollte er zukünftige amerikanische Diplomaten ausbilden. Er wandte sich an Beardsley Ruml von der Rockefeller-Stiftung, um die Möglichkeiten einer Finanzierung auszuloten.[91] Im Juni 1926 teilte ihm Ruml mit, dass der Laura Spelman Rockefeller Memorial Fund einen über fünf Jahre gestreckten Betrag von 100 000 Dollar zur Finanzierung des Genfer Instituts bewilligt habe.[92]

Rappards Institut wurde zu einer wichtigen institutionellen Schaltstelle für die zukünftigen Neoliberalen. Wie wir in Kapitel 3 sehen werden, wies das Modell der Mandate, das er im Völkerbund entwickelte, wichtige Gemeinsamkeiten mit bestimmten Elementen des neoliberalen Staatenbundkonzepts auf. Rappard, der stets um eine kontinuierliche Finanzierung bemüht war, war zweifellos erfreut, als die Rockefeller-Stiftung im Jahr 1936 ihr Interesse bekundete, Röpkes Untersuchung als Pilotstudie zu verwenden, weil es sich, wie ihr Vertreter erklärte, um »ein interessantes Experiment mit der Organisation derartiger Untersuchungen« handelte.[93] Als Modell für Röpkes Studie der Welt wurde die Donauregion vorgeschlagen.[94] Röpke war damit einverstanden, die Region, die oft als »Danubien« bezeichnet wurde, als Ausgangspunkt für sein Projekt zu verwenden, wies jedoch darauf hin, dass mehr unter einem »›globalen‹ Gesichtspunkt« getan werden müsse.[95] Den Wunsch eines Landes, seine eigene Landwirtschaft und Industrie zu haben, bezeichnete er als »ökonomischen Simplizismus«.[96] In seinem Projekt ging es um die Frage, wie man Länder vom Streben nach Autarkie abbringen und stattdessen davon überzeugen konnte, dass die Integration in einem größeren Ganzen für alle Beteiligten vorteilhaft war.

Als Röpke im Oktober 1937 seine Tätigkeit in Genf aufnahm, erklärte er, seine Aufgabe bestehe darin, anhand der »Haberler-Methode« zu einem »besseren Verständnis der strukturellen Krise der Weltwirtschaft zu gelangen«.[97] Nach der Rückkehr aus dem türkischen Exil übernahm er in der Schweiz die Leitung eines »internationalen Wirtschaftsobservatoriums«, wie es die Rockefeller-Stiftung nannte.[98] Obwohl Röpke die Absicht hatte, seine Einrichtung zu einem Leuchtturm der Welt zu machen, von wo aus er den Planeten betrachten und die globalen wirtschaftlichen Vorgänge in sinnvolle Statistiken übersetzen wollte, war seine Rückkehr nach

Europa der erste Schritt auf dem Weg, der die Neoliberalen aus der Welt der Zahlen hinausführte.

Das Lippmann-Kolloquium als Weltprojekt

Nach der Konferenz in Annecy kehrte Röpke noch einmal in die Türkei zurück, um seinen Vertrag zu erfüllen; den Kontakt zum Netzwerk der Liberalen hielt er zwischenzeitlich aus der Ferne aufrecht. Im Februar 1937 schrieb er an Lionel Robbins, dass er nicht nur einen Professorenstuhl in Genf erhalten, sondern auch zum »internationalen Berichterstatter« für ein »groß angelegtes Forschungsprogramm« ernannt worden sei.[99] Im Sommer 1937 gab Hayek Röpke die Fahnen eines Buchs mit dem Titel *An Inquiry into the Principles of the Good Society* zu lesen, dessen Autor der amerikanische Publizist Walter Lippmann war. Röpke war sehr angetan von dem Buch und schrieb an Lippmann, um ihm von seiner eigenen »internationalen kooperativen Studie zur wirtschaftlichen Desintegration« zu berichten, die »selbstverständlich an jedem Punkt die in Ihrem [Lippmanns] Buch behandelten Fragen berühren wird«. Er regte eine Diskussion in der einen oder anderen Form zwischen den Personen an, »deren Gedanken zu diesen Fragen angemessen ausgereift sind«.[100] Er teilte Robbins mit, dass er es für nötig hielt, »eine gründliche Auseinandersetzung« mit den wichtigsten in Lippmanns Buch behandelten Fragen zu organisieren.[101]

Diese Diskussion fand im August 1938 in Paris statt. Die Organisatoren der Versammlung waren Hayek, Röpke und der Gastgeber Louis Rougier, der 1935 ein Buch in Rappards Verlag veröffentlicht hatte.[102] Das sogenannte »Colloque Walter Lippmann« (CWL) überschnitt sich mit zwei anderen großen Projekten zur Weltdeutung, die jeweils eigene Institutionen hatten. Das eine war Röpkes Projekt zur Erforschung der internationalen wirtschaftlichen Desintegration, das mit finanzieller Unterstützung der Rockefeller-Stiftung in Genf und Annecy vorangetrieben wurde und eng mit der Tätigkeit des Völkerbunds, der Konjunkturforschung und den Aktivitäten der Wiener Gruppe um Haberler, Hayek und Mises verbunden war. Das andere war die Internationale Studienkonferenz (International Studies Conference, ISC), die erste internationale kooperative Einrichtung, die sich dem aufstrebenden Fachgebiet der internationalen Beziehungen widmete. Die Konferenz trat ab 1928 jährlich zusammen.[103] Die Veranstaltungen wurden vom Internationalen Institut für geistige Zusammenarbeit (IIGZ) ausgerichtet, das ursprünglich eine Einrichtung des französischen Staats gewesen war, jedoch im Jahr 1926 mit der Internationalen Kommission für geistige Zusammenarbeit (International Committee on Intellectual Cooperation, ICIC) des Völkerbunds verschmolz.[104] Das IIGZ ging nach dem Krieg in der Unesco auf. Die jährlichen Internationalen Studienkonferenzen hatten in Format und Ausrichtung die vielleicht größte Ähnlichkeit mit dem Lippmann-Kolloquium. Sie wandten eine Variante der Haberler-Methode an und beschäftigten sich jeweils zwei Jahre lang mit einem bestimmten Thema, um Informationen über Pläne zur Lenkung eines interdependenten Planeten auszutauschen. Die Teilnehmer dachten interdisziplinär über die Probleme der Welt nach. In den Jahren 1935 und 1936 war die kollektive Sicherheit das Thema, 1937 und 1938 die Möglichkeit friedlicher Veränderungen. Das Thema im Jahr 1939 hatte Ähnlichkeit mit der von Röpke untersuchten Frage der internationalen wirtschaftlichen Desintegration: die Beziehung zwischen Wirtschaftspolitik und Weltfrieden.[105] Die Ähnlichkeit war kein Zufall, denn die Kontakte zwischen Genf und den Konferenzen waren intensiv. Im Jahr 1937 gab J. B. Condliffe, der die erste *World Economic Survey* zusammengestellt hatte, seine Tätigkeit für den Völkerbund auf und wurde Berichterstatter für die Internationale Studienkonferenz.[106]

Es gab zahlreiche Überschneidungen zwischen den internatio-

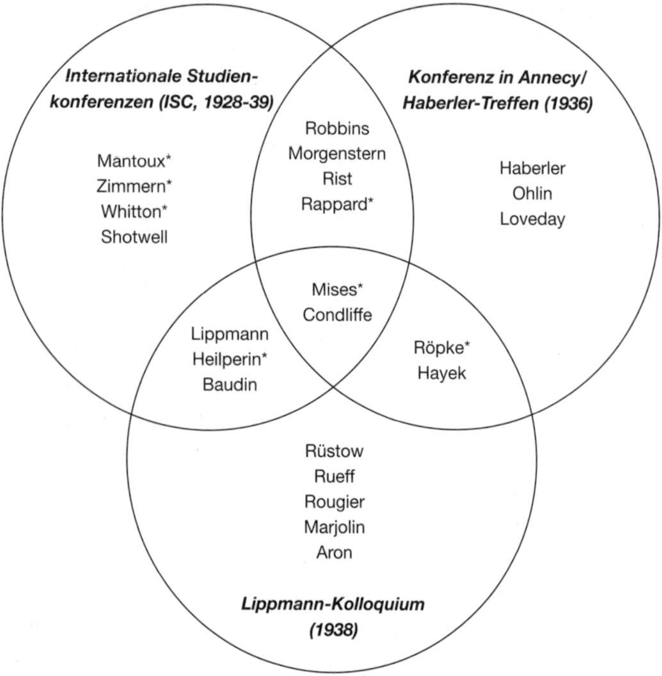

Schaubild: Überschneidungen der Teilnehmerschaft von Weltprojekten in den dreißiger Jahren. Mitglieder des Genfer Hochschulinstituts für internationale Studien sind mit einem Stern gekennzeichnet.

nal vernetzten Gruppen liberaler Wirtschaftsexperten und dem Lippmann-Kolloquium. Beispielsweise zählte Condliffe im Jahr 1938 zu den Teilnehmern. Hagen Schulz-Forberg hat auf die Bedeutung dieser Verbindungen hingewiesen und erklärt, dass Mises 1936 eine Studie über Rohstoffe zur Studienkonferenz beisteuerte und dass Michael Heilperin Beiträge für die Konferenzen in den Jahren 1937 und 1939 verfasste.[107] Mises nahm als Vertreter des Hochschulinstituts an der ISC-Versammlung in Madrid im Mai

1936 teil.[108] Röpke wollte ebenfalls nach Madrid reisen, was wegen seines deutschen Reisepasses jedoch nicht möglich war.[109] Eine wichtige Rolle spielte auch Lippmann selbst. Das amerikanische Koordinierungskomitee der Internationalen Studienkonferenz war das Council on Foreign Relations, und der (ebenfalls von der Rockefeller-Stiftung finanzierten) Gruppe für die Pariser Konferenz im Jahr 1937 gehörte neben dem späteren Außenminister John Foster Dulles und Philip C. Jessup, einem Experten für internationales Recht, auch Lippmann an.[110] Das Colloque Walter Lippmann war also keine ungewöhnliche Versammlung, sondern Teil der von der Internationalen Handelskammer, dem Völkerbund und philanthropischen Stiftungen aus den USA finanzierten internationalen Forschungskooperation der Liberalen.

Das Lippmann-Kolloquium dauerte fünf Tage und fasste den Beschluss, ein Internationales Studienzentrum für die Erneuerung des Liberalismus in Paris zu gründen, das Außenstellen in der Schweiz, Großbritannien und den Vereinigten Staaten unterhalten sollte. Mit der Leitung dieser Außenstellen wurden Röpke, Hayek und Lippmann betraut.[111] Auf Anregung des französischen Industriellen Louis Marlio, der in den zwanziger Jahren eine wichtige Rolle bei der Gründung eines Aluminiumkartells gespielt hatte, einigten sich die versammelten Intellektuellen darauf, ihre gemeinsamen Vorstellungen als »Neoliberalismus« zu bezeichnen.[112] Die Heimstatt der neuen Bewegung sollte das Musée Social sein, ein Gebäude, das für die Pariser Weltausstellung im Jahr 1889 errichtet worden war, um die Dokumente zur Ausstellung über die Sozialwirtschaft zu beherbergen. Auf den ersten Blick mag es den Anschein haben, als sei ein Gebäude, das als »soziales Laboratorium des modernen Frankreich« bezeichnet wurde, kein geeigneter Kandidat für die Unterbringung der neugeborenen neoliberalen Bewegung gewesen.[113] Doch wie die Forschung gezeigt hat, entsprachen die Diskussionen im Lippmann-Kolloquium kaum dem Stereotyp des Marktfundamentalismus:[114] Die Teilnehmer nahmen sehr unterschiedliche Positionen ein, und viele sprachen sich für ordnungspolitische Eingriffe und einen Wohlfahrtsstaat aus.

Lippmanns Text lieferte Argumente dafür. Der amerikanische Publizist kritisierte den »Trugschluss des Laissez-faire«, der die klassischen Liberalen in wenig inspirierende Apologeten des Status quo verwandelt habe.[115] Diesbezüglich deckte sich seine Einschätzung mit dem Zeitgeist der Jahre zwischen den Weltkriegen. Keynes hatte im Jahr 1924 bereits das »Ende des Laissez-faire« verkündet und vorgeschlagen, den zur Erhaltung des Marktes benötigten Staat neu zu gestalten.[116] In Lippmanns Augen hatten die Liberalen des 19. Jahrhunderts, indem sie die Notwendigkeit eines starken Staates und insbesondere eines rechtlichen Rahmens zur Erhaltung der Marktbedingungen geleugnet hatten, einer Vielzahl beliebiger Bedingungen ihren Segen erteilt. Mit der Formel, die später zum Motto der gleichnamigen Gesellschaft werden sollte (nämlich der kurzlebigen, 1938 gegründeten Society for the Renovation of Liberalism), rief Lippmann zu einer »Erneuerung des Liberalismus« auf, wobei er nicht nur die Notwendigkeit von Institutionen zur Erhaltung des Marktes anerkannte, sondern auch eine verblüffend breite Palette von Maßnahmen befürwortete, die dem Wohlfahrtsstaat zugeordnet werden konnten: von der Eugenik über Bildung und öffentliche Infrastrukturprojekte bis zu städtischen Erholungseinrichtungen.[117] Diese Dienste sollten mit Steuern der wohlhabenden Bürger bezahlt werden; auf diese Weise wollte Lippmann das »überschüssige Kapital« der Reichen abschöpfen.[118]

Besonders auffällig an Lippmanns Buch und dem rund um seine Thesen organisierten Kolloquium war, dass Intellektuelle wie Röpke und Hayek, die ansonsten skeptisch gegenüber solchen Eingriffen und Umverteilungsmaßnahmen waren, seine Vorschläge begeistert aufnahmen. Man könnte vermuten, dass Lippmanns Buch nicht nur aufgrund der öffentlichen Aufmerksamkeit für seine Thesen befreiend wirkte, sondern sich auch positiv von dem technischen Fachjargon des Völkerbunds und den undurchschaubaren

Details der Konjunkturforschung abhob, in denen viele dieser Männer Ende der zwanziger und in den frühen dreißiger Jahren versunken waren. Spätestens Ende der dreißiger Jahre war offenkundig geworden, dass alle statistischen Fakten der Welt nicht genügen würden, um die zerstörte Welt, die Mises in den zwanziger Jahren beschrieben hatte, wieder aufzubauen.

Im Vorfeld der Konferenz brachten Röpke und sein Mitautor Rüstow das Problem auf den Punkt und stellten fest, dass »in den vergangenen zehn Jahren Menschen und Material in beispiellosem Umfang mobilisiert worden sind. [...] Fakten werden himmelhoch aufgetürmt, es wird eine endlose Abfolge von Konferenzen abgehalten, die wirtschaftliche Analyse wird immer weiter verfeinert (und nebenbei immer realitätsferner), umfangreiche und detaillierte Forschungsprogramme werden ausgearbeitet, komplizierte Maschinerien der institutionalisierten Wissenschaft werden zusammengesetzt und Fragebögen an fast jedes Land und jede Bevölkerungsgruppe verschickt« – und dennoch drifteten die Nationen weiter auseinander, anstatt zusammenzuwachsen.[119] Röpke gab später eine reumütige Erklärung ab, die diesem Kapitel als Epigraf vorangestellt ist: »Es ist keine Übertreibung zu sagen, daß die Zeit des Verfalls der Weltwirtschaft zugleich diejenige der internationalen Wirtschaftskonferenzen gewesen ist.«[120]

Angesichts des Überflusses an Informationen und unnützen Daten wirkte Lippmanns Buch vermutlich erfrischend, weil es sich nicht auf die faktischen und ökonomischen, sondern auf die politischen und soziologischen Aspekte des Liberalismus konzentrierte. Zwar beschäftigt sich Lippmann im gesamten Buch mit wirtschaftlichen Fragen, aber er beschreibt die Wirtschaft nicht als Welt der Zahlen und Zyklen, sondern als Raum für Werte und Ordnung. Tatsächlich lautet eines seiner zentralen Argumente, das wesentlich von Mises und Hayek beeinflusst war, dass es naiv und schädlich sei, das anzustreben, was er als »autoritäre Lenkung« der Wirtschaft durch eine »begabte Autorität« bezeichnet.[121] Er beruft sich wiederholt auf die österreichischen Ökonomen, um die »Illusion der Lenkung« im gesellschaftlichen und wirtschaftlichen Leben zu kritisieren, und spottet über den Versuch, die umfassende, aber weitgehend ungeplante Koordinierung der menschlichen Energie durch Menschen, die sich lediglich an der freien Bewegung der Preise orientierten, erschöpfend darzustellen und vollkommen zu verstehen. Keine noch so große Menge von Statistiken, Erhebungen, Berichten könne ausreichendes Wissen liefern, um den Prozess von oben zu planen.[122] Seine Ausführungen können als implizite Kritik sowohl an der sozialistischen Planwirtschaft als auch an allen Versuchen zur Erfassung des gesamten Wirtschaftslebens mittels der Konjunkturforschung gedeutet werden. Lippmann erklärt: »Den Gegebenheiten der gesellschaftlichen Erfahrung gegenüber ist der Geist wie eine Laterne, die gelegentlich trübe Lichtkreise auf einigermaßen vertraute Fleckchen Grundes in einer sonst unerforschten Wildnis wirft.«[123] Er beruft sich auf die göttliche Autorität. Man könne »die staatliche Lenkung nicht einmal als eine Annäherung an die Meisterschaft betrachten, die die Menschen Gott als dem Schöpfer und Beherrscher des Weltalls zuschreiben«.[124]

Was konnte man angesichts eines Gesellschaftssystems tun, in dem es eine »unendliche Zahl voneinander abhängiger Veränderlicher« gebe?[125] Lippmann verzagte nicht angesichts der inhärenten Unregierbarkeit einer liberalen kapitalistischen Gesellschaft, sondern fand eine Lösung, die das Denken großer Teile des organisierten Neoliberalismus prägen sollte: Er tat den Schritt von der wirtschaftlichen in die rechtliche Sphäre und erklärte, »daß die Gesamtleitung durch Beamte um so einfacher, allgemeiner, weniger intensiv und weniger unmittelbar werden muß, je vielfältiger und ausgedehnter in Zeit und Raum, je verwickelter und verflochtener die Verhältnisse werden. Die Gesamtleitung von oben muß [...] der gewohnheitsrechtlichen Methode weichen.«[126] Er betrachtete es als »historische Sendung des Liberalismus, die Bedeutung der Arbeitsteilung zu entdecken. Seine noch nicht erfüllte Aufgabe ist es zu zeigen, wie Gesetz und Staatspolitik am besten dieser Produktionsweise anzupassen sind«.[127] Die Rolle des Gesetzes war nicht auf den Nationalstaat beschränkt. In seinem Buch bezog sich Lippmann immer wieder auf die »Great Society«, einen Terminus, den er bei dem Ökonomen Graham Wallas von der London School of Economics entlehnt hatte, um einen Raum des wirtschaftlichen und gesellschaftlichen Austauschs zu beschreiben, der in der Moderne eine globale Dimension angenommen habe.[128] Das Leben in der globalen Great Society musste gemeinsamen Gesetzen unterworfen werden. Lippmann sagte es unmissverständlich: »Der gesamten Weltwirtschaft gemeinsame Gesetze bedeuten eine dringende Notwendigkeit für die Menschenmassen mit allen ihren täglichen Verrichtungen. Die kumulative Gewalt dieser Notwendigkeit ist unwiderstehlich.«[129]

In Anlehnung an Mises und Hayek erklärte Lippmann, sowohl der Sozialismus als auch der Liberalismus seien mit einem Wissensproblem konfrontiert, für das es nur eine Lösung gebe: das System freier Preise. Er ging jedoch weiter als Mises und Hayek und betonte, dass die Preise nur in einer einheitlichen Rechtsstruktur funktionierten. Ben Jackson hat darauf hingewiesen, dass diese Hinwendung zum Recht Hayek den Anstoß dazu gegeben habe, sich ab den vierziger Jahren intensiver mit dem Vorrang des Rechts zu beschäftigen.[130] Hayek und Mises übernahmen auch den Begriff der »Great Society« und verwendeten ihn als »Große Gesellschaft« oder abgewandelt als »Offene Gesellschaft« in ihrer gesamten Laufbahn. Die Tatsache, dass Lyndon B. Johnson seine großen Sozialprogramme in den sechziger Jahren als »Great Society« beschrieb, kann leicht verschleiern, welche Bedeutung der Begriff für Hayek, Mises, Lippmann und vor ihnen für Adam Smith hatte. Sie alle verstanden unter diesem Begriff den gesamten vom marktwirtschaftlichen Austausch erfassten Bereich; die »Große Gesellschaft« umfasste, wie Mises es im Jahr 1944 ausdrückte, »alle menschlichen Wesen«.[131]

Lippmanns Buch verschmolz die österreichische Vorstellung von der Subjektivität des Werts mit einer neuen Konzentration auf den Vorrang des Rechts. Diese Synthese passte zu Hayeks neuem Interesse am Problem des Wissens, das schon vor dem Lippmann-Kolloquium erwacht war. Obwohl sie sich an der statistischen Forschung beteiligten, waren sich die Wiener Ökonomen aus dem Mises-Kreis stets der Grenzen rein deskriptiver Fakten bewusst und blieben skeptisch gegenüber der Möglichkeit zuverlässiger Konjunkturprognosen.[132] Im Methodenstreit des späten 19. Jahrhunderts zwischen der Historischen Schule der Nationalökonomie und der Grenznutzenschule um Carl Menger war es unter anderem um die Frage gegangen, ob es möglich war, die Gesamtheit einer nationalen Volkswirtschaft oder gar der Weltwirtschaft zu erfassen. Die Mitglieder des Mises-Kreises standen der Arbeit Ernst Wagemanns in Berlin kritisch gegenüber, die auf dem Projekt der Historischen Schule beruhte.[133] Bis in die dreißiger Jahre wurde dieses Problem eher mit theoretischen Ansätzen gelöst. In den dreißiger Jahren griff Hayek dann Argumente aus der Debatte über die Wirtschaftsrechnung im Sozialismus auf, um seinen eigenen Glauben an die Rolle des Wissens zu revidieren.[134]

In einer Rede mit dem Titel »Economics and knowledge« vor dem London Economic Club im Jahr 1936 rief Hayek seinen Zuhörern in Erinnerung, dass das lateinische Wort *datum* »gegeben« bedeutet. Die Frage sei jedoch, »wem die Fakten gegeben werden sollen«.[135] Er hatte den Eindruck, dass die Ökonomen den Gegensatz zwischen dem, was sie wussten (oder zu wissen behaupteten), und dem, was der durchschnittliche wirtschaftliche Akteur in der Welt *tatsächlich wusste*, verwischten. Seine Arbeit am Österreichischen Konjunkturforschungsinstitut hatte auf der Grundannahme der ökonomischen Pädagogik beruht, die Kluft zwischen dem Markt, den Ökonomen und den wirtschaftlichen Akteuren könne überbrückt werden, aber jetzt äußerte er Zweifel daran, dass das tatsächlich möglich war. Er wies darauf hin, dass die Gleichgewichtsmodelle auf der Annahme vollkommenen Wissens sämtlicher Akteure sowie auf der Existenz eines Homo oeconomicus beruhten, den er als Zombiekategorie verspottete: »Der ›wirtschaftliche Mensch‹, den wir durch Gebete und Fasten exorziert hatten, ist durch die Hintertür zurückgekehrt.«[136] Nicht zum letzten Mal erhob Hayek einen Vorwurf gegen die Ökonomen, der den Neoliberalen selbst oft gemacht wird: Er erklärte, die Ökonomen verwechselten ihre Modelle mit der realen Welt.

Für Hayek existierten vollkommene Märkte in der Realität nicht. Sie konnten überhaupt nicht existieren, weil es kein vollkommenes Wissen geben konnte. Stattdessen musste man von der Annahme dessen ausgehen, was er in Anlehnung an Mises als »Wissensteilung« bezeichnete, die analog zur Arbeitsteilung zu verstehen war.[137] Er lehnte die Vorstellung der Ökonomen ab, man benötige »lediglich [...] eine Kenntnis der Preise«. Damit löste er sich deutlich vom Konzept des Barometers, vom Selbstverständnis des Wiener Konjunkturforschungsinstituts als pädagogischer Einrichtung und vom Konjunkturzyklus als Hauptgegenstand der Forschung. Im Jahr 1937 sprach Hayek erstmals über das, was ein Gelehrter als wesentlichen Bestandteil seiner Vorstellungen bezeichnet hat: die Nützlichkeit des Unwissens.[138] Hayek erklärte, ein Gleichgewicht existiere nur, »weil einige Akteure keine Chance haben, etwas über Fakten zu erfahren, die sie zur Änderung ihrer Pläne bewegen würden, wären sie ihnen bekannt«.[139] Daraus zog er den Schluss, vollkommenes Wissen sei nicht nur eine tautologische Einbildung des Modells, das nicht auf die Realität anwendbar sei, sondern dieses Konzept lasse auch die grundlegende Tatsache außer Acht, dass nicht vollkommenes, sondern unvollkommenes Wissen ein Gleichgewicht in Form einer wirtschaftlichen Ordnung hervorbringe. Später erklärte er, in der zweiten Hälfte der dreißiger Jahre sei ihm klar geworden, dass »die grundlegende Funktion der Ökonomie darin besteht zu erklären, wie sich die menschliche Aktivität Daten anpasst, *über die die Menschen keine Information besitzen*«.[140]

Wenn die Menschen unbewusst auf Marktstimuli reagierten, folgte daraus, dass die Funktion des Ökonomen nicht länger in der Aufklärung der Öffentlichkeit bestehen konnte. Die Konjunkturkurve stellte tatsächlich insofern den Puls der Volkswirtschaft dar, als sie Aufschluss nicht über den denkenden Verstand, sondern über das autonome Nervensystem gab. Die Bezugnahme auf eine solche Aufzeichnung der autonomen Aktivität war nicht geeignet, im Lauf der Zeit größere Stabilität zu gewährleisten. Tatsächlich war die Annahme, die Konjunkturkurve liefere den politisch Verantwortlichen Wissen, auf das sie sich bei ihren Entscheidungen stützen konnten, der verführerischste Fehler von allen und führte zu dem, was Lippmann als »Illusion der Kontrolle« bezeichnete. Später schrieb Hayek, überhaupt von einer nationalen Volkswirtschaft oder einer Weltwirtschaft zu sprechen sei »eine wichtige Quelle für die meisten sozialistischen Bestrebungen, die die spontane Ordnung des Marktes umwandeln wollen in eine nach vorbedachten Plänen geführte Organisation zur Erreichung eines ausgehandelten gemeinsamen Zielkatalogs«.[141] Man könnte die Metapher dahingehend erweitern, dass Hayeks Lösung darin bestand, nicht länger mittels eines Elektrokardiografen die Vitalfunktionen des Patienten zu überwachen und sich stattdessen auf die Prävention zu konzentrieren. Das neue Ziel bestand darin, Krankheiten nicht erst durch direkte Eingriffe zu heilen, wenn sie auftraten, sondern Bedingungen zu schaffen, unter denen der Patient gar nicht erst krank werden würde. Hayek wollte nicht über Therapien, sondern über Prophylaxe nachdenken.

Die Betonung von Institutionen und der Herrschaft des Rechts in Lippmanns Buch war die perfekte Ergänzung zu Hayeks These vom begrenzten Wissen. Beide forderten eine Abkehr von dem Versuch, die Volkswirtschaft in Zahlen oder theoretischen Modellen zu erfassen, und die Hinwendung zu gesetzgeberischen und politischen Projekten. Lippmann betonte die Bedeutung des selektiven Wissens und beschrieb eine neue Rolle für den Liberalen als Architekt der gesellschaftlichen Ordnung: »Der Denker, der in seinem Arbeitszimmer sitzt und seine Pläne für die Lenkung der Gesellschaft entwirft, wird keine Denkarbeit leisten, wenn sein Frühstück nicht durch einen sozialen Prozess, der sein an Einzelheiten klebendes Fassungsvermögen übersteigt, für ihn verfertigt worden ist. Sein Frühstück hängt von Arbeitern auf den Kaffeeplantagen Brasiliens, den Zuckerfeldern Kubas, den Weizenfarmen Dakotas und in den Orangenhainen Floridas und den Molkereien New Yorks ab; es wurde auf Schiffen, Eisenbahnen und Lastwagen befördert und mit pennsylvanischer Kohle in Geräten aus Aluminium, Porzellan, Stahl und Glas zubereitet. Das weiß er. Aber die Kniffligkeit des einen Frühstücks würde das Fassungsvermögen eines jeden Verstandes übersteigen, wenn jeder Prozess, der es auf den Tisch brachte, mit Vorbedacht geplant werden müsste.« Anders als jene Ökonomen, die den Augenblick der phänomenologischen Begegnung als Tor zum Verständnis der Weltwirtschaft betrachteten – ein berühmtes Beispiel ist Leonard Reads später von Milton Friedman popularisierter Bleistift –, sah Lippmann darin den geeigneten Augenblick, um die Weltwirtschaft zu vergessen: »Nur weil er sich auf ein unendlich komplexes System von gewohnheitsmäßig verlaufenden Arbeitsgängen verlassen kann, ist der Mann imstande, sein Frühstück zu essen und dann über eine neue Gesellschaftsordnung nachzudenken.«[142] Die Aufgabe des liberalen Intellektuellen bestand nicht darin, dem Wesen der Weltwirtschaft nachzuspüren, sondern einen Schritt zurückzutreten und über die zentralen Bedingungen nachzudenken, die jene größere Ordnung möglich machten. Die Weltwirtschaft war unergründlich – und das war keine Sackgasse, sondern der Ausgangspunkt für die Gestaltung der Ordnung, in der die Weltwirtschaft gedeihen konnte. Diese Erkenntnis war grundlegend für die Entstehung der Genfer Schule des Neoliberalismus.

Auch Röpke und Rüstow wandten sich von den Zahlen ab, schlugen jedoch einen anderen Weg ein als Hayek. Im Lippmann-

Kolloquium brachte Röpke eine Theorie vor, die er zwei Jahre früher in einem Brief an Robbins formuliert hatte: »Die Desintegration der moralischen Funktion unseres Systems ist der bedeutsamste und unheilvollste Aspekt des gegenwärtigen Desintegrationsprozesses.«[143]

Er schrieb, der Liberalismus müsse vom Konservatismus lernen, »die Unwägbarkeiten« zu berücksichtigen, »das vitale oder menschliche Element, oder wie immer man diese schwer fassbaren Dinge bezeichnen möchte«.[144] Wie Lippmann stellten sich Röpke und Rüstow auf den Standpunkt, dass der Irrglauben an das Laissez-faire schädliche gesellschaftliche Auswirkungen gehabt habe, deren deutlichster Ausdruck die »als ›Proletariat‹ bezeichnete Krankheit« sei. Eine »strikt wirtschaftliche Definition« des menschlichen Daseins habe die »extraökonomischen« Bedürfnisse der Menschheit vernachlässigt.[145]

Rüstow nahm im Lippmann-Kolloquium Karl Polanyis Analyse des Marktfundamentalismus in *The Great Transformation* vorweg und erklärte, der Markt habe sich in eine »Sphäre der Atomisierung« verwandelt, und der Glaube, er funktioniere von allein, sei ein »theologisch-rationaler Irrtum«.[146] Eine einseitige Fixierung auf Effizienz, Profit und Produktivität habe zu einer soziologisch schädlichen Isolierung und zur Degeneration der Moralität geführt, da das Individuum aus jeglicher Gemeinschaft herausgelöst worden sei. Es sei ein grausames Paradoxon, dass die Erfahrung, aller sozialen Bindungen beraubt und allein der Welt ausgesetzt zu sein, »unter marktwirtschaftlichen Gesichtspunkten wie eine Befreiung von Spannungen und extraökonomischen Behinderungen wirkt«.[147] Ohne den Begriff der »Einbettung« zu verwenden, erklärten Rüstow und Röpke im Grunde, dass die Wirtschaft wieder in die Gesellschaft eingebettet werden müsse. Das Individuum müsse wieder sinnstiftende Beziehungen in der Gemeinschaft herstellen: zur Familie, zur Religion und vorzugsweise zum Landleben.

Hayek und Mises suchten im Kolloquium die offene Konfrontation mit Röpke und Rüstow. Mises warf Rüstow vor, das ländliche Leben zu romantisieren, und Hayek erklärte, der Vorschlag einer »Skala« »unverzichtbarer Werte« sei nicht mit den Prinzipien des Liberalismus zu vereinbaren.[148] Die Meinungsverschiedenheiten sollten später in der Frage der Rasse erneut zutage treten, wie wir in Kapitel 5 sehen werden. Geeint wurden die Teilnehmer jedoch durch ihren Glauben an den Internationalismus und durch ihre Skepsis bezüglich der Frage, ob Zahlen und Modelle die Wahrheit über die Welt verrieten. Röpke beklagte die Degeneration der Sozialwissenschaften zu einer »Faktensammlungsmaschinerie« und forderte eine synthetischere kooperative Arbeit, wobei er weniger an die Datensammlung der Konjunkturforschungsinstitute, sondern vielmehr an die Untersuchungen der Internationalen Handelskammer zu den internationalen Beziehungen und an die Sozialphilosophie Lippmanns dachte.[149]

Den vielleicht schärfsten Angriff auf die Statistik startete der polnische Ökonom Michael Heilperin, ein Mitarbeiter von Rappards Hochschulinstitut, in einem Buch, das er einen Monat nach seiner Rückkehr vom Lippmann-Kolloquium fertigstellte und im Jahr 1939 in einem Beitrag für die Internationale Studienkonferenz zusammenfasste. Auf den ersten Seiten des Buchs warnt Heilperin vor »pseudoquantitativen Konzepten« und kritisiert den Versuch, die »heterogene Realität« anhand »statistischer Konstruktionen« zu verstehen. Er beklagt die Verwandlung des Wissens über die wirtschaftliche Realität in ein »Indexzahlenwissen«.[150] Die Statistik sei »ein komfortabler Ausweg aus der verwirrenden Vielgestaltigkeit und Heterogenität der Wirtschaftswelt [...], aber die Vielgestaltigkeit existiert, und indem man sie ignoriert, gelangt man zu falschen oder sinnlosen Aussagen über die Welt und die wirtschaftlichen Prozesse«.[151] Die statistischen Projekte seien zum Königsweg zum Verständnis der Weltwirtschaft erklärt worden, hätten jedoch in eine Sackgasse geführt.

Der harte Kern der Neoliberalen ging mit dem Glauben an den Nutzen der Zahlen in die dreißiger Jahre, entwickelte im Lauf dieser Dekade jedoch eine Abneigung gegen die Statistik. Sogar die Österreicher mit ihrer grundsätzlichen Skepsis gegenüber deskriptiven Statistiken hatten der Konjunkturforschung eine pädagogische Funktion zugestanden, doch am Ende des Jahrzehnts erklärte Hayek, das Nicht-Wissen sei eine notwendige Voraussetzung für die wirtschaftlichen Beziehungen. Wie ist diese kollektive Verschiebung zu erklären? Das Schlagwort von der »Illusion der Kontrolle« verdeutlicht, dass die Verwendung der Zahlen im Lauf der dreißiger Jahre zusehends denen, die an staatliche Eingriffe zur Stabilisierung des Preisniveaus glaubten, sowie Linken wie Otto Neurath und Harold Laski zugeschrieben wurde, denen Lippmann vorwarf, durch eine »Wirtschaftsplanung für die ganze Welt« einen »Überstaat, der sich über den ganzen Planeten erstreckt«, errichten zu wollen.[152] Es gehörte zu den definierenden Merkmalen der neuen Gruppe, deren Mitglieder sich selbst als Neoliberale bezeichneten, dass sie die Überzeugung ihrer Gegner auf der Linken, die wirtschaftlichen Abläufe könnten durchschaut, zahlenmäßig erfasst und folglich auch abgestimmt und perfektioniert werden, nicht teilte. In Reaktion auf das, was sie als Verstümmelung und »Degeneration« des funktionierenden Preissystems betrachteten, machten sich die Neoliberalen daran, die Unsichtbarkeit der Wirtschaft zu verfechten. Was nicht zu sehen war, konnte auch nicht gestaltet werden.

Wenn die Wirtschaft nicht dargestellt werden konnte, konnte man lediglich Rahmenbedingungen schaffen, um sie zu stabilisieren und zu schützen. Das Lippmann-Kolloquium im Jahr 1938 brachte ein normatives Weltbild hervor, in dem das relevanteste Interventionswerkzeug nicht in Messung, Beobachtung oder Überwachung, sondern in der Entwicklung eines gemeinsamen, durchsetzbaren Rechtsrahmens und von Maßnahmen bestand, anhand deren die vom Markt nicht erfüllten Grundbedürfnisse der Menschheit befriedigt werden konnten. Indem die Neoliberalen die Wirtschaft für nicht darstellbar und im Fall Hayeks sogar für unergründlich erklärten, entwickelten sie Ende der dreißiger Jahre ein Projekt einer synthetischen Sozialwissenschaft, in dem – so überraschend das klingen mag – die Ökonomie die unbedeutendste Disziplin war.

Obwohl das neoliberale Projekt in dem Bemühen um die Entwicklung globaler Statistiken und Datensammlungen bestand, ging es der Genfer Schule nicht darum, die Weltwirtschaft zu erkennen, sondern darum, ihre Unsichtbarkeit zu beweisen. Es ging nicht darum, sie zu messen, sondern darum, sie als sublim und nicht greifbar zu beschreiben. Es ging nicht darum, ihre Abläufe zu studieren, sondern sie theoretisch als spontane Ordnung zu beschreiben, die sich dem Verständnis entzog. Der Neoliberalismus der Genfer Schule entwickelte sich zu einer negativen Theologie. Sein Programm bestand darin, geeignete Institutionen zu errichten, um der Weltwirtschaft einen Ordnungsrahmen zu geben, ohne die Wirtschaft selbst zu beschreiben. Dies sollte ein Projekt der Rechtsetzung, der staatlichen und organisatorischen Ordnung auf globaler Ebene werden. Es ist aufschlussreich, dass Mises in seinem letzten Beitrag zum Lippmann-Kolloquium ein Projekt zum Studium der Probleme vorschlug, die zum Scheitern des Völkerbunds geführt hatten.[153] Er war alles andere als ein Paläoliberaler, der an einen Markt glaubte, der sich wie durch Zauberei selbst organisierte, sondern wie alle Neoliberalen sah er seine intellektuelle Aufgabe darin, den geeigneten Staat und die geeignete Rechtsordnung für einen funktionierenden Markt zu entwickeln.

***

Im Jahr 1933 veröffentlichte H. G. Wells den Roman *The Shape of Things to Come*, der das fiktive Traumjournal von Dr. Philip Raven enthielt, einem Ökonomen in Diensten des Völkerbunds, der im November 1930 einen »unerwarteten Tod« fand. Raven hatte von der Zukunft geträumt, und sein Traumjournal enthielt eine Vision für den Völkerbund. Darin wurden ein Zentrales Beobachtungsamt – eine »komplexe Organisation, die sich mit Diskussionen, Berechnungen, Kritik und Prognosen« befasste – und eine »Weltenzyklopädische Einrichtung« in der »Mutterstadt des Denkens« – offenkundig ein Platzhalter für Genf – beschrieben. In dieser Version der Zukunft besaß die Menschheit vollkommene wissenschaftliche Kenntnisse, und die kommenden Ereignisse waren ein offenes Buch. Die Ökonomen waren damit beschäftigt, »Unregelmäßigkeiten festzuhalten und Korrekturmaßnahmen zu planen«. Raven erklärte, den Durchbruch für seine Vision habe der Erste Weltkrieg gebracht, der viele Menschen von der Notwendigkeit einer »Weltordnung« überzeugt habe, aber erst die »finanziellen Stürme der Jahre 1928 und 1929« hätten die »Propheten des Weltstaates« in ihrer Überzeugung bestärkt und die Erkenntnis geweckt, dass »die menschliche Gesellschaft ein unteilbares Wirtschaftssystem geworden war«.[154]

Die globale Abwärtsspirale der Weltwirtschaftskrise hatte zweifelsfrei bewiesen, dass es eine als Weltwirtschaft zu bezeichnende Einheit gab, deren Bestandteile voneinander abhängig waren. Die Teilnehmer an einer Versammlung der Internationalen Handelskammer im Juli 1931, darunter Mises, fassten die Stimmung so zusammen: »Die Entwicklung der Weltkrise hat deutlich die wirtschaftliche und finanzielle Interdependenz aller Nationen gezeigt.«[155] Die Neoliberalen waren zum selben Schluss gelangt wie Wells' fiktiver Ökonom und die Internationale Handelskammer. Aber ihr Weg führte nicht zu einem Zentralen Beobachtungsamt oder zu einer Weltenzyklopädie. Sie träumten am Ende des Jahrzehnts nicht mehr von einer Gesamtschau. Im Gegenteil, sie sahen in den Visionen von Raven (und Wells) die Ursache der Katastrophe, die auf die Weltwirtschaftskrise folgte: Roosevelts New Deal, Hitlers Neue Ordnung und Stalins Fünfjahresplan waren in den Augen der Neoliberalen allesamt Beispiele dafür, dass der Staat der Illusion der Kontrolle unterlag und dem Irrglauben folgte, die Anwendung wissenschaftlicher Erkenntnisse könne die Volkswirtschaft für eine »intelligente Autorität« durchschaubar machen und der Menschheit die Möglichkeit eröffnen, gestützt auf Pläne die Funktionsfähigkeit einer isolierten und autonomen nationalen Volkswirtschaft zu gewährleisten.

Ende der dreißiger Jahre übernahm eine wachsende Zahl von Intellektuellen die Vorstellung, es sei möglich, mit »Anpassungsplänen« von der Art, die der fiktive Raven beschrieben hatte, zukünftige Krisen zu vermeiden, sofern es gelang, die Wirtschaft richtig zu sehen. Mittlerweile wird allgemein anerkannt, dass die Vorstellung von »der Wirtschaft« als Objekt der Beobachtung, Modellierung und Gestaltung erst entstand, als die Werkzeuge der volkswirtschaftlichen Gesamtrechnung und die Disziplin der Makroökonomie auftauchten.[156] Röpke selbst erklärte im Jahr 1937, die Makroökonomie begünstige eine nationale Betrachtungsweise der Politik einschließlich dessen, was er als »volkswirtschaftliche Gesamtrechnung« bezeichnete.[157] Wenn es auch nicht ausdrücklich gesagt wurde, so nahm man doch zumindest an, dass der Nationalstaat der Behälter für Planungsvorhaben und später für die Verteilung der Leistungen und Dienste des Wohlfahrtsstaats war. Die Neoliberalen der Genfer Schule waren überzeugt, dass diese Zuversicht fehl am Platz war und eine Linie um den Nationalstaat zog, während der Analyserahmen in Wahrheit die gesamte Welt einschließen musste. In einem Vortrag in Rappards Genfer Hochschulinstitut im Jahr 1937 erklärte Hayek, die Idee einer Stabilisierung des Preisniveaus beruhe »im Wesentlichen auf einer Illusion, deren Fundament die Tatsache ist, dass die statistische Messung der Preisbewegungen normalerweise für einzelne Länder durchgeführt wird«.[158] Mises schrieb in einem Buch, das er in Genf abschloss, die Statistik sei »eine Methode zur Darstellung preisgeschichtlicher Daten, die mit Nationalökonomie nichts zu tun hat und nie zum Ausgangspunkt nationalökonomischer Erkenntnis werden kann. Preisstatistik ist Wirtschaftsgeschichte und nicht Wirtschaftstheorie.«[159] Die Welt der Zahlen und Zyklen erweckte demnach den falschen Eindruck einer Gesamtschau und verbarg die Nebenwirkungen von Interventionen. In seiner im Oktober 1937 gehaltenen Antrittsvorlesung im Genfer Institut erklärte Röpke, die Welt glaube mittlerweile, »dass das Wirtschaftssystem, wenn es richtig gelenkt wird, gegen Zyklen abgesichert werden kann«. Er warf die Frage auf, ob »diese gegen Zyklen gefeiten Volkswirtschaften eine optische Illusion sind, zum Beispiel dann, wenn die unvermeidlichen wirtschaftlichen Disharmonien nicht an ihrem Entstehungsort zutage treten, sondern in die Peripherie des wirtschaftlichen Apparats verschoben werden«.[160]

Zu Beginn der dreißiger Jahre studierten die Neoliberalen den Konjunkturzyklus, doch als sich am Ende des Jahrzehnts die Überzeugung durchsetzte, er könne gezähmt und gesteuert werden, begannen sie, darin eine der Hauptursachen der »internationalen wirtschaftlichen Desintegration« zu sehen.[161] Röpke erklärte im Lippmann-Kolloquium: »Die größte Gefahr ist die neue Konjunkturpolitik: die Politik der wirtschaftlichen Autonomie, die Politik des wirtschaftlichen Nationalismus in Kombination mit Planwirtschaft und Autarkie.«[162]

In den dreißiger Jahren wandelte sich das liberale Bild der Weltwirtschaft. Die Prämisse der zwanziger Jahre hatte gelautet, der Wiederaufbau der zerstörten Weltwirtschaft sei ein negativer Prozess. Sobald die von den Gewerkschaften errichteten Lohnmauern und die von Sonderinteressen durchgesetzten Zollmauern fielen, würde sich der freie Markt durchsetzen.

Der zweite katastrophale Zusammenbruch der Weltwirtschaft innerhalb einer Generation bewegte viele Intellektuelle dazu, ihre Einschätzung des Problems zu überdenken. Das wesentliche Merkmal des *neo*liberalen Projekts war, dass die Verteidigung der Weltwirtschaft nicht einfach ein negatives Projekt sein konnte, sondern aktiv verfolgt werden musste. Der Rechtsetzung und dem Staat musste eine neue Rolle zugewiesen werden. Die Neoliberalen wurden in den dreißiger Jahren zu Pionieren des ordnungspolitischen Denkens und waren überzeugt, dass man in der Auseinandersetzung zwischen Liberalismus und Sozialismus eine systemumspannende Perspektive einnehmen musste.

In einem Jahrzehnt, in dem die meisten von Keynes, Stalin und Schacht inspirierten Lösungen auf die nationale Ebene zielten und die Planwirtschaft in der Luft lag, dachten Röpke und seine Kollegen in Paris, Genf und Osteuropa im globalen Maßstab. Ihre Diskussionen entsprangen demselben Milieu wie die Disziplin der internationalen Beziehungen. Heute ist der Globalismus beinahe gleichbedeutend mit der Macht der Vereinigten Staaten, aber in den dreißiger Jahren war die Situation ganz anders. Der Globalismus war keine Ideologie, die einfach von den Vereinigten Staaten ausging. Die meisten Projekte, deren Gegenstand die Welt war, wurden nicht in Washington oder New York, sondern in Paris, Genf und London ins Leben gerufen. In den historischen Darstellungen der internationalen Beziehungen werden die Ursprünge dieser Disziplin im Europa der Zwischenkriegszeit zumeist ausgelassen, da sie vom Nachkriegsparadigma überschattet wurden. Aber der Neoliberalismus entsprang den Fragen, die in der Frühzeit dieser Disziplin aufgeworfen wurden. In den folgenden Kapiteln werden wir den in vielen Fällen gescheiterten institutionellen Projekten nachspüren, an denen die Neoliberalen teilnahmen, um die Weltwirtschaft zu verteidigen. In Kapitel 3 beschäftigen wir uns mit einigen der anschaulichsten Beispiele für neoliberale Pläne, die eine Föderation vorsahen, in der eine Doppelregierung die Geschicke der doppelten Welt des Kapitalismus lenken sollte.

3. Eine Welt der Föderationen

> »Die Bergwerke den Bergleuten« und »Papua den Papua« sind analytisch ähnliche Slogans.
>
> *Lionel Robbins, 1937*

»Ich bin ein entschiedener Gegner einer Weltregierung«, erklärte Friedrich Hayek 1983 in einem Interview. Sein Gesprächspartner hakte nach: »In jeder Form?« Hayeks Antwort: »In jeder Form.«[1] Wenn es in den USA heute eine Gewissheit bezüglich der »österreichischen« Position gibt, dann die, dass ein Misstrauen gegenüber dem Staat – auf allen Ebenen, vor allem aber der globalen – ein fester Bestandteil dieser Haltung ist. In einer Artikelsammlung über die Beziehung der Neoliberalen zur Globalisierung wurde ein kategorischer Gegensatz postuliert: »Wird die Freiheit oder eine Weltregierung den internationalen Markt beherrschen?«[2] Doch zumeist wird die Frage einfach ignoriert. Im fast achthundert Seiten starken *Oxford Handbook of Austrian Economics* findet sich unter 34 Kapiteln nicht ein einziges zur internationalen Ordnung.[3] Aber sowohl bei dieser Auslassung als auch bei Hayeks Statement von 1983 handelt es sich entweder um eine bewusste Verleugnung einer früheren Position oder um einen selektiven Gedächtnisverlust. In den dreißiger und frühen vierziger Jahren stand für die Neoliberalen außer Frage, dass eine supranationale Regierung eine erwägenswerte Möglichkeit war, und die Österreicher zählten zu ihren eloquentesten Befürwortern.

Für einen Libertären dürfte es kaum eine größere Überraschung als die geben, die er erleben würde, wenn er einen Artikel in der *New York Times* aus dem Jahr 1941 läse, in dem Ludwig von Mises die »Weltregierungskonvention« der World Fellowship Inc. im World Fellowship Center in einer kleinen Ortschaft in New Hampshire beschrieb. Der Hauptredner war der gefeierte neoklassische Ökonom Irving Fisher, der erklärte, das Heilmittel für die »Kriegskrankheit« des »Hitlerismus« sei »das Einzige, das in der Vergangenheit gewirkt hat: mehr Staat«. Er berief sich auf einen »detaillierten Plan für eine Weltregierung« des mittlerweile vergessenen Journalisten Clarence Streit, der in den vierziger Jahren kurzzeitig zu den einflussreichsten Intellektuellen der Welt zählte, und zitierte Mises, »der eine Weltregierung auf einen späteren Zeitpunkt verschieben und Streits Plan für eine Vereinigung der Demokratien durch eine mitteleuropäische Union ergänzen wolle, die eine große Region zwischen Deutschland und Russland umfassen würde«.[4] Was tat der Held der heutigen libertären Bewegung in Gesellschaft der Architekten einer Weltunion und Weltregierung? Wurde er falsch zitiert? Wurden seine Äußerungen verfälscht wiedergegeben? Keineswegs. Wie wir sehen werden, beschäftigten sich Mises, Hayek, Robbins und andere Neoliberale eingehend mit der Notwendigkeit starker supranationaler Föderationen.

Wie können wir die widersprüchliche Tatsache erklären, dass die angeblichen Propheten des schlanken Staates tatsächlich verschiedene Formen des supranationalen Regierens befürworteten? In Kapitel 2 haben wir gesehen, dass die neoliberale Bewegung ein Kind der Überzeugung war, dass Konjunkturzyklen und Statistiken nicht genügten, um das Funktionieren der Weltwirtschaft zu gewährleisten. Das liberale Projekt und die Verteidigung des Primats der Weltwirtschaft waren zu wichtig, um sie der Disziplin der Ökonomie zu überlassen. Wie Röpke in einem Vortrag am Genfer Hochschulinstitut erklärte, waren »die Weltwirtschaft und die Weltpolitik keine wasserdichten Behälter«. Da die »Desintegration«

der beiden Sphären zusammenhing, musste sie in beiden »simultan bekämpft werden«.[5] In Europa entstand der Neoliberalismus in den dreißiger Jahren weniger als wirtschaftliches, sondern vor allem als politisches und juristisches Projekt. Die Neoliberalen machten sich auf die Suche nach Regierungsmodellen, die auf verschiedenen Ebenen von der lokalen bis zur globalen anwendbar waren und die Sphäre der Weltwirtschaft am besten ummanteln und schützen würden. Dies wurde als Feldzug gegen den »Interventionismus« bezeichnet, aber der Feldzug war seinerseits ebenfalls unübersehbar interventionistisch. Michel Foucault beobachtete richtig, der Neoliberalismus sei ein Projekt des »juridischen Interventionismus« gewesen.[6] Es handelt sich nicht um eine minimalistische, sondern um eine aktivistische Vision von einer Staatskunst, die mobilisiert werden sollte, um den Einfluss der demokratisch ermächtigten Massen und der Sonderinteressen – darunter Gewerkschaften und Kartelle – zurückzudrängen, die versuchten, das freie Spiel der Wettbewerbskräfte und die internationale Arbeitsteilung zu stören.

In den dreißiger und vierziger Jahren fanden die Neoliberalen einen Namen für den Feind: Sie nannten ihn den »Wirtschaftsnationalismus«. Mit dem heute allgemein gebräuchlichen Begriff werden Regierungen bezeichnet, die den Handel durch staatliche Eingriffe unterbinden oder verlangsamen. Verfechter des Freihandels in der nördlichen Hemisphäre werfen Ländern im globalen Süden, die zu Recht oder zu Unrecht als widerwillige Teilnehmer an der Weltwirtschaft betrachtet werden, oft Wirtschaftsnationalismus vor. Die fraglichen Eingriffe umfassen Zölle – Einfuhrsteuern – sowie nichttarifäre Handelshemmnisse wie Gesundheits- und Sicherheitsstandards, Einfuhrquoten oder andere freiwillige Einschränkungen. Erstmals beobachtet wurde der Wirtschaftsnationalismus nicht im globalen Süden, sondern im postimperialen Osteuropa. Die Neoliberalen identifizierten ihn in den Ländern, die aus dem zerschlagenen Habsburgerreich hervorgingen. Wie wir sehen werden, war der Wirtschaftsnationalismus ein definierendes »Anderes« in der Entstehung des Neoliberalismus: Er war das umgekehrte Spiegelbild der politischen Vorstellungen der Neoliberalen.

Der feindlichen Doktrin des Wirtschaftsnationalismus setzten die Neoliberalen das entgegen, was Michael Heilperin in seinem Beitrag zur Internationalen Studienkonferenz von 1939 als »wirtschaftlichen Internationalismus« bezeichnete. Diesen definierte er als »eine Politik, die verhindern soll, dass die politischen Grenzen die wirtschaftlichen Beziehungen zwischen den Gebieten auf beiden Seiten von Grenzen stören«.[7] Wenn es nach den Wirtschaftsinternationalisten ging, sollten die politischen Grenzen bloße Linien auf der Karte sein und die Güter- und Kapitalströme nicht im Geringsten behindern. Im Gegensatz dazu verfolgte der Wirtschaftsnationalismus die in den Augen der Neoliberalen irregeleiteten Bestrebungen der nationalen Eigenständigkeit, Autarkie, »Isolation« und »Autonomie« – die beiden Kategorien setzte Heilperin in Anführungszeichen, um seine Skepsis auszudrücken.[8] Die Neoliberalen betrachteten den Wirtschaftsnationalismus als Revolte gegen die Interdependenz, die zwangsläufig zu Hungersnöten oder Expansionskriegen führen musste. Die Globalisierung war in ihren Augen nicht rückgängig zu machen. Die Abschirmung einer nationalen Volkswirtschaft gegen die globalen Wettbewerbskräfte war in gewisser Hinsicht Ausdruck einer Sezession aus der internationalen Gemeinschaft.

Die Ursache des Problems sahen die Neoliberalen in der Spannung zwischen den beiden von Woodrow Wilson verfochtenen Prinzipien der nationalen Selbstbestimmung und des Freihandels. Nach dem Ersten Weltkrieg zerfiel die Welt in immer kleinere politische Einheiten, obwohl Technologie und erleichterter wirtschaftlicher Austausch geeignete Bedingungen für ein »einheitliches weltweites Wirtschaftssystem« schufen.[9] Louis Marlio, der französische Industrielle, der den Begriff »Neoliberalismus« prägte, beschrieb die Vexierfrage im Lippmann-Kolloquium: »Die liberale Ordnung zerbrach, weil die Schrumpfung der politischen Territorien mit den wachsenden Bedürfnissen der wirtschaftlichen Märkte unvereinbar war.«[10] Die Neoliberalen mussten die Frage beantworten, wie die Realität des Nationalismus mit dem Erfordernis einer supranationalen Wirtschaftsordnung in Einklang gebracht werden konnte.

Um eine postimperiale Welt errichten zu können, musste man zunächst eine Bestandsaufnahme der Imperien machen. In dieser Frage schlugen zwei Herzen in der Brust der Neoliberalen. Auf der einen Seite verurteilten sie die Praktiken jener Imperien, welche die Verwaltung von Kolonialgebieten mit einem bevorzugten Zugang zu den Ressourcen dieser Gebiete verbanden, als hinterlistigen Wirtschaftsnationalismus. Auf der anderen Seite blickten sie nostalgisch auf das Habsburgerreich zurück, das in ihren Augen die Forderungen zahlreicher Nationalitäten ausgeglichen und eine freie Binnenwirtschaft gewährleistet hatte. Dem britischen Empire hielten sie zugute, dass es im 19. Jahrhundert in seinen Kolonien den Freihandel für alle wirtschaftlichen Akteure aufrechterhalten hatte. Das lobenswerte Modell des Freihandelsimperiums hatte sich auf der Berliner Konferenz von 1884/85 durchgesetzt, wo die versammelten europäischen Mächte versprachen, für den Freihandel auf dem afrikanischen Kontinent zusammenzuarbeiten und das zu verteidigen, was Mises im Jahr 1919 als »[o]ffene Tür für wirtschaftliche Betätigung aller Nationen im freien Wettbewerbe« im Kongobecken bezeichnete.[11] Der Geist des Kolonialreichs der »offenen Tür« lebte im Mandatssystem des Völkerbunds fort, das eine graduelle Entwicklung der Kolonien zur Selbstbestimmung unter den wachsamen Augen supranationaler Behörden vorsah.[12]

Der Vorsitzende (1920-1924) der Mandatskommission des Völkerbunds (von 1924 bis 1939 gehörte er der Kommission als Mitglied an) war, wie erwähnt, William Rappard, der Impresario des frühen Neoliberalismus, der als Leiter des Hochschulinstituts für internationale Studien in den dreißiger Jahren Mises und Röpke nach Genf holte und Vortragsreihen von Hayek und Robbins organisierte. Wie wir in Kapitel 2 gesehen haben, ging der Neoliberalismus aus dem hervor, was Rappard im Jahr 1931 als »Genfer Experiment« bezeichnete, aus einem Projekt also, das auf dem Prinzip beruhte, die »Einheit der Welt« müsse Vorrang vor dem »bösartigen Wahn der Doktrin von der absoluten nationalen Souveränität« haben.[13] Die Neoliberalen und die Führer des Völkerbunds teilten die Überzeugung, dass es außerökonomischer Mittel bedurfte, um die freie Weltwirtschaft zu schützen. Arthur Salter, der Leiter der Wirtschafts- und Finanzabteilung des Völkerbunds, erklärte bei der Eröffnung der Internationalen Studienkonferenz von 1934, die Weltwirtschaftskrise habe der Erkenntnis zum Durchbruch verholfen, dass der Welthandel nicht natürlich war, sondern »von der Existenz, der Aufrechterhaltung, dem Wachstum und der Anpassung einer Weltstruktur der Politik, des Rechts, der Finanzen sowie des Kredit- und Währungssystems abhängt«.[14] Rappard war der Ansicht, im Genf der Zwischenkriegszeit, in der Aufsicht des Völkerbunds über die österreichischen Finanzen und in der Mandatsaufsicht über die afrikanischen und asiatischen Kolonialgebiete, sei die Saat der zukünftigen liberalen Weltregierung ausgebracht worden. Die Liberalen malten sich ein Ende der Kolonialreiche unter Aufsicht eines supranationalen Staates aus, der in der Lage sein würde, die nationale Souveränität aufzuheben, um den globalen Freihandel und ungehinderte Kapitalströme zu schützen.

In den dreißiger Jahren wurde den Neoliberalen klar, dass der selbstregulierte Markt ein Mythos war. Die Fundamente der weltwirtschaftlichen Ordnung – der Goldstandard, die Handelsabkommen und die Open-Door-Politik des britischen Empire – waren marode. Die Weltwirtschaft würde sich ohne eine konzertierte politische Anstrengung nicht regenerieren. Die Liberalen sahen jedoch keine Chance auf eine Rückkehr zum Kolonialsystem; sie fanden sich damit ab, dass die Konsolidierung der Nationalstaaten ein unumkehrbarer Prozess war. Die Frage lautete, wie man den Nationalstaat akzeptieren und gleichzeitig unschädlich machen konnte. Wie konnte man die Staaten daran hindern, das Funktionieren der Weltwirtschaft zu stören? Den Neoliberalen schwebte eine Entkolonialisierung vor, in der das zerstörerische Streben nach wirtschaftlicher Autonomie unterdrückt werden würde. Während der liberale Ökonom Moritz Bonn von der London School of Economics eine Vision von der »Desintegration der Weltwirtschaft« infolge des Zerfalls der Kolonialreiche entwarf, präsentierten seine Kollegen Hayek und Robbins mit dem Vorschlag einer Doppelregierung für die Welt das am weitesten entwickelte Projekt einer neoliberalen supranationalen Regierung: Sie schlugen die Gründung großer, lose verbundener Staatenbünde vor, deren Mitglieder weiterhin die Hoheit in kulturellen Fragen haben sollten, aber zur Aufrechterhaltung des Freihandels und freier Kapitalbewegungen zwischen den Mitgliedstaaten verpflichtet sein würden. Hayek und Robbins hofften, ihre Lösung werde die Forderung der Massen nach einer Interessenvertretung erfüllen, gleichzeitig jedoch die internationale Arbeitsteilung und die Freiheit zur ungehinderten Suche nach rentablen Märkten erhalten. Außerdem bekundeten sie ausdrücklich die Hoffnung, ihr föderales System werde sowohl der staatlichen Wirtschaftslenkung als auch einer materiellen Umverteilung in der Gesellschaft einen Riegel vorschieben. Die von den Neoliberalen vorgeschlagene entnationalisierte Form des Staates würde definitionsgemäß zu groß sein, als dass eine Planwirtschaft möglich wäre.

Dekolonisation und Weltwirtschaft

Moritz Bonn war einer der Ersten, die sich theoretisch mit der Weltwirtschaft nach dem Zerfall der Kolonialreiche auseinandersetzten. Er gehörte nicht der Gruppe von Intellektuellen an, die sich der neoliberalen Bewegung anschlossen, war in den dreißiger Jahren jedoch eine der wichtigsten Stimmen des wirtschaftlichen Liberalismus. Im Oktober 1933 nahm er eine Lehrtätigkeit an der London School of Economics auf. Zu denen, die ihn nach London eingeladen hatten, zählten Robbins, der sozialistische Ökonom Harold Laski sowie LSE-Direktor William Beveridge. Die Nationalsozialisten hatten Bonn, der Jude war, als Rektor der Berliner Handelsschule abgesetzt – die Nachricht erregte in Großbritannien und den Vereinigten Staaten beträchtliches Aufsehen –, und sein Gehalt an der LSE wurde aus Spenden gezahlt.[15] Bonn war ein Kenner der Kolonialreiche. In den neunziger Jahren des 19. Jahrhunderts hatte er sich mit dem Fall Irlands beschäftigt, das er besuchte, um, wie er sich später erinnerte, »eine noch halb mittelalterliche Wirtschaft in einem Lande [zu] studieren, das noch nicht modernisiert war«.[16] Vor dem Ersten Weltkrieg reiste er ins südliche Afrika und verwandelte sich nach seiner Heimkehr in einen der maßgeblichen Befürworter von Reformen in der Kolonialpolitik, wobei er sich gemeinsam mit Bernhard Dernburg, dem Staatssekretär im Reichskolonialamt, nicht gegen die Kolonialpolitik an sich, sondern für eine andere Art von Politik aussprach. Er lehnte die *métissage* (Rassenmischung) ab, die in seinen Augen eine unregierbare Bevölkerung hervorbrachte, und befürwortete die Errichtung einer rein weißen Kolonialverwaltung, welche die Interessen der indigenen Bevölkerung schützen und sie in die von freier Arbeit und Unternehmertum geprägte moderne Welt führen sollte.[17] Deutsch-Südwestafrika stellte er als positives Beispiel das britische Basutoland gegenüber.[18]

Im Jahr 1933 sprach Bonn in einem bis auf den letzten Platz gefüllten Vorlesungssaal über eine in seinen Augen zutiefst beunruhigende, aber letzten Endes unvermeidliche Entwicklung, die er als »Dekolonisation« bezeichnete – später durfte er mit gutem Recht für sich in Anspruch nehmen, den Begriff eingeführt zu haben.[19] Er bezeichnete den Ersten Weltkrieg als Geburtshelfer von zwei welthistorischen Prozessen: Der Konflikt habe die »moderne Planung« hervorgebracht, als die »Knappheit an Gütern und der Mangel an

Arbeitskräften zu dem Bemühen führten, die Souveränität des Verbrauchers durch die Kontrolle des Zentralstaates über Produktion und Konsum zu ersetzen«. Der Glaube an die Planung sei nicht sozialistischer, sondern säkularer Natur. »Nicht Marx und Engels, sondern der totale Krieg und der Defense of the Realm Act waren seine Eltern.«[20] So wie viele moderne Historiker vertrat Bonn die Ansicht, die Kriegsplanung habe den Möglichkeitshorizont der Regierungen dauerhaft erweitert und das hervorgebracht, was ein Autor als »Machbarkeitswahn« bezeichnet hat.[21]

Was im Krieg zweckmäßig gewesen war, wurde nach 1918 zur Selbstverständlichkeit. Die leitende Hand des Staates in wirtschaftlichen Fragen wurde zur neuen Normalität sowohl in den kapitalistischen Ländern als auch in der Sowjetunion. Verschiedene Formen des Korporatismus breiteten sich aus.[22] In den Vereinigten Staaten wurde wenige Monate vor Bonns Rede die Tennessee Valley Authority eingerichtet und der National Recovery Act verabschiedet, und in der UdSSR wurde der erste Fünfjahresplan erfolgreich abgeschlossen. Neue Nationen entstanden in einer Atmosphäre, in der es als normal galt, dass der Staat die Wirtschaft koordinierte. »Der Schutz junger Industrien«, erklärte Bonn, »der im Krieg manchmal widerwilligen Regierungen aufgezwungen wurde, ist heute das wirtschaftliche Ziel vieler rückständiger und aller neu organisierten Nationalstaaten. In einer bereits überindustrialisierten Welt wird die Industrialisierung mit Eifer vorangetrieben.«[23]

Bonn sah in der Dekolonisation »eine Bewegung gegen die politische Abhängigkeit«, die das Kolonialreich durch die Nation ersetzen wollte. Bedeutsamer war jedoch, dass sie sich auch »gegen die wirtschaftliche Abhängigkeit« richtete und von der »internationalen wirtschaftlichen Interdependenz«, wie er es ausdrückte, zur Autarkie schwenkte.[24] Die Unterscheidung zwischen politischer und wirtschaftlicher Sphäre war von zentraler Bedeutung: Die Nationen konnten formal souverän sein, wirtschaftlich jedoch eng verflochten bleiben. Tatsächlich konnte ihnen sogar eine formale politische Autonomie unter der Bedingung gewährt werden, dass sie sich mit einer geringeren wirtschaftlichen Autonomie abfanden. Bonn zitierte die Beispiele Griechenlands und Chinas, die als gleichberechtigte Staaten in den Völkerbund aufgenommen worden waren, allerdings nur, weil sie »der Fortsetzung einer gewissen Kontrolle über ihre Finanzen« zugestimmt hatten, sowie die Aufsicht über die Finanzen Österreichs und Ungarns, die demselben Muster gehorchte.[25] Eine atomistische politische Gleichstellung der Nationen konnte also mit dem koexistieren, was Bonn als das »unsichtbare Wirtschaftsimperium« des globalen Handels und Austauschs bezeichnete.[26] Eine Welt politisch voneinander abgegrenzter Staaten konnte mit einer grenzenlosen Weltwirtschaft koexistieren und hatte es in der Vergangenheit getan (wenn nicht in der Realität, so doch zumindest in der Fantasie der Liberalen).

Bonn glaubte, dass Dekolonisation und Planung zwei Seiten einer falschen Vorstellung davon waren, was in einer interdependenten Welt funktionierte und was nicht. Doch der eigentliche Verräter am Modell der aus zahlreichen politischen Einheiten bestehenden geeinten Weltwirtschaft kam nicht aus der Peripherie, sondern aus dem Zentrum. Die Grundvoraussetzungen für das unsichtbare Wirtschaftsimperium waren die Vorhersehbarkeit des Geldwerts und das darauf beruhende Vertrauen in den Vertrag, in den Wechsel und in den Kredit gewesen. Dieses Vertrauen war an einem einzigen Tag zerstört worden, als Großbritannien am 21. September 1931 den Goldstandard aufgegeben hatte. Mit diesem Schritt, erklärte Bonn, habe Großbritannien »die wirtschaftliche Einheit der Welt zerbrochen« und die Entwicklung einer Welt beschleunigt, die aus immer feinkörnigeren politischen Gebilden bestand, die jeweils mit ihrer eigenen, zwangsläufig ineffizienten Industrie ausgestattet waren und dem von John Maynard Keynes im Jahr 1933 verkündeten Irrglauben anhingen, die nationale Autarkie sei ein erstrebenswertes Ziel.[27] »Bis zum 21. September«, schrieb Bonn, »koexistierte der wirtschaftliche Universalismus als eine große britische Tradition mit dem britischen Wirtschaftsnationalismus. An jenem Tag trennten sie sich voneinander.«[28]

Die Vorstellung, von der Bonn an jenem Tag im Jahr 1933 in London sprach, wurde von den Neoliberalen geteilt, darunter seine Kollegen Robbins und Hayek an der LSE sowie Röpke, der Bonns Analyse lobte. (Vermutlich inspirierte ihn der Untertitel von Bonns Buch aus dem Jahr 1938 – *The Crumbling of Empire: The Disintegration of World Economy* – teilweise zum Titel seines 1942 erschienenen Buchs *International Economic Disintegration*).[29] Wie Bonn nahmen die Neoliberalen eine differenzierte Haltung gegenüber den Kolonialreichen ein. Sie sahen einen Gegensatz zwischen den vielen schlechten Kolonialreichen, die den Handel mit ihren Kolonien vor externer Konkurrenz schützten und die Weltwirtschaft als Nullsummenbehälter begrenzter Ressourcen betrachteten, und dem einen guten Kolonialreich – dem britischen Empire –, das den Freihandel förderte und eine vernünftige Geldpolitik betrieb. Im britischen Kolonialreich sahen sie den Bezugspunkt der ersten Globalisierung zwischen 1870 und 1914. Der Glaube, die Briten hätten den wirtschaftlichen Universalismus ab 1931 unter dem Klassendruck der gewerkschaftlich organisierten Arbeiterschaft und verführt vom Keynesianismus verraten, bewegte die Neoliberalen dazu, sich auf die Suche nach einem neuen Organisationsprinzip und einer organisatorischen Kraft für die Welt zu machen, die nach dem Ende des Freihandelsimperiums unter der indirekten Herrschaft der Londoner City entstanden war. Was konnte man nach dem Verschwinden des Kolonialreichs tun, das in ihren Augen so gewissenhaft auf die Trennung zwischen *imperium* und *dominium* geachtet hatte?

Die Lösung der Neoliberalen war die supranationale Föderation. Da sie sich mit der Tatsache abfinden mussten, dass die politischen Grenzen nicht beseitigt werden konnten und dass der Nationalismus eine Kraft war, welche die Menschen unwiderstehlich anzog, fassten sie die »Sterilisierung der Grenzen« ins Auge, wie

Bonn es ausdrückte: »Wären die Grenzen keine Hindernisse mehr für den internationalen wirtschaftlichen Austausch, so verlören sie einen Teil ihrer unheilvollen Wirkung.«[30] Sie wollten ein Wirtschaftsimperium des Austauschs und des Handels wiederherstellen, das von einem Gitter eingegrenzter politischer Einheiten überlagert war, die als Nationen bezeichnet wurden. Der radikale Ansatz der Neoliberalen in den dreißiger Jahren bestand darin zu fragen: Wäre es möglich, dass die Kolonialreiche enden, ohne dass es sich auf die Weltwirtschaft auswirkt?

Robbins und die Idee der Ent-Planung

Im Jahr 1935, anderthalb Jahre nach Bonns Vortrag, reiste Lionel Robbins mit dem Auto in die Schweiz, um dort auf Einladung von William Rappard eine Reihe von Vorträgen über die internationale Wirtschaftsplanung zu halten. Auf der Fahrt durch Deutschland sah er in »malerischen bayerischen Dörfern, in denen man erwartet hätte, nichts von diesen politischen Umwälzungen zu bemerken«, Spruchbänder mit antisemitischen Parolen.[31] Die Vorträge von Robbins wurden im Jahr 1937 unter dem Titel *Economic Planning and International Order* veröffentlicht und von der Zeitschrift *The Economist* als »Manifest« bezeichnet.[32] Robbins holte darin zu einer Kritik am »Allheilmittel unserer Zeit« – der Planung – aus, in der er einen falschen Gott sah, der unter anderem für den Nationalsozialismus verantwortlich sei, dessen bedrohliche Manifestationen er gerade erst mit eigenen Augen gesehen hatte. Darüber hinaus entwarf er ein Modell der neoliberalen Föderation, auf dem Hayek seine Vorstellungen aufbauen würde.

So wie Bonn war Robbins der Auffassung, dass Dekolonisation und Wirtschaftsplanung formal übereinstimmten und sich strukturell gegenseitig verstärkten. Die Auflösung der Kolonialreiche führe zu einer Verwirrung der Kategorien von politischer Macht und

Eigentum: »›Die Bergwerke den Bergleuten‹ und ›Papua den Papua‹ sind analytisch ähnliche Slogans«, erklärte er.[33] Mises hatte im Lippmann-Kolloquium ähnlich argumentiert und gesagt, dass »die mehrdeutige Verwendung von Possessivpronomen häufig das Verständnis verhindert. Aus welchem Grund beschreibt ein britischer Bürger, der kein Bergwerk besitzt, britische Kohlevorkommen als ›unsere‹ und die Kohleflöze im Ruhrgebiet als solche von ›Ausländern‹? Als Käufer von Kohle muss er für die Kohle aus beiden Vorkommen den Marktpreis bezahlen, ob es sich nun um britische oder ausländische Kohle handelt.«[34] Robbins schwebte eine Form der gesellschaftlichen Organisation vor, die den Unterschied zwischen den politischen und wirtschaftlichen Sphären klären und das kleine gesonderte Kollektiv mit eigener Identität – die Bergleute oder die Papua – in einer größeren Einheit auflösen würde. Wie Bonn war er der Meinung, dass das britische Empire bis 1931 einen solchen transnationalen Rahmen geboten hatte. Die »Open-Door-Politik« bedeutete, »dass jene Teile des Empire, die vom Zentrum verwaltet wurden, treuhänderisch für die ganze Welt verwaltet wurden«, schrieb er. »Solange ausländische Güter ungehindert aufgenommen und ausländische Investoren und Siedler nicht diskriminiert wurden, war der Engländer wirtschaftlich nicht bessergestellt als der Ausländer, weil sein Land große Besitzungen hatte. [...] Die Verwaltung des Freihandels-Empire zählt nicht zu den historischen Episoden, für die sich die Engländer schämen müssen.«[35]

Robbins und Bonn sahen in der Weltwirtschaft einen Raum für die Umsetzung des Universalismus, eine vom britischen Empire beaufsichtigte Arena für die gemeinsame Aktivität der gesamten Menschheit. Es bedurfte einer politischen Form, um das durch die Abdankung Großbritanniens entstandene Vakuum zu füllen, insbesondere nach der 1932 auf der Imperial Conference in Ottawa geschlossenen Vereinbarung, die Großbritannien einen bevorzugten Zugang zu seinen Kolonien und zum Commonwealth gewährte. Rappard kritisierte diese Vereinbarung im Jahr darauf

auf der Internationalen Studienkonferenz scharf: Die beste Rechtfertigung für die Kolonialherrschaft bestehe darin, dass die primitive Bevölkerung zu ihrem eigenen Vorteil [...] sowie zum Vorteil der ganzen Welt regiert wird.« Das Open-Door-Empire hatte »den Eingeborenen gleichberechtigte Beziehungen zur übrigen Welt und der Welt Absatzmärkte für ihre Industrieprodukte und frei zugängliche Bezugsquellen garantiert«.[36] Nachdem die Briten durch die Aufgabe des Goldstandards im Jahr 1931 gegen die liberale Weltordnung verstoßen hatten, versetzten sie dieser nur ein Jahr später einen weiteren Schlag, indem sie die Grenzen ihres Kolonialreichs in wirtschaftliche Mauern verwandelten.

Die neoliberalen Vorschläge für föderative Lösungen entsprangen einer ungemein extensiven, mittlerweile jedoch weitgehend vergessenen Debatte über politische Strukturen, die das Kolonialreich reformieren, stabilisieren oder ersetzen sollten. Die transatlantische Diskussion über den Föderalismus fasste der amerikanische Journalist Clarence Streit in seinem 1939 erschienenen Buch *Union Now* für die Öffentlichkeit zusammen, aber ernsthaft begonnen hatte sie im Jahr 1932 in der Zeitschrift *New Commonwealth Quarterly* und in den etwa zur selben Zeit veröffentlichten Ergebnissen der um bessere Beziehungen zwischen Großbritannien und seinen Kolonien bemühten Round Table Group.[37] Besonders großen Einfluss hatten Vorschläge für atlantische, angelsächsische oder westeuropäische Föderationen und Unionen, die helfen konnten, die isolationistischen Vereinigten Staaten in die westliche Staatengemeinschaft zurückzuholen, und als Bollwerk gegen Faschismus und Kommunismus dienen sollten.

Den meisten Diskussionsteilnehmern ging es um eine moralische, ethnische, zivilisatorische oder politische Föderation. Robbins hingegen konzentrierte sich auf die wirtschaftlichen Aspekte: »Aufgabe einer liberalen Weltföderation wäre es, möglichst großen Spielraum für die internationale Arbeitsteilung zu schaffen; jede Einschränkung des Austauschs zwischen verschiedenen staatlichen Räumen würde ihrem Geist widersprechen.«[38] Die vorrangige Funktion der Nationalstaaten würde darin bestehen, die Sicherheit zu gewährleisten und dafür zu sorgen, dass »das Eigentums- und Vertragsrecht weltweit vereinheitlicht und entsprechend gemeinsamen Prinzipien angewandt wird«.[39] Wenn es gelang, eine auf Freihandel und Privateigentum beruhende Weltordnung zu errichten, dann würden die Kolonialreiche bedeutungslos werden. Da »keine auf Dauer befriedigende Aufteilung der Erdoberfläche vorstellbar« war, bestand die einzige dauerhafte Lösung darin, die Ressourcen der Erde der gesamten Menschheit zugänglich zu machen.[40] Als Beispiel nannte Robbins das 19. Jahrhundert, als »der wichtigste Rohstoff der britischen Industrie [...], die Baumwolle, außerhalb des Empire erworben wurde. Gleichgültig, ob Baumwolle in Carolina oder im Sudan gekauft wird, sie muss bezahlt werden. Unter der Voraussetzung, dass Verträge an beiden Orten durchgesetzt werden können, ist es unerheblich, ob diese Gebiete auf der Karte dieselbe Farbe haben oder nicht.«[41]

Der große Vorteil des Modells der Weltföderation war, dass sie von selbst eine Dynamik in Gang setzen würde, die Robbins als »Ent-Planung« bezeichnete.[42] Das wichtigste Planungswerkzeug im internationalen Handel – der Einfuhrzoll – würde tabu sein, womit es nicht länger möglich wäre, junge Industrien oder die heimische Landwirtschaft zu schützen. Noch wichtiger war, dass auf diese Art auch die Sozialleistungen beseitigt werden würden. Wie Robbins erklärte: »Die nationale Planung führt nicht nur zur Aufhebung des *Laissez-faire* in Bezug auf Handels- und Investitionsströme. Sie führt auch zur Aufhebung des *Laissez-passer* in Bezug auf die Bewegung von Arbeitskräften.«[43] Staatliche Leistungen, so Robbins, gingen mit einer Einschränkung der Bewegungsfreiheit einher, da die Kontrolle über die Begünstigten gewahrt werden müsse. Das sei einer der Gründe dafür, dass das Versprechen der Gleichheit an sich zerstörerisch sei: »Wir müssen uns bewusst machen, dass das System mit einem gewissen Maß an Einkommensungleichheit einhergehen würde.«[44] Die wirtschaftliche Nivellierung auf nationaler Ebene bringe lediglich eine falsche Vorstellung vom Ursprung des Wohlstands hervor. Die Abhängigkeit des individuellen Wohlergehens von den Strömen der Weltwirtschaft müsse eine greifbare Realität für die Bürger der Nationalstaaten bleiben. Die Planung dämpfe die belebenden Klänge der globalen Wirtschaft. Es müsse stets die Möglichkeit bestehen, erklärte Robbins im Jahr 1934, dass der Unternehmer »seinen Betrieb in Lancashire schließt, um ihn nach Japan zu verlegen«.[45] Die gemeinsame Prekarität konnte und sollte die Grundlage einer geeinten Welt sein.

Hayeks neoliberale Föderation

Wie Robbins gehörte auch Friedrich Hayek der 1938 gegründeten Federal Union an, deren Mitgliederzahl bis 1940 auf mehr als 12 000 stieg. Beide Männer saßen auch im Wirtschaftskomitee der Organisation.[46] Von der Arbeit seines Kollegen und Freundes inspiriert, lieferte Hayek im Jahr 1939 in einem Artikel für *New Commonwealth Quarterly* die umfassendste Darstellung der globalen Freihandelsföderation und beschrieb ein politisches Modell, dass die »Solidarität der Interessen« aushöhlen würde, die sich natürlich ergab, wenn Personengruppen dieselben wirtschaftlichen Interessen hatten.[47] Die Dekolonisation konnte insofern tatsächlich gut funktionieren, als sie die politische von der wirtschaftlichen Sphäre trennen würde. Hingegen brachte die Verbindung von politischer und wirtschaftlicher Souveränität das hervor, was Hayek als ein beunruhigendes Gefühl der Eigentümerschaft der Bürger eines Nationalstaats an den Produkten ihres nationalen Territoriums betrachtete: »Im Nationalstaat machen es die herrschenden Ideologien verhältnismäßig leicht, dem restlichen Teil der Gemeinschaft die Überzeugung beizubringen, daß es in ihrem Interesse sei,

›ihre‹ Stahlindustrie oder ›ihre‹ Weizenproduktion oder was es sonst sein mag, zu schützen.«[48] Das Ziel der Föderation war es, die Verbindung zwischen politischer Staatsbürgerschaft und wirtschaftlicher Eigentümerschaft zu kappen.

Wirtschaftlich offene Grenzen könnten dafür sorgen, dass die Interessenkonstellationen nie stabil und nicht dauerhaft »mit den Bewohnern eines bestimmten Gebiets identifiziert« würden. Wie Robbins erklärte Hayek, dass ungehinderte Güter- und Investitionsströme die Volkswirtschaften disziplinieren und die Staaten von Interventionen und dem Versuch der Wirtschaftsplanung abhalten würden. Da sich das Kapital dorthin bewegen würde, wo es bessere Zinsen fände, und da die Güter aus Ländern mit niedrigeren Preisen kämen, würde das »ganze Arsenal der Staatsmonopole und anderer Formen monopolistischer Organisationen von Einzelindustrien [...] den Staatsregierungen nicht länger zur Verfügung stehen«.[49] Eine Weltregierung werde sich zwangsläufig auf die Aufgabe konzentrieren, den Markt zu definieren, anstatt die Ressourcen mit Blick auf Gleichheit oder soziale Gerechtigkeit zuzuteilen. Die lockere Föderation würde eine eng definierte, aber intensive Regierung ausüben und dafür sorgen, dass die disziplinierende Wirkung der Handelsströme über die Zuteilung der Ressourcen entscheide. Die Sozialgesetzgebung werde sich an einer Art von Meistbegünstigungslogik orientieren, was zur Folge haben werde, dass immer weniger Aspekte des gesellschaftlichen Lebens der Planung oder Regulierung unterworfen würden. Man werde sich »damit abfinden müssen, auf einem Gebiet lieber gar keine Gesetzgebung zu haben als die einzelstaatliche Gesetzgebung, die die Einheit des Bundes zerreißen würde«.[50]

Die von einer politischen Föderation beschützte offene Weltwirtschaft konnte ein Gegenmittel gegen die Planwirtschaft und eine Lösung für die Dekolonisation sein. Hayek und Robbins waren sich darin einig, dass die Menschen nicht bereit sein würden, Zölle oder Umverteilungsmaßnahmen zum Wohl geografisch weit entfernter Menschen zu akzeptieren. Hayek fragte: »Ist anzunehmen, daß der französische Bauer bereit sein wird, für seinen Kunstdünger mehr zu bezahlen, um der englischen chemischen Industrie zu helfen? Wird der schwedische Arbeiter für seine Orangen mehr bezahlen wollen, um den kalifornischen Züchter zu unterstützen? [...] Oder wird der südafrikanische Bergmann bereit sein, seine Sardinen teuerer zu kaufen, um den norwegischen Fischern zu helfen?«[51] Robbins beobachtete noch treffender: »Wenn zum Beispiel die Arbeit der Einwohner Skandinaviens teilweise dazu dient, Ressourcen bereitzustellen, welche die Produktivität der Einwohner Chinas erhöhen, so bedeutet dies wie im Fall der Einkommensnivellierung, dass sie weniger erhalten, als sie hätten bekommen können, damit andere mehr erhalten.«[52] Die beiden drehten Adam Smith' hypothetische Frage nach der Bedeutung des Leids eines weit entfernten Chinesen für einen Engländer um und fragten, wie viel Mühe im Westen zum Vorteil eines Chinesen aufgewandt würde – und gelangten zu einem klaren Ergebnis: sehr wenig.[53]

Robbins schrieb: »Der internationale Liberalismus gebietet uns keine Liebe zur Menschheit, [sondern er ist] lediglich der Plan eines Mechanismus, der effizienter ist als die Welt unabhängiger Nationen.«[54] Die Ablehnung der Planung konnte sich als Ablehnung des Imperialismus präsentieren, indem das Kolonialreich als irrelevant eingestuft und stattdessen eine lockere Föderation vorgeschlagen wurde, die durch Handels- und Kapitalströme geeint würde. Die Weltföderation löste das Problem der Entkolonialisierung, indem sie es dezentrierte und die Auflösung der Kolonialreiche einer größeren Vision von einer Wiederherstellung der nach 1931 von den Briten aufgegebenen liberalen internationalen Wirtschaftsordnung unterordnete. Die neoliberale Föderation versprach ein Ergebnis, das von der »Dialektik der Dekolonisation« abwich, die der Historiker Frederick Cooper beschrieben hat:[55] In Coopers Augen beschleunigten die Forderungen einer an Einfluss gewinnenden kolonialen Arbeiterschaft in Westafrika nach 1945 in einer

Welt, in der die »soziale Bürgerschaft« an Bedeutung gewonnen hatte, das Ende der Kolonialreiche. Demgegenüber schwebte Robbins und Hayek eine Erhöhung des Drucks vor, wobei Planungsmaßnahmen in der Binnenwirtschaft dadurch unmöglich gemacht würden, dass ungehinderte globale Kapital- und Güterströme die »Interessengemeinschaften« untergruben, die diese Maßnahmen stützten.[56] Der sozialdemokratische Staat befand sich in den dreißiger Jahren noch im Embryonalzustand. Es ist verblüffend, dass die Neoliberalen bereits an einem Gegenentwurf arbeiteten. In ihrer Version der Föderation würde die Disziplin der Weltwirtschaft die Planung untergraben und den Nationalstaat auf die politische Sphäre beschränken.

Mises und die Ursprünge der Doppelregierung im Habsburgerreich

Es ist nicht nötig, Hayeks kurzen Artikel aus dem Jahr 1939 auszugraben, um seine Vision einer Weltordnung zu entdecken. Er widmete das gesamte Schlusskapitel seines 1944 erschienenen Bestsellers *The Road to Serfdom* einer Darlegung seiner Pläne für eine internationale Föderation und erklärte unmissverständlich, die Weltwirtschaft könne nur mit politischen Mitteln verteidigt werden: »Es ist nicht nur unzutreffend, daß wir, wie heute allgemein angenommen wird, eine internationale Wirtschaftsinstanz brauchen, während die Staaten gleichzeitig ihre uneingeschränkte politische Souveränität beibehalten, vielmehr ist fast das genaue Gegenteil richtig. Was wir brauchen und worauf wir hoffen können, ist nicht nur eine Steigerung der Macht in den Händen unverantwortlicher internationaler Wirtschaftsinstanzen, sondern im Gegenteil eine internationale politische Organisation, die die Wirtschaftsinteressen in Schach halten und im Falle eines Konfliktes ausgleichend wirken kann, da sie nicht selber in die Wirtschaftsangelegenheiten verstrickt ist.«[57] Er erklärte, nur eine »mächtige supranationale Autorität« könne verhindern, dass die einzelnen Staaten ihr Mandat zum Schaden des Wohlstands der Welt ausweiteten. Die Weltorganisation, die der Planwirtschaft entgegentreten sollte, würde das verfechten, was andere Liberale als »Denationalisierung« bezeichneten; sie würde die Mitgliedstaaten einer internationalen Föderation überwachen und Regeln für den Freihandel und ungehinderte Investitionsströme durchsetzen.[58] Die Föderation diente dazu, die Ziele des wehrhaften Globalismus und der wehrhaften Demokratie durchzusetzen: Sie war »nichts anderes als die Anwendung des demokratischen Prinzips auf die internationalen Beziehungen, die einzige bis jetzt gefundene Methode für friedliche internationale Veränderungen«.[59]

Hayeks Vorschläge für eine globale Regierung wurden lange Zeit kaum registriert. Erst vor Kurzem entdeckten Sozialwissenschaftler in seinen föderalistischen Vorschlägen die »Neuerfindung des liberalen Internationalismus« und eine implizite – und sogar explizite – Inspiration für die wirtschaftliche Integration Europas.[60] Wolfgang Streeck schreibt, Hayeks Arbeit lese sich »wie ein Konstruktionsplan für die Europäische Union von heute«, da er sich Institutionen ausmalte, die »Internationalisierung« und »Denationalisierung« mit einer unerbittlichen Liberalisierung verknüpften.[61] In Kapitel 6 von *Gekaufte Zeit* beschäftigt sich Streeck mit Hayeks Anspruch auf die Inspiration der europäischen Integration, und in Kapitel 7 untersucht er Hayeks Einfluss auf die Architekten der Welthandelsorganisation.

Bemerkenswert ist, dass sogar jene Autorinnen, die der Wirkung von Hayeks Internationalismus nachspüren, seine Vorstellungen nicht bis zu ihren Ursprüngen zurückverfolgen. Diese liegen im Habsburgerreich, in dem Hayek aufwuchs. Im Jahr 1978 schrieb er rückblickend: »Ich glaube, mein allererster Artikel [...] handelte von etwas, das mir bereits in den letzten Tagen in der Armee in den Sinn gekommen war, nämlich von der Möglichkeit einer doppelten Regierung, einer kulturellen und einer wirtschaftlichen Regierung.« Diese Doppelregierung schien ihm eine Möglichkeit zu sein, »den Konflikt zwischen den Nationalitäten in Österreich-Ungarn« zu lösen. Er fragte sich, ob es »möglich war, diese beiden Dinge in den Regierungsfunktionen zu trennen – den Volksgruppen ihre eigenen kulturellen Regelungen zu überlassen, während die Zentralregierung die gemeinsamen wirtschaftlichen Rahmenbedingungen festlegt«.[62] Diese Idee, »die erste, die ich zu Papier brachte«, weist auf den übersehenen Einfluss des Habsburgerreichs auf die neoliberalen Vorschläge für eine internationale Ordnung und eine Föderation hin.

Es war keineswegs Zufall, dass die wichtigsten neoliberalen Denker Wurzeln im ehemaligen Habsburgerreich hatten. Wie John Gray bemerkt, betrachtete Hayek das verschwundene Habsburgerreich als »ein in mancher Hinsicht vorbildliches liberales Staatsgebilde«.[63] Dieses Reich war für viele in Wien aufgewachsene Intellektuelle ein verlorenes Objekt der Identifizierung. Der mit Hayek befreundete Philosoph Karl Popper idealisierte das Habsburgerreich rückblickend als einen Raum, in dem eine »kosmopolitische wissenschaftliche Gemeinde für den menschlichen Fortschritt arbeitete«.[64] Selbst während seiner Existenz empfanden viele Zuneigung zu diesem Reich, das in ihren Augen »die internationale Ordnung der Menschheit in Miniatur« darstellte.[65] In den Augen der Neoliberalen war der Kosmopolitismus des Habsburgerreichs ein Modell und Vorläufer einer zukünftigen Welt. Zu seinen verlockendsten Merkmalen gehörte rückblickend die Trennung von Wirtschaft und Politik. Das Prinzip der Multinationalität hatte aus dem Reich einen sprachlich und kulturell heterogenen, aber wirtschaftlich geschlossenen Raum gemacht. Mises war fasziniert von der Tatsache, dass im Habsburgerreich »Staat und Nation nicht zusammenfielen«. Anders als in den französischen Republiken oder bei der deutschen, italienischen oder polnischen Nation war das »Nationalitätenprinzip« unter den Habsburgern nicht die »ideologische Grundlage« des Reichs.[66] In einem Vielvölkerstaat bedrohte jeder Versuch einer Intervention das diplomatische Gleichgewicht, da er den Eindruck erweckt hätte, Sonderinteressen zu dienen.

Obwohl in Wahrheit stets solche Sonderinteressen im Spiel waren, hielt Mises an der Idee eines Staates fest, der sich als denationalisiert betrachtete und daher für die in der Sprache der Nation erhobenen Forderungen unempfänglich war. Mises und Hayek sahen in der Nicht-Identität der politischen und wirtschaftlichen Einheiten im Habsburgerreich ein Modell für die Welt. Die nach 1945 entstandene österreichische neoliberale Vision einer entkolonialisierten Welt beruhte auf der persönlichen Erfahrung und Beobachtung der Dekolonisation in der Heimat dieser Männer. So wurde das verschwundene Habsburgerreich sonderbarerweise zu einem Modell für die Weltwirtschaft nach der Auflösung der Kolonialreiche.

Mises hielt sich in seinen Vorschlägen für eine internationale Föderation genauer an das habsburgische Vorbild als Hayek. In seinem konkretesten Vorschlag orientierten sich die Grenzen der supranationalen Föderation sogar ziemlich genau an denen des früheren Reichs, und er war skeptisch gegenüber einer größeren »demokratischen Weltregierung« oder einer mehrere Kontinente umspannenden Föderation.[67] Um seine Vorstellungen verstehen zu können, bedarf es eines kurzen Überblicks über die politische und wirtschaftliche Geografie, auf der Mises' Arbeit aufbaute. Schon in seinen frühesten Publikationen beschrieb Mises einen binären Gegensatz zwischen einer ausgehend vom Prinzip der nationalen Selbstbestimmung organisierten Welt und einer ungeachtet der Nationalität auf der Grundlage der internationalen Arbeitsteilung über die gesamte Erdoberfläche hinweg organisierten Welt.[68] Die Unterteilung der Welt in Nationen widersprach in seinen Augen den wirtschaftlichen Prinzipien, weil Arbeitskräfte und andere Produktionsfaktoren auf diese Art nicht optimal arrangiert wurden. Im Idealfall würden die ökonomischen Gesetze im Lauf der Zeit die Oberhand über die politischen Gesetze gewinnen. »Die Erdoberfläche ist unter die Nationen aufgeteilt. Diese Aufteilung ist das Ergebnis eines historischen Prozesses der Vergangenheit. Sie entspricht nicht den Produktions- und Bevölkerungsverhältnissen der Gegenwart. Es gibt daher Nationen, deren Gebiet bei voller Freizügigkeit der Menschen und Güter dichter, andere, deren Gebiet dann dünner besiedelt wäre. Diese relative Überbevölkerung muß nun Wanderbewegungen auslösen.«[69] In seiner normativen Vision der von der Politik befreiten Wirtschaft würden Bevölkerungen im Lauf der Zeit wachsen und schrumpfen, und Nationalitäten würden in einigen Fällen durch Assimilation verloren gehen oder absorbiert werden.

Es wird oft übersehen, dass Mises die berühmte, in der Zwischenkriegszeit geführte Debatte über die Wirtschaftsrechnung im Sozialismus nicht auf nationaler, sondern auf globaler Ebene einordnete.[70] Er behauptete, ein hypothetischer »Generaldirektor der Weltwirtschaft« sei überflüssig, denn das, »was in dem idealen Weltsozialismus durch Anordnung des Generaldirektors der Weltwirtschaft vor sich gehen würde, vollzieht im Ideal der freien Weltwirtschaft das Walten des Wettbewerbes«.[71] In einem Marktsystem bewegten sich Unternehmen, Kapital und Arbeitskräfte aus eigenem Antrieb dorthin, wo sie vorteilhaftere Bedingungen vorfänden. Unbeweglichkeit führe zum Versagen und letzten Endes zum Untergang. Mises räumte amüsiert ein, dass sich dieses Weltverständnis in mehrerlei Hinsicht mit dem von Karl Marx decke. Er betrachtete Marx als Produkt seiner Zeit – der sechziger Jahre des 19. Jahrhunderts –, einer Zeit, in der in Westeuropa der Freihandel herrschte und die Ankündigung einer neuen Weltregierung plausibel klang. Schließlich seien sowohl der Liberalismus als auch der marxistische Sozialismus kosmopolitisch, erklärte Mises.[72] Und das Bürgertum sei wie das Proletariat inhärent international.[73] Allerdings liefen die Diagnosen von Mises und Marx auf unterschiedliche Ergebnisse hinaus. Wo Marx eine zunehmende Verelendung sah, sah Mises eine Reise zu wachsendem Wohlstand, die durch die von der ersten Weltwirtschaftskrise in den siebziger Jahren des 19. Jahrhunderts ausgelösten Zollkriege und später durch den Ersten Weltkrieg und die folgende Wiedererrichtung der Handelshemmnisse abrupt unterbrochen worden war.

Mises betrachtete die Erde als ein einziges Reservoir ungleich verteilter Rohstoffe, die möglichst gründlich ausgebeutet werden mussten, was nur möglich war, wenn sich Kapital, Arbeit und Handel frei bewegen konnten. Das Streben nach Produktivitätssteigerungen war axiomatisch. Er bezeichnete es als »gesellschaftliche[s] Grundgesetz«, dass die höchste[] Menschenzahl in die persönliche und [die] ganze[] Erdoberfläche in die örtliche Arbeitsteilung« einbezogen werde.[74] Er räumte ein, dass das Leben unter dem »Walten des Wettbewerbs« wenig individuellen Bewegungsspielraum gebe.[75] Über den Unternehmer schrieb er: »Eine besondere Kontrolle seines Verhaltens einzuführen, ist nicht erst notwendig. Der Markt übt sie schärfer und genauer, als es irgendeine Überwachung durch die Regierung oder andere Organe der Gesellschaft machen könnte.«[76] Ähnliches gelte für den Arbeiter: »Als Produzent ist der Volksgenosse in der arbeitteilenden Wirtschaft selbst Beauftragter der Gesamtheit und hat als solcher zu gehorchen.«[77] Zur Beschreibung der kapitalistischen Gesellschaft bediente er sich einer Analogie, auf die er sein Leben lang zurückgreifen würde, und bezeichnete sie als »Verbraucherdemokratie«, in der »jeder Pfennig einen Stimmzettel darstellt«.[78]

Mises betrachtete die internationale Arbeitsteilung als einen Prozess, der zumindest theoretisch irgendwann abgeschlossen sein würde. »Er wird am Ziele angelangt sein, wenn alle Menschen der Erde ein einheitliches System gesellschaftlicher Arbeitsteilung bilden werden.«[79] Das Endergebnis dieses Prozesses werde das sein, was er als »ökumenische Gesellschaft« bezeichnete, die zwangsläufig von einem weltumspannenden Superstaat begleitet werde, der das vom Völkerbund nicht eingelöste Versprechen wahrmachen werde, indem er sich vom nicht praktikablen Prinzip der nationalen Selbstbestimmung lösen und eine angemessen begrenzte – aber intensive – Rolle in der Wahrung geeigneter Bedingungen für Handel, Investitionen und Migration übernehmen werde.[80] Für Mises hatten die Erfordernisse der Weltwirtschaft Vorrang vor allen anderen politischen Forderungen. Beispielsweise erklärte er in der Auseinandersetzung mit dem Kolonialismus: »Kein Kapitel der Geschichte ist stärker von Blut getränkt als die Geschichte der Kolonialpolitik.« Dennoch beharrte er darauf, die Bewahrung der Kolonien sei die erste Priorität, nachdem Europa von ihren Rohstoffen abhängig geworden sei.[81] Die Selbstbestimmung sei denkbar, aber nur unter der Kontrolle eines starken Superstaats, der den Freihandel aufrechterhalten könne.

Mises maß den Nutzen jeder Politik an der Produktivität der Weltwirtschaft. Auch dass er der Demokratie den Vorzug vor der Diktatur gab und die freie Arbeit gegenüber der Sklaverei favorisierte, lag einfach daran, dass er Demokratie und freie Arbeit für funktionaler hielt. Indem man den Bürgern das Wahlrecht gab, verringerte man die Zahl der Revolutionen, und indem man den Arbeitskräften einen Lohn zahlte, sorgte man dafür, dass sie produktiver arbeiteten als menschliche Vermögensgegenstände.[82] Der Wettbewerb war am besten geeignet, ein Gleichgewicht zwischen menschlicher Arbeitskraft und natürlichen Ressourcen herzustellen. Die politischen Institutionen mussten den Transport der beweglichen Produktionsfaktoren zu den unbeweglichen gewährleisten, ohne zu versuchen, sie zu »organisieren«.[83] Mises war fest davon überzeugt, dass die ökonomischen Prinzipien die rationalste Grundlage für die menschliche Organisation der Welt waren, verlor jedoch nie den Faktor aus den Augen, in dem er den Widersacher dieser Prinzipien sah: die politische Form der Nation. Für ihn tobte der eigentliche Krieg nicht zwischen einzelnen Staaten oder Kolonialreichen, sondern zwischen der Weltwirtschaft und dem Nationalstaat als gegensätzliche Formen der menschlichen Organisation.

Ausgehend von der Annahme, der Kampf werde zwischen dem Prinzip der Weltwirtschaft und dem der Nation ausgetragen, gelangte Mises zu dem Schluss, dass der Erste Weltkrieg die Position der Nation gestärkt hatte. Die Auflösung des Habsburgerreichs zog die regionalen Grenzen in Europa neu: Bulgarien und Rumänien vergrößerten ihr Territorium erheblich, und die früheren Reichszentren Österreich und Ungarn wurden getrennte Nationalstaaten. Neu geschaffen wurden Polen, die Tschechoslowakei und der Staat der Slowenen, Kroaten und Serben, der im Jahr 1922 mit Serbien zu dem neuen Vielvölkerstaat Jugoslawien verschmolz. Ein Ökonom erklärte im Jahr 1929, die Neuorganisation nach dem Weltkrieg habe »den wirtschaftlichen Organismus, der unter den Habsburgern existierte, in einzelne Organe zerteilt«.[84] Österreich war vollkommen von seinem Hinterland abgeschnitten und füllte sich mit deutschsprachigen Staatsdienern, für die kein Platz mehr in den Provinzen war.[85]

Die Lösung, die nach dem Weltkrieg für die Nationalitätenfrage gefunden worden war, erboste Mises. Anstatt es zu lösen, habe man das Problem verschärft, erklärte er. Das Prinzip der nationalen Selbstbestimmung sei mit katastrophalen Folgen wirtschaftlich gedeutet worden. Im Jahr 1927 schrieb er bitter, das Prinzip der nationalen Autarkie gewinne »immer neue Anhänger. Selbst Staaten, die nur wenige Millionen Einwohner zählen, wie Ungarn und die tschechoslowakische Republik, versuchen, sich durch Hochschutzzollpolitik und Einfuhrverbote von der Einfuhr vom Auslande unabhängig zu machen.«[86] Das Habsburgerreich als funktionierendes Modell für die Arbeitsteilung unter vielfältigen Bevölkerungen war verloren. Die Zeitgenossen bezeichneten diesen Verlust der politischen und wirtschaftlichen Einheit des Reiches als »das Rätsel der Donau«,[87] wobei das Rätsel lautete: Wie konnten nach dem Ende des Habsburgerreichs für alle Seiten vorteilhafte Beziehungen der wirtschaftlichen Interdependenz aufrechterhalten werden? Manche fragten sogar, »ob es nicht wünschenswerter war, den Staat Österreich-Ungarns intakt zu lassen, anstatt ihn zu zerstören«.[88]

In einem Vortrag an Rappards Hochschulinstitut beschrieb Robbins das Ende des Habsburgerreichs als ein negatives Beispiel für die Dekolonisation, das Großbritannien als Warnung dienen müsse. »Die wirtschaftliche Organisation Österreichs und insbesondere Wiens war vor dem Krieg darauf ausgerichtet, die Bedürfnisse des weitläufigen Gebiets des alten Habsburgerreichs zu erfüllen. Fast über Nacht wurde der größere Teil dieses Marktes durch fast unerträglich hohe Zölle abgetrennt. Die territoriale Arbeitsteilung des Donaubeckens wurde vom nationalistischen Partikularismus zerstört.« Abhilfe hätte seiner Meinung nach durch »eine Form von föderaler Verfassung« geschaffen werden können, mit der die drohende Auflösung hätte vermieden werden können«.[89]

Im Jahr 1938 machte sich Mises daran, die Grundzüge einer solchen föderalen Verfassung zu skizzieren, und im Jahr 1940 begann er, ernsthaft daran zu arbeiten. Er hoffte, sein Vorschlag werde helfen, dem zu begegnen, was er als institutionelles Versagen der Welt nach Versailles, St. Germain und Trianon betrachtete. Er verfasste seine Studien mittlerweile in seinem neuen Heim in New York, einer mietpreisgebundenen Wohnung auf der Upper West Side, wo er den Rest seines Lebens verbringen sollte.[90] Der Schwerpunkt seiner Arbeit war Mittel- und Osteuropa. Angesichts der »Anarchie« im Gefolge der Auflösung des Habsburgerreichs und des Osmanischen Reichs schlug er eine Demokratische Union Osteuropas vor, die ein riesiges Gebiet von der Ostsee über die Adria und die Ägäis bis zum Schwarzen Meer und von der Ostgrenze der Schweiz und Italiens bis zur Westgrenze Russlands umspannen sollte. Diese Union sollte alle nach dem Ersten Weltkrieg unabhängig gewordenen Nationen von Lettland bis Jugoslawien sowie die multinationalen Teile Deutschlands und Italiens (wie Schlesien und Fiume) beinhalten. Insgesamt würde diese Union ein Gebiet von etwa 1,8 Millionen Quadratkilometern »mit rund 120 Millionen Einwohnern umfassen, die 17 verschiedene Sprachen sprechen«.[91]

Das Grundprinzip dieser Union war die Trennung von Wirtschafts- und Kulturpolitik. Die Bürger würden auf dem gesamten Territorium völlige Bewegungsfreiheit genießen und ungehindert Handel treiben und Erwerbstätigkeiten nachgehen können. Die Regierung sollte einem Parlament in Wien mit einem »gewählten Präsidenten oder einem mit Erbrecht ausgestatteten Herrscher« übertragen werden. Unter Rückgriff auf die Vormundschaftspraktiken der Mandatskommission sollte der Völkerbund den ersten Präsidenten und die Regierung ernennen, die später in allgemeinen Wahlen abgelöst würden. Eine Version des Vorschlags, die Mises im Jahr 1938 vorlegte, erinnerte noch deutlicher an das Mandatsmodell und die vom Völkerbund in Österreich praktizierte Finanzaufsicht: Er schlug vor, bestimmte Verwaltungspositionen permanent mit »Engländern und Franzosen« zu besetzen und das Englische oder Französische zur Amtssprache zu machen.[92] In den zwanziger Jahren hatte Mises das Mandatsmodell gutgeheißen und erklärt, dem Völkerbund müsse »die oberste Leitung der Verwaltung aller jener überseeischen Gebiete eingeräumt werden, in denen keine parlamentarische Verfassung besteht«; gleichzeitig verlangte er, alle Kolonien für den Übergang zur Selbstbestimmung in Mandate zu verwandeln.[93]

Mises lehnte supranationale Eingriffe nicht ab, sofern sie dazu dienten, eine auf Freihandel und Privateigentum beruhende globale kapitalistische Ordnung zu erhalten. Als Österreich im Jahr 1932 gezwungen wurde, einen an Knebelbedingungen gekoppelten Kredit des Völkerbunds zu akzeptieren, verwies er auf den pädagogischen Nutzen dieser Zwangsmaßnahme: »Die strengen Kreditbedingungen öffnen möglicherweise der gesamten Bevölkerung die Augen für die Tatsache, dass uns die in den letzten Jahren verfolgte Wirtschaftspolitik in eine Situation gebracht hat, in der wir wirklich keinen anderen Ausweg sehen, als jene Art von Unterwerfung zu akzeptieren, die uns dieser Kredit aufzwingt.«[94] In diesem Fall war der Völkerbund die Stimme der wirtschaftlichen Vernunft, gegen die das Rote Wien mit seiner Politik verstoßen hatte. Unter dem Druck des Völkerbunds waren »die Sparmaßnahmen, welche die Wirtschaft seit Langem verlangt – die jedoch immer wieder hinausgezögert oder sabotiert worden sind –, so rasch wie möglich umgesetzt« worden.[95] Im Jahr 1944 sagte er es noch deutlicher und schrieb, die Vereinbarung über einen erneuerten Völkerbund müsse »eine strikte Begrenzung der souveränen Rechte der einzelnen Länder« beinhalten. »Maßnahmen, die sich auf Schulden, Währungssystem, Steuern und andere wichtige Fragen auswirken, müssen von internationalen Tribunalen geregelt werden, und ohne eine internationale Polizeieinheit könnte ein solcher Plan nicht verwirklicht werden. Schuldner müssen zur Zahlung gezwungen werden.«[96] Für Mises musste eine gute Version des Völkerbunds ein eiserner Handschuh für die unsichtbare Hand des Marktes sein.

Mit seinem Vorschlag für eine Osteuropäische Union wollte Mises in jener Region eine durchsetzungsfähige Version des Völkerbunds verwirklichen, wie er ihm vorschwebte; um das zu erreichen, wollte er das, was Rappard als das »Dogma der nationalen Souveränität« bezeichnete, radikal beschneiden.[97] Seine Lösung für das Problem der Nationalitäten war neuartig: Er wollte erlauben, dass die Länder an allen Symbolen der nationalen Zugehörigkeit festhielten – an Flaggen, Hymnen, Briefmarken und »mit den nationalen Emblemen geprägten Münzen jedes Mitgliedstaats«.[98] Es sollte den Bevölkerungen der einzelnen Länder freistehen, ihre eigene nationale Kultur zu entwickeln und gegenüber dem Ausland darzustellen. Das heikle Problem der Bildung, das im alten Habsburgerreich heftig umstritten gewesen war, sollte mit einem Plan gelöst werden, der ein direkter Vorläufer späterer Forderungen der amerikanischen Neoliberalen und Konservativen war: Alle Schulen sollten privat sein, und die Bürger würden einen feststehenden Betrag in Form von Gutscheinen erhalten, den sie für die

Bildung ausgeben konnten.[99] Sprachgemeinschaften würden die Möglichkeit haben, überall auf dem Gebiet der Union, wo es genügend Interessenten gab, Schulen zu gründen.

In der Osteuropäischen Union, die er auch im wichtigsten Kapitel seines 1944 erschienenen Buchs *Omnipotent Government* behandelte, nahm sein Verständnis der Nation als vielgestaltiges und an kein bestimmtes Territorium gebundenes Gebilde eine institutionelle Form an.[100] In seinen Augen löste die Union auch das Problem der Minderheiten, das den Völkerbund überfordert hatte. Besonders auffällig an seinem Modell ist sein Umgang mit der Frage der Sichtbarkeit. Die Mitgliedsländer der Union sollten alle äußeren Kennzeichen der Souveränität aufweisen, aber diese Souveränität würde rein ornamental sein und durch die Autorität der Zentralregierung ausgehöhlt werden. Ein Besucher des Territoriums würde jedoch nur die Oberfläche und nicht die zugrunde liegende wirtschaftliche Union sehen und »keine Gelegenheit erhalten, die Agenten der Osteuropäischen Union zu treffen«.[101] In Einklang mit der in Kapitel 2 behandelten Vorstellung von einer unsichtbaren wirtschaftlichen Sphäre würde die Regierung der offenen Volkswirtschaft vor den Blicken der Öffentlichkeit verborgen bleiben. Nur die auffälligen – und machtlosen – Repräsentanten der nationalen Politik würden zu sehen sein. Als Modell für die supranationale Föderation würde die Doppelregierung dienen. Vorrangig waren der Freihandel und die Freizügigkeit der Arbeitskräfte, die von einem starken Zentralstaat beaufsichtigt werden sollten, während eine veränderliche Landschaft dezentralisierter nationaler und kultureller Institutionen auf einer untergeordneten Ebene existieren würde. Das von Mises für das 20. Jahrhundert wiederbelebte Habsburgerreich sollte vorrangig von einer unsichtbaren Wirtschaftsregierung und von einer untergeordneten, sichtbaren Regierung kastrierter Nationen geführt werden.

Friedrich Hayek sprach sich im Jahr 1945 für Mises' Idee aus. Er äußerte Zweifel daran, dass die Aufsplitterung des Habsburgerreichs in neun unabhängige Nationalstaaten »eine wirklich glückliche Lösung war«, und schlug vor, diese Nationen stattdessen in einer Föderation zu vereinen, in der »die Macht der Nationalstaaten im Interesse einer zentralen Organisation beschränkt« werden sollte. Die Befugnisse könnten später wieder an die Staaten zurückgegeben werden, was im günstigsten Fall »so etwas wie eine osteuropäische Schweiz« hervorbringen würde.[102] Dieser Vorschlag entsprach dem von der Genfer Schule entwickelten Prinzip des gezügelten Nationalismus und zielte auf eine Einschränkung der nationalen Souveränität: Dem Nationalstaat durfte keine vollkommene Unabhängigkeit zugestanden werden.

Röpke, das dominium *und das* imperium

Hayek, Robbins und Mises entwickelten in den dreißiger und vierziger Jahren die radikalsten Vorstellungen von einer neoliberalen Föderation. Die von ihnen vorgeschlagenen Strukturen sollten Bonns unsichtbarem Wirtschaftsimperium des Freihandels und der Freizügigkeit des Kapitals institutionellen Schutz gewähren. Ihr Kollege Röpke ging weniger ins Detail, äußerte sich im Jahr 1942 jedoch ebenfalls über die »Notwendigkeit einer wirklichen Weltstaatengemeinschaft, deren Struktur nur eine echt föderative sein kann, was bedeutet, daß sie sich aus regionalen und kontinentalen Untergruppen zusammensetzen wird«.[103] Er extrapolierte von der Schweiz, die nun seine geliebte Wahlheimat war, auf die globale Situation und stellte sich eine Welt vor, in der die Nationalstaaten die Funktion von »Kantonen« erfüllten.[104] In einem im Frühjahr 1945 erschienenen Buch griff Röpke die Idee der Föderation erneut auf und erklärte, die Antwort auf die »deutsche Frage« sei die Aufgliederung des bismarckschen Zentralstaates in eine föderale Struktur.[105] Hayek kommentierte Röpkes Vorschlag in einer Einleitung zur englischen Ausgabe. Eine Freihandelsföderation, erklärte er, werde Deutschland die »industrielle und landwirtschaftliche Eigenständigkeit« rauben, »auf der sein wirtschaftliches Kriegspotenzial beruhte«, und dem Land »eine hochgradige Spezialisierung in den Bereichen« aufzwingen, »in denen es am meisten zum Wohlstand der Welt beitragen kann, wodurch gleichzeitig sein eigener Wohlstand vom kontinuierlichen Austausch mit anderen Ländern abhängig werden wird.« Solange der Freihandel gewährleistet sei, werde die globale Nachfrage »die einzige Art von Kontrolle« ermöglichen, »die nicht insgeheim umgangen werden könnte«.[106] Die Föderation wurde einmal mehr als politische Begleiterscheinung der anonymen wirtschaftlichen Disziplinierungsfunktion von Freihandel und ungehinderten Kapitalströmen bezeichnet.

Obwohl Röpke im Jahr 1939 am Genfer Hochschulinstitut einen Kurs mit dem Titel »Die Wirtschaft der internationalen Föderation« anbot, legte er vor 1945 keine vergleichbar konkreten Pläne für eine supranationale Struktur vor wie Mises, Robbins und Hayek.[107] Selbst auf dem Höhepunkt der intellektuellen Begeisterung für die Pläne einer internationalen Neuordnung äußerte er sich ablehnend über die »hochfliegenden Pläne[] einer Weltstaatengemeinschaft, die heute auf allen Seiten entwickelt werden«.[108] Gleichzeitig liefern seine Veröffentlichungen vor 1945 wichtige Aufschlüsse über die neoliberalen Vorstellungen von einer Weltordnung nach dem Ende der Kolonialreiche. In seinem 1942 erschienenen Buch *International Economic Disintegration*, mit dem er das 1936 in Annecy begonnene Projekt abschloss, beschrieb Röpke eine Dynamik, die an die Darstellungen von Robbins und Hayek erinnert, und erklärte, die internationale Ordnung sei durch die verzerrenden Forderungen von Interessengruppen untergraben worden, deren Position durch die Demokratie gestärkt worden sei. Diese Interpretation fasste er im Lippmann-Kolloquium so zusammen: »Die Erklärung, der Wirtschaftsnationalismus sei das Resultat der mangelnden Intelligenz der politischen Führer, greift zu kurz; die nationalistische Politik wird von wirtschaftlichen Interessengruppen und Berufsverbänden betrieben, und es sind die Sonderinteressen, die den Staat auflösen.«[109]

Jahrzehnte bevor die Ökonomische Theorie der Politik entwickelt wurde, nahm Röpke ihre Thesen vorweg und erklärte den Wirtschaftsnationalismus, gestützt auf die Erkenntnisse der zeitgenössischen deutschen Ordoliberalen Walter Eucken und Franz Böhm, als Ergebnis einer politischen Strategie gewählter Amtsträger, die den Pluralismus nutzten, um Wählerstimmen zu erkaufen, indem sie Interessengruppen im Gegenzug für deren politische Unterstützung Subventionen, Arbeitsplätze, Lohnerhöhungen, Steuervergünstigungen und Zölle versprachen. Die Ausbreitung des allgemeinen Wahlrechts für Männer nach dem Ersten Weltkrieg verstärkte diese Dynamik dramatisch und machte die Staaten zu einer »Beute«, welche die Interessengruppen untereinander aufteilten. Unter der Last der Forderungen nach Schutz von Industrien, hohen Löhnen und Sozialleistungen wurden die nationalen Volkswirtschaften träge und konnten nicht mehr auf die globalen Nachfragebewegungen reagieren. Unter den Bedingungen der Massendemokratie wurde der Staat schwach und innerlich gespalten, da er versuchte, alle heimischen Interessengruppen gleichzeitig zu befriedigen. Die Regierungen verzettelten sich in der Überkompensation, verbreiteten Visionen von Autarkie und Eigenständigkeit und gaben das unerfüllbare Versprechen der Vollbeschäftigung ab. Der Staat entfernte sich immer weiter von dem, was er unter wirtschaftlichen Gesichtspunkten am besten konnte, und Industrieländer begannen, ihre Landwirtschaft zu schützen, während Agrarländer Industrien aufzubauen versuchten.

Röpke war überzeugt, dass die Interessengruppen und die Massen den Nationalstaat als Waffe einsetzten, um die Einheit der Weltwirtschaft zu zerstören und das Fundament des menschlichen Wohlstands zu untergraben. In seiner Antrittsrede vor dem Genfer Hochschulinstitut stellte er die These auf, dass »Planung im nationalen Maßstab und Unordnung im internationalen Maßstab nicht einfach parallele, sondern kausal zusammenhängende Phänomene« seien.[110] Das Prinzip der Weltwirtschaft sei nicht mit dem des Nationalstaats vereinbar. In Anlehnung an Eucken bezeichnete Röpke die Forderungen der Interessengruppen nach wirtschaftlichen Gefälligkeiten als »Politisierung« der wirtschaftlichen Sphäre.[111] Robbins verwendete ebenfalls den deutschen Begriff, um die Auswirkungen der nationalen Planwirtschaft auf die internationalen Wirtschaftsbeziehungen zu beschreiben.[112] Eucken hatte das Wort bereits 1932 zur Charakterisierung eines Staates verwendet, der sich schrittweise in einen »Wirtschaftsstaat« verwandle und dessen Handlungen vom Willen wirtschaftlicher Interessengruppen abhingen, »denen er mehr und mehr als Werkzeug dient«.[113] Sowohl Eucken als auch Röpke sprachen von einer »Degeneration« der Beziehung zwischen Wirtschaft und Staat. Eucken schrieb, dass »mit der Demokratisierung der Welt die Völker und ihre Leidenschaften, die Interessentengruppen und chaotischen Kräfte der Masse auf die Außenpolitik maßgebenden Einfluss gewannen« und dass die Wirtschaftspolitik »in eine Fülle von Maßnahmen [zerfällt], die einzeln auf die Wünsche verschiedener wirtschaftlicher Machtgruppen zurückführbar, im ganzen keinerlei einheitlichen Gedanken und Willen, sondern gänzliche Systemlosigkeit verraten«.[114]

In den Augen Euckens und Röpkes war der Wirtschaftsnationalismus weder eine irrationale Hysterie noch ein Ergebnis der psychologischen Manipulation, sondern ein rationaler Versuch verschiedener Gesellschaftsgruppen, ihren politischen Einfluss – bei Wahlen und in anderen Sphären – zu nutzen, um den Staat zu möglichst umfassenden wirtschaftlichen Zugeständnissen zu nötigen. Diesem Druck konnte man nicht einfach durch Überzeugungsarbeit oder überlegene Argumente widerstehen, sondern es bedurfte einer staatlichen Willensbekundung. Im Jahr 1942 bediente sich Röpke einer martialischen Metapher, um die Aufgabe zu beschreiben: »Die Festung der amerikanischen Schutzzollpolitik kann also nur genommen werden, nachdem zuvor die Festung des New Deal genommen und nachdem mit all jenen Theorien von der ›mature economy‹, vom ›deficit spending‹ und der ›Vollbeschäftigung‹ aufgeräumt und der ungeheuerliche Machtmißbrauch der großen Interessengruppen einschließlich der Farmer und der Gewerkschaften, eingedämmt worden ist.«[115] Um den Auswirkungen des Wirtschaftsnationalismus zu begegnen – und die Macht von Bauernschaft und Gewerkschaften einzudämmen –, musste der Staat den Massen wieder weggenommen werden. Wie wir in Kapitel 6 sehen werden, sprachen Eucken und sein Mitarbeiter Franz Böhm in diesem Zusammenhang von der Notwendigkeit einer »Wirtschaftsverfassung«. Diesen Ausdruck hatten sie bei dem konservativen Juristen Carl Schmitt entlehnt, und die Wirtschaftsverfassung beschrieben sie als eine »politische Gesamtentscheidung über die Ordnung des nationalen Wirtschaftslebens«.[116]

Die Ordoliberalen Eucken und Böhm befassten sich kaum mit der internationalen Sphäre. Röpke hingegen wendete ihre Erkenntnisse in größerem Maßstab an und schlug einen starken Staat vor, der die weltwirtschaftliche Ordnung nach dem Ende der Kolonialreiche retten sollte. In einer Diskussion über den Kolonialismus im Lippmann-Kolloquium erklärte Röpke ein wenig kryptisch: »Wir müssen die tatsächlich existierenden Beziehungen zwischen der imperialistischen Politik und der Rolle der Privatwirtschaft studieren und die Frage stellen, ob [...] das extensive Management nicht durch ein intensives Management ersetzt werden könnte, um ein gut geordnetes System zu errichten.«[117]

Was er damit meinte, wird möglicherweise in einem Brief klarer, den er an Marcel van Zeeland schrieb, der ebenfalls am Kolloquium teilnahm:

> Möglicherweise bin ich in der Auffassung des »starken Staates« (le gouvernment qui gouverne) noch »faschistischer« als Sie selbst, da ich ja alle wirtschaftspolitischen Entscheidungen in der Hand eines völlig unabhängigen, durch keine pluralistischen Instanzen korporativer Art aufgelockerten und energischen Staates konzentriert wissen möchte. [...] Ich suche also die Stärke des Staates in der *Intensi-*

> *tät*, nicht in der *Extensität* seiner Wirtschaftspolitik. Wie die verfassungsrechtliche Struktur eines solchen Staates gestaltet werden müsste, ist wiederum eine Frage für sich, für die ich persönlich keine Patentlösung anzubieten habe. Ich bin mit Ihnen der Meinung, dass die alten Formeln der parlamentarischen Demokratie sich als unbrauchbar erwiesen haben. Die Menschen müssen sich daran gewöhnen, dass es auch eine präsidiale, autoritäre, ja sogar – horribile dictu – eine diktatorische Demokratie gibt.[118]

Hier deutete Röpke die Möglichkeit an, eine Form von autoritärer Regierung könne notwendig werden – oder sei zumindest vorstellbar –, um der von der Massendemokratie verursachten Degeneration der Wirtschaftspolitik entgegenzuwirken. Wie Robbins und Hayek glaubte er, nur ein derart mächtiger Staat, der nicht dem Einfluss von Sonderinteressen ausgesetzt wäre, könne die Bedingungen für den freien wirtschaftlichen Austausch in der Welt erhalten, wie es das Kolonialsystem in Kombination mit dem Goldstandard bis 1914 getan hatte.

Wie wir in der Einleitung gesehen haben, griff Röpke auf nützliche Kategorien aus dem römischen Recht zurück, um die Ordnung zu erklären, zu deren Wiederherstellung der starke Staat benötigt wurde. In einem kurzen Artikel aus dem Jahr 1934, in dem er erklärte, ein richtig verstandener Kapitalismus sei antiimperialistisch, argumentierte er, in der Doktrin der Geopolitik würden häufig die Prinzipien von *imperium* und *dominium* verwechselt.[119] Im Jahr 1942 erläuterte er diesen Gedanken näher und erklärte, eine der Annahmen des Wirtschaftsnationalismus laute, dass »die politische Macht (*imperium*) für die wirtschaftliche Macht (*dominium*) erforderlich ist«.[120] In den Kategorien des *dominium*, die ein Autor als »Herrschaft über Dinge« bezeichnet, und des *imperium*, das heißt der »Herrschaft über Menschen«, entwickelte Röpke rechtliche Konzepte für das liberale Weltverständnis.[121] »*Imperium* und *dominium* sind tatsächlich zwei verschiedene Dinge«, schrieb er, »allerdings nur in einer liberalen Welt. In einer solchen Welt haben die politischen Grenzen kaum wirtschaftliche Bedeutung, und auf einem mehr oder weniger uniformen Weltmarkt haben praktisch alle Marktteilnehmer ungeachtet von Grenzen und Nationalität dieselben Möglichkeiten zu kaufen und zu verkaufen.«[122] Hier drückte Röpke klar aus, was Eucken als »die liberale Trennung von staatlicher und wirtschaftlicher Sphäre« bezeichnete, die durch den Ersten Weltkrieg und den folgenden Wirtschaftsnationalismus beseitigt worden war.[123]

Röpkes Kategorien besagen, dass der Kapitalismus eine doppelte Welt hervorbringt. Die ideale neoliberale Ordnung würde das Gleichgewicht zwischen den beiden globalen Sphären erhalten. Diese Kategorien verliehen dem Unsichtbaren Substanz. Die Demarkationslinien der doppelten Welt entsprachen der von den Neoliberalen angestrebten Doppelregierung: Eine geeinte Welt der wirtschaftlichen Aktivität und des Eigentums würde mit einer Welt der Nationen koexistieren. In der idealen liberalen Welt würde niemand die Grenzlinien auf der Karte mit sinnvollen Unterteilungen in der Welt der Eigentums- und Verfügungsrechte verwechseln. Ein starker Staat, der dem Druck der demokratischen Einflussnahme widerstehen konnte, würde die wirtschaftliche Verfassung der Welt gewährleisten.

***

Im Jahr 1937 schrieb Walter Lippmann: »Für die Gesellschaft freier Menschen gibt es keinen architektonischen Plan. Es gibt keine Form, in die das menschliche Leben zu gießen wäre.«[124] Er stützte sich auf die Arbeit von Mises und Hayek, der zwei Jahre früher geschrieben hatte, die Menschheit sei »intellektuell nicht gerüstet, um die Funktionsweise unseres Wirtschaftssystems durch die ›Planung‹ zu verbessern«.[125] Sonderbar ist, dass die Reaktion der Neoliberalen auf diese Erkenntnis darin bestand, sofort mit der Entwicklung von Projekten, Blaupausen und Plänen zu beginnen, und zwar nicht im nationalen, sondern im regionalen und globalen

Maßstab. Die Föderationspläne von Hayek, Robbins und Mises hatten prophylaktischen Charakter: Diese Theoretiker wollten Institutionen entwerfen, die von vornherein so gestaltet sein würden, dass sie Sonderinteressen unterdrücken konnten. Und eine der wichtigsten Interessengruppen, die unterdrückt werden mussten, war die Nation selbst.

In diesem Kapitel habe ich argumentiert, dass der Neoliberalismus teilweise aus einer Kritik an der nationalen Souveränität hervorging. Die Neoliberalen betrachteten die Nationalstaaten als wechselhafte, provisorische Gebilde, die keinen Anspruch auf einen bestimmten Flecken Erde erheben konnten. Die politische Identifizierung mit der Nation führte zu einer Störung des Gleichgewichts zwischen wirtschaftlicher und politischer Sphäre, da die Interessengruppen in der Demokratie den Staatshaushalt rücksichtslos in eine Beute verwandelten, die sie zur persönlichen Bereicherung plündern konnten. In Kapitel 2 habe ich erklärt, dass der Neoliberalismus eine Kritik an einem hochmütigen Allmachtsglauben war. In diesem Kapitel habe ich gezeigt, dass er auch eine Kritik an dem war, was seine Theoretiker als einen weiteren kolossalen Ausdruck der menschlichen Arroganz betrachteten: an dem Glauben, Gesellschaften könnten ihre eigenen Gesetze schaffen.

Was setzten die Neoliberalen der Nation entgegen? Nicht nur die Weltwirtschaft, sondern auch das Individuum. Im Jahr 1931 prägte der Ökonom William H. Hutt von der London School of Economics den Begriff des »souveränen Konsumenten«. Hayek übernahm den Terminus im Jahr 1935, Bonn bereits im Jahr 1933. Hutt sah in der Konsumentensouveränität eine Möglichkeit, auf die mit der nationalen Souveränität verbundenen Forderungen zu reagieren. Demnach war nicht der von einem Parlament vertretene Nationalstaat der Souverän, sondern das Individuum im Nationalstaat. Hayek erklärte, die Sozialisten, die die Ressourcen von oben zuteilen wollten, forderten eine »Aufhebung der Souveränität des Konsumenten«.[126] Er schloss sich der Auffassung seines österreichischen Vorgängers Carl Menger an, der die eigentliche schöpferische Kraft der Volkswirtschaft darin sah, dass die Marktteilnehmer einen Preis akzeptierten oder ablehnten und durch die Ablehnung eines Preises einen neuen hervorbrächten. Zu einer Zeit, als die Nationalstaaten immer mehr von etwas forderten, das als »Souveränität« bezeichnet wurde, entwendete Hayek den Begriff und wies ihn statt der Nation dem individuellen Konsumenten zu. Während die nationale Selbstbestimmung weltweit in Mode kam, beharrte er auf der Selbstbestimmung des einzelnen Verbrauchers.

Die scheinbare Auflösung des Staates in mikroskopische Einheiten souveräner Konsumenten war jedoch stets eine Illusion. In Hayeks Augen konnte nur die Superstruktur der Föderation die Souveränität des individuellen Konsumenten gewährleisten. Angriffe auf den wirtschaftlichen und monetären Nationalismus gaben dem Individuum nicht die Macht zurück. Stattdessen teilten sie die Souveränität zwischen Konsument und Superstaat auf. In den dreißiger und vierziger Jahren machten die Neoliberalen die Entnationalisierung zu ihrem Programm, um das Imperium zu ersetzen und die zerstörerischen Kräfte der aufstrebenden Nation zu zähmen. Die Lösung der Neoliberalen für die verbundenen Probleme von Massendemokratie, Proletarisierung und Wirtschaftsnationalismus war die Entnationalisierung der Regierung. Hayek, Robbins und Mises schlugen in Reaktion auf die Diskussion über den Föderalismus und eine Weltregierung verschiedene Varianten einer »Doppelregierung« vor, mit der sie die Regelung wirtschaftlicher Fragen von den kulturellen Fragen trennen und die Wirtschaft mithilfe eines supranationalen Staats entpolitisieren wollten.

Obwohl die Neoliberalen selbst wenig zur Gestaltung der internationalen Nachkriegsordnung beitrugen, wurden einige ihrer auf eine Doppelregierung zielenden Forderungen erfüllt. Das Prinzip der nationalen Souveränität triumphierte (was in einigen Fällen erst nach einer hart umkämpften Entkolonialisierung gelang), doch der Großteil der Welt fand Aufnahme in einen wirtschaftlichen Rahmen, in dem die Bedingungen vom Internationalen Währungsfonds und vom Allgemeinen Zoll- und Handelsabkommen festgelegt wurden. Der im Jahr 1944 gemeinsam mit der Weltbank gegründete IWF half bei der Aufrechterhaltung relativ stabiler Wechselkurse und gewährleistete die Konvertierbarkeit verschiedener Währungen. Das 1947 unterzeichnete GATT diente der Verwirklichung der Freihandelsvision und der »Verringerung von Zöllen und anderen Handelshemmnissen sowie der Beseitigung diskriminierender Behandlung im internationalen Handel«. Gleichzeitig ließ dieses Projekt einer wirtschaftlichen Weltregierung aus neoliberaler Sicht vieles zu wünschen übrig. Im GATT wurde das Ziel der »Vollbeschäftigung« festgehalten, die zu den größten Schreckgespenstern der Neoliberalen zählte. Und obwohl es eine der Funktionen des IWF war, die einzelnen Nationen der Disziplin des Weltmarkts zu unterwerfen, bestand seine wichtigste Innovation darin, dass den Nationen erlaubt wurde, sich gegen die internationale Spekulation abzuschotten. Die politische Autonomie, das heißt die Fähigkeit, die Wirtschaftspolitik den Zielen des Wohlfahrtsstaats unterzuordnen, war das wesentliche Merkmal des Bretton-Woods-Systems.

Mit Bretton Woods wurden Teile des neoliberalen Traums verwirklicht, aber in anderen Bereichen wich das System radikal von den Vorstellungen der Neoliberalen ab. Größere Sorgen machte ihnen die Übertragung der wichtigsten globalen Autorität vom Völkerbund auf die Vereinten Nationen. Gestützt auf das Prinzip »Ein Land, eine Stimme«, trieben die Vereinten Nationen ebenjene Politisierung der wirtschaftlichen Aktivität voran, die die Neoliberalen mit ihrer Vision von der Föderation hatten vermeiden wollen. Ihr Traum von einer Wiedergeburt des britischen Open-Door-Weltreichs in einer Weltföderation der offenen Türen sollte von Sonderinteressen im globalen Norden, vor allem aber im globalen Süden zerstört werden, wo die neuen Nationen eine Selbstbestimmung anstrebten, die das Mandatsmodell sprengte. Zu den in den Augen der Neoliberalen schädlichsten Ergänzungen zur Sprache der Weltregierung nach dem Zweiten Weltkrieg zählte die Ausbreitung des Konzepts der Menschenrechte. Wie wir sehen werden, beteiligten sich die Neoliberalen am Widerstand gegen Forderungen nach sozialen und wirtschaftlichen Rechten und an der Errichtung eines globalen Parallelregimes, in dem nicht der Bürger oder der Flüchtling, sondern der Investor und das Unternehmen die paradigmatischen Inhaber von Rechten waren.

4. Eine Welt der Rechte

Devisenverkehrsbeschränkungen in Friedenszeiten sollten im internationalen Recht als Akt der Aggression und Verstoß gegen die Menschenrechte betrachtet werden.

Philip Cortney, 1949

Etwa in der Mitte seines 1944 erschienenen Buchs *The Road to Serfdom* (deutsch als *Der Weg zur Knechtschaft*, 1945), das ihn berühmt machte, fügte Friedrich Hayek einen Kommentar zu den Menschenrechten ein. Konkret beschäftigte er sich mit der 1939 von dem Schriftsteller und Intellektuellen H. G. Wells veröffentlichten »Declaration of Rights«, die eine Liste von elf Rechten enthielt, darunter die Ansprüche auf Bildung, Nahrung, medizinische Versorgung und Arbeit.[1] Hayek hatte eigentlich keine inhaltlichen Einwände. Er selbst befürwortete Elemente eines grundlegenden sozialen Auffangnetzes und sogar kontrazyklische Staatsausgaben.[2] Die Libertären beklagten später, dass er in *Der Weg zur Knechtschaft* die »Sicherheit eines Mindesteinkommens« und »staatliche Hilfe bei der Organisierung einer umfassenden Sozialversicherung« vorgeschlagen hatte.[3] Nicht akzeptieren konnte Hayek jedoch, dass Wells die Sprache der Menschenrechte mit einem Programm für eine zentralisierte Planwirtschaft kombinierte. In Hayeks Augen waren die Menschenrechte nicht mit der staatlichen Lenkung von Produktion und Arbeit vereinbar. Wenn nebulöse Kategorien wie »das Gemeinwohl« Vorrang vor der freien Wahl der Beschäftigung hatten, konnten individuelle Rechte nicht existieren.[4] Hayek verteidigte die individuellen Rechte, aber nur insoweit, wie es negative Rechte waren: das heißt die Freiheit, Arbeit und Kapital ungehindert dorthin zu bewegen, wohin man wollte. Seine Begründung beruhte weniger auf Naturgesetzen als auf dem Utilitarismus: Am Wettbewerb ausgerichtete individuelle Entscheidungen würden das Rätsel der Komplexität des Marktes lösen und für die beste mögliche Arbeitsteilung und Ressourcenzuteilung sorgen.

Hayek und Wells bewegten sich in den dreißiger Jahren in Großbritannien in denselben Kreisen: Sie gehörten einer akademischen und kulturellen Elite an, die es für ihre Pflicht hielt, die geistigen Fundamente der Nachkriegswelt zu legen. Österreichische Intellektuelle wie Hayek, Mises, Hans Kelsen und Hersch Lauterpacht, die für den Staatsdienst in einem nunmehr verschwundenen Reich ausgebildet worden waren, und britische Kollegen wie Keynes, Robbins, Edwin Cannan und James Meade, die ein noch bestehendes reformieren wollten, fühlten sich der Gesellschaft verpflichtet. Sie pflegten untereinander enge Beziehungen. Zu den Autoren, die am Entwurf von Wells' Erklärung beteiligt waren, zählte Hayeks Freundin Barbara Wootton, eine Kollegin im Wirtschaftskomitee der Federal Union, die mit einem Artikel an Hayeks mittlerweile berühmte Arbeit über den »überstaatlichen Föderalismus« im *New Commonwealth Quarterly* aus dem Jahr 1939 anschloss.[5] Wells publizierte ebenfalls in dieser Zeitschrift.[6] In den Jahren vor Kriegsausbruch und während des Zweiten Weltkriegs beteiligte sich Hayek an den Bemühungen der westlichen Intellektuellen, konzeptuell umzusetzen, was Wells im Jahr 1940 als »Neue Weltordnung« bezeichnete, die nach dem globalen Konflikt errichtet werden sollte.[7] Als Hayek im Jahr 1947 eine Gruppe von Intellektuellen in der Schweiz um sich versammelte, um die Mont Pèlerin Society ins Leben zu rufen und die neoliberale Bewegung zu gründen, tat er dies im selben Geist des visionären Globalismus.[8]

Viele Autoren haben darauf hingewiesen, dass ein soziales Sicherheitsnetz ein Bestandteil der von Hayek vorgeschlagenen normativen nationalen Ordnung war, aber sie blicken nicht über die Nation hinaus – bzw. sie sehen die höhere Ebene nicht.[9] Wie wir in Kapitel 3 gesehen haben, beschrieb Hayek am Ende von *Der Weg zur Knechtschaft* in seiner Blaupause für die neue Weltordnung eine internationale Föderation nicht als Ergänzung des Wohlfahrtsstaates, sondern als Abwehrmechanismus gegen dessen Ausweitung. In seiner Vision für den Nationalstaat wollte er ein Gleichgewicht zwischen staatlichen Verpflichtungen und negativen Rechten herstellen, aber in seinem Projekt für eine globale Ordnung konzentrierte er sich ausschließlich auf den zweiten Bestandteil. Eine internationale Föderation, schrieb er, müsse in erster Linie in der Lage sein, Nein zu sagen: Nein zu Hindernissen für die Bewegung von Gütern, Kapital und Menschen und damit Nein zum Schutz junger Industrien, zu steigenden, mit höheren Steuern finanzierten Staatsausgaben und zur Abschottung von Arbeitsmärkten.[10] Es ist aufschlussreich, dass die beiden Eingriffe in die individuellen Freiheitsrechte, auf die sich Hayek bezieht, mit den länderübergreifenden Beziehungen zu tun haben. Der erste Eingriff ist die Enteignung von Unternehmen in Mitteleuropa, wo sich die Unternehmenseigner in den Nachfolgestaaten des zerschlagenen Habsburgerreichs plötzlich in Angehörige ausländischer »Minderheiten« verwandelten.[11] Der zweite war die Kontrolle des Umtauschs einer Währung in eine andere und des Geldtransports über die Grenzen, den er mit überraschender Vehemenz als »eine entscheidende Etappe auf dem Weg zum Totalitarismus und zur Unterdrückung der Freiheit des Individuums« bezeichnete.[12]

Hayeks Sprache der negativen Rechte und der Fähigkeit, Nein zu Eingriffen in die Rechte des Individuums zu sagen, kann den falschen Eindruck erwecken, dass ihm in seiner normativen globalen Ordnung ein passiver oder inaktiver Staat vorschwebte. Tatsächlich erforderten Einführung und Durchsetzung solcher Regelungen ein aktives Engagement. Hayek selbst sagte deutlich, dass die internationale Macht »eine Instanz« brauche, »die diese Normen durchsetzen kann«.[13] Nach dem Krieg wandte er sich von der Auseinandersetzung mit der internationalen Ordnung ab, aber andere Neoliberale taten das nicht. Wie wir sehen werden, sprachen sich die Neoliberalen dagegen aus, die Liste grundlegender negativer Rechte um soziale und wirtschaftliche Rechte zu erweitern, obwohl sie sich für die rein wirtschaftlichen Rechte einsetzten, vor allem für das Recht auf Schutz von Auslandsinvestitionen und auf ungehinderte Kapitalbewegungen über Ländergrenzen hinweg. Wie Hayek konzentrierten sie sich auf die Enteignung ausländischen Eigentums und auf Kontrollen von Kapitalbewegungen, in denen sie eine Verletzung grundlegender Rechte sahen. Sie trugen zu Entwürfen für Institutionen bei, welche die »negativen Rechte« auf Schutz vor Enteignung und Kapitalkontrollen durchsetzen sollten.

Ich bezeichne die spezifische Form der von den Neoliberalen verfochtenen Rechte als »Xenos-Rechte«. Den Begriff habe ich bei Hayek entlehnt, der in seiner letzten veröffentlichten Arbeit über die Figur des *xenos* oder Gastfreundes im antiken Griechenland und über die Sitte sprach, »die einem Fremdling Zugang und Geleit auf dem ihm fremden Gebiet sicherte«. Hayek vertrat die Ansicht, diese Praxis deute darauf hin, dass sich der Handel »weitgehend als Frage persönlicher Beziehungen entwickelt« hatte.[14] An anderer Stelle schrieb er, es seien »Regeln erforderlich, die es möglich machen, in jedem Augenblick die Grenze des geschützten Bereichs jedes Einzelnen festzustellen und auf diese Weise zwischen dem *meum* [dem, was mir gehört] und dem *tuum* [dem, was dir gehört] zu unterscheiden«.[15] Die Kategorie der Xenos-Rechte erleichtert es uns, uns Personen vorzustellen, deren Recht auf Bewegungsfreiheit und ungestörte Verfügung über ihre Güter und ihr Kapital ungeachtet der territorialen Grenzen geschützt wird. Dieses Recht ist nicht mit dem fragmentierten staatlichen Raum des *imperium*, sondern mit dem einheitlichen Wirtschaftsraum des *do-*

minium verknüpft, aber es bedarf der politischen Institutionen des *imperium*, um es durchzusetzen.

In den Augen der Neoliberalen war das Problem der Nachkriegszeit dasselbe, unter dem die Staaten auch nach dem Ersten Weltkrieg gelitten hatten: die uneingeschränkte Ausweitung der Demokratie. Im Jahr 1932 beklagte sich der Ordoliberale Walter Eucken über die »Demokratisierung der Welt«, womit er die Einführung des allgemeinen Wahlrechts für Männer in den Industrieländern meinte, das »die Völker und ihre Leidenschaften, die Interessentengruppen und chaotischen Kräfte der Masse« in die Politik gebracht habe.[16] Nach dem Zweiten Weltkrieg breitete sich die »rabies democratica« (demokratische Tollwut), wie es Wilhelm Röpke ausdrückte, in der Welt aus.[17] Als die ersten Kolonien ihre Unabhängigkeit von den Mutterländern erlangten, verwandelten sich die internationalen Institutionen – insbesondere die Vereinten Nationen – in Foren, in denen diese Länder politische Forderungen erheben konnten.[18] Aus »Eine Person, eine Stimme« wurde »Ein Land, eine Stimme«, und die Nationen des globalen Südens fanden Fürsprecher unter ebenden sozialdemokratischen Ökonomen, mit denen die Neoliberalen in den dreißiger Jahren aneinandergeraten waren. Liberale wie Haberler und Alexander Loveday hatten in der Frühzeit des Völkerbunds den Ton angegeben, aber die junge Uno wurde von Sozialdemokraten wie dem Schweden Gunnar Myrdal und den Ungarn Nicholas Kaldor und Thomas Balogh beherrscht. Die neue Sprache der »Entwicklung« und der Teilbereich der »Entwicklungsökonomie« trugen zur Legitimierung weltweiter Forderungen nach Vollbeschäftigung, Kapitalkontrollen und dem Recht zur Verstaatlichung ausländischer Vermögenswerte und Ressourcen bei. Röpke kommentierte die Entwicklung sarkastisch: »Zu den heutigen ›Menschenrechten‹, wie sie von den UN formuliert worden sind, gehört übrigens auch das geheiligte Recht eines Staates, Elektrizitätswerke zu enteignen.«[19]

In den ersten Nachkriegsjahren hatten die Neoliberalen das Gefühl, den Frieden zu verlieren, nachdem sie den Krieg gewonnen hatten. Als sie sich im Jahr 1947 am Mont Pèlerin zu einer Bestandsaufnahme und Strategiekonferenz versammelten, schlug Hayek vor, dem Beispiel der Sozialisten zu folgen. Linke wie die Fabianer, mit denen er in der Federal Union und als Professor an der von Fabianern gegründeten London School of Economics zusammengearbeitet hatte, hatten ihre Ziele mit langfristig ausgerichteter Öffentlichkeitsarbeit erreicht und im Lauf der Zeit sowohl die öffentliche Meinung für sich gewonnen als auch Machtpositionen errungen, um ihre Vision zu verwirklichen. Einige Autoren haben bemerkt, dass die Neoliberalen, gestützt auf dieses Verständnis der Macht der Ideen, ebenfalls einen »langfristigen Stellungskrieg« begannen.[20]

Sie mochten sich auf einen langen Kampf einstellen, aber die Neoliberalen waren durchaus bereit, auch kurzfristige Offensiven im »Bewegungskrieg« zu führen. In diesem Kapitel werden wir uns auf einen spezifischen, wenig bekannten Beitrag neoliberaler Intellektueller zur Niederlage der Internationalen Handelsorganisation (ITO) – jener Institution, die das Bretton-Woods-System vervollständigen sollte – sowie auf ihre Beteiligung an den ersten Entwürfen für ein internationales Investitionsrecht konzentrieren. Die Hauptakteure waren Michael Heilperin, Philip Cortney und Ludwig Erhard. Die Neoliberalen der Genfer Schule legten eine eigene Vision der Welt der Rechte vor. Den Menschenrechten setzten sie die Menschenrechte des Kapitals entgegen. Der staatenlosen Person stellten sie den Investor gegenüber. Statt nationale Souveränität und Autonomie verfochten sie eine offene Weltwirtschaft und die internationale Arbeitsteilung. Ihre »Staatsangehörigen« waren sowohl Personen als auch Kapitalgesellschaften. Als Sprecher der beiden größten Interessenvertretungen der Großunternehmen formulierten Heilperin und Cortney eine polemische alternative Vision der Menschenrechte, schufen Vorläuferregelungen des internationalen Rechts, die Bestand haben sollten, und konkretisierten die im Jahr

1949 von Friedrich Hayek erhobene Forderung nach einem liberalen Utopia.

Die Gefahr der wirtschaftlichen Demokratie

Die Bretton-Woods-Institutionen waren von Anfang an unvollständig. Der IWF war für die Finanzen der Welt verantwortlich. Er trug zur Stabilität der Währungen bei, indem er in Schwierigkeiten geratenen Ländern Kredite mit kurzer Laufzeit gewährte und den Staaten erlaubte, gegebenenfalls ihre Wechselkurse anzupassen. Die Weltbank war für Wiederaufbau und Entwicklung zuständig. Sie erleichterte mit zinsgünstigen Krediten mit langen Laufzeiten und Kreditgarantien den Ausbau von Infrastrukturen und industriellen Kapazitäten in Westeuropa und später im globalen Süden. Was fehlte, war eine Einrichtung, die den Welthandel beaufsichtigen konnte. Die ITO sollte diese Aufgabe übernehmen und das Bretton-Woods-Trio vervollständigen. Wie der Währungsfonds und die Weltbank sollte sie bei den Vereinten Nationen beheimatet sein und einen rechtlichen Rahmen für den internationalen Freihandel schaffen. Den Vorschlag zur Gründung der Handelsorganisation legten die Vereinigten Staaten im Jahr 1945 vor, und im Februar 1946 beschloss der Wirtschafts- und Sozialrat der Vereinten Nationen (Ecosoc), eine internationale Konferenz für Handel und Beschäftigung einzuberufen, die eine Welthandelscharta entwerfen sollte.[21]

Als Mitglieder der Gruppe, die mit der Formulierung der Charta betraut wurde, waren zunächst fünfzehn der größten Länder des globalen Nordens sowie Indien und China vorgesehen. Diese Verteilung der Entscheidungsgewalt mochte den relativen Anteilen an der Weltwirtschaft entsprechen, war jedoch nicht repräsentativ, denn die Weltgemeinschaft bestand im Jahr 1946 aus 71 unabhängigen Ländern. Diese Einschränkung des demokratischen Prinzips orientierte sich an der organisatorischen Struktur der Vereinten

Nationen, wo ein kleiner Sicherheitsrat Vetobefugnisse gegenüber einer großen Generalversammlung hatte. Sie hätte auch dem Modell von Währungsfonds und Weltbank entsprochen, wo die Zahl der Stimmen eines Landes seinem Anteil am Welthandel entsprach. Auf Drängen der Vereinten Nationen wurde die ITO-Planungsgruppe im Lauf der Zeit zunächst um Chile, den Libanon und Norwegen und später um weitere Länder erweitert.[22] An den Verhandlungen in den drei Planungssitzungen – in London 1946, Genf 1947 und Havanna 1948 – nahm eine noch größere Zahl von Staaten teil. Die Aufnahme von Ländern aus dem globalen Süden erwies sich als folgenreich, denn die Delegierten aus Lateinamerika und Asien setzten Vorhaben durch, die von der Freihandelsorthodoxie abwichen. Diese Länder sprachen dem internationalen Handel seinen Nutzen nicht ab, versuchten jedoch, ein paralleles Recht zur Abweichung von den strengen Freihandelsregeln durchzusetzen, um junge Industrien vor ausländischer Konkurrenz zu schützen, die Entwicklung des eigenen Landes voranzutreiben und Vollbeschäftigung anzustreben.[23]

Die Ausweitung des demokratischen Prinzips in der Planungsphase der ITO war eine Revolte gegen die einander ergänzenden Vorstellungen des Völkerbunds und der Internationalen Handelskammer, die bei der Weltwirtschaftskonferenz im Jahr 1927 formuliert worden waren. Die Vormachtstellung des einfachen Prinzips der negativen Integration war gebrochen. Zollmauern waren nicht länger einfach ein Hindernis, das beseitigt werden musste, sondern sie wurden auch gebraucht, um junge Industrien zu schützen. Der amerikanische Chefunterhändler bei der ITO erinnerte sich daran, dass die »unterentwickelten Nationen« in einen »Chor der Anklagen« einstimmten, sich der Anwendung einheitlicher Prinzipien widersetzten und stattdessen eine für ihre Entwicklung erforderliche Sonderbehandlung verlangten.[24] Diese Forderung kam insbesondere in den Vorschlägen für das Leitungsprinzip zum Ausdruck. Anders als Währungsfonds und Weltbank sollte die ITO anhand des Prinzips »Ein Land, eine Stimme« organisiert werden. Die globale Wirtschaftsregierung sollte demokratisch werden.

Die neoliberale Bewegung der Nachkriegszeit wurde inmitten des Dramas um die Internationale Handelsorganisation geboren, und einige ihrer Mitglieder spielten Hauptrollen in diesem Drama. Während die Delegierten im Frühjahr 1947 in Genf über den Entwurf der Welthandelscharta diskutierten, versammelte sich am anderen Ufer des Genfer Sees am Fuß des Mont Pèlerin eine Gruppe von Intellektuellen. Die nach dem Versammlungsort benannte Mont Pèlerin Society wurde zur Keimzelle dessen, was ihr Organisator Friedrich Hayek als »neoliberale Bewegung« bezeichnete.[25] Unter den Teilnehmern waren Mises, Röpke, Robbins und die beiden zukünftigen Nobelpreisträger Milton Friedman und George Stigler. Die MPS knüpfte an die anhand der »Haberler-Methode« organisierten internationalen Kooperationsprojekte der dreißiger Jahre an – an das Lippmann-Kolloquium, den Workshop über Haberlers Studie zur Weltwirtschaftskrise und die Annecy-Tagung über die Weltwirtschaft.

Das Ziel der MPS bestand Hayek zufolge darin, »persönliche Kontakte zwischen den Verfechtern des Neoliberalismus zu ermöglichen«, ein »kohärentes Gebäude des neoliberalen Denkens« zu errichten und »es auf die praktischen Probleme verschiedener Länder anzuwenden«. Dazu bedurfte es des persönlichen Austauschs sowie der Übersetzung und Verteilung wichtiger Texte, um »den Fluss der neoliberalen Ideen« anzuregen.[26] Wie bei den Genfer und Pariser Versammlungen der dreißiger Jahre waren sowohl das Mandat als auch der Untersuchungsgegenstand der MPS globaler Natur. Hayek war zu der Überzeugung gelangt, dass sich die Sozialisten die Sprache des Internationalismus angeeignet hatten. Die Neoliberalen mussten zu ihren Überzeugungen stehen und den Mut aufbringen, dasselbe zu tun, was die Sozialisten seit einem halben Jahrhundert taten: Sie mussten von einem Utopia träumen. Sie mussten sich die Welt ausmalen, die sie sich wünschten, selbst wenn diese Vorstellung nicht umsetzbar oder wenig plausibel schien.[27]

Wir haben bereits gesehen, dass die Sozialisten vor 1945 kaum ein Monopol auf das globale Denken besaßen. Die Wirtschaftsliberalen in Genf hatten sowohl innerhalb als auch außerhalb des Völkerbunds in der Zwischenkriegszeit große Vorhaben verfolgt und versucht, ein verlorenes goldenes Zeitalter des Weltkapitalismus neu zu konzipieren und wiederaufzubauen. Die MPS war in mehrerlei Hinsicht vom Geist des Völkerbunds beseelt: Viele der am Fuß des Mont Pèlerin versammelten Personen, darunter Mises, Röpke, Hayek, Robbins, Maurice Allais und Rappard, hatten entweder in Genf gearbeitet oder ihre Arbeiten in Rappards Hochschulinstitut präsentiert. Röpke hatte im Monat vor Kriegsausbruch im September 1939 eine Versammlung in Genf geplant, an der viele derselben Akteure teilnehmen sollten. Mit dem ersten Treffen am Mont Pèlerin wurde das Treffen nachgeholt, das seinerzeit hatte verschoben werden müssen.

In Anbetracht ihres Genfer Ursprungs überrascht es nicht, dass sich die MPS globale Ziele setzte. Die von Robbins formulierte Absichtserklärung begann mit der Feststellung, dass »die unverzichtbaren Voraussetzungen für ein Leben in Würde und Freiheit in weiten Teilen der Welt bereits verschwunden sind. In anderen sind sie ständig durch die Entwicklung der gegenwärtigen politischen Tendenzen bedroht.« Damit war nicht nur der Kommunismus gemeint, sondern auch die sozialdemokratische Politik, darunter die von der neu gewählten Labour-Regierung in Großbritannien vorangetriebenen Verstaatlichungen. Die Erklärung schloss mit einer Aufforderung, zu untersuchen, wie eine internationale Ordnung errichtet werden konnte, »die der Wahrung des Friedens und der Freiheit dienen und die Herstellung harmonischer internationaler Wirtschaftsbeziehungen erlauben wird«.

Die sehr allgemein gehaltenen und eher unbestimmten Aussagen der MPS-Erklärung erhielten wenige Wochen später Substanz, als fünfhundert Unternehmer aus dreißig Ländern im weniger als zwanzig Kilometer vom Mont Pèlerin entfernten Montreux zur ersten Versammlung der Internationalen Handelskammer seit dem Krieg zusammenkamen. Wie in Kapitel 1 beschrieben, hatten Hayek, Mises, Haberler und Machlup ihre globale Perspektive im Wechselspiel mit der ICC entwickelt, die in den zwanziger und Anfang der dreißiger Jahre ihr Arbeitgeber gewesen war; Mises hatte Österreich bei mehr als einer ICC-Sitzung in der Zwischenkriegszeit vertreten. Der wichtigste Geldgeber der ersten MPS-Versammlung war der Schweizer Industrielle und Diplomat Hans Sulzer, der in den dreißiger Jahren dem Exekutivkomitee der ICC angehört hatte und nach dem Zweiten Weltkrieg einer ihrer Vizepräsidenten wurde.[28] Sulzer, der die MPS finanziell unterstützte und der Gesellschaft später beitrat – und von den Briten wegen angeblicher Geschäfte mit dem NS-Regime auf eine schwarze Liste gesetzt worden war –, beteiligte sich nach dem Krieg an Versuchen, Hayek für eine Lehrtätigkeit an der Universität Zürich zu gewinnen.[29] Er gehörte auch dem Joint Committee der ICC und der Carnegie-Stiftung für Internationalen Frieden an, die in den dreißiger Jahren wichtige Forschungsarbeiten weltweit führender Ökonomen (darunter Mises) zum internationalen wirtschaftlichen Wiederaufbau finanzierte.[30]

Wenn die neoliberalen Intellektuellen vom Berggipfel predigten, war die ICC die Basis dieses Bergs. In Montreux legte der 38-jährige polnisch-amerikanische Ökonom Michael Angelo Heilperin, der als MPS-Mitglied wichtige Beiträge zur monetären Debatte leisten sollte, den versammelten Wirtschaftstreibenden die offizielle Analyse der in Havanna formulierten ITO-Charta vor. Heilperin, geboren 1909 in Warschau, hatte im Jahr 1931 sein Studium an der Universität Genf abgeschlossen und sich in seiner (in Französisch verfasster) Dissertation mit den monetären Problemen infolge des Zusammenbruchs des Habsburgerreichs beschäftigt. Er war ein maßgeblicher Vertreter der Genfer Schule. Im Jahr 1934 schlug er der Rockefeller Foundation die Gründung eines Internationalen monetären Instituts in Genf vor und weckte das Interesse der Stiftung.[31] Er war ein Schüler Rappards und übernahm 1935 (ein Jahr nach Mises) einen Posten im Genfer Hochschulinstitut für internationale Studien.[32] Drei Jahre lang arbeitete er »in fast täglichem Kontakt« mit Mises sowie an der Seite Röpkes, der im Jahr 1937 seine Tätigkeit am Hochschulinstitut begann.[33] Im Lippmann-Kolloquium im Jahr 1938 legte Heilperin eine Analyse zu monetären Fragen vor.[34] Nach dem Krieg war er Mitherausgeber der Zeitschrift *Fortune*. Er nahm an Bilderberg-Konferenzen und Versammlungen der Bellagio-Gruppe teil, die dabei half, das Bretton-Woods-System fester, aber justierbarer Wechselkurse zu beenden.[35]

In internationalen Wirtschaftskreisen wurde Heilperin erstmals im Jahr 1943 aktiv, als er sich vom Hamilton College beurlauben ließ, um als Berater für das Pharma- und Kosmetikunternehmen Bristol-Myers tätig zu werden, das auf dem Markt erfolgreiche Abführmittel und Zahnpasten produzierte und sich im Zweiten Weltkrieg einen Großauftrag als Penizillinlieferant für die alliierten Streitkräfte gesichert hatte.[36] Auf der International Business Conference im Jahr 1944, an der die ICC, die National Association of Manufacturers und andere Organisationen teilnahmen, präsentierte Heilperin eine Analyse der internationalen monetären Beziehungen.[37] Die ICC, die zu den maßgeblichen Beratern des Wirtschafts- und Sozialrats der Vereinten Nationen zählte, beteiligte sich von Anfang an an den Bemühungen zur Gründung der Internationalen Handelsorganisation.[38] Als inoffizieller Berater der ICC zählte Heilperin zu den wenigen Amerikanern, die sowohl an der Konferenz in Genf als auch an jener in Havanna teilnahmen.[39] Als Lee H. Bristol, der Präsident von Bristol-Myers, im Jahr 1950 vor dem US-Kongress seine Ablehnung der ITO-Charta erklärte, war Heilperin an seiner Seite. Bristol stützte sich ausschließlich auf Heilperins Analyse und wandte sich während der Sitzung wiederholt an ihn, wenn er in Detailfragen ins Schwimmen geriet.[40]

Die Begründung, die Heilperin in Montreux für seine Ablehnung der in Havanna entworfenen Charta gab, war beinahe identisch mit der Position der ICC und des Völkerbunds auf der Weltwirtschaftskonferenz von 1927 – ein Ereignis, das laut Heilperin »den Höhepunkt der internationalen Bestrebungen« darstellte und »den umfassendsten Bericht seiner Art, ein gut durchdachtes Dokument« hervorgebracht, leider jedoch keinen Mechanismus zur Durchsetzung der Empfehlungen beinhaltet habe.[41] Wie die Autoren des Berichts aus dem Jahr 1927 forderte Heilperin eine negative Integration. Um für ein »Wachstum von Produktivität und Investitionen und die Erhöhung der Lebensstandards *überall in der Welt*« zu sorgen, bedürfe es eines Systems, »in dem sich Güter, Kapital, Menschen und Dienstleistungen mit größtmöglicher Freiheit von Land zu Land bewegen können«.[42]

Heilperin ließ kein gutes Haar an der vorgeschlagenen Charta der ITO und griff auf den Begriff des »Wirtschaftsnationalismus« zurück, um sie zu kritisieren. In seinen Augen war die Charta von Havanna aufgrund der zahlreichen darin enthaltenen Ausnahmen, Notfallbestimmungen und Ausstiegsklauseln »die *erste* internationale Charta des wirtschaftlichen Nationalismus, die in der langen Geschichte der Zivilisation verfasst worden ist«.[43] Nach Ansicht Heilperins und der Internationalen Handelskammer war die Charta der Internationalen Handelsorganisation ein »gefährliches Dokument«, was vor allem daran lag, dass sie das demokratische Prinzip in den internationalen Beziehungen zu verankern suchte. Bristol erklärte vor dem US-Kongress, das Prinzip »Ein Land, eine Stimme« sei »inakzeptabel«. Es drohe eine Situation, in der »die Regeln des internationalen Handels von einer großen Zahl von Ländern festgelegt werden, die nur einen geringen Anteil am Welthandel und in vielen Fällen wenig Erfahrung in der Handelspolitik haben«.[44]

Heilperin weitete seine Kritik an der ITO auf eine allgemeine Analyse der Weltwirtschaft seit dem Ende des Ersten Weltkriegs aus und beschrieb eine paradoxe Situation in diesem Zeitraum: Obwohl sich das Bewusstsein der globalen wirtschaftlichen Interdependenz durchgesetzt habe, seien immer neue Hindernisse für den Welthandel und den wirtschaftlichen Austausch errichtet worden,[45] begleitet von illusorischen Hoffnungen wie jener auf die von Keynes verfochtene »Isolierung«, die von vielen als Säule der Nachkriegsordnung betrachtet werde. Das Ziel der »politischen Autonomie« besage im Wesentlichen, es solle jedem Land freistehen, die Spielregeln zu brechen, wenn dies in seinem Interesse sei. Die Konferenz von Havanna, die Ausdruck des Internationalismus hätte sein sollen, sei zu einem »sehr aufschlussreichen Seminar über zeitgenössischen Nationalismus« geworden.[46] Heilperin sah in der ITO ein Paradebeispiel dafür, dass die Welt die Notwendigkeit einer Doppelregierung für *imperium* und *dominium* nicht erkannte.

Vor einer anderen Versammlung von Industriellen erklärte Heilperin, eine »gute« ITO würde jegliche Hindernisse für die Bewegung von Kapital und Gütern sowie subtilere Formen der Marktverzerrung mittels Produktionssubventionen »verbieten«.[47] Heilperin setzte den Terminus »Souveränität« in Anführungszeichen, womit er andeutete, dass der Begriff auf wirtschaftliche Fragen angewandt keine intrinsische Bedeutung habe.[48] In einem Papier, dem ein Vortrag am Genfer Hochschulinstitut zugrunde lag, tat er dasselbe mit dem Begriff der »Autonomie«, um dieses Konzept zu diskreditieren.[49] Er beschränkte sich nicht darauf, das Streben nach wirtschaftlicher Souveränität und Autonomie als nicht ratsam zu bezeichnen, sondern betrachtete beides einfach als unmöglich.

Heilperin stützte sich bei seiner Kritik teilweise auf das Konzept, das ich als doppelte Welt des Kapitalismus bezeichne: Eine Ebene dieser Welt bestand aus den Bodenschätzen der Erde und dem Raum von Produktion, Güterverteilung und Eigentum. Auf der anderen Ebene fand man die politische Welt der Nationalstaaten. Der grundsätzliche Fehler des Souveränitätskonzepts bestand darin, dass es der politischen Welt die Kontrolle über die natürliche und ökonomische Welt zugestehen wollte. Im Jahr 1952 arbeitete Heilperin diesen Gedanken aus: Physisch sei der Planet »eine einzige Einheit, die nicht in gleichwertige oder voneinander unabhängige Teile zerlegt werden kann. Hingegen ist er politisch in eine Vielzahl getrennter Staaten unterteilt, die allesamt nach Unabhängigkeit und vielfach nach einer zumindest partiellen wirtschaftlichen Eigenständigkeit streben.«[50] – »Es ist unmöglich«, schrieb er, »die politische Teilung des Planeten mit seiner physischen Struktur in Einklang zu bringen, indem die Oberfläche und die Ressourcen der Erde unter den einzelnen Staaten aufgeteilt werden. Die Alternative besteht darin, die Auswirkungen der politischen Segmentierung auf die wirtschaftlichen Beziehungen zu verringern.«[51]

Heilperins Vision der internationalen Ordnung war zugleich multilateral und unilateral: Sie duldete keine Abweichungen von den Regeln des Freihandels. Er wischte nicht nur alle Klagen über Verletzungen der nationalen Souveränität vom Tisch, sondern strebte in Einklang mit dem militanten Globalismus der Genfer Schule eine Verringerung der Souveränität an. Er sagte deutlich, dass er es für notwendig hielt, die nationalen Ziele der internationalen Ordnung »unterzuordnen«.[52] In Anlehnung an die föderalistische Vision von Mises, Robbins und Hayek erklärte er, die Bedeutung der nationalen Grenzen müsse »radikal und drastisch verringert« werden. Diese Grenzen müssten sich in »bloße Linien zur Abgrenzung von Verwaltungsgebieten« verwandeln, und den nationalen Regierungen dürfe »nur beschränkte Macht über ihre Bevölkerungen« zugestanden werden.[53] In ihrer ausgeprägten Form würde diese Ordnung eine »Geopolitik im Rückwärtsgang« und eine Neugestaltung der nationalen Grenzen zur aktiven *Verringerung* der Fähigkeit der Staaten zur Autonomie erfordern.[54]

Das Ziel von Heilperins Forderungen nach einer starken ITO bestand darin, die Staaten in das Freihandelsnetz einzubinden und potenziell einzuschränken, um ihre Abhängigkeit vom Welthandel zu vertiefen. Dies war das erste Beispiel für eine vollkommen artikulierte neoliberale Nachkriegsutopie. Diese Vision wurde innerhalb der wichtigsten Interessenvertretung der Wirtschaft formuliert. Heilperins Arbeitgeber in der »kapitalistischen Internationale« hätten diese radikale Lösung zweifellos abgelehnt. Er gestand ein, dass nur sehr wenige Länder, auch nicht die Vereinigten Staaten, bereit sein würden, ein solches Dokument zu unterzeichnen. Angesichts dessen ist bemerkenswert, dass der Aktivismus Heilperins und anderer Neoliberaler wesentlich dazu beitrug, die ITO zu Fall zu bringen.

Der Widerstand der Internationalen Handelskammer gegen die ITO kam überraschend. Die Organisation hatte während des Kriegs und in der unmittelbaren Nachkriegszeit eine enge Beziehung zum amerikanischen Außenministerium gepflegt. Sie schloss sich Außenminister Cordell Hulls Bemühungen um den Freihandel an, und der American Council der ICC hatte wesentlichen Anteil daran, dass Cordell Hulls Programm parteiübergreifende Unterstützung im Kongress fand.[55] Als der Beschluss über die Charta von Havanna anstand, waren viele ICC-Mitglieder zunächst geneigt, an der Unterstützung für das US-Außenministerium festzuhalten und die Charta zu unterzeichnen. Doch wie aus der (von einem früheren Mitglied geschriebenen) offiziellen Geschichte der Internationalen Handelskammer hervorgeht, fand Heilperin in Philip Cortney, einem Bekannten von Mises, der 1953 der Mont Pèlerin Society beitrat, einen wichtigen Verbündeten im Kampf gegen die ITO.[56] Cortney setzte sich an die Spitze der Opposition und bewegte das Exekutivkomitee der ICC dazu, sich erstmals in einer wichtigen Frage dem State Department zu widersetzen. Die Szene wiederholte sich bei der internationalen Versammlung, als Cortney erneut den Widerstand gegen die ITO und das britische Komitee anführte, das bereit war, die Vereinbarung zu unterzeichnen. Die Entscheidung fiel, als der Vorsitzende des Komitees, der französische Industrielle Ernest Mercier, der seinerzeit am Lippmann-Kolloquium teilgenommen hatte und der MPS angehörte, seine

Entschlossenheit bekundete, eher zurückzutreten, als den Beschluss zu akzeptieren. Die Resolution scheiterte.[57]

Indem er sich Cortney und Heilperin anschloss, untergrub Mercier die Unterstützung der Internationalen Handelskammer für die ITO. Ein Beobachter bezeichnete die Gruppe um Heilperin als »die Perfektionisten« und sprach die »interessante Möglichkeit« an, dass »in diesem Fall die Wirtschaftstreibenden die ›hoffnungslosen Idealisten‹ waren, während die Bürokraten und Hochschulprofessoren, die sich für die Charta aussprachen, ohne begeistert davon zu sein, die ›Realisten‹ waren«.[58] Bezugnehmend auf eine von Heilperin verfasste Erklärung schrieb er, es sei »nicht immer einfach zu sagen, wann diese Erklärungen utopische Ideale beschreiben und wann sie einen Zustand vorstellen, den die Wirtschaftsgruppen für tatsächlich erreichbar halten«.[59] Derartige Kritik ließ außer Acht, dass der Utopismus kein Zufall, sondern beabsichtigt war. Heilperin schrieb im Jahr 1947: »Wir müssen uns entschließen, über die karge und selbstgefällige Rationalisierung der Gegenwart im Namen dessen, was oft als ›Realismus‹ bezeichnet wird, hinauszugehen und Ziele anzustreben, die unerreichbar scheinen mögen [...] bis wir sie tatsächlich erreicht haben.«[60] Heilperin und Cortney erfüllten den Wunsch, den Hayek 1949 geäußert hatte, buchstabengetreu und boten eine »liberale Utopie« an, die »nicht zu streng praktisch ist und sich nicht auf das beschränkt, was heute politisch möglich scheint«. Gerade die Maßlosigkeit der Erklärungen erhöhte ihre Eignung für das neoliberale Programm, in dem die Polemik ein Mittel war, um »die Schaffung einer freien Gesellschaft wieder zu einer geistigen Tat, einem Akt des Mutes« zu machen.[61] Was in den Augen der zuvor genannten Beobachter ein Fehler war, war möglicherweise also genau das, was Heilperin und Cortney beabsichtigt hatten: Sie wollten Diplomatie und Pragmatismus eine Absage erteilen und die Befürworter der nationalen wirtschaftlichen Autonomie frontal angreifen. Die Positionspapiere der ICC waren nicht einfach politische Dokumente, sondern »Kampfschriften«.

Wie Heilperin erklärte, hatten die gescheiterten Weltkonferenzen der Zwischenkriegszeit gezeigt, dass man, um einem »starken Trend entgegenzuwirken, dagegen ankämpfen« und »hart zuschlagen« musste.[62]

Im Kampf um die Internationale Handelsorganisation standen sich, vereinfacht gesagt, der globale Norden und der globale Süden gegenüber. Aber die offizielle amerikanische Bemühung um einen Kompromiss über die Charta von Havanna zeigt, dass es ein Irrtum wäre anzunehmen, »der Westen« sei in der Nachkriegszeit ein geschlossener Block gewesen.[63] Die offiziellen Repräsentanten der USA waren in den Nachkriegsjahren keineswegs intransigent, sondern legten eine bemerkenswerte Bereitschaft an den Tag, auf die Forderungen der Länder des globalen Südens einzugehen. Wer die Großunternehmen und ihre mangelnde Bereitschaft, ihre Souveränität aufzugeben, für die amerikanische Nichtratifizierung der ITO-Charta verantwortlich macht, lässt die Tatsache außer Acht, dass sich die Internationale Handelskammer nicht auf den Standpunkt stellte, die Vereinigten Staaten würden durch eine Beteiligung an der ITO zu viel von ihrer Souveränität aufgeben, sondern im Gegenteil erklärte, die ITO werde nicht *genug* in die Souveränität der Unterzeichnerstaaten eingreifen. Die Neoliberalen der Genfer Schule benutzten die »Wirtschaftsinternationale«, um eine an den Föderalismus von Robbins und Hayek aus den dreißiger Jahren erinnernde radikale Vision zu verbreiten und die offizielle Regierungsposition zu untergraben, wodurch sie zum Scheitern einer Organisation beitrugen, die eine gewisse Entscheidungsparität zwischen den reicheren und ärmeren Ländern der Welt herstellen wollte.[64]

Das Menschenrecht auf Kapitalflucht

Heilperins engster Verbündeter im Kampf gegen die Internationale Handelsorganisation war Philip Cortney, der sowohl im American

Council der Internationalen Handelskammer als auch in der National Association of Manufacturers aktiv war. Ein Historiker hat Cortney als »maßgeblichen Sprecher der Puristen« im Kampf gegen die Charta von Havanna bezeichnet.[65] Der 1895 als Philippe Cotnareanu in Rumänien geborene Cortney war nach einem Ingenieursstudium in Frankreich in die Vereinigten Staaten ausgewandert. 1946 nahm er die amerikanische Staatsbürgerschaft an und wurde Präsident des französischen Parfümherstellers Coty. Cortney gehörte dem Exekutivkomitee des U.S. Council der ICC an, dessen Vorsitz er 1957 übernahm.[66] Er saß auch im Komitee für Internationale Beziehungen der NAM, einer Interessenvertretung der Wirtschaft, die den europäischen Neoliberalen nahestand.[67] Geleitet wurde das Komitee von Noel Sargent, der Mises als Berater der NAM engagiert hatte, wo der Ökonom von 1943 bis 1948 tätig war; in dieser Zeit lernten sich Cortney und Mises kennen.[68] Im Jahr 1949 veröffentlichte Cortney seine Kritik an der ITO unter dem Titel *The Economic Munich*, womit er eine polemische Analogie zwischen der ITO-Charta und Neville Chamberlains Appeasement-Politik gegenüber Adolf Hitler herstellte. Mises lobte das Buch überschwänglich und erklärte, es werde »wie die Werke Cobdens und Bastiats als Klassiker der wirtschaftlichen Freiheit gelesen und wieder gelesen« werden.[69]

Bemerkenswert war *The Economic Munich* vor allem wegen Cortneys Perspektive in der Frage der Menschenrechte. Er lehnte die Menschenrechte an sich nicht ab und lobte die Allgemeine Menschenrechtserklärung der Vereinten Nationen als »Meilenstein im Kampf für Freiheit und Menschenwürde«.[70] Aber er war nicht damit einverstanden, welche Rechte in der Charta von Havanna gewählt worden waren. Er kritisierte scharf, dass die »Vollbeschäftigung« in der Charta zu einer »Art von unantastbarem Menschenrecht« erklärt werde, und zitierte Heilperins Montreux-Erklärung, um seine Argumentation zu belegen.[71] Doch anstatt die Sprache der Menschenrechte pauschal als irregeleitet zurückzuweisen, fügte Cortney eigene Rechte hinzu: Er schlug vor, Devisenverkehrsbeschränkungen in Friedenszeiten sollten als »Akt der Aggression und Menschenrechtsverstoß« betrachtet werden.[72] Mit Devisenverkehrsbeschränkungen meinte Cortney das, was üblicherweise als Kapitalkontrollen bezeichnet wird: die Beschränkung des Rechts, Geld von einer Währung in eine andere zu tauschen, um das Geld über die Grenze in ein anderes Land zu bringen. Das Recht auf Kapitalkontrollen war in die Rahmenbestimmungen des IWF in Bretton Woods aufgenommen worden, worin Heilperin einen der wesentlichen Mängel des Bretton-Woods-Systems sah. Viele Beobachter waren der Meinung, die spekulativen Gelder, die in den zwanziger Jahren in beide Richtungen über den Atlantik geflossen waren, hätten zum Ausbruch der Weltwirtschaftskrise beigetragen, aber Heilperin drehte das Problem um: »Nicht das Geld ist ›heiß‹«, erklärte er, »sondern der Ort, von dem es flieht.«[73] Würden die Kapitalkontrollen beseitigt, so müssten Länder, die Investoren angelockt hätten, günstige Bedingungen schaffen, um das ausländische Kapital im Land zu halten.

Cortneys rhetorischer Kunstgriff bestand darin, eine wirtschaftliche Frage zu einer Frage der Menschenrechte umzudeuten. Er verknüpfte die Kapitalkontrollen mit dem Recht eines Menschen, ein Land zu verlassen. Da »das Recht zum Verlassen eines Landes in der Praxis bedeutungslos ist, wenn man nicht das Recht hat, sein Eigentum mitzunehmen«, müsse es den Menschen unter allen Umständen freigestellt sein, ihr Kapital in eine andere Währung zu tauschen und außer Landes zu bringen.[74] Cortney bezeichnete das Recht auf Emigration als »Grundlage für alle anderen Menschenrechte« und verwies darauf, dass dieses Recht Teil der Allgemeinen Menschenrechtserklärung sei (Artikel 13), erklärte jedoch, diese Bestimmung hätte durch eine Verknüpfung mit ihrer notwendigen Voraussetzung ausgeweitet werden müssen, nämlich mit dem Recht auf freie Kapitalbewegung.[75] Damit forderte Cortney de facto ein Menschenrecht auf Kapitalflucht.

In einer Nachkriegswelt, in der dem Recht von Flüchtlingen und Asylsuchenden auf eine Aufenthaltserlaubnis große Bedeutung beigemessen wurde, tat sich Cortney hervor, indem er die Forderung nach einem Menschenrecht auf Kapitalbewegung mit dem Recht zum Verlassen eines Landes verknüpfte. Diese Forderung war weder fadenscheinig noch beruhte sie auf einem Mangel an Sachkenntnis. Cortney gehörte sein Leben lang der American Society of International Law an, und Philip Jessup, einer der Väter des transnationalen Rechts, berief sich auf Cortney, als er auf die Tatsache verwies, dass Devisenverkehrsbeschränkungen das Recht auf Auswanderung »tatsächlich zerstören« könnten.[76] Cortneys genialer Einfall bestand darin, etwas, das nicht als wirtschaftliches Recht konzipiert war, zu einem Bestandteil der Wirtschaftsverfassung der Welt umzudeuten, wobei er das Geld als Eigentumsgegenstand einstufte, der nicht an ein politisches Hoheitsgebiet gebunden werden könne, sondern in der übergeordneten wirtschaftlichen Sphäre beheimatet sei. Gemäß dieser Interpretation musste der Schutz universeller Rechte auf das Kapital ausgeweitet werden. In Einklang mit dem Ordoglobalismus rief er zu konstitutionellen Verankerung der Prinzipien des freien Marktes auf und regte an, »Devisenverkehrsbeschränkungen in den nationalen Verfassungen zu verbieten«.[77]

Cortneys Argumentation mag zynisch klingen, aber sie deckte sich mit der Haltung des Neoliberalismus der Genfer Schule in der Frage der Menschenrechte nach 1945. Anstatt die Menschenrechte rundweg abzulehnen, versuchten die Neoliberalen, sozialdemokratische Interpretationen der Menschenrechte und des internationalen Rechts zu untergraben und diese Bestimmungen gleichzeitig in den Dienst eindeutig kapitalistischer Prärogativen zu stellen. Es wäre irreführend zu sagen, dies sei eine Kritik an »sozialen und wirtschaftlichen Rechten«, denn die Freizügigkeit von Kapital, Gütern und Arbeitskräften war ebenso sehr ein soziales und wirtschaftliches Recht wie die Forderung nach sozialer Absicherung,

Beschäftigung oder Ernährung. Tatsächlich waren die im Vertrag über die Europäische Wirtschaftsgemeinschaft festgeschriebenen sogenannten Marktrechte ein zentraler Bestandteil der neoliberalen Vision für Europa, wie wir in Kapitel 6 sehen werden. Die Neoliberalen setzten Roosevelts vier Freiheitsrechten – Redefreiheit, Religionsfreiheit, Freiheit von Furcht und Freiheit von Not – die vier Rechte auf die Freizügigkeit von Kapital, Gütern, Dienstleistungen und Arbeitskräften entgegen.

Die kapitalistische Magna Carta

Bei der Konferenz von Montreux im Jahr 1947 tanzte Heilperin auf mehreren Bällen gleichzeitig. Er saß in den ITO-Verhandlungen als Vertreter der Internationalen Handelskammer am Tisch und war der Hauptautor des von der ICC herausgegebenen »Internationalen Kodex zum Schutz von Auslandsinvestitionen«. Gestützt auf Cortneys Vorstellungen, verknüpfte dieses Dokument die Forderungen der Wirtschaft mit der Sprache der Menschenrechte. Auf der Konferenz forderte Heilperin einen »Kodex fairer Praktiken für Auslandsinvestitionen«.[78] Der Entwurf für dieses Regelwerk stammte vom Komitee für Auslandsinvestitionen, dessen Berichterstatter Heilperin war. Der Kodex ging aus entsprechenden Vorstößen des Völkerbunds bei einer Konferenz über die Behandlung von Ausländern im Jahr 1929 und von einem Vorschlag der ICC über die »rechtliche Behandlung ausländischer Unternehmen« aus dem Jahr 1939 hervor.[79] Unter Rückgriff auf vor dem Krieg entwickelte Konzepte hatten die Autoren eine erste Version dessen entwickelt, was wir heute als internationales Investitionsrecht kennen.

Heilperin und die ICC arbeiteten nicht gegen die, sondern mit den Vereinten Nationen und versuchten, die Allgemeine Menschenrechtserklärung durch ihren Kodex der Investorenrechte zu ergänzen. Die ICC schlug dem Wirtschafts- und Sozialrat vor, den

Kodex in eine »universelle Konvention« umzuwandeln, damit die Vereinten Nationen zu einem späteren Zeitpunkt darüber abstimmen konnten.[80] Die vermutlich von Heilperin verfasste Präambel zielte direkt auf einen von Uruguay vorgelegten Bericht einer UN-Unterkommission aus dem Dezember 1947, in dem auf die Gefahr hingewiesen wurde, ausländische Direktinvestitionen könnten sich »auf die politischen und wirtschaftlichen Angelegenheiten der betroffenen Länder auswirken«.[81] In klarem Gegensatz dazu verlangte die ICC, dass Inländern (unter denen sie »nicht nur physische, sondern auch juristische Personen« verstand) im Ausland nicht die Rechte des aufnehmenden Staates, sondern die ihres Heimatstaats gewährt werden müssten, selbst wenn ihnen das eine »bevorzugte Position« sichern sollte.[82] Heilperin hatte bereits in seinem 1947 erschienenen Buch gefordert, ausländische Investoren müssten besser geschützt werden als Inländer. Wenn beispielsweise Inländer Devisenverkehrsbeschränkungen unterworfen seien, dürften diese Beschränkungen nicht auch auf Ausländer angewandt werden. »Gleichbehandlung ist nicht genug«, erklärte er.[83] Es war eine klassische Forderung nach Xenos-Rechten: Der ausländische Investor sollte tatsächlich mehr Rechte genießen als die Bürger des entsprechenden Landes.

Der Grund, weshalb sich die Neoliberalen und die Wirtschaft auf die Investorenrechte konzentrierten, lag darin, dass sie sowohl während des Zweiten Weltkriegs als auch nach Kriegsende den Eindruck hatten, das Privateigentum sei nicht ausreichend geschützt. Die Lage hatte sich bereits im Ersten Weltkrieg verschlechtert, der »die Nichtachtung des feindlichen Privateigentums unter den Kriegsführenden zur Regel gemacht hatte«, wie Röpke beobachtete.[84] Die Enteignungen in der Sowjetunion nach der Oktoberrevolution hatten einen Bruch verursacht; es folgte, was ein Berater des amerikanischen Außenministeriums als »trostlose Aneinanderreihung derartiger Vorgänge in der Zwischenkriegszeit« bezeichnete.[85] Hayek beklagte sich in *Der Weg zur Knechtschaft* über die

Enteignungen ausländischen Eigentums – im postimperialen Mitteleuropa war von der »Nostrifizierung« die Rede, wenn Eigentum auf Einheimische übertragen wurde.[86] Obwohl ausländische Eigentümer bei Verstaatlichungen weltweit oft Entschädigungen erhielten, die den Marktwert ihres Besitzes überstiegen, führten die Beobachter regelmäßig Fälle wie die mexikanische Verstaatlichung der Erdölindustrie im Jahr 1938 als Belege für eine globale Aushöhlung der Eigentumsrechte ins Feld.[87]

Die Neoliberalen beobachteten auch in der Nachkriegszeit einen mangelnden Respekt für das, was sie als »Auslandsrechte« oder »Fremdrechte« von Kapitalisten bezeichneten. Die spezifischen Auslöser ihrer Empörung konnten überraschend sein: Beispielsweise war der unmittelbare Anlass für Cortneys Forderung, Devisenverkehrsbeschränkungen als »Menschenrechtsverstöße« einzustufen, die Zusammenarbeit der Vereinigten Staaten und mehrerer westeuropäischer Regierungen zur Repatriierung versteckter westeuropäischer Vermögenswerte im Rahmen des Marshallplans. Cortney erklärte, indem die Vereinigten Staaten europäischem Vermögen auf amerikanischen Bankkonten nachspürten, übernähmen sie »die Rolle einer Gestapo«.[88] Röpke urteilte ähnlich harsch über die Beschlagnahme deutscher Vermögenswerte in der Schweiz nach dem Zweiten Weltkrieg, da dieses Vorgehen in seinen Augen das »Prinzip der Trennung von Souveränität und Eigentum im Kriegsfalle« untergrub.[89]

Mit Blick auf die Schrecken des Krieges ist es verblüffend, dass ein Intellektueller den eigentlichen Skandal im Verlust ausländischen Eigentums von Bürgern des Landes sah, das den Krieg als Aggressor verursacht hatte. Aber in den Augen Röpkes und Cortneys waren dies keine isolierten Klagen, sondern Symptome eines grundlegenderen Übels. Die Neoliberalen der Genfer Schule forderten eine Wirtschaftsverfassung für die Welt, weil sie überzeugt waren, die Herrschaft über ein Territorium sei nicht gleichbedeutend mit dem Eigentum an den Vermögenswerten auf diesem Territorium.

Ziel der Kampagne der ICC und ihrer neoliberalen Berater war es, einen Rechtsrahmen zu schaffen, der die Trennung zwischen dem Imperium der Regierung und dem Dominium des Eigentums zementieren würde. Die Neoliberalen bemühten sich um den Schutz des Gesetzes, um die Unterscheidung zwischen Eigentum und Territorium wiederherzustellen.

Der Wirtschafts- und Sozialrat, der eigentlich eher mit sozialdemokratischen, auf dem Selbstbestimmungsrecht der Nationen aufbauenden Forderungen sympathisierte als mit den doktrinären globalistischen Rechtsansprüchen der Wirtschaft, befasste sich mit dem Vorschlag der ICC. In den Jahrzehnten nach dem Zweiten Weltkrieg wurde die Generalversammlung der Vereinten Nationen zur »Hebamme« des Prinzips der »permanenten nationalen Souveränität über die natürlichen Ressourcen«.[90] Nachdem Uruguay und Bolivien einen entsprechenden Vorschlag vorgelegt hatten, verabschiedete die UN-Generalversammlung im Jahr 1952 die erste von vielen Resolutionen, in denen sie bekräftigte, dass »das Recht der Völker auf Nutzung ihres nationalen Vermögens und ihrer Ressourcen ein fester Bestandteil ihrer Souveränität ist«.[91] In Reaktion auf den von den Vereinten Nationen gebilligten Trend zur Verstaatlichung griff die deutsche Gesellschaft zur Förderung des Schutzes von Auslandsinvestitionen (GFA) auf Heilperins ICC-Kodex zurück und machte ihn zur Grundlage eines eigenen Entwurfs für eine Konvention. Auf der Gründungsversammlung der Gesellschaft im Jahr 1956 erklärte MPS-Mitglied Ludwig Erhard, dass sich »die Verletzung des privaten Eigentums gerade in der westlichen Welt wie ein *schleichendes Gift* weiter und weiter fresse«.[92] Erhards Einschätzung der Bedrohung des Privateigentums im Westen deckte sich mit der neoliberalen Interpretation, der zufolge die Sozialdemokratie im globalen Norden Hand in Hand mit Verstaatlichungsverfechtern im globalen Süden die Aushöhlung der Unantastbarkeit des Privateigentums betreibe. In einer Versammlung der MPS im Jahr 1957 erklärte Arthur Shenfield, sollte sich »herausstellen, dass nur jene Zugang zu westlichem Kapital erhalten, welche die Rechte des Kapitals respektieren, so hätte dies einen sehr gesunden Einfluss auf die internen Abläufe der potenziellen Schuldnerländer. Aber dafür müsste natürlich erst der Westen selbst wieder lernen, die Rechte der Kapitaleigentümer zu verstehen und zu respektieren.«[93]

Mises beschrieb im Jahr 1952 die Ironie der uneingestandenen Symmetrie zwischen globalem Süden und Norden: »Wenn es rechtens ist, dass die Briten die britischen Kohlegruben verstaatlichen, kann es nicht falsch sein, dass die Iraner die iranische Erdölindustrie verstaatlichen. Wäre Mr. Attlee kohärent, so hätte er den Iranern zu ihrer großen sozialistischen Leistung gratuliert.«[94] Röpke schrieb ein Jahr später, »die Mosadeks« beriefen sich »auf die Attlees und Bevans, die ihnen den Gedanken der Nationalisierung inspiriert haben«.[95] Tatsächlich zeigte die Enteignung des britischen Ölkonzerns Anglo-Iranian Oil Company der internationalen Unternehmensgemeinde, dass neue Regeln gebraucht wurden, um Eigentum im Ausland besser zu schützen. Der Vorsitzende der GFA, der Deutsche-Bank-Chef Hermann Josef Abs, der die Enteignung jüdischen Eigentums im Dritten Reich geleitet hatte, verwandelte sich in der zweiten Hälfte der fünfziger Jahre in einen internationalen Vorreiter im Kampf für die privaten Eigentumsrechte. Die GFA entwarf eine »Internationale Konvention zum gegenseitigen Schutz privater Vermögensrechte im Ausland«, und im Jahr 1956 brachte Abs seine Argumente in einer Rede vor der American Society of International Law vor. Am 15. Oktober des folgenden Jahres hielt er auf der International Industrial Development Conference in San Francisco einen Vortrag mit dem Titel »Die Sicherheit des Kapitals«, in dem er sich auf die ICC-Erklärung berief. Die Zeitschrift *Time* berichtete in einer Ausgabe, auf deren Cover Ludwig Erhard zu sehen war, unter der Überschrift »A capitalist Magna Carta« über diese Rede.

Der Vorschlag von Abs gab den Anstoß zu einer internationalen

Debatte über die Rechte von Investoren.[96] Seine »kapitalistische Magna Carta« sollte die Unterzeichnerstaaten verpflichten, auf »direkte oder indirekte rechtswidrige Eingriffe« in »ausländisches Kapital« zu verzichten; Verstöße sollten von einem internationalen Schiedsgericht behandelt werden. Investoren sollten die Möglichkeit erhalten, sich unter Umgehung der nationalen Gerichte direkt an dieses unabhängige Schiedsgericht zu wenden.[97] Als Beleg für die Notwendigkeit seines Kodex führte Abs die jüngsten Enteignungen der Anglo-Iranian Oil Company, der United Fruit Company in Guatemala, des Sueskanals, niederländischer Besitzungen in Indonesien und in ausländischem Besitz stehender Kraftwerke in Argentinien an.[98] So wie die ICC war Abs der Meinung, die Vereinten Nationen hätten sich in einen Komplizen von Staaten verwandelt, die Privatunternehmen ihr Eigentum stahlen, und verabschiedeten Resolutionen, die besagten, dass »entschädigungslose Enteignungen jederzeit zulässig« seien.[99]

Es war einigermaßen inkohärent, dass eine Person, die sich aktiv an der Enteignung der Vermögen deutscher Juden beteiligt hatte, später ein aktiver Befürworter des Vermögensschutzes wurde, aber Abs litt weder unter Amnesie noch unter Reue. In seiner Rede in San Francisco ließ er es sich nicht nehmen, die für Cortney und Röpke so quälende Frage ausländischer Inhaber von Konten bei deutschen Banken aufzugreifen, die »immer noch auf eine faire Regelung warten«.[100] Abs war der Mann, der 1953 das Dokument unterzeichnete, mit dem Deutschland seine gewaltigen Kriegsschulden erlassen wurden, und es ist bekannt, dass er das in der Überzeugung tat, es handle sich nicht um einen Akt des Verzeihens, sondern um einen gerechten Ausgleich für die Enteignung deutscher Vermögen im Ausland. Mit seiner Kampagne für den Investorenschutz setzte Abs den Kampf für eine Wirtschaftsverfassung fort, mit der die öffentliche Welt der Nationalstaaten von der privaten Welt der Vermögen getrennt werden sollte. Sein ursprünglicher Vorschlag, den ein Beobachter als »idealistisch« bezeichnete, beinhaltete einen Schutz ausländischen Eigentums vor Beschlagnahme in Kriegszeiten.[101]

Die kapitalistische Magna Carta weckte das Interesse der amerikanischen Wirtschaft. Emmanuel Celler, der Vorsitzende des Justizausschusses des Repräsentantenhauses, hob in seiner Beschreibung eines Denkmals in Mexiko-Stadt, das an die Verstaatlichung der Erdölindustrie erinnerte, die Notwendigkeit solcher Bestimmungen hervor und sprach düster von einer Herrschaft des »Gesetzes des Dschungels« in Indonesien, wo »hemmungslose, rachsüchtige Männer« niederländisches Vermögen enteigneten.[102] »Es wäre tatsächlich ein großer Fortschritt«, erklärte er, »wenn Westdeutschland unter der Führung von Abs und Erhard auf dem Weg zu einer solchen Magna Carta voranschreiten könnte«.[103] Ende der fünfziger Jahre bedienten sich die Gegner von Enteignungen einer rassistisch gefärbten Sprache und stellten die Herrschaft des Rechts dem Gesetz des Dschungels gegenüber, womit sie einen Gegensatz zwischen dem rationalen Westen und einem globalen Süden suggerierten, dem sie ein »emotionales« Bekenntnis zur nationalen Souveränität bescheinigten.[104]

Im Jahr 1959 brachte Abs einen Entwurf für eine »Konvention über Auslandsinvestitionen« sowie eine Studie einer von Hartley Shawcross geleiteten Gruppe britischer Anwälte in Umlauf. In dem Dokument ging es ausschließlich um den Schutz des Vermögens von »Staatsangehörigen«, die nicht als natürliche Personen, sondern (gemäß dem ICC-Kodex) als »Unternehmen« definiert wurden, die »sowohl gesetzlich als solche anerkannte Rechtspersonen als auch Zusammenschlüsse ohne Rechtspersönlichkeit« umfassten.[105] Die Kommentare der Rechtsexperten zum Konventionsentwurf waren nicht ermutigend: Die Präambel sei eine »Bekräftigung von Prinzipien«, erklärte ein Experte, aber »in mehrerlei Hinsicht ist sie offenkundig sehr viel mehr als das«.[106] Die Juristen waren der Ansicht, die Konvention gewähre dem ausländischen Investor ein nie da gewesenes Maß an Schutz.[107] Sie bevorzuge in jeder Hinsicht den Investor und lehne das »öffentliche Interesse« als Begründung für Enteignungen ab. Sie wolle den Investoren erlauben, die nationale Justiz zu übergehen und sich direkt an internationale Gerichte zu wenden; außerdem breche sie mit der gegenwärtigen Praxis, indem sie fordere, Entschädigungen in der Währung des Heimatlandes des Investors zu zahlen und statt der Person dem Unternehmen vorrangigen Schutz zu gewähren.[108]

Indem die Abs-Shawcross-Konvention sowohl die »direkte« als auch die »indirekte« Enteignung berücksichtigte, nahm sie sogar die spätere Aufnahme der »regulatorischen Enteignung« in die internationalen Bestimmungen vorweg. Ein zeitgenössischer Kritiker erklärte: »Es ist schwierig festzustellen, wo der indirekte Raub von Vermögen endet und wo zum Beispiel Besteuerung, Planungsgesetze oder Reformen des Eigentumsrechts beginnen.«[109] Ein früherer Rechtsberater des State Department brachte die Einseitigkeit der Konvention auf den Punkt: Er fragte, ob der Vorschlag nicht darauf hinauslaufe, »dafür zu sorgen, dass sich ein Land bereit erklärt, seinem Volk das Brot aus dem Mund zu nehmen, um für die Enteignung von Vermögen in Ausübung seiner Befugnisse Entschädigungen in ausländischer Währung zu zahlen«. Er deutete an, hier handle es sich um einen Versuch, »den ›Eigentumsrechten‹ einen höheren Stellenwert einzuräumen als dem ›Menschenrecht‹ auf Nahrung«.[110]

Ein Jurist zeigte, wie weit eine solche Konvention von der Realität entfernt war, und wies darauf hin, dass es den Vereinigten Staaten lediglich gelungen sei, mit einer Handvoll Länder im globalen Süden »verwässerte« Abkommen über den Schutz kommerzieller Investitionen zu schließen, und dass entsprechende Bemühungen im Fall der jüngst unabhängig gewordenen Länder oder der südamerikanischen Nationen, denen große Mengen an ausländischem Kapital zuflossen, vollkommen erfolglos gewesen seien.[111] Eine mögliche Erklärung ist, dass die Abs-Shawcross-Konvention so wie der ICC-Kodex eigentlich kein ernsthafter Vorschlag, sondern eher ein polemischer Diskussionsbeitrag war, in dem eine Fantasiewelt beschrieben wurde, in der sich das Kapital nicht nur ungehindert um den Erdball bewegen könnte, sondern auch weltweit sowohl von den Herkunftsländern als auch von supranationalen Streitschlichtungsinstitutionen geschützt würde. Klar ist, dass die Autoren beider Dokumente nicht beabsichtigten, den Entwicklungsländern auf halbem Weg entgegenzukommen: Es handelte sich um Fehdehandschuhe, die den Ländern des globalen Südens hingeworfen wurden. Es ist bezeichnend, dass die Vorschläge des globalen Südens zum Investitionsschutz weder im ICC-Kodex noch in der Abs-Shawcross-Konvention berücksichtigt wurden; dies gilt insbesondere für einen Vorschlag der Föderation Malaya, der die Bedürfnisse von kapitalimportierenden und kapitalexportierenden Ländern in Einklang zu bringen versuchte.[112] Die Kodizes waren Drohungen, deren Zweck darin bestand, die Dritte Welt in die Schranken zu weisen, die nach Ansicht ihrer Autoren und Befürworter überzogene Forderungen erhob.

Die bilaterale Lösung

Angesichts des utopischen Charakters der vorgeschlagenen internationalen Investitionskodizes muss es als verblüffender Beleg für die schwache Verhandlungsposition des globalen Südens betrachtet werden, dass diese Kodizes im Lauf der Zeit Realität wurden. Die heutigen internationalen Investitionsabkommen haben große Ähnlichkeit mit dem »Entwurf« von Abs und Shawcross.[113] Ein wesentlicher Unterschied zwischen Heilperins Vorschlägen und den später vereinbarten Regelungen ist, dass der multilaterale durch einen bilateralen Zugang ersetzt wurde. Im Jahr 1958 sprach sich der amerikanische Kongressabgeordnete James G. Fulton aus Pennsylvania, der eine wichtige Rolle in den Verhandlungen über die Internationale Handelsorganisation spielte, für die kapitalistische Magna Carta aus, räumte jedoch ein, dass die Weltcharta die Schwierigkeit universeller Regelungen gezeigt habe. Daher schlug er vor, zu bilateralen Vereinbarungen überzugehen.[114] Die ICC hatte von Anfang an einem universellen Kodex den Vorzug gegeben, gleichzeitig jedoch erklärt, ihr Dokument sei auch auf bilaterale Beziehungen anwendbar.[115] Tatsächlich war auf dem Kongress von Montreux auch eine bilaterale Modellvereinbarung vorgelegt worden, die auf Vorbildern aus der Zwischenkriegszeit beruhte.[116] Heilperin selbst räumte das Scheitern des »›universalistischen Ansatzes‹ zur Wiederherstellung der Gesundheit der Weltwirtschaft« ein.[117] Als im Jahr 1952 die zweite Auflage seines Buchs *The Trade of Nations* erschien, erklärte er, seit der Veröffentlichung der ersten Ausgabe im Jahr 1947 sei er zu der Überzeugung gelangt, dass bilaterale Verträge vorzuziehen seien. Abkommen zwischen einzelnen Staaten waren eher die Norm, einschließlich der »Freedom of Commerce and Navigation«-Verträge, welche die Vereinigten Staaten bis in die achtziger Jahre schlossen.[118]

Der Bilateral Investment Treaty ebnete den Weg zur Verwirklichung der utopischen Investorenrechte. Auch hier leistete die Mont Pèlerin Society ihren Beitrag. Im Jahr 1959 berichtete die *New York Times*, Pakistan habe »ein radikales wirtschaftliches Aufbauprogramm in Angriff genommen, das von den Vätern der bemerkenswerten Erholung Westdeutschlands seit dem Krieg geplant« worden sei. Wirtschaftsminister Ludwig Erhard hatte Pakistan Ende 1958 besucht, und der durch einen Putsch an die Macht gekommene General Mohammad Ayub Khan setzte die Ratschläge des Deutschen *in toto* um. Erhard hatte der pakistanischen Regierung empfohlen, ihr Industrialisierungsprogramm zu stoppen, sich stattdessen auf die Landwirtschaft zu konzentrieren und eine auf dem Anbau von Nutzpflanzen beruhende »entschlossene Exportoffensive« einzuleiten.[119] Im Jahr 1959 äußerte sich ein weiteres MPS-Mitglied, der Ökonom Egon Sohmen, in der führenden amerikanischen Fachzeitschrift für Wirtschaftswissenschaften über Pakistans »an neoliberalen Grundsätzen ausgerichtete kompromisslose Neuausrichtung seiner Wirtschaftsplanung«.[120] Die Strategie entsprach dem Entwicklungsdiskurs der MPS, die einer potenziellen »Überindustrialisierung« der Peripherie kritisch gegenüberstand und den globalen Süden ermutigte, im Rahmen des Systems der internationalen Arbeitsteilung auch weiterhin bei der Agrarproduktion zu bleiben.[121]

Im Rahmen seines Reformvorhabens unterzeichnete Pakistan einen Vertrag, der zum Muster für alle späteren bilateralen Investitionsabkommen wurde. Im Jahr 1961 legte Erhard dem Bundestag den »Vertrag zur Förderung und zum Schutz von Kapitalanlagen« zwischen der Bundesrepublik und Pakistan vor.[122] Die Sprache des Abkommens war direkt dem ICC-Kodex und dem Abs-Shawcross-Entwurf entlehnt; unter anderem enthielt der Vertrag die Bestimmung, dass enteignete Ausländer in der Währung ihres Heimatlandes zu entschädigen waren.[123] Der universelle Zugang war gescheitert, aber der bilaterale funktionierte und ermöglichte die Festschreibung eines scheinbar radikalen Investorenschutzes in rechtlich bindenden Abkommen.

***

Hayek verglich das Gesetz in einem seiner Bücher mit einem Messer: »Ebenso wie jemand, der sich auf eine Wanderung begibt, sein Taschenmesser nicht zu einem bestimmten vorhergesehenen Gebrauch mitnimmt, sondern um für verschiedene mögliche Zufälligkeiten gerüstet zu sein, oder um imstande zu sein, mit Arten von Situationen fertig zu werden, die voraussichtlich eintreten werden, so sind die Verhaltensregeln, die von einer Gruppe entwickelt werden, nicht Mittel für bekannte bestimmte Zwecke, sondern Anpassungen an Arten von Situationen, die nach den gemachten Erfahrungen in der Art von Welt, in der wir leben, regelmäßig auftraten.«[124] Nach dem Zweiten Weltkrieg nahmen die Neoliberalen dieses

Messer in die Hand und versuchten, den freien Markt durch Gesetze zu verteidigen. Der Grund dafür war derselbe, der Hayek dazu bewegte, dem Recht im Lauf seines Lebens wachsende Bedeutung beizumessen: Die Ausbreitung und rücksichtslose Wahrnehmung der demokratischen Rechte untergrub die Prinzipien, welche die Politik von der Wirtschaft trennten.

In der Ära der Entkolonialisierung betrachteten die Neoliberalen die auf dem Prinzip »Ein Land, eine Stimme« beruhenden internationalen Organisationen als Feinde der weltwirtschaftlichen Ordnung. Diese Organisationen waren keine geeigneten Kandidaten für das, was Hayek als internationale Macht bezeichnete, die die Befugnis hatte, Nein zu sagen. Das globalistische Genf der dreißiger Jahre war das verlorene Paradies der Neoliberalen. Im Jahr 1960 sehnte sich Heilperin nach dem »von der Philosophie des Liberalismus inspirierten« Völkerbund zurück, der alles in seiner Macht Stehende getan hatte, »um die Wiederbelebung eines freieren Handels und Zahlungsverkehrs und stabiler Währungsbeziehungen zwischen den Nationen zu fördern«. Die Nachkriegszeit hingegen habe die Vereinten Nationen gebracht, die »im Wesentlichen das Gegenteil ist [...] und sich bisher als vollkommen unfähig erwiesen hat, zum Wiederaufbau einer funktionierenden Weltwirtschaft beizutragen«.[125] Die Neoliberalen waren in mancher Hinsicht Völkerbund-Revisionisten, die in der Genfer Institution eine bessere Version der Vereinten Nationen sahen. Die Genfer Schule bekämpfte die Vereinten Nationen nicht, weil diese eine Weltregierung waren, sondern weil sie in ihren Augen die falsche Weltregierung waren. Es ist eine historische Ironie, dass dieser paradiesische Völkerbund so wie das paradiesische Habsburgerreich im Wesentlichen ein Fantasiegebilde war, ein den theoretischen Wunschvorstellungen der Neoliberalen entsprungenes Gebilde. In Wahrheit hatte sich der Völkerbund im Jahr 1945 in einen führenden Verfechter expansionistischer Politik auf globaler Ebene verwandelt.[126]

Eine der ungeklärten Fragen in Bezug auf den Neoliberalismus lautet, ob er ein Projekt zur Wiederherstellung der Klassenmacht oder eine kohärente Ideologie war. Wir haben gesehen, dass er beides war. In den Jahren nach 1945 verteidigten die Neoliberalen Seite an Seite mit der Internationalen Handelskammer die bedrohten Privilegien einer bestimmten Klasse. Sie besaßen jedoch größere Vorstellungskraft als ihre Partner. Ihr Radikalismus hatte stets das Potenzial, ein Eigenleben zu entwickeln. Die Neoliberalen arbeiteten zwar mit *internationalistischen* Organisationen zusammen, ihr *Globalismus* lief aber häufig auf Ziele hinaus, die ihre Gastgeber (und Geldgeber) nicht zwangsläufig teilten.

Als die Neoliberalen nach 1945 eine »gute« ITO vorschlugen, welche die nationale Souveränität einschränken und den Investorenrechten Vorrang vor den Bürgerrechten geben sollte, wurden sie als Dinosaurier oder Träumer abgestempelt. Aber was in den fünfziger Jahren als Versuch einer Rückkehr ins 19. Jahrhundert verurteilt wurde, ist Teil der Realität des 21. Jahrhunderts geworden.[127] In den neunziger Jahren verfünffachte sich die Zahl der nach dem ursprünglichen deutsch-pakistanischen Vertrag modellierten bilateralen Investitionsabkommen auf fast 2000.[128] Diese Abkommen und die dazugehörigen Einrichtungen dienten der Zementierung dessen, was ein Autor als »konstitutionellen Schutz für den Kapitalismus« bezeichnet hat, der auf dem Prinzip der Gleichsetzung von Menschenrechten und Unternehmensrechten beruhe.[129] Einige Historiker betrachten die siebziger Jahre als jene Zeit, in der »die Menschenrechte des Kapitals« durchgesetzt wurden.[130] Wie wir gesehen haben, hatte diese Bewegung eine Vorgeschichte.

Die Verteidigung der Rechte des Investors lag den neoliberalen Intellektuellen in der Frühzeit der Bewegung am Herzen. Ab den zwanziger Jahren kämpften sie mit ihren Partnern von der ICC für diese Rechte. Sie stellten diese Kampagne als Kampf für die Unantastbarkeit der Eigentumsrechte dar, aber zutreffender wäre es, von einem Kampf für die Unantastbarkeit der Freizügigkeit des Kapitals zu sprechen. Die Neoliberalen kämpften nicht für das Recht, zu besitzen und zu bleiben, sondern für das Recht, zu verkaufen und zu gehen. Während nach dem Zweiten Weltkrieg das internationale Recht überarbeitet wurde, um das Problem des Staatenlosen und des Flüchtlings zu lösen, wurde das internationale Wirtschaftsrecht entwickelt, um die Rechte dessen, was ein Zeitgenosse als »Geld auf der Flucht« bezeichnete, sowie das Menschenrecht auf Kapitalflucht zu schützen.[131] Wenn es stimmt, dass in den vierziger Jahren niemand glaubte, die Menschenrechte sollten auf Kosten der staatlichen Souveränität durchgesetzt werden (wie einige Historiker erklären), so ist es bemerkenswert, dass viele glaubten, die Rechte privater Kapitaleigentümer sollten sehr wohl auf Kosten dieser Souveränität durchgesetzt werden. Obwohl das internationale Investitionsrecht in der Praxis alles andere als einheitlich gehandhabt wird, liefert die Geschichte seiner Ursprünge in der Nachkriegszeit ein gutes Anschauungsbeispiel für den politischen Aktivismus der Neoliberalen im Bemühen, die Weltwirtschaft zu ummanteln.

5. Eine Welt der Rassen

> Ich möchte Ihnen Mills Ausspruch in Erinnerung rufen, dass es für »Wilde« keine Freiheit geben kann. Ersetzen wir dieses harte Wort durch »politisch und intellektuell unreife Völker« und denken wir über die These nach, dass eine umfassende Demokratie möglicherweise nicht das beste Regierungssystem für solche Völker ist, dass ein unbeschränktes Recht, zu wählen und die Männer auszusuchen, die das Land regieren sollen, zur Zerstörung vieler anderer Freiheitsrechte und jeder Aussicht auf eine wirkliche wirtschaftliche Entwicklung führen kann.
>
> *Fritz Machlup, 1969*

Die Neoliberalen stimmten der Auflösung der Kolonialreiche nach 1945 zu, allerdings nur unter der Bedingung, dass die Rechte der Kapitaleigentümer garantiert und die Nationalstaaten davon abgehalten wurden, den Strom von Geld und Gütern zu unterbinden. Aber wie konnte man solche Behinderungen in der Ära der Entkolonialisierung, in der Befreiung, Selbstbestimmung und Souveränität als definierende Merkmale der Staatlichkeit betrachtet wurden, vermeiden? In einer Versammlung der Mont Pèlerin Society in Sankt Moritz im Jahr 1957 beschrieb der britische Ökonom und spätere MPS-Vorsitzende Arthur Shenfield ein doppeltes Paradox. Erstens: »Der Liberale muss kein Demokrat sein, aber es ist ungewöhnlich schwierig für ihn, es nicht zu sein.« Zweitens: »Er muss den Anspruch der abhängigen Völker auf das Recht, sich selbst schlecht zu regieren, nicht anerkennen, aber es ist alles andere als einfach für ihn, es nicht zu tun.«[1] Fritz Machlup, ein weiteres Mitglied der Gesellschaft, drückte es ein Jahrzehnt später in einem Brief an Gottfried Haberler ähnlich aus: »[D]ie Kosten der Demokratie sind einigermaßen hoch. Sie macht es unmöglich, zu tun, was im öffentlichen Interesse getan werden sollte, und zwingt uns, zu tun, was nicht getan werden sollte.«[2]

Die Prinzipien von Massendemokratie und nationaler Selbstbestimmung waren unter den Neoliberalen umstritten. Beides war nützlich und konnte nicht leicht rückgängig gemacht werden, aber beides hatte auch das Potenzial, die Weltwirtschaft zu stören. In den Nachkriegsjahren schienen sich die Neoliberalen in einer aussichtslosen Position zu befinden. Wie seinerzeit die Nachfolgestaaten des Habsburgerreichs versuchten die neuen unabhängigen Länder in Afrika und Asien gemeinsam mit älteren Entwicklungsländern in Lateinamerika, eigene Industrien aufzubauen und gegen den globalen Wettbewerb zu schützen. Die maßgeblichen ökonomischen Theorien bestärkten die neuen Länder in ihrer Haltung. Von der Aufbruchsstimmung der Nachkriegszeit erfüllt und bemüht, die Entwicklungsländer von einem Wechsel ins kommunistische Lager abzuhalten, entwickelten amerikanische Gelehrte und Politiker eine Epistemologie, die das von Elizabeth Borgwardt als »New Deal für die Welt« bezeichnete politische Projekt absegnete, das Vollbeschäftigung, transnationale Gewerkschaften und vorteilhafte Bedingungen sowohl für die Wirtschaft als auch für das demokratische Regieren beinhaltete.[3] Die sogenannte Modernisierungstheorie zeichnete für die Volkswirtschaften der Entwicklungsländer einen Weg von der Agrarproduktion zum »Take-off« vor, womit ein Punkt gemeint war, an dem neue Technologien die Produktivität erhöhen und den allgemeinen Lebensstandard heben würden.[4] Die verspätete Entwicklung war in den Augen vieler Ökonomen kein Hindernis, sondern ein Glücksfall: Entwicklungsländer könnten von den »Vorteilen der Rückständigkeit« profitieren, indem sie einfach anderswo entwickelte Technologien übernahmen.

Ein Senator aus Nebraska brachte den Zeitgeist in dem denkwürdigen Versprechen zum Ausdruck, man werde den Entwicklungsstand von Schanghai »immer weiter heben, bis es schließlich so wie Kansas City ist«.[5]

Entgegen einer verbreiteten Einschätzung war die Modernisierungstheorie jedoch nie unangefochten. Die Neoliberalen bemängelten die Vision eines New Deal für die Welt von Anfang an. Die Mitglieder der MPS zählten zu den ersten Kritikern der Entwicklungshilfe und sahen in den postkolonialen Träumen von einer beschleunigten Industrialisierung die neueste Variante des Wirtschaftsnationalismus.[6] Hayek bezeichnete es als »naiven Trugschluss« zu glauben, die Industrialisierung sei der einzige Weg zur wirtschaftlichen Entwicklung.[7] Im Bretton-Woods-System, das auch als »eingebetteter Liberalismus« bezeichnet worden ist, sahen die Neoliberalen einen Weg in die Isolation, da es die Illusion der nationalen Autonomie förderte.[8] Ausgangspunkt für die neoliberale Kritik an den vorherrschenden Entwicklungstheorien war die Überzeugung, die Industrialisierung früher agrarisch geprägter Volkswirtschaften (wie jener der ehemaligen Kolonien) und der Schutz der Landwirtschaft in Industriestaaten (wie den europäischen Ländern) bringen die internationale Arbeitsteilung durcheinander und führen dazu, dass sich Länder auf Industriesektoren spezialisierten, für die sie keine geeigneten natürlichen Ressourcen mitbrächten. Eine wirklich liberale Weltwirtschaft, in der Kapital und Güter ungehindert ausgetauscht werden könnten, würde die effizienteste Nutzung der globalen Ressourcen ermöglichen. Die Integration in den Weltmarkt war demnach ein pädagogischer Prozess: Den postkolonialen Nationen durfte nicht erlaubt werden, sich von der Weltwirtschaft abzuschotten, sondern sie mussten den Wettbewerbskräften ausgesetzt werden, damit sie lernten, richtig auf die Nachfragesignale auf dem Weltmarkt zu reagieren. Mit dem Untergang der Kolonialreiche kam dem, was Ludwig von Mises als Reich des Wettbewerbs bezeichnete, wieder eine wichtige Rolle zu.

Die in den vorangegangenen Kapiteln beschriebenen neoliberalen Gegenvorschläge für eine weltwirtschaftliche Ordnung hatten zunächst kaum Erfolg. Die utopischen Ideen einer Ent-Planung wurden abgelehnt; den Vorzug erhielt die solidarische Absicherung gegen Risiken im Rahmen des Wohlfahrtsstaats. In den Freihandelsvereinbarungen der Nachkriegszeit wimmelte es von Ausnahmen, und der Internationale Währungsfonds hieß Kapitalverkehrskontrollen gut. Die Versuche zur Einführung universeller Investitionsschutzbestimmungen scheiterten an der nationalen Souveränität. Ein Teil des Problems schien zu sein, dass die Neoliberalen nicht begriffen, dass sich die Welt verändert hatte. Die von Hayek geforderten Xenos-Rechte hatten Ähnlichkeit mit dem Prinzip der Exterritorialität aus dem 19. Jahrhundert, das die Anwendung nationaler Gesetze auf Ausländer verhinderte. Hayek selbst schlug im Jahr 1953 vor, die US-Regierung solle amerikanische Auslandsinvestoren gegen Enteignungen oder die Blockade von Geldern durch ausländische Behörden versichern. Die Empfängerländer, erklärte er, sollten »amerikanischen Finanzinstituten erlauben, ungehindert auf ihrem Territorium tätig zu werden«.[9] Aber wer konnte sie dazu zwingen, und warum sollten sie eine solche Selbstherrlichkeit der westlichen Länder akzeptieren? Ludwig von Mises hatte bereits im Jahr 1943 auf das Problem hingewiesen: »Es ist eine Illusion zu glauben, solche Konflikte könnten von unparteiischen Schiedsgerichten beigelegt werden. Ein Gericht kann nur gestützt auf gesetzliche Bestimmungen Recht sprechen. Aber eben diese Vorschriften und Regeln werden angefochten.«[10]

Im selben Jahr zeigte sich auch Röpke, einer der frühesten Kritiker der Entwicklungshilfe, wenig überzeugt von der Möglichkeit, die Exterritorialität nach dem Ende der Kolonialzeit wiederzubeleben. Die früheren Kolonialmächte seien weder willens noch imstande, diese Rechte wiederherzustellen, schrieb er.[11] Ein Investitionskodex könne nützlich sein, da er »Normen schaffen würde, die offen zu verletzen gefährlich und zu umgehen unbequem wäre«.

Aber der Glaube, eine Lösung sei einfach eine Frage der Rechtsetzung, sei Ausdruck des »Juridizismus«, des »falschen Internationalismus« und – mit Blick auf das Scheitern der Wirtschaftsdiplomatie in den dreißiger Jahren – des irregeleiteten »Konferenzismus«.[12] Wer würde bei Verstößen vor Gericht ziehen? Die Vereinten Nationen, jene Organisation, die man so gestaltet habe, dass Europas Stimme verglichen mit jener der Entwicklungsländer kaum hörbar sei? Oder der Internationale Strafgerichtshof in Den Haag? Diese Fragen überhaupt zu stellen sei Ausdruck des »bittersten Sarkasmus«, meinte Röpke.[13] In seinen Augen war das nach dem Krieg errichtete internationale System eine Fehlkonstruktion. Es würde fatale Auswirkungen haben, sich darauf zu stützen, um eine faire Behandlung des globalen Kapitals durchzusetzen.

Das größte Hindernis sah Röpke jedoch nicht im Design, sondern in den schwerer korrigierbaren kulturellen Gegebenheiten. Er erklärte, in den Empfängerländern existierten einfach keine geeigneten moralischen Bedingungen, um die Sicherheit des Kapitals zu gewährleisten, und diese Bedingungen könnten erst in einem »noch nicht einmal mit Prophetenaugen zu sichtenden fernen Augenblick« geschaffen werden.[14] Dem Materialismus der Idee wirtschaftlicher Entwicklung setzte er eine »moralische Infrastruktur« entgegen.[15] Manche Völker wiesen jene Merkmale auf, die Voraussetzung für den Erfolg im System des globalen Kapitalismus seien, aber für andere gelte das nicht – und daran lasse sich kaum etwas ändern.

In meiner bisherigen Darstellung habe ich mich auf die Frage konzentriert, wie Recht und Ökonomie einander im Bemühen um die Errichtung einer für das Kapital sicheren Welt ergänzten. Im Folgenden werde ich mich einer dritten Variable zuwenden, die in der kaum beachteten Beziehung der Neoliberalen zum südlichen Afrika erkennbar wird: der Rasse. Südafrika und Rhodesien galten in der Neuorganisation der Welt nach dem Zweiten Weltkrieg als Grenzfälle. Während das Prinzip der ethnischen Hierarchie global auf dem Rückzug war, hielten diese Länder formal an dieser Herrschaftsstrategie fest. Nach der Einführung der Apartheid im Jahr 1948 trat Südafrika 1961 mit beinahe universeller Zustimmung – insbesondere in den Vereinten Nationen – aus dem britischen Commonwealth aus.[16] Rhodesien erklärte sich im Jahr 1965 unilateral für unabhängig und verließ unter weißer Herrschaft das Commonwealth. In beiden Ländern wurde die nichtweiße Bevölkerung sowohl in den demokratischen Abläufen als auch im Alltagsleben institutionell diskriminiert.

Die von Südafrika und Rhodesien praktizierte alternative Version der Entkolonialisierung wurde von den internationalen Organisationen und der Weltöffentlichkeit abgelehnt, aber unter den Neoliberalen hatte sie einige Fürsprecher. Die MPS war in dieser Frage gespalten. Auf der einen Seite stand Wilhelm Röpke, der Anfang der sechziger Jahre der wichtigste Befürworter der weißen Herrschaft in Südafrika war. Seine idiosynkratische Verwandlung zu einem unerschütterlichen Verteidiger der Apartheid hatte in den dreißiger Jahren begonnen, als er gemeinsam mit Alexander Rüstow die Entwicklung eines extraökonomischen Rahmens gefordert hatte, der dem Liberalismus Halt geben sollte. Angesichts der wachsenden Zweifel an der Möglichkeit, die globale Wirtschaftsordnung in der Ära der Entkolonialisierung wiederherzustellen, fand Röpke eine Erklärung in angeblich angeborenen rassischen Merkmalen und unterzog den Imperialismus, den er bis dahin verurteilt hatte, einer Neubewertung.

Röpkes Einstellung zur Apartheid ist ein Problem für seine zahlreichen Anhänger. Sieht man von einer Ausnahme ab, so wird eine Auseinandersetzung mit seiner leidenschaftlichen Verteidigung Südafrikas in den gelehrten Abhandlungen über sein Werk vermieden, und in einer ansonsten vollständigen Biografie wird seine Haltung in dieser Frage nicht erwähnt.[17] Seine Wortwahl passt auch nicht in die intellektuelle Geschichte der neoliberalen Bewegung von den zwanziger bis zu den achtziger Jahren, in der eine offene

Verteidigung der rassischen Hierarchie nur eine marginale Rolle spielt. Röpkes Einstellung zur Apartheid führte zu seiner Entfremdung von Denkern wie Hayek, Mises und Heilperin und brachte ihn den traditionalistischen Konservativen der amerikanischen Neuen Rechten näher, darunter insbesondere William F. Buckley, der in den antikolonialen Bewegungen und im Kampf der Afroamerikaner für die Bürgerrechte in den Vereinigten Staaten auch einen Angriff auf die Fundamente der westlichen Zivilisation sah.[18] Anfang der sechziger Jahre gelangte Röpke zu der Überzeugung, Südafrika sei das wichtigste Bollwerk im globalen Kampf gegen die wirtschaftliche Unordnung. In seiner persönlichen Fusion von Neoliberalismus und traditionalistischem Konservatismus nahm die Suprematie der Weißen in Südafrika einen zentralen Platz im extraökonomischen Rahmen der Weltwirtschaft ein.

Kein anderer Neoliberaler verteidigte die Apartheid auf dieselbe Art wie Röpke, der zu dem Zeitpunkt, als er klar für das Apartheidregime Stellung bezog, bereits aus der MPS ausgeschieden war. Doch mehrere andere neoliberale Denker unterschieden zwischen der Apartheid als umfassendem System der Rassentrennung und der Frage des Wahlrechts für die schwarze Bevölkerung. Sie erklärten wie Machlup in der Passage, die diesem Kapitel vorangestellt ist, dass man bestimmten Bevölkerungen unter Umständen nur eingeschränkte demokratische Rechte zugestehen könne, wenn man Stabilität und Wohlstand eines Landes erhalten wollte.[19] Um die wirtschaftliche Freiheit zu verteidigen, könnten Beschränkungen der politischen Freiheit, wie sie allgemein verstanden werde, erforderlich werden. Prominente Neoliberale wie Milton Friedman, John Davenport und Arthur Shenfield schlossen sich dieser Einschätzung an und lehnten ein allgemeines Wahlrecht in Südafrika ab.

Es mag überraschen, dass der vielleicht wichtigste Kritiker eines gleichen Wahlrechts für alle Bürger ausgerechnet jene Person war, die in der libertären Bewegung als einer der »ursprünglichen und leidenschaftlichsten Gegner der Apartheid in Südafrika« gepriesen wurde: der britische Ökonom William H. Hutt, der seit 1948 der MPS angehörte und an der London School of Economics (LSE) studiert hatte.[20] Sein Ansehen verdankt Hutt dem 1964 erschienenen Buch *The Economics of the Colour Bar*.[21] Darin sprach er sich für Nichtdiskriminierung auf dem Arbeitsmarkt aus, schlug gleichzeitig jedoch eine Einschränkung des Wahlrechts vor, um den Markt gegen den schädlichen Einfluss einer ermächtigten Bevölkerung abzuschirmen. (Diesbezüglich berief sich Hutt ausdrücklich auf Hayek.) Von den vierziger Jahren bis zu seinem Tod im Jahr 1988 sprach sich Hutt für ein gewichtetes Wahlrecht in (solange es existierte) Rhodesien und Südafrika aus, um den schädlichen Auswirkungen der Demokratie zu begegnen. Andere Neoliberale stimmten seiner Forderung nach einem farbenblinden Markt zu, der jedoch mit einem Wahlrecht verbunden sein sollte, das in erster Linie zwischen Schwarz und Weiß unterscheiden und in der Folge Reichen und Armen unterschiedliche Stimmrechte zugestehen würde.

Eine weitere Haltung gegenüber Südafrika, mit der wir uns beschäftigen werden, ist die Hayeks. Nachdem er das Land zweimal besucht hatte, verurteilte Hayek die Apartheid unmissverständlich und erklärte, sie sei »sowohl ein Unrecht als auch ein Fehler«.[22] Noch schärfer verurteilte er jedoch die Versuche internationaler Organisationen, das Apartheidregime mit Sanktionen und Embargos zu einem innenpolitischen Kurswechsel zu bewegen. Die neoliberale Vorstellung von der Weltregierung kam eher in den Reaktionen Hutts und Hayeks zum Ausdruck als in Röpkes Beschwörung einer Welt der Rassen. Hutt schlug Einschränkungen der Demokratie vor, um die Wahrscheinlichkeit von Protektionismus und Umverteilungsmaßnahmen zu verringern, und Hayeks militanter Globalismus erforderte, dass das Wohl des Weltwirtschaftssystems gegen die zerstörerischen Forderungen einer globalisierten Moralität verteidigt wurde.

Röpke und die »Zambesi-Linie«

Als sich die Entkolonialisierungsbewegung rund um den Erdball ausdehnte, geriet das weiße Minderheitsregime in Südafrika unter wachsenden internationalen Druck. Nach dem Sharpeville-Massaker in Transvaal, wo die Polizei im Jahr 1960 69 Menschen tötete, die gegen die segregationistischen Passgesetze demonstrierten, und dem folgenden Verbot aller Anti-Apartheid-Gruppen konnte man kaum noch behaupten, Südafrika sei kein rassistischer Polizeistaat.[23] Die Vereinigten Staaten kritisierten das südafrikanische Regime offiziell ab 1958, als die Regierung Eisenhower erstmals einer Uno-Resolution gegen die Apartheid zustimmte.[24] Historiker haben das schwankende Vorgehen der US-Regierung nachverfolgt, die mit symbolischen Akten wie einem partiellen Waffenembargo gegen Südafrika im Jahr 1963 versuchte, der öffentlichen Meinung in Afrika und Asien entgegenzukommen und zugleich die wirtschaftlichen und politischen Beziehungen zu Südafrika aufrechtzuerhalten, was nicht zuletzt daran lag, dass die Vereinigten Staaten auf die Lieferungen von Uran und anderen strategischen Bodenschätzen aus diesem Land angewiesen waren.[25]

In dieser Atmosphäre veröffentlichte Röpke im Jahr 1964 einen Artikel, den er als »Versuch einer positiven Würdigung« Südafrikas bezeichnete. In diesem Pamphlet erklärte er, »daß die Neger Südafrikas nicht nur Menschen von einer geradezu extrem anderen Rasse sind, sondern zugleich einer völlig anderen Art und Stufe der Zivilisation angehören«.[26] Er beschrieb Südafrika als einen der »blühendsten und in gewissen Hinsichten unersetzlichsten Teile der Weltwirtschaft«, was das Land der »außerordentlichen Qualität seiner weißen Bevölkerung« verdanke, die es »unter einem ungewöhnlich günstigen Klima und mit einem Pioniergeist, der nur noch mit demjenigen der Vereinigten Staaten verglichen werden« könne, »in Jahrhunderten härtester Arbeit und unter unvorstellbaren Entbehrungen zu einem Stück unserer eigenen westlichen Welt«

gemacht hätten.[27] Als wichtigste wirtschaftliche Vorzüge Südafrikas bezeichnete er seine Attraktivität für Touristen, die mäßige Steuerlast sowie die hohen Renditen, die das Land ausländischen Investoren anbieten könne.[28]

Die Apartheid hielt Röpke nicht für ein Unterdrückungsregime. Vielmehr sah er darin »die spezifische Form, in der Südafrika die diesem Lande entsprechende Politik der ›Entkolonisierung‹ und der ›Entwicklungshilfe‹ betreibt«.[29] Die getrennte Entwicklung sei notwendig, weil sich die nichtweiße Bevölkerung Südafrikas auf »einer gänzlich verschiedenen und eine geistig-politische Verschmelzung mit den Europäern ausschließenden Zivilisationsstufe« befinde und weil »die Europäer, die die politische, kulturelle und wirtschaftliche Ordnung des Landes tragen«, von der schwarzen Bevölkerung »erdrückt zu werden drohen«.[30] Er zog eine Parallele zur Beziehung zwischen der jüdischen Bevölkerung Israels und den Arabern und erklärte, wie die Juden würden die Weißen Südafrikas »nationalen Selbstmord« begehen, wenn sie der schwarzen Bevölkerung die völlige politische Gleichberechtigung zugeständen.[31]

Angesichts seiner Schriften aus den dreißiger und vierziger Jahren, in denen die Rasse als analytische Kategorie praktisch keine Rolle spielte – und mit Blick auf seinen prinzipientreuen Widerstand gegen den Antisemitismus, der ihn zur Emigration aus Hitler-Deutschland zwang –, verblüfft es, dass Röpke Südafrika in den sechziger Jahren in seiner politischen Geografie als weiße Bastion pries.[32] Um zu verhindern, dass sich das Land »in eine Art von Kongo oder Indonesien« verwandle, schlug er eine »Zambesi-Linie« vor, »die den von den Schwarzen beherrschten Nordteil des Kontinents von dem durch die Weißen beherrschten Süden trennen würde«.[33] Röpke glaubte, aufgrund der ethnischen Unterschiede sowie wirtschaftlicher und realpolitischer Erfordernisse müsse die weiße Vormachtstellung in Südafrika aufrechterhalten werden.

Die südafrikanische Regierung war dankbar für diese rhetorische Unterstützung. Sie gab drei Übersetzungen und den Druck von 16000 Exemplaren des Buchs in Auftrag, in dem der Artikel erscheinen sollte.[34] Im Jahr darauf ließ sie 20000 Exemplare des Artikels drucken, um sie in den Vereinigten Staaten zu verteilen.[35] Verteidiger der Apartheid beriefen sich in ihren Veröffentlichungen auf Röpkes Arbeit.[36] In dieser konnte sich Röpke dabei nicht auf seine gewohnten europäischen Verbündeten stützen, die eine andere Haltung als er einnahmen. Die Herausgeber der wirtschaftsliberalen *Neuen Zürcher Zeitung*, mit der er seit drei Jahrzehnten zusammenarbeitete, teilten seine Begeisterung für Hendrik Verwoerds Regime nicht.[37] Die Zeitung veröffentlichte eine Protesterklärung ausländischer Studenten, als Röpke seinen Artikel im Juli 1964 im Rahmen einer Vortragsreihe über Afrika in Zürich vorlegte.[38] »Zufrieden werden diese *NZZ*-Intellektuellen erst sein, wenn Sie einen echten Kannibalen sprechen lassen«, schrieb Röpke an den Schweizer Geschäftsmann und ehemaligen europäischen MPS-Sekretär Albert Hunold, der die Vortragsreihe organisiert hatte und seit Mitte der sechziger Jahre sein wichtigster Mitarbeiter war.[39] Röpke sprach sich auch für die Einbeziehung eines weiteren Vortragenden aus, des deutschen Kolonialhistorikers Wahrhold Drascher, der in der Kritik stand, seit bekannt geworden war, dass er im Dritten Reich eine suprematistische Monografie mit dem Titel *Die Vorherrschaft der weißen Rasse: Die Ausbreitung des abendländischen Lebensbereiches auf die überseeischen Erdteile* (1936) veröffentlicht hatte.[40] In einem persönlichen Schreiben lobte Drascher Röpkes Artikel über Südafrika als »herausragend«.[41]

Röpke und Hunold waren sich der Tatsache bewusst, dass ihre Haltung in der Frage der Apartheid mit jener des Kerns der neoliberalen Bewegung unvereinbar war. Hunold schrieb aus Südafrika an Röpke, dass ihr ehemaliger Weggefährte Hayek für das Prinzip »Ein Mann, eine Stimme« und »für Rassenmischung« eingetreten sei, und urteilte mit offener Geringschätzung: »Mich wundert nichts mehr bei Hayek.«[42] In der Frage der Apartheid fanden Röpke und Hunold ihre wichtigsten Verbündeten nicht unter den europäischen

Neoliberalen, sondern bei Vertretern der amerikanischen Neuen Rechten, deren Vorstellungen sich teilweise mit denen der Neoliberalen überschnitten, wobei sie jedoch oft größere Bereitschaft zeigten, das Prinzip der weißen Vormachtstellung zu verteidigen.[43] In den fünfziger Jahren diente Röpke der entstehenden konservativen Bewegung in den Vereinigten Staaten als zuverlässige Informationsquelle zu Fragen der europäischen Integration, des Wiederaufbaus nach dem Krieg und der internationalen Ökonomie. Buckley und Russell Kirk, die Galionsfiguren der Bewegung, führten eine rege Korrespondenz mit Röpke und arbeiteten eng mit ihm zusammen, und im Jahr 1955 tauchte sein Name im Impressum der ersten Ausgaben von *National Review* und *Modern Age* auf, den Flaggschiffpublikationen der New Right.[44] Im Jahr 1956 bezeichnete Buckley sich als »Schüler« Röpkes.[45] In ihrer Korrespondenz machte Kirk klar, wie viel er Röpkes Einfluss verdankte, und pries ihn als größte Hoffnung für eine »Humanisierung des wirtschaftlichen Denkens«.[46] Nach der Veröffentlichung von Röpkes Artikel über Südafrika gratulierte ihm der libertäre Zeitungskolumnist Lawrence Fertig schriftlich, lobte Röpkes »Mut« und »große Integrität« und erklärte, Röpkes Einfluss habe seine Vorstellungen geprägt.[47] Der Agrarökonom Karl Brandt von der Universität Stanford (ein deutscher Emigrant), der seinerzeit den Namen Mont Pèlerin Society vorgeschlagen hatte, bezeichnete den Artikel als »sehr raffinierte und gleichzeitig enorm klare Exposition der Philosophie der Freiheit«.[48] Nachdem Buckley die Regierung Verwoerd in einem eigenen Artikel verteidigt hatte, schrieb er, Röpkes Lob für seine Arbeit mache ihn »sehr stolz«.[49]

Wie ist Röpkes Rassismus mit der neoliberalen Vorstellung von der besten Weltordnung in Einklang zu bringen, die eine Anerkennung der demokratischen Selbstbestimmung unter der Bedingung beinhaltete, dass Freihandel und Freizügigkeit des Kapitals garantiert wurden? Wie in Kapitel 2 erwähnt, gelangte Röpke in der Auseinandersetzung mit der Weltwirtschaft der dreißiger Jahre zu der

Überzeugung, dass extraökonomische Faktoren unverzichtbar für die Erhaltung einer freien Weltwirtschaft waren. Er glaubte, der Goldstandard und die Freizügigkeit von Kapital und Gütern hätten bis zum Ersten Weltkrieg als »eine Art von ungeschriebener internationaler Ordnung, als säkularisierte Res Publica Christiana« gedient, die sich »aus diesem Grund in der Welt ausbreitete«, was zur »politischen und moralischen Integration der Welt« führte.[50] Ein Ökonom weist darauf hin, dass das System ebenso sehr auf »informellen Beschränkungen, das heißt auf außergesetzlichen Normen, Konventionen und moralischen Verhaltenskodizes« beruhte wie auf nationalen Gesetzen.[51] In Röpkes Augen war die Zugehörigkeit zur internationalen Gesellschaft gleichbedeutend damit, ein verantwortungsbewusster Akteur auf dem freien Markt zu sein. Die liberale Weltordnung, die aus der christlichen Ordnung hervorgegangen war, wurde als ein System formal ungeregelter wirtschaftlicher Erwartungen und Interaktionen definiert – sie war eine Wertegemeinschaft, der sich die einzelnen Volkswirtschaften anschließen und aus der sie sich wieder zurückziehen konnten, die jedoch nicht von supranationalen Institutionen per Gesetz ins Leben gerufen werden konnte.

In Röpkes Darstellung der Ära vor 1914, die er als »das Abendrot des strahlenden Sonnentages der abendländischen Welt« beschrieb, war die Tatsache, dass das 19. Jahrhundert auch die Ära des Imperialismus gewesen war, in der die europäischen Mächte einen großen Teil der Erdoberfläche untereinander aufgeteilt hatten, nur ein Randthema.[52] Was konnte man also in der Nachkriegswelt tun, da sowohl die religiöse Grundlage der internationalen Gesellschaft zerstört als auch die Gemeinschaft des »Westens« durch die Entkolonialisierung zerstückelt worden war? In der Zwickmühle, in der sich Röpke in den fünfziger Jahren gefangen sah, befanden sich auch viele andere Konservative und sogar Zentristen: Wie konnte die koloniale Weltordnung aufgelöst werden, ohne dass der Westen die Kontrolle über die nichtweiße Welt verlor?[53]

Röpke lehnte eine demokratische Weltregierung mit gleichberechtigten postkolonialen Nationen als einen westlichen Todeswunsch ab: Man könne nicht erwarten, schrieb er, dass die freie Welt Selbstmord begehe.[54]

Einer von Röpkes konkreten Vorschlägen bestand in einer Art von Föderation, die sich an dem von Robbins und Hayek in den dreißiger Jahren entwickelten Konzept orientieren sollte: Die Nationen sollten formale politische Souveränität, aber nur eine eingeschränkte wirtschaftliche Autonomie erhalten, die durch ungehinderte Kapital- und Investitionsströme über die Grenzen hinweg reguliert werden sollte.[55] Röpkes Empfehlung, die Wirtschaft eines erholten Westdeutschland sollte exportorientiert sein, beruhte teilweise auf der Vorstellung, dass die Abhängigkeit von Verschiebungen auf dem Weltmarkt Versuche unterbinden würde, zu einer weitreichenden und langfristigen Planwirtschaft überzugehen.[56] Seine globale Vision deckte sich mit dem »neuformulierten Föderalismus«, den Bernhard Walpen als Grundmerkmal des neoliberalen Denkens betrachtet; die Neoliberalen strebten demnach eine Dezentralisierung der Befugnisse an, um die Fähigkeit zur kollektiven Entscheidung über »die emanzipatorische Ausgestaltung des Gesamtgesellschaftlichen« zu beseitigen.[57] Wie in der Vision von Robbins und Hayek sollte eine lockere Weltföderation verhindern, dass die Erwartungen der Masse der Bevölkerung verwirklicht wurden, denn die allgegenwärtige Gefahr der Kapitalflucht würde Forderungen nach einer Ausweitung der Sozialpolitik im Keim ersticken. Wenn die wirtschaftlichen Akteure mit den Füßen – und mit ihrem Vermögen – abstimmen konnten, würde es nicht schwierig sein, Vorhaben für den Aufbau eines Wohlfahrtsstaats zu unterbinden.[58]

Röpke prognostizierte, die disziplinierende Funktion einer offenen Weltwirtschaft werde mit einer Verschanzung der Zivilisationsblöcke in Reaktion auf das einhergehen, was er als »Hannibal ante portas« bezeichnete, um an eine frühere Bedrohung der abendländischen Zivilisation zu erinnern.[59] Röpkes Hannibal war weniger die Sowjetunion, die im Diskurs der deutschen Konservativen oft als asiatisch dargestellt wurde, sondern vielmehr jener Teil der Welt, der die Kolonialherrschaft abschüttelte. »Gerade in dem Maße, wie sich die außereuropäischen Großmächte erheben und die Zivilisationen anderer Kontinente uns mit herablassendem Selbstbewußtsein zu begegnen beginnen, wird es ebenso notwendig wie natürlich sein, daß das geistig-moralische Zusammengehörigkeitsgefühl der Europäer mächtig anschwillt.«[60] Die Grenzen der belagerten zivilisatorischen Gemeinschaft reichten über den Kontinent hinaus. Röpke erklärte, »daß eine geistig-politische Integration Europas [...] nur noch Sinn hat im Rahmen einer höheren, über den Atlantik hinausgreifenden Sammlung und Organisierung des Widerstandspotentials des *gesamten* Abendlandes«.[61] Es werde eine moralisch gestärkte abendländische Festung entstehen, um den Westen gegen die mutig gewordenen Bevölkerungen in der übrigen Welt zu verteidigen, die nicht in der moralischen Gemeinschaft verankert seien, die den Westen zusammenhalte.[62]

Röpkes normative Vision für den Westen und seine Angst vor Verschiebungen in der globalen rassischen Ordnung überschnitten sich in vielen Bereichen mit dem Atlantizismus, dessen Entwicklung Historiker von den Aufrufen zur Gründung einer angloamerikanischen Union um die Jahrhundertwende bis zu Clarence Streits Visionen für eine föderalistische Verschmelzung der Vereinigten Staaten mit Großbritannien und Westeuropa in den dreißiger und vierziger Jahren dokumentiert haben.[63] Wie wir in Kapitel 6 sehen werden, lehnte Röpke die Gründung der EWG mit der Begründung ab, sie werde eine riesige Bürokratie hervorbringen und sozialistische Tendenzen in Westeuropa stärken.[64] Stattdessen sprach er sich für eine europäische Freihandelszone aus, die auch Großbritannien beinhalten und in Einklang mit seiner föderalistischen Vision auf Freihandel und frei konvertierbaren Währungen beruhen, aber ohne supranationale Planungsbehörden auskommen sollte.[65]

Wie ein Autor beobachtet hat, glaubte Röpke so wie Ludwig Erhard, die Integration dürfe nicht »auf Kosten der atlantischen Gemeinschaft« erfolgen, und griff »auf den Begriff des Abendlandes zurück, welcher die kulturellen, politischen, gesellschaftlichen und historischen Gemeinsamkeiten betonte«.[66]

Durch ihr gemeinsames christliches Erbe verbunden, trugen Westeuropa und Nordamerika in Röpkes Augen die Verantwortung für die Wiederherstellung der nach 1914 zerstörten freiheitlichen internationalen Wirtschaftsordnung. Andere neoliberale Denker maßen Kultur und Ethnie nach 1945 keine zentrale Rolle bei, aber Röpke beharrte auf ihrer Bedeutung. »Der schreckliche Rassenwahn«, schrieb er im Jahr 1965, rechtfertige es nicht, »zu leugnen, dass es so etwas wie Ethnos, Rasse gibt, und diese etwas von elementarer Bedeutung ist.«[67] An der Literatur, auf die er in den Fußnoten verwies, fällt ein ausgeprägter hierarchischer biologistischer Essentialismus auf. Zu den Arbeiten, die er auf dem Gebiet der »Ethnopsychologie« empfahl, zählte eine Studie, deren Autor zu dem Schluss gelangt war, die geistigen Fähigkeiten seien bei Völkern und Rassen, die an das Leben in kalten und gemäßigten Klimazonen angepasst seien, adäquat, »während sie bei jenen, die an heiße Klimazonen angepasst sind, unzureichend sind«; dieser Autor warnte vor der »tödlichen Macht in der Hand von Nationalstaaten, die von nicht zum rationalen Denken fähigen Bevölkerungen dominiert sind«.[68] Zu einer Zeit, als das Konzept der biologischen Rasse in vielen Sozialwissenschaften eingemottet beziehungsweise neu definiert wurde, rückte Röpke es in den Mittelpunkt seiner Analyse.

Der Kampf gegen den globalen New Deal

Die Vereinigten Staaten nahmen einen zentralen Platz in Röpkes Vision vom Umbau der westlichen Welt ein. Doch in den fünfziger Jahren hatte er den Eindruck gewonnen, dass sich die amerikanische Regierung nach Kräften bemühte, die Auflösung der Weltordnung zu beschleunigen. Die Probleme hatten mit dem New Deal begonnen: Die gewerkschaftliche Organisation der Arbeiterschaft, der Protektionismus und die Planwirtschaft hatten die wirtschaftlichen Abläufe »politisiert« und die Fundamente der freien internationalen Wirtschaftsbeziehungen unterspült.[69] Der interventionistische Staat war der Widersacher der freien Weltwirtschaft, weil er die arbeitende Bevölkerung ermächtigen wollte, ihr Schicksal selbst zu bestimmen, und weil er den Lebensstandard auf dem nationalen Territorium zu heben versuchte. Nach dem Zweiten Weltkrieg exportierten die Vereinigten Staaten diese Erwartungen zuerst nach Westeuropa und dann in die Weltregionen, die sich von der Kolonialherrschaft befreiten. Die Wirtschaftsverfassung der Welt – die für eine strikte Trennung zwischen der Welt der Staaten und der Welt der Wirtschaft sorgte – wurde von der amerikanischen Politik ausgehöhlt.

In einem seiner ersten Artikel in der konservativen amerikanischen Zeitschrift *The Freeman* nahm Röpke die im Krieg entwickelte Vision eines New Deal für die Welt ins Visier. Zu Roosevelts sozioökonomischem Versprechen der »Vier Freiheiten« aus dem Jahr 1941 erklärte er: »Es ist unwahrscheinlich, dass sich der wirkliche Liberale mit wohlklingenden Phrasen wie jener der ›Freiheit von Not‹ einwickeln lassen wird, mit denen das Wesen der Freiheit dem Kollektivismus geopfert wird.«[70] Seit der Verkündigung der Atlantik-Charta hatte Röpke befürchtet, »die Kehrseite des totalen Kriegs« seien »die umfassenden wohlfahrtsstaatlichen Erwartungen der für den Kriegsdienst mobilisierten Menschen«.[71] Um den Krieg zu gewinnen, hatte Roosevelt in Röpkes Augen den Geist des »Egalitarismus« aus der Flasche gelassen, und es würde schwierig werden, ihn wieder in die Flasche zu bringen. Indem man die Demokratie mit wirtschaftlichem Inhalt fülle, beschwöre man eine katastrophale Destabilisierung herauf.

Die erste Konsequenz der internationalen Ausbreitung des New

Deal waren die unterschiedlichen Experimente mit der wirtschaftlichen Planung in Westeuropa nach dem Zweiten Weltkrieg.[72] Ein Senator aus Missouri, der im Jahr 1950 Kritik an der Hilfe für Großbritannien und Frankreich im Rahmen des Marshallplans äußerte, berief sich auf Röpkes Analyse und erklärte, der Marshallplan, »der Westeuropa aus dem Sumpf der kollektivistischen, nationalistischen Wirtschaftspolitik hätte ziehen sollen«, drohe stattdessen, »einen neuen Superkollektivismus auf suprastaatlicher Ebene heraufzubeschwören«.[73] Röpke bezeichnete die amerikanische Unterstützung für die Planungsgremien der Europäischen Wirtschaftsgemeinschaft in einer farbenfrohen Sprache als »vulgäre Gigantolatrie und Technolatrie«.[74] Die internationalen Organisationen, erklärte er, drohten die schädlichen Auswirkungen der Planwirtschaft zu vergrößern. Im Jahr 1952 veröffentlichte die American Enterprise Association (die später in American Enterprise Institute umbenannt wurde) Röpkes Kritik am UN-Bericht über nationale und internationale Maßnahmen für Vollbeschäftigung (1949), der im Wesentlichen von britischen und französischen Keynesianern verfasst worden war.[75] Röpke schrieb, es gebe »keine wirtschaftliche Frage, die so attraktiv scheint und doch so gefährlich sein kann wie jene, die auf dem irreführenden und heftig umstrittenen Konzept« der Vollbeschäftigung beruhe, und warnte, dass der Bericht ein Beleg für eine gefährliche Verschiebung von der »nationalen Planung« zur »internationalen Planung« sei.[76]

Eine weitere Zielscheibe für Röpkes Kritik war Präsident Kennedys 1961 vorgestelltes »New Frontier«-Programm. Im April 1963 veröffentlichte Röpke im *Wall Street Journal* einen halbseitigen Leitartikel unter der Überschrift »Washingtons Wirtschaftspolitik: Ein deutscher Gelehrter sieht die Nation auf dem Weg in den Fiskalsozialismus«. In einem ersten Frontalangriff verknüpfte Röpke den New Deal mit dem »New Frontier«-Programm: »Vor dreißig Jahren übte ich in einem Artikel heftige Kritik an der Wirtschaftspolitik Präsident Roosevelts im Namen eines ›New Deal‹.« Präsident Kennedys »New Frontier« schien Röpke nicht weniger gefährlich: »Die Ähnlichkeit zwischen dem ›New Deal‹ und der ›New Frontier‹ kommt nicht nur im allgemeinen Schwund des Vertrauens der Wirtschaft, sondern auch in einer offen herausfordernden Verherrlichung des ›großen Staates‹ und in der haushaltspolitischen Megalomanie zum Ausdruck, die diesem fragwürdigen Ideal dient.« Beide Programme, erklärte Röpke, kapitulierten vor den steigenden Lohnforderungen der Gewerkschaften und gingen mit einer expansiven Geldpolitik einher, welche die Inflation antreibt und Ausdruck »der Tendenz des zunehmend zentralisierten Staates unserer Zeit ist, Gesellschaft und Wirtschaft wie eine parasitäre Schlingpflanze zu umfangen«.[77]

Das »New Frontier«-Programm schien Röpke besonders gefährlich, weil es tatsächlich ein *globaler* New Deal war. In Erweiterung von Röpkes Metapher könnte man sagen, dass sich die Schlingpflanzen des Staates mittels eines expansiven Programms der Auslandshilfe, das den westdeutschen Partner bis 1960 eingebunden hatte, und eines aggressiveren Einsatzes der Gewerkschaften einschließlich der Gründung des American Institute of Free Labor Development im Rahmen von Kennedys »Alliance for Progress« in die Welt vortasteten. Röpke bezeichnete Entwicklungshilfe als »die große Maßnahme, mit der die Ideen und Methoden der kollektivistischen Politik in die Weltwirtschaft eingeführt werden«, und kritisierte insbesondere den Ökonomen Gunnar Myrdal, der eine Übertragung des modernen westlichen Wohlfahrtsstaats auf die »unentwickelte« Welt forderte (Röpke vermied bewusst den normativen Begriff »*unter*entwickelt«).[78]

In seinem Artikel nannte Röpke zwei Verfechter des keynesianischen Wachstumsmodells und der Modernisierungstheorie namentlich: John Kenneth Galbraith und Walt Whitman Rostow. Er warf Rostow vor, eine »neue Version der rooseveltschen Illusion im Gewand des wirtschaftlichen Determinismus« zu predigen, »der keineswegs so weit vom marxistischen entfernt ist, wie Prof. Rostow anscheinend glaubt«. Stattdessen habe das in der Modernisierungstheorie enthaltene Versprechen der globalen wirtschaftlichen Nivellierung die Ideologie des Lebensstandards gefördert und »mehr zur gegenwärtigen Macht des Kommunismus beigetragen als das ganze Arsenal von kommunistischen Panzern, Raketen und Divisionen«.[79] Mit anderen Worten, Röpke verurteilte ebenjenes Merkmal der Entwicklungspolitik, das in den fünfziger Jahren einen Konsens darüber ermöglichte: Sie konzentrierte sich auf die Erhöhung der Produktion, ohne übermäßig genaue Vorschriften dazu zu machen, welcher Weg eingeschlagen werden sollte, um dieses Ziel zu erreichen.[80]

Röpke glaubte, der »einseitige Ökonomismus«, der materialistische Maßstäbe des Fortschritts sowie eine Fixierung auf die Industrialisierung in den globalen Süden exportiere, werde zu weltweiter Inflation, zu einer Erosion der globalen Nahrungsmittelversorgung und zur Entstehung eines von seinen Traditionen entfremdeten globalen urbanen Proletariats führen.[81] Er vermutete, eine wirtschaftlich nivellierte Welt sei einfach unmöglich und die Entwicklungsländer müssten unter Umständen unterentwickelt bleiben, um eine »Überindustrialisierung« und eine »›Unteragrarisierung‹ der Welt« zu vermeiden.[82] Abgesehen von der strukturellen Unausgewogenheit einer vollkommen industrialisierten Welt, erklärte er, existierten die für die Industrialisierung erforderlichen Bedingungen in der Dritten Welt nicht. Er berief sich auf einen kulturellen Essentialismus, um die globalen Vermögensunterschiede zu erklären: »Die ›reichen‹ Länder von heute sind deshalb reich, weil zu der notwendigen Voraussetzung der modernen Technik und ihrer industriellen Anwendung die weitere einer bestimmten Wirtschaftsordnung und des ihr entsprechenden Geistes tritt.«[83] Es sei eine unangenehme, aber unanfechtbare Tatsache, dass dieser Geist »nur in einem scharf umgrenzten Bereich« zu finden sei, »nämlich in den vollentfalteten Industrieländern der freien Welt«.[84] Ein Politikwissenschaftler erklärt, Röpke sei der Ansicht gewesen, die Industrialisierungsvorhaben im globalen Süden seien aufgrund des dort verbreiteten »Mangels an Pünktlichkeit, Verlässlichkeit und der Neigung zu sparen und zu erschaffen« zum Scheitern verurteilt.[85]

Razeen Sally beschreibt Röpkes Modell als einen internationalen »Liberalismus von unten«, der in außergesetzlichen Praktiken wurzle. Das ist richtig, aber Sally lässt die eingebauten kulturellen Beschränkungen des Modells außer Acht.[86] In Röpkes Augen waren einige Entwicklungsrouten und damit mögliche Zukünfte für die postkolonialen Länder von Anfang an undenkbar. Er war überzeugt, das im Ethos des Wohlfahrtsstaats enthaltene Recht auf Gleichheit sei in globalem Maßstab ebenso wenig praktikabel und ebenso unklug wie auf nationaler Ebene. Er betrachtete die Ungleichheit als ein unvermeidliches Merkmal der kapitalistischen Gesellschaft. Während das »Versprechen der Gleichmäßigkeit« als eines der verlockendsten Merkmale der Modernisierungstheorie gilt, betrachtete Röpke die Ungleichmäßigkeit als unabänderlichen Zustand der internationalen Arbeitsteilung.[87]

An einem einzigen Tag im Jahr 1963 schlossen sich drei Kongressabgeordnete Röpkes Polemik gegen Kennedys Vorhaben an, und ein weiterer meldete sich wenige Wochen später zu Wort.[88] Ein erzkonservativer Abgeordneter bezeichnete das »New Frontier«-Programm in Anlehnung an Röpke als »Fortsetzung des New-Deal-Masterplans«. Er zielte auf Rostow und Galbraith, als er fragte: »Wird unser Volk die Entwürfe dieser Architekten des Sozialismus, der Sklaverei durchschauen, um zum Kapitalismus zurückzukehren, oder nicht?«[89] Auch ein gemäßigter Republikaner berief sich auf Röpkes Artikel, um Kennedy und die »langweiligen, einfallslosen und unpraktischen Theorien des New Deal« zu kritisieren.[90] Röpkes scharfe Kritik an Kennedy und seiner Außenpolitik lieferte republikanischen Politikern Munition für den rhetorischen Krieg gegen den globalen New Deal.

Die Veröffentlichung von Röpkes Artikel fiel mit einer Mobilisierung der konservativen Bewegung in den USA zusammen. Historiker haben gezeigt, dass sich die konservativen Wirtschaftsvertreter, die in den dreißiger Jahren den Widerstand gegen den New Deal organisierten, nach Eisenhowers Wiederwahl und seiner Hinwendung zum Keynesianismus im Jahr 1958 einen »modernen Republikanismus« auf die Fahnen schrieben und eine öffentliche Offensive starteten.[91] Senator Barry Goldwater aus Arizona, der für seinen Präsidentschaftswahlkampf im Jahr 1964 eine Gruppe aus Deutschland eingewanderter Wirtschaftsberater um sich scharte, trat in jenem Jahr mit Angriffen auf Eisenhowers neuen Staatshaushalt ins Rampenlicht.[92] Röpke verfasste ein Exposé für Goldwater und beschrieb ihn als »eine Potenz [...], die das Gesamtbild der amerikanischen Politik ändert«.[93] Im Herbst jenes Jahres wurde die John Birch Society gegründet, und die MPS versammelte sich erstmals in den Vereinigten Staaten, wo sie mit finanzieller Unterstützung von Unternehmen wie United Fruit und U.S. Steel an der Universität Princeton gastierte.[94] Dieses Netzwerk rechter Kritiker ging so weit, Eisenhower wegen der Verwendung keynesianischer Werkzeuge als »Sozialisten« oder sogar »Kommunisten« zu bezeichnen. Die Wahl Kennedys im Jahr 1960 führte dazu, dass sie ihren Ton weiter verschärften, wie Röpkes Hinweis auf den »Fiskalsozialismus« im *Wall Street Journal* verdeutlicht.

Dies war auch ein Moment, in dem besorgte amerikanische Konservative den Blick nach Europa richteten, in dem sie eine Bastion des Marktkonformismus sahen. Für die Vertreter der Neuen Rechten, die teilweise eine enge Bindung an die europäische Hochkultur hatten, waren Neoliberale wie Röpke das »andere Europa«, das von Wirtschaftsminister Ludwig Erhard in der Bundesrepublik, von Staatspräsident Luigi Einaudi in Italien und von de Gaulles Berater Jacques Rueff in Frankreich verkörpert wurde (alle drei waren MPS-Mitglieder), die größeres Vertrauen in die Marktmechanismen setzten und der keynesianischen Nachfragepolitik misstrauischer gegenüberstanden als die meisten amerikanischen Politiker.[95] Diese isolierten Personen wurden als tapfere Widerstandskämpfer dargestellt; beispielsweise erklärte Buckley, die Erholung Westeuropas sei nicht zuletzt Röpkes »unerschütterlichem Glauben an das freie Unternehmertum« zu verdanken.[96] Der konservative Journalist William Henry Chamberlin (ebenfalls ein MPS-Mitglied) zählte Röpke in einem 1963 im *Wall Street Journal* erschienenen Artikel zu den »führenden Köpfen des neoliberalen Trends im ökonomischen Denken« und hielt ihm zugute, er habe »wesentlich dazu beigetragen, die europäischen Regierungen dazu zu bewegen, sich von den Zielen und Methoden des Kollektivismus und der Planwirtschaft zu distanzieren«.[97] In einem Verhältnis, das sich nach den siebziger Jahren umkehren sollte, wirkten die Vereinigten Staaten in den frühen sechziger Jahren auf die amerikanische Neue Rechte »sozialistischer« als Teile Europas – insbesondere die Bundesrepublik und die Schweiz –, und zu verdanken war das einer kleinen Gruppe ökonomischer Koryphäen.[98]

Röpke und andere deutschsprachige Ökonomen profitierten davon, dass sie in den Vereinigten Staaten als objektiv galten und nicht in die Niederungen der amerikanischen Alltagspolitik hinabstiegen. In einem Brief an den Herausgeber des *Wall Street Journal* hieß es mit Blick auf Röpkes polemische Aussagen im Jahr 1963: »[S]eine Botschaft hat größeres Gewicht, weil er die Situation aus angenehmer Distanz betrachten kann, was ihm eine ruhige Beurteilung ermöglicht.«[99] Ein Informationsdienst schickte den Artikel mit folgendem biografischen Hinweis an seine Abonnenten: »Röpke, der Hitler-Deutschland freiwillig verließ, gilt als einer der maßgeblichen und vielleicht als *der* herausragende Ökonom und Wirtschaftsphilosoph Europas, wenn nicht gar unserer Zeit. Er beschäftigt sich auch seit vielen Jahren eingehend mit den Vereinigten Staaten. Offenkundig hat er hier keine persönlichen Interessen: Er lebt in Genf, hat nirgendwo politische Ambitionen und ist ein wahrer Kosmopolit.«[100] Europa und für Röpke insbesondere die Schweiz waren räumlich die im Wesentlichen rhetorische Redoute, in der sich die bedrängten Konservativen Anfang der sechziger Jahre verschanzten. Im Fall der MPS, die nach dem Schweizer Berg benannt war, an dessen Fuß sie sich erstmals versammelt hatte, konnte man dieses Bild buchstäblich verstehen: Der Mont Pèlerin war »der Berg, auf dem die Denker wohnen«, wie es das *Wall Street Journal* im Jahr 1972 ausdrückte.[101]

Röpke genoss die Rolle eines Abgesandten des »anderen Europa« und Vertreters der »anderen Liberalen«, die nicht Umverteilung und soziale Gerechtigkeit vertraten, sondern an den Prinzipien des Privateigentums und des Wettbewerbs festhielten. Drei Jahre später beschrieb er sich als einen »aus der Mitte Europas kommenden Ökonomisten [...], der es als selbstverständlich vorauszusetzen schien, daß man nach allen Erfahrungen und Überlegungen der letzten Jahrzehnte von Planwirtschaft, Vollbeschäftigungspolitik, Nationalisierung und Wohlfahrtstaate kaum mehr anders als im Tone des Sarkasmus sprechen kann«.[102] Die Amerikaner hatten ihn darüber aufgeklärt, dass sie daran gewöhnt waren, von »Handelskammerpräsidenten, Generaldirektoren oder Bankiers« Bekenntnisse zur Marktwirtschaft und Kritik am Sozialismus zu hören, aber Röpke habe bewiesen, »dass man ›konservativ‹ sein kann, ohne notwendigerweise geistig grob und ungebildet zu sein, und diese Sache in einer Weise vertreten kann, die eines Intellektuellen würdig ist«.[103] Ein Autor erklärt, die Identifizierung mit relativ unbekannten europäischen Intellektuellen wie Röpke habe der konservativen Bewegung in den Vereinigten Staaten geholfen, sich in den fünfziger und sechziger Jahren als intellektuelle Bewegung zu legitimieren.[104]

Röpke hatte seine eigene Theorie zum Mangel an amerikanischen Intellektuellen, die imstande waren, die Sache des klassischen Liberalismus zu verteidigen. Er sah die Wurzel des Übels in der »dynamischen Wettbewerbswirtschaft« der USA, die derart schnell

Wohlstand erzeuge, dass die Akademiker zurückblieben und ihr »soziales Prestige« einbüßten, was bei ihnen Ressentiment wecke, das in antikapitalistischen Ansichten zum Ausdruck komme. Neue wirtschaftliche Eliten entstünden derart schnell, dass er mit einem Scherz über die *nouveaux riches* in der Weimarer Republik nur verständnislose Blicke von einem Publikum reicher Geschäftsleute erntete, die den Begriff noch nie gehört hatten.[105] Er machte es sich zum Ziel, die Kluft zwischen der Welt der Wirtschaft und der Welt des intellektuellen Lebens zu schließen, und bot sich den *nouveaux riches* als *philosophe* an.

Röpke nahm mit Veröffentlichungen und Auftritten an der öffentlichen Offensive konservativer Wirtschaftskreise teil.[106] Die Arbeit in diesen Netzwerken sicherte ihm einen Platz in einem internationalen Beratungsgremium für einen »Pavillon der freien Wirtschaft« für die New Yorker Weltausstellung im Jahr 1964, deren Organisatoren behaupteten, bei dieser Gelegenheit werde »zum ersten Mal die freie Wirtschaft in ihrer Gesamtheit in einfacher, anschaulicher Form dargestellt«.[107] In dem Pavillon wurde der Ökonom in paradigmatischer Form als fehlerfreie, neutrale Informationsquelle dargestellt. Im Mittelpunkt der Ausstellung stand ein Computer, der Antworten auf die Fragen der Besucher auf Papierstreifen ausdruckte. Das Magazin *New Republic* berichtete: »Diese Maschine besitzt eine Art von orakelhafter Unfehlbarkeit, die sie beeindruckender als einen lebenden Gelehrten macht. Eine Gruppe ehrfurchtsvoller Besucher gab Fragen ein und las die Antworten. Was der Computer sagte, musste stimmen, schien sie zu denken, denn schließlich ist eine Maschine unvoreingenommen und unparteiisch.«[108]

Man könnte sagen, dass die deutschsprachigen Ökonomen in diesem kritischen Augenblick in den sechziger Jahren, als ein ehrgeiziges globales Vorhaben der Keynesianer bei den konservativen Antikeynesianern auf Gegenwehr stieß, von einer ähnlichen Aura der »orakelhaften Unfehlbarkeit« umgeben waren.[109] Einer von

Röpkes Gesprächspartnern aus Venezuela, der bei Haberler in Harvard studierte und später für die EWG arbeitete, nannte Röpke einen »Propheten«.[110] In einem Zeitungsartikel wurde er als »einer der Hohepriester der wirtschaftlichen Freiheit« bezeichnet, und eine andere Zeitung verglich ihn mit einer »kenntnisreichen medizinischen Autorität«.[111] Die »Wirtschaftsweisen«, die den internationalen Finanzinstitutionen zur Seite standen und später bei der Gestaltung von Strukturanpassungsprogrammen halfen, genossen einen ähnlichen Status und galten als Personen mit einer fast übermenschlichen Sachkenntnis. Die Zentralbanker aus der Bundesrepublik, den USA und Großbritannien, die 1960 von der Weltbank nach Indien geschickt wurden, um das Land bei der Entwicklung seines Fünfjahresplans zu beraten, wurden als »die drei Weisen« bezeichnet.[112] Die Mitglieder des 1963 in der Bundesrepublik eingerichteten Sachverständigenrats wurden im allgemeinen Sprachgebrauch nur die »Fünf Weisen« genannt.[113] Verschiedene Autorinnen haben auf das besondere Ansehen der Wirtschaftsexperten in einer Zeit hingewiesen, die in einem 1968 erschienenen Buch als »Ära der Ökonomen« bezeichnet wurde.[114] Auf den ersten Blick mag es sonderbar scheinen, eine Parallele zwischen dem Computer und dem grauhaarigen europäischen Intellektuellen zu ziehen, aber mit beiden wurde die Vorstellung verbunden, in einem angeblich von der Politik unberührten Raum Wissen zu erzeugen.

Die Front wird nach Süden verschoben

Die atlantische Front des konservativen Widerstands gegen einen Export der vom New Deal inspirierten Maßnahmen wurde in den frühen sechziger Jahren nach Süden verschoben, als es darum ging, einen Abwehrblock gegen die Alliance for Progress zu errichten. Röpke fand Verbündete unter denen, die seine Arbeiten in amerikanischen Zeitungen veröffentlicht und seine Bücher und Streitschriften übersetzt hatten, sowie unter früheren Schülern, die mittlerweile Machtpositionen bekleideten, darunter zum Beispiel der peruanische Wirtschaftsminister Pedro Beltrán.[115] Im Jahr 1963 schrieb Röpke an seinen mexikanischen Kontaktmann, das MPS-Mitglied Gustavo Velasco, es freue ihn, dass sein »Anti-Kennedyismus« in Mexiko bekannt geworden sei.[116] Sein Leitartikel aus dem *Wall Street Journal* erschien einen Monat nach der Erstveröffentlichung in spanischer Übersetzung in Venezuela. Sein mexikanischer Verleger Nicomedes Zuloaga vom Institut für Wirtschafts- und Gesellschaftsanalyse schrieb an Röpke: »Die Außenpolitik der Vereinigten Staaten gegenüber Lateinamerika konfrontiert unser Land mit einer großen Gefahr. Diese ganze Politik beruht auf den Schriften von Raúl Prebisch von der ECLA [der UN-Wirtschaftskommission für Lateinamerika].«[117] Der gemeinsame Feind waren die Vereinten Nationen, die eine egalitäre Wirtschaftspolitik förderten.

Röpkes enger Mitarbeiter und Geldgeber Hunold gelangte zu der Überzeugung, dass der entstehende transatlantische Block eine formale Struktur brauchte, nachdem die peruanische Handelskammer 2000 Exemplare seines Vortrags im Rahmen einer Vortragsreise durch Südamerika im Jahr 1962 gekauft hatte.[118] Er und Röpke begannen, das Interesse an einer Organisation auszuloten, die sie Forum Atlanticum nannten. Sie hofften, die neue Einrichtung werde die MPS ersetzen, aus der sich beide nach einem langjährigen Konflikt mit Hayek zurückgezogen hatten; Röpke erklärte im Jahr 1963, in der Gesellschaft wimmle es von »intellektuellen Karrieristen und Intriganten«.[119] Die beiden distanzierten sich sowohl vom sozialdemokratischen Konsens als auch vom bestehenden organisierten Neoliberalismus und wollten das Forum in eine exklusivere Interessenvertretung der rund um Kirk und Buckley entstehenden konservativen Strömung verwandeln, welche die Prinzipien des freien Marktes mit christlichen Werten verschmolz, anstatt die Vorstellungen Hayeks und Mises' zu verfechten, in denen die Religion, wenn überhaupt, nur eine marginale Rolle spielte. Im Bemühen um Unterstützung für das Forum diskreditierten sie die Österreicher gegenüber potenziellen Partnern und warfen ihnen vor, ihre Theorien entbehrten eine »Gesellschaftsphilosophie« und schlössen »den Menschen in seiner Ganzheit« aus.[120]

Vermutlich hofften Röpke und Hunold, der MPS zuvorzukommen, indem sie die katholischen Eliten ansprachen. In Hunolds Liste der vorgeschlagenen Mitglieder standen Südamerikaner ganz oben, darunter Wirtschaftsprofessoren aus Kolumbien, Venezuela und Mexiko. Der emigrierte kubanische Geschäftsmann Rafael Lincoln Díaz-Balart, der Gründer der ersten anticastristischen Organisation, versprach, dem Forum beizutreten, Beiträge zu leisten und Gelder für Aktivitäten in Lateinamerika zu sammeln; zweifellos war er vom Scheitern der Regierung Kennedy in der Schweinebucht enttäuscht.[121] Gespräche mit dem chilenischen Senator und Universitätsprofessor Pedro Ibañez Ojeda über die Bedrohung durch die Alliance for Progress bestärkten Hunold in seinem Entschluss, die neue Organisation zu gründen.[122] Ibañez leitete das Inter-American Committee on Trade and Protection, das in den sechziger Jahren die »Infrastruktur und das Verbindungsnetz« für die in Chicago ausgebildeten Ökonomen bereitstellte, bevor diese nach Pinochets Putsch ihren Durchbruch erlebten.[123] Neben Ibañez, Kirk, Buckley, Thomas Molnar, Velasco, verschiedenen Figuren aus Venezuela und Kolumbien und der Herausgeberin der Zeitschrift *U.S.A.*, Alice Widener, zählte Karl Brandt aus Stanford zu den vorgeschlagenen Mitgliedern des Forums in den Vereinigten Staaten. Wie Friedman arbeitete Brandt im Jahr 1964 als Wirtschaftsberater für Goldwater.[124] Hunold hoffte zudem, bei einer Reise nach Südafrika auch einen »afrikanischen Repräsentanten« anwerben zu können.[125]

Röpke bot Kirk den Vorsitz im geplanten Forum Atlanticum an und erklärte seine Idee, »die guten Köpfe Europas und beider amerikanischer Kontinente sollten [...] sich zusammenschließen, um die Aufmerksamkeit auf das gemeinsame Erbe unserer westlichen Zivilisation zu lenken und die feindseligen Tendenzen, die diese Zivilisation aushöhlen und desintegrieren, offen zu analysieren und zu kritisieren«.[126] Wie er zu einem früheren Zeitpunkt geschrieben hatte, hielt er es für notwendig, »die mehr und mehr amerikanisierten und sinistrierten Europäer über die ideologische Besessenheit der amerikanischen Intellektuellen [aufzuklären], ohne die ja auch Kennedys völlig hirnverbrannte Politik nicht verstanden werden kann«.[127] Sein alter Verbündeter Ludwig Erhard (der dann 1963 Bundeskanzler werden sollte) erkenne die von Kennedy ausgehende Gefahr nicht, klagte Röpke: Erhard betrachte die Weltpolitik »wie ein Pfadfinder« und sei »in das Racket der unentwickelten Länder eingestiegen«, indem er zu ihrer »angeblich notwendige[n] Industrialisierung« aufgerufen habe.[128] Röpke erklärte, Kennedy sei ein »eitler, neo-jakobinischer Hamlet, ein intelligenter Esel, dazu ausgesprochen germanophob [...] und von noch größeren Eseln umgeben, ein Mann ohne volonté politique« und Washingtons Politik könnte »kaum anders sein, wenn sie darauf ausginge, die Welt kommunistisch zu machen, bevor es ruchbar wird«.[129] Im Jahr 1962 schrieb er, Europa lebe »unter dem Terror Kennedys«.[130]

Im Jahr 1964 empfing das Forum Atlanticum ermutigende Signale. Hunold und Kirk trafen sich mit dem amerikanischen Spender John Lynn von der Lilly-Stiftung und dem Juristen und MPS-Mitglied Pierre Goodrich, die beide bereit schienen, das Vorhaben zu unterstützen.[131] Die Schwierigkeiten begannen, als ein Präsident für das Forum gesucht wurde. Röpke hatte im Januar 1962 während seiner Trennung von der MPS seinen zweiten Herzinfarkt erlitten, und aufgrund seines schlechten Gesundheitszustands kam er kaum als Kandidat infrage.[132] Kirk bot an, das Amt des Vorsitzenden vorübergehend zu übernehmen, jedoch nur unter der Bedingung, dass kein anderer geeigneter Kandidat gefunden werden könne. Er gab auch zu bedenken, dass er derart damit beschäftigt sei, »die Ungläubigen mit Feuer und Schwert zu bekämpfen, dass es vielleicht besser wäre, einen etwas weniger stürmischen Vorsitzenden zu wählen«, und verwies auf seine fehlende institutionelle

Basis und seine »unablässigen Wanderungen«.[133] Er schlug Brandt vor, der 1962 aus Solidarität mit Röpke aus der MPS ausgeschieden war.[134] Doch Brandt war als Berater Goldwaters nach dessen katastrophaler Wahlniederlage im November 1964 offenkundig angeschlagen und schreckte davor zurück, sich auf neue Vorhaben einzulassen. Im Dezember jenes Jahres schrieb Brandt an Röpke, um diesem mitzuteilen, dass ihn mehrere MPS-Mitglieder (darunter Antony Fisher, der Gründer des Institute of Economic Affairs) zur Rückkehr aufgefordert hätten und dass er ernsthaft darüber nachdenke, sich der Gesellschaft wieder anzuschließen.[135] Der Vorsitz in einer de facto rivalisierenden Organisation konnte ihn auf Dauer der Gesellschaft entfremden, zu deren Namensgebern er im Jahr 1947 gezählt hatte.[136]

Die ausweichenden Antworten potenzieller Führungskräfte aus den Reihen der amerikanischen Konservativen drohten das geplante Forum Atlanticum zu Fall zu bringen.[137] Hunold schlug vor, Anfang 1966 einen neuen Vorstoß zu versuchen,[138] aber Röpkes Gesundheitszustand verschlechterte sich weiter, und im Februar jenes Jahres starb er. Obwohl es nicht gelang, die neue Organisation ins Leben zu rufen, deuten die Knoten des geplanten Netzwerks darauf hin, dass Röpke sein »anderes Amerika« in den konservativen Gelehrten im Norden und den wirtschaftsfreundlichen Eliten Lateinamerikas zu finden hoffte, so wie diese ihr »anderes Europa« in den deutschsprachigen neoliberalen Ökonomen gefunden hatten. Ein Autor erklärt, Röpke habe insbesondere unter den amerikanischen Konservativen im Dunstkreis der *National Review* potenzielle Mitglieder für seine neue Organisation gesucht.[139] Das Forum Atlanticum war Teil der geplanten Internationalisierung des Projekts, in dem der Marktliberalismus mit dem traditionalistischen Konservatismus verschmolzen werden sollte, deren überzeugendste Verfechter nach Röpkes Ansicht in den Vereinigten Staaten zu finden waren. Im Bündnis mit den Traditionalisten der Neuen Rechten hoffte er, aus dem »ökonomistischen Ghetto« der Libertären ausbrechen zu können, die Mises, Hayek und Friedman zuneigten.[140] Bei all seiner Kritik an den Vereinigten Staaten bewunderte Röpke implizit die Fähigkeit der New Right zur »spirituellen Mobilisierung«, eine Fähigkeit, die J. Howard Pew beschwor, als er nach dem Krieg seine konservative Organisation Spiritual Mobilization gründete.[141]

Die Zinstheorie der Zivilisation

Im Jahr 1964 schrieb Hunold während einer Vortragsreise durch den Mittleren Westen an Röpke, dass er den Titel eines seiner Vorträge in Peoria (Illinois) ändern müsse. Der Titel »Die wirtschaftliche Integration Europas« habe den Leiter des örtlichen Fernsehsenders zu folgender Frage veranlasst: »Habt ihr da drüben auch ein Rassenproblem?« Hunold erklärte, in den Vereinigten Staaten machten sich die Leute vor allem über »Integration und Segregation« Gedanken.[142] Die Überschneidung zwischen den Themen Rasse und Wirtschaftsordnung stand zu jener Zeit im Mittelpunkt von Röpkes Überlegungen. Der Ökonom war stolz darauf, unpopuläre Positionen zu beziehen und »gegen den Strom« zu schwimmen (seine Memoiren erhielten in der englischen Ausgabe den Titel *Against the Tide*).[143] Das galt beispielsweise für die Frage Südafrikas. Von 1964 bis zu seinem Tod im Jahr 1966 flossen Röpkes Überlegungen zu Entwicklungshilfe und »abendländischer Zivilisation« in seiner Beschäftigung mit Südafrika zusammen.[144]

Historiker haben gezeigt, wie die *National Review* Ende der fünfziger Jahre in der Rassenfrage nach rechts rückte; die Entwicklung mündete in einen Leitartikel, in dem Buckley 1957 die Aufhebung der Rassentrennung mit der Begründung ablehnte, die weiße Rasse sei »fortschrittlich« und die Wissenschaft habe die »mittlere kulturelle Überlegenheit des Weißen über den Neger« bewiesen.[145] Hingegen erwähnen sie nur selten, dass Buckleys Leitartikel in eine

Rechtfertigung des europäischen Kolonialismus in Afrika eingebettet war. Buckley verteidigte das Bemühen Großbritanniens, die Kontrolle über seine Kolonie Kenia zu wahren (das Land wurde 1963 unabhängig), als Vorbild für den amerikanischen Süden, da es zeige, dass die »Ansprüche der Zivilisation Vorrang vor denen des allgemeinen Wahlrechts haben«, und schloss mit einem offen antidemokratischen Argument für die weiße Suprematie: »Es ist für jede Gemeinschaft *überall in der Welt* wichtiger, an zivilisierten Standards festzuhalten und ihr Leben daran auszurichten, als sich den Forderungen der zahlenmäßigen Mehrheit zu beugen.«[146] Buckleys Vorstellungen von den Beziehungen zwischen den ethnischen Gruppen machten nicht an den Grenzen der Vereinigten Staaten halt, wie ein Autor beobachtet hat. In den sechziger Jahren reiste Buckley in bezahlten Fact-Finding-Missionen nach Südafrika und verteilte Publikationen, in denen die Apartheid gerechtfertigt wurde.[147] Wenn er erklärte, der Süden müsse sich behaupten, bedeutete das auch, dass sich die Weißen im globalen Süden behaupten mussten.

Röpkes Enttäuschung über die Nachgiebigkeit des Westens gegenüber den auf der Weltbühne von nichtweißen Akteuren erhobenen Forderungen schlug häufig in Gehässigkeit um. Im Jahr 1963 äußerte er sich »empört« über das »Bauchrutschen« amerikanischer Politiker »vor den Negerhäuptlingen in der Sache Südafrikas«. »Von Südafrika ›Gleichberechtigung‹ der Schwarzen verlangen heißt Selbstmord fordern. Trostlos, wie wenige das begriffen haben.«[148] Auch nach Röpkes Tod verlieh sein Name weiterhin der Kampagne der Apartheid-Apologeten den Glanz europäischer Intellektualität. Beispielsweise nahm der republikanische Kongressabgeordnete John M. Ashbrook aus Ohio, der Führer der »Draft Goldwater«-Bewegung, im Jahr 1967 eine Sammlung von Dokumenten der rechtskonservativen American-African Affairs Association (AAAA) zu Südafrika in den Congressional Record auf. Zu den Mitgliedern der AAAA, die vom Herausgeber der *National Review*, William

Rusher, und dem afroamerikanischen ehemaligen Kommunisten Max Yergan gegründet worden war, um die weiße Herrschaft im südlichen Afrika zu verteidigen, zählten maßgebliche Vertreter der New Right, zu denen Röpke seit den vierziger Jahren Kontakt pflegte, darunter Kirk, Henry Regnery, Chamberlin und Henry Hazlitt.[149] Ashbrook berief sich auf »den angesehenen Ökonomen« Röpke, der erklärt habe, dass das südafrikanische Regime »nicht ›dumm oder böse‹ sei«.[150] Er wies auch darauf hin, welche wirtschaftlichen Folgen politischer Druck auf Südafrika haben würde: »[D]ie Vereinten Nationen scheinen sich kaum Gedanken darüber zu machen, welch katastrophale Folgen es für alle schwarzen Afrikaner hätte, würde der fortschrittlichste und produktivste Sektor des Kontinents durch Sanktionen oder einen Krieg gelähmt – was nebenbei auch die britische Wirtschaft mit in den Abgrund reißen und der beträchtlichen britischen Hilfe für Afrika ein Ende machen würde.«[151] Wenn man der Argumentation Ashbrooks folgte – der sich auf Röpke berief –, war die schwarze Bevölkerung wirtschaftlich auf das rassistische System angewiesen, das ihr ihre Rechte vorenthielt.

Wie wir oben gesehen haben, beschrieb Röpke den »Neger Südafrikas« als einen »Menschen von einer geradezu extrem anderen Rasse«, der »einer völlig anderen Art und Stufe der Zivilisation« angehöre. Derart plumpe Manifestationen des evolutionären Rassismus fand man relativ selten in veröffentlichten Texten. Charakteristischer für Röpke war, dass er die Rassentheorie in eine Wirtschaftstheorie übersetzte. Anschaulich wird seine Vorgehensweise in einem Artikel, den er 1966, das heißt in seinem Todesjahr, in *Modern Age* veröffentlichte. Darin beklagte Röpke den Verlust der »Republica Christiana«, die in einer säkularisierten Welt nicht länger als Nährboden der sozialen Interaktion dienen könne, versicherte seinen Lesern jedoch, es gebe immer noch eine »internationale Ordnung«, die in »Europa und den europäisch besiedelten Überseegebieten« Bestand habe, obwohl außerhalb dieses Raums nur noch »Trümmer« davon übrig seien. Warum er die Entwicklungsländer und die entkolonialisierte Welt nicht zur internationalen Ordnung rechnete, erklärte er anhand des Beispiels des Kongo: »Solange der Kongo durch Belgien mit der internationalen Ordnung verbunden war, war es dank der Garantien der belgischen Regierung möglich, die gewaltigen Summen, die für die wirtschaftliche Entwicklung und Modernisierung des Kongo benötigt wurden, weitgehend in Form von üblichen Krediten mit normalen Zinsen auf den freien Kapitalmärkten zu beschaffen.« Dieser früheren Teilhabe an der internationalen Ordnung stellte er die Situation Mitte der sechziger Jahre gegenüber, als der Kongo »durch eine nicht durchdachte und panische ›Dekolonisation‹ von der internationalen Ordnung des Westens abgeschnitten wurde.« Unter diesen Umständen habe es einfach keinen Zinssatz mehr gegeben, »zu dem Personen in den westlichen Ländern bereit gewesen wären, diesem Land bereitwilliger Geld zu leihen als Indien, Ägypten oder Indonesien«.[152]

Röpke reduzierte die Frage der Nähe eines Landes zum »Westen« auf den Zins, den ein Land Kreditgebern anbieten musste. Für ihn war das wichtigste Kriterium weder Kultur noch Ideologie oder Geografie, sondern die Kreditwürdigkeit. In einer gewagten Definition bezeichnete er die Zinsen praktisch als Maßstab des Anspruchs auf Mitgliedschaft im Block der »freien Welt«.[153] Da Röpke das Unternehmertum, die zivilisatorische Kategorie des Westens und das Funktionieren eines freien Marktes als Einheit betrachtete, waren die Zinsen nicht nur ein ökonomischer, sondern auch ein spiritueller Index: ein Index des *geistigen Niveaus*. Indem die Weltbank und andere internationale Finanzinstitutionen billige Kredite und zwischenstaatliche Finanzierung anboten, brachten sie den zentralen Mechanismus der Weltordnung durcheinander. Diese wirtschaftliche Definition der freien Welt – die Umwandlung des »Westens« in eine finanzielle Kategorie – lag Röpkes Auseinandersetzung mit Südafrika zugrunde.

Besonders radikal wurde Röpkes Rhetorik nach der unilateralen Unabhängigkeitserklärung der weißen Regierung Rhodesiens im November 1965, die von internationaler Kritik und Sanktionsforderungen Großbritanniens begleitet wurde. Während der südafrikanische Wirtschaftsminister und seine Ehefrau in Genf bei ihm zu Besuch waren, schrieb Röpke an Hunold, im »empörende[n] Fall Rhodesiens« erreiche »die Mischung von Ideologie, Besessenheit, Heuchelei, Dummheit und Masochismus wieder einmal einen Gipfelpunkt. Wenn ein weißes Entwicklungsland beweist, dass Entwicklungshilfe überflüssig ist, so muss man es eben kaputtmachen.«[154] Hunold erklärte, er versuche Erhard dazu zu bewegen, Röpkes Arbeit über Südafrika zu lesen, in der Hoffnung, der Bundeskanzler werde seine Meinung über Rhodesien ändern.[155] Hunold war überzeugt, Südafrika werde »für den Fortbestand der freien Welt und für die Aufrechterhaltung der abendländischen Kultur eine wichtige Rolle jetzt und in der Zukunft spielen«.[156] Rhodesien zeige, »dass wir einen jener gefährlichen Punkte erreicht haben wie vor 35 Jahren, als die Nationalsozialisten im November 1930 zum ersten Male einen großen Wahlerfolg hatten, nachdem die Fronten in Deutschland systematisch aufgeweicht worden waren«.[157] Mit anderen Worten: Der weiße Block wankte, was auf die Möglichkeit eines Rassenkriegs hindeutete, in dem diesmal nicht Deutsche gegen Juden, sondern Schwarze gegen Weiße kämpfen würden. Für Hunold war die »Zambesi-Linie« die neue Maginot-Linie, und die Nichtweißen waren die neuen Nationalsozialisten.

Ein weiterer Korrespondenzpartner Röpkes, der Soziologe Helmut Schoeck, der ebenfalls im Rahmen der von Hunold organisierten Vortragsreihe in Zürich zu Wort kam, stellte einen direkten Zusammenhang zwischen dem Ergebnis des Zweiten Weltkriegs und der gegenwärtigen Entkolonialisierung her. Schoeck sah in der Solidarität der westlichen Intellektuellen mit den nichtweißen Bevölkerungen – er bezeichnet dies als »Afrophilie« – eine »verspätete und völlig schief gelegene Sühnegeste solcher Leute und Kreise

[…], die sich schämen, weil sie es versäumt haben, rechtzeitig oder erfolgreich gegen Hitlers Judenverfolgung einzuschreiten«. In einem Brief an Röpke erklärte Schoeck, das Ergebnis der Wiedergutmachungsbemühungen dieser Intellektuellen sei, dass dank einer »merkwürdige[n] Inversion im Unterbewusstsein vieler unserer Zeitgenossen« den »heutigen Afrikaner[n] (Farbigen) sozusagen all die Intelligenz und Kulturpotentiale zugeschrieben [werden], die Hitler in den Juden tatsächlich vernichtete«. Diese versöhnliche Geste werde mit der buchstäblichen Auslöschung der weißen Bevölkerung enden. »Man kann aber 6 Millionen ermordete Juden nicht damit lebendig machen, dass man Kannibalen zunächst stellvertretend auf ihre Stufe hebt und diesen dann ungefähr dieselbe Anzahl Weiße zum Schmaus präsentiert.«[158]

Die Tatsache, dass die politischen Akteure in Afrika in dem konservativen Kreis, an dessen Diskussionen sich Röpke beteiligte, häufig als »Kannibalen« bezeichnet wurden, sowie Röpkes Ruf nach einer »Zambesi-Linie« und den Hinweisen auf einen drohenden »Selbstmord des Westens« deuten darauf hin, dass nach dem Krieg ein rassifiziertes Weltbild zur Grundlage von Röpkes gesellschafts- und wirtschaftsphilosophischen Vorstellungen wurde. Diese Überschneidungen der Kategorien der kulturellen und wirtschaftlichen Geografie kamen in seinen Publikationen über Südafrika und in der begeisterten Aufnahme dieser Schriften durch die New Right zum Ausdruck. Röpke hatte mit der Position von Mises gebrochen, der in seinen Arbeiten nach dem Krieg die Verwendung der Rasse als analytische Kategorie ablehnte. Dasselbe galt für Hayek, der sich in seinem Vortrag »Warum ich kein Konservativer bin« ausdrücklich von Röpkes Korrespondenzpartner Russell Kirk distanzierte.[159] Die von Röpke vertretene Variante des Neoliberalismus hatte wenig mit dem in diesem Buch untersuchten universalistischen Globalismus gemein, doch wie wir im folgenden Abschnitt sehen werden, nahm die neoliberale Verteidigung der weißen Herrschaft in Südafrika auch andere Formen an.

Hutt und die Lösung des gewichteten Wahlrechts

Die bei Röpke anzutreffenden offenen Manifestationen eines biologischen Rassismus waren nicht die Norm bei den Neoliberalen.[160] Den vielleicht deutlichsten Gegensatz zur Position des Apologeten der Apartheid finden wir bei William H. Hutt, den die *New Individualist Review* im Jahr 1964 als »beharrlichen Gegner der Apartheidpolitik« bezeichnete.[161] Hutts wichtigstes Buch *The Economics of the Colour Bar* erschien 1964 und wurde Ende der achtziger Jahre vom Institute of Economic Affairs und ein weiteres Mal im Jahr 2007 vom Ludwig von Mises Institute neu aufgelegt. Hutt war ein Zeitgenosse von Röpke und Hayek. Geboren 1899, studierte er bei Theodore Gregory und Edwin Cannan an der London School of Economics und wurde 1928 in den Lehrkörper der Universität Kapstadt (UCT) aufgenommen. Dort arbeitete er mit seinem früheren Studienkollegen Arnold Plant zusammen, der zu den Gründungsmitgliedern der Mont Pèlerin Society gehörte und 1930 als Professor an die LSE zurückkehrte.[162] Einer von Hutts Studenten an der UCT war Basil Yamey, der später ein prominenter neoliberaler Kritiker der Entwicklungshilfe wurde und gemeinsame Artikel mit Peter Bauer veröffentlichte.[163] Hutt blieb bis 1966 an der UCT und zog dann in die Vereinigten Staaten, wo er verschiedene Positionen bekleidete, darunter eine Gastprofessur an der Universität Dallas, an der er von 1972 bis zu seinem Tod im Jahr 1988 unterrichtete. Hutts wichtigste Beiträge zur ökonomischen Theorie waren das Konzept der »Konsumentensouveränität«, seine Arbeiten über die Rolle der Gewerkschaften und seine »Theorie brachliegender Produktivkräfte«.

Hutt war seit den dreißiger Jahren über die LSE mit den neoliberalen Intellektuellen verbunden. Hayek nahm eine seiner Arbeiten in seine Aufsatzsammlung *Capitalism and the Historians* (1954) auf. Im Jahr 1948 schloss sich Hutt der MPS an, und zwischen 1949 und 1984 legte er bei acht Jahrestreffen Arbeiten vor, darunter Beiträge wie »Liberalismus und Rassenvorurteil« (1964) und »Das Bild des Unternehmers in Südafrika« (1970).[164] Während seiner Zeit in Südafrika war er Hayeks Gastgeber und fungierte als Anlaufstelle für die Neoliberalen.

In *The Economics of the Colour Bar*, in dem er die neoliberale Theorie auf den Fall Südafrikas anwandte, griff Hutt auf Äußerungen Milton Friedmans zum Rassismus in den Vereinigten Staaten zurück und äußerte sich ähnlich wie Gary Becker zur selben Zeit.[165] Moderne Forscher beschreiben das Buch als »aufrüttelndes Werk« und eine »tiefgreifende und verstörende Analyse, die den moralischen Schrecken der südafrikanischen Apartheid offenlegte«.[166] Hutt betrachtete den Rassismus im Grunde als eine Form des Rent-Seeking analog zum Verhalten von Gewerkschaften, die ihre Privilegien gegen den Eintritt von nichtweißen Arbeitern verteidigten.[167] »Die Hauptquelle der Diskriminierung aufgrund der Hautfarbe«, erklärte er, sei »in der natürlichen Entschlossenheit zu finden, wirtschaftliche Vorrechte zu verteidigen.«[168] In dieser Deutung existierte der Rassismus nicht auf dem Markt, sondern außerhalb davon und im Gegensatz zum Markt. In einer Rezension pries Enoch Powell, ebenfalls ein Mitglied der MPS, Hutts Buch als Beleg dafür, dass die freie Marktwirtschaft »der effektivste Feind der Diskriminierung zwischen Individuen, Klassen und Rassen ist«.[169]

Hutt gelangte zu folgendem Schluss: »Der Markt ist farbenblind.«[170] Er pries die Vorzüge der Mobilität der Arbeitskräfte und sprach sich gegen die rassifizierte »geschlossene Gesellschaft« der Apartheid aus. In Einklang mit seinen früheren Arbeiten entwickelte Hutt sein Modell rund um die Souveränität von Konsumenten und Beschäftigten. Hutt verurteilte die Apartheid, definierte sie jedoch sehr eigenwillig. In seinen Augen war Gleichberechtigung gleichbedeutend mit der Beseitigung der Rassenschranken am Arbeitsplatz; die Erfüllung politischer Forderungen schwebte ihm nicht vor. Seine Bewunderer lassen taktvoll die – in seinem Werk zentrale – Tatsache beiseite, dass das politische Gegenstück dieser

Befreiung der Arbeit keine Gleichberechtigung der Schwarzen, sondern ihr Status als Bürger zweiter Klasse in der absehbaren Zukunft war. Hutts Vorschlag eines gewichteten Wahlrechts war letzten Endes ebenso radikal wie Röpkes Zinsindex der Zivilisation.

Das Problem der Demokratie war das zentrale Thema von Hutts Werk. Was er in *The Economics of the Colour Bar* als »den zentralen Punkt meiner ganzen These« bezeichnete, war kein wirtschaftliches, sondern ein politisches Argument, nämlich die Warnung vor der »Tyrannei der parlamentarischen Mehrheiten« in einem System mit allgemeinem Wahlrecht.[171] Die Tatsache, dass die Schwarzen die Mehrheit der Bevölkerung Südafrikas stellten, machte die Situation in diesem Land seiner Meinung nach außergewöhnlich gefährlich. Die naheliegende Lösung des universellen Wahlrechts würde »lediglich zur Übertragung der Macht auf eine neue politische Mehrheit« führen, »ohne dass *gewaltsamen Vergeltungsakten konstitutionelle Grenzen gesetzt wären*«.[172] Hutt zeigte Verständnis für jene, die sich vor einer »schwarzen Suprematie (einer bloßen Umkehrung des Kräfteverhältnisses)« fürchteten.[173] Diese Vorstellungen entwickelte er in einem Artikel für die *National Review* weiter, den wahrscheinlich Buckley selbst während seines staatlich finanzierten Ausflugs nach Südafrika im Winter 1962/63 in Auftrag gegeben hatte.[174] In einem Entwurf des nicht veröffentlichten Artikels mit dem Titel »Apartheid in South Africa and its foreign critics« erklärte Hutt, die Einführung des Prinzips »Ein Mann, eine Stimme« in Südafrika werde zu dem führen, was von der Sowjetunion gefördert werde: zum »schwarzen Imperialismus«.[175] Hutt hielt es für notwendig, »die Minderheiten [das heißt die Weißen] vor Plünderung und Rache zu schützen«, und schlug vor, das Wahlrecht solle entsprechend »einem Prinzip der Gewichtung« erteilt werden.[176] Eine genauere Erläuterung dieses Vorschlags lieferte er 1957 in einem Brief an den Herausgeber der *Cape Times*: Er regte an, das Wahlrecht für europäische und nichteuropäische Bürger an ein Bildungserfordernis zu koppeln, aber »zu irgendeinem Zeitpunkt in der fernen Zukunft (es wäre sehr optimistisch, von 50 Jahren auszugehen), wenn die Gesamtzahl der nichteuropäischen Wähler jener der Europäer entspricht, müsste das Gewicht der nichteuropäischen Stimmen schrittweise und sehr langsam sinken«.[177] Es handelte sich um ein Modell der degressiven Proportionalität, das, wenn nicht die Herrschaft einer weißen Minderheit, so doch zumindest ein größeres Gewicht der weißen Wählerstimmen gewährleisten sollte.

Die Person, in der Hutt am ehesten einen Gleichgesinnten sah, war Hayek, dem er den Entwurf seines Artikels schickte, bevor er den Österreicher im Jahr 1963 als Gast in Südafrika begrüßte. Er bezeichnete Hayeks 1960 erschienenes Buch *Die Verfassung der Freiheit* als »die überzeugendste Darlegung« der Notwendigkeit zur Beschränkung der Demokratie.[178] Gestützt auf eine historische Analyse und Beobachtungen in der Gegenwart, beschrieb Hayek darin die potenziellen Auswüchse der Volksherrschaft. Mit Blick auf die jüngere Geschichte Mitteleuropas erklärte er, nachdem sich »Millionen durch Stimmabgabe in völlige Abhängigkeit von einem Tyrannen gebracht haben«, sei seine Generation zu der Erkenntnis gelangt, »daß die Wahl der eigenen Regierung nicht notwendig die Sicherung der eigenen Freiheit bedeutet«.[179] Er übte subtile Kritik an den postkolonialen Regierungen und erklärte, während »der Begriff der nationalen Freiheit [...] dem der individuellen Freiheit [...] analog« sei, sei er nicht mit ihm identisch, »und das Streben nach der ersten hat die zweite nicht immer gefördert«. Außerdem stellte er fest, dass Entkolonialisierung und demokratische Selbstbestimmung nachteilige Ergebnisse zeitigen konnten: »[D]as Streben nach nationaler Freiheit hat oft dazu geführt, daß ein Volk einen Tyrannen aus dem eigenen Volk der liberalen Herrschaft einer fremden Majorität vorgezogen hat.«[180] Hayek hielt während seiner Zeit in Südafrika Vorträge über sein Buch. Hutt dokumentierte den Besuch unter dem Titel »Der Missbrauch der Parlamentsmehrheit in der multirassischen Gesellschaft«; dieses Papier ist der einzige Text, in dem Hayeks Aussagen festgehalten sind.[181] Hutt zufolge hegte Hayek »keine Illusionen über die von einem mehrheitlich schwarzen Wahlvolk in der Zukunft ausgehende Gefahr, aber wir machen uns nicht immer bewusst, dass wir in Wahrheit die Macht des Staates fürchten«.[182] Hayek erklärte, die Weißen hätten den Afrikanern beigebracht, »dass die Maschinerie des Staates eingesetzt werden kann, um bestimmten Sektoren Vorteile zu sichern – in erster Linie in Form von Privilegien für die Weißen«. In Anbetracht dessen könne es nicht überraschen, »dass die afrikanischen Führer allzu leicht dazu neigen, den Spieß umzudrehen«.[183] Hayeks Botschaft an Hutt und andere lautete, dass ein von schwarzen Wählern eroberter Staat aufhören würde, ein Problem zu sein, wenn der Staat selbst präventiv des Rechts beraubt werde, bestimmte Gruppen von der Disziplin des Wettbewerbsmarkts auszunehmen. Wie im Fall der neoliberalen Föderation, die er in den dreißiger Jahren vorgeschlagen hatte, ging es Hayek auch hier darum, die Bedeutung der repräsentativen Regierung zu verringern, indem ihre Funktion auf die Durchsetzung von Wettbewerb und Verträgen beschränkt wurde.

Hutt verbreitete seine Vorschläge für ein gewichtetes Wahlrecht über die Publikationen der amerikanischen New Right. Im Jahr 1966 erklärte er in einem Artikel in der *New Individualist Review*, »die Aussicht auf eine afrikanische Mehrheit infolge der Ausweitung des Wahlrechts gemäß dem Prinzip ›Ein Mann, eine Stimme‹« wecke bei den Weißen »vollkommen berechtigte Befürchtungen«.[184] Die einzige Lösung sah er darin, »auf das Prinzip des allgemeinen Wahlrechts zu verzichten« und »eine Form von gewichtetem Wahlrecht zu akzeptieren«.[185] So wie Röpke war Hutt insbesondere empört über die in seinen Augen ungerechte Behandlung des seit seiner unilateralen Unabhängigkeitserklärung und seinem Ausscheiden aus dem Commonwealth im Jahr 1965 von einer weißen Minderheit regierten Rhodesien. Bereits 1964 hatte

Hutt erste Briefe an den rhodesischen Premierminister Ian Smith geschickt, um ihm Ratschläge zu geben, wie er dafür sorgen konnte, dass »das gegenwärtige Regime mit all seinen zugegebenen Mängeln nicht durch eine Ära der schwarzen Beherrschung ersetzt wird«.[186] Er schlug einen konstitutionellen Schutz von Vermögen und einmal mehr »gewichtete Wahlrechtsregelungen« vor.[187] In einem Artikel über die »Verleumdung Rhodesiens« verteidigte Hutt die Eigentumsbeschränkungen, deren Zweck es war, die weiße Minderheitsherrschaft zu schützen, in der er ein Bollwerk gegen die »Tyrannei von ›Ein Mann, eine Stimme‹« sah, wobei er Rhodesien als »den aussichtsreichsten gezielten Versuch zur Errichtung einer vollkommen demokratischen multirassischen Gesellschaft« in der Geschichte der Menschheit bezeichnete.[188] Es mag paradox klingen, aber Hutt glaubte tatsächlich, durch die Verweigerung des allgemeinen Wahlrechts könne eine wahre Demokratie erreicht werden.

In den siebziger und achtziger Jahren protestierte Hutt beharrlich gegen die angebliche Ungerechtigkeit der internationalen Mobilisierung gegen Rhodesien und Südafrika. In Briefen an den kalifornischen Gouverneur Ronald Reagan und Präsident Jimmy Carter lobte er Rhodesien als »die einzige wirklich antirassistische Demokratie in Afrika«.[189] Nach Portugals Rückzug aus seinen Kolonien in Angola und Mosambik nahmen die Vereinigten Staaten gegenüber Südafrika eine härtere Haltung ein. Die Regierung Carter verhängte 1977 erneut ein Importverbot für Chrom aus Rhodesien und forderte Verbesserungen der Menschenrechtslage sowie Schritte zu einer Mehrheitsherrschaft.[190] Angesichts des fortgesetzten Rückzugs der auf der Rasse beruhenden politischen Modelle schlug Hutt der politischen Führung Südafrikas ein abgewandeltes Modell des rassisch gewichteten Wahlrechts vor: Er wollte es durch eine Gewichtung des Wahlrechts abhängig vom Einkommen ersetzen. Im Jahr 1978 regte er in einem Brief an den südafrikanischen Finanzminister Owen Horwood an, wenn man die Stimme jedes Bürgers »abhängig von seiner Steuerbelastung« gewichte, könnte Südafrika »mit Recht für sich in Anspruch nehmen, dass durch die Beseitigung der Rassenschranke vollkommene Gleichberechtigung von Schwarzen, Farbigen, Indern und Weißen erreicht wäre«.[191] Hutt glaubte, diese Maßnahme werde eine ausreichend große Zahl amerikanischer Kritiker beschwichtigen, da sie gleichbedeutend mit »absoluter Gleichheit für alle Rassen« sei.[192] Die Gewichtung der Wählerstimmen aufgrund des Einkommens werde eine völlige politische Nichtdiskriminierung bedingen und der größeren Weisheit des Marktes gerecht werden.

Hutt argumentierte, sein Vorschlag werde die Verwirklichung eines Konzepts ermöglichen, das er bereits in den dreißiger Jahren formuliert hatte: das der »Konsumentensouveränität«. Hutt erklärte, wenn »jeder Dollar ein Wahlzettel« sei, wie es Mises ausgedrückt hatte, werde ein einkommensgewichtetes Wahlrecht die Analogie erweitern, indem es das Vermögen einer Person in die relative Macht übersetze, die diese Person bei der Wahl einer repräsentativen Regierung ausüben könne. »Die Wirkung einer derart revolutionären Reform«, erklärte er, bestünde darin zu zeigen, »dass die Bürger die Dienste der Regierung tatsächlich erwerben, was zur Folge hat, dass die Regierenden nicht als Herrscher, sondern als Diener der Öffentlichkeit betrachtet werden«.[193] Hutts Vorschlag war nicht so neu, wie es schien. Abgesehen davon, dass diese Regelung an die Vermögenserfordernisse für das Wahlrecht im 19. Jahrhundert erinnerte, kam ein solches Modell der gewichteten Repräsentation bereits bei der Weltbank und beim IWF zum Einsatz: In beiden Einrichtungen hing der Stimmanteil der Länder von ihrem Anteil am Welthandel ab. In Hutts ökonomistischer Version der Demokratie wurde tatsächlich das System der Bretton-Woods-Einrichtungen auf die Staatsbürger umgelegt. Hutt lehnte die Apartheid am Arbeitsplatz ab, wollte sie jedoch durch eine neue wirtschaftliche Hierarchie des Wahlrechts ersetzen.

Einige andere Neoliberale teilten Hutts Ablehnung eines allgemeinen Wahlrechts für Südafrika.[194] Im Jahr 1970 warnte Shenfield vor den »scheußlichen Gefahren der totalitären Demokratie« und erklärte, die Beschränkung des Wahlrechts in Südafrika sei »nicht nur nicht falsch, sondern eindeutig im Interesse aller Rassen wünschenswert«. In Südafrika könne die Anwendung des Prinzips »Ein Mann, eine Stimme« lediglich zu »einer Katastrophe für alle« führen.[195] Ähnlich äußerten sich der Journalist John A. Davenport, ein früherer Mitarbeiter von *Fortune* und *Barron's*, sowie Milton Friedman. Beide hatten an der Gründungsversammlung der MPS teilgenommen und beteiligten sich aktiv an den Diskussionen in der neoliberalen Bewegung.[196] Davenport hielt so wie Hutt in den sechziger und siebziger Jahren Vorträge bei acht MPS-Versammlungen, und Friedman hatte sowohl mit seinen populärwissenschaftlichen Veröffentlichungen als auch mit dem Nobelpreis, den er im Jahr 1976 erhalten hatte, Weltruf erlangt. Hutt erklärte, beide Männer hätten sich nicht mit dem südlichen Afrika beschäftigt, bevor sie die Region in den siebziger Jahren besuchten.[197] In diesem Jahrzehnt taten sich beide mit Kritik am allgemeinen Wahlrecht in der Region und insbesondere in Rhodesien hervor.

Davenport setzte sich noch leidenschaftlicher als Röpke für die weiße Herrschaft im südlichen Afrika ein. Bereits im Jahr 1972 hatte der South African Information Service ihn für seine öffentliche Unterstützung des Regimes gelobt; unter anderem hatte Davenport in einem Brief an die *New York Times* die südafrikanische Herrschaft in Namibia verteidigt und gefordert, das Land dürfe nicht »von den Vereinten Nationen geschluckt« und den »Demütigungen der sogenannten ›Ein Mann, eine Stimme‹-Demokratie unterworfen werden«.[198] Nachdem sich die Regierung Carter 1977 endgültig vom Smith-Regime in Rhodesien abgewandt hatte, startete Davenport in Zusammenarbeit mit dem Rhodesian Information Service eine Unterschriftenaktion, um amerikanische Geschäftsleute für eine Unterstützung der Regierung Smith zu gewinnen.[199] Davenport reiste zweimal nach Rhodesien und war in seiner Funktion als einer der Vorsitzenden der American-Rhodesian Association (ARA) Gastgeber von Smith, als dieser im Oktober 1978 auf Einladung von Senator Jesse Helms, einem Befürworter der Rassentrennung, und einer Gruppe konservativer Senatoren (darunter der spätere Präsidentschaftskandidat Bob Dole) die Vereinigten Staaten besuchte.[200] Die ARA bezeichnete Sanktionen in ihrem Mission Statement als »Beihilfe und Ermutigung zur Barbarei« und pries die »Ritterlichkeit und den Wert Rhodesiens (Simbabwes) als Außenposten der freien Welt in Afrika«.[201] Noch in den achtziger Jahren, als die Deinvestitionsbewegung wachsenden Zulauf an den Universitäten fand, verurteilte Davenport den von der »Manie der Mehrheitsherrschaft« angetriebenen »unmoralischen Aggressionskrieg gegen Südafrika« und den »Wahnsinn der doktrinären Demokratie«.[202] Im Jahr 1985 beklagte er sich direkt beim Weißen Haus über die Sanktionen und erhielt schriftliche Unterstützung des Präsidentenberaters Pat Buchanan.[203] Davenport war kein passiver Sympathisant der Opposition gegen die Mehrheitsherrschaft im südlichen Afrika, sondern zählte Ende der siebziger Jahre und in den achtziger Jahren zu ihren wichtigsten Aktivisten. Wie Hutt argumentierte er zweigleisig: gegen Sanktionen und gegen das allgemeine Wahlrecht. In diesen beiden Punkten erhielt er Unterstützung von Friedman, dem nach dem Krieg prominentesten neoliberalen Intellektuellen. Die Ablehnung von Sanktionen teilte auch Hayek.

Friedmans und Hayeks militanter Globalismus gegen Sanktionen

Milton Friedman verurteilte die Sanktionen gegen Rhodesien in zwei Leitartikeln für *Newsweek*, von denen einer zuvor auch in der Londoner *Sunday Times* erschienen war.[204] In der Kolumne, die er im Anschluss an einen Besuch in der Region im Jahr 1976 verfasste, brachte er ein auf den ersten Blick paradoxes Argument vor: »Die ›Mehrheitsherrschaft‹ für Rhodesien ist ein Euphemismus für eine schwarze Minderheitsregierung, die mit einiger Sicherheit zur Vertreibung oder zum Exodus der meisten Weißen führen und zugleich den Lebensstandard und die Chancen der Masse der schwarzen Rhodesier drastisch verringern würde«.[205] Indem er das allgemeine Wahlrecht mit einer »Minderheitsherrschaft« gleichsetzte, drückte Friedman seine Zweifel an der demokratischen Praxis in den Vereinigten Staaten selbst aus. In einem Vortrag an der Universität Kapstadt im Jahr 1976 erklärte er, das Prinzip »Ein Mann, eine Stimme« bringe in der Praxis »ein System stark gewichteter Stimmen hervor, in dem Sonderinteressen eine sehr viel größere Rolle spielen als das Interesse der Allgemeinheit«.[206] Friedman bezog sich implizit auf die Arbeit von Theoretikern wie Mancur Olson und erklärte, der »politische Markt« bevorzuge jene, die genügend Anreize und Ressourcen zur Organisation hätten, während er den Interessen der Allgemeinheit und der weniger Mächtigen schade.[207] Hingegen sei der ökonomische Markt »ein System der effektiven, proportionalen Repräsentation«.[208] Friedman schlug neuartige Lösungen für Südafrika vor. Die Menschen beklagten sich darüber, dass Weiße eine kostenlose Bildung erhielten, während Schwarze dafür bezahlen mussten. Seine Lösung: Beide Gruppen sollten bezahlen. »Ich spreche mich nicht für den Egalitarismus im Sinne gleicher Resultate aus«, rief er seinem Publikum in Erinnerung.[209] Ungleichheit sei die unvermeidliche Bedingung für eine funktionierende Marktordnung.

Während Friedman Röpke insofern folgte, als er James Burnhams These zitierte, die Isolation Rhodesiens sei ein Beleg für den »Selbstmord des Westens«, beruhte seine Argumentation nicht auf der Rasse oder dem Zivilisationsstand, sondern auf einer allgemeinen Kritik an der Praxis der Wahldemokratie.[210] Auch seine Ablehnung von Sanktionen beruhte auf einem abstrakten Prinzip: Die Märkte funktionierten, weil sie auf subtile Art »Produzenten und Konsumenten miteinander verbinden und die Marktteilnehmer in Anonymität hüllen«. Da der ideale Markt nicht aufgrund von Rasse, Religion oder Nationalität diskriminiere, würden Eingriffe in die Prozesse des wirtschaftlichen Austauschs zwecks Bestrafung einer bestimmten politischen Macht mittels einer internationalen Autorität – wie im Fall Rhodesiens – das System der freien Märkte schwächen, das »die wichtigste Quelle unserer Stärke ist«.[211] Das *dominium* musste ungeachtet der Launen der Diplomatie aufrechterhalten werden.

Hayeks öffentliche Haltung gegenüber Südafrika entsprach der Friedmans. In Reaktion auf die heftige Kritik an den Besuchen, die er und Friedman in den siebziger Jahren Pinochets Chile abstatteten, beklagte sich Hayek im Jahr 1977 über einen »internationalen Rufmord«, dessen Ziel nicht nur das südamerikanische Land, sondern auch Südafrika sei (ein Land, das er im Jahr darauf ein zweites Mal besuchen würde).[212] Hayek verurteilte die Apartheid, äußerte jedoch die Befürchtung, die »willkürlichen Maßnahmen« der Vereinten Nationen, die bestimmte Länder für eine Bestrafung aussonderten, hätten sich in eine der größten Bedrohungen für die freie Weltwirtschaft verwandelt. »Die Vereinten Nationen können ihren Einfluß nur bewahren« schrieb er, »wenn sie Boykotte oder ähnliche Maßnahmen gegen einzelne Länder nur nach vorher festgelegten und angekündigten Regeln verhängen, nicht aber, wenn sie sich durch krassen Stimmenfang in Einzelfällen zu solchen Maßnahmen verleiten lassen.« Er warnte vor drastischen Auswirkungen mit weltweit schädlichen Folgen: »Ich weiß nicht, ob die Vertreter der westlichen Großmächte, die dem Waffenembargo gegen Südafrika zugestimmt haben, sich darüber klar sind, in welche Gefahr sie sich selbst mit dieser Entscheidung begeben. Sie beginnt bereits, die internationale Wirtschaftsordnung zu zerstören.«[213] Mit dem Einsatz von Sanktionen als wirtschaftliche Waffe würden die Grenzen zwischen der Welt des Eigentums und der Welt der Staaten überschritten. Moralische Forderungen dürften selbst dann, wenn sie von internationalen Organisationen legitimiert würden, nicht gegen die Wirtschaftsverfassung der Welt verstoßen.

***

Das Problem des südlichen Afrika eröffnet uns die Möglichkeit, Klarheit über die neoliberalen Positionen zu Rasse, Weltordnung und Imperium im Zeitalter der Dekolonisation zu gewinnen. Abgesehen davon, dass das neoliberale Lager keine einheitliche Haltung einnahm, änderten sich die Positionen der wichtigsten Neoliberalen im Lauf der Zeit. Am vielleicht extremsten war Röpkes Meinungswandel. Mitte der dreißiger Jahre hatte er als exilierter Gelehrter in Istanbul seine grundsätzliche Ablehnung eines rassistischen Regimes bekundet und den Imperialismus entschieden verurteilt. Die Geschichte der überseeischen Expansion der europäischen Mächte, schrieb er damals, sei »eine Geschichte von Eroberung, Barbarei und Brutalität«.[214] Er sprach sich für einen nicht antikapitalistischen, sondern liberalen Antiimperialismus aus, der die Trennung zwischen »›dominium‹ und ›imperium‹ – Wirtschaftssphäre und Staatssphäre« – respektierte.[215] Als die Entkolonialisierung drei Jahrzehnte später eine globale Realität geworden war, schlug er einen anderen Ton an: Der Kolonialismus, erklärte er jetzt, sei zum Träger einer »List der Geschichte« geworden und habe die westliche Zivilisation in die übrige Welt getragen. Hatte Röpke 1934 noch erklärt, der europäische Imperialismus sei Ausdruck all jener »irrationalen Kräfte, die ihm im inneren Leben der Völker entsprechen«, so war er bis 1965 zu der Überzeugung gelangt, das europäische Erbe sei durch »die ungeheuren Kräfte des Chaos und der Zerstörung« bedroht.[216] Am bedeutsamsten war jedoch seine neue Überzeugung, die »Europäisierung« habe die ganze Welt in eine »einzige Kolonie des Westens« verwandelt.[217] Daher konnte der globale Süden nur auf Stabilität und relativen Wohlstand hoffen, wenn er seine Ablehnung der Verwestlichung aufgab und sie als Ethos, Lebensart und Geisteshaltung akzeptierte. Die Frage, ob das durch genetische Unterschiede verhindert wurde, ließ er offen. Fest steht, dass nicht länger das Streben nach einem Gleichgewicht zwischen öffentlicher Macht und Privateigentum das Zentrum von Röpkes Geschichtsverständnis darstellte, sondern die Forderung nach einem endgültigen Sieg des westlichen »Geistes«. Das westliche Imperium gehörte nicht der Vergangenheit an, sondern stellte eine Aufgabe dar, die vollendet werden musste.

Für Hutt, Friedman und Hayek standen nicht die Zivilisationen im Mittelpunkt, sondern sie konzentrierten sich auf politische Systeme, welche die Reproduktion einer funktionierenden Marktordnung ermöglichen würden. Ihre größte Sorge war, dass eine irregeleitete Moralität in den Forderungen nach einem allgemeinen Wahlrecht oder der Einsatz wirtschaftlicher Waffen wie Embargos und Sanktionen sowohl die Berechenbarkeit als auch die Gesichtslosigkeit beseitigen würde, auf denen die Koordinierung ungezählter Arbeitskräfte, Händler und Konsumenten beruhte. Innerhalb der akzeptierten Grenzen der in der Tradition verankerten ungeschriebenen und sogar unbewussten Verhaltenskodizes hielten sie am Nutzen einer mehrschichtigen konstitutionellen Struktur fest, die den Schutz des Eigentums und den Wettbewerb weltweit gewährleisten konnte. Wie wir in den Kapiteln 6 und 7 sehen werden, schwebte der Hauptströmung des Neoliberalismus keine Welt der Rassen, sondern eine Welt der Regeln vor. Und der Ausgangspunkt für die Errichtung dieser Welt war Europa.

6. Eine Welt der Verfassungen

> Die historische Bedeutung der Europäischen Wirtschaftsgemeinschaft besteht darin, dass sie einen Zusammenhang zwischen dem internationalen Charakter von Gesetz und politischen Institutionen und dem internationalen Charakter der wirtschaftlichen Beziehungen herstellt. In diesem Sinn stellt der EWG-Vertrag eine Wirtschaftsverfassung dar.
>
> *Ernst-Joachim Mestmäcker, 1973*

Das geeinte Europa ist eines der Rätsel des neoliberalen Jahrhunderts. Einige Autorinnen behaupten, die Europäische Wirtschaftsgemeinschaft sei von Anfang an ein neoliberales Projekt gewesen: Als die Bundesrepublik, Frankreich, Italien und die Benelux-Länder im März 1957 die Römischen Verträge unterzeichneten, hätten sie tatsächlich den in den dreißiger Jahren von Hayek entworfenen Plan für eine Föderation abgesegnet.[1] Andere halten dem entgegen, dass Hayek eine europäische Föderation nach 1945 ablehnte.[2] Wenn die EWG tatsächlich ein neoliberaler »Triumph« war, welchen Reim können wir uns dann auf den Kommentar eines Beobachters aus dem Jahr 1962 machen, der erklärte »[d]ie Bestrebungen zur Errichtung einer Europäischen Wirtschaftsgemeinschaft« würden »seit langem von Nationalökonomen der sogenannten neoliberalen Richtung kritisiert«?[3] Entsprach oder widersprach die europäische Integration der neoliberalen Vision für den Kontinent?

Um dieses Paradox zu erklären, müssen wir die Zusammenhänge sowohl näher untersuchen als auch aus der Distanz betrachten. Wenn wir uns den Augenblick der Entstehung der europäischen Institutionen genau ansehen, stellen wir fest, dass die Römischen Verträge die Neoliberalen in zwei Gruppen spalteten. Auf der einen Seite stand die ältere Generation der Neoliberalen der Genfer Schule, die als Universalisten eingestuft werden.[4] Auf der anderen Seite standen die jüngeren Neoliberalen, die wir als Konstitutionalisten bezeichnen können. Wenn wir ein paar Schritte zurücktreten, sehen wir, welche Bedeutung die Kolonialreiche und die Welt in dieser Geschichte haben. Die Universalisten, die der EWG ablehnend gegenüberstanden, darunter Wilhelm Röpke, Gottfried Haberler und Michael Heilperin, hielten am Bekenntnis zur globalen Integration fest, das vom Völkerbund und später vom GATT-Sekretariat vertreten wurde. Dieser Gruppe missfiel insbesondere die Tatsache, dass die Römischen Verträge eigentlich nicht »Europa«, sondern eine Version von »Eurafrika« begründeten. Da der bevorzugte Zugang zum europäischen Markt im EWG-Vertrag auf die als »assoziierte Staaten« definierten französischen, niederländischen und belgischen Überseegebiete ausgeweitet worden war, lagen neunzig Prozent des Territoriums des Gemeinsamen Marktes tatsächlich jenseits der Grenzen Europas.[5] Die Universalisten sahen in Eurafrika ein weiteres Instrument, um die Weltwirtschaft im Namen der Integration zu desintegrieren. In der EWG wurden ein westeuropäischer Block und größere Teile Afrikas zu einem Netzwerk verknüpft, in dem Güter ungehindert zirkulieren würden. So wurden das Imperium und der Protektionismus in der angeblichen Ära der freien Weltwirtschaft aufrechterhalten.

Die Universalisten unternahmen konkrete Anstrengungen, um das GATT gegen die EWG einzusetzen. Im Jahr 1958 verfasste Haberler gemeinsam mit anderen Autoren einen Bericht für das GATT-Sekretariat, in dem der neue landwirtschaftliche Protektionismus der EWG und die Agrarsubventionen der Vereinigten Staaten kritisiert wurden. Der sogenannte Haberler-Bericht war ein

Meilenstein in der Geschichte des GATT und später der Welthandelsorganisation (WTO) und sicherte ihm unerwartete Unterstützung im globalen Süden. Doch der Eifer der Universalisten konnte nichts daran ändern, dass ihr Globalismus einen gravierenden Mangel aufwies: Es gab keinen Mechanismus, um ihn durchzusetzen. Es war offenkundig, dass sie den Wirtschaftsnationalismus zurückdrängen wollten, aber es war weniger klar, ob sie den Sprung zu einer supranationalen Regierung wagen wollten. Indem sie ihre Hoffnungen in das GATT setzten, setzten die globalistischen Neoliberalen der ersten Generation auf eine zahnlose Organisation.

Während eine Fraktion der neoliberalen Globalisten den Nutzen der europäischen Integration anzweifelte, sah eine andere Gruppe darin eine Möglichkeit, die Kluft zwischen institutionellem Design und Implementierung zu überbrücken. In den sechziger Jahren verstanden maßgebliche Neoliberale wie Hans von der Groeben, Ernst-Joachim Mestmäcker und Erich Hoppmann die Römischen Verträge als »Wirtschaftsverfassung« und als Grundlage für zukünftige Modelle einer mehrschichtigen Governance.[6] Der Rechtsrahmen war von zentraler Bedeutung für die europafreundlichen Neoliberalen, von denen viele keine gelernten Wirtschaftswissenschaftler, sondern Juristen waren. Obwohl das föderale Projekt nach dem Krieg in Hayeks Werk in den Hintergrund trat, entwarfen die Konstitutionalisten, gestützt auf seine Schriften zum Verfassungsdesign aus den sechziger Jahren, eine supranationale Ordnung. Es ist eine Ironie, dass das definierende Nachkriegsprojekt des Neoliberalismus der Genfer Schule in ebendem Projekt der europäischen Integration reifte, das die älteren Neoliberalen ablehnten. Indem die neoliberalen Konstitutionalisten die Wirtschaftsverfassung von der Ebene der Nation auf jene der supranationalen Föderation und später der Welt hoben, brachten sie die Saat auf dem Feld des internationalen Wirtschaftsrechts aus, das sich in den siebziger Jahren entfalten sollte, und trugen zur theoretischen Grundlegung eines integrierten Europa als Modell für die globale Wirtschaftsgovernance bei.

Die Universalisten: Neoliberale Gegner der europäischen Integration

Unmittelbar nach dem Zweiten Weltkrieg setzten die Neoliberalen ihre vor dem Krieg begonnene Diskussion über eine internationale Föderation fort. Auf dem Gründungstreffen der Mont Pèlerin Society im Jahr 1947 widmeten sie sich einen ganzen Tag lang den »Problemen und Chancen einer europäischen Föderation«. Robbins gab die Richtung vor und äußerte die Sorge, die europäischen »Wirtschaftsverbände könnten die Einheit der westlichen Welt stören«.[7] In fast allen föderalen Konzepten, die in den dreißiger Jahren entwickelt wurden, wurde die Beziehung zwischen den Vereinigten Staaten und Großbritannien als zentraler Bezugspunt der westlichen Welt betrachtet. Die neoliberalen Intellektuellen befürchteten, ein Zusammenschluss Europas könne die Bindungen in der Atlantischen Gemeinschaft schwächen.[8] Das Hauptproblem war der offenkundige Widerwillen der Staaten, ihre Souveränität aufzugeben. Haberler erklärte im Jahr 1949, es werde »heute oder zu unseren Lebzeiten keine europäische Union geben«, weil es »praktisch unmöglich ist, dass sich Länder wie Großbritannien, Frankreich, Italien und Belgien auf eine gemeinsame Wirtschaftspolitik einigen«.[9] Er beschäftigte sich mit der hypothetischen Möglichkeit einer wirtschaftlichen Union unter der Voraussetzung »vergleichsweise geringer staatlicher Einmischungen in die wirtschaftlichen Angelegenheiten wie vor 1914«, sah jedoch keine praktische Möglichkeit einer Verwirklichung. Das System der Vereinten Nationen war nicht supranational, sondern ausdrücklich *inter*national und beruhte auf dem eifersüchtig gehüteten Prinzip der nationalen Souveränität.

Dem kontinentalen Traum von der europäischen Integration setzten die Universalisten die globale Vision des Völkerbunds entgegen, der eine Politik der »Offenen Tür« für die Welt angestrebt hatte. Obwohl sich der Konsens im Völkerbund bei Kriegsende zu einer Politik verschoben hatte, die auf Vollbeschäftigung und eine keynesianische Expansion zielte, versprach er in den Augen der Neoliberalen der Genfer Schule weiterhin einen gesunden liberalen Internationalismus.[10] Voraussetzung für den Erfolg des Völkerbunds war jedoch stets die freiwillige Kooperation der Staaten. Da es keine Möglichkeit gab, Verstöße von Mitgliedstaaten zu ahnden, und da der Völkerbund keine Mittel hatte, um Nichtmitglieder zum Eintritt zu bewegen, war das liberale Experiment in den dreißiger Jahren gescheitert und schien nach 1945 erneut zum Scheitern verurteilt. Viele in den zwanziger und dreißiger Jahren sozialisierte Neoliberale teilten Haberlers Enttäuschung über das Scheitern der groß angelegten Lösung, die eine bereitwillige Aufgabe der Souveränität durch Nationen erfordert hätte, die keine Absicht hatten, sie aufzugeben. Insbesondere mit Blick auf die »paradoxe« Tatsache, dass die Vereinigten Staaten, der angebliche Bezugspunkt der freien Wirtschaft, andere Länder zur Aufstellung mehrjähriger Pläne aufforderten, um die im Rahmen des Marshallplans vergebenen Hilfsgelder richtig zu verteilen, sah Haberler keine Möglichkeit, die europäischen Staaten von der Planwirtschaft abzubringen.[11] Zwar stellte der Beginn der Marktliberalisierung in der gegründeten Bundesrepublik Deutschland ein in seinen Augen lobenswertes Modell dar, aber es existierte keine institutionelle Regelung, um die anderen Länder zu zwingen, dem deutschen Vorbild zu folgen. Wie wir in Kapitel 4 gesehen haben, schien die beste Option für eine neoliberale Lösung im transnationalen Handelsrecht des Investitionskodexes des bilateralen Investitionsabkommens zu bestehen. Eine Konzentration auf das private internationale Recht sollte schützen, was ich als Xenos-Rechte der Investoren bezeichnet habe, ohne dass dafür multilaterale Vereinbarungen zwischen den

Staaten über ein öffentliches internationales Recht benötigt würden.

Der lautstärkste Europaskeptiker der fünfziger Jahre war der allgegenwärtige Wilhelm Röpke, der bei Wirtschaftsminister Ludwig Erhard Gehör fand und in seiner Funktion als öffentlicher Intellektueller Zugang zu den Medien hatte.[12] Röpke befürchtete, die EWG würde eine Erweiterung der »Blocklösung« der 1952 gegründeten Europäischen Gemeinschaft für Kohle und Stahl sein, welche die Erzeugnisse des Kontinents hinter einer gemeinsamen Zollmauer vor ausländischen Konkurrenzprodukten schützen sollte und von einer supranationalen Bürokratie gesteuert werden würde. Er hielt es für unangebracht, die »Block«-Version Europas als »Integration« zu bezeichnen, denn in seinen Augen reproduzierte sie den für die dreißiger Jahre charakteristischen Protektionismus und die staatliche Kontrolle über die Wirtschaft in jener Zeit. Was wie eine Integration Europas aussah, würde nach Ansicht von Röpke lediglich die globale Desintegration fortsetzen. Eine solche Lösung würde »die nationale Autarkie durch eine kontinentale ersetz[en] und die alten Probleme auf höherer geographischer Skala wiederhol[en]«.[13]

Michael Heilperin sah es ähnlich. Er beschwor das vertraute Schreckgespenst der »Abschottung« herauf.[14] Der europäische Block diente dem grundsätzlich illegitimen politischen Ziel, sich gegen den globalen Wettbewerbsdruck abzuschirmen. Zudem begingen seine Befürworter den fatalen Fehler, den Hayek in den dreißiger Jahren beschrieben hatte: Sie machten die für die Wirtschaft Verantwortlichen zum Ziel von Angriffen, weil sie als Urheber von Entwicklungen betrachtet wurden, die von einzelnen Interessengruppen als ungerecht empfunden wurden. Erhard bevorzugte ein Gefüge, »das Prinzipien enthält, die aus dem Ordnungssystem heraus einen sozusagen anonymen Zwang auf das Verhalten der Nationalstaaten ausüben«.[15] Wie im von Hayek und Robbins vorgeschlagenen Modell der neoliberalen Föderation sollten die festgeschriebenen

Grundsätze des Freihandels und der Freizügigkeit der Arbeitskräfte in Erhards Projekt den staatlichen Eingriffen Grenzen setzen. Die angestrebte Leitung der EWG durch eine Kommission würde hingegen zum Ziel sowohl der Klagen der von ihren Entscheidungen betroffenen Parteien als auch der Forderungen von Interessengruppen werden.

Die Universalisten definierten die Integration nicht als Zukunftsvision, sondern als Rückkehr zu einer früheren Ordnung. Röpke hielt es für unbestreitbar, »daß die hier gestellte Aufgabe im Grunde eine Re-Integration ist, d. h. die Wiederherstellung eines glücklicheren Zustandes der europäischen Wirtschaftsbeziehungen, der in der Vergangenheit bereits bestanden hat und in den Stürmen der Weltkrise seit 1931 nach und nach zerstört worden ist«.[16] Die Weltwirtschaft, die bis 1914 geeint gewesen war, musste wiederhergestellt werden. Wenn man über Integration nachdachte, so konnte es nur um eine Integration gehen, die eine Rückkehr in diese verlorene goldene Ära ermöglichen würde. Das universalistische Verständnis entsprach der Etymologie des Begriffs: Das lateinische Wort *integratio* bedeutet keine Erzeugung einer neuen Einheit, sondern die Wiederherstellung von etwas, das verloren gegangen ist.[17] Heilperin äußerte sich im Jahr 1949 ähnlich wie Röpke. Er bestritt, dass die »Integration« eine mit dem Marshallplan nach Europa exportierte »amerikanische Doktrin« sei. Vielmehr sei sie in Europa sehr viel tiefer verwurzelt als in den Vereinigten Staaten, die eine »traditionelle Vorliebe für Zölle« hätten.[18] Wenn amerikanische Politiker die Westeuropäer zur Integration drängten, brächten sie »den Europäern etwas zurück, das nicht nur ein theoretisches Konzept« sei, sondern etwas, das bei ihnen »die Erinnerung an eine sehr gedeihliche Vergangenheit« wecken solle.[19]

Die meisten frühen Neoliberalen waren um die Jahrhundertwende geboren und hatten die Jahre vor dem Ersten Weltkrieg in ihrer Kindheit oder Adoleszenz erlebt. Sie schwelgten oft in elegischen Erinnerungen an diese Ära. Röpke bezeichnete sich in einem seiner Bücher als Angehörigen der Generation, »die in ihrer Jugend noch das Abendrot jenes langen strahlenden Sonnentages der abendländischen Welt erlebt hat, der vom Wiener Kongreß bis zum August 2014 gedauert hat, jenes Sonnentages, von dem sich diejenigen, die nur die heutige Polarnacht der Geschichte kennen, keine angemessene Vorstellung mehr machen können«.[20] Die wirtschaftliche Integration der Welt war zugleich ein ideologisches Ziel und eine Idylle aus der Kindheit.

Die Neoliberalen hatten wesentlich dazu beigetragen, das Konzept der *integratio* in der Zwischenkriegszeit in den wirtschaftlichen Diskurs einzuführen. Fritz Machlup hat gezeigt, dass Röpke einer der ersten Ökonomen war, die sich in den dreißiger Jahren systematisch mit der Integration auseinandersetzten. Nachdem die schwedischen Ökonomen Eli Heckscher und Bertil Ohlin, zwei Angehörige der Stockholmer Schule, in den zwanziger und dreißiger Jahren das Wort »Desintegration« in die ökonomische Diskussion eingeführt hatten, begann Röpke an seinem 1942 erschienenen Buch über das zu arbeiten, was verloren gegangen war und wiederhergestellt werden musste.[21] Den Terminus »Desintegration« verwendete er erstmals im Jahr 1931, um die Auswirkungen der »Auflösung einer festen und organischen Struktur der internationalen Wirtschaftsbeziehungen« zu beschreiben, »so wie sie sich in hundert Jahren unter dem Namen der Weltwirtschaft herausgebildet hatte«.[22] Er und Mises verwendeten den Begriff in einer Publikation des Genfer Hochschulinstituts für internationale Studien zur »Weltkrise«.[23]

Den Integrationsdiskurs der Genfer Schule haben wir in den vorangegangenen Kapiteln untersucht. Die Neoliberalen in dieser Gruppe betrachteten die Weltwirtschaft als Gesamtheit interdependenter Märkte, die einer Reihe institutioneller Regelungen bedurfte, welche die zweigeteilte kapitalistische Welt von *imperium* und *dominium* erhielt und sowohl den Wettbewerb als auch die internationale Arbeitsteilung ermöglichte. Diese Vision unterschied sich erheblich vom Traum von einem autonomen oder selbstregulierten Markt, der den Neoliberalen fälschlich zugeschrieben worden ist. Vielmehr war dies eine Vision von einem Raum für ungehinderten Handel und Zahlungsströme, der durch internationale Normen abgesichert und durch die zwischenstaatliche Kooperation offen gehalten werden sollte. Die architektonische Komplexität und die innere Konsistenz der globalen neoliberalen Vision erschwerten es, auf dem Weg zur globalen Reintegration partielle oder Zwischenlösungen anzustreben. Doch wie Heilperin in den fünfziger Jahren eingestand, schienen die »universalistischen Lösungen« gescheitert zu sein.[24] Er gab es auf, für den von ihm verfassten internationalen Investitionskodex zu werben, und akzeptierte die Tauglichkeit bilateraler Investitionsverträge, die sich als effektiver erwiesen hatten. Nach dem Skandal um die Internationale Handelsorganisation, die in seinen Augen und nach Einschätzung anderer Neoliberaler durch politisierte Sonderansprüche der Entwicklungsländer diskreditiert war, blieb nur noch übrig, was Röpke als das »bescheidene, aber sehr nützliche« GATT bezeichnete: eine relativ beschränkte Lösung voller Ausnahmen (darunter im Bereich der Landwirtschaft) und Ausstiegsklauseln.[25]

Trotz der offenkundigen Schwächen des GATT sammelten sich die europaskeptischen Neoliberalen um diese Einrichtung, in der sie die beste Waffe im Kampf gegen die neue EWG sahen. Das GATT war im Grunde der institutionelle Erbe des in Genf entwickelten liberalen Wirtschaftsmodells für die Welt, das seinerseits auf dem im 19. Jahrhundert angewandten Prinzip der »Meistbegünstigung« beruhte, welches die gegenseitige Verringerung von Handelshemmnissen zwischen zwei Vertragspartnern auf alle anderen Vertragspartner dieser Länder ausweitete. James Meade, der wichtigste Architekt des GATT, war im Völkerbund aktiv gewesen und hatte Ende der dreißiger Jahre die *World Economic Survey* verfasst.[26] Röpke sprach sich im Jahr 1958 für das GATT aus, in dem er eine Waffe gegen die französisch dominierten europäischen Institutionen sah: »Die Methode des gemeinsamen Markts für Kohle und Stahl zur Integration Europas [...] erfordert eine supranationale politische Ordnung.« Er fragte: »Warum überlassen wir es nicht dem GATT? Warum stärken wir das GATT nicht, wenn es nicht effektiv genug ist?«[27] Erhard sprach im Namen »der Wirtschaft«, als er die Überlegenheit des GATT pries und erklärte: »Wirtschaftliche Fehler und wirtschaftliche Sünden werden nicht dadurch geheilt, dass man sie als europäisch proklamiert.«[28]

Nach Ansicht Röpkes verdiente nur eine Form von Integration diesen Namen, nämlich jene, die auf der »Kernlösung« beruhte. Sein Kerneuropa würde seine Güter nicht vor den Erzeugnissen der übrigen Welt schützen. Stattdessen würde es eine Freihandelszone und schließlich eine »Zahlungsgemeinschaft« oder Währungsunion bilden, die im Lauf der Zeit immer mehr Länder in ein unablässig wachsendes Territorium der Spezialisierung und des freien Wettbewerbs aufnehmen würde. Diese Form der Integration, erklärte Röpke, könne in Europa beginnen, aber sie schließe eine »Überführung in eine universale, weltwirtschaftliche Integration« nicht aus und bereite sie sogar vor.[29] Röpke und Erhard stellten der EWG das Projekt einer Europäischen Freihandelszone (Efta) gegenüber, die Großbritannien, die Schweiz, Österreich, Portugal und die skandinavischen Länder beinhalten sollte.[30] Dass sich das Efta-Modell nicht gegen das Konzept der Wirtschaftsgemeinschaft durchsetzte, bedeutete für Röpke, dass die »wirtschaftliche Freiheit [...] erkauft werden musste, indem man einen Burggraben zum Schutz gegen die Außenwelt aushob«.[31]

Hans von der Groeben übertrieb nur geringfügig, als er rückblickend schrieb, dass »die ›Universalisten‹ jegliche regionale Struktur als Abweichung vom rechten Weg betrachteten«.[32] Er warf ihnen vor, den Kampf um die europäische Integration in manichäischen Kategorien darzustellen, wobei die Fürsprecher der EWG für das Böse kämpften. Röpke bediente sich der für ihn charakteristischen polemischen Rhetorik und verlangte, die »Marktwirtschaft«

dürfe nicht »auf dem Altar einer fehlgeleiteten europäischen Wirtschaftsintegration geopfert« werden. Was als Mörtel habe dienen sollen, könne sich als Dynamit erweisen.[33] Heilperin beschwor die ursprünglichen Auseinandersetzungen um die politische Ökonomie im 19. Jahrhundert: »So unglaublich das scheint, ist die viele Jahrzehnte in intellektuellen und politischen Mottenkisten verstaute Kontroverse über Freihandel und Protektionismus in die Schlagzeilen zurückgekehrt.«[34] Vor diese Alternative gestellt, schlugen sich die Universalisten natürlich auf die Seite des Freihandels, welcher »der Natur der Dinge und der Verteilung von Ressourcen und Menschen auf dem Erdball entspricht«, wie Heilperin gemäß dem klassischen liberalen Dogma erklärte.[35] Die Bundesrepublik war unter Wirtschaftsminister Erhard der Vorkämpfer des Freihandels, und ihr wichtigster Gegner war Frankreich. In einem Artikel für *Fortune* bediente sich Heilperin eines politisch befrachteten Begriffs, um die französische Haltung anzuprangern: Er erklärte, Frankreich habe sich für die »Segregation« entschieden, was »der Masse der französischen Konsumenten schadet, welche die großen Verlierer in Frankreichs im Grunde reicher, beschämend behinderter Wirtschaft sind«.[36]

Der erste Angehörige der neoliberalen Kerngruppe, der vom Widerstand gegen die wirtschaftliche Integration Europas abwich, war nicht Röpke, der ein unbeugsamer Gegner des europäischen Projekts blieb, sondern Alfred Müller-Armack, ein Mitarbeiter in Erhards Ministerium. Der 1901 geborene Müller-Armack trat 1933 in die NSDAP ein und wurde 1940 ordentlicher Professor für Wirtschaftswissenschaften an der Universität Münster, wo er Forschung in den Bereichen Bauwesen, Kultursoziologie und Textilproduktion betrieb.[37] In einigen seiner Untersuchungen befasste er sich mit der europäischen Integrationspolitik des Dritten Reichs im Bemühen um wirtschaftliche Lösungen für die eroberten Gebiete in Osteuropa.[38] Anfang der vierziger Jahre lernte Müller-Armack Ludwig Erhard kennen, der sich ebenfalls mit der Textilindustrie beschäftigte.[39] Die beiden Männer blieben auch nach dem Krieg in engem Kontakt. Gemeinsam mit Vertretern der Freiburger Schule, deren führende Köpfe Walter Eucken und Franz Böhm waren, trugen sie zur Definition der grundlegenden deutschen neoliberalen Position bei. Im Jahr 1950 wurde Müller-Armack als Professor an die Universität Köln berufen, zwei Jahre später übernahm er die Leitung der politischen Abteilung in Erhards Wirtschaftsministerium.

Anders als Röpke und Haberler, die im akademischen Elfenbeinturm an ihrem Purismus festhalten konnten, war sich Müller-Armack aufgrund seiner aktiven Rolle in Politik und Verwaltung der Notwendigkeit bewusst, praktikable Lösungen und eine gemeinsame Basis mit ideologischen Gegnern zu finden.[40] So entwickelte er das Konzept der »sozialen Marktwirtschaft«, das Bestand haben sollte. Er verknüpfte die Grundsätze der freien Marktwirtschaft mit der Rücksichtnahme auf sozialen Schutz und die Interessen der Arbeiterschaft in einem Konzept, an dem andere Neoliberale Anstoß nahmen, aber Müller-Armack hatte den Begriff der sozialen Marktwirtschaft gezielt gewählt, weil dieser in seinen Augen eine »irenische« Vermittlerfunktion erfüllte.[41] Im Jahr 1957 bezog Müller-Armack in der Frage der europäischen Integration eine ähnlich pragmatische Position. Er pries die Ära vor 1914 als Vorbild für die Integration der Weltwirtschaft, räumte jedoch ein, dass sich die Bedingungen geändert hätten und dass sich die Institutionen entsprechend wandeln müssten. Das GATT sei eine Option, aber seine »organisatorische Schwerfälligkeit« beweise, dass »kompliziertere und organisatorisch anspruchsvollere Vereinbarungen nur in einem eingeschränkten Kreis Erfolg versprechen«.[42] Obwohl sie sich an »weltweiten Organisationen« orientiere, bedürfe die Integration »eben doch der Initiative eines engeren europäischen Kreises«.[43]

Im Jahr 1957 sprach Müller-Armack bereits aus Erfahrung. Im Mai 1955 hatte er in einer Versammlung des Kabinetts in seinem Sommerhaus dazu beigetragen, zwischen gegensätzlichen Standpunkten in der Bundesregierung zu vermitteln.[44] In der Sitzung hatte er dem von Kanzler Konrad Adenauer und dem Außenministerium vorangetriebenen Projekt der europäischen Integration zugestimmt. Es gelang Müller-Armack und Erhard auch, die Beschränkung auf das Modell der Gemeinschaft für Kohle und Stahl zu überwinden und ein Vorhaben durchzusetzen, das den »unverfälschten Wettbewerb« schützen und den »vier Freiheiten« Vorrang geben würde.[45] Das Konzept des gemeinsamen Wettbewerbsmarkts war im Wirtschaftsministerium unter der Beteiligung des Juristen von der Groeben, der seit 1952 im Wirtschaftsministerium das Schuman-Plan-Referat leitete, vor der Zeit entwickelt worden.[46] Nach einem Treffen von Abgesandten der sechs Signatarstaaten in Messina im Juni 1955 beauftragte der belgische Außenminister Paul-Henri Spaak von der Groeben und Pierre Uri mit einem Vertragsentwurf – dem sogenannten Spaak-Bericht –, der zur Grundlage der im Frühjahr 1956 beginnenden Verhandlungen wurde.[47] Von der Groeben wurde mit der Leitung des Ausschusses für den Gemeinsamen Markt betraut, dem auch Müller-Armack angehörte.[48]

Nach einjährigen Verhandlungen in Paris und Brüssel wurden die Verträge im März 1957 in Rom unterzeichnet, wo Kinder am Straßenrand Miniaturflaggen der sechs Unterzeichnerstaaten schwenkten. An den Litfaßsäulen entlang der Straßen der italienischen Hauptstadt hingen Plakate, auf denen sechs tanzende Bauernmädchen zu sehen waren, die Blusen in den Nationalfarben der beteiligten Länder trugen – ein Hinweis auf die zentrale Rolle der Landwirtschaft im kommenden Europa.[49] Der EWG-Vertrag selbst war das Ergebnis monatelanger Verhandlungen und zahlreicher Kompromisse. Einerseits schien er ein Triumph des Neoliberalismus zu sein: Die vier Freiheiten waren neben einem Bekenntnis zum unverfälschten Wettbewerb in den Text aufgenommen worden.[50] Andererseits glich er eher einem Pyrrhussieg: Es waren keine Mechanismen vorgesehen, um die Wettbewerbsvorschriften zur Regulierung von Monopolen und Kartellen durchzusetzen, und die Bestimmungen selbst zeugten von weitreichenden Zugeständnissen an die französische Seite.[51] Die 1962 beschlossene Gemeinsame Agrarpolitik (GAP), mit der die ungeklärten Fragen der Landwirtschaft in Angriff genommen wurden, beinhaltete »politisch festgesetzte Preise sowie variable Einfuhrabgaben und Ausfuhrsubventionen für wichtige Produkte«, die offenkundig nicht mit der neoliberalen Philosophie vereinbar waren.[52] Röpke, der nie vor einer Konfrontation zurückschreckte, bezeichnete die GAP als »das groteskeste System von Preisbindungen, Subventionen und künstlichen Beschaffungsregelungen, das jemals in einer modernen Industriewirtschaft entwickelt worden ist«.[53] Die GAP »verschärfte die von Haberler [im Jahr 1958] beschriebenen Probleme«.[54] Die auf den Römischen Verträgen beruhende Wirtschaftsgemeinschaft war ein aus Kompromissen hervorgegangenes Hybridgebilde, und sie war keineswegs ein unanfechtbarer neoliberaler Triumph »über die Überreste des französischen Interventionismus«, wie einige Autorinnen behauptet haben.[55]

Eine der wesentlichen Abweichungen von den neoliberalen Prinzipien betraf die Frage der Kolonialreiche. Der vierte Teil des EWG-Vertrags war dem gewidmet, was euphemistisch als »außereuropäische Länder und Hoheitsgebiete« bezeichnet wurde, »die mit Belgien, Frankreich, Italien und den Niederlanden besondere Beziehungen unterhalten« (Artikel 131). Von der Groeben und Uri hatten die Frage der Kolonien im Spaak-Bericht nicht berücksichtigt, aber die Franzosen machten ihre Zustimmung zum Vertrag von der Aufnahme dieser Gebiete abhängig.[56] Die Folge war, dass der Gemeinsame Markt, wie es in einer neueren Studie heißt, ein Territorium umspannte, das »von der Ostsee bis zum Kongo reichte«.[57] Der Vertrag garantierte zunächst für fünf Jahre einen zollfreien Zugang zum Gemeinsamen Markt für die Erzeugnisse der achtzehn afrikanischen Kolonien Frankreichs, Belgiens, der Niederlande und Italiens und räumte diesen Ländern auch das Recht ein, junge Industrien zu schützen (Artikel 133). Da die Produzenten auf dem Gemeinsamen Markt durch Außenzölle vor Konkurrenzprodukten aus Drittländern geschützt wurden, genossen die tropischen Produkte aus den Kolonien einen deutlichen Vorteil gegenüber den Erzeugnissen von Konkurrenten außerhalb der europäischen Kolonialreiche, was vor allem lateinamerikanischen Produzenten schadete, die traditionell mit großem Erfolg nach Westeuropa und insbesondere in die Bundesrepublik exportierten.

Die Kolonialgebiete waren kein Nebenthema für Müller-Armack. Er widmete der Frage der assoziierten Gebiete in seinen Memoiren ein ganzes Kapitel und berichtete, die Verhandlungsdelegationen Frankreichs und Belgiens hätten die Assoziation überraschend am letzten Verhandlungstag als Bedingung für ihre Unterschrift unter den EWG-Vertrag aus dem Hut gezaubert, was zur Folge hatte, dass die Verhandlungen über die Zölle für einzelne Produkte bis spät in die Nacht dauerten. Müller-Armack nannte konkret die Frage der Bananen und erklärte, er habe in der »sehr turbulenten Nachtsitzung« bis zuletzt Widerstand gegen den Vorschlag geleistet, Bananen aus Ländern außerhalb des Gemeinsamen Markts sollten mit einem Zoll von zwanzig Prozent belastet werden – was dem italienischen Wunsch entsprang, die Bananen aus dem eigenen Mandatsgebiet Somalia zu schützen.[58] Adenauer stellte sich Berichten zufolge auf Müller-Armacks Seite und zögerte den Abschluss der Verhandlungen aus Protest gegen die italienische Haltung hinaus.[59] Als die Verhandlungen bereits technisch abgeschlossen waren, gelang es Müller-Armack noch, gemeinsam mit dem französischen Delegationsleiter Robert Marjolin ein letztes Protokoll zu entwerfen, das als Anhang in die endgültige Version des Vertrags aufgenommen wurde. Das zwischen dem Ende der Verhandlungen in Paris und der Unterzeichnung des EWG-Vertrags in Rom fertiggestellte sogenannte »Bananen-Protokoll« öffnete eine Bresche in der Zollmauer um den Gemeinsamen Markt und sicherte der Bundesrepublik für einen verlängerbaren Zeitraum Zugang zu zollfreien Bananen aus Ländern außerhalb der afrikanischen und karibischen Überseegebiete der europäischen Kolonialmächte.[60]

Der Konflikt um die Banane wurde für Müller-Armack zu einer ideologischen Auseinandersetzung. »Man mochte das Ganze äußerlich als komisch empfinden«, schrieb er, »aber wir wollten unsere wirtschaftspolitische Überzeugung, gegenüber den Bananen liefernden Entwicklungsländern insgesamt keine erhebliche Diskriminierung durchzuführen, zur Geltung bringen.«[61] Insbesondere die Kolonien schürten die Furcht der Neoliberalen vor dem Blockdenken. Röpke erklärte im Jahr 1958, es sei absurd, dass Kaffee und Bananen aus Brasilien, Guatemala und Costa Rica »ad majorem gloriam mercatus communis« (zum größeren Ruhm des Gemeinsamen Marktes) durch Schutzzölle verteuert werden sollten. »Daß jene so diskriminatorisch behandelten Länder sich dagegen unter Berufung auf das GATT wehren, kann man ihnen nicht verargen.«[62] Auch Müller-Armack war der Ansicht, die ausgeschlossenen Länder hätten jedes Recht, sich an das GATT-Sekretariat zu wenden, um sich gegen die Bedingungen des EWG-Vertrags zu wehren.[63] Die Universalisten schossen sich auf die Landwirtschaft und auf Eurafrika ein, um beim GATT-Sekretariat Einwände gegen die europäische Integration zu erheben. Die Diskussion über Bananen, Kaffee und Kakao war keineswegs nebensächlich, sondern diente als Ausgangspunkt für einen jahrzehntelangen Kampf der Neoliberalen der Genfer Schule gegen das Fortbestehen der Kolonialreiche im freien Welthandelssystem. Die berühmten »Bananenkriege« zu Beginn des 21. Jahrhunderts hatten ihren Ursprung in der Auseinandersetzung über den EWG-Vertrag.[64] Das Problem war in beiden Fällen dasselbe: War die Welt der Kolonialreiche durch die liberale Weltwirtschaft ersetzt worden oder sollte die Kolonialgeschichte weiterhin die globalen Wirtschaftsbeziehungen prägen?

Der außereuropäische Kontext der Gründung der Europäischen Wirtschaftsgemeinschaft wird oft übersehen.[65] Nach von der Groebens Darstellung war Frankreich aufgrund seiner Verwicklung in den Konflikt mit der algerischen Unabhängigkeitsbewegung eher bereit, dem deutschen Druck nachzugeben und von der staatlichen Wirtschaftsplanung abzurücken.[66] Zudem stimmte Adenauer die Franzosen mit seiner standhaften Unterstützung der militärischen Intervention der alten Kolonialmächte Frankreich und Großbritannien in der Sueskrise von 1956 gewogen.[67] Müller-Armack hielt die Suesintervention für einen »politischen Wahnsinn«, räumte jedoch ein, dass die deutsch-französische Annäherung in einem Augenblick, in dem Europa gegenüber der geopolitischen Macht der Vereinigten Staaten in die Defensive geraten war, dazu beitrug, eine kritische Phase in den Verhandlungen zu überstehen.[68] Ein französischer Beobachter erklärte später, der ägyptische Staatspräsident Nasser, der mit der Verstaatlichung des Kanals die Bedingungen für das Zusammenrücken der westeuropäischen Mächte geschaffen habe, verdiene ein Denkmal als »Föderator Europas«.[69]

Röpke nahm die Sueskrise zum Anlass, über die Unterschiede zwischen alter und neuer Welt nachzudenken. Der Sueskanal, erklärte er, sei im 19. Jahrhundert kein »ungelöstes Problem der Weltwirtschaft« gewesen: Seine Stabilität sei durch ein internationales Abkommen gewährleistet worden, das auf den »rechtlich-moralischen Überzeugungen und Prinzipien der ›zivilisierten Welt‹« beruht habe, welches durch eine »dafür einstehende […] Suprematie Großbritanniens« abgesichert worden sei. Die internationalen Organisationen betrachtete er als unvollkommenen Ersatz für die Kolonialmächte, deren einst unangefochtene »Treuhandstellung« untergraben worden sei. »Dem neuen Prinzip der internationalen Ordnung würde es entsprechen«, erklärte er ironisch, »wenn eine Internationale Sueskanal-Behörde konstituiert würde. Wie aber soll sie zustande kommen? Wie soll sie sich gegen die vulkanischen Kräfte eines frischen, eruptiven Nationalismus durchsetzen?«[70] Die Vereinigten Staaten betrachtete er als unzuverlässigen Partner. Röpke warf den USA vor, sich in der Sueskrise einem »völlig verantwortungslose[n] orientalische[n] Despot[en]« ausgeliefert zu haben.[71] Obwohl er seinen Liberalismus in den dreißiger Jahren mit antiimperialistischen Vorstellungen kombiniert hatte (wie wir in Kapitel 5 gesehen haben), konnte er nicht verbergen, dass er in einer Ära des Multilateralismus und der verteilten Macht nostalgisch an die Kolonialzeit zurückdachte.[72]

Röpkes anklagender Ton verrät das Gefühl der Machtlosigkeit, unter dem die Universalisten Ende der fünfziger Jahre litten. Sie fühlten sich gefangen zwischen der protektionistischen europäischen Integration an einem Ufer des Atlantik, dem nicht vertrauenswürdigen Hüter der weltwirtschaftlichen Ordnung am anderen Ufer und den Vereinten Nationen, die immer neue Länder aus dem globalen Süden aufnahmen, die mit ihren Forderungen nach Hoheit über ihre nationalen Ressourcen und nach einer globalen Umverteilung des Wohlstands die Regeln des 19. Jahrhunderts brachen. Wie wir in Kapitel 4 gesehen haben, deuteten die Neoliberalen die Verstaatlichung des Sueskanals und andere derartige Vorgänge als Hinweise auf den Verlust der in ihren Augen unverzichtbaren Trennung zwischen politischer Macht (*imperium*) und privatem Eigentums- und Verfügungsrecht (*dominium*). Es war den Neoliberalen nicht klar, welche institutionellen Substitute für die Kolonialreiche sie unterstützen sollten. In Bezug auf Europa war es Haberler, der eine besonders konsequente Haltung einnahm, etwa in seinem Bericht für die GATT-Organisation.

Wie bereits am Beispiel von Müller-Armack gezeigt, war die Assoziierung der afrikanischen Staaten mit der EWG ein bevorzugtes Ziel neoliberaler Kritik. Sie vergemeinschaftete die Merkmale und Verpflichtungen des französischen Kolonialismus, indem sie den bevorzugten Zugang für Agrarimporte ausweitete und einen Europäischen Entwicklungsfonds mitfinanzierte. In Erhards Augen diente das Bekenntnis zu Eurafrika einfach dazu, die Kosten des französischen Kolonialreichs auf die Gemeinschaft abzuwälzen, und drohte, protektionistische Blöcke wiederherzustellen, die für die Bundesrepublik von geringem Nutzen waren, da sie nur einen Bruchteil ihrer Importe aus den west- und zentralafrikanischen Kolonien bezog.[73] Nachdem sie die Wiedererrichtung der Zollmauern für Agrarprodukte entlang der Außengrenzen der Gemeinschaft der sechs Unterzeichnerstaaten des EWG-Vertrags hatten akzeptieren müssen, mussten sich die Neoliberalen jetzt auch noch mit der Ausweitung dieser Mauern nach Süden bis weit in den afrikanischen Kontinent hinein abfinden.

Das mittlerweile in Vergessenheit geratene Konzept von Eurafrika wurde in der Zeit vor der formalen Entkolonialisierung Afrikas in den sechziger Jahren intensiv diskutiert. Es hatte in verschiedenen Ländern unterschiedliche Bedeutungen: In Frankreich sah man in *Eurafrique* eine Möglichkeit, die Kolonialherrschaft aufrechtzuerhalten und zu vertiefen, wobei durchaus auch eine Transformation ins Auge gefasst wurde. Léopold Senghor, ein senegalesischer Abgeordneter in der französischen Nationalversammlung, unterstützte *Eurafrique* gemeinsam mit anderen Deputierten der parlamentarischen Gruppe Indépendants d'outre mer.[74] Sie wollten innerhalb Eurafrikas in der »vertikalen« Beziehung zu Frankreich ihre Forderungen geltend machen, während sie gleichzeitig »horizontale« Beziehungen zu anderen Afrikanern herstellten.[75] Senghor wollte zudem im Geist der »kulturellen Reziprozität« die Sozialdemokratie auf Afrika ausweiten.[76] In den EWG-Verhandlungen appellierte der politische Führer Félix Houphouët-Boigny aus der Elfenbeinküste in Brüssel an die Delegierten der beteiligten Länder, für die Assoziation der afrikanischen Kolonien zu stimmen. Müller-Armack erinnert sich, dass Houphouët-Boignys überzeugende Argumentation wesentlich dazu beitrug, die anderen Länder dazu zu bewegen, einer finanziellen Unterstützung der französischen Kolonien im Rahmen des EWG-Vertrags zuzustimmen.[77]

Auf der anderen Seite hatte der französische Ministerpräsident Guy Mollet eine paternalistische Vorstellung von *Eurafrique*. Im Jahr 1957 erklärte er, »ganz Europa« habe die Pflicht, »Afrika bei der Entwicklung zu helfen«.[78] Mollets Worte erinnerten an die Äußerungen Richard Coudenhove-Kalergis, des Vaters der Paneuropa-Bewegung, der den Begriff Eurafrika im Jahr 1929 geprägt hatte und die europäischen Mächte durch ein gemeinsames Projekt zur Erschließung landwirtschaftlich nutzbaren Landes und zur Heilung von Krankheiten in Afrika einen wollte.[79] Diese Vorstellung von Eurafrika entsprach eher der Einschätzung der Teilnehmer am Berliner Kongress von 1884/85, bei der die europäischen Mächte ihre Geschlossenheit in dem Bemühen erklärt hatten, die Sklaverei abzuschaffen und Afrika in den Freihandel einzubeziehen. Carl Schmitt bezeichnete dies als die »letzte gemeinsame Landnahme nichteuropäischen Bodens durch europäische Mächte«.[80]

So verstanden, vergrößerte Eurafrika tatsächlich die Kluft zwischen den beiden Kontinenten, obwohl es sie in einem einzigen Konzept zusammenfasste. Die Verwirklichung des Projekts perpetuierte die asymmetrischen Machtverhältnisse. Obwohl Senghor erklärte, Eurafrika dürfe nicht ohne die Zustimmung der Afrikaner errichtet werden, war die Teilnahme Houphouët-Boignys die Ausnahme, welche die Regel bestätigte. Die Verhandlungen über den EWG-Vertrag und die Debatte darüber in der französischen Nationalversammlung im Jahr 1957 fanden ansonsten ohne Beteiligung afrikanischer Delegierter statt.[81]

Die Deutschen verbanden das Konzept Eurafrikas mit den geopolitischen Vorstellungen der Nationalsozialisten und deren Plänen für einen wirtschaftlichen Nullsummenraum.[82] In der Bundesrepublik wurde Eurafrika im Allgemeinen als Instrument betrachtet, mit dem die Franzosen ihr Kolonialreich zu bewahren versuchten. Ferdinand Fried, ein konservativer Kolumnist und ehemaliges

Sprachrohr des NS-Regimes, erklärte im Jahr 1960: »Am Horizont erhebt sich also doch die Vision von Eurafrika – und die Franzosen hätten auf diese Weise ihr altes koloniales Erbe elegant in eine neue Ära hinübergerettet.«[83] In den Augen der breiten Öffentlichkeit wurde Eurafrika der Bundesrepublik als Teil des europäischen Pakets aufgedrängt; es war ein Kompromiss, den man unter amerikanischem Druck und um der Integration willen akzeptierte. So wie die Niederländer, die ihre Einschätzung teilten, hielten die deutschen liberalen Politiker mit Erhard an der Spitze an der Hoffnung fest, Eurafrika werde als Brücke zu einer offenen Weltwirtschaft dienen. Um dieses Ziel zu erreichen, drängten sie auf Klauseln zur Beschränkung der Dauer der Wirtschaftshilfe und versuchten, konkrete Zeitpunkte für den Übergang zu Marktpreisen für afrikanische Exporte festzuschreiben – aber diese Termine wurden im Lauf der Jahre immer weiter hinausgeschoben.

Die Regierung Eisenhower sah in Eurafrika eine praktische Lösung, um die Entkolonialisierung versprechen zu können, ohne konkrete Schritte zu ihrer Verwirklichung unternehmen zu müssen.[84] Trotz ihres vorgeblichen Liberalismus räumten die Vereinigten Staaten einer Einigung zwischen Frankreich und der Bundesrepublik, gleich welche Form diese annehmen mochte, höchste Priorität ein und waren gegebenenfalls sogar bereit, Agrarprotektionismus zu akzeptieren. Der Schutz der europäischen Landwirtschaft blieb bis in die neunziger Jahre »die bedeutsamste Abweichung« von einer ansonsten »im Wesentlichen marktorientierten Wirtschafts- und Handelspolitik« und schuf eine »Sozialhilfe für Bauern«, wie es in einem Buch heißt.[85] Sonderbarerweise brachte der erste nennenswerte politische Sieg des amerikanischen Konzepts einer vordergründig auf Freihandel und Antikolonialismus beruhenden Nachkriegsordnung einen abgeschirmten Wirtschaftsraum hervor, dessen Grenzen exakt denen der europäischen Kolonialreiche entsprachen.

Das Beispiel der Landwirtschaft zeigt, dass der Hegemon das

Recht hat, die Regeln zu brechen. So wie die USA die eigene Landwirtschaft subventionierten, während sie Freihandel predigten, schuf die GAP ein protektionistisches Europa, während die mit der EWG assoziierten Staaten gezwungen wurden, die Preise ihrer Exporte Schritt für Schritt den Weltmarktpreisen anzupassen.[86] Der senegalesische Botschafter in Brüssel, Djeme Momar Gueye, prangerte die heuchlerische Haltung in der EWG an: Die assoziierten Staaten würden gedrängt, »ihre Produktion im Namen der wirtschaftlichen Freiheit zu liberalisieren«, während die Europäer »ihre eigene landwirtschaftliche Produktion unter aller Augen schützen«.[87] Das Bekenntnis zum Freihandel eignete sich, um die Zollunion zwischen den sechs Unterzeichnerstaaten zu festigen, aber im Fall der Landwirtschaft machte die Anwendung der liberalen Prinzipien an den Grenzen der EWG halt, das heißt an der Südspitze Madagaskars.

In der Diskussion über Europa, Eurafrika und die Weltwirtschaft ging es um die Universalität der Gesetze der wirtschaftlichen Organisation. Der Präsident der Europäischen Kommission, Walter Hallstein, verteidigte im Jahr 1961 Eurafrika mit dem Hinweis sowohl auf die Bedeutung der Geschichte als auch auf die grundlegende Verschiedenheit Afrikas. Er erklärte, es sei nicht sinnvoll, die in der Kolonialzeit gewachsenen Beziehungen »zugunsten einer kosmopolitischen, unterschiedslos humanitären und schwerpunktlosen Politik« aufzugeben. Einerseits ergäben sich daraus bestimmte Verpflichtungen, andererseits hätten die westlichen Gesetze keine Gültigkeit. Hallstein bediente sich einer Metapher aus der Physik und erklärte: »Im Verhältnis zu den Entwicklungsländern betreten wir sozusagen einen neuen Raum, der andere Dimensionen hat und in dem unsere euklidische Geometrie nicht mehr voll anwendbar ist.«[88] An dieser Stelle wandten die europakritischen Neoliberalen ein, dass durchaus dieselben Gesetze gälten und dass die Moderne Gleichheit in Form des wirtschaftlich selbstbestimmten Nationalstaats erfordere. Das von Erhard geführte Wirtschaftsministerium erklärte 1961, die neuen Staaten in Afrika müssten »auch wirtschaftlich eine echte Unabhängigkeit [...] erlangen«.[89] Der Partikularität der EWG stellten die Neoliberalen die universelle Gemeinschaft des GATT gegenüber.

Ende der fünfziger Jahre fanden die Neoliberalen wider Erwarten im globalen Süden Verbündete im Kampf gegen die europäische Integration. Die asiatischen und lateinamerikanischen Länder und die nicht mit der EWG assoziierten afrikanischen Staaten standen der Gemeinschaft von Anfang an besonders skeptisch gegenüber. Als Forum für ihre Kritik diente ihnen das GATT-Sekretariat. Bei der in Genf ansässigen Organisation stellten die Entwicklungsländer, die in die Position von »Außenseitern« geraten waren, eine Liste von 132 Fragen zur Natur der neuen Wirtschaftspolitik zusammen, die sie an die EWG-Länder weiterleiteten.[90] Die radikalste Kritik wurde bei der ersten Afroasiatischen Solidaritätskonferenz in Kairo (1957) vorgebracht, deren Teilnehmer erklärten, der Gemeinsame Markt in Europa solle die Kolonien in »das Eigentum von sechs europäischen Ländern« verwandeln und »das Streben der Völker nach Unabhängigkeit von der Kolonialherrschaft unterdrücken«.[91] Moderater fiel die Kritik der lateinamerikanischen Ökonomen in der UN-Wirtschaftskommission für Lateinamerika und der indischen Regierung aus. Sie beklagten, selbst wenn der EWG-Vertrag dem Buchstaben des GATT entspreche, sei die europäische Regelung nicht mit dem liberalen Geist des Abkommens vereinbar.[92] Da die Vereinigten Staaten davor zurückschreckten, gegen das deutsch-französische Bündnis vorzugehen, das durch de Gaulles hartnäckigen Widerstand gegen die Aufnahme Großbritanniens in die EWG zusätzlich belastet wurde, und kein Interesse daran hatten, dass ihre eigenen Agrarsubventionen ins Rampenlicht rückten, suchten sich die benachteiligten Entwicklungsländer taktische Verbündete unter den österreichischen und deutschen Neoliberalen.

In den Protesten der Entwicklungsländer gegen Eurafrika kam

auch die Sorge über den weltweiten Rückgang der Rohstoffpreise nach dem Ende des Koreakriegs zum Ausdruck. Nach einer Sitzung im Jahr 1954 entschloss sich der Exekutivsekretär des GATT, im November 1957 ein Untersuchungskomitee unter der Leitung Haberlers einzuberufen.[93] Der Haberler-Bericht gilt allgemein als Wendepunkt in der Geschichte sowohl des GATT als auch der Welthandelsorganisation.[94] Das GATT-Sekretariat beauftragte Haberler im Januar 1958, sich mit drei Fragen zu beschäftigen, die sich allesamt auf die Entwicklungsländer bezogen: Erstens sollte er die Anfälligkeit weniger entwickelter Länder für Schwankungen der Rohstoffpreise auf dem Weltmarkt untersuchen; zweitens sollte er die Ungleichheit des Wachstums des internationalen Handels zwischen entwickelten und weniger entwickelten Ländern beziffern; drittens sollte er das Fortbestehen des landwirtschaftlichen Protektionismus in den entwickelten Ländern durchleuchten, der »vielleicht das größte Problem von allen« war.[95] Obwohl sich die Studie mit den Sorgen der Entwicklungsländer beschäftigen sollte, war nur die Politik der Industrieländer Gegenstand der Kritik.

Es war keine Überraschung, dass Haberler mit der Leitung des Teams betraut wurde. Er forschte seit den dreißiger Jahren an der Universität Harvard, war ein führender Experte für internationalen Handel und leitete das National Bureau of Economic Research (NBER). Die ursprünglich vierköpfige Kommission wurde im Lauf der Zeit um zwei weitere Experten und ehemalige Völkerbund-Ökonomen erweitert: James Meade war einer der Architekten des GATT und hatte nach dem Krieg eine Schlüsselrolle in der Entwicklung der britischen Vollbeschäftigungspolitik gespielt, und Jan Tinbergen, ein niederländischer Experte für Ökonometrie, hatte beim Völkerbund das erste makroökonomische Statistikmodell einer Volkswirtschaft entwickelt. Dazu kam der brasilianische Ökonom Roberto Campos, der der Delegation seines Landes in Bretton Woods angehört sowie die Brasilianische Entwicklungsbank geleitet hatte und aufgrund seiner amerikafreundlichen Haltung den

Spitznamen »Bob Fields« trug.[96] Hans Staehle, ein weiterer ehemaliger Völkerbund-Ökonom, hatte bei der Zusammenstellung der Gruppe geholfen. Staehle, dessen Spezialgebiet die Ökonometrie war, hatte beim Völkerbund die Wirtschaftsforschung geleitet, in den dreißiger Jahren Berichte für die Internationale Arbeitsorganisation entworfen und Tinbergen bei der Arbeit an seiner ersten Völkerbund-Publikation über den internationalen Handel zu Rate gezogen.[97] Staehle, der in den fünfziger Jahren für das GATT-Sekretariat arbeitete, hatte ähnliche Vorstellungen wie Haberler von der richtigen Zusammensetzung der Gruppe. Beispielsweise äußerte sich Haberler in ihrem Briefverkehr erleichtert darüber, dass die Wahl auf Campos und nicht auf Raúl Prebisch von der ECLA gefallen war, der eine Liberalisierung des Handels mit Agrarprodukten befürwortete, zugleich jedoch ein entschiedener Verfechter des Schutzes junger Industrien in den Entwicklungsländern war.[98] Haberler ging so weit, Peter T. Bauer vorzuschlagen, ein MPS-Mitglied, der sowohl die Industrialisierung der Dritten Welt als auch die Entwicklungshilfe kategorisch ablehnte.[99] Vermutlich aufgrund der Erkenntnis, dass das zu weit ging, schlug er schließlich Meade als Kompromisskandidaten vor.[100]

Es war nicht Haberlers Absicht, dass sein Bericht verwendet wurde, um Projekte zur Förderung der wirtschaftlichen Gleichheit voranzutreiben. Er sagte ausdrücklich, dass er nicht erfreut war über den Hinweis auf die »weitere Vergrößerung der Einkommenskluft« in der Zusammenfassung des Berichts; auch kritisierte er das Konzept einer »wünschenswerten« Entwicklungsrate.[101] Er schrieb, es könne »zweifellos nicht so schonungslos gesagt werden«, aber die unterentwickelten Länder hätten es sich zur Gewohnheit gemacht, »den Außenhandel und die entwickelten Länder für ihre eigene Politik verantwortlich zu machen«.[102] Er fügte hinzu, dass »einige andere Mitglieder des Komitees nicht einverstanden sein werden«, wobei er vermutlich an Tinbergen und Meade dachte, die beide keynesianische Positionen vertraten, die mit der Haltung

Haberlers, welcher der Stabilität Vorrang vor Wachstum und Vollbeschäftigung gab, unvereinbar waren. Von den dreißiger bis zu den achtziger Jahren beharrte Haberler in seinen Publikationen darauf, dass die offene Weltwirtschaft unverzichtbar sei, um potenziell inflationäre Sozialausgaben und übereilte Industrialisierungsprojekte unter Kontrolle zu halten – und die potenziellen Probleme der Entwicklungsländer hatte er dabei stets im Auge.[103] In den neunziger Jahren bezeichnete Paul Samuelson Haberler als »Minderheitsstimme«, weil er in den fünfziger und sechziger Jahren für »Marktdisziplin« eingetreten war, anstatt sich für Importsubstitution und staatlich finanzierte Entwicklung auszusprechen.[104]

Der im Oktober 1958 vorgelegte Haberler-Bericht hätte auch 25 Jahre früher in Genf geschrieben worden sein können. Die Autoren waren keineswegs der Ansicht, dass die Liberalisierung die Entwicklung behinderte, sondern gelangten zu dem Ergebnis, sie sei nicht weit genug gegangen. Ihre Kritik zielte auf die Industrieländer. Der EWG, die erst wenige Monate früher (am 1. Januar 1958) offiziell ins Leben gerufen worden war, warfen sie vor, sie betreibe durch die Ausweitung des Agrarprotektionismus auf die assoziierten Gebiete eine »Diskriminierung anderer afrikanischer Länder und weiterer Überseegebiete«.[105] Neben der Kritik an der EWG wurden auch die insbesondere in den Vereinigten Staaten genutzten Agrarsubventionen angegriffen, was die Federal Reserve und das amerikanische Landwirtschaftsministerium zu einer scharfen Ablehnung des Berichts veranlasste.[106] Aber vor allem Europa wurde in dem Bericht als Testfall dargestellt. »Sollte sich die EWG in ein Instrument für Handelsumlenkung und verstärkten Protektionismus gegenüber Agrarerzeugnissen und anderen Produkten aus Ländern außerhalb der Gemeinschaft verwandeln«, warnten die Autoren, »so könnte dies ein Signal für eine Zunahme nicht wünschenswerter diskriminierender Regelungen für Handelsumlenkungen und Protektionismus sein«.[107] Die Entwicklungsländer seien bereits »der Meinung, dass die Regeln und Übereinkünfte, die gegenwärtig in der Wirtschaftspolitik und im internationalen Handel angewandt werden, ein für ihre Interessen ungünstiges Ungleichgewicht erzeugen«.[108] Eine Institutionalisierung Eurafrikas werde die Botschaft aussenden, dass Regeln dazu da waren, gebrochen zu werden.

Der Exekutivsekretär des GATT, E. Wyndham White, teilte Haberler mit, der Bericht habe »großen Erfolg« und »entscheidenden Einfluss auf unsere Diskussionen hier im GATT« gehabt.[109] »Nur selten«, schrieb das europäische Büro des GATT, »wurde ein Bericht von Ökonomen derart freundlich aufgenommen und erntete ähnlich breite Zustimmung.«[110] Staehle erklärte angesichts der »umfassenden Berichterstattung in der britischen Presse«, der Bericht sei ein »enormer Erfolg«.[111] Besonders große Zustimmung fand der Report bei ebenden Ländern, die Haberler zu disziplinieren hoffte: bei den Entwicklungsländern. Im Mai 1959 legten fünfzehn afrikanische, asiatische, karibische und lateinamerikanische Staaten, darunter maßgebliche Länder in der Bewegung der Blockfreien Staaten (Burma, Ghana, die Föderation Malaya, Indien und Indonesien) ein Memorandum über die »Ausweitung des internationalen Handels« vor.

Sie verstanden den Haberler-Bericht so, dass er die Tendenz attestiere, dass »der Export der weniger entwickelten Länder weniger rasch wächst als der Handel der hoch industrialisierten Länder«, was bedeute, dass »sowohl im Bereich der Primärprodukte als auch bei den weiterverarbeiteten Produkten frühzeitig besondere Maßnahmen zur Unterstützung des Handels der weniger entwickelten Länder« ergriffen werden müssten.[112] Gemeinsam mit Brasilien und Großbritannien führten Ghana und Indonesien den Haberler-Bericht ins Feld, um das eurafrikanische Präferenzmodell zu bekämpfen. In den neunziger Jahren sollte die Welthandelsorganisation in ebendieser Frage Erfahrung sammeln, als die Vereinigten Staaten Beschwerden gegen das Lomé-Abkommen vorbrachten, das ein Abkömmling des Eurafrika-Konzepts war.[113] Der Fall wird von der breiten Öffentlichkeit als Beispiel dafür betrachtet, wie die Interessen amerikanischer Großunternehmen hinter der universalistischen Rhetorik der freien Marktwirtschaft versteckt wurden.[114] Er war zu Beginn des 21. Jahrhunderts eine große Herausforderung für das neoliberale Modell der Genfer Schule. Umso verblüffender ist, dass sich postkoloniale Länder wie Ghana, Indonesien und Indien, gestützt auf den Haberler-Bericht, des Freihandelskonzepts bedienten, um zu argumentieren, dass die bevorzugten Handelsbeziehungen der EWG »nicht der Handelsschaffung, sondern der Handelsumlenkung dienen« würden.[115]

Im Widerspruch zu der beliebten Klischeevorstellung, die Forderungen der Dritten Welt liefen auf protektionistische Zölle hinaus, setzten diese Entwicklungsländer den Haberler-Bericht tatsächlich ein, um den Protektionismus zu *bekämpfen* und einen *freieren* Handel zu fordern. Die Liste der von ihnen angeprangerten »erheblichen Hindernisse« beinhaltete sämtliche Schreckgespenste des Freihandelsbefürworters: »Importquoten, Subventionen und Preisstabilisierung« sowie Mengenbeschränkungen. Mit anderen Worten, sie verlangten nicht das Recht, aus der freien Weltwirtschaft auszusteigen und ihre »jungen Industrien« durch Handelshemmnisse zu schützen, sondern sie forderten, dass sich die GATT-Mitglieder und damit die industrialisierte Welt an die vom Westen verfochtenen Prinzipien des Freihandels hielten. Giuliano Garavini verweist darauf, dass sich Frankreich in den sechziger Jahren beklagte, die Delegierten aus den unterentwickelten Ländern hätten sich »von der liberalen Doktrin verführen lassen«.[116] Die Forderung nach Entwicklungschancen und die Kritik sowohl an der EWG als auch an Eurafrika wurden in der Sprache der offenen Weltwirtschaft vorgebracht.[117]

In der Forschung werden die Länder des globalen Südens oft pauschal als Anhänger der Dependenztheorie betrachtet, die dem Schutz junger Industrien Vorrang gaben, um die Volkswirtschaft zu diversifizieren.[118] In dieser Darstellung sind die einzigen Ausnahmen jene Länder mit besonders engen Beziehungen zu den Vereinigten Staaten – Japan, Taiwan und Südkorea –, deren exportorientierte Industrialisierungsmodelle von anderen Entwicklungsländern nachgeahmt wurden, sobald diese sich von ihren in der Dependenztheorie wurzelnden falschen Vorstellungen gelöst hätten.[119] Ein Blick auf die Reaktion der Entwicklungsländer auf den Haberler-Bericht zeigt, dass derart einfache Kategorisierungen nicht den Tatsachen entsprechen. Vielmehr verlangten die Entwicklungsländer gleichzeitig Schutz *und* Liberalisierung. Sie betrieben keine Politik des Entweder-oder, sondern eine Politik des Sowohl-als-auch. Es wäre falsch, von einem Konflikt zwischen protektionistischen Vorstellungen auf der einen und einer Freihandelsideologie auf der anderen Seite zu sprechen, in dem die Entwicklungsländer die Rolle atavistischer Befürworter der gescheiterten Welt der dreißiger Jahre spielten. Vielmehr bedienten sich die schwächeren Länder aller verfügbaren politischen Instrumente einschließlich des GATT, um ihre Ziele zu erreichen.[120] Im Fall des Haberler-Berichts setzten die Entwicklungsländer als gelehrige Schüler die Werkzeuge ihres Meisters gegen ihn ein, indem sie von Europa und den Vereinigten Staaten verlangten, sie sollten sich an die liberalen Prinzipien halten, die sie der Welt predigten. Die Geschichte des Haberler-Berichts zeigt, dass Aufstieg und Ausbreitung der neoliberalen Vorstellungen nur zu verstehen sind, wenn man nachverfolgt, wie sie von den Ländern des globalen Südens stückweise als Entwicklungsstrategie übernommen wurden.[121]

Die Konstitutionalisten: Die Römischen Verträge als Ursprung der mehrschichtigen Governance

Die Römischen Verträge spalteten das neoliberale Lager. Auf der einen Seite standen jene, die das vorzogen, was Röpke als »universalistische Lösungen« bezeichnete.[122] Ausgerechnet jene österreichischen und deutschen Ökonomen, die in den dreißiger und vierziger Jahren föderale und supranationale Lösungen vorgeschlagen hatten, lehnten jetzt die europäische Integration ab, weil sie fürchteten, diese werde den umfassenderen GATT-Zugang blockieren und Westeuropa mit dem französischen *dirigisme* infizieren. Der Haberler-Bericht war ein gutes Anschauungsbeispiel dafür, dass sich die europaskeptischen Neoliberalen nicht nur nach der Rückkehr eines 1914 verlorenen »Liberalismus von unten« sehnten, sondern auch die Suche nach einer neoliberalen Lösung förderten, um eine offene Weltwirtschaft zu gewährleisten.[123] In einem Bericht über den europäischen Gemeinsamen Markt, den er einige Monate vor Inkrafttreten des EWG-Vertrags dem amerikanischen Kongress vorlegte, betonte Haberler die Notwendigkeit, das GATT-Sekretariat als »Wachhund« einzusetzen, um Europa in Schach zu halten: »Durch das GATT können die Interessen der Vereinigten Staaten und anderer außenstehender Länder (z. B. der anderen amerikanischen Staaten und Japans) am besten verteidigt werden.«[124] Es war ein entscheidender Schachzug Haberlers, nicht nur für die Vereinigten Staaten, sondern auch für »Außenseiter« zu sprechen. In einer Festschrift für Ludwig Erhard äußerte sich Haberler im selben Jahr ähnlich über die Außenseiter, zu denen er die lateinamerikanischen Länder zählte, die »viel ärmer als Europa sind«: Sie würden unter der europäischen Handelsdiskriminierung leiden und »keinen Grund haben, diese Schädigung gleichmütig auf sich zu nehmen«.[125] Europa könne von der Abschottung profitieren, erklärte er, aber »die Weltwirtschaft als Ganzes verliert«.[126] »Die Frage nach der Alternative für die diskriminatorische Integrationspolitik ist leicht zu beantworten. Die Alternative lautet: allgemeine Liberalisierung des Handels [wie im GATT angewendet].«[127]

Obwohl es Haberlers Absichten widersprach, leitete sein Bericht eine neue Ära des GATT ein. In Reaktion auf den Haberler-Bericht beschlossen die Vertragsparteien in ihrer 13. Sitzung im November 1958, drei Arbeitsgruppen einzurichten, die verschiedene

Maßnahmen prüfen sollten, mit denen eine Ausweitung des internationalen Handels gefördert werden konnte.[128] Eine als »Komitee III« bezeichnete Arbeitsgruppe leitete eine »permanente Verschiebung« der Beziehung des GATT zu den Entwicklungsländern ein, deren Forderungen nach Marktzugang unterstützt werden sollten.[129] In den folgenden zwei Jahrzehnten gelang es den Entwicklungsländern, das GATT einzusetzen, um Ausnahmen von der Verpflichtung zur Nichtdiskriminierung durchzusetzen und sich Genehmigungen zur Abweichung von den Vorschriften des Abkommens zu sichern.[130] Eine Autorin weist darauf hin, dass Haberler die Interpretation, die Schlussfolgerungen seines Berichts bestätigten die Theorie der sich verschlechternden Handelsbedingungen für die Entwicklungsländer, ablehnte und stattdessen darauf beharrte, »mehr Handel« werde das Problem langfristig lösen.[131] Im Jahr 1964 schrieb er zuversichtlich, dass »die weniger entwickelten Länder erheblich von der Ausweitung des Welthandels profitiert haben und dass sich der Wohlstand von den ›industriellen Zentren‹ auf die ›weniger entwickelte Peripherie‹ ausgebreitet hat«. Dass die weniger entwickelten Länder nicht schneller wüchsen, liege an ihrem Protektionismus.[132] Es ist eine Ironie, dass der Versuch der Genfer Schule, mit dem Haberler-Bericht für eine liberale Handelspolitik zu werben, letzten Endes die Bedingungen für das genaue Gegenteil schuf: Er lieferte den Ländern des globalen Südens Argumente für die Ablehnung einer einheitlichen Anwendung der Handelsregeln.

In Kapitel 7 werden wir sehen, wie die Reform des GATT zwecks Verhinderung derartiger Abweichungen zum zentralen Projekt der Neoliberalen der Genfer Schule wurde. Aber während eine Gruppe der Neoliberalen die EWG angriff, half eine andere bei ihrem Aufbau. Tatsächlich entwickelten die Neoliberalen im Verlauf der Konstitutionalisierung des EWG-Vertrags eine institutionelle Lösung, die über das GATT hinausgehen sollte, indem sie einen Aufsichtsmechanismus, vor allem aber eine Durchsetzungsstruktur auf nationaler Ebene vorschlugen. Die entscheidenden Beiträge leisteten zwei Angehörige der »zweiten Generation« der Ordoliberalen: Hans von der Groeben und Ernst-Joachim Mestmäcker. Es ist bezeichnend, dass diese Konstitutionalisten keine gelernten Wirtschaftswissenschaftler, sondern Juristen waren. Sie erklärten, die wirtschaftliche Integration sei ohne politische Integration möglich, sofern mit einem gut gestalteten Vertrag rechtlich bindende Mechanismen eingeführt würden, die es ermöglichten, gegen eine Konzentration der wirtschaftlichen Macht öffentlicher und privater Akteure vorzugehen. Franz Böhm und Walter Eucken hatten lediglich von einer Wirtschaftsverfassung auf nationaler Ebene gesprochen, aber die Konstitutionalisten waren überzeugt, eine solche Verfassung könne auch international angewandt werden.

Die Konstitutionalisten stützten sich auf Hayeks Arbeiten, allerdings nicht auf jene aus den dreißiger Jahren, sondern aus späteren Dekaden. Ab Anfang der sechziger Jahre regte Hayek an, die wirtschaftlichen Freiheiten gegen protektionistische oder Umverteilungsmaßnahmen des Gesetzgebers abzusichern. Das grundlegende Konzept legte er in dem Buch *Die Verfassung der Freiheit* dar, das er während seiner Tätigkeit an der University of Chicago schrieb, wobei er sich in dieser Arbeit noch ausgesprochen pessimistisch zu den Chancen der Errichtung supranationaler Organisationen äußert: »Die moralischen Grundlagen für eine Herrschaft des Gesetzes im internationalen Rahmen scheinen noch völlig zu fehlen, und wir würden wahrscheinlich alle Vorteile, die sie innerhalb einer Nation bringt, verlieren, wenn wir heute irgend eine der neuen Regierungsgewalten der nationalen Regierung übernationalen Behörden übertragen müßten.«[133]

Nach seinem Umzug nach Deutschland nahm Hayek eine weniger kategorische Haltung ein. Nun erklärte er, die Frage laute, »wie diese Gewalten zwischen den Stufen der Behörden zu verteilen sind«.[134] In seiner Antrittsvorlesung an der Universität Freiburg, der institutionellen Heimat Euckens und Böhms, erinnerte Hayek im Juni 1962 daran, dass er während seiner Ausbildung in Wien neben Ökonomie auch Recht studiert hatte: »[S]o drängt sich einem manchmal sogar die ketzerische Frage auf, ob die Trennung des wirtschafts- vom rechtswissenschaftlichen Studium nicht vielleicht ein Fehler war.«[135] Im Lauf seines Vortrags wurde klar, welche Bedeutung er dem Recht beimaß. Er erklärte, sich von nun an auf das Gebiet der Wirtschaftspolitik konzentrieren zu wollen.[136] In Anbetracht der Grenzen des menschlichen Wissens, die seit Ende der dreißiger Jahre sein Thema waren, dürfe sich die Politik jedoch nicht auf die »fehlerhaften« makroökonomischen Datensammlungen und Prognosen stützen. Er schrieb, »um an irgendeiner Stelle erfolgreich einzugreifen«, müsse man »alle Details der gesamten Wirtschaft – nicht nur unseres Landes, sondern der ganzen Welt – überblicken«.[137] Die Welt der Zahlen war das Beschäftigungsfeld der Naiven und Einfallslosen und damit dauerhaft diskreditiert. Da das Wissen auf unzählige Akteure verteilt war, sah Hayek die Hauptaufgabe der Wirtschaftspolitik darin, »ein Rahmenwerk zu schaffen, innerhalb dessen der einzelne nicht nur frei entscheiden kann, sondern seine auf Ausnützung seiner persönlichen Kenntnisse gegründete Entscheidung soviel wie möglich zum Gesamterfolg beitragen wird«.[138] Letzten Endes seien Grundsätze in der Wirtschaftspolitik »ziemlich alles, was wir zu bieten haben«.[139]

Hayek griff einen von Eucken eingeführten Begriff auf und erklärte, sowohl Prinzipien als auch Maßnahmen müssten »systemgerecht« sein.[140] Tatsächlich betrachtete Hayek die individuelle Freiheit nicht als vorrangigen Wert, sondern er sah darin einfach eine funktionale Voraussetzung für die Reproduktion und Produktivität des Systems. Die Aufgabe der Wirtschaftspolitik bestand in seinen Augen eher darin, einen Rahmen zur Regelung der wirtschaftlichen Aktivität zu setzen, anstatt einen umfassenden Überblick über die Wirtschaft zu gewinnen, was er für unmöglich hielt. Um den geeigneten Rahmen zu entwickeln, musste man zwangsläufig über das normale Untersuchungsgebiet der Nationalökonomie hinausgehen und ins Reich des menschlichen Verhaltens und der Staatskunst vordringen. Deshalb, so Hayek, konnte derjenige, der ausschließlich ein Nationalökonom war, »kein guter Nationalökonom« sein.[141] Die Hinwendung zum System machte das institutionelle Design zur Aufgabe der Ökonomie.

Eine zentrale Rolle in Hayeks Denken spielte die Unterscheidung zwischen Recht und Gesetz. Wie Carl Schmitt glaubte Hayek, die Rechtsetzung durch demokratisch gewählte Regierungen führe zu einer Degeneration des Rechtsstaats in einen »Gesetzesstaat«.[142] Er schrieb: »Die Schwäche der Regierung einer omnipotenten Demokratie wurde sehr klar von dem bedeutenden deutschen Politikwissenschaftler Carl Schmitt gesehen, der in den 20er Jahren den Charakter der entstehenden Form der Regierung wahrscheinlich besser als die meisten anderen begriff.«[143] Er zitierte den Essay aus dem Jahr 1932, in dem Schmitt erklärt hatte: »Ein pluralistischer Parteienstaat wird nicht aus Stärke und Kraft, sondern aus Schwäche ›total‹; er interveniert in alle Lebensgebiete, weil er die Ansprüche aller Interessenten erfüllen muß.«[144] Hayek war also, mit anderen Worten, zu der Überzeugung gelangt, dass eine »unbegrenzte« Demokratie (Mises sprach von einer »allmächtigen« Demokratie) durch die Logik einer Übernahme repräsentativer Institutionen zum Totalitarismus führte. Seine Bemühungen um einen konstitutionellen Entwurf waren Versuche, eine institutionelle Antwort auf die Neigung der Demokratie zu finden, die wirtschaftliche Ordnung für das Rent-Seeking einzelner Interessengruppen zu missbrauchen und staatliche Politik sowie Staatshaushalte in die »Beute« von Sonderinteressen zu verwandeln, wie es Alexander Rüstow ausdrückte.[145]

Die Parameter eines institutionellen Konzepts legte Hayek erstmals in einer in der *Frankfurter Allgemeinen Zeitung* abgedruckten Rede vor der Dortmunder Handelskammer dar. Er schlug eine gesetzgebende Versammlung mit zwei Kammern vor; in der einen sollten gewählte Volksvertreter, die er als »Telotheten« bezeichnete, die alltäglichen Angelegenheiten des Staates regeln, während sich die andere aus »Nomotheten« im Alter zwischen 40 und 55 Jahren zusammensetzen sollte, die von ihren Amtskollegen für einen Zeitraum von fünfzehn Jahren gewählt würden.[146] Die Nomotheten, die durch die Länge ihrer Amtszeit gegen Druck seitens der Interessengruppen abgeschirmt wären, sollten die Rechtsetzung und die Auslegung der Gesetze übernehmen. Hayek erklärte, eine solche institutionelle Veränderung könne »die langsame Schaffung einer supranationalen Ordnung möglich machen, in der all die nationalen Regierungen, die mit konkreten Zielen befaßt wären, doch gleichen Regeln unterstünden, die gleichzeitig auch ihre Bürger vor der Willkür ihrer Herrscher schützen würde«.[147] Mit diesem Modell einer »begrenzten Demokratie«, wie er sie später nannte, öffnete Hayek die Tür für eine Rückkehr zu den supranationalen Lösungen der dreißiger Jahre mittels des institutionellen Entwurfs.

Mit seiner Ankunft in Freiburg gab Hayek den Anstoß zur Abkehr des Ordoliberalismus von der Beschäftigung mit dem vollkommenen Wettbewerb, einem Konzept, dem Hayek Anfang der sechziger Jahre zunehmend skeptisch gegenüberstand.[148] Er strebte eine Neuausrichtung auf die Vorstellung vom »Wettbewerb als Entdeckungsverfahren« an.[149] Als von der Groeben in der Europäischen Kommission die Verantwortung für die Wettbewerbspolitik übernahm, schlug er eine ähnliche Richtung ein. Von der Groeben, geboren 1907, war fast ein Jahrzehnt jünger als Haberler, Hayek, Röpke und Robbins, die ursprünglichen Mitglieder der Genfer Schule. Im Jahr 1965 schrieb er, die »Koordinierung der Wirtschaftsprogramme der Marktteilnehmer« müsse »im Wechselspiel der Marktkräfte«, aber innerhalb eines institutionellen Rahmens erfolgen.[150] Als wichtigsten Aspekt betrachtete er die »Wettbewerbspolitik, die nicht Laissez-faire, sondern die Durchsetzung einer auf dem Gesetz beruhenden Ordnung bedeutet«.[151] In seinen Augen entsprachen insbesondere die Wettbewerbsregeln im EWG-Vertrag den neoliberalen Vorstellungen.[152]

Wie die neoliberalen Prinzipien in den EWG-Vertrag einflossen, bedarf einer genaueren Analyse, und verschiedene Autoren haben darauf hingewiesen, dass die Wettbewerbsbestimmungen keineswegs eine exakte Kopie der neoliberalen Doktrin waren.[153] Vom Augenblick der Unterzeichnung an war klar, dass der EWG-Vertrag lediglich einen Gesetzesrahmen darstellte, der politisch ausgelegt werden musste.[154] Die ursprünglichen wettbewerbsbezogenen Bestimmungen (Artikel 85 und 86) waren sehr allgemein gehalten und definierten die Rolle des Europäischen Gerichtshofs nicht genau. Tatsächlich waren die Vertragsbestimmungen in der Frage des Wettbewerbs nur provisorisch, eine endgültige Klärung sollte erst drei Jahre später erfolgen (Artikel 87). Doch von der Groeben war für die Formulierung der Verordnung zur Umsetzung des EWG-Vertrags verantwortlich. Die Regelungen waren ausdrücklich denen der Bundesrepublik nachempfunden, die Ende der fünfziger Jahre in Kraft getreten waren.[155] Die Verordnung Nr. 17 war klarer formuliert; insbesondere gestand sie dem Europäischen Gerichtshof die Befugnis zu »unbeschränkter Nachprüfung« von Entscheidungen über Geldbußen und Zwangsgelder zu. Die aktualisierte Verordnung räumte der Kommission neue Befugnisse zur gemeinschaftsweiten Überwachung von Kartellen ein und schrieb eine direkte Benachrichtigung der Kommission vor, wenn diese auch nicht über die administrativen Mittel zur Prüfung verfügte.[156] Auf französischen Druck gab es jedoch weiterhin wichtige Ausnahmen für Landwirtschaft, Rüstungsindustrie, Verkehr und Atomenergie.[157] Eine wesentliche Ergänzung der Verordnung Nr. 17 bestand darin, dass das Recht, entsprechende Anträge bei der Kommission zu stellen, nicht nur Mitgliedstaaten, sondern auch »Personen und Personenvereinigungen, die ein berechtigtes Interesse darlegen«, eingeräumt wurde (Artikel 3).

Die deutschen Neoliberalen maßen der Wettbewerbspolitik von Anfang an zentrale Bedeutung bei, während die Franzosen die Prinzipien flexibel auslegten.[158] Mestmäcker schreibt, dass von der

Groeben und sein Team ein klares Ziel verfolgten: »Es kam darauf an, die Wirtschaftsverfassung des EWG-Vertrages mit Leben zu erfüllen.«[159] Mestmäcker war die Schlüsselfigur in der theoretischen Auslegung des EWG-Vertrags als Governance-Modell in Hayeks Sinn. Der 1926 geborene Mestmäcker war eine Generation jünger als die ursprünglichen Vertreter der Genfer Schule. Als Angehöriger der sogenannten Flakhelfer-Generation hatte er seine prägenden Erfahrungen nicht im Ersten, sondern im Zweiten Weltkrieg gesammelt, und die Weltwirtschaftskrise war für ihn vermutlich nur eine dunkle Kindheitserinnerung. Mestmäcker studierte bei Böhm an der Universität Freiburg und zollte dem Werk seines Mentors in seiner gesamten Karriere Tribut. Ein Autor bezeichnet ihn als »führenden Repräsentanten der zweiten Generation von Ordoliberalen«.[160] Er hatte einen Posten an der Universität des Saarlands, fungierte jedoch von 1960 bis 1970 als Sonderberater der Europäischen Kommission. Mestmäcker betrachtete das Ziel des »unverfälschten Wettbewerbs« im europäischen Recht als »bedeutsamsten politischen Effekt der Erkenntnis der rechtlichen Formbarkeit des Wirtschaftssystems, die in Deutschland erstmals von Walter Eucken und Franz Böhm erkannt wurde«. Das Konzept verband die ordoliberale Aufmerksamkeit für das Recht mit Hayeks Vorstellung vom »Wettbewerb als Entdeckungsverfahren«.[161] Mestmäcker hatte von Böhm die Vorstellung übernommen, jede Wirtschaftsordnung sei das Ergebnis einer politischen Entscheidung.[162] Er trug wesentlich zur Verschmelzung der Vorstellungen Hayeks und Böhms bei und half, die Wirtschaftsverfassung auf die suprastaatliche Ebene zu heben.[163]

Mit Blick auf die Aussichten auf die Entstehung einer europäischen Föderation nach dem Krieg hatten Haberler und andere Neoliberale der Genfer Schule in melancholischem Ton den Geist des Völkerbunds beschworen und erklärt, der Widerwillen der Nationalstaaten gegen eine Aufgabe ihrer Souveränität verurteile alle Bemühungen um eine wirkliche wirtschaftliche Integration zum Scheitern. Auch Mestmäcker kam im Jahr 1965 in einem Artikel auf den Völkerbund zurück – allerdings nur, um zu erklären, warum Europa in seinen Augen einen institutionellen Mechanismus gefunden hatte, um über die Völkerbundlösung hinauszugehen. Er erinnerte an die Weltwirtschaftskonferenz von 1927, bei der Clive Morrison-Bell seine Karte mit den Zollmauern präsentiert hatte. Bei jener Konferenz hatte der Völkerbund vorgeschlagen, eine internationale Regelung für Einfuhrkontrollen zu suchen, die auf der Aufgabe der nationalen Souveränität der einzelnen Staaten beruhen sollte, aber die Anregung wurde »als so extrem zurückgewiesen, dass sie ›von keinem vernünftigen Menschen‹ innerhalb oder außerhalb der Konferenz vertreten werde‹«. Wenn man über das europäische Recht nachdenke, schrieb Mestmäcker, sei es schwierig, »einen vergleichbaren Fall unfreiwilliger Prophetie zu finden«.[164]

Mit anderen Worten, die EWG hatte das vergessene Versprechen des Völkerbunds nicht nur eingelöst, sondern übertroffen. Mestmäcker zitierte Lionel Robbins, der im Jahr 1937 in seinem Buch über die internationale Ordnung erklärt hatte, Zollunionen verringerten die »Autonomie« der einzelnen Mitglieder.[165] Mestmäcker wies mit Recht darauf hin, das charakteristische Merkmal des EWG-Modells sei der Anspruch, eine politische Gemeinschaft »mit den Mitteln des Rechts« zu errichten.[166] Es ist schwierig, in den Verhandlungen über den EWG-Vertrag eindeutige Spuren von Hayeks Denken zu finden, aber Mestmäckers Werk ist offenkundig davon beeinflusst. Im Jahr 1973 berief er sich auf Hayeks Erkenntnis, »dass ein freies System nur unter Verzicht auf Politik nach eigenem Ermessen und durch Unterordnung allen staatlichen Handelns unter allgemeine, verfassungsmäßig garantierte Rechtsgrundsätze möglich ist«.[167] Wie er später erklärte, verstand er Hayeks Werk als Erweiterung von »Euckens Theorie der Interdependenz von Rechts- und Wirtschaftsordnung«.[168] Er betrachtete die europäische Integration durch die Linse des »wirtschaftlichen

Konstitutionalismus« und gelangte zu dem Schluss, dass der EWG-Vertrag ein geeigneter Ausgangspunkt für eine solche Regelung war.[169] Mestmäcker legte insbesondere darauf Wert, dass das Ziel des Vertrags darin bestehe, zu verhindern, dass »die Kontrolle über den zwischenstaatlichen Handel als Instrument der nationalen Wirtschaftspolitik« eingesetzt werde.[170]

Die Römischen Verträge hatten die nationale Souveränität ausgehöhlt. Machtbefugnisse wurden in zwei Richtungen gewährt: nach oben und nach unten. Aufwärts erhielt die Kommission die Befugnis, die Zollpolitik zu gestalten. Noch wichtiger war, dass die Generaldirektion für Wettbewerbspolitik ermächtigt wurde, die Wirtschaft der Gemeinschaft zu beaufsichtigen und gegebenenfalls Maßnahmen gegen Kartelle zu ergreifen. Die »Rechtssubjekte« der EWG waren »nicht nur die Mitgliedstaaten, sondern auch die individuellen Bürger«.[171] Im juristischen Jargon bedeutete das, dass der EWG-Vertrag »selbstvollziehend« und »direkt wirksam« war. Mestmäcker drückte es so aus: »Wenn ein Konflikt entsteht, muss sich das nationale Recht unterordnen.«[172] Wie wir in Kapitel 7 sehen werden, wurde dies der Kern dessen, was die Neoliberalen der Genfer Schule später theoretisch als »Mehrebenen-Governance« ausarbeiteten.[173]

Ein wesentlicher Grund für Erhards Widerstand gegen die europäische Integration war, dass er sich als guter Staatsmann dagegen sträubte, die nationale Souveränität seines Landes zu opfern und die Oberhoheit einer supranationalen Einrichtung zu akzeptieren.[174] Genau das war in Mestmäckers Augen ein Vorzug der EWG. Das wesentliche Merkmal des europäischen Rechts bestand darin, dass es Vorrang vor den nationalen Rechtsvorschriften hatte, womit »die Bürger der Mitgliedstaaten den Gesetzen der Gemeinschaft unterworfen wurden«.[175] Mestmäckers Weiterentwicklung der Theorie beruhte auf zwei Prinzipien: der Macht des Europäischen Gerichtshofs, nationale Rechtsvorschriften außer Kraft zu setzen, und der Möglichkeit der individuellen Rechtspersonen, sich direkt an den Gerichtshof zu wenden. Wie er im Jahr 1965 schrieb, war die Europäische Gemeinschaft ein »neuer Rechtsträger im internationalen Recht, dessen Rechtssubjekte nicht nur die Mitgliedstaaten, sondern auch die individuellen Bürger« waren.[176]

Mestmäcker erklärte, die Gesetze der Europäischen Gemeinschaft stellten das erste Instrument dar, um »wirtschaftliche Macht und Machtlosigkeit des Staates« abzuwehren und »die Wirksamkeitssphäre der öffentlichen Macht territorial auszuweiten«.[177] Das ermöglichte die Trennung von öffentlichem und Privatrecht, was den Marktakteuren jenseits ihres eigenen Staates ein Forum bot, in dem sie ihre Ansprüche direkt auf Gemeinschaftsebene geltend machen konnten. Mestmäcker hob jene Fälle hervor, in denen »der Zugang zum Markt ausgeschlossen oder verhindert wird«, was die Wettbewerbsregeln in den Dienst des Schutzes der individuellen Freiheit stelle.[178]

Die Zweiteilung der Macht – die Zuweisung der Befugnisse aufwärts zur Gemeinschaft und abwärts zum Individuum – war ein wesentlicher Bestandteil der konstitutionalistischen Interpretation der europäischen Integration. In den Augen der neoliberalen Konstitutionalisten war die EWG eine »supranationale Rechtsordnung«, die den Marktakteuren private Rechte einräumte, die vom Europäischen Gerichtshof durchgesetzt werden konnten.[179] In seiner Synthese der Vorstellungen Hayeks, Böhms und Robbins' betonte Mestmäcker nicht die Aufsichtsbefugnisse der Kommission, sondern die Rechtsordnung, die dem Bürger einen Platz in der geteilten Souveränität Europas und der Nationalstaaten zuwies. Die vertikale Rechtsbeziehung zwischen dem individuellen Bürger und dem Europäischen Gerichtshof eröffnete eine Möglichkeit, eine abweichende Wahrnehmung der nationalen Souveränität zu umgehen und das Menschenrecht auf Handel zu schützen.

Mestmäcker, Böhm und Schmitt: Die Wirtschaftsverfassung und die Entscheidung

Im Jahr 1964 erreichte die neoliberale Diskussion über Europa einen Wendepunkt, als die im EWG-Vertrag festgeschriebenen Wettbewerbsregeln erstmals in einem wichtigen Konflikt zur Anwendung kamen: Der Europäische Gerichtshof (EuGH) bestätigte das Verbot einer Vereinbarung zwischen dem deutschen Hersteller Grundig und der niederländischen Einzelhandelskette Consten.[180] Von der Groeben bezeichnete die Entscheidung in der Sache Grundig/Consten als »Sensation«.[181] Mestmäcker gewann den Eindruck, dass die Römischen Verträge konstitutionelle Eigenschaften aufwiesen und dass das Wettbewerbsrecht geeignet sein konnte, die »individuelle Freiheit« des Bürgers sogar gegen seine eigene Regierung zu verteidigen.[182] Später erklärte er, die Römischen Verträge stellten eine Wirtschaftsverfassung dar.[183] Das zuerst von Eucken und Böhm in den dreißiger Jahren verwendete Konzept der Wirtschaftsverfassung hatte zwei Bedeutungen: Es bezeichnete eine gegebene soziologische Realität, hatte zugleich jedoch auch normativen Charakter und beschrieb eine angestrebte Rechtsordnung.[184] Die Ordoliberalen verstanden die »Wirtschaftsverfassung« nicht in erster Linie buchstäblich und nahmen auch nicht an, dass sie in einem grundlegenden Rechtsdokument zum Ausdruck kommen musste.[185] Das erklärt, warum Böhm der Debatte über das deutsche Grundgesetz in den vierziger Jahren keine besondere Aufmerksamkeit schenkte. Im Verständnis der Neoliberalen war das Grundgesetz keine »Wirtschaftsverfassung«, weil es keine Entscheidung über eine bestimmte Wirtschaftsordnung beinhaltete. Es war vielmehr das Ergebnis eines Kompromisses zwischen liberalen und sozialdemokratischen Positionen.[186] In einer echten Wirtschaftsverfassung musste eine gemeinsame Vorstellung von der Wirtschaftsordnung zum Ausdruck kommen, wobei diese Einheit zunächst in Abgrenzung zu den Kompromissen in der Weimarer Republik definiert wurde.[187]

Böhm übernahm seine Beschreibung der Wirtschaftsverfassung als einer »grundlegenden Entscheidung« direkt von Carl Schmitt, der die Verfassung 1928 als eine »Gesamtentscheidung über Art und Form der politischen Einheit« definiert hatte.[188] Im Jahr 1937 beschrieb Böhm sie als »normative Ordnung der Volkswirtschaft«, die aus der Manifestation eines »bewußten und wachen politischen Willens, einer sachkundigen, autoritativen Führungsentscheidung« hervorgehen müsse.[189] Es lohnt sich, seine martialischen Metaphern ausführlich zu zitieren: Er erklärte: »[F]ür ein stilles Wachsen, für ein ordnendes Gestalten der Dinge aus dem Schoße der Wirtschaft selbst heraus, also gleichsam von unten her, ist hier kein Raum mehr. Soziale Turmbauten von so gewaltigem Ausmaß und so beschleunigtem Arbeitstempo haben unweigerlich die heilloseste Sprachenverwirrung zur Folge, wenn nicht die Ordnungsidee, die hier allein noch das Element der Einheit zu repräsentieren vermag, das Ganze bis in seine letzten Einzelheiten durchleuchtet, wenn diese Ordnungsidee nicht auf den Satz gegründet ist: Alles hört auf mein Kommando!«[190]

Böhms Metaphern stehen in deutlichem Gegensatz zu denen Hayeks, der insbesondere die Vorstellung ablehnte, auf die Gesellschaftsordnung könne dasselbe Organisationsmodell wie auf das Schlachtfeld, auf eine Armee oder auf ein einzelnes Unternehmen angewandt werden.[191] Wie wir in Kapitel 7 im Detail sehen werden, beruhte Hayeks Theorie der spontanen oder »gewachsenen« Ordnungen auf der Erkenntnis, die Formen der menschlichen Interaktion seien »Ergebnisse menschlichen Handelns, aber nicht menschlichen Entwurfs«.[192] Doch obwohl sie von Hayeks konstitutionellem Entwurf beeinflusst waren, waren die Neoliberalen enttäuscht darüber, dass er dem Augenblick der tatsächlichen Implementierung keine Aufmerksamkeit schenkte. Hayek beschäftigte sich eingehend mit dem konstitutionellen Entwurf, aber er erklärte nicht ausdrücklich, wie dieser Entwurf umgesetzt werden konnte, ohne jenen Fehler zu begehen, den er als »Konstruktivismus« bezeichnete.

Mestmäcker beschrieb den EWG-Vertrag als Verwirklichung von Hayeks Forderung, dem Staat Fesseln in Form von »verfassungsmäßig garantierten Rechtsgrundsätzen« anzulegen.[193] Doch er erkannte, dass eine der Schwächen des Rechts seine Unfähigkeit war, seiner politischen Bedingtheit gerecht zu werden.[194] Er griff auf Schmitt zurück, um dieser Schwäche zu begegnen. Mit Blick auf die Entwicklung des liberalen Denkens hatte Schmitt erklärt, das 19. Jahrhundert sei eine Zeit gewesen, in der die autonomen Sphären der Politik und der Ökonomie entstanden seien. Mestmäcker hielt es für einen Irrtum Schmitts, die Doktrin wörtlich zu nehmen. Für die Liberalen war die scheinbare Entpolitisierung das politische Projekt. Daraus sollte man jedoch nicht den Schluss ziehen, dass die Liberalen den Prozess für abgeschlossen hielten. Die fortschreitende Entpolitisierung der wirtschaftlichen Sphäre war ein andauernder rechtlicher Kampf, in dem es weiterer Innovationen bedurfte, um Institutionen zu schaffen, die in der Lage sein würden, den Freiraum zu erhalten, in dem sich der Wettbewerb entfalten konnte.

Schmitt erklärte, die Verleugnung der Politik im Liberalismus beseitige die Politik nicht, sondern verdecke lediglich eine fundamentale Unterscheidung zwischen Freund und Feind. Der liberale Anspruch, für die Menschheit als Ganze zu sprechen, mache alle Feinde des Liberalismus nicht nur zu Widersachern der Liberalen, sondern zu Feinden der Menschheit als solcher. Mestmäcker akzeptierte dies und sah genau darin einen Grund dafür, dass der Liberalismus seine eigene politische Natur nicht leugnen dürfe. In Abgrenzung zu Hayeks Schweigen zum Moment des Übergangs sprach sich Mestmäcker dafür aus, offen für die Notwendigkeit zu sein, die Prinzipien der freien Marktwirtschaft »dezisionistisch« durch politische Willensakte zu verankern. Indem man die Bedeutung der Entscheidung ignoriere, verliere man »die politische Bedeutung des Systems unverfälschten Wettbewerbs« aus den Augen.[195]

Mestmäcker übernahm von Schmitt die Überzeugung, dass es notwendig war, sich der ausdrücklich politischen Natur des neoliberalen Projekts der Entpolitisierung der Wirtschaft bewusst zu sein. Dieser Haltung schloss sich ein weiterer Neoliberaler der zweiten Generation an. Erich Hoppmann (geboren 1923) gehörte zu derselben Kohorte wie Mestmäcker und übernahm nach Hayeks Emeritierung dessen Lehrstuhl in Freiburg. Er lehnte die Vorstellung, die Wirtschaft sei einfach eine Maschine, deren Betrieb apolitischen Aufsehern überlassen werden könne, als Fiktion ab. Da jede Form von wirtschaftlicher Organisation eine vorhergehende Entscheidung bezüglich der angestrebten Ergebnisse voraussetze, verstecke eine »scheinbare Entpolitisierung wirtschaftspolitischer Aufgaben« lediglich abgeleugnete Werturteile.[196] Er verwies auf Hayeks Argument, die Vorstellung von der Wirtschaft als maschinenartiges apolitisches Gebilde beinhalte selbst ebenfalls eine Vorannahme bezüglich der richtigen Funktionsweise einer Marktgesellschaft. Er warf Eucken vor, den Irrtum begangen zu haben, die »Autonomie« der Wirtschaft gemeinsam mit dem Irrglauben an die Möglichkeit eines »vollkommenen Wettbewerbs« als verwirklichtes Ergebnis zu betrachten.[197] So wie Mestmäcker und von der Groeben übernahm Hoppmann von Hayek die Vorstellung, dass der Wettbewerb ein »Informations-, Such- und Lernprozess« sei, dessen Resultat man nicht im Voraus kennen könne.[198]

Die Aufrechterhaltung des Wettbewerbs bedeutete, dass man der falschen Vorstellung von der politischen Neutralität wirtschaftlicher Vorgänge sowie mechanistischen Vorstellungen von einer Volkswirtschaft widerstehen musste, die justiert und optimiert werden konnte, um bestimmte Ergebnisse zu erzielen. Der Wettbewerb war kein Objekt, keine Struktur und kein Endziel. Man konnte ihn nicht erkennen. Die Ungewissheit, erklärte Hoppmann, sei die Voraussetzung der Freiheit.[199] Und: Aufgrund der »Offenheit des historischen Prozesses« könne man die laufende Reorganisation des menschlichen Lebens durch den Wettbewerb nur ermöglichen, indem man möglichst wenig restriktive, rechtlich bindende Regeln festlegte.[200] Mit Verweis auf Hayek erklärte er, wir stünden vor der Wahl zwischen einer »teleokratischen« oder zweckorientierten Ordnung, die den prometheischen Charakter des Wettbewerbs unterdrücke, und einer »nomokratischen« oder auf dem Gesetz beruhenden Gesellschaftsordnung, die den Wettbewerb mit all seinen Konsequenzen schütze.[201]

Die Konstitutionalisten übernahmen von Hayek die Überzeugung von der Bedeutung des institutionellen Designs und die Vorstellung vom Wettbewerb als Entdeckungsprozess. Aber in seiner Theorie fehlte ihnen die Berücksichtigung des Wendepunkts – des Augenblicks, in dem die neue Verfassung in Kraft trat. Von Böhm und Schmitt übernahmen diese Denker eine klare Vorstellung davon, wie das geschah: durch den Augenblick der Entscheidung. Mestmäcker löste Hayeks Problem, indem er die Europäische Kommission zum »Hüter des EWG-Vertrags«[202] erklärte und den Vertrag selbst als Verwirklichung von Hayeks Aufforderung betrachtete, dem Handeln des Staates durch »verfassungsmäßig garantierte Rechtsprinzipien« Grenzen zu setzen.[203] Die Konstitutionalisten sahen in der europäischen Integration die Verwirklichung von Hayeks Vision einer nomokratischen Gesellschaft, welche die Trennung zwischen einem gegen Eingriffe demokratischer Regierungen geschützten Privatrecht und dem öffentlichen Recht der Staaten aufrechterhielt.[204]

Nur in der von den neoliberalen Konstitutionalisten in den sechziger Jahren ausgearbeiteten Form verwirklichte die EWG also jene Doppelregierung, von der Hayek seit den dreißiger Jahren träumte. Mestmäcker schlug eine Brücke zwischen den Vorstellungen der ersten Generation der Neoliberalen der Genfer Schule und den kompromisslosen Theorien der Mehrebenen-Governance – eine Verbindung, die von der Forschung öfter behauptet als bewiesen wird. Wesentlich ist, dass Mestmäcker einen Schritt weiter ging. Mit dem EWG-Vertrag als selbstvollziehender Verfassung und dem Europäischen Gerichtshof als ihrem Hüter entwickelte er ein Modell des supranationalen Regierens, das nicht nur auf liberalen Prinzipien beruhte, sondern einen Durchsetzungsmechanismus beinhaltete, der geeignet war, eine Kontamination durch die Forderungen von Sonderinteressen in der Demokratie zu verhindern. Im Jahr 1972 schlug Mestmäcker eine Transposition auf eine höhere Ebene vor: Der EWG-Vertrag habe »die Grundlage für eine progressive Einschränkung der wirtschaftlichen Macht« geschaffen, was »ein Modell für die Entwicklung des internationalen Wirtschaftsrechts *nicht nur in Europa*« war.[205] Obwohl sie sehr weit von der tatsächlichen EWG der sechziger Jahre entfernt war, wirkte die neoliberale Vision für Europa wie eine wesentliche Innovation der neoliberalen Lösung.

***

Die EWG war für die Neoliberalen ein janusköpfiges Gebilde. Im Inneren war die Gemeinschaft ein Beispiel dafür, wie man einen Markt mit einer rechtlichen Struktur integrieren konnte, die geeignet war, den Wettbewerb über die Staatsgrenzen hinweg durchzusetzen. Aber nach außen war sie eine Festung, die Kolonien als assoziierte Gebiete in einen neuen Handelsblock zog und sich mit »einem Burggraben« von der Außenwelt abkapselte, womit sie enge Beziehungen zu anderen Rohstofflieferanten insbesondere in Lateinamerika kappte.[206] Die beiden neoliberalen Fraktionen nahmen gegensätzliche Standpunkte ein, weil jede von ihnen ein anderes Gesicht der janusköpfigen Gemeinschaft sah.

Die Konstitutionalisten richteten den Blick ins Innere der Gemeinschaft und sahen die Vorteile der europäischen Integration, die neue Möglichkeiten zur Durchsetzung und Beaufsichtigung des Wettbewerbs geschaffen hatte, von denen die neoliberalen Föderalisten in den dreißiger Jahren nicht zu träumen gewagt hatten. Die konstitutionalistischen Neoliberalen schlossen Kompromisse, damit die EWG entstehen konnte, entwickelten jedoch auch neue Formen der Mehrebenen-Governance. Die von Mestmäcker und Hoppmann verkörperte »hayeksche Umwandlung des Ordoliberalismus« deutete auf eine neuartige Variante der neoliberalen Lösung hin.[207] Wenn sich Nationalstaaten Gesetzen unterwarfen, die ihre Freiheit zur eigenständigen Gestaltung der Politik einschränkten, so bestand die Möglichkeit, das Menschenrecht auf Handel in einer supranationalen Ordnung durchzusetzen. Die Idee einer Wirtschaftsverfassung mit mehreren Ebenen sollte bis ins 21. Jahrhundert eine zentrale Rolle in den Überlegungen der Neoliberalen der Genfer Schule spielen.

Im Gegensatz dazu betrachteten die Universalisten Europa von außen und sahen, wie die EWG zur Fragmentierung des Weltmarkts beitrug. Eurafrika beeinträchtigte die Bemühungen um den Freihandel und weckte Erinnerungen an die präferenziellen Handelsabkommen der dreißiger Jahre. Die Angehörigen der ersten Generation der Genfer Schule hatten den Zusammenbruch des Welthandels in der Zwischenkriegszeit als damals schon Erwachsene mit Schrecken erlebt. Haberler warnte im Jahr 1956: »Wir dürfen nicht vergessen, dass die Weltwirtschaftskrise nach dem Ersten Weltkrieg erst elf Jahre nach dem Ende der Feindseligkeiten begann.«[208]

Die Universalisten hatten den Vorteil der konzeptuellen Reinheit, aber ihnen fehlte ein Durchsetzungsmechanismus. Haberlers GATT-Bericht von 1958 sollte eine Waffe gegen den zunehmenden Protektionismus in Europa und ein Aufruf zur Errichtung einer liberalen Wirtschaftsordnung sein, aber er bewirkte das Gegenteil: Als der globale Süden, gestützt auf den Haberler-Bericht, einen besseren Marktzugang forderte, weigerte sich der globale Norden, die Freihandelsbestimmungen umzusetzen und eigene Subventionen zu kürzen. Stattdessen wählte er den nichtliberalen Weg des geringsten Widerstands und begann in den sechziger Jahren, individuellen Entwicklungsländern Zollpräferenzen zu gewähren. So konnten die Industrieländer weiterhin ihre eigene Produktion subventionieren und gleichzeitig den Marktzugang für die Produkte der Entwicklungsländer erleichtern. Die Assoziierungsklauseln für die europäischen Kolonien im EWG-Vertrag hatten die Mauer der liberalen Nachkriegsnormen durchbrochen, wie es ein Autor ausdrückt, und mit der folgenden Welle von Vereinbarungen über Zollpräferenzen entfernte man sich vom GATT-Grundsatz der Nichtdiskriminierung.[209] Das Resultat bezeichnete Gunnar Myrdal als »Doppelmoral des internationalen Handels« (die er guthieß): Man erwartete Reziprozität zwischen Industrieländern und »unterschiedliche und Sonderbehandlung« zwischen Norden und Süden. Die afrikanischen Länder erneuerten die Bindung an die EWG nach der Entkolonialisierungswelle mit dem Yaoundé-Abkommen von 1963, das zur Bestätigung des neuen Machtgleichgewichts symbolisch in Kamerun unterzeichnet wurde; dasselbe wurde im Jahr 1969 mit Yaoundé II getan.[210] Die 1968 geschlossene Vereinbarung über ein Allgemeines Präferenzsystem für Entwicklungsländer stellte einen weiteren Wendepunkt dar, denn damit übernahmen die Vereinigten Staaten das Modell der Nichtreziprozität von der EWG.[211] Die Neoliberalen sahen darin eine abgewandelte Neuauflage von Eurafrika statt jener raumlosen Welt, als die sich Haberler den Völkerbund vorgestellt hatte und die das Muster für die sechziger Jahre wurde.

Angesichts der Entwicklungen in jenem Jahrzehnt gelangten die Neoliberalen zu der Überzeugung, dass mit der Ausnahmeregelung für Eurafrika der Geist aus der Flasche gelassen worden war. In seiner Ansprache als Präsident der American Economic Association beschrieb Haberler die EWG im Jahr 1964 als »unmittelbare Gefahr für die weltweite Integration«.[212] Gerard Curzon, Röpkes Nachfolger in Genf, bezeichnete die amerikanische Entscheidung, die Aufnahme der Kolonien in den Gemeinsamen Markt zuzulassen, als eine »Erbsünde, für die die USA später teuer bezahlen sollten«. Wie Haberler im Jahr 1958 gewarnt habe, sei die Botschaft von

Eurafrika: »[W]enn sein maßgeblicher Urheber aus Gründen der Staatsräson das GATT ignorieren konnte, war unschwer vorherzusagen, dass andere bald dasselbe tun würden.«[213] Im Jahr 1964 wies Haberler drauf hin, dass Lateinamerika dem europäischen Beispiel folge und die regionale Integration als »protektionistisches Werkzeug« einsetze.[214] Curzon sprach sich im Jahr 1970 in einer gemeinsam mit seiner Ehefrau (und späteren MPS-Vorsitzenden) Victoria Curzon-Price verfassten Schrift für eine »neoliberale« Politik aus, um der Epidemie des »Neoprotektionismus« zu begegnen.[215] »Der protektionistische Gegenwind bläst kräftig, und die Politik gibt nach«, schrieben die Curzons. »Um die Situation umzukehren, brauchen wir entweder entschlossenen politischen Widerstand oder einen starken Wind, der in die entgegengesetzte Richtung bläst.«[216]

In einer bemerkenswerten Symmetrie mit Kritikern am linken Rand des politischen Spektrums erklärten einige Neoliberale, das neue Verhältnis zwischen Europa und Afrika nach der Entkolonialisierung sei gleichbedeutend mit einem Fortbestehen der Kolonialreiche. Harry Johnson bezeichnete die von Europa gewährten Zollpräferenzen als Beispiel für den »Neo-Neokolonialismus«.[217] Ein weiterer neoliberaler Kommentator bezeichnete die »Zollpräferenzen als imperialistisch«.[218] Sie seien das Ergebnis der erfolgreichen Mobilisierung von Einrichtungen wie der UN-Konferenz für Handel und Entwicklung, um die offen heuchlerischen »liberalen« Nationen des globalen Nordens zu Handelszugeständnissen zu bewegen. In einem gewagten Rückwärtssalto verurteilten die Neoliberalen diesen Erfolg als Scheitern im Bemühen um eine vollständige Entkolonialisierung. Ohne einheitliche Handelsregeln für die ganze Welt lebten die Kolonialreiche fort.

Ende der sechziger Jahre sahen die Neoliberalen eine EWG, die »die GATT-Regeln immer offener missachtete, je weiter sie sich entwickelte«.[219] Wie reagierten sie darauf? In Kapitel 7 werden wir sehen, dass sie eine Seite aus dem Drehbuch zur europäischen Integration kopierten, um die Wirtschaftsverfassung über die Grenzen Europas hinaus auszuweiten. Als in den siebziger Jahren die Kritik an den einheitlichen Regeln des liberalen Kapitalismus aus den Ländern des globalen Südens lauter wurde, wurde das Modell Europas und seiner Rechtsordnung den Forderungen nach einer Neuen Weltwirtschaftsordnung entgegengesetzt. Zu einer Synthese gelangten die universalistische und die konstitutionalistische Position in den siebziger und achtziger Jahren in Reformplänen für das GATT. Die Idee der Wirtschaftsverfassung wurde auf die Welt ausgeweitet.

7. Eine Welt der Signale

Ordnung ist kein Objekt.
Friedrich A. Hayek, 1968

Ordnung ist Anpassung.
Jan Tumlir, 1980

Im Jahr 1970 war die Kolonialzeit so gut wie beendet. Sieht man von den portugiesischen Kolonien in Afrika und der andauernden weißen Minderheitsherrschaft in großen Teilen des südlichen Afrika ab, war die Welt der weitläufigen Kolonialreiche in eine Welt von Nationalstaaten zerfallen. Die Dekolonisationswelle hatte die Zusammensetzung der Mitgliedschaft der internationalen Organisationen verändert. Die Zahl der Mitgliedstaaten der Vereinten Nationen war von ursprünglich 51 auf 127 gewachsen, und die afrikanischen, asiatischen und lateinamerikanischen Länder hatten eine klare Mehrheit. Die in der »Gruppe der 77« (G77) organisierten Entwicklungsländer, die Anfang der sechziger Jahre weniger als die Hälfte der Unterzeichnerstaaten des Allgemeinen Zoll- und Handelsabkommens gestellt hatten, machten nun mehr als zwei Drittel der Mitglieder aus.[1]

Weder ein Sitz in den Vereinten Nationen noch eine Stimme in den Welthandelsrunden des GATT gab ihnen automatisch Macht, aber dank der nationalen Unabhängigkeit konnten sie neue politische Strategien verfolgen. Ermutigt durch die »Rohstoffmacht«, welche die arabischen Erdölförderländer in den Jahren 1973/74 mit dem Ölembargo eingesetzt hatten, schlossen sich die Staaten des globalen Südens zu einer »Gewerkschaft der armen Länder« zusammen, wie es der pakistanische Ökonom Mahbub ul Haq im Jahr 1976 ausdrückte.[2] Sie setzten die staatliche Souveränität als »Schild und Schwert« ein und nutzten die Generalversammlung der Vereinten Nationen, um im Jahr 1974 Resolutionen über eine Neue Weltwirtschaftsordnung (NWWO) und eine Charta der wirtschaftlichen Rechte und Pflichten der Staaten zu verabschieden, in denen sie Verteilungsgerechtigkeit, Reparationen der ehemaligen Kolonialmächte, die dauerhafte Hoheit über ihre Bodenschätze, eine Stabilisierung der Rohstoffpreise, eine Erhöhung der Entwicklungshilfe und striktere Regeln für die Aktivitäten transnationaler Unternehmen forderten.[3]

Die Neoliberalen sahen in den Zollpräferenzen, welche die Europäische Wirtschaftsgemeinschaft den postkolonialen Nationen im Rahmen von Eurafrika gewährte, den Beleg dafür, dass kein endgültiger Strich unter den Kolonialismus gezogen worden war. Auch die G77 war der Meinung, die Kolonialreiche hätten sich mit der formalen Unabhängigkeit keineswegs aufgelöst. »Die privaten Investitionen, die in den Modellen der Vergangenheit der Flagge folgten, werden jetzt als Vorhut der Flagge betrachtet«, bemerkte der indisch-amerikanische Ökonom Jagdish Bhagwati im Jahr 1977, »und der unverhohlene Kolonialismus ist durch einen undurchsichtigen Neokolonialismus ersetzt worden.«[4] Der ghanaische Präsident Kwame Nkrumah hatte bereits 1965 in einer einflussreichen Abhandlung geschrieben, mit der Auflösung der Kolonialverwaltungen sei die Notwendigkeit beseitigt worden, Verantwortung zu übernehmen, so fassadenhaft diese zuvor auch gewesen sein möge. Der Neokolonialismus sei »die schlimmste Form des Imperialismus«: »Für jene, die ihn praktizieren, bedeutet er Macht ohne Verantwortung und für jene, die unter ihm leiden, bedeutet er Ausbeutung ohne Entschädigung.«[5] Die Ausübung des wirtschaftlichen Dominiums konnte noch schlimmer sein als die des politischen Imperiums.

Die Neue Weltwirtschaftsordnung diente dazu, das Gefühl der Machtlosigkeit durch die Wahrnehmung des Stimmrechts in der Uno zu lindern. In der Erklärung von 1974 hieß es, »Überreste von ausländischer und kolonialer Beherrschung, ausländische Besatzung, rassische Diskriminierung, Apartheid und Neokolonialismus« sorgten auch nach der Unabhängigkeit für anhaltende Ungleichheit. In Anbetracht der Weigerung des globalen Nordens, sich an seine eigenen liberalen Grundsätze zu halten und in Schlüsselsektoren wie der Landwirtschaft wirklichen Freihandel zuzulassen, schienen den Ländern des globalen Südens weitere Abweichungen von den liberalen Prinzipien nötig, um der pfadabhängigen Ungleichheit zu begegnen. Ein indischer GATT-Delegierter erklärte, die Gleichbehandlung sei »nur unter Gleichen gerecht«.[6] Da im Grunde keine Gleichheit existiere, müssten die Länder des globalen Südens das Recht haben, die Regeln zu beugen oder Ausnahmen durchzusetzen.

Die Forderungen nach einer Neuen Weltwirtschaftsordnung stellten zwangsläufig eine Herausforderung für das internationale Recht dar. Die bestehenden Rechtsgrundsätze schränkten nach Ansicht eines Experten die Möglichkeiten ein, »binnenwirtschaftliche[] Dekolonisierungsmaßnahmen« zu ergreifen, die notwendig seien, »um der rechtlichen Unabhängigkeit ihr wirtschaftliches Komplement zu geben«.[7] Im Jahr 1972 schlug der senegalesische Jurist Kéba Mbaye ein »Recht auf Entwicklung« vor, das 1977 von der UN-Menschenrechtskommission und im Jahr 1986 von der Generalversammlung beschlossen wurde.[8] Mitte der siebziger Jahre begann die Völkerrechtskommission der UN mit der Arbeit an Bestimmungen, die den der Verwirklichung der Neuen Weltwirtschaftsordnung dienenden Forderungen rechtliches Gewicht verleihen sollte.[9] Die NWWO zielte auf neue rechtliche Standards ab, die Abweichungen von den Freihandelsbestimmungen sowie eine Verstaatlichung von Vermögenswerten in ausländischem Besitz erlauben würden. Das waren genau die Verstöße gegen das wirtschaftliche Dominium, vor denen sich die Neoliberalen am meisten fürchteten.

Die Rhetorik des globalen Südens schlug sich auch in der Praxis nieder. Die Enteignung amerikanischer Unternehmen im Ausland erreichte einen Höhepunkt, als die NWWO verkündet wurde. In den Jahren 1967 bis 1971 wurden 79 amerikanische Unternehmen enteignet, in den Jahren 1972 und 1973 folgten weitere 57.[10] Die Investoren erhielten in fast allen Fällen eine dem Wert des beschlagnahmten Vermögens entsprechende Entschädigung, aber die Unsicherheit infolge der Aufhebung des Schutzes für das Privateigentum weckte in Wirtschafts- und Regierungskreisen im globalen Norden große Besorgnis.[11] Die Gegner der NWWO reagierten auf den mit den Verstaatlichungen einhergehenden Verlust der Vorhersehbarkeit für Auslandsinvestoren mit Versuchen, die Regeln für das Welthandelssystem anzupassen. Denn welchen Nutzen hatten die Regeln, wenn der Norden sie dank seiner Macht missachtete und der Süden sich nicht daran hielt, um seine relative Schwäche zu kompensieren?

Wie wir gesehen haben, waren die Neoliberalen der Genfer Schule seit den dreißiger Jahren mit der Auflösung des Kolonialsystems einverstanden, sofern die privaten Eigentumsrechte – die ich in Anlehnung an Hayek als Xenos-Rechte bezeichne – weltweit geschützt wurden und ungehinderte Ströme von Kapital und Gütern disziplinierend auf die postkolonialen Staaten einwirkten. Indem die NWWO die Forderung nach Souveränität und Autonomie aus der politischen Sphäre auf die Sphäre des Eigentums ausweitete, stand sie in direktem Gegensatz zum normativen neoliberalen Modell der Doppelregierung. Wie die Gründung der Vereinten Nationen nach dem Zweiten Weltkrieg bedrohte die Ausweitung des demokratischen Prinzips auf die internationale Ebene nach dem Ende der Entkolonialisierung die doppelte Welt des globalen Kapitalismus, die den Neoliberalen vorschwebte.

Verschiedene Autoren haben beschrieben, wie die Neoliberalen die NWWO in den siebziger Jahren »ins Visier nahmen« und die »freiheitliche internationale Wirtschaftsordnung« gegen diese ideologische Herausforderung verteidigten.[12] Die neoliberalen Vordenker erhoben in Konferenzbeiträgen, Zeitschriften- und Leitartikeln »Anklage gegen die Neue Weltwirtschaftsordnung«, wie es ein Autor ausgedrückt hat.[13] Gottfried Haberler, der seinen Posten in Harvard aufgegeben hatte und zum American Enterprise Institute gewechselt war, berief im Jahr 1977 eine solche Konferenz ein. Er sah in der NWWO eine größere Bedrohung als im Kommunismus und in der Rückkehr des westlichen Protektionismus.[14] Der aus Ungarn stammende konservative Entwicklungsökonom Peter T. Bauer, der auch der Mont Pèlerin Society angehörte, sowie Basil Yamey, ein Schüler W. H. Hutts, gingen in ihrer Polemik am weitesten und erklärten, die NWWO werde nicht zu einer Linderung der Armut, »sondern zur Ausbreitung totalitärer Regierungsformen« führen.[15] Ein amerikanischer Ökonom erklärte, Bauers Vehemenz habe bei ihm die Vorstellung ausgelöst, »die Sarazenen fielen im Tal von Roncesvalles ein, die Goldene Horde habe das Ufer der Weichsel erreicht und Süleyman der Prächtige stehe vor Wien, so groß war die Bedrohung der westlichen Zivilisation durch die NWWO«.[16]

Die Empörung der Neoliberalen über die NWWO stand in keinem Verhältnis zum Anteil der G-77-Länder am Welthandel oder zu den Machtmitteln, die ihnen zur Verfügung standen, um im Wesentlichen symbolische UN-Resolutionen durchzusetzen. Abgesehen vom unverzichtbaren Erdöl scheiterten alle Versuche zur Errichtung globaler Rohstoffkartelle rasch, und die Forderungen nach Reparationen für die Kolonialherrschaft stießen in den westlichen Hauptstädten auf taube Ohren.[17] Um die Aufregung der Neoliberalen verstehen zu können, müssen wir uns vor Augen halten, dass die NWWO keine isolierte Entwicklung war. Die Länder des globalen Südens fanden Verbündete unter einflussreichen westlichen Ökonomen und Sozialdemokraten. Eine Schlüsselgruppe von Persönlichkeiten, die ein zeitgenössischer Kritiker als »globale Reformisten« bezeichnete, weitete in den siebziger Jahren in Solidarität mit den G-77-Ländern ihre Ideen einer keynesianischen Wirtschaftsplanung auf die Welt aus.[18]

Eine wichtige Rolle bei diesem Unterfangen spielte die prothetische Erweiterung des menschlichen Verstands durch den Computer. Das erste computergestützte Projekt zur Betrachtung der Zukunft der Weltwirtschaft startete der Club of Rome im Jahr 1972 mit *Die Grenzen des Wachstums*, einem Bericht, dessen Autoren düstere Konsequenzen für den Fall voraussagten, dass der globale Konsum nicht verringert würde. Dieser Bericht wurde von den Regierungen vieler G-77-Länder kritisiert, weil sie den Eindruck hatten, die Autoren wollten die Entwicklungschancen ihrer Volkswirtschaften einschränken und würden das unterschiedliche Maß an Verantwortung der verschiedenen Weltregionen nicht berücksichtigen. Der zweite Bericht des Club of Rome, der 1974 unter dem Titel *Menschheit am Wendepunkt* erschien, entsprach eher den Forderungen der G77, prognostizierten seine Verfasser doch eine wachsende Kluft zwischen Industrie- und Entwicklungsländern, sollte die Entwicklungshilfe nicht erhöht werden.[19] Der Bericht wurde in den Vereinten Nationen ausdrücklich als »Bezugsrahmen für die Errichtung einer Neuen Weltwirtschaftsordnung« vorgestellt.[20] Zu den globalen Reformisten zählte Jan Tinbergen, der beim Völkerbund intellektuelle Scharmützel mit Haberler ausgefochten und zur Aufnahme keynesianischer Konzepte in den GATT-Bericht von 1958 beigetragen hatte. Im Jahr 1974 begann Tinbergen im Auftrag des Club of Rome zu untersuchen, wie die »Umgestaltung der internationalen Ordnung« im Sinne der NWWO vorangetrieben werden konnte.[21]

Der Ökonom Wassily Leontief, ein russischer Emigrant, der am Kieler Institut für Weltwirtschaft ausgebildet worden war, entwickelte ein Computermodell der Weltwirtschaft, für das er 1973 mit dem Wirtschaftsnobelpreis ausgezeichnet wurde. Im Jahr darauf regte er die Einrichtung eines volkswirtschaftlichen Planungsgremiums an und erklärte, die amerikanische Volkswirtschaft sei eine »gigantische, komplizierte Maschine«, in deren Abläufe man erfolgreich eingreifen könne.[22] Im Jahr 1976 wandte er sich mit seinem Vorhaben an die Weltöffentlichkeit und gab den sogenannten Leontief-Bericht für die Vereinten Nationen heraus, in dem er sich für die NWWO aussprach.[23] Die globalen Reformisten erklärten sich mit der G77 solidarisch und behaupteten, die Weltwirtschaft könne durch die Verarbeitung geeigneter Daten in Computern in Kombination mit einer aufgeklärten Politik aktiv »umgestaltet« werden.[24]

Der Widerstand gegen die globalen Projekte sowohl der Befürworter der Neuen Weltwirtschaftsordnung als auch der globalen Reformisten prägte die Entwicklung des neoliberalen Denkens in den siebziger Jahren. Angesichts dessen, was sie als Missbrauch der staatlichen Souveränität zur Störung der Weltwirtschaftsordnung durch die G77 betrachteten, machten sich die Neoliberalen auf die Suche nach einem Weg, um die Autorität der nationalen Regierungen zu umgehen. Anfang der achtziger Jahre wandten sie sich erneut dem Investitionsschutz und den unabhängigen Schiedsgerichten zu und nahmen eine Neuformulierung der Kriterien für Finanzhilfen der Weltbank und des Internationalen Währungsfonds in Angriff. Das Ergebnis dieser Bemühungen war der Washington-Konsens.[25] Ebenso wichtig war der Aufstieg des Monetarismus, der seinen Höhepunkt mit dem sogenannten Volcker-Schock von 1979 erreichte, das heißt mit der drastischen Erhöhung des amerikanischen Leitzinssatzes zur Inflationsbekämpfung, der die Schuldenlast der Länder des globalen Südens ebenfalls erhöhte und jene Krise der Dritten Welt auslöste, die der NWWO-Bewegung »den Todesstoß« versetzte.[26]

Verschiedene Autoren haben die Entwicklung des Washington-Konsenses und den Wandel der geldpolitischen Vorstellungen in den Vereinigten Staaten nachgezeichnet, dabei jedoch die stille Konterrevolution gegen die Neue Weltwirtschaftsordnung übersehen, die in Genf begann.[27] In den siebziger und frühen achtziger Jahren überdachte ein Expertentrio beim GATT-Sekretariat – Jan Tumlir, Frieder Roessler und Ernst-Ulrich Petersmann –, gestützt auf die Vorstellungen Hayeks, die internationale Wirtschaftsordnung. Diese drei Männer wurden zu den neuen Fahnenträgern des Neoliberalismus der Genfer Schule. Eine zentrale Rolle in ihrem Konzept spielte die Vorstellung von der »stratifizierten Ordnung«, eine von Hayek angenommene Isomorphie zwischen der individuellen menschlichen Kognition und der Erkenntnis der Gesellschaft als Ganzer. Seine Anhänger in Genf weiteten Hayeks Erkenntnisse über die Ordnung aus und entwickelten eine Theorie der Mehrebenen-Regulierung und des stratifizierten Konstitutionalismus, die beträchtlichen Einfluss auf die Disziplin des internationalen Wirtschaftsrechts erlangte, das in den siebziger Jahren Gestalt annahm und sich in den neunziger Jahren rasch ausbreitete. Ihre Vorstellungen nährten eine wichtige intellektuelle Strömung, deren Ergebnis die Metamorphose des GATT in die Welthandelsorganisation im Jahr 1995 war.

In den siebziger Jahren prallten gegensätzliche weltwirtschaftliche Vorstellungen aufeinander. Wo die G77 und die globalen Reformisten eine Weltwirtschaft sahen, in der die Beziehungen zwischen Nationalstaaten von Ungleichheit, Abhängigkeit und sich verschlechternden Austauschverhältnissen geprägt waren, sahen die GATT-Reformer in Anlehnung an Hayek ein »homöostatisches, selbstregulierendes System« – einen stratifizierten Mechanismus des Informationsaustauschs mit verschiedenen Rechtsebenen, der Preissignale aussandte, die das Verhalten der individuellen wirtschaftlichen Akteure rund um den Erdball leiteten.[28] Die Ordnung stand auf dem Spiel. Der NWWO-Vision eines Endzustands der Umverteilungsgerechtigkeit setzten die Neoliberalen der Genfer Schule das Konzept einer Ordnung entgegen, in der die Akteure sich unablässig wandelnden Stimuli ausgesetzt waren, die eine Reaktion und Anpassung in einer zwangsläufig unbekannten Zukunft erforderten. Die Neoliberalen verstanden sich nicht einfach als eine Nachhut, die den Status quo verteidigte, sondern schlugen einen Rahmen und ein Ethos vor, um die anscheinend widersinnige Behauptung zu verteidigen, Ordnung sei Anpassung.[29]

In der von der Genfer Schule verfochtenen Version der Interdependenz konnten Regelbrüche in der Peripherie – wie die NWWO – das System als Ganzes bedrohen und mussten folglich unterbunden werden. Die von den Neoliberalen vorgeschlagene Lösung war die Legalisierung der internationalen wirtschaftlichen Beziehungen unter Bedingungen der formalen Gleichstellung der Staaten in einem reformierten GATT. Das mehrschichtige Regelwerk sollte die Forderungen nach tatsächlicher Gleichstellung und Vorzugsbehandlung ärmerer Länder ersetzen. Gestützt auf Hayeks Epistemologie, führten die Neoliberalen das ein, was ich als kybernetischen Legalismus bezeichne. Dieser betrachtet die einzelnen Menschen als Einheiten in einem sich selbst regulierenden System, wobei der Gesetzgeber die Hauptverantwortung für die Umwandlung der Regeln des Systems in rechtlich bindende Vorschriften trägt. Im radikalen neoliberalen Traum von der neuen Ordnung war die Weltwirtschaft ein System von Signalen, ein riesiger Raum, in dem die Information in Form von Preisen und Gesetzen übermittelt wurde.

Der Homo regularis und die Anmaßung von Wissen

Um den eigentümlichen Charakter der Genfer Schule des Neoliberalismus zu verstehen, müssen wir uns mit den oft falsch verstandenen Theorien ihres wichtigsten Vordenkers Friedrich Hayek auseinandersetzen. Mit seinen Arbeiten aus den siebziger Jahren leistete er wesentliche Beiträge zur Verknüpfung des Rechts mit der Unergründlichkeit der Wirtschaft. Verschiedene Autoren haben darauf hingewiesen, dass Kybernetik, Systemtheorie und Psychologie stille (und manchmal durchaus vernehmliche) Partner in Hayeks Epistemologie waren.[30] So wie ein Zweig der neoliberalen Bewegung nach der ersten Versammlung der MPS im April 1947 in die Internationale Handelskammer hineinreichte, überschnitt sich ein anderer mit einer Gruppe von Systemtheoretikern, die sich zum Europäischen Forum Alpbach zusammengeschlossen hatten. Hayek nahm im August 1947 am Forum Alpbach teil und kam dort in Kontakt mit den Pionieren der neuen Wissenschaft.[31] Die Wege Hayeks und der Systemtheoretiker kreuzten sich erneut in den sechziger Jahren bei einem »Symposium über die Prinzipien der Selbstorganisation« und bei einer weiteren Versammlung des Forums Alpbach im Jahr 1968.[32]

Hayek näherte sich der Systemtheorie insbesondere in den siebziger Jahren an, als er sie in der Trilogie *Recht, Gesetzgebung und Freiheit* mit seiner Theorie des Rechts kombinierte. Diese Betrachtungsweise führte er im Jahr 1974 anlässlich der Verleihung des Wirtschaftsnobelpreises aus, den Leontief ein Jahr früher für sein Computermodell der Weltwirtschaft erhalten hatte. Sechs Monate zuvor hatte die Generalversammlung der Vereinten Nationen die Erklärung über die Neue Weltwirtschaftsordnung verabschiedet. Hayeks Rede war ein Missklang in einer Zeit, in der sich die Zuversicht ausbreitete, die Menschheit könne die Fähigkeit entwickeln, ihre Zukunft zu kennen. Hayek lehnte die Versuche, naturwissenschaftliche Methoden auf die Probleme »komplexer Systeme« wie Gesellschaft und Volkswirtschaft anzuwenden, als »Anmaßung von Wissen« ab. Er zitierte aus dem Bericht *Die Grenzen des Wachstums*, dessen Autoren, gestützt auf Computersimulationen, vor der Erschöpfung der globalen Ressourcen gewarnt hatten, als Beispiel für ein unter dem Mantel der Wissenschaftlichkeit vorgebrachtes illegitimes Argument und verwies auf die Begrenztheit des Wissens. Unter Rückgriff auf Metaphern, die er schon in den dreißiger Jahren verwendet hatte, beschrieb er den Markt als

»Kommunikationssystem«, dessen eigentliche Botschaft nicht vorhergesagt werden könne. Den Wettbewerb betrachtete er als Verfahren zur Entdeckung ungenutzten menschlichen Wissens und brachliegender irdischer Ressourcen. Es werde nie möglich sein, konkrete Daten über die Zukunft für die Planung zu nutzen, sondern man könne lediglich hoffen, Muster zu prognostizieren. Er räumte ein, dass dies im Zeitalter der großen Entwürfe möglicherweise wie eine suboptimale Anwendung der Wissenschaft wirke, hielt es jedoch für notwendig, dass sich der Forscher in »Demut« übe, um das »unglückselige Streben nach Beherrschung der Gesellschaft« zu unterdrücken.[33]

Wie in seiner Antrittsrede in Freiburg im Jahr 1962 bestand Hayek darauf, dass die Weltwirtschaft oder »Katallaxie« ein ehrfurchtgebietendes System sei, das sich unserem Verständnis entziehe. Der Missbrauch der Vernunft, wie er es ausdrückte, könne zur Zerstörung dieses Systems führen. Indem man im Streben nach der »Illusion der sozialen Gerechtigkeit« die Verwirklichung einer vorgefassten Vorstellung von »wirtschaftlicher Gleichheit« fordere, unterdrücke man die schöpferische Kraft des Wettbewerbs, störe die Preissignale des Marktes und werde letzten Endes zum »Zerstörer einer Zivilisation [...], die kein Verstand entworfen hat, sondern die erwachsen ist aus den freien Bemühungen von Millionen von Individuen«.[34] Die Unantastbarkeit der Weltwirtschaft – die für Statistik, Mathematik oder auch Sinneswahrnehmung unzugänglich sei – müsse gegen die »synoptische Täuschung« von Forderungen wie jener nach der Neuen Weltwirtschaftsordnung verteidigt werden.[35]

Hayeks Argumentation klang wie die Umkehrung des Diskurses der globalen Reformisten. Doch während er die Erfassung der gesamten Weltwirtschaft in computergestützten Modellen als abwegig bezeichnete, ließ er sich von der Systemtheorie inspirieren. Von den »Muster-Voraussagen« (*pattern predictions*) bis zur Bezugnahme auf Warren Weaver argumentierte Hayek in seiner Nobelpreisrede nicht gegen das Systemdenken, sondern stützte sich darauf. In der englischen Einleitung zu *Law, Legislation and Liberty* stellte er klar, es sei im Wesentlichen das Wachstum der Kybernetik und der damit zusammenhängenden Gebiete der Informations- und Systemtheorie gewesen, das ihn dazu bewegt habe, seine eigenen Kategorien zu modifizieren.[36] Er erklärte, er habe das Konzept der spontanen Ordnung durch das der »sich selbst erzeugenden Ordnung« und der »sich selbst erzeugenden Struktur« ergänzt; statt des Begriffs der »Ordnung« verwendete er nun oft den des »Systems«, und »Wissen« ersetzte er durch »Information«. Tatsächlich entwarf Hayek, obwohl er die Anwendung von Computermodellen auf die Wirtschaftspolitik ablehnte, selbst ein Bild von einer Weltwirtschaft, die eine riesige Informationsverarbeitungsmaschine war, die der menschliche Verstand jedoch weder verstehen noch nachahmen könne.[37]

Die Kybernetik ging aus der Erforschung selbststeuernder Systeme für den militärischen Einsatz im Zweiten Weltkrieg hervor, insbesondere aus der Entwicklung von Flugabwehrkanonen mit sogenanntem Servomechanismus, die ein Ziel ohne menschliche Steuerung verfolgen konnten. Die Disziplin wird vor allem mit dem Namen Norbert Wieners verbunden, der den Begriff Kybernetik im Jahr 1947 prägte und mit einem weltweit erfolgreichen Buch zu seiner Verbreitung beitrug.[38] Doch obwohl die Kybernetik mit dem, was Wiener als »Kommunikation und Kontrolle« bezeichnete, sowie mit der Möglichkeit der totalen Kontrolle in einem geschlossenen System assoziiert wurde, betrachtete Hayek diese Disziplin als bescheidene Wissenschaft, die auf Omniszienz verzichte und sich auf die Identifizierung von Regeln für Aktion und Reaktion auf der Mikroebene beschränke, die man lediglich auf die Makroebene extrapolieren könne. Er lehnte sogar den Terminus »Beherrschung« ab und sprach stattdessen in einer Metapher, die auch in seiner Nobelpreisrede auftaucht, davon, »ein Wachsen zu kultivieren, in dem er [der Mensch] die geeignete Umgebung schafft, wie es der Gärtner für seine Pflanzen macht«.[39] So wie der Gärtner wisse, dass er nur einen Teil dieser Umgebung beherrschen könne, werde auch der weise Gesetzgeber oder Staatsmann »die Kräfte des sozialen Prozesses kultivieren, anstatt zu versuchen, sie zu beherrschen«.[40] Die Metapher, in der die Wirtschaftspolitik mit der Gärtnerei gleichgesetzt wurde, stellte eine von zahlreichen Verbindungen zwischen seinen Vorstellungen und denen Walter Euckens und seines Freiburger Kollegen Franz Böhm dar.[41] Tatsächlich wirkten Hayeks Vorstellungen von den Systemen oft wie eine Abwandlung des ordoliberalen »Denkens in Ordnungen«, dessen Vorreiter Eucken war.

Hayek entwickelte seine eigene Version der Systemtheorie, indem er über den Platz des Menschen in verschiedenen komplexen Systemen nachdachte, die er, wie er in Anlehnung an den schottischen Aufklärer Adam Ferguson erklärte, als »Ergebnisse menschlichen Handelns, aber nicht menschlichen Entwurfs« betrachtete.[42] Der Mensch bemühe sich zu verstehen, ohne jemals auch nur zu einem annähernd vollkommenen Verständnis zu gelangen. Das Beste, worauf er hoffen könne, seien Regeln, welche die Gesamtordnung nicht übermäßig einschränkten oder verletzten – in seiner Nobelpreisrede bezeichnete er sie als »Muster-Voraussagen«. Léon Walras erklärte, Preise würden entdeckt, indem man im Dunkeln tappte, und Hayek glaubte, der Mensch gelange auf ähnliche Art zu Regeln, nämlich in einem evolutionären Prozess von Versuch und Irrtum, in dem die funktionierenden Regeln überlebten, während andere aussortiert wurden. In den vierziger Jahren stellte er eine poetische Analogie zwischen der Ordnung und der Art und Weise her, »in der in einer wilden Gegend Pfade entstehen«. Er erklärte: »Zunächst wird jedermann für sich den ihm am besten scheinenden Weg suchen. Aber der Umstand, daß ein solcher Weg einmal begangen worden ist, wird ihn gewöhnlich besser gangbar machen und daher wird er leichter wieder beschritten werden; so entstehen allmählich immer klarere Spuren, die mit der Zeit unter

Ausschluß anderer möglicher Wege benutzt werden. Die Bewegungen der Menschen durch das Gebiet nehmen mit der Zeit eine bestimmte übereinstimmende Gestalt an, die, wenn auch das Ergebnis der mit Willen getroffenen Entscheidungen vieler Einzelner, doch nicht von irgendwem bewußt ausgedacht worden sind.«[43] Beträchtlichen Einfluss auf Hayeks evolutionäres Systemdenken hatte sein Zeitgenosse Ludwig von Bertalanffy (geb. 1901 in Wien), der seinen eigenen Zweig der Systemtheorie entwickelte, der erstmals im Jahr 1937 benannt wurde.[44] Bertalanffy legte Wert darauf, zwischen seiner »allgemeinen Systemtheorie« und Wieners Kybernetik zu unterscheiden, und verwies auf seine gemeinsamen Wurzeln mit Hayek in den Studien des Wiener Kreises der zwanziger Jahre.[45] In den fünfziger Jahren gründete Bertalanffy gemeinsam mit dem Ökonomen Kenneth Boulding die Society for the Advancement of General Systems Theory und führte mit Hayek einen Briefwechsel über dessen Abhandlung zur Psychologie, *The Sensory Order* (*Die sensorische Ordnung*).[46] Im Unterschied zu anderen Systemtheoretikern sah Bertalanffy im Computer kein privilegiertes Werkzeug des Verstehens, und er zitierte Hayeks Beobachtung, in komplexen Systemen sei oft nicht mehr als eine »prinzipielle Erklärung« möglich.[47]

Der zentrale Bestandteil von Bertalanffys Theorie war die These, dass es in den Untersuchungsgegenständen verschiedener Disziplinen wie Biologie, Ökonomie und Psychologie einen Isomorphismus gab. Auf einer grundlegenden Ebene waren sämtliche Systeme der sichtbaren und unsichtbaren Welt allgemeinen Prinzipien und Regeln unterworfen.[48] Ein System war ein Ganzes, das aus interagierenden Teilen bestand.[49] Hayek übernahm Bertalanffys leichtfertige Analogien zwischen Ebenen und Phänomenen. In seinen Augen bedeutete die Prämisse des Isomorphismus, dass nicht die Mathematik, sondern die Metaphern die Grundlage eines umfassenden Verständnisses waren. Qualitative Erkenntnisse über den menschlichen Verstand, den Markt und den Kosmos vermengten sich ungehindert als vielfältige Instanziierungen dessen, was er als entstehende oder spontane Ordnungen oder komplexe Systeme bezeichnete.

Um besser zu verstehen, wie Hayek das System begriff, können wir uns einen Ausflug ans Meer vorstellen: Während wir am Strand durch das flache Wasser waten, sehen wir einen Schwarm kleiner Fische, die eine nicht ganz ebenmäßige und sich ständig verformende Kugel bilden. Sie schwimmen nicht in gleichmäßigen Reihen, bilden jedoch gemeinsam eine erkennbare Form. Wir nähern uns dem Schwarm, woraufhin er sich auflöst, nur um rasch wieder die Form einer Kugel anzunehmen und sich in einer anderen Richtung zu entfernen. In Hayeks Augen ist jede Ordnung so ungeplant und spontan wie die Bewegung eines Fischschwarms im Wasser. Im Jahr 1979 erklärte er in Reaktion auf die Bestrebungen hinsichtlich einer globalen Wirtschaftsplanung: »[W]enn wir die ökonomischen Aspekte großer Gesellschaftssysteme zu erklären haben, [geht es] um die Erklärung eines Stromverlaufs, der sich ständig als Ganzes an Änderungen der Umstände anpaßt«.[50] Alle Versuche, diese Bewegungen rational zu koordinieren, mussten scheitern, und sie konnten das Fließvermögen und die Anpassungsfähigkeit verringern, die Voraussetzung für das Funktionieren der Ordnung waren. Erich Hoppmann, Hayeks Nachfolger in Freiburg, spann die Metapher weiter und beschrieb die »V-Formation« einer fliegenden Gänseschar: Man kann das Verhalten eines einzelnen Tiers nicht vorhersagen, aber man kann eine Regel bezüglich ihrer Anordnung in der Formation ableiten. Folglich, so Hoppmann, sei eine Muster-Voraussage möglich.[51] Die Gänse selbst kennen die Regeln nicht, sondern finden ihren Platz in der Formation dank erlerntem und geerbtem Verhalten.

Hayeks Konzept der »konstitutionellen Unwissenheit« hatte seinen Ursprung in den dreißiger Jahren, aber die eigentliche Theorie entwickelte Hayek erst nach dem Zweiten Weltkrieg. Wenige Monate nach dem Ende der Feindseligkeiten erklärte er in einem Vortrag in Dublin, der Liberalismus habe seinen Ursprung in der Erkenntnis der Grenzen des Wissens des individuellen Menschen: Die »grundsätzliche Einstellung des Individualismus« sei »eine Demut gegenüber den Vorgängen [...], durch die die Menschheit Dinge erreicht hat, die von keinem Einzelnen geplant oder verstanden worden sind und in der Tat größer sind, als der Einzelverstand.«[52] In einem seiner bekanntesten Artikel, der im selben Jahr in englischer Sprache erschien, führte er diese These weiter aus und erklärte, dass jeder Mensch lediglich über einen kleinen Teil der Information verfüge, die durch Preise vermittelt werde. Jeder einzelne Akteur besitze »nur die wesentlichste Information«, die »in abgekürzter Form, durch eine Art von Symbol« nur an die jeweils betroffenen Personen weitergegeben« werde.[53] Indem wir Güter und Ressourcen auf dem freien Markt austauschen, nutzen wir diese geringe Menge an Information. Die Summe aller Entscheidungen, die irgendwo gefällt werden und jeweils nur auf dem Bruchteil des gesamten Wissens im Besitz der einzelnen Akteure beruhen, ermöglicht eine Koordination der Ressourcen, die ein einzelner Mensch unmöglich bewerkstelligen kann. »Das Ganze funktioniert als ein Markt«, erklärt Hayek.[54]

In Hayeks Darstellung aus den sechziger Jahren war das Wissensproblem eines des unendlichen Regresses sowohl auf der Mikro- als auch auf Makroebene. Sowohl die winzigsten als auch die größten vorstellbaren Ordnungen gehorchten ähnlichen Prinzipien. Wie es in einer Studie heißt, waren für Hayek »sowohl der Verstand als auch der Markt komplexe Systeme«.[55] Ein anderer Autor erklärt, Hayek habe »die Ebene seiner Analyse verwischt, sei es nun das Gehirn, das Individuum oder die Gruppe«.[56] Eine seiner frühesten Erfahrungen als Erwachsener machte Hayek im Jahr nach dem Ende des Ersten Weltkriegs, als er im Alter von zwanzig Jahren einen Winter in einem Laboratorium in Zürich verbrachte, wo er einem Anatomen dabei half, den Verlauf der Nervenfasern im menschlichen Gehirn zu studieren.[57] Diese Erfahrung nutzte er als Quelle für Metaphern, und sie war grundlegend für sein Verständnis der Kognition. Um zu veranschaulichen, wie schwierig es war, die Funktionsweise des Systems zu verstehen, zitierte er Neurobiologen, die festgestellt hatten, dass »in wenigen Minuten intensiver kortikaler Aktivität die Zahl der tatsächlich hergestellten Verbindungen zwischen Neuronen (wenn auch jene gezählt werden, die in verschiedenen Assoziierungsmustern mehrfach aktiviert werden) durchaus so groß sein kann wie die Gesamtzahl der Atome in unserem Sonnensystem«.[58] Die kleinste Untersuchungseinheit für Hayek war also nicht das Individuum, sondern die Nervenzelle. Und die größte Untersuchungseinheit war nicht das Land oder die Welt, sondern das Universum: »Genau gesagt gibt es keine geschlossenen Systeme innerhalb des Universums.«[59]

In dem Bemühen, die Unzulänglichkeit der Statistik und die Unergründlichkeit der menschlichen Motivation zu beweisen, beschwor Hayek das verblüffende Bild einer Herde von Computern herauf, die sich durch die Landschaft bewegt. Was wäre, fragte er, »wenn wir uns z. B. vorstellen, Computer wären natürliche Gegenstände, die wir in genügend großer Zahl vorfänden und deren Verhalten wir voraussagen wollten«? Wir müssten nicht nur ihr Verhalten kennen, sondern auch die einprogrammierte, »ihre Struktur determinierende Theorie«. Da Menschen sehr viel komplexere Strukturen sind als Computer, können wir nicht einfach das Individuum zu unserer Untersuchungseinheit machen.[60] Der menschliche Verstand ist derart komplex, dass er sich in einer unberechenbaren Unendlichkeit verliert, und dasselbe gilt für das Universum. Es wird uns nie gelingen, zu einer befriedigenden Erkenntnis unserer selbst zu gelangen, sei es auf der Ebene des Neurons oder auf jener der Galaxie.

Eine von Hayeks zentralen Thesen, die wesentlich für das Verständnis der Transformation der Genfer Schule des Neoliberalismus seit den siebziger Jahren ist, besagt, das Funktionieren des Markts beruhe auf *präkognitiven* Reaktionen auf Preissignale.

In einer repräsentativen Stellungnahme aus dem Jahr 1963 erklärte er: »Der Mensch befolgt die meisten Regeln, nach denen er handelt, ohne sie zu kennen; selbst was wir seine Intelligenz nennen, ist in weitem Maße ein System von Regeln, die sein Denken leiten, die er aber nicht kennt.«[61] Diese Ehrerbietung gegenüber dem Präkognitiven oder Prärationalen trennte ihn von den Ökonomen der Chicagoer Schule, die Modelle zu rationalen Entscheidungen und rationalen Erwartungen entwickelten und größeres Vertrauen in die Möglichkeiten der formalen mathematischen Modelle und Prognosen setzten. Wie er in seiner Nobelpreisrede erklärte, hielt Hayek diese Bemühungen nicht nur für anmaßend, sondern für irreführend. Die beste Hoffnung der Ökonomen sah er in den Muster-Voraussagen. Derartige Prognosen seien bereits Bestandteil unseres Umgangs mit der Welt. Im Jahr 1964 sprach er von der intuitiven Mustererkennung: »Viele solcher Regelmäßigkeiten werden durch unsere Sinne intuitiv erkannt. Muster nehmen wir wahr, ohne unseren Verstand bewußt zu Hilfe nehmen zu müssen, ebensooft wie einzelne Ereignisse.«[62] Er griff wie Hoppmann auf die Verhaltensbiologie zurück und erklärte, Experimente mit Fischen und Vögeln zeigten, »daß Tiere in gleicher Weise auf eine Vielzahl verschiedener Gestalten reagieren, wenn diese nur einige sehr abstrakte gemeinsame Züge besitzen«.[63] Daraus leitete er ab, dass grundlegende Reaktionen nicht einfach, sondern unbewusst abstrakt seien und bei Tieren (einschließlich des Menschen) die angeborene Fähigkeit erforderten, Komplexität zu erkennen, ohne sich dessen bewusst zu sein: »Es wäre passender, solche Vorgänge nicht unterbewußt, sondern ›überbewußt‹ zu nennen, da sie die bewußten Vorgänge steuern, ohne in ihnen vorzukommen.«[64]

In einem beiläufigen, aber aufschlussreichen Kommentar im Rahmen der Kybernetik-Konferenz des Forums Alpbach im Jahr 1968 erklärte Hayek, Ordnung sei »kein Objekt«, sondern »eine Anordnung von Ereignissen«.[65] In seiner Vorstellung war die Weltwirtschaft ein Fischschwarm, ein Neuronenkomplex, eine Galaxie:

ein sich unablässig anpassendes Ganzes, das der menschliche Verstand nie nachbilden konnte – und durfte. Man konnte die abstrakten Prinzipien, denen das System gehorchte, nur entdecken, indem man das betrieb, »was die Physiker als Kosmologie bezeichnen würden, das heißt eine Theorie ihrer Evolution«.[66] »Die Frage, wie Galaxien oder Sonnensysteme entstehen, hat sehr viel größere Ähnlichkeit mit den Problemen der Sozialwissenschaften als mit den Problemen der Mechanik.«[67] Mit Blick auf die Zukunft müsse die Anpassungsfähigkeit stets auf das Unerwartete vorbereitet sein. In einer anschaulichen Analogie schrieb er 1952: »Und ein Blatt vermeidet es, von einem starken Wind in Stücke zerrissen zu werden, indem es die geringste Angriffsfläche bietet.«[68] »Was wir Verstehen nennen«, schrieb er später, »ist in letzter Instanz einfach seine Fähigkeit, auf seine Umgebung mit einem Muster von Handlungen zu antworten, das ihm hilft zu überdauern.«[69] Das System überlebt – und Ordnung entsteht – durch die reflexiven Bemühungen der Individuen, sowohl sich selbst als auch das Ganze zu reproduzieren.

Bei genauerer Betrachtung zeigt sich, dass der freie Wille des Marktakteurs in Hayeks Theorie überraschend beschränkt ist. Eine Metapher, auf die er mehrfach zurückgriff, war die der Eisenfeilspäne, »die von einem Magneten unter einem Blatt Papier, auf das wir sie gestreut haben, magnetisiert werden« und »auf die Nachbarstückchen so wirken und auf deren Wirkung so reagieren, daß sich alle in einer charakteristischen Figur anordnen, von der wir die allgemeine Form, aber nicht die Einzelheiten voraussagen können«.[70] Aus dieser Analogie schloss er, dass »die Regeln, die die Handlungen der Elemente solcher Ordnungen leiten, nicht Regeln zu sein brauchen, die diesen Elementen ›bekannt‹ sind«.[71] In einer weiteren aufschlussreichen Metapher, derer er sich gerne bediente, beschrieb er den Versuch, einen Kristall im Labor zu erzeugen. Wir können den Kristall nie direkt erzeugen, »indem wir die einzelnen Atome in solche Position bringen, daß sie ein Kristallgitter oder das System ergeben, das auf Benzolringen basiert, die eine organische Verbindung ausmachen. Aber wir können die Bedingungen schaffen, unter denen sie sich selbst in dieser Weise anordnen«.[72]

Hayek erklärte, der Mensch sei den Bestandteilen eines Kristalls oder den individuellen Eisenspänen nicht so unähnlich, wie man meinen könne: »In unserem gesamten Denken lassen wir uns von Regeln leiten (oder werden sogar von ihnen gesteuert), derer wir uns nicht bewusst sind.«[73] Er betrachtete den Begriff des »Wissens« als an sich irreführend: »[D]as, was wir Wissen oder Erkenntnis nennen, [ist] vor allem ein System von Aktionsregeln, die noch durch Regeln ergänzt werden, die Äquivalenz, Verschiedenheit oder verschiedene Kombinationen von Reizen bezeichnen.«[74] Wir befolgen die Regeln nicht, weil sie einem höheren moralischen Zweck dienen oder weil wir durch Deduktion zu einem bestimmten Schluss gelangt sind. Wir befolgen sie, weil wir unterbewusst anerkennen, dass sie dafür sorgen, dass »eine größere Zahl von Gruppen oder Individuen, die sie befolg[]en, überleben w[e]rden«.[75] Der Mensch handelte, bevor er dachte, erklärte Hayek, und er »verstand nicht, bevor er handelte«.

Man könnte sagen, dass Hayek eher ein Verfechter des Konzepts des Homo regularis als des Homo oeconomicus war: Das erste Gebot lautet nicht, dass der Mensch den Gewinn maximieren soll, sondern dass er Regeln entsprechend auf Reize reagieren soll, weil diese Regeltreue seine Überlebenschancen erhöhen wird. »Der Mensch ist ebenso sehr ein Regeln folgendes wie ein zweckgeleitetes Lebewesen.«[76] Regeln sind demnach wie Preise Signale, die das Individuum leiten, und zwar oft auf einer »überbewussten« Ebene. Hayeks »neurosensorische Hypothese« ist sowohl von seinen Anhängern als auch von seinen Gegnern eingehend untersucht worden.[77] Was Philip Mirowski als Hayeks »Agnotologie« bezeichnet, findet ein Echo in der Annahme der »radikalen Ignoranz« der wirtschaftlichen Akteure in der Arbeit jener, die zu erklären versuchen, warum Hayeks Modell mit dem in heutigen Varianten der neoklassischen Ökonomie implizierten Konzept der »rationalen Suche« unvereinbar ist.[78]

Wie die genannten Metaphern zeigen, bleibt das Konzept der Handlungsmacht (*agency*) in Hayeks Werk diffus. Ein Autor spricht von Hayeks »instrumenteller Rechtfertigung der Freiheit«, einer Freiheit, die »unverzichtbar ist, um verstreutes, fragmentiertes und gewohnheitsmäßiges oder schweigendes Wissen nutzen zu können«.[79] Somit existiert die Freiheit, um neue und bessere Regeln zu entdecken. Die Auflösung des Subjekts entspricht der Systemtheorie im Allgemeinen, in der das System selbst zum Protagonisten wird. Ein Autor erklärt, »der Ort der Kausalität« in Hayeks Theorie sei nicht das Individuum, sondern »das gesamte Netz«.[80] Ein anderer Autor geht noch weiter und schreibt, das einzige Subjekt sei »das gesamte System der Menschheit und der Geschichte«.[81] Für Hayek ist die Autonomie des Individuums eine illusorische Wirkung, die von seiner Beziehung zum Ganzen abhängt – das wiederum von dieser illusorischen Wirkung abhängt.

Mittlerweile sollte klar sein, dass Hayeks berühmteste Metapher – jene vom »Weg in die Knechtschaft« – verblüffend nicht-hayekisch ist. Die Metapher des Wegs passt nicht in Hayeks Denken, in dem die häufigsten Wege neuronal sind. Seine eigenen Metaphern und Beispiele – von Kristallen, Wolken, Eisenspänen, Rohren und Schalttafeln – veranschaulichen radiale und verzweigte Netzwerke, deren Bestandteile in komplexen Interdependenzen verbunden sind. Ihre Ergebnisse sind ungewiss, die einzelnen Akteure besitzen nur begrenztes Wissen und eingeschränkte Handlungsmacht, es fehlen individuelle Pfade der Intentionalität. In Hayeks Augen ist die Vorstellung eines anthropomorphen Kollektivs, das mit einer Absicht einen einzigen Weg einschlägt, eine kognitive Monstrosität – die Umkehrung der normativen Vorstellung von Ordnung. Die Zentralisierung in dem, was wir als Nation oder Staat bezeichnen, »ist im wesentlichen die Wirkung der Notwendigkeit, diese Organisation für einen Krieg stark zu machen«.[82]

Mit anderen Worten, das Problem ist nicht nur der Bestimmungsort – die Knechtschaft –, sondern die Form der Metapher selbst – die Nation als autonomer Agent und grundlegende Einheit des sozialen Lebens.

Hayek war überzeugt, dass der Ökonom, der Experte und der Politiker alle nur begrenztes Wissen besaßen. Folglich stellten nicht die animalischen, niedrigeren Impulse, sondern die rationalen, höherrangigen Impulse die größte Bedrohung für die Ordnung dar. Weniger das Gesetz des Dschungels, sondern vielmehr das Gesetz der Ingenieure war eine Gefahr. Wurde die Vernunft missbraucht, so verwandelte sie sich in den Feind der Ordnung. Daher könnte man meinen, die Kybernetik (der Begriff stammt vom griechischen Wort für Steuermann ab) sei der klarste Ausdruck des »Konstruktivismus«, den Hayek so verabscheute, es sei denn, wir akzeptieren meine bisherige Argumentation.[83] Die Neoliberalen der Genfer Schule sahen durchaus eine begrenzte menschliche Handlungsmacht in der Weltwirtschaft. Sie nahmen an, die individuellen Akteure würden von den Erfordernissen der internationalen Arbeitsteilung »gesteuert«. Wenn er richtig funktionierte, war der Weltmarkt selbst der Steuermann der menschlichen Akteure.

Der führende Ordoliberale Franz Böhm übernahm Hayeks kybernetische Metaphern zur Veranschaulichung seiner Vorstellungen. In seinem wichtigsten Nachkriegstext schrieb er, das Marktpreissystem sei »das mechanischste oder exakteste aller von der Gesellschaft hervorgebrachten Signalsysteme«.[84] Er griff auf Hayeks Konzept der Ordnung zurück und schrieb: »Die Bewertungsprinzipien sind, wenn ich mich eines Ausdrucks aus dem Fachgebiet der Automation und Kybernetik bedienen darf, in den partiturkonformen Lenkungsmechanismus hineinprogrammiert. Voraussetzung für den vernünftigen und ordnungsentsprechenden Ablauf ist, daß alle Gesellschaftsmitglieder dem gleichen Lenkungsmechanismus in gleicher Weise unterworfen sind.«[85] Sowohl in der biologischen als auch in der sozialen Sphäre, schrieb Hayek in einem zentralen

Artikel, bilde sich spontan »ein geordnetes Ganzes, weil jedes Element auf seine individuelle Umgebung nach bestimmten Regeln reagiert«.[86]

Hayek, Böhm und alle folgenden Neoliberalen sahen in den Preisen die wichtigste Information für die Reproduktion des Systems als Ganzes. In einem Interview erklärte Hayek, einer der Fehler des Marxismus sei, dass er die Preise als Ausdruck der in einen Gegenstand investierten Arbeit betrachte. Tatsächlich seien die Preise in erster Linie aufgrund ihrer »negativen Rückkoppelungswirkung« wichtig, wie er unter Rückgriff auf einen Terminus aus der Kybernetik erklärte: »Die Funktion der Preise besteht darin, den Menschen zu sagen, was sie tun sollten.«[87] Wir finden die zentrale Botschaft von Hayeks Philosophie in seiner Feststellung, es sei ein »scheinbare[s] Paradoxon [...], daß es in der Marktwirtschaft den systematischen Enttäuschungen einiger Erwartungen zu verdanken ist, daß im Ganzen Erwartungen so wirksam befriedigt werden, wie es der Fall ist. Dies ist die Weise, wie das Prinzip der ›negativen Rückkoppelung‹ arbeitet.«[88] Diese Passage ist sehr aufschlussreich. Letzten Endes gibt er nicht dem Individuum, sondern dem Ganzen Vorrang. Ungerechtigkeit ist demnach ein funktionales Erfordernis des Systems. »Die häufige Wiederkehr [...] unverdienter Schicksalsschläge«, schreibt er, sei »ein untrennbarer Bestandteil des Steuerungsmechanismus des Marktes: Es ist die Weise, in der das kybernetische Prinzip der negativen Rückkoppelung wirkt, um die Marktordnung aufrecht zu erhalten.«[89]

Die Willkürlichkeit der »unverdienten Schicksalsschläge« erhöht den Druck auf den einzelnen Menschen, möglichst gut auf Preissignale zu reagieren. Diese Konzentration auf die Gefahr erleichtert das Verständnis der zentralen Rolle der Figur des Unternehmers im Denken der Neoliberalen. In einer kurzen Abhandlung über das Unternehmertum aus dem Jahr 1947 beschrieb Röpke den Entrepreneur als den »Knotenpunkt dieses so ungeheuer komplizierten Prozesses der Marktwirtschaft; er empfängt die Impulse, die von den Konsumenten an ihn gelangen, und setzt sie in eine entsprechende Art und Menge der Produktion um«. In einer außergewöhnlichen Metapher, die zu zitieren sich lohnt, schrieb Röpke, der Unternehmer sitze »an einem Schaltwerk, an dem hier tausend Ströme eintreten, um dann dort in anderer Richtung und Form wieder ausgesandt zu werden. Von der richtigen Bedienung dieses Schaltwerkes hängt für den einzelnen Unternehmer sein privatwirtschaftliches Schicksal [...] ab, [...] und es ist [...] gerade diese Abhängigkeit, die uns, den Wettbewerb der Unternehmer und das grundsätzliche Fehlen von Staatsunterstützung und Monopol vorausgesetzt, die beste Gewähr dafür bietet, daß er das Schaltwerk so gewissenhaft, eifrig und intelligent bedient wie der Führer einer komplizierten elektrischen Lokomotive, dem wir uns mit gleicher Sicherheit anvertrauen, weil wir wissen, daß das Schicksal seines Zuges zugleich sein eigenes ist.«[90] Indem er ein gefährliches Leben führe, setze der Unternehmer sein eigenes Leben und das anderer aufs Spiel. Der Unternehmer, erklärte Röpke, sei »der Hoheit des Marktes unterworfen«.[91]

Während Hayek den Ingenieur verachtete, der aufgrund seiner wissenschaftlichen Kenntnisse glaubte, einen so guten Überblick über ein ganzes System zu haben, dass er es selbst bauen könne, pries er aus ähnlichen Gründen wie Röpke den Ingenieur in seiner Eigenschaft zum Beispiel als Zugingenieur. Im Jahr 1945 schrieb er, das Preissystem sei »eine Art von Maschinerie zur Registrierung von Veränderungen [...] oder ein System von Fernvermittlung, das die einzelnen Produzenten instand setzt, nur mit Hilfe der Beobachtung von ein paar Zeigern, so wie etwa ein Techniker die Zeiger von ein paar Ziffernblättern beobachtet, ihre Tätigkeit an Änderungen anzupassen«.[92] In einer beinahe identischen Metapher aus dem Jahr 1941 war der Ingenieur hingegen »der individuelle Unternehmer, der aus den Anzeigen einiger Messgeräte und einfachen Zahlen die relevanten Resultate sämtlicher Vorgänge im System ableiten kann«.[93] Der Ingenieur und der Unternehmer wurden zu den idealen Schaltern im Schaltkreis des Preissystems gemacht, indem ihre Handlungsmacht darauf reduziert wurde, in ihrer unsicheren Position als Lenker einer dahinrasenden Lokomotive, eines lärmenden Kraftwerks oder eines kapitalistischen Unternehmens auf Stimuli zu reagieren.

Nach dieser langwierigen, aber notwendigen Exegese sollte klar sein, warum die Neue Weltwirtschaftsordnung keine Ordnung in Hayeks Sinn darstellte. In seinen Augen konnte eine Ordnung nicht aufrechterhalten werden, indem man Ziele vorgab und erstrebenswerte Endzustände beschrieb. Stattdessen erforderte die Aufrechterhaltung der Ordnung, dass sich Individuen – und Staaten – der Weisheit des Systems unterwarfen. Für Hayek bestand die höchste Form der Vernunft darin, sich dem größeren Wissen der Institutionen auszuliefern, die ihrerseits eine Ansammlung erfolgreicher Strategien waren, die sich in langwierigen Prozessen der natürlichen Auslese herauskristallisiert hatten. Die notwendige Unwissenheit musste erhalten werden.

Aber welchen Nutzen konnte ein aktivistischer neoliberaler Intellektueller, der unbedingt eingreifen wollte, aus dieser Theorie ziehen? Im Jahr 1977 beklagte sich James M. Buchanan, der wie Hayek der MPS angehörte: »Anzudeuten, dass es keine Leitlinie für die Beurteilung bestehender Institutionen gibt und auch nicht geben sollte, wie es Hayek anscheinend tut, scheint mir in der gegenwärtigen Situation ein Rat zur Verzweiflung zu sein.«[94] John Gray erwiderte, in Hayeks Augen seien wir dazu verurteilt, alle Eskapaden der Menschheit auf ihrem zufallsbestimmten Weg durch die Geschichte mitzumachen«.[95] Gebietet Hayeks Version der Systemtheorie tatsächlich eine Art von Quietismus angesichts des Marktes? Wie konnten augenscheinliche Abweichungen in einem System mit »überbewussten« Regeln und begrenztem Wissen korrigiert werden? Diese Fragen rückten Ende der siebziger Jahre in den Vordergrund, als die Neoliberalen Zeugen jener Entwicklung wurden, die zwei von ihnen als »Unterminierung der Welthandelsordnung« in der Neuen Weltwirtschaftsordnung und als Hinwendung der Industrieländer zu einem »neuen Protektionismus« in Form von freiwilligen Exportbeschränkungen, geordneten Vermarktungsregelungen und zahlreichen anderen Maßnahmen bezeichneten, in denen die Neoliberalen neue Handelshemmnisse sahen.[96] Es ist interessant, dass sich eine Gelegenheit zur erneuten Auseinandersetzung mit den Chancen auf postimperiale Interventionen – vermeintlich gegen den Interventionismus – in einem der letzten Überbleibsel des britischen Empire bot, nämlich in der Kronkolonie Hongkong.

Die dünne Schicht des bewussten menschlichen Entwurfs

Das MPS-Treffen in Hongkong im September 1978 war die erste Versammlung der gesamten Gesellschaft außerhalb Europas und Nordamerikas. Das Treffen war auch ein besonderer Anlass, weil die Mitglieder Gelegenheit hatten, im Voraus den achtzigsten Geburtstag ihres ersten Präsidenten Friedrich Hayek zu feiern.[97] Hongkong war ein bemerkenswertes Beispiel für eine grundlegende Form der neoliberalen Lösung: Eine nicht auf dem Mehrheitswillen beruhende Marktwirtschaft beschränkte die Volkssouveränität, während sie die Souveränität des Kapitals mit einer viel gepriesenen Freihandelspolitik, einem gesetzlich streng geschützten Bankgeheimnis und niedrigen Unternehmenssteuern maximierte. Das System Hongkongs war in mehrerlei Hinsicht eine umgekehrte Version der NWWO und der Forderungen des globalen Südens in den siebziger Jahren. Bei einer Versammlung der MPS im Jahr 1974 hatte ein Redner darauf hingewiesen, dass Hongkong aufgrund seiner »exponierten wirtschaftlichen und politischen Situation und seiner Abhängigkeit« gezwungen sei, »für rentable Investitionen günstige Bedingungen« aufrechtzuerhalten.[98] Während der argentinische Ökonom Raúl Prebisch und die UN-Wirtschaftskommission für Lateinamerika die »Dependenz« als negativen Zustand beschrieben, aus dem sich die betroffenen Länder befreien müssten, empfahlen die Neoliberalen ebendiesen Zustand, weil er ihnen geeignet schien, den Staat dem zu unterwerfen, was Hayek in der veröffentlichten Version seines Vortrags in Hongkong als »Disziplin der Freiheit« bezeichnete.[99] Weder das Fehlen einer repräsentativen Regierung noch Hongkongs Kolonialstatus (und auch nicht das staatliche Eigentum am gesamten Boden der Kolonie) hielten einen Journalisten, der über das Treffen berichtete, davon ab, Hongkong als »libertärste unter den großen zivilisierten Gesellschaften der heutigen Welt« zu beschreiben.[100] Tatsächlich hatte die Kronkolonie eine bewundernswerte Lösung für das Problem der Demokratie gefunden.

Während sich die Mitglieder der MPS in Hongkong versammelten, plante die Kommunistische Partei Chinas ihre eigene institutionelle Lösung für die Volksrepublik. Zu jener Zeit hatten die Exporte des winzigen Hongkong denselben Umfang wie die Festlandchinas. Mit Deng Xiaopings Reformen wurde eine Entwicklung zu einer chinesischen Form des nicht auf dem Mehrheitswillen beruhenden Kapitalismus eingeleitet: Der Bevölkerung wurden Schritt für Schritt wirtschaftliche Freiheiten zugestanden, ohne dass die politische Repräsentation ausgeweitet wurde. Der Preismechanismus wurde erlaubt, ohne den Mechanismus der Volkssouveränität, das heißt Wahlen mit konkurrierenden Parteien einzuführen. Im Jahr 1979 wurden die ersten Exportproduktionszonen im Perlflussdelta eingerichtet, einer aus der nationalen Steuerstruktur herausgelösten Region. Die Exportproduktionszone sollte sich bis zu den neunziger Jahren in eine definierende Form der Entwicklung im neoliberalen Stil verwandeln.[101]

Diese Zukunft lag in den siebziger Jahren jedoch noch in der Ferne, und im Jahrzehnt der NWWO sah die Lage für die Neoliberalen düster aus. Die Ansprache von MPS-Präsident George Stigler in Hongkong trug den Titel »Warum gewinnen die Sozialisten?«.

Stigler sah das Hauptproblem in derselben Vexierfrage der Demokratie, mit der sich die deutschen Neoliberalen seit den dreißiger Jahren und die amerikanischen Vertreter der Neuen Politischen Ökonomie seit den sechziger Jahren herumschlugen: Der »politische Prozess ist deutlich zugunsten des Kollektivismus verzerrt«.[102] In Anbetracht der Möglichkeit, dass die neoliberale Position mittlerweile eine »Minderheitsmeinung« war, fragte Stigler: »Wenn wir tatsächlich anstreben, was viele nicht wollen, werden wir dann nicht erfolgreicher sein, wenn wir dem Rechnung tragen und politische Institutionen und Eingriffe gestalten, die es uns erlauben, unsere Ziele zu verfolgen?«[103] Er sah einen Lichtblick in der Proposition 13, einem Gesetzesvorschlag, dem die Wähler in Kalifornien in jenem Jahr zugestimmt hatten und der die Grundsteuern begrenzte und eine Zweidrittelmehrheit zur Verabschiedung aller Steuererhöhungen und anderer Maßnahmen zur Erhöhung der Staatseinnahmen erforderlich machte.[104]

Stiglers Vortrag wurde in der Zeitschrift *Ordo* veröffentlicht. Er beschleunigte die neoliberale Suche nach marktfreundlichen institutionellen Lösungen, die den demokratischen Gegebenheiten Rechnung tragen würden. In derselben Ausgabe von *Ordo* entwarf Buchanan in einem Artikel mit dem Titel »Constitutional constraints on governmental taxing power« einen Plan für Maßnahmen, die Ähnlichkeit mit den in der Proposition 13 vorgesehenen hatten.[105] Der Vorteil einer Steuerreform in einer Föderation wie den Vereinigten Staaten war, dass dasselbe Prinzip galt, das Hongkong zu einem wirtschaftlich erfolgreichen Ort machte: Der Staat schafft attraktivere Bedingungen für Investitionen, was die Leute dazu bewegen wird, »mit den Füßen oder mit ihren beweglichen Ressourcen abzustimmen«.[106] Bei der Versammlung in Hongkong traf sich W.H. Hutt mit mehreren Südafrikanern, die auf Einladung Hayeks teilnahmen. Im Anschluss an das Treffen schrieb er – vielleicht inspiriert durch Stiglers Aufruf zu Verbesserungen der neoliberalen Lösung – einen siebenseitigen Brief an den südafrikanischen Finanzminister, in dem er seinen Plan erklärte, das Wahlrecht abhängig von der Höhe der Steuerzahlungen jedes Bürgers zu gewichten.[107]

Bei oberflächlicher Betrachtung trug Hayeks Vortrag wenig zu der von Stigler geforderten Entwicklung marktfreundlicher Institutionen bei. Im Gegensatz zur Proposition 13 rief Hayek nicht zur Errichtung höherer Hürden für Gesetzgebungsmaßnahmen oder zur Einschränkung der staatlichen Fähigkeit zur Umverteilung auf. Anders als Hutt mit seinem Vorschlag für ein gewichtetes Wahlrecht bot Hayek keinen Plan zur Verknüpfung von demokratischer Macht und Vermögen an. Doch bei näherer Betrachtung enthielt das, was ein Teilnehmer an der Versammlung in Hongkong als Hayeks »Kritik der Soziobiologie« bezeichnete, Hinweise darauf, wie gestützt auf sein Werk ein Plan für die globale Wirtschaftsgovernance entwickelt werden konnte.[108] Hayeks Papier trug den Titel »Die drei Quellen der menschlichen Werte« und wurde im Epilog von *Die Verfassung einer Gesellschaft freier Menschen* veröffentlicht, dem letzten Teil seiner in den siebziger Jahren verfassten Trilogie *Recht, Gesetzgebung und Freiheit*. Hayek begann mit einem direkten Angriff auf die zeitgenössischen Theorien komplexer Systeme und warf Soziobiologen wie E. O. Wilson vor, nur zwei Quellen menschlicher Werte zu sehen, nämlich die Gene und den menschlichen Verstand. Hayek sah eine dritte Quelle im nichtgenetischen, nichtrationalen Reservoir der Kultur, die er als »eine Tradition erlernter Verhaltensregeln« bezeichnete, »die niemals ›erfunden‹ worden sind, und deren Funktionen die handelnden Individuen gewöhnlich nicht verstehen«.[109]

Die Forschung hat mit Recht auf die zentrale Rolle von evolutionären Regeln, Spontaneität und »gewachsenen Ordnungen« in Hayeks Denken hingewiesen.[110] Aber es wird oft übersehen, dass Hayek ein Paar (Gene/Vernunft) nicht durch ein anderes (Gene/Tradition) ersetzte. Er sah drei Schichten von Regeln: In der ersten Schicht waren die unbewussten, instinktiven und relativ konstanten physiologischen Regeln zu finden, in der zweiten die unbewussten, erworbenen Regeln der Tradition, und »drittens liegt über all dem die dünne Schicht von Regeln, die bewußt angenommen oder modifiziert wurden, um bekannten Zwecken zu dienen«.[111] Die ersten beiden Schichten von Regeln waren unbekannt und hatten größere Ähnlichkeit mit einer »Regelmäßigkeit«, wie er es ausdrückte. Diese Regeln befolgten die Menschen unbewusst, so wie Eisenspäne sich an einem Magneten ausrichteten. Aber die Regeln der obersten »dünnen Schicht« waren »das Ergebnis bewußten Entwurfs«: Dies waren die Regeln, die unter Einsatz der Vernunft entwickelt wurden und zu deren Befolgung die Menschen gezwungen werden mussten.[112]

Hayeks Dreischichtensystem der Verhaltensregeln erklärte sowohl die individuelle Kognition als auch das soziale System als Ganzes. Wie bei vielen seiner Modelle konnte auch bei diesem der Maßstab leicht verschoben werden. Im Jahr 1960 hatte er selbst eine Analogie zwischen Verstand und Gesellschaft hergestellt: »So wie die den individuellen Verstand lenkenden Kräfte sind auch die Kräfte, die zur Bildung einer sozialen Ordnung führen, mehrschichtig«, und »ausgesprochene Regeln« konnten nur funktionieren, weil sie auf dem Fundament unausgesprochener »gemeinsame[r] Anschauungen« ruhten.[113] Der Erbe von Hayeks Lehrstuhl in Freiburg wies darauf hin, dass Hayek »Regeln für das individuelle Verhalten im Sinne von Gesetzen« als oberste Schicht eines »mehrschichtigen Regelwerks« betrachtete, »das auch instinktive Antriebe und Tradition beinhaltet«.[114] Die Darstellung der bekannten, bewusst gestalteten und artikulierten Regeln als »dünne Schicht« oder lediglich »oberste Schicht« kann den Eindruck erwecken, dass diese Regeln verzichtbar sind oder vernachlässigt werden können. Aber während es stimmt, dass es Hayek zuvorderst darum ging, die unausgesprochenen Regeln zu betonen, würde sein ganzes System ohne die »dünne Schicht« artikulierter Regeln an der Spitze der Hierarchie auseinanderfallen, und die Menschen wären nur noch Termiten. So dünn sie auch sein mag, die Schicht der bewussten Regeln ist notwendig, um die soziale Ordnung als solche zu reproduzieren. So schmal es sein mag, ist das, was wir als Hayeks schmale Schicht des bewussten Entwurfs bezeichnen können, der wesentliche Bestandteil des gesamten Systems. Entfernt man diese Schicht, so löst sich die Ordnung auf.

Es steht außer Frage, dass sich Hayek zumeist negativ über den menschlichen Entwurf äußert, vor allem in seinem wiederholten Hinweis, Ordnungen seien »Ergebnisse menschlichen Handelns, aber nicht menschlichen Entwurfs«. Aber es muss klargestellt werden, dass seine Kritik auf Versuche eines umfassenden Entwurfs zielt. Auf den ersten Seiten seiner in den siebziger Jahren entstandenen Trilogie beschreibt er sein eigenes Projekt offen als »Verfassungsentwurf«.[115] Die oberste Schicht von Regeln mag dünn sein, aber in Hayeks Augen ist sie der einzige Ort, an dem der Mensch tatsächlich eingreifen kann: »Unser Hauptinteresse wird sich dann auf jene Regeln richten, die, weil wir sie absichtlich ändern können, zum Hauptinstrument werden, durch das wir die sich ergebende Ordnung beeinflussen können, nämlich die Regeln des Rechts.«[116]

Es ist hilfreich, an dieser Stelle auf eine Unterscheidung zwischen Planung und Entwurf zurückzukommen, die der Philosoph Garrett Hardin in einem 1969 erschienenen Artikel vornahm, aus dem Hayek in seinem Diskussionspapier in Hongkong zitierte. Hardin definierte die Planung als »Gestaltung einigermaßen detaillierter, eher strikter Pläne«. Unter einem Entwurf verstand er »eine sehr viel losere, weniger detaillierte Spezifikation eines kybernetischen Systems, das negative Rückkoppelungen, selbstkorrigierende Kontrollen beinhaltet«. Er fügte hinzu, die klassische Marktwirtschaft sei ein solcher Entwurf.[117] Unabhängig davon, ob Hayek in diesem Punkt direkt von Hardin inspiriert wurde oder nicht, erleichtert diese Unterscheidung das Verständnis seiner Schriften. Man kann durchaus argumentieren, dass Hayek insbesondere in den siebziger Jahren ein Projekt des Systementwurfs verfolgte.

Hayek entwarf eine Ökonomie der Prinzipien oder »Verhaltensregeln«, die aus der Physiologie, dem Wachstum der Tradition und der dünnen Schicht des bewussten Entwurfs (des Orts des Handelns) bestanden.

Daher ist die Deutung irreführend, Hayeks Schriften aus den siebziger Jahren verurteilten uns zu einer »ziellosen Wanderung«. Hayek erklärt schwarz auf weiß, dass »die Zusammenarbeit stets sowohl auf spontaner Ordnung als auch auf bewußter Organisation« beruhe, und er kennzeichnet sein Projekt selbst als eines des Entwurfs.[118] Seine Konzentration auf die evolutionären, spontanen, unbewussten Aspekte der Ordnung hat viele späteren Kommentatoren von seiner Erkenntnis abgelenkt, das Universum gehorche strikten Gesetzen. Richtig verstanden, bedeuten Hayeks Erkenntnisse nicht, dass wir das soziale System *überhaupt nicht* gestalten können, sondern er sagt uns, dass wir es *nicht vollkommen* gestalten können – und dass wir es teilweise gestalten *müssen*.

Am Ende desselben Buchs lieferte Hayek ein explizites Beispiel dafür, wie dieses Konzept auf die globale Ebene übertragen werden konnte. Während über seine Schriften über das föderale Prinzip aus den dreißiger und vierziger Jahren intensiv diskutiert wird, ist der Forschung seine Rückkehr zu dem Thema in den siebziger Jahren weitgehend entgangen. Im Jahr 1979 schrieb Hayek in einem Abschnitt, in dem er zur »Entthronung der Politik« aufrief: »Wie ich früher angedeutet habe, scheint mir, daß in diesem Jahrhundert unsere Versuche, eine internationale Regierung zu schaffen, die fähig ist, Frieden zu sichern, die Aufgabe im allgemeinen von der falschen Seite angepackt haben: nämlich große Mengen von spezialisierten Behörden zu schaffen, die auf bestimmte Regulierungen zielen, statt auf ein wahres internationales Recht, das die Gewalten der nationalen Regierungen, einander zu schaden, beschränken würde.«[119] Hier gab Hayek einen Hinweis darauf, wie seine Theorien zur internationalen Ordnung, die seit Kriegsende mehr oder weniger auf Eis gelegen hatten, auf die Welt angewandt werden konnten. Eine Gruppe von Neoliberalen würde genau das tun, indem sie Hayeks Vorstellungen in Genf wiederbelebten. Ihre Lösung für die Neue Weltwirtschaftsordnung bestand darin, die G77 mit deren eigenen Waffen zu schlagen und das Gesetz mit Gesetzen zu bekämpfen. Die Reform des GATT verwandelte sich teilweise in ein Laboratorium, in dem auf globaler Ebene mit hayekschen Systementwürfen experimentiert wurde.

Die NWWO als Systemfehler

Im Jahr 1977, dem Jahr vor dem MPS-Treffen in Hongkong, zog das GATT-Sekretariat in ein Gebäude in Genf um, das zu Ehren des Impresarios der neoliberalen Bewegung am Hochschulinstitut für internationale Studien in den dreißiger und vierziger Jahren in Centre William Rappard umbenannt worden war. Rappards vermögende Familie hatte ursprünglich den Baugrund gespendet. Eine der ersten Maßnahmen der neuen Bewohner bestand darin, Wandbilder und Mosaike zu entfernen beziehungsweise zu übermalen, die das Gebäude in seiner früheren Funktion als Sitz der Internationalen Arbeitsorganisation geschmückt hatten. Ein Bild von Dean Cornwell wurde eingerollt in einem Schuppen verstaut; das Gemälde, das im Jahr 1956 von der American Federation of Labor gestiftet worden war, zeigte Sekretärinnen vor Zettelkatalogen, Blaskapellen und Grundschullehrer, die einen Stahlarbeiter mit Schürze und nacktem Oberkörper flankierten, an dessen Handgelenken gesprengte Ketten hingen.[120] 1939 im Auftrag der ILO von Gustave-Louis Jaulme gemalte Wandbilder, auf denen Figuren in wogender Kleidung zu sehen waren, die Palmwedel hielten, Früchte pflückten und in Gartenlauben ausruhten, wurden unter Wandpanelen aus Leinen versteckt.[121] Verschwunden war auch ein 1926 von niederländischen Gewerkschaften gespendetes Mosaik aus Delfter Kacheln, das rund um einen rot gekleideten stilisierten Arbeiter, der nach dem Krieg die Säulen der Welt wiederaufbaut, die in vier Sprachen übersetzte Passage über die Würde der Arbeit aus dem Versailler Vertrag zeigte. WTO-Generaldirektor Pascal Lamy witzelte später über die Entfernung der Kunstwerke: »Es ist ein bisschen so, als würde man eine Sozialwohnung von Immigranten übernehmen.«[122] In dem Satz kommt eine Sichtweise zum Ausdruck, die den alternativen Entwurf der NWWO, der nun endgültig durch die WTO ersetzt wurde, zunehmend als Ergebnis eines Konflikts zwischen Rassen deutete. GATT-Generaldirektor Olivier Long hatte die ILO-Kunst im Jahr 1977 als unvereinbar mit dem Geist seiner Handelsorganisation bezeichnet.[123] Wie wir sehen werden, ging es beim GATT nicht um Arbeiter, Körper, Schweiß und Freizeit, sondern um Preissignale, Regeln und, wie Long im Jahr 1978 erklärte, um »die Bekräftigung der Herrschaft des Rechts im internationalen Handel«.[124]

Zum Zeitpunkt seines Umzugs war das GATT in den »Genfer Geheimkrieg« verwickelt, wie es in einem Bericht hieß. In der sogenannten »Tokio-Runde« der GATT-Verhandlungen (1973-1979) bemühten sich die Staaten, den Welthandel den Bedingungen nach dem Ende der Kolonialzeit und der Auflösung wichtiger Bestandteile der Wirtschaftsordnung der Nachkriegszeit anzupassen. Im Jahr 1971 hatte das Bretton-Woods-System in seiner ursprünglichen Form aufgehört zu existieren, als die Vereinigten Staaten unilateral die Konvertierbarkeit des Dollar in Gold aufgekündigt hatten. Im Jahr 1973 ließen die Staaten teilweise in Reaktion auf die beharrliche Überzeugungsarbeit Haberlers und anderer Neoliberaler das Floating des Dollar zu, womit von nun an die Marktnachfrage (neben gezielten staatlichen Interventionen) den Wert der amerikanischen Währung bestimmte.[125] Auch viele andere Währungen fluktuierten, womit eine Zeit begann, in der unterschiedliche monetäre Strategien verfolgt wurden, die von flexiblen Wechselkursen bis zum »gesteuerten Floating« reichten. Da dem IWF die Befugnis zur Kontrolle der Kapitalbewegungen entzogen worden war, begann gleichzeitig wieder spekulatives Kapital zu strömen, wobei diese Kapitalströme aufgrund der durch die Telekommunikation erhöhten Konnektivität einen sehr viel größeren Umfang hatten als in den dreißiger Jahren.[126] Ländern in aller Welt flossen neue Investitionen zu, aber die Staaten litten auch unter Kapitalflucht, wenn die ausländischen Investoren kostspielige, mit höheren Steuern finanzierte Vorhaben wie den Aufbau eines Wohlfahrtsstaats ablehnten.[127] Neoliberale wie Haberler hielten diese Beschränkungen für gesund, weil sie die entwickelten Länder zwangen, die Aufrechterhaltung der Wechselkursstabilität als etwas zu betrachten, das »Vorrang vor allen anderen Überlegungen haben muss«.[128] Die Unsicherheit in einem Gebiet wie Hongkong konnte und sollte paradigmatisch für die neoliberale Welt nach Bretton Woods sein.

Bei oberflächlicher Betrachtung war das GATT kaum ein geeigneter Ausgangspunkt für eine rechtliche Konterrevolution der Neoliberalen. Obwohl sämtliche Direktoren gelernte Juristen waren, waren die bevorzugten Arbeitsmethoden in Genf wirtschaftliche Diplomatie und improvisierte Verhandlungen. Die GATT-Organisation hatte bis 1983 noch nicht einmal eine Rechtsabteilung, während die Weltbank zu jener Zeit bereits hundert Juristen beschäftigte.[129] Die Situation begann sich erst unter der Leitung des in Genf ausgebildeten Anwalts Olivier Long zu ändern. Im Jahr 1978 verwendete Long in einer Rede in der Londoner Denkfabrik Trade Policy Research Centre (TPRC), die im Jahr 1968 von dem australischen Ökonomen Hugh Corbet gegründet worden war, erstmals den Begriff »rule of law« (Herrschaft des Rechts).[130] Long stimmte einem Vorschlag zu, den der amerikanische Jurist John H. Jackson ein Jahr früher ebenfalls in einer Rede im TPRC vorgelegt hatte: Jackson hielt es für notwendig, einen Weg zu finden, um der Neigung der Staaten entgegenzuwirken, »die GATT-Regeln zu missachten oder zu umgehen«.[131]

Jackson, der im Jahr 1969 ein Buch veröffentlicht hatte, das oft als »Bibel des GATT« bezeichnet wird, bemühte sich in den siebziger Jahren in Zusammenarbeit mit der American Society of International Law um die Stabilisierung des »unsoliden konstitutionellen Fundaments« des GATT und versuchte, »die bröckelnden Institutionen des Freihandelssystems« zu retten.[132] Er gilt auch als Erfinder des modernen Handelsrechts und wichtigster Vertreter des internationalen Wirtschaftsrechts.[133] Jackson sah zwei Hauptursachen für die Erosion der auf Regeln beruhenden Ordnung: Zum einen bedienten sich die industrialisierten Länder der nördlichen Hemisphäre zahlreicher »neoprotektionistischer« Maßnahmen, um ihre Wirtschaft vor der Konkurrenz aufstrebender Ökonomien wie der japanischen zu schützen; zum anderen nutzte die große Gruppe der jüngst unabhängig gewordenen Länder »ihre gegenwärtige Mehrheit in zahlreichen Organisationen dort, wo bei Abstimmungen jedem Land eine Stimme zusteht«, um Ausnahmen von der auf Regeln beruhenden Ordnung durchzusetzen. Was wie eine begrüßenswerte Ausweitung der Demokratie auf die Ebene der internationalen Governance wirkte, störte in Jacksons Augen die Ordnung. »Es ist praktisch unmöglich, dass internationale Einrichtungen, deren Entscheidungsverfahren auf dem Prinzip ›Ein Land, eine Stimme‹ beruhen, eine ausreichende Autorität zur Festlegung von Regeln erlangen.«[134]

Es mag unangebracht wirken, dass Jackson die Entwicklungsländer ins Visier nahm, die gemessen am Handelsvolumen eine untergeordnete Rolle spielten. Doch diese Haltung machte das Wesen der entstehenden Disziplin des internationalen Wirtschaftsrechts und der GATT-Reform in den siebziger Jahren aus. Die weltwirtschaftlichen Vorstellungen der Entwicklungsländer – die in den Positionen der UN-Konferenz für Handel und Entwicklung (Unctad) und der G77 zum Ausdruck kamen – waren das »Andere«, in Abgrenzung zu dem die GATT-Reform entwickelt wurde. Die Gründe waren kein plumper Neokolonialismus und kein Gefühl der kulturellen Überlegenheit (und selbst wo diese Faktoren eine Rolle spielten, waren sie nicht die einzigen), sondern es handelte sich um eine Reaktion auf die Zugeständnisse, die der globale Süden den Industrieländern in den sechziger Jahren abgerungen hatte. Durch überzeugende Wissensproduktion, wirksame Diplomatie und kollektive Mobilisierung hatten die Nationen des globalen Südens die sogenannten Abschnitt-IV-Regelungen (1966) und das Allgemeine Zollpräferenzsystem (1971) durchgesetzt, mit denen sie de facto von der GATT-Disziplin ausgenommen worden waren. Dies war der Kern dessen, was als »besondere und differenzierte Behandlung« (»special and differential treatment«, kurz S&D) der Entwicklungsländer im Welthandel bekannt wurde.

Aber der Eindruck, die Entwicklungsländer hätten sich durchgesetzt, täuscht. Da die Landwirtschaft aus der GATT-Vereinbarung ausgenommen war, waren die Exporteure von Primärgütern in vielen Ländern des globalen Südens auch weiterhin damit konfrontiert, dass die USA und europäische Staaten ihre Landwirtschaft mit Subventionen und protektionistischen Maßnahmen schützten. Dennoch sahen die Befürworter einer Reform des GATT in den Zugeständnissen an die Länder, die ein Recht auf gemischte Entwicklung verlangten, einen Beleg für den inakzeptablen Verfall der auf Regeln beruhenden Weltwirtschaft. Als die Einnahmen der Erdöl exportierenden Länder nach der Ölkrise wieder deutlich stiegen und das Geld über die Wall Street und die Londoner City zu den Kreditgebern im globalen Süden geschleust wurde, wurde die Notwendigkeit einer globalen Vereinheitlichung der Bedingungen noch drängender. Das TPRC und seine Zeitschrift *The World Economy* verwandelten sich in die Drehscheibe der Kritik an der NWWO und verbreiteten die Forderung nach einer Reform des GATT in den siebziger und frühen achtziger Jahren.[135] Zu den schärfsten Kritikern des GATT zählte Martin Wolf, einer der einflussreichsten Wirtschaftskommentatoren der Gegenwart. Er hatte seine Karriere 1971 bei der Weltbank begonnen (wo er gemeinsam mit dem späteren MPS-Präsidenten Deepak Lal den ersten World Development Report verfasste) und war 1981 ins TPRC gewechselt, wo er sechs Jahre als Forschungsleiter arbeitete, bevor er zur *Financial Times* wechselte.[136] Im TPRC kritisierte Wolf »den Wunsch der Entwicklungsländer, eine Welt zu errichten, in der eine Gruppe von Ländern den Großteil der Verpflichtungen trägt, während die andere die meisten Rechte genießt«.[137] Indem sich die Entwicklungsländer der GATT-Disziplin entzögen, erklärten Wolf und andere, untergrüben sie den Vorrang des Rechts. In einem TPRC-Bericht aus dem Jahr 1984, zu dessen Autoren Wolf zählte, hieß es: »Die Entwicklungsländer führen einen andauernden Kampf gegen die liberalen Grundlagen des internationalen Handelssystems.«[138] Die Gegner der Neuen Weltwirtschaftsordnung setzten der differenzierten und Sonderbehandlung die Idee eines einheitlichen Gesetzes für alle Mitglieder der Weltwirtschaft entgegen.

Die drei wichtigsten GATT-Reformer in Genf waren allesamt Anhänger des hayekschen Denkens. Da war zunächst Jan Tumlir, der von 1967 bis 1985 die Forschungsabteilung leitete und von manchen als »Residenz-Philosoph« des GATT betrachtet wurde.[139] Tumlir war 1926 in der Tschechoslowakei zur Welt gekommen und hatte in Prag Rechtswissenschaften studiert, bevor er 1949 ausgewandert war. Nach zwei Jahren in der Bundesrepublik ging er in die Vereinigten Staaten, wo er im Jahr 1964 an der Universität Yale einen Doktortitel in Ökonomie erwarb. Im selben Jahr wechselte er in die Forschungsabteilung der GATT-Organisation und gehörte von 1968 bis zu seinem Tod im Alter von 59 Jahren der Fakultät des Hochschulinstituts für internationale Studien an.[140] Die Bibliothek des Hochschulinstituts war im Centre William Rappard untergebracht, und Tumlirs Privatbibliothek mit mehreren hundert Bänden findet man immer noch als »Jan-Tumlir-Gedächtnissammlung« in dem Gebäude, das heute die Heimat der Welthandelsorganisation ist.[141]

In den siebziger Jahren gesellten sich zwei Juristen zu Tumlir, die ihm dabei halfen, seine hayeksche Theorie der internationalen Ordnung zu formulieren: Frieder Roessler (geboren 1939) hatte an der

Universität Freiburg bei Hayek studiert und war Anfang dreißig, als er im Jahr 1973 seine Tätigkeit für das GATT aufnahm.[142] Ernst-Ulrich Petersmann (geboren 1945) hatte ebenfalls in Freiburg bei Hayek studiert. Bevor er sich im Jahr 1981 dem GATT-Sekretariat anschloss, war er als Assistent am Max-Planck-Institut für ausländisches öffentliches Recht und Völkerrecht in Heidelberg tätig gewesen und hatte drei Jahre lang als Rechtsexperte in der Außenhandelsabteilung des deutschen Wirtschaftsministeriums gearbeitet. In seiner Habilitationsschrift hob er den großen Einfluss Tumlirs und Hayeks auf sein Denken hervor.[143] Ende der neunziger Jahre wurde Petersmann einer der international angesehensten Fürsprecher des internationalen Wirtschaftsrechts.

Roessler und Petersmann waren gemeinsam mit Ake Linden die ersten Mitglieder der 1983 gegründeten Büros für Rechtsangelegenheiten beim GATT. Roessler wurde 1989 der erste Direktor der Rechtsabteilung des GATT und »bereitete die meisten einer Reihe historischer Entscheidungen über den Übergang vom GATT zur WTO vor«.[144] Ein Autor bezeichnet Tumlir und Petersmann (sowie John H. Jackson) als »die maßgeblichen intellektuellen Architekten des GATT«.[145] Die GATT-Juristen waren würdige Erben der Genfer Schule des Neoliberalismus. Sie hatten allesamt am Hochschulinstitut für internationale Studien unterrichtet oder geforscht. Ihrer Gruppe gehörten auch Gerard Curzon, der Herausgeber des *Journal of World Trade Law*, der nach Röpkes Tod im Jahr 1966 dessen Lehrstuhl am Hochschulinstitut übernahm, sowie dessen Ehefrau Victoria Curzon-Price an, die an der Universität Genf unterrichtete und später die erste und bisher einzige Präsidentin der MPS wurde. Die Genfer Fraktion arbeitete in der Kampagne für eine Reform des GATT eng mit dem TPRC zusammen, das im Jahr 1977 sein Journal *The World Economy* mit einem Leitartikel Tumlirs herausbrachte, der den Titel »Can the international economic order be saved?« trug.[146] Im Jahr 1975 nahm Tumlir erstmals persönlichen Kontakt zu Hayek auf und schickte ihm einen Entwurf des Artikels. Er erklärte, *The World Economy* wende sich nicht in erster Linie an Ökonomen, sondern an »Politiker und die politische Öffentlichkeit«, und betonte, dass Hayeks Werk den »entscheidenden intellektuellen Anstoß« zu seinem Artikel gegeben habe.[147]

Die Neoliberalen der Genfer Schule versuchten in den siebziger und achtziger Jahren, die internationale Wirtschaftsordnung zu retten, indem sie ein auf Regeln beruhendes System für die Weltwirtschaft errichteten. Sie hofften, die pragmatische und kompromissorientierte Praxis im GATT zu ändern und die Kohärenz einer liberalen Ordnung wiederherzustellen, die seit der Gewährung von Präferenzzöllen für die Kolonien und späteren postkolonialen Staaten im EWG-Vertrag Stück für Stück ausgehöhlt worden war.[148] Die »eurafrikanischen« Abweichungen von den liberalen Grundsätzen hatten sich in den Sechzigern mit der Gewährung von Präferenzzöllen für Produkte aus Entwicklungsländern fortgesetzt. Nach der Aufnahme Großbritanniens in die EWG im Jahr 1973 wurde die Affiliation mit dem Lomé-Abkommen von 1975, das die Yaoundé-Abkommen sowie die Vereinbarung von Arusha ersetzte, auf 46 afrikanische, karibische und pazifische Staaten ausgeweitet.

Als Roessler nach seiner juristischen Ausbildung in Freiburg im Jahr 1973 in Genf eintraf, erfuhr er, dass die Leute beim GATT »nicht an das Recht glauben. Sie glauben an den Pragmatismus.«[149] Im Jahr 1978 erklärte er, sein Ziel sei es, »Argumente, die Hayek in einem größeren Kontext vorgebracht hat, auf die weltwirtschaftlichen Beziehungen« anzuwenden.[150] Die Frage war, wie das Regelwerk so justiert werden konnte, dass es dafür sorgen würde, dass die Preissignale auch dann richtig funktionierten, wenn die weltwirtschaftliche Ordnung durch »Probleme der Verteilungsgerechtigkeit« gestört wurde.[151] Wie wir gesehen haben, bot Hayek sowohl »gewachsene« Regeln – die Roessler als »De-facto-Normen« bezeichnete – als auch bewusst gestaltete Gesetze an, die Roessler »De-jure-Normen« nannte. Roessler räumte die allgemeine Überlegenheit gewachsener Normen ein, übernahm jedoch Hayeks Argument für die gezielte Wiedereinführung von Prinzipien, wenn die Ordnung bedroht war. Er hielt es für notwendig, »die Entscheidungen Gerichten oder Quasigerichten zu übertragen, die in der Lage sind, eine langfristige Perspektive einzunehmen«, und bezeichnete das GATT als eine jener Einrichtungen, welche »die Regeln im Licht allgemein formulierter Grundsätze anwenden oder interpretieren« konnten.[152] Das GATT selbst konnte die Rolle dessen ausfüllen, was ich als dünne Schicht des bewussten Entwurfs bezeichnet habe.

Roessler sah im globalen Süden das größte Hindernis für eine rationalere Organisation des Welthandelssystems. Koalitionen von GATT-Vertragspartnern konnten trotz eines sehr geringen Anteils am Welthandel ihre Stimmenanteile nutzen, um Veränderungen an der Charta zu blockieren oder zu verschleppen; die Entwicklungsländer hielten »den Schlüssel zur Legalität« in Händen, wie er es ausdrückte.[153] Zugleich beriefen sich die Nationen des globalen Südens auf das Recht, um ihre eigenen Ansprüche geltend zu machen. Die Zollpräferenzen, die diese Länder im GATT-System durchsetzten, waren ein Beispiel für die »Umwandlung von Prinzipien in Regeln«. Noch klarer war die Deklaration über die NWWO selbst. Obwohl die UN-Erklärungen nicht rechtlich bindend waren, verfestigten sich die darin festgehaltenen Regelungen im Lauf der Zeit: »Ist das Prinzip einmal ausgehandelt und schriftlich festgehalten, so berufen sich die interessierten Parteien in den Debatten darauf.«[154] Die Aneignung der De-jure-Normen durch den globalen Süden führte dazu, dass sich die Industrieländer zunehmend De-facto-Normen zuwandten und sich vollkommen aus den Foren der internationalen Organisationen zurückzogen. Diese durch den rechtlichen Aktivismus der postkolonialen und Entwicklungsländer verursachten Zusammenstöße hatten zur Folge, dass »das gesamte Gewebe einer Rechtsstruktur«, wie Roessler unter Rückgriff auf eine Formulierung von John H. Jackson erklärte, »über einen langen Zeitraum hinweg an den Rändern zerfressen wird«.[155]

Petersmanns Diskussionsbeiträge in den siebziger Jahren waren in noch größerem Maß als die Roesslers Teil einer Reaktion auf die scheinbare Usurpation des internationalen Rechts durch die Nationen des globalen Südens. Petersmann schrieb in diesem Jahrzehnt mehr als ein Dutzend Artikel über die rechtlichen Aspekte der Neuen Weltwirtschaftsordnung. Er beschäftigte sich mit den »Besonderheiten der Entwicklungsprobleme und Entwicklungsbedürfnisse« der »neuen Staatenmehrheit« von mehr als achtzig im Rahmen der Entkolonialisierung entstandenen »unterentwickelten Neustaaten« und mit der »Dominanz der über hundert Entwicklungsländer in der Generalversammlung der Vereinten Nationen«.[156] Das »neoliberale Wirtschaftsvölkerrecht«, wie er es ausdrückte, solle durch redistributiv-solidarisches Gemeinschaftsrecht ergänzt werden, um den sozialen Wohlfahrtsstaat und die »wirtschaftliche[n] und soziale[n] Menschenrechte« auf globaler Ebene zu verwirklichen. Die »gewerkschaftsähnlich organisierten Entwicklungsländer« forderten »eine revolutionäre Gesamtrevision traditionellen Wirtschaftsvölkerrechts unter entwicklungspolitischen Gesichtspunkten«.[157] Die NWWO sei ein Versuch, »die dezentralisierten marktwirtschaftlichen Mechanismen durch (von Bürokraten aus weniger entwickelten Ländern geleitete) UN-Planungsbürokratien zu ersetzen«, was die Mitgliedsländer der OECD »mit Recht abgelehnt« hätten.[158] Die Unctad strebe eine »Wohlfahrts-Welt« an, welche »die »nationale Idee des Wohlfahrtsstaates durch eine globale Entwicklungsstrategie« internationalisiere.[159]

In Petersmanns Deutung verhinderten die »weniger entwickelten und Staatshandelsländer ein einheitliches systematisches Konzept für die Weltwirtschaft und ein universell anerkanntes Wirtschaftsvölkerrecht«.[160] In den Prinzipien der NWWO sah er »eine Fülle wirtschaftspolitischer Einzelforderungen für die Nord-Süd-Beziehungen ohne ordnungspolitisches Gesamtkonzept«.[161] Im Angriff auf die liberalen Grundsätze werde die seit 1945 gefürchtete Waffe eingesetzt: das UN-Prinzip »Ein Land, eine Stimme«. Petersmann sah einen »stimmenmäßigen *take over* anderer UN-Institutionen seitens der Entwicklungsländer«, mit dem das Wirtschaftsvölkerrecht durchgesetzt werde.[162] Wie Roessler räumte Petersmann ein, dass die Unctad-Resolutionen nicht bindend seien, doch wie Roessler wies er auch darauf hin, dass sie im Lauf der Zeit Anerkennung als internationales Recht finden konnten: »Die Mehrheitsbeschlüsse der heute etwa 100 Entwicklungsländer können die Völkerrechtsentwicklung dabei erheblich beeinflussen.«[163] Der nach dem Zweiten Weltkrieg beobachtete Übergang von einer Welt, in der ein »kleiner Klub westlicher Länder« den Ton angegeben habe, zu »einer sehr viel größeren Zahl von Staaten, die unterschiedliche Zivilisationen repräsentierten«, habe Zweifel am Wesen des Völkerrechts geweckt.[164] Insbesondere die Forderungen nach »Anerkennung eines allgemeinen Rechtsanspruchs der Entwicklungsländer auf Entwicklungshilfe und ›Wiedergutmachung der Kolonialschuld‹« kämen »einer internationalen Steuerpflicht der Industrieländer« gleich.[165]

Die Frage war, »wie weit universelles Völkergewohnheitsrecht auch gegen den Willen einzelner Staaten durch mehrheitlichen Wandel seiner einzelnen Entstehungsvoraussetzungen [...] neu erzeugt werden kann«.[166] Petersmann wies darauf hin, dass die Charta der wirtschaftlichen Rechte und Pflichten der Staaten bereits von Libyen als Rechtsgrundlage für die Verstaatlichung amerikanischer Ölförderkonzessionen ins Feld geführt worden war.[167] So wie den Neoliberalen in den fünfziger Jahren bereitete ihm die Enteignung ausländischen Eigentums große Sorge. Die Beschlagnahmen ausländischen Eigentums, die Petersmann als »binnenwirtschaftliche Dekolonisierungsmaßnahmen« bezeichnete, ordnete in seinen Augen die wirtschaftliche Souveränität der politischen unter.[168] Die Entkolonialisierung selbst sei ebenfalls ein Paradebeispiel dafür, denn das Recht auf Selbstbestimmung sei gegen den Widerstand der Kolonialmächte durchgesetzt worden.[169] Wenn ein Rechtsanspruch auf den Ausbruch aus einem Kolonialreich bestand, warum konnte dann nicht der gesamte Apparat der bestehenden Normen zerschlagen werden? Er fragte weiter, »ob die seit 1945 über 80 unabhängig gewordenen Entwicklungsstaaten auch gegen ihren Willen an das vorgefundene allgemeine Wirtschaftsvölkerrecht gebunden« seien.[170] In den siebziger Jahren schien die Antwort ein klares Nein zu sein. Die Welt und mit ihr das internationale Gewohnheitsrecht wurden neu erschaffen.

Die GATT-Juristen hielten es für notwendig gegenzusteuern. Petersmann stellte einem seiner Artikel ein Hayek-Zitat voran: »[E]s gehört zum Wesen des juristischen Denkens [...], daß sich der Jurist bemüht, das ganze System widerspruchsfrei zu machen.«[171] Petersmann beschrieb seine eigene Methodik als »Denken in Ordnungen«, das er aus der »neoliberalen *Ordo*-Schule« Euckens, Böhms, Röpkes und Hayeks abgeleitet hatte.[172] Unter Bezugnahme auf die Kybernetik erklärte er, die »Systemanalyse« zeige, dass »das Verhalten einzelner Systemelemente (z. B. Verstöße devisenarmer Rohstoffländer gegen die GATT- und IMF-Regeln) oft erst aus der Gesamtstruktur des Systems heraus zu verstehen« sei und »an anderen Orten des Systems unerwünschte Nebenwirkungen haben« könne.[173] Mit anderen Worten: Scheinbar unbedeutende Abweichungen beeinträchtigten die »Reaktionsfähigkeit des Systems«, was Auswirkungen auf die Weltwirtschaft habe.

In Petersmanns von der Kybernetik beeinflusstem Verständnis musste das komplexe System an den Rändern beaufsichtigt werden, wo es beschädigt werden konnte. Bei den Verstößen der Entwicklungsländer gegen die GATT-Regeln handelte es sich um Abweichungen, die solche Schäden verursachten. Er hielt die »Tendenz zum Pluralismus im ›Weltwirtschaftsrecht‹« mit verschiedenen Regeln für den Norden und den Süden für gefährlich.[174] In einer Analyse, zu deren Autoren Tumlir gehörte, schlug die Forschungsabteilung des GATT einen ähnlichen Ton an und erklärte, sobald erkannt werde, »dass jeder erfolgreiche Verstoß gegen die Regeln sowohl daheim als auch im Ausland einen Präzedenzfall schafft [...], kann eine Häufung solcher Präzedenzfälle die gesamte Ordnung der hochgradig spezialisierten, aber koordinierten Aktivität untergraben«.[175] Für diese Denker war die größte Gefahr für die Integrität des Welthandelssystems in den siebziger Jahren der Aktivismus der unbedeutendsten Akteure, die mehrheitlich gerade erst als unabhängige Nationen entstanden waren. Indem die Akteure aus dem globalen Süden neue Spielregeln vorschlugen, anstatt sich an die liberalen Grundsätze aus einer früheren Ära zu halten, drohten sie, das ganze System zu zerstören.

Der führende Kopf im Trio hayekscher GATT-Experten war Tumlir. Er teilte die Einschätzung von Hayeks Schülern, die NWWO sei ein globaler Systemfehler, und beschrieb sie als »degenerative Entwicklung« in der Weltwirtschaftsordnung.[176] Er erkannte frühzeitig, warum die Entwicklungsländer unter den veränderten Umständen der siebziger Jahre über ihren wachsenden Einfluss in den internationalen Organisationen hinaus an Bedeutung gewannen. Im Jahr 1974 erklärte Tumlir in einem Vortrag am TPRC, der in einer Zeitung als Leitartikel veröffentlicht wurde, dass die Beilegung der Ölkrise durch eine Vervierfachung der Erdöleinnahmen der Produzentenländer ein Dilemma heraufbeschwor: Wohin sollte all die zusätzliche Liquidität fließen? Er gelangte zu dem Schluss, das einzige Ergebnis, dass die Inflation nicht schüren würde, sei die Investition der Erdöleinnahmen in den kapitalhungrigen Entwicklungsländern, um dort Industrialisierungsprojekte in Gang zu bringen. Der Artikel war von einer Karikatur von Michael Heath begleitet, in der eine groteske Figur eines hakennasigen Arabers, der einem Turban tragenden und ebenfalls hakennasigen Bettler – dem globalen Süden – eine Geldmünze zuwarf. Die Industrieländer, erklärte Tumlir, würden davon profitieren, »Ausrüstung, Maschinen, technische und Managementkenntnisse für diese massiven Investitionen« bereitzustellen, was ihnen die Möglichkeit gebe, »ihre Petrodollar zu verdienen, ohne einander die Kehle durchzuschneiden«.[177]

In der schematischen (und rassistischen) Karikatur fehlten die unverzichtbaren Umschlagplätze auf der Route vom Nahen Osten in den globalen Süden: die Wall Street und die Londoner City, wo der Finanzsektor eine wichtige Rolle in der Weiterleitung der Investitionen nach Süden spielen sollte. Tumlir stellte klar, dass der globale Süden, wenn ihm gewaltige Investitionen zuflössen, mehr denn je in der Pflicht stehen würde, sich an die Regeln zu halten, welche die Berechenbarkeit gewährleisten sollten, auf die die Investoren angewiesen waren. Tumlirs Leitartikel erschien Anfang Februar 1974. Weniger als drei Monate später verabschiedete die Generalversammlung der Vereinten Nationen die Erklärung über die Neue Weltwirtschaftsordnung, was darauf hindeutete, dass die G-77-Länder nicht die Absicht hatten, sich an die alten Normen zu halten. Stattdessen wollte der globale Süden seine eigenen Regeln aufstellen.

In einer Ansprache anlässlich von Hayeks achtzigstem Geburtstag griff Tumlir die seiner Meinung nach zerstörerische Hybris des globalen Südens an. Die NWWO, erklärte er, sei Ausdruck des »Vertrauens in die Fähigkeit der modernen Gesellschaften zur bewussten Selbsterneuerung und Selbstregulierung«. Aber das schien ihm nicht begrüßenswert: »Die Nationen verlangen nicht nur das Recht, ihre eigene Zukunft innerhalb einer Weltordnung zu bestimmen, sondern wollen jetzt diese Ordnung selbst sprengen, und die Welt als solche wird mobilisiert, um ihre Zukunft innerhalb der Ordnung des Universums zu bestimmen.«[178] Tumlir glaubte, dass die Koalition der armen G-77-Länder denselben Fehler beging, den Walter Lippmann in den dreißiger Jahren beobachtet und den Hayek seitdem immer wieder diagnostiziert hatte. Sie konnten der Verlockung von »Allmacht und Allwissenheit« nicht widerstehen, dem Irrglauben, man könne die Welt tatsächlich verändern. Besonders übel stieß Tumlir auf, dass sie sich den Begriff der »Ordnung« aneigneten. Er erklärte, das Wort habe zwei Bedeutungen: »Es gibt die Ordnung der beobachteten Resultate (die Straßen sind sicher und die Preise stabil), aber in einem analytischeren Sinn wird das

Konzept verwendet, um das Gefüge von Regeln und Institutionen zu beschreiben, welche die beobachtete Regelmäßigkeit und Ordnung hervorbringen.«[179] Der Zweck der Ordnung war nicht, den Menschen zu geben, was sie wollten, sondern sie daran zu hindern, sich zu nehmen, was sie wollten – und dadurch das System als Ganzes zu zerstören. Sein apodiktisches Urteil würde sich als Motto der gesamten Genfer Schule des Neoliberalismus eignen: »Internationale Regeln schützen den Weltmarkt vor den Regierungen.«[180] Die Weltwirtschaft musste gegen die Regierungen verteidigt werden, die ihrerseits vor ihren ahnungslosen Bevölkerungen geschützt wurden, die nur ihrem Eigennutz gehorchten.

Tumlir behauptete, durch die Befolgung dieser Regeln könnten die Staaten auch ihre eigene Souveränität gegen die Ansprüche innerer Kräfte verteidigen. Im Jahr 1981 erklärte er: »Die internationale Wirtschaftsordnung könnte als zusätzliches Verteidigungswerkzeug dienen, das die nationale Souveränität vor der inneren Erosion schützt.«[181] Im selben Jahr zitierte er Mestmäcker: »Das Problem ist, wie eine Volkswirtschaft so strukturiert oder geordnet werden kann, dass sie weder zum Diener noch zum Herrn des Staates wird.«[182] Durch die Befolgung bindender Regeln würden die Staaten sich selbst schützen, während sie die Weltwirtschaft verteidigten. Die Tatsache, dass eine solche Souveränität nicht in unbegrenzter Autonomie, sondern in der Unterwerfung unter die Kräfte des Weltmarkts resultieren würde, wurde als selbstverständlich betrachtet. In einer wichtigen Reinterpretation der zentralen Kategorie der NWWO erklärte Tumlir, Ordnung bedeute weder Stabilität noch Gerechtigkeit: »Ordnung ist Anpassung.«[183] Wie Hayeks metaphorisches Blatt, das sich dem Wind anpasste, musste die Ordnung für unablässigen Wandel offen sein, um gedeihen und überleben zu können. In einer Publikation, zu der er als Leiter des GATT-Forschungsteams beitrug, hieß es: »Die Anpassung an Veränderungen ist eine notwendige Bedingung für wirtschaftliches Wachstum – tatsächlich ist der Wachstumsprozess wenig mehr als eine

Abfolge von Anpassungen.«[184] Die Ordnung der NWWO war nichts anderes als eine »Verweigerung der Anpassung«.[185] Die GATT-Reformer betrachteten die Forderungen der G77 nach Umverteilung und besonderer und differenzierter Behandlung als Abweichungen vom einheitlichen Regelsystem, die zu einem katastrophalen Zusammenbruch des Mechanismus der Weltwirtschaft führen konnten. Ordnung bedeutete fortgesetzte Anpassung in einem System, und die Funktion von Gesetzgebern und Institutionen bestand darin, die Regeln des Systems in bindende Rechtsvorschriften umzuwandeln. Man brauchte nicht nur einen Hüter der Wirtschaftsverfassung, sondern einen Hüter des homöostatischen Systems.

Die Kalibrierung der stratifizierten Ordnung

Anfang der achtziger Jahre setzte sich Tumlir mit dem Problem der Weltwirtschaftsordnung im 20. Jahrhundert auseinander. In Anlehnung an Röpke und Hayek schrieb er, dass die Ordnung vor 1914 »funktioniert hatte, ohne dass man sie wirklich verstanden hätte«. Obwohl diese informelle spontane Ordnung die bestmögliche war, war es schwierig, sie zu reproduzieren. Das zeigte sich, als »dieselben Männer, die vor 1914 die internationale Wirtschaftsordnung verwalteten, nach 1918 außerstande waren, sie wiederherzustellen«.[186] Tumlir erinnerte daran, dass Robbins und Hayek in den dreißiger Jahren als eine erste Lösung Pläne für eine Föderation vorgelegt hatten. Gemeinsam mit anderen Liberalen der Zwischenkriegszeit, darunter die Ordoliberalen Böhm und Eucken, sahen sie eine »inhärente Tendenz des Nationalismus, die Wirtschaftspolitik der demokratischen Staaten zu untergraben und in ein Nullsummenspiel zu verwandeln«.[187] Tumlir übernahm ihre Einschätzung, dass sich die Massen unter demokratischen Bedingungen den Staat aneignen. An diesem Punkt hört der Staat auf, »eine Regierung zu sein, und verwandelt sich in eine Arena, in der Gladiatorenkämpfe zwischen organisierten Interessen ausgetragen werden«.[188] »Wo Marktversagen gelegentlich erkennbar ist«, erklärte Tumlir unter Verwendung eines von den zeitgenössischen Vertretern der Neuen Politischen Ökonomie verwendeten Terminus, »ist das *Staatsversagen* allgegenwärtig und massiv.«[189]

Daraus zog Tumlir denselben Schluss wie Petersmann und Roessler. Seine These deckte sich mit der, die Stigler in Hongkong vorgebracht hatte. Die Frage, warum die Sozialisten siegten, beantwortete er mit der Vermutung, dass die Demokratie ihrer Logik nach letztendlich zum Sozialismus führe. »Während das Funktionieren der Wirtschaftsordnung vom inneren Zusammenhang ihrer allgemeinen Regeln abhängt, geht es im demokratischen politischen Prozess im Wesentlichen darum, Ausnahmen für bestimmte Gruppen durchzusetzen.«[190] Daher bedurfte es einer institutionellen Konstruktion, die den Sozialismus oder den Prozess verhindern konnte, in dem der fragmentierte Staat zur »Beute« einzelner Interessengruppen wurde, und die die Sicherheit und Mobilität des Kapitals gewährleisten würde. Tumlir erinnerte daran, dass die von Robbins und Hayek vorgeschlagene Lösung für das Problem dieses sogenannten Staatsversagens – mit dem er die Unfähigkeit des Staates meinte, die Weltwirtschaft zu schützen – darin bestehe, eine »internationale Behörde« einzurichten, welche die Befugnis haben müsse, »Regeln aufzustellen, entsprechende Entscheidungen zu fällen und diese durchzusetzen«.[191] Ihr Fehler sei jedoch gewesen, dass es an geeigneten Mitteln mangele, um diese Regeln in den formal souveränen Mitgliedstaaten der Föderation durchzusetzen.

Die neoliberalen Föderalisten der dreißiger Jahre hatten auf den guten Willen aufgeklärter Nationen vertraut, die imstande sein würden zu erkennen, dass es in ihrem eigenen Interesse war, sich an globale Regeln zu halten. Tumlir sah in der nach dem Zweiten Weltkrieg getroffenen Regelung Ähnlichkeiten zu dieser Haltung. Die Länder stimmten den Regeln zu, orientierten sich an den Leitlinien des Bretton-Woods-Systems und hielten sich im Wesentlichen an die GATT-Regeln. Er war der Meinung, die Hoffnung Hayeks und Robbins' auf einen aufgeklärten Föderalismus habe sich in mancher Hinsicht erfüllt. Diese zeitweilige »Reintegration der Weltwirtschaft war also das Resultat der neuen Disziplin, der die nationale Wirtschaftspolitik der Staaten unterworfen wurde. Die Regierungen akzeptierten diese Disziplin in Form von vereinbarten internationalen Regeln.«[192] Der entscheidende Wendepunkt, ab dem dieses Modell nicht länger funktionierte, war das Ende der europäischen Kolonialreiche. Die Probleme tauchten auf, »als die Dekolonisation die Zahl der unabhängigen Länder deutlich erhöhte. Sie begannen, verschiedenste Ausnahmen von der Disziplin« der internationalen Nachkriegsordnung zu fordern.[193] Als ihnen die Industriestaaten diese Ausnahmen zugestanden, stimmten sie implizit der Einschätzung zu, dass Disziplin »ein Luxus war, den sich nur die Reichen leisten konnten«, und dass sie »tatsächlich das Wirtschaftswachstum behinderte«.[194] Die ehemaligen Kolonien gewährten Zollpräferenzen, der Abschnitt IV des GATT-Abkommens und die Nichtreziprozität waren allesamt Teil des Eingeständnisses des globalen Nordens, dass der Königsweg zur Modernisierung über den Schutz junger Industrien, wohlmeinende Transfers und ein Recht auf Regelverstöße führte.

Bei Haberlers NWWO-Konferenz im American Enterprise Institute im Jahr 1977 warnte Tumlir vor »beängstigenden« Parallelen zu den dreißiger Jahren.[195] Sowohl in der Zwischenkriegszeit als auch in den siebziger Jahren sah er den Fehler in etwas, das er unter Bezugnahme auf Karl Popper als »den ›Irrtum der Souveränität‹, also die Vorstellung von Souveränität als unbegrenzter Macht, praktisch als Allmacht« bezeichnete.[196] Einmal mehr sehen wir, dass die Neoliberalen zu ganzheitlichem Denken – zum Denken in Weltordnungen – und dazu aufriefen, die Bedingungen der komplexen Interdependenz zu berücksichtigen. Weit davon entfernt, sich für persönliche Freiheit auszusprechen, stützte sich Tumlir bei seinen

Warnungen auf das von Hayek inspirierte und von der Genfer Schule entwickelte Konzept der für das Funktionieren des gesamten Systems erforderlichen Beschränkungen der Freiheit, die er als »Kosten der Interdependenz« bezeichnete, was bedeutete, dass bestimmte »legitime nationale Ziele [...] der Disziplin der internationalen Ordnung geopfert werden müssen«.[197]

Ausgehend von Konzepten der Systemtheorie erklärten die GATT-Reformer, die Abweichung von den Regeln sei ansteckend und verfestige sich durch Nachahmung. Tumlir drückte es so aus: »Werden die Regeln, auf denen die internationale Ordnung beruht, erst einmal als Wachstumshindernis betrachtet, so wird es schwierig, die Ordnung zu verteidigen. Und sie bricht zusammen, wenn das führende Land selbst beginnt, für sich Ausnahmen von den Regeln zu beanspruchen, deren Einhaltung es von anderen verlangt hat.«[198] Trotz des unablässig wachsenden Volumens des Welthandels – das man als allgemeines Zeichen der zunehmenden Integration betrachten könne – hätten die Abweichungen von den Rechtsnormen zu einer »fortschreitenden Desintegration« der Weltordnung geführt.[199]

Zu seinem Lösungsvorschlag gelangte Tumlir durch einen Wechsel der Ebene. Er übernahm Böhms Aufforderung aus den dreißiger Jahren, man müsse sich dezisionistisch für eine »Wirtschaftsverfassung« entscheiden, ging jedoch weiter als der deutsche Jurist und übertrug die Methode auf die internationale Ebene.[200] In einem Essay, der durchaus eine gewisse Bewunderung verriet, wies Tumlir darauf hin, dass der deutsche Jurist kaum auf »die internationale Matrix« Bezug nehme, und beharrte darauf, dass »eine Wirtschaftsverfassung ohne eine Theorie der Außenwirtschaftspolitik und ihrer rechtlichen Kontrolle nicht vollständig« sei.[201] Er schlug einen zweigeteilten Ansatz zur praktischen Anwendung von Böhms Konzepten vor: Erstens sollte »eine Theorie (und eine bindende Artikulierung) der privaten Rechte in Bezug auf ausländische Transaktionen« entwickelt werden. Dies entsprach der früheren Diskussion über die Entwicklung eines von der nationalen Gerichtsbarkeit unabhängigen internationalen Privatrechts. Das internationale Investitionsrecht und die Vorstellung von einer neuen *lex mercatoria* gehören in diesen Bereich. Zweitens sollte »eine Theorie zur angemessenen Verankerung internationaler Vereinbarungen und von der Wirtschaftsdiplomatie hervorgebrachter politischer Regeln im nationalen Recht« entwickelt werden.[202] Hier führte Tumlir ein, was sein bleibender Beitrag zum institutionellen Entwurf des Neoliberalismus der Genfer Schule bleiben sollte: die Nutzung der nationalen Rechtsprechung und Verfassung zur Verankerung der Rechte des Kapitals in den nationalen Rechtssystemen.[203]

Wie alle Neoliberalen begriff Tumlir, dass es eines extraökonomischen Rahmens bedurfte, um sicherzustellen, dass der Markt seine disziplinierende Funktion erfüllen konnte. »Das internationale Handels- und Zahlungssystem als solches kann die souveränen Regierungen nicht disziplinieren, indem es sie dazu bewegt, sich an die Regeln des Systems zu halten.«[204] Dies ruft uns Röpkes Spott über den »Juridizismus« in Erinnerung, das heißt über die Annahme, die Staaten würden sich an auf internationaler Ebene festgelegte Rechtsvorschriften halten, über deren Auslegung in Den Haag, bei den Vereinten Nationen oder anderswo entschieden würde. Tumlir schlug eine andere, radikalere Lösung vor: Das Gesetz sollte nicht zwischen den Ländern, sondern innerhalb der Länder, nicht an der Grenze, sondern »jenseits der Grenze« angewandt werden. Das System hing letzten Endes nicht von internationalen Bemühungen ab, sondern von einem »aktiven nationalen Bemühen, es zu respektieren und zu verteidigen«.[205] Da »die gegenwärtige Krise nicht wirtschaftlich, [...] sondern politisch« war, sollte das Rechtssystem eingesetzt werden, um die Störung durch demokratisch gewählte Einrichtungen zu verhindern. »Die Gerichte sind die Behörde, die dafür sorgen kann, dass die Entscheidungen der Legislative den international vereinbarten Regeln gehorchen«, schrieb er.[206]

Nicht die internationalen, sondern die nationalen Gerichte würden das globale Wirtschaftsrecht durchsetzen. Die Gerichte waren die Antwort auf den »Verfassungsbruch«, den sie selbst ermöglicht hatten.[207]

Auf der Suche nach einer theoretischen Grundlage für die Wiederherstellung der Ordnung richtete Tumlir seinen Blick auf einen Ort, der bei oberflächlicher Betrachtung ungewöhnlich scheint: auf Hayeks Idee der stratifizierten Verhaltensregeln. Hayek hatte ein mehrschichtiges System beschrieben, in dem eine dünne Schicht bewusst gestalteter Regeln die gewachsenen Regeln der Tradition und die physiologischen, instinktiven Impulse überlagerte. Tumlir hielt es für notwendig, in »bewusster Anwendung von Hayeks Erkenntnis der Stratifizierung der Ordnung« Regeln auf verschiedenen Ebenen »zwischen nationalen, regionalen und internationalen Systemen« zu gestalten.[208] Der Essay, auf den er sich berief, zählt zu Hayeks weniger bekannten Arbeiten und enthält seine direkteste Auseinandersetzung mit der Kybernetik. Der Essay ist vom typischen Isomorphismus geprägt und beginnt mit folgender Aussage: »Es spielt keine Rolle [...], ob die einzelnen Mitglieder der Gruppen Tiere oder Menschen sind«, und in einer ergänzenden Fußnote heißt es, »ja nicht einmal, ob sie lebende Organismen oder vielleicht eine Art sich vervielfältigender mechanischer Strukturen sind«.[209]

Nach eigener Aussage wurde Tumlir auch von dem oben analysierten Text am Ende der Trilogie *Recht, Gesetzgebung und Freiheit* beeinflusst, den Hayek in Hongkong als Vortrag gehalten hatte. Im Juni 1979, kurz bevor er seine wichtigsten Arbeiten zur internationalen Ordnung verfasste, schrieb Tumlir an Hayek und pries den »wunderbaren Abschluss Ihres dritten Bandes«, der seine »Ansichten in verschiedenen Fragen« verändert habe. »Es ist schwer vorstellbar«, schrieb er, »dass es in diesem Jahrhundert oder in den kommenden fünfzig Jahren irgendjemandem gelingen sollte, eine bessere Grundlage für eine Theorie der Gerechtigkeit und der liberalen Ordnung zu schaffen.«[210] Tumlir deutete an, dass er mit den kybernetischen Untertönen in Hayeks Werk einverstanden war: »Eine Volkswirtschaft, die von einer Verfassung geregelte nationale Politik und die internationale Wirtschaftsordnung können allesamt als homöostatische, sich selbst ausgleichende Systeme betrachtet werden.«[211] In Tumlirs Augen ergänzte der Vorrang, den Hayek den Problemen der Vertikalität und den Formen des Föderalismus vor dem Nationalstaat gab, die ordoliberale Konzentration auf die Horizontalität innerhalb des Nationalstaats.[212]

Tumlir war nicht der Einzige, der Hayeks Theorien in den Dienst eines neuen Konzepts stellte. Petersmann berief sich ebenfalls auf Hayeks Arbeit zur Stratifizierung der Verhaltensregeln und erklärte, Prinzipien und Regeln dienten dazu, »das Verhalten des Einzelnen zu beeinflussen und die Entstehung ›spontaner Ordnung‹ oder bewusst erschaffener ›direkter Ordnungen‹ zu fördern, um die wirtschaftlichen Akteure in die Lage zu versetzen, weitgehend zutreffende Erwartungen bezüglich des zukünftigen Verhaltens der Individuen (einschließlich der Regierungsvertreter) in der ökonomischen Sphäre zu entwickeln«.[213] Petersmann bediente sich in seiner eigenen Definition der Weltwirtschaft ebenfalls kybernetischer Metaphern: »Eine umfassende internationale Arbeitsteilung unter Milliarden Menschen ist nur möglich, wenn sie sich weitgehend auf die Information, die von den spontanen Marktpreisen (als kybernetischer Rückkoppelungsmechanismus) vermittelt wird, sowie auf die freien Anstrengungen von Millionen Menschen stützt, die sich an den allgemeinen Rahmenregeln des nationalen und internationalen öffentlichen und Privatrechts orientieren.«[214] Er erklärte, Hayeks Konzept der vertikalen Hierarchie rechtlicher Ebenen entspreche sowohl den tatsächlichen historischen Formen der Wirtschaftsordnung insbesondere nach dem Zweiten Weltkrieg als auch einer angestrebten normativen Ordnung.[215] Es ist verblüffend, dass Hayek und die Rechtsexperten des GATT schon Anfang der achtziger Jahre, als die Gelehrten noch nicht erkannt hatten, welche Rolle die Kybernetik in Hayeks Denken spielte, sein Verständnis der hierarchischen Kommunikations- und Verhaltensregeln teilten. Die neoliberalen Genfer Experten wandten Hayeks mehrschichtige Metapher der Kognition in ihren Publikationen in größerem Maßstab auf ihre Neukonzeption der Weltwirtschaftsordnung an.

Aber wie konnten diese einigermaßen abstrakten hayekschen Konzepte in der Praxis angewandt werden? Wie konnte der Rückkoppelungsmechanismus zwischen nationalen und internationalen Systemen gewährleistet werden? Die GATT-Reformer verwendeten als Muster das europäische Modell der Mehrebenen-Governance und die von Mestmäcker formulierte, in Kapitel 6 behandelte »Wirtschaftsverfassung«.[216] Tumlir stellte der »Schwäche« des GATT, das nicht in der Lage war, eine »verbindliche Interpretation seiner Regeln« anzubieten, die »radikale« Lösung des von der EWG durchgesetzten »einheitlichen europäischen Rechts« gegenüber. Entscheidend war, dass »das gemeinsame europäische Recht Vorrang vor dem nationalen Recht der Mitgliedstaaten« hatte.[217] Konzeptuell, schrieb er, sei dies »die stärkste mögliche Form zur Implementierung einer supranationalen Ordnung. Die Regeln sind echte Gesetze, die vollkommen in das Recht der Mitgliedstaaten integriert sind, von einer einzigen Autorität interpretiert werden und durchsetzungsfähige private Ansprüche an die einzelnen Mitgliedstaaten schaffen, die ihre vertraglichen Verpflichtungen erfüllen müssen.«[218] Das Besondere am europäischen Recht war, dass es, um es im juristischen Jargon auszudrücken, »Direktwirkung« in den Nationalstaaten entfaltete. Das bedeutete, dass sich jeder Bürger – sowie jede »Rechtsperson« (eine Figur, die Unternehmen einschließt) – vor einem nationalen Gericht auf das europäische Recht berufen konnte. Die Tatsache, dass »das gemeinsame europäische Recht Vorrang vor dem nationalen Recht der Mitgliedstaaten hat« und dass die nationalen Gerichtshöfe die Gesetze der Europäischen Gemeinschaft durchsetzen mussten, machte dies zum »radikalsten« Ansatz zur Lösung des Problems der zwischenstaatlichen Ordnung.[219] Für Tumlir war die Europäische Gemeinschaft dank ihrer Fähigkeit, in ihrer Idealform die ungehinderte Weiterleitung der Preissignale über die individuelle, nationale und supranationale Ebene hinweg zu erzwingen, ein »fast perfektes Beispiel für eine intermediäre Ordnung im Sinn Hayeks«.[220]

Tumlir, Petersmann und andere Mitglieder der einflussreichen Gruppe von Personen, die an den Plänen für die WTO arbeiteten, hatten es sich zum Ziel gemacht, die »europäische Idee« des neoliberalen Konstitutionalismus von der kontinentalen auf die Weltwirtschaft auszuweiten und die Welthandelsorganisation zur Trägerin einer »Handelsverfassung« zu machen, wobei in der WTO das Streitbeilegungsorgan (Dispute Settlement Body, DSB) und das Einspruchsgremium (Appellate Body) als globale Gegenstücke zum Europäischen Gerichtshof dienen würden.[221] In Einklang mit der Entwicklung des Neoliberalismus der Genfer Schule verschmolz ihr Konzept mit den Vorstellungen Böhms und Hayeks und ergänzte Hayeks kybernetisches Konstrukt der stratifizierten, mehrschichtigen Ordnung durch neoliberalen Dezisionismus und das Ziel rechtlicher Durchsetzungsfähigkeit. Die GATT-Reformer reagierten auf die von der NWWO vorangetriebene »Degeneration« der Welthandelsordnung und ihre potenziellen Ansteckungseffekte mit dem Versuch, Hayeks Vision zu verwirklichen, indem sie eine stratifizierte Ordnung mit Regeln für das richtige Verhalten entwarfen, in der die Preise sowie Gesetze und Rechte als »Korrektursignale und Anreize« dienen würden.[222]

Tumlir erlebte nicht mehr, wie einige seiner Ideen Früchte trugen (er starb 1985 an einem Herzinfarkt), aber sein intellektueller Weggefährte Petersmann zählte zu den führenden Verfechtern der »Konstitutionalisierung« der Weltwirtschaft in der Disziplin des internationalen Wirtschaftsrechts, zu deren Aufbau er beigetragen hatte, und regte die Diskussion über ebenjene Themen an, die Tumlir Anfang der achtziger Jahre angesprochen hatte.[223] Die Welthandelsorganisation, die Mitte der neunziger Jahre entstand, nahm nicht exakt die Form an, die den Reformern vorgeschwebt hatte. Doch indem sie (im Fall des geistigen Eigentums) einige direkt wirksame Rechte einführte und von der Durchsetzung der »An der Grenze«-Fragen des GATT zu »grenzüberschreitenden« Themen wie Dienstleistungen, geistigen Eigentumsrechten und Arbeitsschutz-, Umweltschutz- und Gesundheitsschutznormen überging, erfüllte sie einige der normativen Wunschvorstellungen für eine vertikal stratifizierte Ordnung.[224] Die hier erzählte Geschichte kann eine Rekonstruktion der komplexen Verhandlungen, die zur Gründung der WTO im Jahr 1995 führte, nicht ersetzen. Der Weg zur WTO führte über die verschlungenen Pfade der Diplomatie, der politischen Ökonomie und der Machtpolitik, und die Vereinigten Staaten spielten die Hauptrolle in den Verhandlungen.[225] Aber in der Charakterisierung der WTO als machtpolitisches Werkzeug der USA oder als Einrichtung, in der die Entwicklungsländer machtlos sind, wird oft eine Auseinandersetzung mit den Vorstellungen vernachlässigt, auf denen sie beruht. In den Texten der Hayekianer und GATT-Reformer finden wir eine konzeptuelle Genealogie, welche die neoliberalen Vorstellungen von der Weltwirtschaft von den zwanziger bis zu den neunziger Jahren miteinander verknüpfte. In meiner Darstellung ist dies die letzte Episode im Streben der Neoliberalen nach einer institutionellen Lösung für das Problem einer Welt, die ihrer Meinung nach stets durch die Krämpfe der Demokratie und den destruktiven Glauben bedroht war, die globalen Regeln könnten geändert werden, um soziale Gerechtigkeit zu verwirklichen.

***

Wenn die Idee von der »einen Welt« nach dem Ende des Zweiten Weltkriegs für einen Augenblick zum Leben erwachte, so konnte sie sich in den siebziger Jahren ein Jahrzehnt lang entfalten. In Expertenkreisen und der breiten Öffentlichkeit tauchten zahlreiche

Visionen und Modelle der idealen Weltwirtschaft auf. Das erste Foto der aus dem Weltraum aufgenommenen »blauen Murmel«, das im Jahr 1968 um die Welt ging, war ein Symbol des ersten »Tages der Erde« im Jahr 1970 und wurde schließlich zu einem der am häufigsten reproduzierten Bilder aller Zeiten.[226] Im Jahr 1965 prägte der amerikanische UN-Botschafter Adlai Stevenson in einer Rede in Genf eine Metapher, die im folgenden Jahrzehnt um die Welt gehen sollte. Er beschrieb die Bewohner der Erde als »Passagiere an Bord eines kleinen, von seinen verwundbaren Reserven an Atemluft und Boden abhängigen Raumschiffs, deren Geborgenheit von der Sicherheit und dem Frieden im Raumschiff abhängt und die nur durch die Fürsorge, die Arbeit und, wenn ich es so sagen darf, die Liebe vor der Auslöschung bewahrt werden, die sie ihrem zerbrechlichen Raumschiff angedeihen lassen«.[227] Die Erde war durch die »ehrfurchtgebietende Majestät des Weltalls« dezentriert worden, was die Aufmerksamkeit auf die Unsicherheit der menschlichen Existenz und die Notwendigkeit der globalen Kooperation zur Sicherung des Überlebens unserer Spezies lenkte.[228]

In den siebziger Jahren wurden die exakten Dimensionen und die Leistungsfähigkeit des »fragilen Raumschiffs« dank neuer Technologien zahlenmäßig erfasst und in Prognosen eingespeist. Ein UN-Vertreter drückte es im Jahr 1976 so aus: »Die globalen Modelle bedürfen keiner Rechtfertigung außer jener, dass sie ein natürliches und unvermeidliches Produkt des Computerzeitalters sind.«[229] Die Ökonometrie gab den Forderungen der G77-Länder nach einer Neuen Weltwirtschaftsordnung Rückhalt. Die Bemühungen der globalen Reformisten um eine wissenschaftliche Begründung der Projekte für eine globale Umverteilung mündeten im Jahr 1980 in den von der »Nord-Süd-Kommission« unter der Leitung des früheren deutschen Bundeskanzlers Willy Brandt herausgegebenen »Nord-Süd-Bericht«.[230] Mit Wissen, Planung und dem Computer, erklärten die Reformisten, könne das Raumschiff Erde in ein sozial gerechteres Gefährt verwandelt werden.

Das wachsende planetarische Bewusstsein und die Bemühungen linker Ökonomen um eine Zusammenarbeit mit den Ländern des globalen Südens werden mittlerweile auch historisch untersucht. Weniger bekannt ist die auf diesen Seiten erzählte Geschichte des neoliberalen Widerstands gegen die NWWO und den computergestützten globalen Reformismus. In diesem Kapitel haben wir uns mit einer aufschlussreichen Entwicklung befasst: Just in dem Augenblick, als eine Fraktion der weltweiten Expertengemeinschaft erklärte, die Weltwirtschaft könne sichtbar gemacht werden, beharrte eine neoliberale Gegenbewegung darauf, dass sie unsichtbar sei und nicht dargestellt werden könne. Hayeks Nobelpreisrede über die »Anmaßung von Wissen« und sein Beharren auf der Unkenntlichkeit der Weltwirtschaft stärkten den GATT-Reformern den Rücken, die eine »Herrschaft des Rechts« auf globaler Ebene errichten wollten. Dabei klammerten sie sich an die Vision einer zahlenmäßig nicht erfassbaren Weltwirtschaft. Die Wirtschaft des Raumschiffs Erde, in der es um Volumina, Mengen und Ungleichheiten ging, verschwand und wich einer hayekschen Weltwirtschaft der Signale.

Die Neoliberalen sagten Ja zum Nationalstaat, solange es einen übergeordneten institutionellen Rahmen gab, der die Macht hatte, Nein zu sagen, wie Hayek es ausdrückte. Staaten, die diese supranationalen Regelungen ablehnten, wurden zu inakzeptablen »Wirtschaftsnationalisten« erklärt. Für die Neoliberalen der Genfer Schule war die internationalistische Neue Weltwirtschaftsordnung ein Angriff auf den Internationalismus. In ihren Augen musste der Nationalstaat anerkennen, dass seine Integration in die globalen Institutionen und ins Geflecht der rechtlichen Regelungen eine Voraussetzung für seine Teilnahme an der Weltwirtschaft war – und dies war im Wesentlichen eine Integration in ein System von Einschränkungen. Die NWWO wirkte wie ein weiterer Schritt zur Befreiung vom Neokolonialismus, die Petersmann als »wirtschaftliche Dekolonisierung« bezeichnete.[231] Sie war ein Ungeheuer aus den Albträumen der Neoliberalen: Sie war globalisierter Jakobinismus, globalisierte Gewerkschaftsbewegung und globalisierter Egalitarismus und verhöhnte die Institution des Privateigentums. *Pacta sunt servanda*, der Mindeststandard für die Behandlung ausländischer Investoren, und die Regeln des transnationalen Wirtschaftsrechts waren Normen, die nicht mehr respektiert wurden und mit der Verabschiedung der NWWO ad acta gelegt worden waren.

Auf einer tieferen Ebene stand die NWWO stellvertretend für die Bedrohung, die Hayek als »Konstruktivismus« bezeichnete. Sie vernachlässigte die Bedeutung des instinktiven Handelns und die Erkenntnis der Kybernetik, dass in jeder Ordnung ein neutraler und einheitlicher Rahmen von Regeln erforderlich war, um das Gleichgewicht zu erhalten. Wie oben erwähnt, sah Hayek die eigentliche Gefahr nicht im Gesetz des Dschungels, sondern in der Herrschaft der Ingenieure. Die NWWO war demnach keine Manifestation des Tribalismus, sondern ein Beispiel für das periodische Aufflammen der rationalistischen Geisteshaltung – nicht für die »Mau-Mau-isierung« des Westens, wie es Irving Kristol ausdrückte, sondern für seine Saint-Simonisierung.[232] Sie war anmaßend und überschätzte die menschliche Fähigkeit zur Umgestaltung des internationalen Rechts per Anweisung. Der Rahmen für reflexives Handeln musste gegen die Kampagnen für das rationale Handeln verteidigt werden.

Eine Ökonomin erklärt, in den siebziger Jahren habe man »das Gemunkel hinter den Kulissen über eine Neue Weltwirtschaftsordnung in Genf in der Ferne vernehmen« können.[233] Für die Neoliberalen der Genfer Schule klang das Gemunkel alles andere als weit entfernt. Vielmehr hatten sie ihr Programm bewusst als Gegenprojekt zu den lautstarken Forderungen des globalen Südens konzipiert. Die Mobilisierung der Entwicklungsländer nach dem Ende der Kolonialreiche war gefährlich, weil der Mehrheitswille selbst gegen die Wünsche der etablierten Mächte zu einer neuen Norm werden konnte. Die NWWO eröffnete die Chance auf eine Fortsetzung und möglicherweise einen Abschluss des Prozesses, der mit der Auflösung der europäischen Kolonialreiche begonnen hatte: Die Neoliberalen fürchteten sich vor der Aussicht auf eine skandalöse Entkolonialisierung des Völkerrechts. Der Mangel an »Ordnung« in der NWWO war ein Problem, das gelöst werden musste, indem man die Angriffe der Vereinten Nationen auf die Völkerrechtspraxis abwehrte und eine bindende Schiedsgerichtsbarkeit einschließlich der Streitbeilegungsmechanismen einführte, die Roessler und Petersmann gemeinsam mit anderen für die WTO entwarfen. Dem Versuch der G77, das Recht für ihre eigenen Zwecke zu nutzen, begegnete die Genfer Schule, indem sie das Gesetz als Mittel zur Durchsetzung der privaten Eigentumsansprüche und des Wettbewerbs definierte. Im neoliberalen Programm der siebziger Jahre ging es nicht um Wachstum, Gleichgewicht, Optimum, Gleichheit, soziale Gerechtigkeit oder Wohlstand. Es ging um die Reproduktion eines interdependenten, komplexen Systems, um die Verteidigung der Gesamtheit der Weltwirtschaft gegen einen Angriff der Nationalisten, der eine ähnliche Katastrophe heraufzubeschwören drohte wie die Krise der dreißiger Jahre.

Ende der siebziger Jahre bestand im GATT, der wichtigsten internationalen Einrichtung für die Regelung des Welthandels, ein von der Genfer Schule inspirierter Konsens darüber, dass die »Verzerrungen« des Preissystems kein wirtschaftliches, sondern ein politisches Problem waren. Ab 1977 setzte sich die Überzeugung durch, dass dieses Problem am besten durch eine Konstitutionalisierung nach dem Vorbild der Mehrebenen-Struktur der Europäischen Gemeinschaft gelöst werden konnte. So wie Hayek »zur Veranschaulichung seiner Theorie des Geistes oft Maschinen verwendet«, wie es ein Autor ausdrückt, verwendeten die Neoliberalen der Genfer Schule Hayeks Theorie des Geistes, um die Weltwirtschaftsordnung zu veranschaulichen.[234] Hayeks Unfähigkeit oder mangelnde Bereitschaft, auf Mathematik und Statistik zurückzugreifen, hielt ihn davon ab, sich der von Kybernetik und Systemanalyse inspirierten ökonomischen Hauptströmung anzuschließen.[235] Im Neoliberalismus der Genfer Schule finden wir Hayeks Einfluss nicht nur im Bereich der Ökonomie, sondern auch in dem des Rechts. Indem man die menschlichen Institutionen so justierte, dass sie die Bewegungen der Preissignale möglichst wenig behinderten, konnte die Weltwirtschaft, um die neoliberale Terminologie zu verwenden, in ein Modell einer stratifizierten Ordnung verwandelt werden, in dem das Zusammenspiel globaler sowie nationaler und regionaler Subsysteme die reibungslose Informationsübertragung erlauben und die Vorhersehbarkeit der wirtschaftlichen Transaktionen gewährleisten würde. Eine GATT-Publikation aus dem Jahr 1978, an der Tumlir mitgearbeitet hatte, verriet kybernetische Absichten und forderte einen »gesetzlichen und politischen Rahmen, der den Markt zu einem effektiven Signalgebungsgerät macht und die Orientierung der Wirtschaft an diesen Signalen erlaubt«.[236] Anstelle nationaler Autonomie und Umverteilung in einer Neuen Weltwirtschaftsordnung bot die Genfer Schule die Vision einer Isonomie an – ein einziges Gesetz für die Weltwirtschaft, das nicht zwischen historisch ärmeren und reicheren Völkern oder Ländern unterschied.

Die Diskussionen im Genf der siebziger und achtziger Jahre knüpften an die Analysen von Hayek und Robbins aus den dreißiger Jahren an. In beiden Fällen war die nationale Unabhängigkeit in der von den Neoliberalen angestrebten Föderation akzeptabel, solange der Zusammenhalt des gesamten Systems nicht beeinträchtigt wurde. Der »Internationalismus« in Bezug auf Handelsabkommen, Vertragstreue und Eigentum musste Bestand haben. Sofern sich die freien Nationen in die Weltwirtschaftsordnung einfügten, war nichts gegen die Entkolonialisierung einzuwenden. Dass immer mehr Territorien formal souverän wurden, konnte sogar nützlich sein, da sie die Zahl untereinander konkurrierender Zielgebiete für Investitionen und Innovation erhöhte, was die Staaten unter Druck setzte, attraktive Bedingungen für das Kapital zu schaffen. Wie Tumlir in seiner Ansprache anlässlich von Hayeks achtzigstem Geburtstag erklärte: »Der Ökonom betrachtet die Welt zahlreicher souveräner Staaten als einen Wettbewerbsmarkt für politische Ideen.«[237] – »Unternehmen und souveräne Nationen lernen aus den Fehlern anderer«, sagte er. »Das ist nach Einschätzung Hayeks die Hauptquelle für den Fortschritt der Menschheit, die ursprünglich in Gruppen unterteilt war, die einander aufgrund unterschiedlicher Sprachen und Rituale nicht verstehen konnten.«[238] Das, was heutige Kritiker als »Wettbewerbsstaat« bezeichnen, wurde von den Neoliberalen als Knotenpunkt des imitativen Lernens in einem hayekschen Netzwerk konzipiert.[239]

Die Neoliberalen begrüßten fließende Bedingungen als notwendige Voraussetzung für eine Welt, die von der überlegenen, wenn auch unkenntlichen Weisheit des Marktes beherrscht wurde. Ordnung war kein statischer Zustand, sondern ergab sich durch Anpassung in einem oft schmerzhaften Lernprozess. Dies war eine Doktrin der Strukturanpassung, genauer gesagt eine Doktrin der *ewigen* Anpassung. Die Feinabstimmung der Regeln für den wirtschaftlichen Austausch im mehrschichtigen System war erforderlich, um für die ungehinderte Übertragung der Signale zu sorgen und so geeignete Bedingungen für die ewige Anpassung biegsamer wirtschaftlicher Akteure an die Botschaften des Marktes zu schaffen.

Schluss: Eine Welt der Völker ohne Volk

> Wenn wir fragen, was die Menschen der Moral der sogenannten Kapitalisten am meisten verdanken, so lautet die Antwort: nicht weniger als ihr Leben.
>
> *Friedrich A. Hayek, 1996*

Zwei Jahre nach dem Fall der Berliner Mauer und einen Monat vor der offiziellen Auflösung der Sowjetunion verlieh George H.W. Bush die Presidential Medal of Freedom an William F. Buckley, einen Verteidiger der Rassentrennung im Süden der USA und Korrespondenzpartner Wilhelm Röpkes. Buckley habe »das Niveau der politischen Debatte in diesem Land gehoben«, erklärte Bush. Ohne jede Ironie verlieh er anschließend eine weitere Medal of Freedom an einen Bürgerrechtsaktivisten. Die letzte Person, die an diesem Tag geehrt wurde, war der 92-jährige Friedrich Hayek. Er erhielt die Auszeichnung »dafür, dass er sein Leben lang über den Horizont hinausblickte. In einer Zeit, als viele den Sozialismus als historisch unausweichlich betrachteten, sah er den Triumph der Freiheit voraus. [...] Professor von Hayek wird von den freien Völkern Mittel- und Osteuropas als wahrer Visionär verehrt und genießt weltweite Anerkennung als revolutionärer Intellektueller und politischer Denker. Wie wunderbar muss es für ihn sein, mit anzusehen, wie sich seine Ideen vor den Augen der Welt bewahrheiten.«[1] Es war eine weitere Ironie an diesem an sonderbaren Wendungen reichen Tag, dass ausgerechnet der Mann, der es als seine wichtigste Entdeckung betrachtete, dass sich die Welt, die Zukunft und der menschliche Geist im Grunde der Erkenntnis entzogen, nun für einen beinahe mystischen Weitblick geehrt wurde.

Bushs impliziter Triumphalismus angesichts des Siegs im Kalten Krieg war ebenfalls sonderbar, wenn man bedenkt, wie wenig der Kalte Krieg Hayek bedeutete. In seinem umfangreichen Werk taucht der Konflikt kaum auf. Eine aufschlussreiche Ausnahme war eine Aussage zur amerikanischen Entwicklungshilfe aus dem Jahr 1979, in der er erklärt hatte, mit den Hilfsgeldern würden die Vereinigten Staaten »in einem törichten Wettbewerb mit Rußland tatsächlich anfangen, in großem Rahmen die sozialistischen Experimente unterentwickelter Länder zu unterstützen«.[2] Ein noch aufschlussreicheres Zitat stammt aus *Die Verfassung der Freiheit*, wo er schreibt: »Oberflächlich mag es scheinen, als ob zwei verschiedene Zivilisationen heute im Wettbewerb um die Anhängerschaft der Völker der Welt stünden, tatsächlich aber sind die Versprechungen, die sie den Massen machen, die Vorteile, die sie ihnen vor Augen halten, im wesentlichen dieselben.«[3] Beide Seiten wollten Wohlstand, und sie wollten den Staat zur Umverteilung des Wohlstands einsetzen. »Da sich die Kenntnis neuer Möglichkeiten rascher verbreitet als die materiellen Ergebnisse«, erklärte Hayek, »ist ein großer Teil der Menschen der Welt heute so unzufrieden wie noch nie und sie sind entschlossen zu nehmen, was sie als ihr Recht ansehen. [...] Sowie ihre Macht wächst, wird es ihnen möglich werden, eine solche Umverteilung zu erzwingen.«[4] Selbstverständlich würde das Mittel, das die Völker der Welt einsetzen würden, um die Umverteilung zu »erzwingen«, die Demokratie sein, und ihre Macht würde durch die Entkolonialisierung wachsen. Im neoliberalen Jahrhundert war der Kalte Krieg lediglich eine Nebenvorstellung; das Hauptprogramm bestand aus der Herausforderung durch die demokratische Mitbestimmung der Massen und das Ende der Imperien.

Hayek widmete *Die Verfassung der Freiheit* der »unbekannten

Zivilisation, die in Amerika wächst«, wie er in der amerikanischen Ausgabe schrieb. Welches waren die Parameter der auf diesen Seiten beschriebenen unbekannten Zivilisation, die sich die Neoliberalen ausmalten? Es war eine zwangsläufig globale Zivilisation mit Institutionen, die potenzielle Störungen durch demokratisch ermächtigte Massen unterbinden sollten. Es war eine Welt ohne Kolonialmächte, aber mit Regeln, die von supranationalen Gremien festgelegt wurden, die sich der Kontrolle durch das Wahlvolk entzogen. Es war eine Welt, in der die Wirtschaft vor Forderungen nach Umverteilung, Gleichheit und sozialer Gerechtigkeit geschützt war. In meiner Darstellung habe ich eine Linie gezogen, die vom Ende des Habsburgerreichs bis zur Gründung der Welthandelsorganisation reicht. In der führenden neoliberalen Zeitschrift *Ordo* lieferte Röpkes Neffe Hans Willgerodt am Vorabend des Mauerfalls eine schöne Zusammenfassung des Jahrhunderts des Ordoglobalismus. Unter Bezugnahme auf Hayeks und Robbins' Schriften aus den dreißiger Jahren erklärte er, angesichts der »internationalen Bankrotterklärung des Kommunismus« sei es an der Zeit, dass die Nationalstaaten begriffen, dass sie »einen zu weit gehenden Gebrauch von ihrer Souveränität« gemacht hätten.[5] Im 19. Jahrhundert sei die »weltwirtschaftliche Integration« dank einer »grundsätzlichen Entpolitisierung des ökonomischen Bereichs« erreicht worden.[6] Er berief sich auf Röpke und erklärte, wenn »den Entwicklungsländern durch die UN ein Recht zur Enteignung ausländischen Eigentums nach nationaler Entscheidung zugestanden wird, bedeutet dies zugleich, daß sie sich, wenn sie ein solches ›Recht‹ in Anspruch nehmen, nicht nur aus dem weltwirtschaftlichen Markt- und Preiszusammenhang lösen, sondern auch aus der internationalen Rechtsgemeinschaft zivilisierter Länder«.[7]

Auf der Suche nach dem richtigen Weg zur Integration der Weltwirtschaft richtete Willgerodt den Blick sowohl nach vorn als auch zurück: »Auch der Weg zur Befreiung des Weltmarktes von nationalen Regulierungen und Handelshemmnissen kann durch Institutionen wie das GATT erleichtert werden.«[8] Gleichzeitig berief er sich auf das von Hayek und Mises verwendete Muster: das mitteleuropäische Imperium. »Der internationale Rechtsstaat mit gedämpften Anwendungen von Souveränität ist gewiß eine schwierige und für die Anhänger zentralistischer Nationalstaaten ungewohnte Vorstellung. Der Staat muß zunächst zugunsten der Bürger auf Befugnisse verzichten. Er muß außerdem seine Souveränität nach unten mit föderativen Gliederungen teilen und sich nach oben an eine internationale Rechtsgemeinschaft binden. Gleichwohl bewegt sich die internationale Ordnung in diese Richtung. In diesem Zusammenhang ist es an der Zeit, das verzerrte Urteil über die Ordnung des langlebigen Heiligen Römischen Reiches wieder aufzunehmen.«[9] Eine derart offen nostalgische Betrachtung des Imperiums war selten. Eine weitere bemerkenswerte Ausnahme lieferte MPS-Präsident Deepak Lal, der angesichts der amerikanischen Invasionen in Afghanistan und im Irak im Namen der freiheitlichen Demokratie im Jahr 2004 ein Lob auf den Imperialismus verfasste, dem er die Fähigkeit zusprach, Ordnung zu schaffen, die Herrschaft des Rechts durchzusetzen und »ethnische Konflikte im Keim zu ersticken«.[10] Er pries das Habsburgerreich und beklagte »den völligen Verlust an Lebenschancen, den der Durchschnittsbürger der Nachfolgestaaten erlitt«.[11]

Aber die meisten Neoliberalen fanden sich damit ab, dass der Zerfall der Imperien in Nationalstaaten unumkehrbar war. Sie träumten von einer Entkolonialisierung ohne den zerstörerischen Wunsch nach wirtschaftlicher Autonomie, den die von Lal genannten Nachfolgestaaten des Habsburgerreichs in Mittel- und Osteuropa an den Tag legten. In diesem Buch habe ich beschrieben, wie die Neoliberalen von den zwanziger bis zu den neunziger Jahren nach institutionellen Lösungen suchten, um die Weltwirtschaft gegen Demokratie und Nationalismus zu verteidigen. Hayek, Robbins und Mises sahen die Lösung in Entwürfen für eine internationale Föderation, die eine Doppelregierung ermöglichen und politische Unabhängigkeit gewähren, zugleich jedoch das globale Reich des Wettbewerbs erhalten würde. Heilperin warb für einen letztlich gescheiterten universellen Investitionskodex, der das Recht der Kontrolle des Staates entziehen sollte. Röpke und Hutt schlugen Formen der Apartheid und des gewichteten Wahlrechts vor. Mestmäcker sah die Lösung im EWG-Vertrag und dem daraus hervorgehenden Wettbewerbsrecht. Tumlir und Petersmann schwebte ein reformiertes GATT mit einer bis in die Staaten hineinreichenden Rechtshoheit vor.

Ich habe erklärt, warum die Hinwendung zur Rechtsetzung die bedeutsamste Neuausrichtung des deutschsprachigen Neoliberalismus nach dem Zweiten Weltkrieg war. Das, was ich als Ordoglobalismus bezeichne, trug zur Entwicklung eines Verständnisses bei, in dem die Europäische Wirtschaftsgemeinschaft und später die WTO Apparate waren, deren Rechtsmacht sich jenseits der demokratischen Rechenschaftspflicht auf die Märkte erstreckte, wobei Legitimität angestrebt wurde, indem man den Bürgern direkte private Rechte zugestand, die nicht an den Grenzen der Nationalstaaten endeten. Bemerkenswert ist, dass die viel gepriesene Berücksichtigung von Aspekten des Verteilungsstaates verschwand, als die Ordoliberalen ihre Aufmerksamkeit auf die globale oder internationale Ebene verlagerten.[12] Institutionen wie die Internationale Arbeitsorganisation, die sich die Rechte der Arbeiter und die soziale Gerechtigkeit auf die Fahnen schrieben, wurden erneut zum Feindbild.[13] Zur selben Zeit, als Röpke eine progressive Einkommenssteuer und eine Verteilung des Privateigentums innerhalb des Nationalstaats ins Auge fasste, empfahl er eine internationale Ordnung der Regeln.[14] Das zeigt einmal mehr, dass das »Soziale« in der sozialen Marktwirtschaft nicht als Hinweis auf einen wesentlichen Bestandteil ihres Denkens, sondern eher als taktisch notwendiges Zugeständnis an eine starke Arbeiterbewegung und die verbreitete sozialistische Stimmung im Deutschland der Nachkriegszeit betrachtet werden sollte.[15] Jenseits des Nationalstaates, wo die

Möglichkeiten zur demokratischen Kontrolle und der Einfluss der Gewerkschaften geringer waren, verschwanden die Hinweise auf das Soziale, und übrig blieben Regeln.

Rechts- und Sozialwissenschaftler haben verschiedene Bezeichnungen für die neoliberale Lösung gewählt. Ein Autor spricht vom »konstitutionellen Schutz des Kapitalismus«,[16] ein anderer von der »hayekschen Wirtschaftsverfassung«, deren Ziel »die Immunisierung der wachsenden kapitalistischen Märkte gegen die egalitär-interventionistische demokratische Politik« sei.[17] Stephen Gill hat den einflussreichen Begriff des »New Constitutionalism« geprägt und erklärt, dieser Konstitutionalismus solle »die dominanten wirtschaftlichen Kräfte zunehmend von der demokratischen Herrschaft und der Rechenschaftspflicht gegenüber dem Volk isolieren«.[18] In einer zusammenfassenden Analyse heißt es, die Konstitutionalisierung errichte »ein weltweites institutionelles Netz, das dem transnationalen Kapital zahlreiche Rückzugsoptionen bietet«.[19]

Andere deuten die Geschichte der neoliberalen Lösung abweichend. Ein Autor spricht von »nichtmajoritären« Governance-Modellen in der Verwaltung von Häfen und der Idee der Zentralbankunabhängigkeit.[20] Andere erkennen dieses Modell in der Europäischen Zentralbank und der Regierungsstruktur der Europäischen Union wieder.[21] Wieder andere beschreiben die Entstehung einer »Offshore-Welt« von Steueroasen, in der Staaten untereinander mit möglichst niedrigen Unternehmenssteuern, größtmöglicher Geheimhaltung und Anreizen für Personen und Unternehmen konkurrieren, die ihr Kapital dem Zugriff eines um Umverteilung bemühten Heimatstaates entziehen wollen.[22] Die Diskussionen seit den neunziger Jahren werden von der »Standortkonkurrenz« und dem Konzept des »politischen Wettbewerbs« beherrscht.[23] Der neoliberalen Vorstellung von der besten internationalen Ordnung liegt der sogenannte Wettbewerbsföderalismus zugrunde, der dem Kapital die Möglichkeit gibt, über die Staatsgrenzen hinweg neuen Ertragschancen zu folgen, wo immer sie sich bieten. Ein Autor weist in einer Untersuchung über den neoliberalen Föderalismus darauf hin, dass das American Enterprise Institute im Jahr 2000 ein Föderalismusprojekt ins Leben rief, um Buchanans Vorschläge aus den neunziger Jahren zur Wahrung einer »effektiven Ausstiegsoption in Marktbeziehungen« zu verwirklichen.[24] Ein AEI-Mitarbeiter erklärte das Ziel des Projekts so: »Eine Welt ohne Grenzen ist eine Welt ohne Ausgänge. Wir brauchen die Ausgänge.«[25] Diese Vorstellungen hatten wenig mit der grenzenlosen Welt oder der Gesellschaft ohne Staat zu tun, an die die Neoliberalen angeblich glaubten.[26] Die Ideen und Ansätze, die ich auf den letzten Seiten geschildert habe, lassen sich hingegen nicht ohne Weiteres als wirklichkeitsfremde Hirngespinste abtun. Die ordoglobalistische Vision einer doppelten, zwischen *imperium* und *dominium* aufgeteilten Welt war realistischer und zumindest theoretisch leichter zu verwirklichen.

Ich habe auf ein Paradox im Kern von Hayeks Denken und in den Vorstellungen des Neoliberalismus der Genfer Schule hingewiesen: Auf der einen Seite musste die Weltwirtschaft gegen die demokratischen Exzesse verteidigt werden. Auf der anderen Seite war die Weltwirtschaft an sich unsichtbar und entzog sich dem Verständnis und der Darstellung. Hayek sagte es unmissverständlich, als er schrieb, das einzige infrage kommende Wort für den globalen Markt oder das, was er als »erweiterte Ordnung« bezeichnete, sei »transzendent«: »Im buchstäblichen Sinne bezieht es sich freilich auf das, was weit über unser Verständnis, unsere Wünsche und Zielvorstellungen sowie unsere Sinneswahrnehmungen hinausgeht, und auf das, was Wissen enthält und schafft, das kein einzelnes Gehirn und keine einzelne Organisation beziehen oder erfinden könnte.«[27] Dieses religiöse Verständnis der Weltwirtschaft ist nicht auf Hayek beschränkt. Das Wort *ordo*, das als Name der wichtigsten neoliberalen Zeitschrift gewählt wurde und von dem der Terminus Ordoliberalismus abgeleitet ist, stammt aus der mittelalterlichen Theologie.[28] Hayek bezeichnete die Dialoge des Augustinus als

Ausgangspunkt des Ordnungsbegriffs.[29] In diesen Dialogen erklärt Augustinus, dass kein einzelner Mensch die außergewöhnliche Komplexität des Universums verstehen kann. Er beschreibt nicht nur das unausweichliche Gefühl der Machtlosigkeit, das den Menschen angesichts dieser größeren Ordnung überkommt, sondern auch die Verzerrtheit des subjektiven Bildes, das sich der Einzelne von dieser Ordnung macht. »In dieser Lage ist ein Mensch, der auf einem Mosaikboden steht und dessen kurzer Blick nicht über das kleine Ausmaß eines einzigen Vierecks reicht. Er wird zweifellos den Künstler wegen der Einteilung und Anordnung seines Werkes tadeln.« Die scheinbare Unordnung des Teils ist in Wahrheit ein Produkt der begrenzten Perspektive des Betrachters, der »den ganzen Plan jedoch nicht übersehen kann, der aus den einzelnen Steinchen ein passendes Ganzes von einer einzigen bewundernswerten Schönheit schuf«. Der Einzelne, der sich um eine synoptische Perspektive bemüht, läuft stets Gefahr, Unordnung fälschlich als Ordnung zu verstehen und umgekehrt. »Nichts anderes stößt den wenig erleuchteten Menschen zu, die jene allgemeine Harmonie und Übereinstimmung nicht sehen und begreifen können, weil ihr Geist zu schwach ist. Erfahren sie irgend etwas Mißliches, so bilden sie sich, weil es ihren Verstand übersteigt, sogleich ein, daß den Dingen überhaupt eine einzige Abscheulichkeit anhafte.«[30]

Augustinus schlägt eine dem Instinkt widersprechende Beobachtungsmethode vor: Der Betrachter darf sich nicht von einem Teil täuschen lassen, der ein falsches Bild vom Ganzen vermittelt. Hier werden wir zur inversen Beobachtung aufgefordert: Was als Ordnung erscheint, ist in Wahrheit möglicherweise Unordnung, und was als Unordnung erscheint, könnte tatsächlich Ordnung sein. Ein häufig geäußerter Vorwurf der Neoliberalen an die Adresse der Sozialisten lautete, diese seien nicht in der Lage, die größere Ordnung zu sehen. Wie es Franz Böhm in einem Artikel über »die Idee des Ordos« ausdrückte, weigerten sich die sozialistischen Theoretiker, »in der Wettbewerbswirtschaft überhaupt eine Ordnung zu erblicken«, da sie »hier bloß Anarchie und Chaos sahen und Gesetzmäßigkeiten leugneten, es sei denn das Gesetz des Dschungels«.[31] In meiner Darstellung habe ich gezeigt, dass der Neoliberalismus der Genfer Schule weniger eine Theorie des Marktes oder der Ökonomie, sondern vielmehr eine Theorie des Rechts und des Staates ist. Der Ordoglobalismus kann als negative Theologie betrachtet werden, deren Botschaft lautet, dass die Weltwirtschaft erhaben und unerkennbar ist.

Den Neoliberalen der Genfer Schule wird gelegentlich Ökonomismus vorgeworfen – sie betrachteten die Wirtschaft als maschinenähnliches, autonomes Gebilde, das imstande sei, bestimmte erwünschte Ergebnisse zu produzieren –, aber tatsächlich betrachteten sie die Wirtschaft als kosmisches, von rechtlichen und politischen Institutionen ummanteltes Gefüge, das einem nie endenden Prozess des Werdens unterlag. Hayek spottete über Makroökonomen, die auf Mathematik setzten, um Politiker zu beeindrucken, was »im Grunde unter Fachökonomen am ehesten das ist, was an Zauberei grenzt«.[32] Er erklärte, stets das Gefühl gehabt zu haben, er hätte eine Kritik an Milton Friedmans *Essays in Positive Economics* schreiben sollen, ein Buch, das »genauso gefährlich ist wie das von Keynes«.[33] Anders als die Chicagoer Schule lehnte die Genfer Schule die Mathematisierung der Ökonomie ab und stufte umfassende volkswirtschaftliche Prognosen und Modelle als unmöglich ein. Sie lehnte sowohl die rationale Erwartungstheorie als auch die Theorie des vollkommenen Wettbewerbs ab und hielt den Anspruch, »Effizienz« oder »optimale« Ergebnisse zu bestimmen, sowohl für illusorisch als auch für anmaßend. Vor einigen Jahren hat Petersmann sogar die von der Chicagoer Schule entwickelte »Markteffizienzhypothese«, der zufolge »die Marktpreise alle relevanten Informationen enthalten«, für die Finanzkrise von 2008 verantwortlich gemacht.[34] Petersmanns Werben für die WTO als »weltweite Wirtschaftsverfassung« steht stellvertretend für das

Denken, das ich als Genfer Schule bezeichne und das die Konzentration der österreichischen Neoliberalen auf die Grenzen des Wissens und die globale Ebene mit der Betonung der Institutionen und des Augenblicks der politischen Entscheidung durch die deutschen Ordoliberalen kombinierte.[35]

Die Leugnung der Existenz oder Sichtbarkeit der »Wirtschaft« beinhaltet, dass jegliches Bemühen um soziale Gerechtigkeit, Gleichheit oder Umverteilung für aussichtslos erklärt wird. Aber sie lässt die Macht nicht verschwinden. Es wurde behauptet, der wichtigste Taschenspielertrick der Neoliberalen bestehe darin, den Staat zu verstecken, aber eine oberflächliche Lektüre ihrer wichtigsten Theoretiker genügt, um zu sehen, dass eine positive Vision für den Staat in ihrem Projekt allgegenwärtig ist. Die Neoliberalen der Genfer Schule verstecken nicht in erster Linie den Staat, sondern die Machtasymmetrie. Tatsächlich ist die Berufung auf Komplexität und Unerkennbarkeit eine nützliche Regierungspraxis. Nach der globalen Finanzkrise erklärte der deutsche Finanzminister Wolfgang Schäuble: »Wir haben von Friedrich August von Hayek gelernt [...], dass die Gesellschaft und die Wirtschaft keine Maschinen sind. Wer glaubt, er könne sich vollkommenes Wissen aneignen, das ihn in die Lage versetzen wird, die Geschehnisse zu steuern, der besitzt kein Wissen, sondern maßt sich lediglich Wissen an.«[36] Verschiedene Autoren erklären, dass trotz der Vorstellung, wir lebten in einer Wissensgesellschaft, gerade Bekundungen des Unwissens und der Unerkennbarkeit besonders hilfreich seien, um jene zu entlasten, denen die Verantwortung für globale Systemrisiken zum Beispiel im Finanzsektor zugeschrieben werde.[37]

Die in diesem Buch behandelte Kernaussage der Genfer Variante des Neoliberalismus lautet, dass wir unmöglich die gesamte Ordnung erkennen, aber die Regeln kennen können, die erforderlich sind, um diese Ordnung aufrechtzuerhalten. Wie das Beispiel von Schäubles Vorgehen in der Eurokrise zeigt, ist das Eingeständnis, dass die Wirtschaft sich der menschlichen Erkenntnis entzieht, nicht gleichbedeutend mit der Bereitschaft, eine pragmatische, offene Geisteshaltung einzunehmen oder auf dem Verhandlungsweg und durch Kompromisse zwischen vielfältigen Interessengruppen zu neuen Bewältigungsstrategien zu gelangen. Stattdessen ist es gleichbedeutend mit einer noch unflexibleren Neigung, an Prinzipien und Regeln festzuhalten. Zuzulassen, dass die Wirtschaft dem Staat interne Grenzen setzt, ist gleichbedeutend mit dem unflexiblen Festhalten an Gesetzen, die als notwendig betrachtet werden, um der unergründlichen Wirtschaft Halt zu geben.

Im Rückblick auf das 20. Jahrhundert zeigt sich, dass die Neoliberalen insbesondere dann mobilmachten, wenn Versuche unternommen wurden, einen umfassenden Überblick über die Wirtschaft zu gewinnen. Die beiden wichtigsten derartigen Versuche fanden in den dreißiger und in den siebziger Jahren statt – jeweils nach dem Ende von Imperien. In den dreißiger Jahren gingen die Neoliberalen gegen die Planwirtschaft auf nationaler Ebene und gegen die Überzeugung auf die Barrikaden, die Wirtschaft könne erkannt und ohne einen harmonisierten globalen Rahmen gelenkt werden. In den siebziger Jahren kritisierten sie die Reformisten, die mithilfe von Computern versuchten, die nach Ansicht der Neoliberalen unergründlichen Abläufe der Weltwirtschaft zu durchschauen. Einige Autorinnen haben darauf hingewiesen, dass sonderbarerweise genau in dem Augenblick, als die Mehrheit der nichtweißen Völker der Welt im Rahmen der Entkolonialisierung die rechtliche Gleichstellung forderte, einflussreiche Zweige der Sozialwissenschaften zu dem Schluss gelangten, dass das Individuum nicht existierte.[38] Wir sind auf etwas Ähnliches gestoßen: In dem Augenblick, als die Völker nationale Autonomie verlangten, führten die Neoliberalen den Individualismus, vor allem aber die systemische Interdependenz ins Feld, wobei sie die Möglichkeit eines nationalen oder regionalen Vorgehens mit Argumenten leugneten, die mit dem Postulat der Freizügigkeit von Kapital und Gütern unvereinbar waren.

In der neoliberalen Vision der Weltordnung diszipliniert die Weltwirtschaft die einzelnen Nationalstaaten mit ständiger Krisengefahr, mit der Aussicht auf Kapitalflucht, welche die Ausweitung des Sozialstaats verhindern wird, und mit spekulativen Attacken auf Währungen von Staaten, deren Regierungen die Staatsausgaben erhöhen. Dass Staaten um Bürger buhlen, bleibt eine dauerhafte Vision. Mein Narrativ hat gezeigt, dass das erklärte Vorhaben der Befreiung des Marktes auch ein Projekt des institutionellen Entwurfs war. Wie es Petersmann ausdrückte: »Regeln setzen sich nicht selbst durch.«[39] Hayek lehnte den Entwurf ab, aber das ändert nichts daran, dass seine eigenen Vorschläge genau darauf hinauslaufen: Selbst wenn man die Weltwirtschaft als bloßen Informationsprozessor und als selbstorganisierendes System versteht, erfordert sie Eingriffe zur Kalibrierung der Regeln. Röpkes Forderung aus dem Jahr 1942 hat Bestand: »[W]enn wir einen freien Markt wünschen, so muß der Rahmen von Bedingungen, Regeln und Institutionen umso fester und unnachgiebiger sein. Laissez-faire – ja, aber innerhalb jenes Rahmens, der durch eine fortgesetzte und zielbewußte Marktpolizei im weitesten Sinne dieses Wortes bestimmt wird.«[40] Eine wichtige Strömung der neoliberalen Bewegung bezog ihre moralische Kraft aus dem Bekenntnis zum Schutz der komplexen, ja sogar unerkennbaren Interdependenz des globalen Handelssystems mittels der Identifizierung – und Erschaffung – einer globalen Marktaufsicht.

Die Essenz des Neoliberalismus der Genfer Schule kann in mehreren Punkten zusammengefasst werden. Diese sind nicht als Gebote, sondern als Vorschläge gemeint. Man könnte ein wenig Haarspalterei betreiben und auf Varianten verweisen, aber unter den Intellektuellen, mit deren Vorstellungen ich mich in diesem Buch beschäftigt habe, bestand Konsens über folgende grundlegende Botschaft:

1. Es gibt keinen vollkommenen Markt, weil es kein vollkommenes Wissen gibt. Die Wirtschaft ist von so erhabener Komplexi-

tät, dass lediglich eine »dünne Schicht« von Regeln Gegenstand des menschlichen Entwurfs sein kann.

2. Der Globalismus hat Vorrang vor dem Nationalismus. Nur der Kapitalismus ist internationalistisch. Der Sozialismus ist stets nationalistisch.
3. Um die Weltwirtschaftsordnung zu schützen, muss das *dominium* (die Verfügungsgewalt über das Eigentum) vor den Übergriffen des *imperium* (der staatlichen Macht) geschützt werden.
4. Die Souveränität des Konsumenten hat Vorrang vor der nationalen Souveränität. Die Unterscheidung zwischen Öffentlichem und Privatem ist wichtiger als die zwischen Ausländischem und Inländischem.
5. Das Weltrecht hat Vorrang vor einem Weltstaat. Die internationalen Institutionen sollten Mechanismen zum Schutz und zur Förderung des Wettbewerbs sein und der Artikulation von Forderungen seitens der Bevölkerung keinen Raum lassen.
6. Die Demokratie ist eine potenzielle Bedrohung für die Marktordnung. Daher werden Sicherheitsvorkehrungen gegen das zerstörerische Potenzial der Demokratie benötigt.
7. Die Demokratie ist gefährlich, weil sie Forderungen nach Umverteilung legitimiert. Alle weltwirtschaftlichen Probleme haben ihren Ursprung in nationalen Verteilungskämpfen.
8. Gesetze werden nicht gemacht, sondern sie wachsen. Entscheidungen durch Richter und Gelehrte sind der Gesetzgebung durch das Parlament vorzuziehen.
9. Die Isonomie (selbes Gesetz) hat Vorrang vor der Autonomie (eigenes Gesetz). Es liegt in der Natur des Menschen, Regeln zu befolgen. Daher müssen Regeln in Form von Regelmäßigkeiten durch Regeln in Form von Vorschriften geschützt werden.
10. Das Recht muss Vorhersehbarkeit gewährleisten, die dem zukünftigen menschlichen Handeln eine Richtung gibt. Insbeson-

dere muss es die Funktion der Preise als Vermittler von Wissen über die Zukunft schützen.

11. Regeln schaffen die Bedingungen für globale Rückkoppelungsmechanismen des menschlichen Handelns und stellen den Rahmen für die spontane Ordnung des Marktes dar.
12. Die Menschen reagieren auf Wissen, das im Wesentlichen unbewusst ist. Ein wesentlicher Bestandteil dieses Wissens ist das Verbot, das heißt die Regel, die Nein sagt. Daher erfüllen die internationalen Institutionen eine in erster Linie negative Funktion.
13. Die Integration ist ebenfalls in erster Linie negativ und dient der Beseitigung von Hindernissen für den wirtschaftlichen Austausch zwischen Territorien. Doch das Projekt der negativen Integration selbst ist ein aktives und andauerndes Unterfangen. Die Institutionen müssen dafür sorgen, dass dieser Prozess reibungslos funktioniert.
14. Der grenzüberschreitende Handel muss gesetzlich geregelt werden und ist für das Zusammenwachsen der Gesamtordnung erforderlich.
15. Integration ist nicht Erschaffung von etwas Neuem, sondern Wiederherstellung von etwas Verlorenem.

In diesem Buch habe ich die Geschichte der Entstehung des Neoliberalismus entlang der Bruchlinie zwischen globalem Norden und globalem Süden anhand der Genealogie der Genfer Schule erzählt, deren Antwort auf das Ende des Imperiums darin bestand, ein einziges Recht für die gesamte Weltwirtschaft zu verkünden. Als Hayek im Jahr 1984 als alter Mann auf die Gründung der Mont Pèlerin Society zurückblickte, sprach er nicht hochtrabend von Vorausblick, wie Präsident Bush bei der Verleihung der Medal of Freedom. Stattdessen erklärte er, sein Ziel habe im Jahr 1947 darin bestanden, »eine internationale Vereinigung« zu bilden, um »die Probleme der konstitutionellen Einschränkungen der Regierung«

zu diskutieren.[41] Er bediente sich einer Metapher, auf die er in späteren Jahren häufig zurückgreifen sollte, um das Ziel dieser Vereinigung zu beschreiben: Sie sollte den Odysseus des demokratischen postimperialen Staats durch politische und rechtliche Rahmenbestimmungen an den Mast der Weltwirtschaft binden.

Seattle und die Lösung von unten

Es ist eine große Ironie der Geschichte, dass der Ordoglobalismus kurz nach seinem größten Triumph in eine Krise geriet. Die Umwandlung des GATT in die WTO war die Krönung der Bemühungen der Genfer Schule im 20. Jahrhundert, obwohl die Entstehung der Institution nicht das Ergebnis der überlegenen intellektuellen Vision der Neoliberalen oder ihrer politischen Überzeugungskraft, sondern das Resultat der wirtschaftlichen Interessen der führenden Großmacht der Welt war. Die Konkurrenz seitens der Schwellenländer in den Wirtschaftssektoren, in denen die Vereinigten Staaten traditionell ihre Stärken hatten, und die Befürchtung, ihr Vorsprung in den Bereichen Unterhaltung, Pharmaindustrie und Software könne durch Raubkopien und Imitate zunichtegemacht werden, veranlassten die Supermacht dazu, die Länder der Welt durch Druck und Einschüchterung dazu zu bewegen, einer Regelung zuzustimmen, welche die Hegemonialmacht eindeutig bevorzugte.[42] Doch welche auch immer die Bedingungen für die Entstehung der Welthandelsorganisation waren, die Neoliberalen der Genfer Schule hatten Grund zu feiern, denn die Details der Struktur der neuen Einrichtung trugen ihren Stempel. Im von der WTO überwachten Welthandelssystem wurden die Regeln und Institutionen des europäischen Binnenmarkts auf den Weltmarkt ausgeweitet.

Sechs Monate, bevor 123 Staaten die Vereinbarung über die Gründung der WTO unterzeichneten, bestätigte ihr zukünftiger

Leiter Peter Sutherland diese Behauptung, als er am Institute of Economic Affairs in London die dritte Hayek Memorial Lecture hielt. Die Experten, welche die Welthandelsorganisation entworfen hatten, »gingen von zwei zentralen Erkenntnissen Hayeks aus: von der Rolle des Preissystems in der Vermittlung von Information und von der Bedeutung des Vorrangs des Rechts«.[43] Der Ire Sutherland war genau der richtige Mann, um Hayeks Botschaft zu überbringen: Der studierte Jurist hatte von 1984 bis 1988 die Generaldirektion Wettbewerb der europäischen Kommission geleitet und sah im Wettbewerbsrecht das wirksamste Werkzeug für die föderale Integration Europas. Jacques Delors verlieh ihm den Spitznamen »Sheriff«, weil er das Wettbewerbsrecht aggressiv einsetzte, um den Handel in der Europäischen Gemeinschaft zu liberalisieren und einzelne Mitgliedstaaten vor den Europäischen Gerichtshof zu zerren.[44] Eine Autorin sieht in Sutherland die »Verkörperung der neoliberalen Vorstellungen in der Europäischen Kommission«, da er den Europäischen Gerichtshof einsetzte, um staatlichen Subventionen für nationale Industrien ein Ende zu machen und den Wettbewerb zu fördern.[45]

Hayeks normative Vision vom Vorrang des Rechts wies die Merkmale Vorhandensein eines Durchsetzungsmechanismus, Normenkontrolle und Isonomie auf. Sutherland konnte auf das Einspruchsgremium (Appellate Body) als Durchsetzungsmechanismus, auf die gemäß WTO-Vereinbarung geschützten individuellen Handelsrechte für geistiges Eigentum und auf die Isonomie infolge der Unterwerfung aller Länder – einschließlich derer des globalen Südens – unter die Handelsdisziplin verweisen. Mit seiner Beschwörung des Preissystems knüpfte Sutherland an Hayeks Vorstellung an, die Weltwirtschaft sei ein riesiges Wissensreservoir, auf das die wirtschaftlichen Akteure dank der von den Preisen vermittelten Informationen zugreifen könnten. Hayeks Argument für den Freihandel und die Freizügigkeit des Kapitals war, dass beides die Möglichkeit eröffne, das Wissen der Bewohner der Erde anzuzapfen. Wie er am Ende seiner Trilogie aus dem Jahr 1979 schrieb: »Und wenn wir von dem verschiedenartigen Tatsachenwissen der Bewohner verschiedener Erdteile Gebrauch machen sollen, dann müssen wir den Individuen Gelegenheit bieten, daß ihnen die unpersönlichen Signale des Marktes sagen, wie sie das Wissen am besten in ihrem eigenen und im allgemeinen Interesse gebrauchen.«[46] Die Philosophie hinter der WTO entsprach dem Glauben Hayeks an eine Organisation als Hüter der kybernetischen Rechtsordnung, welche die ungehinderte Weiterleitung der Preissignale quer durch die Schichten der ordnungspolitischen Räume gewährleisten würde.

In dieser Perspektive wirkte die Gründung der WTO wie ein Triumph, sicherte sie doch den Vorrang des Rechts und die Feinabstimmung des Preismechanismus, um eine immer genauere Informationsweitergabe zu ermöglichen. Doch während Hayek die Preisinformation für wichtig hielt, räumte er ein, dass das Wissen gefährlich war. Es konnte dem System schaden. Wie er es in *Die Verfassung der Freiheit* ausdrückte, erforderte die globale Verbreitung des »Wissens über die Möglichkeiten« eine Gegenbewegung, um die Wettbewerbspolitik und die unablässige Anpassung festzuschreiben. Hayek beharrte seit den dreißiger Jahren darauf, dass zwei notwendige Voraussetzungen des globalen Kapitalismus die Unsichtbarkeit und die Anonymität der Weltwirtschaft seien. Die WTO verstieß gegen diese Regeln. Tatsächlich war sie gerade einmal vier Jahre alt, als die Verbreitung von Wissen *über* die Organisation zu einer von unten betriebenen Blockade führte.[47]

Im Jahr 1999 erzwangen massive Proteste die Absage einer Konferenz der Welthandelsorganisation in Seattle. In einer Jan Tumlir gewidmeten Vortragsreihe bezeichnete Sutherland die Geschehnisse in Seattle als »Wendepunkt für die Institution«, da »ein grundlegender Mangel an wirksamer politischer Unterstützung für das WTO-System« zutage getreten sei. »Seattle brachte eine Generation und ein Heer von WTO-Hassern hervor«, sagte er, »und sie haben Wählerstimmen.«[48] In derselben Vortragsreihe erklärte Martin Wolf: »Als die Entscheidungsträger Größe, wirtschaftliche Reichweite, Wirkung und rechtliche Verbindlichkeit des Handelssystems veränderten, erhöhten sie auch seine politische Sichtbarkeit. Was in der Vergangenheit das Spielzeug einer begrenzten Gruppe sehr kenntnisreicher politischer Experten und Technokraten war, ist zum Ziel gewaltigen Drucks seitens vielfältiger Nichtregierungsorganisationen geworden.« Der alte Feind des »Majoritarismus« tauchte wieder auf, als der Vorwurf erhoben wurde, dass »die gegenwärtige zwischenstaatliche Regelung ›undemokratisch‹ ist«.[49]

Erst später begriffen die Forscher, einige von ihnen reuevoll, dass die globale Wirtschaftsgovernance möglicherweise am besten funktioniert hatte, als sie noch nicht verrechtlicht war, sondern von Fall zu Fall auf dem Verhandlungsweg und mit zahlreichen Ausstiegsoptionen hinter den Kulissen betrieben wurde.[50] Die globale Vereinheitlichung der Regeln war zwangsläufig ein derart langwieriges Unterfangen, dass die Öffentlichkeit gar nicht anders konnte, als sie zu bemerken. Die Bürger begannen, sich zu fragen, warum so viele Entscheidungen in ihrem Namen, aber ohne ihre Beteiligung gefällt wurden. Ausgerechnet der Versuch zur Entpolitisierung der internationalen Wirtschaftsbeziehungen mündete in ein sehr auffälliges Projekt, das unausweichlich zum Gegenstand der politischen Kontroverse wurde. Dies war eines der Kernprobleme der neoliberalen Lösung, das Mestmäcker als einer von wenigen klar gesehen hatte: In der Bezugnahme auf Schmitt erkannte er die zwangsläufig politische Natur der Entpolitisierung und ließ sich nicht durch die empirisch widerlegbare Vorstellung täuschen, man könne bestimmte Fragen dadurch dauerhaft dem Einfluss der Bevölkerung entziehen, dass man sie einfach der »Herrschaft des Rechts« unterwarf. Indem man die Möglichkeit politischer Auseinandersetzungen in der WTO im Interesse der Vorstellung von den Hütern der Weltwirtschaftsverfassung leugnete, konnte man nicht die Politik beseitigen, vielmehr stand man schlicht ohne

Bezugsrahmen da, wenn sich Geschehnisse wie die Proteste von Seattle ereigneten. Anscheinend würde sich das Volk selbst dann – oder gerade dann – Gehör verschaffen, wenn man ihm kein Namensschild zugestand und kein Mikrophon in die Hand drückte.[51]

Einige Autoren erklären, die größte Herausforderung für die WTO und andere Institutionen, welche die globalen Märkte ummanteln sollen, sei das Fehlen eines Demos für die Weltwirtschaft.[52] Aber wer nach einem Demos in der Weltwirtschaft sucht, stellt die falsche Frage und begeht einen Kategorienfehler. Wie ich gezeigt habe, nahmen die Liberalen und später die Neoliberalen im 20. Jahrhundert an, der Raum der Weltwirtschaft sei von dem der repräsentativen Demokratie getrennt. Die Entwürfe der verschiedenen Varianten der neoliberalen Lösung dienten nicht dazu, das Volk zu annullieren, sondern dazu, es zu fesseln und in bestimmte Bereiche abzudrängen.[53] Die Weltwirtschaft ohne Demos war das Ziel. Es war eine Welt der Menschen, aber eine Welt ohne Volk.

Nach Seattle versuchte WTO-Generaldirektor Mike Moore, die Funktion der Institution neu zu definieren, und erklärte: »Wir müssen diese Scheißshow wieder ins Rollen bringen. [...] wir brauchen einen neuen Markennamen!«[54] Die folgende Handelsrunde wurde auf die Bezeichnung »Doha-Entwicklungsrunde« getauft, was, wie einige Teilnehmer später einräumten, eine unverfrorene PR-Aktion war. Pascal Lamy fand einen anderen Markennamen und taufte die Doha-Runde im Jahr 2005 im Verlauf seiner erfolgreichen Kandidatur für den Posten des WTO-Generaldirektors auf den Namen »Genfer Konsens«.[55] Er ging von seiner Erfahrung als Handelskommissar der EU aus und erklärte im Geist des Ordoglobalismus, der Aufbau Europas sei »tatsächlich das ehrgeizigste Experiment aller Zeiten mit supranationaler Governance« und Europa eröffne als »Laboratorium [...] interessante Lösungen für die globale Ebene«.[56] Lamy behauptete, der Genfer Konsens werde im Gegensatz zum Washington-Konsens, den er vermeintlich ersetzen sollte, »der Humanisierung der Globalisierung und der Weiterentwicklung von

Gerechtigkeit und Gleichheit« dienen.[57] Wie der IWF, der begann, Lippenbekenntnisse zur Armutsbekämpfung abzugeben, während er sich wie gehabt auf die Kürzung der öffentlichen Haushalte konzentrierte, versuchte die WTO, sich einer neuen Rhetorik zu bedienen, ohne ihre Grundstruktur zu verändern.[58]

Seattle stürzte den Ordoglobalismus in eine existenzielle Krise. Die erhabene Weltwirtschaft wurde auf den Boden der Tatsachen geholt. Die Gefahr, dass die Völker die Ummantelung der Märkte ablehnen, ist seit je ein Problem für das neoliberale Denken. Viele Kritiker des Neoliberalismus schreiben ihm eine Neigung zu autoritären Lösungen zu; als Belege werden die Besuche Hayeks und Friedmans in Chile unter der Diktatur Augusto Pinochets ins Feld geführt. In Bezug auf Pinochet sagte Hayek, er ziehe »einen liberalen Diktator einer demokratischen Regierung vor, der es an Liberalismus mangelt«, und es sei möglich, dass »ein Diktator auf liberale Art regiert«; allerdings schränkte er ein, die Diktatur könne nur eine »vorübergehende Übergangslösung« sein.[59] Hayes Aussagen erinnerten an Röpkes Auseinandersetzung mit der »diktatorischen Demokratie« im Jahr 1940 und an Mises Hinweis aus dem Jahr 1927, der italienische Faschismus »und alle ähnlichen Diktaturbestrebungen« seien »voll von den besten Absichten« und ihr Eingreifen habe »für den Augenblick die europäische Gesittung gerettet«. »Das Verdienst, das sich der Faszismus damit erworben hat, wird in der Geschichte ewig fortleben.«[60] Gemäß der Logik des geringeren Übels war eine Unterstützung von Diktaturen für einige Neoliberale zeitweilig denkbar, wenn damit eine zerstörerische linke Herrschaft verhindert werden konnte. Im Jahr 1922 schrieb Mises: »Unsere Kultur beruht darauf, daß es immer wieder gelungen ist, den Ansturm der Neuverteiler abzuschlagen.«[61]

Die führenden Vertreter der Genfer Schule wählten nach dem Angriff der Umverteiler auf die WTO in ihrer theoretischen Auseinandersetzung mit dem Problem weder die Option Pinochet noch die eines »liberalen Diktators«, sondern griffen auf die Argumente von Pinochets schlagkräftigsten Gegnern zurück: die Menschenrechte. Die Neoliberalen der Genfer Schule gingen zur Kooptierung und Neudefinition der Menschenrechte über. Mit Anklängen an Philip Cortneys Kampf für das Menschenrecht auf Kapitalflucht in der Nachkriegszeit bedienten sie sich der von Hayek verspotteten Sprache der Menschenrechte, um ihr Projekt zu begründen. Dieses Buch hat gezeigt, dass die Umdeutung von Handelsrechten, Marktrechten und Kapitalrechten zu *individuellen Freiheitsrechten* am Ende des Zweiten Weltkriegs von der Internationalen Handelskammer und den Neoliberalen vorgenommen wurde, um der in den Vereinten Nationen entwickelten Idee der sozialen und wirtschaftlichen Rechte zu begegnen. In den fünfziger und sechziger Jahren wurden diese Rechte in Form von Marktfreiheit und Marktbürgern in das europäische Integrationsprojekt aufgenommen und in den siebziger und achtziger Jahren wurden sie im Verlauf der GATT-Reform auf die Ebene der Welthandelsorganisation transponiert. Nach Seattle wurde Ernst-Ulrich Petersmann der prominenteste und maßgebliche Fürsprecher einer weiteren Erneuerung des Liberalismus, in deren Mittelpunkt die Menschenrechte standen. In einer Flut von Publikationen verbreitete er die Idee einer normativen Weltwirtschaftsordnung, die auf stratifizierten Institutionen beruhen sollte, die das individuelle Recht auf Handel und Kapitalbewegung schützen würden. Das in den Blickpunkt der Öffentlichkeit gerückte Projekt des neoliberalen Föderalismus wurde nun als ein Vorhaben zum Schutz der universellen Menschenrechte rekonzipiert.

Es ist eine aufschlussreiche Ironie, dass Petersmann ein Kritiker der in der Sprache der Menschenrechte formulierten Forderungen des globalen Südens und der G77 gewesen war und sich erst für diese Rechte einsetzte, als sie insbesondere im Kontext der europäischen Integration als Recht auf Freizügigkeit von Kapital und Gütern neudefiniert wurden. Eine ähnliche instrumentelle Änderung seiner Wortwahl war nach Seattle zu beobachten. Der Schlüsselbegriff im letzten Artikel, den Petersmann vor den Protesten veröffentlichte – die Arbeit beruhte teilweise auf seiner Beratertätigkeit für die Regierung Hongkongs –, war der des »Wettbewerbs«. Er zitierte an drei Stellen Hayek, beklagte das Fehlen des Wettbewerbsrechts in weniger entwickelten Ländern und rief dazu auf, in der WTO für den Wettbewerb zu werben und in der Organisation »eine Kultur des Wettbewerbs und des Unternehmertums« zu entwickeln.[62] Sein erster Artikel nach Seattle trug den Untertitel »Time for mainstreaming human rights into WTO law« und zielte in eine ganz andere Richtung.[63] Der Professor am Genfer Hochschulinstitut für internationale Studien schrieb, das »Scheitern der Ministerkonferenz der WTO in Seattle und die ›Teeparty von Seattle‹, die gewalttätige Demonstranten aus Protest gegen den auf den WTO-Regeln beruhenden Welthandel veranstalteten, sind als ›Weckruf‹ für die Handelsdiplomaten bezeichnet worden, die den Bürgern ihrer Heimatländer die Legitimität und die ›Menschenrechtsfunktionen‹ der WTO-Regeln überzeugender erklären müssen«.[64] Diese Erklärung gab er im *Journal of International Economic Law* ab, einer 1998 im Anschluss an den scheinbaren Erfolg der WTO gegründeten Publikation. In der ersten Ausgabe der Zeitschrift hatte Petersmann die »konstitutionellen Funktionen« der WTO gepriesen, die den »internationalen Vorrang des Rechts« durchzusetzen versuche und insbesondere »private geistige Eigentumsrechte« als »grundlegende individuelle Rechte« vertrete.[65] Dass er nur zwei Jahre später die Vorgänge in Seattle als »Weckruf« bezeichnete, deutet darauf hin, dass die Vertreter der Genfer Schule die Herausforderung sehr ernst nahmen.

Nach Seattle tauchte in Petersmanns Publikationen ein Begriff auf, der bis dahin bei ihm fast nicht vorgekommen war: »Legitimität«. Er reagierte direkt auf die Proteste und erklärte: »In den mittlerweile regelmäßigen Kundgebungen bei Ministerkonferenzen des IWF, der Weltbank und der WTO rufen die Bürger den Regierungen in Erinnerung, dass es notwendig ist, das traditionell auf den Staat bezogene internationale Recht und die internationalen Organisationen ihren Menschenrechten und dem entstehenden ›Recht auf Demokratie‹ anzupassen.«[66] Er stimmte den Demonstranten de facto zu, interpretierte ihre Forderungen nach Menschenrechten jedoch auf eine sehr eigenwillige Art. Er bezeichnete es als Skandal, dass die Menschenrechtsvereinbarungen der Vereinten Nationen »keinen wirksamen Schutz für die wirtschaftlichen Freiheiten, die Eigentumsrechte und den Vorrang des Rechts bieten«.[67] Selbst als er versuchte, die Tätigkeit der Welthandelsorganisation mit den Menschenrechten zu verknüpfen, bemühte er sich, wirtschaftliche Konzepte in die Menschenrechtsrhetorik einzuschleusen. »Die traditionelle Vernachlässigung der Menschenrechte im WTO-Recht ist ebenso veraltet wie die anhaltende Missachtung der wirtschaftlichen Freiheit und des Freihandels als Voraussetzungen des individuellen Wohlergehens in den internationalen Menschenrechtsinstrumenten.«[68]

Die Einigung, die Petersmann im Jahr 1997 als Triumph des hayekschen Verfassungsentwurfs gepriesen hatte, lehnte er vier Jahre später ab, weil »viele nationale Parlamente in den WTO-Mitgliedstaaten die 25 000 Seiten umfassenden Vereinbarungen der Uruguay-Runde innerhalb weniger Stunden ohne sorgfältige Prüfung und transparente Debatte ratifizierten«.[69] Obwohl er im Übergang vom GATT zur WTO »ein Beispiel für eine erfolgreiche ›Konstitutionalisierung‹ des internationalen Handelsrechts« sah, war die WTO seiner Meinung nach in der Praxis ein Fehlschlag.[70] Nach Ansicht anderer Rechtsgelehrter sah die Öffentlichkeit das zentrale Problem der Welthandelsorganisation im »Fehlen eines legitimen und legitimierenden Zwecks«.[71] Die Kehrtwende war faszinierend: Jetzt wurde der Mangel an demokratischer Kontrolle als Achillesferse der Institution betrachtet. Es schien, als könnte die demokratische Legitimität nicht per Entwurf beseitigt werden.

Petersmanns Lösung für das Problem der Legitimität bestand darin, den Menschenrechten einen höheren Stellenwert zuzumessen. Er nahm die Menschenrechte als Ziel für den liberalen Aktivismus in Anspruch: »Nach der ›demokratischen Basisrevolution von 1989‹ eröffnen die wirtschaftliche und rechtliche Globalisierung (einschließlich des globalen Integrationsrechts der WTO) die Chance zu einer weiteren ›Menschenrechtsrevolution‹, die nichtdiskriminierende offene Märkte, globalen Wettbewerb und einen wirksameren Schutz der Menschenrechte bringen wird.«[72] In einer idiosynkratischen Interpretation deutete er die Revolten im Arabischen Frühling als Teil einer solchen revolutionären Forderung nach wirtschaftlichen und Marktrechten.[73] Anders als die frühere Form des Neoliberalismus der Genfer Schule, die den Einzelnen oft als störenden politischen Akteur betrachtet hatte, eröffnete die mehrschichtige konstitutionalistische Version die Möglichkeit zu positiven politischen Beiträgen des Einzelnen in Basisbewegungen. Dies ist ein Aspekt, der von den Kritikern der WTO als abgehobener, unnahbarer Bürokratie sowie von denen, die den Mutationen des neoliberalen Weltprojekts nachspüren, oft übersehen wird. Anders als Hayek, der zur »Entthronung der Politik« aufgerufen hatte, sprach die Genfer Schule des Jahres 2000 von einer Neukonfigurierung der Politik und sah in den Forderungen der Marktbürger eine Chance, das globale System beginnend bei der individuellen Ebene zu verflechten. Nach Seattle schrieb Petersmann: »Eine Bürgerbeteiligung in Konsultationsgremien der WTO und anderen mehrschichtigen internationalen Governance-Mechanismen könnte die Legitimität des Welthandelssystems stärken und ihm größere politische Unterstützung sichern.«[74]

Ein Autor weist darauf hin, dass »ein Markt anders als die meisten Menschen durchaus gut funktionieren kann, ohne geliebt zu werden«.[75] Aber möglicherweise trifft genau das Gegenteil zu. Viele Menschen führen ein Leben ohne Liebe, und die Erfahrung hat gezeigt, dass es eines gewissen Maßes an Aufmerksamkeit für die Legitimität einer gegebenen Ordnung bedarf, um zu verhindern, dass Chaos und Volksaufstände ausbrechen. Wenn der Markt schon nicht geliebt wird, so braucht er zumindest Anerkennung. Die Forschung übersieht oft die Bedeutung der »Bürgerorientierung« und betrachtet die neoliberale Verfassung »einzig und allein als Mittel, um den staatlichen Einrichtungen Grenzen zu setzen«.[76] Die positive Seite der Gleichung existiert: das Recht auf Handel. Ein Kritiker hat diesen Zugang als Versuch Petersmanns bezeichnet, »die internationalen Menschenrechtsabkommen zu kidnappen«.*[77] Was Petersmann ins Spiel brachte, war die Möglichkeit einer Lösung von unten.

Aber wie sieht die Lösung von unten in der Praxis aus? Der von der Genfer Schule vorgeschlagene Weg, die Individuen sollten die Legitimität der Regierungsstrukturen erhöhen, indem sie an eine Autorität oberhalb ihres eigenen Staates oder innerhalb ihres Staates an das globale Recht appellieren, wird in der Praxis eigentlich nur von den Unternehmen eingeschlagen. Die meisten Bürger können sich kein auf das Handelsrecht spezialisiertes Team von Anwälten leisten – die Zahl dieser Anwälte ist seit den neunziger Jahren exponentiell gestiegen –, was ein unüberwindliches Hindernis für die Entwicklung dieser Form von Marktbürgerschaft darstellt. Die Experten, die Handelsabkommen wie die der WTO aushandeln, sind keineswegs abgehobene Gesetzgeber, die über den Sonderinteressen stehen, sondern sie pflegen enge und offizielle Beziehungen zu den Wirtschaftslobbys. Beispielsweise nahmen am »Beratungsprozess des Privatsektors« in den Vereinigten Staaten im Jahr 2002 mehr als dreißig Komitees teil, denen fast tausend Vertreter des Privatsektors angehörten, die sich regelmäßig versammelten, um dem amerikanischen Repräsentanten in den Handelsgesprächen mitzuteilen, wie sie sich die rechtliche Architektur des Welthandels vorstellten.[78] An der real existierenden Version

* Anmerkung des Übersetzers: Im Englischen enthält das Zitat ein Wortspiel, das nicht übersetzt werden kann: »to hijack or more appropiately to Hayek«.

der von Petersmann beschriebenen »Bottom-up-Legitimation« nahm also nur eine kleine Gruppe ausgewählter Marktbürger der Weltwirtschaft teil.

Im Rahmen der Neudefinition ihrer »Marke« nach Seattle ließ die WTO-Leitung die alten Gemälde im Centre William Rappard wieder freilegen bzw. aufhängen, die überdeckt oder entfernt worden waren, als das GATT-Sekretariat Ende der siebziger Jahre den ehemaligen Sitz der Internationalen Arbeitsorganisation übernommen hatte. Die Wandbilder, die heroische Arbeiter bei ihren Tätigkeiten und Freizeitvergnügen zeigen, kamen wieder zum Vorschein.[79] Im Jahr 2012 fragte sich Petersmann beim Anblick des Gebäudes, warum in den sechzehn Jahren, in denen er für die Welthandelsorganisation gearbeitet hatte, niemand über die beiden Statuen am Eingang gesprochen hatte, zwei allegorische Figuren, die für Frieden und Gerechtigkeit standen.[80] Unerwähnt ließ er die ihm zweifellos bekannte Tatsache, dass die Statuen Überbleibsel aus den Tagen der ILO waren. Es war keineswegs ein Geheimnis, warum sich die Mitarbeiter und Verhandlungsführer nie zu den beiden Figuren geäußert hatten. Das Mandat der WTO war nicht, nach Frieden oder Gerechtigkeit zu streben, sondern die liberalen Handelsregeln durchzusetzen, um mehrschichtige politische Einheiten zu kalibrieren und die unablässige Anpassung in Reaktion auf die Preissignale zu ermöglichen. Für Petersmanns Mentor Friedrich Hayek war die einzige akzeptable Form der Gerechtigkeit die Verfahrensgerechtigkeit, die alle Beteiligten ungeachtet ihrer historischen Bedingungen gleich behandelte. Wurde sie mit Gleichheit als sozialer Gerechtigkeit wie im Mandat der ILO – oder in Lamys Genfer Konsens – kombiniert, so war die Gerechtigkeit schlimmer als eine unlogische Folgerung. Soziale Gerechtigkeit war eine telekratische Forderung, die den Weg zum Totalitarismus ebnete; das Streben danach war ein atavistischer Reflex, der die Menschheit aus der erweiterten Ordnung und der Great Society herauslöste und auf das Niveau der »Stammesgesellschaft« zurückwarf.[81]

Abb. 5: Die Grenzen der Darstellbarkeit der Welt. Umschlagbild von Pascal Lamys Buch *The Geneva Consensus: Making Trade Work for All.*

Petersmanns selektives Geschichtsbild kam erneut im Umschlagbild eines Buchs zum Ausdruck, das er im Jahr 2012 veröffentlichte. Das Cover zeigte das Bild *Calla Lily Vendor* des mexikanischen Malers Diego Rivera aus dem Jahr 1941, auf dem eine Blumenverkäuferin zu sehen ist, die vom Gewicht eines Bergs weißer Blüten niedergedrückt wird. Im Text bezeichnete Petersmann dieses Bild als Ikone der »Freiheit, auf dem Markt zu verkaufen«.[82] Die Tatsache, dass Rivera Mitglied der Kommunistischen Partei und vor allem für die heroischen Darstellungen der Arbeiterklasse in seinen Wandgemälden bekannt war, hinderte Petersmann nicht daran, das Bild zur Bekräftigung der von ihm verfochtenen Marktrechte als grundlegende Menschenrechte zu missbrauchen.[83] Eine passendere Wahl traf Lamy für sein Buch über den Genfer Konsens: Er entschied sich für eines der neueren Gemälde aus der *Danaé World Suite* von Jean-Claude Prêtre, das in der WTO-Zentrale hing. Das Bild zeigt eine Mercator-Projektion der Welt unter einem Gitter von Kreuzen und Farbflecken. Unter diesem Muster sind die Umrisse der Kontinente kaum zu erkennen. Das Bild erzählt eine Geschichte, die der Grundhaltung der Institution eher entspricht. Obwohl sie in jüngster Zeit begonnen hat, sich zu den Menschenrechten zu bekennen, ist die Weltwirtschaft in ihrer Vorstellung ein kaum darstellbares, unablässigem Wandel unterworfenes und in ein Netz von Regeln eingebundenes Gebilde.

Hätte Petersmann vom Centre William Rappard aus einen Blick auf die andere Straßenseite geworfen, so hätte er jenseits der drei Meter hohen, von bewaffneten Sicherheitsbeamten bewachten Metallzäune im Kreisverkehr etwas gesehen, das er nicht so leicht wie das Rivera-Gemälde von einem Symbol der Arbeit zu einem Symbol des Handels hätte umdeuten können: ein Denkmal zu Ehren von Albert Thomas, dem Gründer der ILO. Es wurde im Jahr 1937 errichtet, im selben Jahr, in dem Hayek seinen Essay »Wirtschaftstheorie und Wissen« veröffentlichte, Robbins sein Manifest gegen die Planwirtschaft und Lippmann *The Good Society*. Der Sockel ist mit Darstellungen des Arbeitslebens verziert: Bergleute in einem Kohleflöz, Fischer auf See, Bauern auf dem Feld. Die vier Figuren, die auf dem Sockel stehen, sind ein asiatischer Mann mit Scheitelkappe, der ein Reissieb in der Hand hat, ein indigener Mann mit Kapuze, der Felle trägt, ein Mann in Arbeitsschürze, der eine Zange hält, und ein Afrikaner mit einer Hacke. In den Sockel sind Worte gemeißelt, deren Sinn kaum verdreht werden kann: »Die Arbeit existiert jenseits des Wettbewerbs. Sie ist keine Ware.« An diesem Ort finden immer wieder kleine Protestkundgebungen statt. Im Jahr 2005 versammelten sich Demonstranten aus den fünf Kontinenten um das Denkmal, und eine Brasilianerin hielt eine Ansprache über den »Kampf gegen den Kapitalismus«. Auf einem Spruchband wurde ebenjene Welt beschworen, gegen die die Neoliberalen kämpften: »Für eine Welt der Solidarität.«[84]

In den neunziger Jahren erreichte der neoliberale Globalismus als Projekt der Errichtung von Institutionen seinen Zenit. In der endlosen Globalisierungsdebatte jenes Jahrzehnts wurde »der Weltwirtschaft« größere Macht als jedem Nationalstaat eingeräumt. Die Politiker gewöhnten sich daran, auf die Weltwirtschaft zu verweisen, um sich für Kürzungen von Sozialleistungen und Umstrukturierungen zu rechtfertigen. Es kam ihnen gelegen, schulterzuckend auf einen äußeren Zuchtmeister zeigen zu können, wann immer sie einen weiteren Bestandteil der Nachkriegsarrangements kappten. Die Weltwirtschaft eignete sich als Sündenbock, weil der Zuchtmeister nur eines ihrer beiden politischen Gesichter war. In ihrer inversen Inkarnation wurde die Weltwirtschaft als ein unerschöpfliches Füllhorn erschwinglicher Konsumgüter dargestellt, deren Produktion durch einen Strom billiger Kredite aufrechterhalten wurde. Wie gefährlich diese Strategie war, zeigte sich kurz nach der Jahrtausendwende und insbesondere ab dem Jahr 2008. Als das Füllhorn versiegte, blieb nur die Maske des Sündenbocks übrig. Die Bürger zeigten die vorhersehbare Reaktion: Sie stimmten gegen die Weltwirtschaft.

Abb. 6: Die Arbeit ist keine Ware: Das Denkmal zu Ehren des Gründers der Internationalen Arbeitsorganisation auf der Mittelinsel eines Kreisverkehrs gegenüber dem Sitz der Welthandelsorganisation in Genf.

Man könnte argumentieren, dass sich die Neoliberalen der Genfer Schule im Widerspruch zu ihren eigenen Vorstellungen in institutionelle Deterministen verwandelten. Obwohl sie oft behaupteten, sie würden sich zum »Liberalismus von unten« und zur Notwendigkeit dessen bekennen, was Röpke als Nährboden kultureller Werte bezeichnete, waren die vielleicht dauerhaftesten intellektuellen Beiträge dieser vorgeblichen »Planungsgegner« ihre Entwürfe und Pläne. Möglicherweise waren die Neoliberalen derart damit beschäftigt, gläserne Festungen für die Weltwirtschaft zu errichten, dass sie Mises' Rat vergaßen, eine Massenmentalität zu stärken, die globale Märkte als absolutes Gut den nationalen Märkten vorziehen würde, anstatt nur ein pragmatisches Gut darin zu sehen, das man abhängig von der Situation befürworten oder ablehnen konnte. Sie planten nicht für den Abschwung und fanden nie heraus, wie sie Bevölkerungen beschwichtigen konnten, die durch gewaltige Ungleichheit gespalten wurden. Zu ihrem Glück hing das Wohlergehen des Kapitalismus nie von ihren Eingriffen ab. Aber wenn die Neoliberalen der Genfer Schule ein Bekenntnis des Volkes zum Freihandelsglobalismus nicht nur als eine, sondern als *die* wesentliche Voraussetzung für seinen Erfolg betrachteten, so hatten sie zu Beginn des 21. Jahrhunderts Grund zu Besorgnis. Auf diesen Seiten habe ich die Geschichte des langen Wegs in die gegenwärtige Krise erzählt.

Aus der Diagnose einer Krise des Neoliberalismus kann man nicht die Behauptung ableiten, der Vormarsch der wirtschaftlichen Ungleichheit sei zum Stillstand gekommen. Man darf auch nicht annehmen, dass die Anwendung von Marktlösungen auf soziale Probleme oder die monetäre Berechnung des menschlichen Werts der Vergangenheit angehören oder dass wir Zeugen einer Rückkehr zur Umverteilungspolitik oder zu einer keynesianischen Wohlfahrtsideologie sind. Die Übernahme privater Schulden durch den Staat und die Politik der quantitativen Lockerung haben dem »privaten Keynesianismus«, der die Kluft zwischen den Superreichen und dem Rest vergrößert, kein Ende gemacht.

Aber die Legitimitätskrisen, unter denen die WTO seit ihrer Gründung leidet, deuten darauf hin, dass der Ordoglobalismus als eigenständige Strömung des Neoliberalismus seine eigenen Erfolgsaussichten überschätzt hatte. Wenn das Ziel in einer Feinjustierung der Regeln bestand, um störende Bemühungen um soziale Gerechtigkeit oder Umverteilung zu unterbinden, so ist der Neoliberalismus weit vom Sieg entfernt. In einem späten Widerhall des Aktivismus, der die Neoliberalen nach der Veröffentlichung des Haberler-Berichts im Jahr 1958 erfasste, haben die Schwellenländer mit der Forderung, die Vereinigten Staaten und Europa mögen ihren Lippenbekenntnissen zum Freihandel Taten folgen lassen, einen globalen Stillstand heraufbeschworen und nutzen die WTO auf eine von den Vereinigten Staaten nicht vorhergesehene Art.[85] Andere Länder haben begonnen, von den bilateralen Investitionsabkommen abzurücken, mit denen die Xenos-Rechte ausländischer Investoren festgeschrieben wurden.[86] Der Autor eines neuen Buchs spricht von einem »Welthandelsrecht nach dem Neoliberalismus«.[87] Trotz aller Bemühungen um eine formale Gleichheit, welche die historisch determinierte reale Ungleichheit leugnet, wird die politische Landschaft weiterhin durch Forderungen nach gleichen Bedingungen für alle erschüttert, die manchmal in inklusiven und in anderen Fällen in exklusiven Termini ausgedrückt werden.

Die Neoliberalen kritisieren den sozialistischen Traum von einer Weltwirtschaft ohne Verlierer, aber sie träumen ihrerseits von einer Weltwirtschaft ohne Regelbrecher, vor allem ohne idealistische – oder in ihren Augen atavistische – Bündnisse von Regelbrechern, die versuchen, das System von Anreizen, Verpflichtungen und Belohnungen zu ändern. Am Ende des zweiten Jahrzehnts des 21. Jahrhunderts deuten die Entscheidung der britischen Bevölkerung für den Brexit und die schwindende Popularität eines bindenden Handelsrechts darauf hin, dass der Demos trotz der Versuche der Neoliberalen, ihn zu neutralisieren, weiterhin sehr lebendig ist – sei es zum Guten oder Schlechten.[88]

Anmerkungen

Einleitung: Denken in Weltordnungen

1 Bill Clinton, Bemerkungen auf dem World Economic Forum (26. Januar 1995), online verfügbar unter: {https://www.presidency.ucsb.edu/documents/remarks-the-world-economic-forum} (alle URL Stand Juli 2019).

2 Regierungserklärung des Bundeskanzlers Gerhard Schröder (SPD), »Mut zum Frieden und zur Veränderung« (14. März 2003), online verfügbar unter: {https://dip21.bundestag.de/dip21/btp/15/15032.pdf}.

3 Zitiert in: Wolfgang Streeck, *Gekaufte Zeit. Die vertagte Krise des demokratischen Kapitalismus*, erweiterte Ausgabe, Berlin: Suhrkamp 2015, S. 168.

4 Chakravarthi Raghavan, »Trade: The empire strikes back«, in: *SUNS. South North Development Monitor* (20. September 1999), online verfügbar unter: {http://www.sunsonline.org/trade/process/followup/1999/09200199.htm}; vgl. auch Michael Hardt und Antonio Negri, *Empire. Die neue Weltordnung*, Frankfurt am Main/New York: Campus 2003.

5 Vgl. Thomas L. Friedman, *Die Welt ist flach. Eine kurze Geschichte des 21. Jahrhunderts*, Frankfurt am Main: Suhrkamp 2006.

6 Rajesh Venugopal, »Neoliberalism as concept«, in: *Economy and Society* 44/2 (2015), S. 165-187, S. 181; vgl. auch Bill Dunn, »Against neoliberalism as a concept«, in: *Capital and Class* (23. November 2016), online verfügbar unter: {https://doi.org/10.1177/0309816816678583}.

7 Jonathan D. Ostry, Prakash Loungani und Davide Furceri, »Neoliberalism: Oversold?«, in: *Finance and Development* (Juni 2016), S. 38-41.

8 Ben Geier, »Even the IMF now admits neoliberalism has failed«, in: *Fortune* (3. Juni 2016), online verfügbar unter: {http://fortune.com/2016/06/03/imf-neoliberalism-failing/}.

9 Vgl. Joseph E. Stiglitz, *Die Schatten der Globalisierung*, Berlin: Siedler 2002.

10 Andrew Gamble, »The last utopia«, in: *New Left Review* 236 (Juli/August 1999), S. 117-127; vgl. auch Alexander E. Kentikelenis, Thomas H. Stubbs und Lawrence P. King, »IMF conditionality and development policy space, 1985-2014«, in: *Review of International Political Economy* 23 (2016), S. 543-582.

11 Shawn Donnan, »IMF economists put ›neoliberalism‹ under the spotlight«, in: *Financial Times* (26. Mai 2016). Die *Financial Times* kritisierte anschließend in einem Leitartikel, das Etikett Neoliberalismus werde »von gedankenlosen Radikalen, denen die Fähigkeit zur empirischen Ar-

gumentation fehlt, als Pauschalkritik« eingesetzt; siehe N.N., »A misplaced mea culpa for neoliberalism«, in: *Financial Times* (30. Mai 2016); vgl. auch Aditya Chakrabortty, »You're witnessing the death of neoliberalism – from within«, in: *The Guardian* (31. Mai 2016), online verfügbar unter: {https://www.theguardian.com/commentisfree/2016/may/31/witnessing-death-neoliberalism-imf-economists}.

12 Daniel Stedman Jones, *Masters of the Universe: Hayek, Friedman, and the Birth of Neoliberal Politics*, Princeton: Princeton University Press 2012, S. 16; Keith Tribe, »Liberalism and neoliberalism in Britain, 1930-1980«, in: Philip Mirowski und Dieter Plehwe (Hg.), *The Road from Mont Pèlerin: The Making of the Neoliberal Thought Collective*, Cambridge, MA: Harvard University Press 2009, S. 90; Sam Bowman, »Coming out as neoliberals«, Adam Smith Institute Blog (11. Oktober 2016), online verfügbar unter: {https://www.adamsmith.org/blog/coming-out-as-neoliberals}.

13 Lars Feld, zitiert in: Bert Losse, »Economic neoliberalism: Philosophy of freedom«, in: *Handelsblatt global* (10. Juni 2017).

14 Philip Mirowski, »The political movement that dared not speak its own name: The neoliberal thought collective under erasure«, Diskussionsunterlage 23, Institute for New Economic Thinking (September 2014), online verfügbar unter: {https://www.ineteconomics.org/uploads/papers/WP23-Mirowski.pdf}, S. 6.

15 Oliver Marc Hartwich, »Neoliberalism: The genesis of a political swearword«, CIS Occasional Paper 114 (2009), online verfügbar unter: {http://www.cis.org.au/app/uploads/2015/07/op114.pdf};
Taylor C. Boas und Jordan Gans-Morse, »Neoliberalism: From new liberal philosophy to anti-liberal slogan«, in: *Studies in Comparative International Development* 44/2 (Juni 2009), S. 137-161.

16 Für bahnbrechende Untersuchungen vgl. Richard Cockett, *Thinking the Unthinkable: Think-Tanks and the Economic Counter-Revolution, 1931-1983*, London: Harper Collins 1994; Dieter Haselbach, *Autoritärer Liberalismus und Soziale Marktwirtschaft: Gesellschaft und Politik im Ordoliberalismus*, Baden-Baden: Nomos 1991; Bernhard Walpen, *Die offenen Feinde und ihre Gesellschaft: Eine hegemonietheoretische Studie zur Mont Pèlerin Society*, Hamburg: VSA-Verlag 2004; Mirowski/Plehwe (Hg.), *The Road from Mont Pèlerin*, a.a.O.; vgl. zudem an noch aktuellerer Literatur Angus Burgin, *The Great Persuasion: Reinventing Free Markets since the Depression*, Cambridge, MA: Harvard University Press 2012; Pierre Dardot und Christian Laval, *The New Way of the World: On Neoliberal Society*, New York: Verso 2014; William Davies, *The Limits of Neoliberalism: Authority, Sovereignty and the Logic of Competition*, Los Angeles: Sage 2014; Kim Phillips-Fein, *Invisible Hands: The Making of the Conservative Movement*

from the New Deal to Reagan, New York: W.W. Norton 2009; Ralf Ptak, *Vom Ordoliberalismus zur sozialen Marktwirtschaft. Stationen des Neoliberalismus in Deutschland*, Opladen: Leske und Budrich 2004; Philip Plickert, *Wandlungen des Neoliberalismus: Eine Studie zu Entwicklung und Ausstrahlung der »Mont Pèlerin Society«*, Stuttgart: Lucius und Lucius 2008; Ben Jackson, »Freedom, the common good, and the rule of law: Lippmann and Hayek on economic planning«, in: *Journal of the History of Ideas* 73/1 (2012), S. 47-68; Jean Solchany, *Wilhelm Röpke, l'autre Hayek: Aux origines du néolibéralisme*, Paris: Sorbonne 2015; Stedman Jones, *Masters of the Universe*, a.a.O.; Philip Mirowski, *Untote leben länger: Warum der Neoliberalismus nach der Krise noch stärker ist*, Berlin: Matthes & Seitz 2015; Milène Wegmann, *Früher Neoliberalismus und europäische Integration. Interdependenz der nationalen, supranationalen und internationalen Ordnung von Wirtschaft und Gesellschaft (1932-1965)*, Baden-Baden: Nomos 2002. Für Studien, die sich eher der Textanalyse der neoliberalen Theoretiker widmen, vgl. Andrew Gamble, *Hayek: The Iron Cage of Liberty*, London: Wiley 1996; Nils Goldschmidt und Jan-Otmar Hesse, »Eucken, Hayek, and the Road to Serfdom«, Freiburger Diskussionspapiere zur Ordnungsökonomik 12/4 (2012), online verfügbar unter: {https://www.econstor.eu/bitstream/10419/67481/1/732096596.pdf}; John Gray, *Freiheit im Denken Hayeks*, Tübingen: Mohr-Siebeck 1995; Stefan Kolev, *Neoliberale Leitideen zum Staat: Die Rolle des Staates in der Wirtschaftspolitik im Werk von Walter Eucken, F.A. Hayek, Ludwig von Mises und Wilhelm Röpke*, Dissertationsschrift, Universität Hamburg 2011, online verfügbar unter: {http://ediss.sub.uni-hamburg.de/volltexte/2011/5361/pdf/Dissertation.pdf}; Raymond Plant, *The Neo-Liberal State*, Oxford: Oxford University Press 2010; Jeremy Shearmur, *Hayek and After: Hayekian Liberalism as a Research Programme*, London: Routledge 1996; Manuel Wörsdörfer, *Die normativen und wirtschaftsethischen Grundlagen des Ordoliberalismus*, Dissertationsschrift, Goethe Universität Frankfurt am Main 2011, S. 315. Für Biografien führender Intellektueller vgl. Bruce Caldwell, *Hayek's Challenge: An Intellectual Biography of F.A. Hayek*, Chicago: University of Chicago Press 2004; Hans Jörg Hennecke, *F.A. Hayek: Die Tradition der Freiheit*, Düsseldorf: Wirtschaft und Finanzen 2000; ders., *Wilhelm Röpke: Ein Leben in der Brandung*, Stuttgart: Schäffer-Poeschel Verlag 2005; Helge Peukert, *Das sozialökonomische Werk Wilhelm Röpkes*, 2 Bde., Frankfurt am Main: Peter Lang 1992.

17 Vgl. die Diskussion in Kapitel 2; vgl. auch Serge Audier, *Le colloque Lippmann: Aux origines du néo-libéralisme, précédé de Penser le néo-libéralisme*, 2. Auflage, Paris: Éditions Le Bord de l'eau 2012; Arnaud Brennetot, »The geographical and ethical origins of neoliberalism:

The Walter Lippmann Colloquium and the foundations of a new geopolitical order«, in: *Political Geography* 49 (2015), S. 30-39; Hagen Schulz-Forberg, »Laying the groundwork: The semantics of neoliberalism in the 1930s«, in: Hagen Schulz-Forberg und Niklas Olsen (Hg.), *Re-Inventing Western Civilisation: Transnational Reconstructions of Liberalism in Europe in the Twentieth Century*, Newcastle upon Tyne: Cambridge Scholars 2014, S. 13-40.

18 Mitchell Dean, »Rethinking neoliberalism«, in: *Journal of Sociology* 50/2 (2012), S. 150-163, S. 151.

19 Vgl. zur Entwicklungsökonomie und zur geldpolitischen Lenkung Dieter Plehwe, »The origins of the neoliberal economic development discourse«, in: Mirowski/Plehwe (Hg.), *The Road from Mont Pèlerin*, a. a. O.; Matthias Schmelzer, *Freiheit für Wechselkurse und Kapital. Die Ursprünge neoliberaler Währungspolitik und die Mont Pèlerin Society*, Marburg: Metropolis 2010; für Arbeiten zur internationalen Ordnung vgl. Jennifer Bair, »Taking aim at the new international economic order«, in: Mirowski/Plehwe (Hg.), *The Road from Mont Pèlerin*, a. a. O.; Jorg Spieker, »F. A. Hayek and the reinvention of liberal internationalism«, in: *International History Review* 36/5 (2014), S. 1-24; Or Rosenboim, »Barbara Wootton, Friedrich Hayek and the debate on democratic federalism in the 1940s«, in: *International History Review* 36/5 (2014), S. 894-918; Fabio Masini, »Designing the institutions of international liberalism: Some contributions from the interwar period«, in: *Constitutional Political Economy* 23/1 (2012), S. 45-65; Jeffrey M. Chwieroth, *Capital Ideas: The IMF and the Rise of Financial Liberalization*, Princeton: Princeton University Press 2010; Wegmann, *Früher Neoliberalismus und europäische Integration*, a. a. O. Den umfassendsten Überblick über die neoliberalen Vorstellungen von der internationalen Ordnung gibt Razeen Sally, *Classical Liberalism and International Economic Order: Studies in Theory and Intellectual History*, New York: Routledge 1998.

20 Für bahnbrechende Studien auf diesem Gebiet vgl. Stephen Gill, »Economic globalization and the internationalization of authority: Limits and contradictions«, in: *Geoforum* 23/2 (1992), S. 269-283; ders., »New constitutionalism, democratisation and Global Political Economy«, in: *Pacifica Review: Peace, Security and Global Change* 10/1 (1998), S. 23-38; vgl. als weitere maßgebliche Untersuchungen Sarah Babb, *Behind the Development Banks: Washington Politics, World Poverty, and the Wealth of Nations*, Chicago: University of Chicago Press 2009; Nitsan Chorev, »The institutional project of neo-liberal globalism: The case of the WTO«, in: *Theory and Society* 34/3 (2005), S. 317-355; A. Claire Cutler, *Private Power and Global Authority: Transnational Merchant Law in the Global Political Economy*, New York: Cam-

bridge University Press 2003; John Gray, *Die falsche Verheißung. Der globale Kapitalismus und seine Folgen*, Berlin: Fest 1999; David J. Gerber, »Constitutionalizing the economy: German neoliberalism, competition law and the ›new‹ Europe«, in: *American Journal of Comparative Law* 42/1 (Winter 1994), S. 25-84; Christian Joerges, »What is left of the European economic constitution? A melancholic eulogy«, in: *European Law Review* 30 (August 2005), S. 461-489; Adam Harmes, »Neoliberalism and multilevel governance«, in: *Review of International Political Economy* 13/5 (2006), S. 725-749; Alasdair Roberts, *The Logic of Discipline: Global Capitalism and the Architecture of Government*, New York: Oxford University Press 2011; Fritz W. Scharpf, »Economic integration, democracy and the welfare state«, in: *Journal of European Public Policy* 4/1 (1997), S. 18-36; David Schneiderman, *Constitutionalizing Economic Globalization: Investment Rules and Democracy's Promise*, New York: Cambridge University Press 2008; Muthucumaraswamy Sornarajah, *The International Law on Foreign Investment*, 3. Auflage, New York: Cambridge University Press 2010; Streeck, *Gekaufte Zeit*, a. a. O.

21 Vgl. Keller Easterling, *Extrastatecraft: The Power of Infrastructure Space*, New York: Verso 2014; Patrick Neveling, »Export processing zones, special economic zones and the long march of capitalist development policies during the Cold War«, in: Leslie James und Elisabeth Leake (Hg.), *Decolonization and the Cold War: Negotiating Independence*, London: Bloomsbury 2015, S. 63-84; Ronen Palan, *The Offshore World: Sovereign Markets, Virtual Places, and Nomad Millionaires*, Ithaca: Cornell University Press 2003.

22 Vgl. z. B. Gill, »New constitutionalism, democratisation and Global Political Economy«, a. a. O., S. 23; Werner Bonefeld, »Authoritarian liberalism: From Schmitt via ordoliberalism to the Euro«, in: *Critical Sociology* 43/4-5 (2016), S. 747-761, S. 756.

23 Bernard H. Moss (Hg.), *Monetary Union in Crisis: The European Union as a Neo-Liberal Construction*, New York: Palgrave Macmillan 2005, S. 13; Owen Worth, »Reviving Hayek's dream«, in: *Globalizations* 14/1 (2017), S. 104-109, S. 105.

24 Johanna Bockman, »Socialism and the embedded economy«, in: *Theory and Society* 45/5 (Oktober 2016), S. 385-427, S. 386.

25 Vgl. z. B. Michael C. Dreiling und Derek Darves, *Agents of Neoliberal Globalization: Corporate Networks, State Structures, and Trade Policy*, New York: Cambridge University Press 2016, S. 14.

26 Für eine verwandte Argumentation vgl. Melinda Cooper und Martijn Konings, »Contingency and foundation: Rethinking money, debt, and finance after the crisis«, in: *South Atlantic Quarterly* 114/2 (April 2015), S. 239-250, S. 242.

27 Jamie Peck, »Neoliberalizing states: Thin policies/hard outcomes«, in: *Progress in Human Geography* 25/3 (2001), S. 445-455, S. 447 (Hervorhebung im Original). Die Anwendung von Polanyis Theorie hat freilich auch zu ausgezeichneten Ergebnissen geführt; vgl. z.B. Fred L. Block und Margaret R. Somers, *The Power of Market Fundamentalism: Karl Polanyi's Critique*, Cambridge, MA: Harvard University Press 2014; Mark Blyth, *Great Transformations: Economic Ideas and Institutional Change in the Twentieth Century*, New York: Cambridge University Press 2002; Gareth Dale, *Karl Polanyi: The Limits of the Market*, Malden: Polity Press 2010; Kari Polanyi-Levitt, *From the Great Transformation to the Great Financialization: On Karl Polanyi and Other Essays*, London: Zed 2013.

28 Vgl. u.a. Cornel Ban, *Ruling Ideas: How Global Neoliberalism Goes Local*, Oxford: Oxford University Press 2016; Dorothee Bohle und Bela Greskovits, »Neoliberalism, embedded neoliberalism and neocorporatism: Towards transnational capitalism in Central-Eastern Europe«, in: *West European Politics* 30/3 (2007), S. 443-466; Damien Cahill, *The End of Laissez-Faire? On the Durability of Embedded Neoliberalism*, Cheltenham: Edward Elgar 2014.

29 Andrea Migone, »Embedded markets: A dialogue between F.A. Hayek and Karl Polanyi«, in: *Review of Austrian Economics* 24 (2011), S. 357.

30 Ebd., S. 367.

31 Joost Pauwelyn, »The transformation of world trade«, in: *Michigan Law Review* 104/1 (Oktober 2005), S. 1-65; Arie Reich, »From diplomacy to law: The juridicization of international trade relations«, in: *Northwestern Journal of International Law and Business* 17/1 (Winter 1997), S. 775-849.

32 Hans Willgerodt, »Der Neoliberalismus – Entstehung, Kampfbegriff und Meinungsstreit«, in: *Ordo* 57 (2006), S. 47-89, S. 54f.

33 Ebd., S. 69.

34 John Foster, »From simplistic to complex systems in economics«, in: *Cambridge Journal of Economics* 29 (2005), S. 873-892, S. 880.

35 F.A. Hayek, »Wirtschaft, Wissenschaft und Politik«, in: ders., *Freiburger Studien*, Tübingen: Mohr-Siebeck 1969, S. 1-17, S. 12.

36 F.A. Hayek, *Die Verfassung der Freiheit*, Tübingen: Mohr-Siebeck 1960. Die Parallelen zum Projekt der (auch als Public-choice-Theorie oder Neue Politische Ökonomie bekannten) »Konstitutionellen Ökonomik«, das von James M. Buchanan und Gordon Tullock, zwei Mitgliedern der Mont Pèlerin Society, entwickelt wurde, sind unübersehbar. Für einen Überblick eines Forschers, der sich zwischen den Welten des Ordoliberalismus und der Neuen Politischen Ökonomie der Virginia School bewegte, vgl. Viktor J. Vanberg, *The Constitution of Markets: Essays in Political Economy*, New York: Routledge 2001. Das Engagement erstreckt

sich über mehrere Generationen. Vanbergs Sohn Georg, ein Politikwissenschaftler, ist gegenwärtig Vorsitzender der Public Choice Society.

37 Oliver Kessler, »Sleeping with the enemy? On Hayek, constructivist thought, and the current economic crisis«, in: *Review of International Studies* 38/2 (2012), S. 275-299, S. 290.

38 F. A. Hayek, *Recht, Gesetzgebung und Freiheit. Eine neue Darstellung der liberalen Prinzipien der Gerechtigkeit und der politischen Ökonomie*, Bd. 3: *Die Verfassung einer Gesellschaft freier Menschen*, Landsberg: Verlag Moderne Industrie 1981, S. 67.

39 Der Vorteil dieses Begriffs ist, dass er von neoliberalen Theoretikern eingeführt wurde. In derselben Publikation sprach sich Rüstow für einen »liberalen Interventionismus« aus; vgl. Alexander Rüstow, »Freie Wirtschaft – starker Staat: Die staatspolitischen Voraussetzungen des wirtschaftlichen Liberalismus«, in: *Schriften des Vereins für Sozialpolitik* 187 (1932), S. 62-69. Zur Verwendung des Begriffs bei anderen Wissenschaftlern vgl. Werner Bonefeld, *The Strong State and the Free Economy*, London: Rowman & Littlefield 2017; Andrew Gamble, »The free economy and the strong state: The rise of the social market economy«, in: *Socialist Register* 16 (1979), S. 1-25; Ben Jackson, »At the origins of neo-liberalism: The free economy and the strong state, 1930-1947«, in: *Historical Journal* 53/1 (2010), S. 129-151; Mitchell Dean, »Free economy, strong state«, in: Damien Cahill, Lindy Edwards und Frank Stilwell (Hg.), *Neoliberalism Beyond the Free Market*, Northampton: Edward Elgar 2012, S. 69-89.

40 Kolev, *Neoliberale Leitideen zum Staat*, a. a. O., S. 23.

41 Ernst-Ulrich Petersmann, »International economic theory and international economic law: On the tasks of a legal theory of international economic order«, in: Ronald St. John Macdonald und Douglas M. Johnston (Hg.), *The Structure and Process of International Law: Essays in Legal Philosophy, Doctrine, and Theory*, Den Haag: Martinus Nijhoff 1983, S. 227-261, S. 237.

Es ist wichtig, an dieser Stelle auf die andere Akzentuierung meiner Definition hinzuweisen, die über eine bloße Identifizierung des Orts des akademischen Wirkens hinausgeht.

42 Vgl. Steven M. Teles, *The Rise of the Conservative Legal Movement: The Battle for Control of the Law*, Princeton: Princeton University Press 2008.

43 Beispielsweise ist erwähnenswert, dass die Diskussion über den Föderalismus in der Virginia School, deren zentrale Figur Buchanan war, im Wesentlichen um die Beziehungen zwischen den amerikanischen Bundesstaaten kreist, während die Intellektuellen, mit denen ich mich hier beschäftige, die Beziehungen zwischen Nationalstaaten meinen, wenn sie vom Föderalismus sprechen.

44 Carl Schmitt, *Der Nomos der Erde im Völkerrecht des Jus Publicum Europaeum*, Berlin: Duncker & Humblot 1974 [1950], S. 208.

45 Carl Schmitt, zitiert in: Wilhelm Röpke, »Wirtschaftssystem und internationale Ordnung: Prolegomena«, in: *Ordo* 4 (1951), S. 261-297, S. 277. Für eine Auseinandersetzung mit einer auf einer Rückkehr zur Trennung zwischen *dominium* und *imperium* beruhenden neuen Ordnung vgl. Janet McLean, »The transnational corporation in history: Lessons for today?«, in: *Indiana Law Journal* 79 (2003), S. 373-376.

46 Wilhelm Röpke, *Economic Order and International Law*, Leiden: A.W. Sijthoff 1955, S. 250.

47 Ebd., S. 210-214.

48 Vgl. Stefan Kolev, »F.A. Hayek as an ordo-liberal«, Hamburgisches Weltwirtschaftsinstitut, Research Paper 5/1 (2010); Viktor J. Vanberg, »Friedrich A. Hayek und die Freiburger Schule«, in: *Ordo* 54 (2003), S. 3-20. Für abweichende Einschätzungen vgl. Keith Tribe, *Strategies of Economic Order: German Economic Discourse, 1750-1950*, New York: Cambridge University Press 1995, S. 208; Manuel Wörsdörfer, »Von Hayek and ordoliberalism on justice«, in: *Journal of the History of Economic Thought* 35/3 (2013), S. 291-317, S. 309.

49 Wolfgang Streeck argumentiert ähnlich: »Der heutige postdemokratische oder besser: ademokratische hayeksche Kapitalismus kann nach dem Sieg oder Beinahe-Sieg des Neoliberalismus als eine historisch aktualisierte Version des Ordoliberalismus betrachtet werden.« (Streeck, »Heller, Schmitt and the Euro«, in: *European Law Journal* 21/3 [Mai 2015], S. 361-370, S. 365).

50 »Nobel-Prize winning economist«, Oral-History-Interview mit F.A. Hayek, UCLA Oral History Program 1983, online verfügbar unter: {https://archive.org/stream/nobelprizewinninoohaye/nobelprizewinninoohaye_djvu.txt}, S. 46.

51 Vanberg, *The Constitution of Markets*, a.a.O., S. 88.

52 Vgl. Jan-Werner Müller, »Militant democracy«, in: Michel Rosenfeld und András Sajó (Hg.), *The Oxford Handbook of Comparative Constitutional Law*, Oxford: Oxford University Press 2012, S. 1253-1269; Udi Greenberg, »Militant democracy and human rights«, in: *New German Critique* 42/3 (November 2015), S. 169-195.

53 Die Formulierung stammt von dem SPD-Politiker Carlo Schmid, zitiert in: Jeremy Varon, *Bringing the War Home: The Weather Underground, the Red Army Faction, and Revolutionary Violence in the Sixties and Seventies*, Berkeley: University of California Press 2004, S. 277.

54 Wilhelm Röpke, *International Economic Disintegration*, London: William Hodge and Co. 1942, S. 241.

55 Vgl. z.B. Burgin, *The Great Persuasion*, a.a.O.; Stedman Jones, *Masters of the Universe*, a.a.O.; vgl für eine Betrachtung im Kontext Antho-

ny James Nicholls, *Freedom with Responsibility: The Social Market Economy in Germany, 1918-1963*, New York: Oxford University Press 1994; Ptak, *Vom Ordoliberalismus zur sozialen Marktwirtschaft*, a. a. O.

56 Jan-Werner Müller, *Das demokratische Zeitalter. Eine politische Ideengeschichte Europas im 20. Jahrhundert*, Berlin: Suhrkamp 2013, Kap. 4.

57 F. A. Hayek, »New nations and the problem of power«, in: *The Listener* (10. November 1960), S. 819. Für seine eigene Feststellung, an dieser Stelle habe er zum ersten Mal von der »Neukonstruktion der repräsentativen Versammlungen« gesprochen, vgl. ders., *Recht, Gesetzgebung und Freiheit*, Bd. 3, a. a. O., S. 248.

58 Hayek, »New nations and the problem of power«, a. a. O., S. 821.

59 Hayek, *Recht, Gesetzgebung und Freiheit*, Bd. 3, a. a. O., S. 202.

60 Vgl. Haselbach, *Autoritärer Liberalismus*, a. a. O.

61 Vgl. zum Beispiel die Hermann Hellers autoritärem Liberalismus gewidmete Sonderausgabe des *European Law Journal* aus dem Mai 2015; vgl. auch Bonefeld, »Authoritarian liberalism«, a. a. O.; Joerges, »What is left of the European economic constitution?«, a. a. O., S. 467; Michael A. Wilkinson, »The specter of authoritarian liberalism: Reflections on the constitutional crisis of the European Union«, in: *German Law Journal* 14/5 (2013), S. 527-560.

62 Vgl. für eine überzeugende und eloquente Beschreibung dieser Position Wolfgang Streeck, »Wie wird der Kapitalismus enden?«, Teil 1, in: *Blätter für deutsche und internationale Politik* 3 (2015), S. 99-111.

63 Walter Eucken, »Staatliche Strukturwandlungen und die Krisis des Kapitalismus«, in: *Weltwirtschaftliches Archiv* 36 (1932), S. 297-321, S. 311.

64 »Apartheid in South Africa and its foreign critics« (o. D. [1963]), William H. Hutt Papers, Hoover Institution Archives, Stanford University (im Folgenden: Hutt Papers), Schachtel 31.

65 Vgl. Greta R. Krippner, *Capitalizing on Crisis: The Political Origins of the Rise of Finance*, Cambridge, MA: Harvard University Press 2012; Schmelzer, *Freiheit für Wechselkurse und Kapital*, a. a. O.; Carol Connell, *Reforming the World Monetary System: Fritz Machlup and the Bellagio Group*, London: Pickering and Chatto 2013; Chwieroth, *Capital Ideas*, a. a. O.; Richard Peet, *Unholy Trinity: The IMF, World Bank and WTO*, 2. Auflage, London: Zed Books 2009; Kim Phillips-Fein, *Fear City: New York City's Fiscal Crisis and the Rise of Austerity Politics*, New York: Metropolitan 2017.

66 Vgl. Kristen Hopewell, *Breaking the WTO: How Emerging Powers Disrupted the Neoliberal Project*, Stanford: Stanford University Press 2016.

67 Vanessa Ogle, »State rights against private capital: The ›New International Economic Order‹ and the struggle over aid, trade, and foreign invest-

ment, 1962-1981«, in: *Humanity: An International Journal of Human Rights, Humanitarianism, and Development* 5/2 (Sommer 2014), S. 211-234, S. 220.

68 M. Sornarajah, *Resistance and Change in the International Law on Foreign Investment*, New York: Cambridge University Press 2015, S. 1.

1. *Eine Welt der Mauern*

1 Susan Pedersen, *The Guardians: The League of Nations and the Crisis of Empire*, New York: Oxford University Press 2015.

2 Erez Manela, *The Wilsonian Moment: Self-Determination and the International Origins of Anticolonial Nationalism*, New York: Oxford University Press 2007; Pankaj Mishra, *Aus den Ruinen des Empires. Die Revolte gegen den Westen und der Wiederaufstieg Asiens*, Frankfurt am Main: Fischer 2013.

3 Daniel Gorman, *The Emergence of International Society in the 1920s*, Cambridge: Cambridge University Press 2012; vgl. auch Quinn Slobodian, »How to see the world economy: Statistics, maps, and Schumpeter's camera in the first age of globalization«, in: *Journal of Global History* 10/2 (2015), S. 307-332, S. 308.

4 Ludwig von Mises, *Die Gemeinwirtschaft. Untersuchungen über den Sozialismus*, Jena: Gustav Fischer 1922, S. 294.

5 Ebd., S. 298.

6 Mary Nolan, *The Transatlantic Century: Europe and America, 1890-2010*, New York: Cambridge University Press 2012, S. 57.

7 Vgl. J. Adam Tooze, *Statistics and the German State, 1900-1945: The Making of Modern Economic Knowledge*, New York: Cambridge University Press 2001, S. 63-71.

8 Barry Eichengreen, *Globalizing Capital. A History of the International Monetary System*, Princeton: Princeton University Press 2008, S. 4.

9 G.R. Steele, *Keynes and Hayek: The Money Economy*, New York: Routledge 2001, S. 8.

10 Philip Mirowski und Dieter Plehwe, »Preface«, in: Philip Mirowski und Dieter Plehwe (Hg.), *The Road from Mont Pèlerin: The Making of the Neoliberal Thought Collective*, Cambridge, MA: Harvard University Press 2009, S. ix-xxiii, S. xi.

11 Ludwig von Mises, *Erinnerungen*, Stuttgart/New York: Gustav Fischer 1978, S. 61.

12 Alexander Hörtlehner, »Ludwig von Mises und die österreichische Handelskammerorganisation«, in: *Wirtschaftspolitische Blätter* 28/4 (1981), S. 142.

13 Jörg Guido Hülsmann, *Mises: The Last Knight of Liberalism*, Auburn:

Ludwig von Mises Institute 2007, S. 822-824; Kim Phillips-Fein, *Invisible Hands: The Making of the Conservative Movement from the New Deal to Reagan*, New York: W.W. Norton 2009, S. 4, S. 55. Mises war von 1943 bis 1954 bei der National Association of Manufacturers in der Kommission für Wirtschaftsprinzipien tätig; vgl. Murray N. Rothbard, *Ludwig von Mises: Scholar, Creator, Hero*, Auburn: Ludwig von Mises Institute 1988, S. 47.

14 Carl E. Schorske, *Wien. Geist und Gesellschaft im Fin de Siècle*, Wien: Molden 2017, S. 64ff., S. 83.

15 Marshall Berman, *All That Is Solid Melts into Air. The Experience of Modernity*, New York: Simon and Schuster 1982, S. 150; David Harvey, *Paris, Capital of Modernity*, New York: Routledge 2003, Kap. 4.

16 Schorske, *Wien. Geist und Gesellschaft im Fin de Siècle*, a.a.O., S. 36.

17 Ebd., S. 161.

18 Ludwig von Mises, *Im Namen des Staates, oder Die Gefahren des Kollektivismus*, Stuttgart: Bonn Aktuell 1978.

19 Vgl. Volker Berghahn und Brigitte Young, »Reflections on Werner Bonefeld's ›Freedom and the strong state: On German ordoliberalism‹ and the continuing importance of the ideas of ordoliberalism to understand Germany's (contested) role in resolving the Eurozone crisis«, in: *New Political Economy* 18/5 (2013), S. 768-778; Werner Bonefeld, »Freedom and the strong state: On German ordoliberalism«, in: *New Political Economy* 17/5 (2012), S. 633-656; Pierre Dardot und Christian Laval, *The New Way of the World: On Neoliberal Society*, New York: Verso 2014, Kap. 5; Ben Jackson, »At the origins of neo-liberalism: The free economy and the strong state, 1930-1947«, in: *Historical Journal* 53/1 (2010), 129-151.

20 Michel Foucault, *Die Geburt der Biopolitik, Geschichte der Gouvernementalität II, Vorlesungen am Collège de France 1978-1979*, Frankfurt am Main: Suhrkamp 2004, S. 113.

21 Mises, *Die Gemeinwirtschaft*, a.a.O., S. 139.

22 Hülsmann, *Mises*, a.a.O., S. 620ff.

23 Mises, *Erinnerungen*, a.a.O., S. 57.

24 George L. Ridgeway, *Merchants of Peace: The History of the International Chamber of Commerce*, Boston: Little, Brown 1959; Monika Rosengarten, *Die Internationale Handelskammer. Wirtschaftspolitische Empfehlungen in der Zeit der Weltwirtschaftskrise, 1929-1939*, Berlin: Duncker & Humblot 2001.

25 Bob Reinalda, *Routledge History of International Organizations: From 1815 to the Present Day*, New York: Routledge 2009, S. 143.

26 Vgl. Slobodian, »How to see«, a.a.O., S. 313f.; Nico Randeraad, »The international statistical congress (1853-1876): Knowledge transfers and their limits«, in: *European History Quarterly* 41/1 (2011), S. 50-65.

27 Chamber of Commerce of the United States of America, *International Trade Conference* [o.O.] 1919, S. 21.
28 Woodrow Wilson, »Fourteen points« (8. Januar 1918), online verfügbar unter: {http://avalon.law.yale.edu/20thcentury/wilson14.asp}.
29 Zitiert in: Rosengarten, *Die Internationale Handelskammer*, a.a.O., S. 33.
30 Ebd., S. 17.
31 Ebd., S. 41.
32 Hörtlehner, »Ludwig von Mises und die österreichische Handelskammerorganisation«, a.a.O., S. 145; Margit von Mises, *My Years with Ludwig von Mises*, New Rochelle: Arlington House 1976, S. 30.
33 Zitiert in: Rosengarten, *Die Internationale Handelskammer*, a.a.O., S. 17.
34 Ebd., S. 50.
35 Ebd., S. 126.
36 N.N., »Predict revival of world trade«, in: *The New York Times* (20. Mai 1925).
37 Rosengarten, *Die Internationale Handelskammer*, a.a.O., S. 124.
38 Ebd., S. 123.
39 Clive Morrison-Bell, *Tariff Walls. A European Crusade*, London: J. Murray 1930, S. 116.
40 Charles K. Nichols, »The statistical work of the League of Nations in economic, financial and related fields«, in: *Journal of the American Statistical Association* 37/219 (September 1942), S. 336-342, S. 338.
41 Arthur Salter, Rede auf dem Kongress der Internationalen Handelskammer in Stockholm (1. Juli 1927), League of Nations Archive, Genf (im Folgenden: LON), R390, Doss. 24789, Dok. 62851, S. 3.
42 Ebd., S. 2.
43 Morrison-Bell, *Tariff Walls*, a.a.O., S. 9.
44 Ebd., S. vii.
45 Ebd., S. 103.
46 Ebd.
47 Ebd., S. 26.
48 Ebd., S. 77.
49 Ebd., S. 160.
50 Laut Google Ngram Viewer nahm die Häufigkeit der Verwendung der Begriffe »tariff walls« und »Zollmauern« in Großbritannien bzw. Deutschland ab Mitte der zwanziger Jahre deutlich zu. In Frankreich setzte sich der Begriff nicht durch; die Franzosen hielten an dem Ausdruck »barriere douanière« (Zollschranke) fest.
51 Alfred Pearce Dennis, »Tariff walls block Europe's recovery«, in: *The New York Times* (31. Oktober 1926).
52 Morrison-Bell, *Tariff Walls*, a.a.O., S. 42, S. 61.

53 Ebd., S. 65.
54 Ebd., S. 48.
55 Ebd., Titelbild.
56 Gottfried Haberler, *Der internationale Handel. Theorie der weltwirtschaftlichen Zusammenhänge sowie Darstellung und Analyse der Außenhandelspolitik*, Berlin: Julius Springer 1933, S. 264.
57 William E. Rappard, »Post-war efforts for freer trade«, in: *Geneva Special Studies* 9/2 (März 1938), S. 26.
58 ICC, 25. Sitzung des Rats (24. Oktober 1927), LON, R390, Doss. 24789, Doc. 62851, S. 2.
59 Haberler, *Der internationale Handel*, a. a. O., S. 262 f.
60 Patricia Clavin, *Securing the World Economy. The Reinvention of the League of Nations, 1920-1946*, New York: Oxford University Press 2013, S. 44.
61 Haberler, *Der internationale Handel*, a. a. O., S. 283 (Hervorhebung im Original).
62 Ludwig von Mises, »Die Rückwirkung der Entwicklung der Weltwirtschaft auf die Ausgestaltung der Sozialpolitik«, in: *Statistische Monatsschrift* 10 (1905), S. 949.
63 Ludwig von Mises, *Nation, Staat und Wirtschaft*, Wien/Leipzig: Manzsche Verlags- und Universitäts-Buchhandlung 1919, S. 52.
64 Dennis, »Tariff walls block Europe's recovery«, a. a. O.
65 Ludwig von Mises, »Wie könnte Oesterreich gerettet werden? Ein wirtschaftspolitisches Programm für Oesterreich«, in: *Die Börse* (17. Februar 1921).
66 Hörtlehner, »Ludwig von Mises«, S. 142.
67 Ludwig von Mises, »The restoration of Austria's economic situation«, Positionspapier für die Handelskammer, (28. August 1922), in: Richard M. Ebeling (Hg.), *Selected Writings of Ludwig von Mises*, Bd. 1: *Monetary and Economic Policy Problems Before, During, and After the Great War*, Indianapolis: Liberty Fund 2000, S. 264-270, S. 267.
68 Douglas D. Alder, »Decision-making amid public violence; the Vienna Riots, July 15, 1927«, in: *Austrian History Yearbook* 19/20 (1983), S. 239-260, S. 245.
69 Ebd., S. 251.
70 Ebd., S. 254.
71 Irene Stocksieker Di Maio, »Space in Elias Canetti's autobiographical trilogy«, in: Dagmar C. G. Lorenz (Hg.), *A Companion to the Works of Elias Canetti*, Rochester: Camden House 2004, S. 175-197, S. 183.
72 Zitiert in: Hülsmann, *Mises*, a. a. O., S. 580.
73 Zitiert in: ebd., S. 581.
74 Ebd., S. 606.
75 Mises, *Die Gemeinwirtschaft*, a. a. O., S. 53.

76 Ebd., S. 58.
77 Mises, »Vorwort«, in: ders., *Die Gemeinwirtschaft*, 2. Auflage, Jena: Gustav Fischer 1934, S. 294.
78 Alder, »Decision-making«, a.a.O., S. 256.
79 Margarethe Grandner und Franz Traxler, »Sozialpartnerschaft als Option der Zwischenkriegszeit? Liberalkorporatistisches Krisenmanagement am Beispiel der Wirtschaftskonferenz von 1930«, in: Erich Fröschl und Helge Zoitl (Hg.), *Februar 1934. Ursachen, Fakten, Folgen*, Beiträge zum wissenschaftlichen Symposion des Dr.-Karl-Renner-Instituts, Wien: Volksbuchhandlung 1984, S. 75-117, S. 83.
80 Ebd., S. 94f.
81 Ebd., S. 90.
82 Stephan Huppert, zitiert in: Grandner/Traxler, »Sozialpartnerschaft als Option der Zwischenkriegszeit?«, a.a.O., S. 90.
83 Ebd., S. 91.
84 Mises, *Die Gemeinwirtschaft*, a.a.O., S. 451.
85 Ludwig von Mises, *Die Ursachen der Weltwirtschaftskrise. Ein Vortrag*, Tübingen: Mohr-Siebeck 1931, S. 17f.
86 Mises, *Erinnerungen*, a.a.O., S. 57.
87 Ebd., S. 64.
88 Gottfried Haberler, »Mises' private seminar«, in: *Mont Pèlerin Quarterly* 3/3 (Oktober 1961), S. 21.
89 Ebd., S. 20.
90 Mises, *Erinnerungen*, a.a.O., S. 62.
91 Felix Kaufmann, »Das Mises-Kreis-Lied«, in: ders., *Wiener Lieder zu Philosophie und Ökonomie*, herausgegeben von Gottfried Haberler und Ernst Helmstädter, Stuttgart/Jena/New York: G. Fischer 1992, S. 28.
92 Richard Strigl, »Wirtschaftstheorie im Dienste der Wirtschaftspolitik«, in: *Archiv für Sozialwissenschaft und Sozialpolitik* 60 (1928), S. 353-367, S. 354.
93 Gottfried Haberler, *Der Sinn der Indexzahlen. Eine Untersuchung über den Begriff des Preisniveaus und die Methoden seiner Messung*, Tübingen: Mohr-Siebeck 1927.
94 Ebd., S. 103.
95 Ebd., S. 70.
96 Harald Hagemann, »The Austrian School in the interwar period«, in: Harald Hagemann, Yukihiro Ikeda und Tamotsu Nishizawa (Hg.), *Austrian Economics in Transition: From Carl Menger to Friedrich Hayek*, New York: Palgrave Macmillan 2010, S. 179-195, S. 189.
97 Gottfried Haberler, »Die Theorie der komparativen Kosten und ihre Auswertung für die Begründung des Freihandels«, in: *Weltwirtschaftliches Archiv* 32 (1930), S. 349-370, S. 350.

98 Ebd., S. 369.
99 Ebd., S. 368.
100 Ebd., S. 370.
101 Gottfried Haberler, »Einfuhrbeschränkungen, Zahlungsbilanz und Schillingkurs«, in: *Neues Wiener Tagblatt* (22. Januar 1933), abgedruckt in: Hansjörg Klausinger (Hg.), *Machlup, Morgenstern, Haberler, Hayek: Wirtschaftspublizistische Beiträge in kritischer Zeit (1911-1934)*, Marburg: Metropolis 2005, S. 171.
102 Haberler, *Der Sinn der Indexzahlen*, a. a. O., S. 104.
103 Gottfried Haberler, »The different meanings attached to the term ›fluctuations in the purchasing power of gold‹ and the best instrument or instruments for measuring such fluctuations« (9. März 1931), LON, R2961, Doss. 4346, Dok. 20721, S. 47.
104 Ludwig von Mises, »The suitability of methods of ascertaining changes in purchasing power for the guidance of international currency or banking policy«, Gold Delegation of the Financial Committee, League of Nations (10. Oktober 1930), LON, R2961, Doss. 4346, Dok. 20721, S. 13.
105 Gottfried Haberler, *Prosperität und Depression. Eine theoretische Untersuchung der Konjunkturbewegungen*, Tübingen/Zürich: Mohr-Siebeck und Polygraphischer Verlag 1955 [1937], S. 389.
106 Ebd., S. 390.
107 Haberler, *Der internationale Handel*, a. a. O., S. 18, S. 31.
108 Ebd., S. 34.
109 Haberler, *Prosperität und Depression*, a. a. O., S. 395.
110 Arthur Salter, *Recovery: The Second Effort*, London: G. Bell and Sons 1932, S. 171.
111 Haberler, *Der internationale Handel*, a. a. O., S. 146.
112 Ebd., S. 147.
113 Felix Kaufmann, »Abschied von Professor Mises«, in: *Mont Pèlerin Quarterly* 3/3 (Oktober 1961), S. 26.

2. *Eine Welt der Zahlen*

1 Harold James, *Der Rückfall. Die neue Wirtschaftskrise*, München: Piper 2003.
2 Moritz Julius Bonn, *Wandering Scholar*, New York: John Day Co. 1948, S. 319.
3 Die Metapher prägte Wilhelm Röpke in seinem Buch *German Commercial Policy* (London: Longmans, Green and Co. 1934, S. 23).
4 *Look at the World* ist der Titel eines Buchprojekts des Historikers David Ekbladh über die dreißiger Jahre.

5 Pierre Vasseur, »Economic information. Essential factor in modern business organization«, in: *World Trade* (Juni 1937), S. 67-69, 69.
6 N.N., »Pleasure-tower half mile high«, in: *Modern Mechanix* (Juli 1933), S. 45.
7 Congrès Mondial de la Documentation Universelle, »Programm (August 16-21, 1937)«, Carnegie Endowment for International Peace – Centre Européen Records, Rare Book and Manuscript Library, Columbia University Libraries (im Folgenden: CEIP), Schachtel 129.3.
8 The Geneva International Center at the Palais Wilson, »A Record of the Inaugural Ceremony held on Monday, September 27, 1937« (1938), CEIP, Schachtel 130.
9 William E. Rappard, »The beginnings of world government«, in: Geneva Institute of International Relations, *Problems of Peace. Fifth Series*, London: Oxford University Press 1931, S. i-43, S. 20.
10 Arthur Salter, *Recovery: The Second Effort*, London: G. Bell and Sons 1932, S. 173.
11 Vgl. z.B. Stefan Kolev, »Ordoliberalism and the Austrian School«, in: Peter J. Boettke und Christopher J. Coyne (Hg.), *The Oxford Handbook of Austrian Economics*, New York: Oxford University Press 2015, S. 419-444, S. 423.
12 Zitiert nach: Wilhelm Röpke, *International Economic Disintegration*, London: William Hodge and Co. 1942, S. 4.
13 Vgl. Charles P. Kindleberger, *Die Weltwirtschaftskrise. 1929-1939*, München: dtv 1973.
14 N.N. [Oskar Morgenstern], »Österreich«, in: *Monatsberichte des österreichischen Institutes für Konjunkturforschung* 7/4 (1933), S. 63.
15 League of Nations, *World Economic Survey, 1932/33*, Genf: League of Nations 1933, S. 8. Ich danke Martin Bemmann für das Archivmaterial. Wie er erklärt, ist die vom Schweizer Bankverein angefertigte Abbildung im deutschen Bundesarchiv in Berlin zu finden: R 8034II / 5885, 158. Für einen Überblick über die Tätigkeit des Völkerbunds in den zwanziger Jahren vgl. Martin Bemmann, »Das Chaos beseitigen. Die internationale Standardisierung forst- und holzwirtschaftlicher Statistiken in den 1920er- und 1930er-Jahren und der Völkerbund«, in: *Jahrbuch für Wirtschaftsgeschichte* 57/2 (2016), S. 545-588.
16 N.N. [Morgenstern], »Österreich«, a.a.O., S. 183.
17 Wesley Clair Mitchell, *Business Cycles*, Berkeley: University of California Press 1913, S. vii.
18 Mary S. Morgan, *The History of Econometric Ideas*, New York: Cambridge University Press 1990, S. 64.
19 Walter A. Friedman, *Fortune Tellers: The Story of America's First Economic Forecasters*, Princeton: Princeton University Press 2014, S. 13.
20 Vgl. zur Geschichte des illustrierten Zeitstrahls und zu den bahnbrechen-

den Bemühungen William Playfairs, des schottischen Ingenieurs und Volkswirts, der bereits im 18. Jahrhundert aufwendige Informationsgrafiken erstellte, Daniel Rosenberg und Anthony Grafton, *Cartographies of Time: A History of the Timeline*, New York: Princeton Architectural Press 2010, S. 136.

21 Marcel Boumans, *How Economists Model the World into Numbers*, ew York: Routledge 2005, S. 33.

22 N. N. [F. A. Hayek], »Die Methoden der Konjunkturforschung und ihre Anwendung in Österreich«, in: *Monatsberichte des österreichischen Institutes für Konjunkturforschung* 1/1 (1927), S. 2-20, S. 11.

23 Ebd., S. 2.

24 International Labour Office, »Economic barometers« (Genf 1924), LON, R406, Doss. 30796, Dok. 35557.

25 Fritz Machlup, »Kontingentverträge? Ein Beitrag zur wirtschaftlichen Vernunft«, in: *Neues Wiener Tagblatt* (6. Februar 1932), abgedruckt in: Hansjörg Klausinger (Hg.), *Machlup, Morgenstern, Haberler, Hayek. Wirtschaftspublizistische Beiträge in kritischer Zeit (1911-1934)*, Marburg: Metropolis 2005, S. 69-72, S. 71.

26 Für ein frühes Beispiel für die Verwendung dieses Ausdrucks zur Beschreibung einer wirtschaftlichen Grafik vgl. William Beveridge, *Unemployment*, New York: Longmans, Green, and Co. 1909, S. 44.

27 James K. Cooper, »Electrocardiography 100 years ago«, in: *New England Journal of Medicine* 315/7 (1986), S. 461-464, S. 461.

28 Charles S. Maier, *Recasting Bourgeois Europe: Stabilization in France, Germany, and Italy in the Decade after World War I*, Princeton: Princeton University Press 1975.

29 Vgl. Jamie Martin, *Experts of the World Economy: European Stabilization and the Transformation of Global Capitalism in the Era of Total War*, Dissertationsschrift, Harvard University 2016.

30 Earlene Craver und Axel Leijonhufvud, »Economics in America. The continental influence«, in: *History of Political Economy* 19/2 (1987), S. 173-182, S. 176.

31 Charles J. Bullock an Edmund E. Day (15. Mai 1930), Aufzeichnungen der Rockefeller Foundation, Rockefeller Archive Center (im Folgenden: RPA), Ordner 36, Schachtel 4, Ser. 705.S, RG 1.1, Field Offices, Paris, FA395; vgl. zum Harvard Economic Service Walter A. Friedman, »The Harvard Economic Service and the problems of forecasting«, in: *History of Political Economy* 41/1 (2009), 57-88.

32 Craver/Leijonhufvud, »Economics in America«, a. a. O., S. 179.

33 Stephen Kresge und Leif Wenar (Hg.), *Hayek on Hayek. An Autobiographical Dialogue*, London: Routledge 1994, S. 58.

34 Zitiert in: Alan O. Ebenstein, *Hayek's Journey. The Mind of Friedrich Hayek*, New York: Palgrave Macmillan 2003, S. 53.

35 »Entstehungsgründe des Instituts in Österreich«, Wirtschaftskammer Wien (Wiener Handelskammer) Archiv (im Folgenden: WWA), 2627/10/262701, Ordner 1926.
36 »Nobel-Prize winning economist«, Oral-History-Interview mit F.A. Hayek, UCLA Oral History Program 1983, online verfügbar unter: {https://archive.org/stream/nobelprizewinninoohaye/nobelprizewinninoohaye_djvu.txt}, S. 11.
37 »Geschichte: Institute in europäischen Staaten«, WWA, 2627/10/262701, Ordner 1926.
38 »Entstehungsgründe des österr. Instituts: Zur Vermeidung der ›Verdunkelungsgefahr‹ für Österr. im Ausland«, WWA, 2627/10/262701, Ordner 1926.
39 »Entstehungsgründe des Instituts: Praktischer Vorteil«, WWA, 2627/10/262701, Ordner 1926.
40 Hansjörg Klausinger, »Hayek on practical business cycle research. A note«, in: Harald Hagemann, Yukihiro Ikeda und Tamotsu Nishizawa (Hg.), *Austrian Economics in Transition: From Carl Menger to Friedrich Hayek*, New York: Palgrave Macmillan 2010, S. 218-234.
41 Alexander Loveday an Ludwig von Mises (30. November 1926), LON, R408, Doss. 30796, Dok. 55747.
42 Richard Reisch und F.A. Hayek an das Sekretariat des Expertenkomitees für Konjunkturbarometer, Völkerbund (20. Januar 1927), LON, R476, Doss. 56987, Dok. 56473.
43 N.N. [Hayek], »Die Methoden der Konjunkturforschung und ihre Anwendung in Österreich«, a.a.O., S. 14.
44 »Das Österreichische Institut für Konjunkturforschung« (Januar 1931), LON, R2625, Doss. 11377, Dok. 172.
45 Friedman, *Fortune Tellers*, a.a.O., S. 151.
46 F.A. Hayek, »Konjunkturforschung in Österreich«, in: *Die Industrie* (22. Juli 1927), S. 5.
47 »Verhandlungsschrift: Konferenz der mitteleuropäischen Konjunkturinstitute« (23./24. März 1928), WWA, 2627/10/62701, Ordner 1927.
48 »Einleitende Bemerkungen zu der am 23. März 1928 zusammentretenden Konferenz der Vertreter der mitteleuropäischen Konjunkturforschungsinstitute« (8. März 1928), LON, R2815, Doss. 2539, Dok. 2539, S. 1.
49 Ebd., englischsprachiges Exzerpt, S. 5.
50 Ebd., S. 4.
51 Earlene Craver, »Patronage and the directions of research in economics. The Rockefeller Foundation in Europe, 1924-1938«, in: *Minerva* 24/2/3 (1986), S. 205-222, S. 210f.
52 Ebd., S. 214.
53 Ebd., S. 213.

54 Ebd.
55 Alexander Loveday an F.A. Hayek (21. Januar 1928), LON, R2815, Doss. 2539, Dok. 2539.
56 F.A. Hayek an Bertil Ohlin (10. Juni 1931), LON, R2889, Doss. 23630, Dok. 24135.
57 Alexander Loveday an Oskar Morgenstern (11. März 1931), LON, R2889, Doss. 23630, Dok. 24135.
58 Alexander Loveday, »The League of Nations and business cycle research«, in: *Review of Economics and Statistics* 18/4 (1936), S. 157-161, S. 157.
59 *League of Nations Official Journal* 12/12 (Dezember 1931), S. 2403, Anhang.
60 Ernst Wagemann an Alexander Loveday (17. November 1926), LON, R451, Doss. 5186, Dok. 52192.
61 A.M. Endres und Grant A. Fleming, *International Organizations and the Analysis of Economic Policy, 1919-1950*, New York: Cambridge University Press 2002, S. 18.
62 Charles K. Nichols, »The statistical work of the League of Nations in economic, financial and related fields«, in: *Journal of the American Statistical Association* 37/219 (September 1942), S. 336-342, S. 339.
63 Ebd., a.a.O., S. 338.
64 J.B. Condliffe, »A world economic survey«, in: Norman Angell, J.B. Condliffe et al. (Hg.), *Geneva and the Drift to War*, London: Allen and Unwin 1938, S. 97-115, S. 98.
65 Ludwig von Mises, *Liberalismus*, Jena: Gustav Fischer 1927, S. 130.
66 Patricia Clavin, *Securing the World Economy: The Reinvention of the League of Nations, 1920-1946*, New York: Oxford University Press 2013, S. 76.
67 Salter, *Recovery*, a.a.O., S. 27.
68 League of Nations, *World Economic Survey, 1931/32*, Genf: League of Nations 1932, S. 7.
69 *League of Nations Official Journal* 15/6 (Juni 1934), S. 524, Anhang; Mauro Boianovsky und Hans-Michael Trautwein, »Haberler, the League of Nations, and the quest for consensus in business cycle theory in the 1930s«, in: *History of Political Economy* 38/1 (2006), S. 45-89, S. 46.
70 Gottfried Haberler, »Systematic analysis of the theories of the business cycle«, Economic Intelligence Service (August 1934), LON, R4539, Doss. 12653, Dok. 12653, S. 3.
71 Ernest Minor Patterson, »An approach to world economics«, in: *American Economic Review* 21/1 (März 1931), S. 142-149, S. 147.
72 Boianovsky/Trautwein, »Haberler, the League of Nations, and the quest for consensus in business cycle theory in the 1930s«, a.a.O., S. 62.

73 Ebd., S. 63.
74 Clavin, *Securing the World Economy*, a.a.O., S. 205.
75 Karl Pribram, »How to ascertain the definition of some notions which are fundamental to business cycle analysis?«, in: *Revue de l'Institut International de Statistique/Review of the International Statistical Institute* 4/2 (1936), S. 212-231, S. 215.
76 Haberler an Loveday (22. August 1936), LON, R4539, Doss. 12809, Dok. 12653.
77 Kittredge an Condliffe (18. Mai 1936), LON, R4539, Doss. 12653, Dok. 21852.
78 Für eine bahnbrechende Untersuchung zu dieser Konferenz vgl. Neil de Marchi und Peter Dohlman, »League of Nations economists and the ideal of peaceful change in the decade of the thirties«, in: C.D.W. Goodwin (Hg.), *Economics and National Security: A History of Their Interaction*, Durham: Duke University Press 1991, S. 143-178, S. 149. Die Autoren zählen Wesley Mitchell irrtümlich zu den Konferenzteilnehmern. Er war eingeladen, nahm jedoch nicht teil; vgl. Kittredge an Loveday (11. Juni 1936), LON, R4539, Doss. 12653, Dok. 21852.
79 Kittredge an Loveday (29. Februar 1936), LON, R4539, Doss. 12653, Dok. 21852.
80 Kittredge an Haberler (16. März 1936), LON, R4539, Doss. 12653, Dok. 21852.
81 Entwurf der Agenda für die Konferenz (o. D.), LON, R4539, Doss. 12653, Dok. 21852.
82 William E. Rappard, »Investigation into post-war agrarian and industrial protectionism« (Januar 1937), RPA, Ordner 942, Schachtel 104, Reihe 100, RG 1.1, Field Offices, Paris, FA395.
83 Victor Monnier, *William E. Rappard: Défenseur des libertés, serviteur de son pays et de la communauté internationale*, Genf: Slatkine 1995, S. 497.
84 Röpke, der offiziell nicht von seinem Posten entfernt worden war, sondern sich »zurückgezogen« hatte, erhielt bis zum Kriegsausbruch im Jahr 1939 eine Pension vom deutschen Staat; Hans-Jörg Hennecke, *Wilhelm Röpke: Ein Leben in der Brandung*, Stuttgart: Schäffer-Poeschel Verlag 2005, S. 89-95, S. 125.
85 Auszug aus einem Memorandum von T. B. Kittredge für JVS [John Van Sickle] und SHW [Sydnor H. Walker] (16. Dezember 1936), RPA, Ordner 942, Schachtel 104, Reihe 100, RG 1.1; Jacques J. Polak, »The contribution of the International Monetary Fund«, in: *History of Political Economy* 28/Supplement (1996), S. 211-224, S. 214.
86 Susan Pedersen, »The meaning of the mandates system: An argument«, in: *Geschichte und Gesellschaft* 32/4 (2006), S. 560-582, S. 562.
87 Monnier, *William E. Rappard*, a.a.O., S. 6, S. 10.

88 Ebd., S. 28, S. 31-34, S. 43.
89 Ebd., S. 46; Charles Howard Ellis, *The Origin, Structure and Working of the League of Nations*, London: Allen and Unwin 1928, S. 210ff.
90 Monnier, *William E. Rappard*, a.a.O., S. 51.
91 Ebd., S. 356.
92 Ebd., S. 364.
93 Auszug aus einem Memorandum von T.B. Kittredge für JVS [John Van Sickle] und SHW [Sydnor H. Walker] (16. Dezember 1936), RPA, Ordner 942, Schachtel 104, Reihe 100, RG 1.1.
94 Kittredge an Röpke (31. März 1937), RPA, Ordner 942, Schachtel 104, Reihe 100, RG 1.1.
95 Wilhelm Röpke, »Investigation into postwar agrarian and industrial protectionism: Outline of the first special research program« (November 1937), RPA Ordner 944, Schachtel 104, Reihe 100, RG 1.1.
96 Röpke an Fleming (2. März 1937), RPA, Ordner 942, Schachtel 104, Reihe 100, RG 1.1.
97 Wilhelm Röpke, »Investigation into postwar agrarian and industrial protectionism: Report on the organization and financial demands« (Februar 1938), RPA, Ordner 944, Schachtel 104, Reihe 100, RG 1.1.
98 Kittredge an Van Sickle (28. Januar 1937), RPA, Ordner 942, Schachtel 104, Reihe 100, RG 1.1.
99 Röpke an Robbins (13. Februar 1937), Nachlass-Archiv Wilhelm Röpke, Institut für Wirtschaftspolitik, Köln (im Folgenden: RA), Panzerschrank, S. 416.
100 Röpke an Lippmann (14. September 1937), RA, Panzerschrank, S. 423f.
101 Röpke an Robbins (17. November 1937), RA, Panzerschrank, S. 429.
102 Louis Rougier, *Les mystiques politiques contemporaines et leurs incidences internationales*, Publications de l'Institut Universitaire de Hautes Études Internationales, Paris: Librairie du Recueil Sirey 1935.
103 David Long, »Who killed the International Studies Conference?«, in: *Review of International Studies* 32/4 (2006), S. 603-622, S. 603.
104 Daniel Gorman, *The Emergence of International Society in the 1920s*, Cambridge: Cambridge University Press 2012, S. 204.
105 International Institute of Intellectual Cooperation, *Economic Policies in Relation to World Peace: International Studies Conference, Twelfth Session*, Paris: League of Nations 1940.
106 De Marchi/Dohlman, »League of Nations economists and the ideal of peaceful change in the decade of the thirties«, a.a.O., S. 151.
107 Hagen Schulz-Forberg, »Laying the groundwork: The semantics of neoliberalism in the 1930s«, in: ders. und Niklas Olsen (Hg.), *Re-Inventing Western Civilisation: Transnational Reconstructions of Liberalism in Europe in the Twentieth Century*, Newcastle upon Tyne: Cambridge Scholars 2014, S. 13-39, S. 16.

108 Ludwig von Mises, »A draft of guidelines for the reconstruction of Austria« (Mai 1940), in: Richard M. Ebeling (Hg.), *Selected Writings of Ludwig von Mises*, Bd. 3: *The Political Economy of International Reform and Reconstruction*, Indianapolis: Liberty Fund 2000, S. 133-168, S. 158.

109 Röpke an Haberler (25. Februar 1936), RA, Panzerschrank, S. 462.

110 Frederick Sherwood Dunn, *Peaceful Change: A Study of International Procedures*, New York: Council on Foreign Relations 1937, S. v.

111 Colloque Walter Lippmann, *Compte-rendu des séances du Colloque Walter Lippmann* (26.-30. August 1938), Bd. 1 der Reihe *Travaux du centre international d'études pour la renovation du libéralisme*, Paris: Librairie de Médicis 1938, S. 110.

112 Ebd., S. 102.

113 Janet R. Horne, *A Social Laboratory for Modern France: The Musée Social and the Rise of the Welfare State*, Durham: Duke University Press 2002.

114 Vgl. Serge Audier, *Le colloque Lippmann: Aux origines du néo-libéralisme, précédé de Penser le néo-libéralisme*, 2. Auflage, Paris: Éditions Le Bord de l'eau 2012; François Denord, »French neoliberalism and its divisions: From the Colloque Walter Lippmann to the Fifth Republic«, in: Philip Mirowski und Dieter Plehwe (Hg.), *The Road from Mont Pèlerin: The Making of the Neoliberal Thought Collective*, Cambridge, MA: Harvard University Press 2009, S. 45-67, S. 50.

115 Walter Lippmann, *Die Gesellschaft freier Menschen*, Bern: A. Francke 1945, S. 270.

116 John Maynard Keynes, *Das Ende des Laissez-Faire: Ideen zur Verbindung von Privat- und Gemeinwirtschaft*, München/Leipzig: Duncker & Humblot 1926.

117 Lippmann, *Die Gesellschaft freier Menschen*, a.a.O., S. 299.

118 Ebd., S. 307.

119 Rüstow an Röpke, »A note on the urgent necessity of reorientation in social science« (o.D.), RPA, Ordner 944, Schachtel 104, Reihe 100, RG 1.1.

120 Wilhelm Röpke, *Internationale Ordnung – heute*, Bern/Stuttgart: Paul Haupt 1979 [1952], S. 28; vgl. zu diesem Zeitraum Patricia Clavin, *The Failure of Economic Diplomacy: Britain, France, Germany and the United States, 1931-1936*, New York: Palgrave Macmillan 1996.

121 Lippmann, *Die Gesellschaft freier Menschen*, a.a.O., S. 464, S. 237.

122 Ebd., S. 80.

123 Ebd., S. 77.

124 Ebd., S. 78.

125 Ebd.

126 Ebd., S. 81.

127 Ebd., S. 239.

128 Vgl. Graham Wallas, *The Great Society: A Psychological Analysis*, New York: Macmillan 1914, S. 3 f.; Wallas widmete sein Buch Lippmann.
129 Lippmann, *Die Gesellschaft freier Menschen*, a. a. O., S. 410.
130 Ben Jackson, »Freedom, the common good, and the rule of law: Lippmann and Hayek on economic planning«, in: *Journal of the History of Ideas* 73/1 (2012), S. 47-68, S. 60.
131 Ludwig von Mises, *Omnipotent Government: The Rise of the Total State and Total War*, New Haven: Yale University Press 1944, S. 238.
132 Hansjörg Klausinger, »Introduction«, in: Hansjörg Klausinger (Hg.), *The Collected Works of F. A. Hayek*, Bd. 7, *Business Cycles*, Teil I, London: Routledge 2009, S. 1-45, S. 7.
133 Ebd.
134 F. A. Hayek, »Economics and knowledge«, in: *Economica* 4/13 (1937), S. 33-54. Hayek hatte auch die Debatte über die Wirtschaftsrechnung im Sozialismus mit der Veröffentlichung einiger wichtiger Essays wiederbelebt; vgl. ders. (Hg.), *Collectivist Economic Planning*, London: Routledge and Kegan Paul 1935; für eine sorgfältige Rekonstruktion des Essays »Economics and knowledge« vgl. Bruce Caldwell, *Hayek's Challenge: An Intellectual Biography of F. A. Hayek*, Chicago: University of Chicago Press 2004, S. 206-230.
135 F. A. Hayek, »Economics and knowledge« (1937), in: ders. (Hg.), *Individualism and Economic Order*, Chicago: University of Chicago Press 1948, S. 33-56, S. 39.
136 Ebd., S. 46.
137 Ebd., S. 50.
138 Philip Mirowski, *Untote leben länger. Warum der Neoliberalismus nach der Krise noch stärker ist*, Berlin: Matthes & Seitz 2015, Kap. 4.
139 Hayek, »Economics and knowledge« (1937), a. a. O., S. 53.
140 Zitiert in: Ebenstein, *Hayek's Journey*, a. a. O., S. 237.
141 F. A. Hayek, »Grundsätze einer liberalen Gesellschaftsordnung«, in: ders., *Freiburger Studien*, a. a. O., S. 108-125, S. 112.
142 Lippmann, *Die Gesellschaft freier Menschen*, S. 76.
143 Röpke an Robbins (6. Mai 1936), RA, Panzerschrank, S. 421.
144 Röpke an Robbins (13. Februar 1937), RA, Panzerschrank, S. 414.
145 Rüstow an Röpke, »A note on the urgent necessity of reorientation in social sciences«, a. a. O.
146 Colloque Walter Lippmann, *Compte-rendu des séances du Colloque Walter Lippmann* (26.-30. August 1938), a. a. O., S. 80 f.
147 Ebd., S. 81.
148 Ebd., S. 91.
149 Rüstow an Röpke, »A note on the urgent necessity of reorientation in social sciences«, a. a. O.

150 Michael A. Heilperin, *International Monetary Economics*, London: Longmans, Green and Co. 1939, S. viii.

151 Ebd., S. 267.

152 Lippmann, *Die Gesellschaft freier Menschen*, a.a.O., S. 404; vgl. Neuraths Beiträge in: International Industrial Relations Institute, *World Social Economic Planning*, New York: International Industrial Relations Institute 1932.

153 Colloque Walter Lippmann, *Compte-rendu des séances du Colloque Walter Lippmann* (26.-30. August 1938), a.a.O., S. 109.

154 H.G. Wells, *The Shape of Things to Come*, New York: Macmillan 1933, S. 24.

155 N.N., »Urge world effort to end depression«, in: *The New York Times* (31. Juli 1931).

156 Timothy Mitchell, »Fixing the economy«, in: *Cultural Studies* 12/1 (1998), S. 82-101; vgl. auch Daniel Speich Chassé, *Die Erfindung des Bruttosozialprodukts: Globale Ungleichheit in der Wissensgeschichte der Ökonomie*, Göttingen: Vandenhoeck & Ruprecht 2013.

157 Wilhelm Röpke, *Die Lehre von der Wirtschaft*, Bern/Stuttgart: Paul Haupt 1979, S. 173.

158 F.A. Hayek, *Monetary Nationalism and International Stability*, London: Longmans, Green and Co. 1937, S. 7.

159 Ludwig von Mises, *Nationalökonomie. Theorie des Handelns und Wirtschaftens*, Genf: Éditions Union Genf 1940, S. 313.

160 Wilhelm Röpke, »International economics in a changing world«, in: Genfer Hochschulinstitut für internationale Studien (Hg.), *The World Crisis*, London: Longmans, Green and Co. 1938, S. 285.

161 Ebd.

162 Colloque Walter Lippmann, *Compte-rendu des séances du Colloque Walter Lippmann* (26.-30. August 1938), a.a.O., S. 59.

3. *Eine Welt der Föderationen*

1 »Nobel-Prize winning economist«, »Nobel-Prize winning economist«, Oral-History-Interview mit F.A. Hayek, UCLA Oral History Program 1983, online verfügbar unter: {https://archive.org/stream/nobelprize winninoohaye/nobelprizewinninoohaye_djvu.txt}, S. 66f.

2 Richard M. Ebeling (Hg.), *Globalization: Will Freedom or Global Government Dominate the International Marketplace?*, Hillsdale: Hillsdale College Press 2002.

3 Peter J. Boettke und Christopher J. Coyne (Hg.), *The Oxford Handbook of Austrian Economics*, New York: Oxford University Press 2015.

4 N.N., »Fisher appeals for world union«, in: *The New York Times* (1. September 1941).
5 Wilhelm Röpke, *German Commercial Policy*, London: Longmans, Green and Co. 1934, S. 83 f.
6 Michel Foucault, *Die Geburt der Biopolitik, Geschichte der Gouvernementalität II, Vorlesungen am Collège de France 1978-1979*, Frankfurt am Main: Suhrkamp 2004, S. 235.
7 Michael A. Heilperin, *International Monetary Organisation*, Paris: League of Nations International Institute of Intellectual Cooperation 1939, S. 16.
8 Ebd.
9 Eugene Staley, *World Economy in Transition*, New York: Council on Foreign Relations 1939, S. 35.
10 Colloque Walter Lippmann, *Compte-rendu des séances du Colloque Walter Lippmann* (26.-30. August 1938), a.a.O., S. 64.
11 Ludwig von Mises, *Nation, Staat und Wirtschaft*, Wien/Leipzig: Manzsche Verlags- und Universitäts-Buchhandlung 1919, S. 63.
12 Für die maßgebliche Geschichte der Mandate vgl. Susan Pedersen, *The Guardians: The League of Nations and the Crisis of Empire*, New York: Oxford University Press; für eine gute Analyse der Funktion der Mandate zur »Ökonomisierung der Regierung« vgl. Antony Anghie, *Imperialism, Sovereignty, and the Making of International Law*, New York: Cambridge University Press 2007, Kap. 3.
13 William E. Rappard, *The Geneva Experiment*, London: Oxford University Press 1931; ders., William E. Rappard, »The beginnings of world government«, in: Geneva Institute of International Relations, *Problems of Peace. Fifth Series*, London: Oxford University Press 1931, S. i-43.
14 League of Nations, *The State and Economic Life: A Record of a Second Study Conference Held in London from May 29 to June 2, 1933*, Paris: International Institute of Intellectual Cooperation 1934, S. 16.
15 Für Einzelheiten vgl. Susan Howson, *Lionel Robbins*, New York: Cambridge University Press 2011, S. 237-244; Patricia Clavin, »›A wandering scholar‹ in Britain and the USA, 1933-45: The life and work of Moritz Bonn«, in: Anthony Grenville (Hg.), *Refugees from the Third Reich in Britain (Yearbook of the Research Centre for German and Austrian Exile Studies)*, Amsterdam: Éditions Rodopi B.V. 2003, S. 27-42.
16 Moritz Julius Bonn, *So macht man Geschichte. Bilanz eines Lebens*, München: List 1953, S. 88.
17 Zu Dernburgs auf die wirtschaftliche Entwicklung zielender Konzentration auf Unternehmertum und Infrastrukturen vgl. Bradley D. Naranch, »›Colonized body‹, ›oriental machine‹: Debating race, railroads and the politics of reconstruction in Germany and East Africa, 1906-1910«, in: *Central European History* 33/3 (2000), S. 299-338.

18 Bonn, *So macht man Geschichte*, a.a.O., vgl. auch Moritz Julius Bonn, *Nationale Kolonialpolitik*, München: Rieger 1910.

19 Für Details vgl. Stuart Ward, »The European provenance of decolonization«, in: *Past and Present* 230/1 (2016), S. 233-246. Todd Shepard nennt Präzedenzfälle, räumt jedoch ein, dass der Begriff erst nach der Wiedereinführung durch Bonn im Englischen Fuß fasste (Todd Shepard, *The Invention of Decolonization: The Algerian War and the Remaking of France*, Ithaca: Cornell University Press 2006, S. 5). Bonns Vortrag erschien unter dem Titel »The age of counter-colonisation« in: *International Affairs* 13/6 (1934), S. 845-847.

20 Moritz Julius Bonn, »Union now?«, in: *World Affairs* (Juli 1948), S. 251.

21 Detlev Peukert, *Max Webers Diagnose der Moderne*, Göttingen: Vandenhoeck & Ruprecht 1989, S. 112.

22 Mary Nolan, *The Transatlantic Century: Europe and America, 1890-2010*, New York: Cambridge University Press 2012, S. 118-142.

23 Bonn, »The age of counter-colonisation«, a.a.O., S. 846.

24 Moritz Julius Bonn, »International economic interdependence«, in: *Annals of the American Academy of Political and Social Science* 175 (1934), S. 156-165.

25 Moritz Julius Bonn, *The Crumbling of Empire: The Disintegration of World Economy*, London: Allen and Unwin 1938, S. 203.

26 Bonn, »International economic interdependence«, a.a.O., S. 156.

27 Bonn, *So macht man Geschichte*, a.a.O., S. 315; vgl. John Maynard Keynes, »National self-sufficiency«, in: *Yale Review* 22/4 (Juni 1933), S. 755-769.

28 Bonn, *The Crumbling of Empire*, a.a.O., S. 8.

29 Wilhelm Röpke, *International Economic Disintegration*, London: William Hodge and Co. 1942, S. 13.

30 Moritz Julius Bonn, »Planning for peace«, in: *American Economic Review* 30/1 (1940), S. 272-280, S. 276.

31 Zitiert in: Howson, *Lionel Robbins*, a.a.O., S. 279.

32 N.N., »An economist's manifesto«, in: *The Economist* (15. Mai 1937).

33 Lionel Robbins, *Economic Planning and International Order*, London: Macmillan 1937, S. 67.

34 Colloque Walter Lippmann, *Compte-rendu des séances du Colloque Walter Lippmann* (26.-30. August 1938), a.a.O., S. 60.

35 Robbins, *Economic Planning and International Order*, a.a.O., S. 126.

36 League of Nations, *The State and Economic Life*, a.a.O., S. 90.

37 Clarence K. Streit, *Union Now: A Proposal for a Federal Union of the Democracies of the North Atlantic*, New York: Harper and Bros. 1939. Die Zeitschrift *The New Commonwealth Quarterly* wurde 1932 gegründet, um alternative Modelle für Föderationen und Staatenbünde zu diskutieren; vgl. David Davies, *New Commonwealth versus the*

Round Table, London: New Commonwealth 1935; vgl. für einen enzyklopädischen Überblick über diese Diskussionen Joseph Preston Baratta, *The Politics of World Federation*, Westport: Praeger 2004.

38 Robbins, *Economic Planning and International Order*, a.a.O., S. 247.

39 Ebd.

40 Ebd., S. 128.

41 Ebd., S. 124.

42 Ebd., S. 248.

43 Ebd., S. 37.

44 Ebd., S. 262.

45 Ebd., S. 210.

46 Vgl. Or Rosenboim, »Barbara Wootton, Friedrich Hayek and the debate on democratic federalism in the 1940s«, in: *International History Review* 36/5 (2014), S. 894-918, S. 903, S. 906.

47 F.A. Hayek, »Economic conditions of inter-state federalism«, in: *New Commonwealth Quarterly* 5/2 (1939), S. 131-149; hier zitiert nach der deutschen Fassung F.A. Hayek, »Die wirtschaftlichen Voraussetzungen föderativer Zusammenschlüsse«, in: ders., *Individualismus und wirtschaftliche Ordnung*, Zürich: Eugen Rentsch 1952, S. 324-344.

48 Ebd., S. 332.

49 Ebd., S. 329.

50 Ebd., S. 337.

51 Ebd., S. 332 f.

52 Robbins, *Economic Planning and International Order*, a.a.O., S. 217.

53 Zur Geschichte dieser Allegorie vgl. Eric Hayot, *The Hypothetical Mandarin: Sympathy, Modernity, and Chinese Pain*, New York: Oxford University Press 2009.

54 Robbins, *Economic Planning and International Order*, a.a.O., S. 326.

55 Frederick Cooper, »The dialectics of decolonization: Nationalism and labor movements in post-war French Africa«, in: Frederick Cooper und Laura Ann Stoler (Hg.), *Tensions of Empire: Colonial Cultures in a Bourgeois World*, Berkeley: University of California Press 1997, S. 406-435.

56 Frederick Cooper, »Alternatives to nationalism in French Africa, 1945-1960«, in: Jost Dülffer und Marc Frey (Hg.), *Elites and Decolonization in the Twentieth Century*, New York: Palgrave Macmillan 2011, S. 116.

57 F.A. Hayek, *Der Weg zur Knechtschaft*, Zürich: Eugen Rentsch 1952, S. 286.

58 Michael A. Heilperin, »Review: World economic development by Eugene Staley«, in: *American Political Science Review* 39/1 (1945), S. 190.

59 Hayek, *Der Weg zur Knechtschaft*, a.a.O., S. 287.

60 Das Wort »federation« kommt weder in Bruce Caldwells Buch *Hayek's Challenge: An Intellectual Biography of F.A. Hayek* (Chicago: Univer-

sity of Chicago Press 2004) noch in Alan O. Ebensteins *Hayek's Journey. The Mind of Friedrich Hayek* (New York: Palgrave Macmillan 2003) oder in dem von Edward Feser herausgegebenen Band *The Cambridge Companion to Hayek* vor (New York: Cambridge University Press 2006). Auch in zwei neueren Überblicken über die neoliberale Bewegung findet sich der Begriff nicht: Angus Burgin, *The Great Persuasion: Reinventing Free Markets since the Depression*, Cambridge, MA: Harvard University Press 2012; Daniel Stedman Jones, *Masters of the Universe: Hayek, Friedman, and the Birth of Neoliberal Politics*, Princeton: Princeton University Press 2012. In Alan O. Ebensteins *Friedrich Hayek: A Biography* (Chicago: University of Chicago Press 2001) kommt das Wort lediglich in einer Fußnote vor (S. 393). Für jüngere Arbeiten zu Hayeks supranationalen Vorstellungen vgl. Jörg Spieker, »F. A. Hayek and the reinvention of liberal internationalism«, in: *International History Review* 36/5 (2014), S. 1-24; John Gillingham, *European Integration, 1950-2003: Superstate or New Market Economy?*, New York: Cambridge University Press 2003; Or Rosenboim, *The Emergence of Globalism: Visions of World Order in Britain and the United States, 1939-1950*, Princeton: Princeton University Press 2017, Kap. 5.

61 Wolfgang Streeck, *Gekaufte Zeit. Die vertagte Krise des demokratischen Kapitalismus*, erweiterte Ausgabe, Berlin: Suhrkamp 2015, S. 146.

62 »Nobel-Prize winning economist«, Oral-History-Interview mit Friedrich Hayek, a. a. O., S. 46.

63 John Gray, *Politik der Apokalypse. Wie Religion die Welt in die Krise stürzt*, Stuttgart: Klett-Cotta 2009, S. 142.

64 Malachi Haim Hacohen, *Karl Popper, the Formative Years, 1902-1945: Politics and Philosophy in Interwar Vienna*, New York: Cambridge University Press 2000, S. 6.

65 Paul Silverman, *Law and Economics in Interwar Vienna: Kelsen, Mises, and the Regeneration of Austrian Liberalism*, Dissertationsschrift, University of Chicago 1984, S. 25.

66 Ludwig von Mises, *Erinnerungen*, Stuttgart/New York: Gustav Fischer 1978, S. 17.

67 Ludwig von Mises, »Economic nationalism and peaceful economic cooperation« (1943), in: ders., *Money, Method, and the Market Process: Essays*, herausgegeben von Richard M. Ebeling, Norwell: Kluwer Academic Publishers 1990, S. 161-164.

68 Ludwig von Mises, »Vom Ziel der Handelspolitik«, in: *Archiv für Sozialwissenschaft und Sozialpolitik* 42/2 (1916), S. 561-585, S. 580.

69 Ebd., S. 566.

70 Ludwig von Mises, *Die Gemeinwirtschaft. Untersuchungen über den Sozialismus*, Jena: Gustav Fischer 1922, S. 282.

71 Mises, *Nation, Staat und Wirtschaft*, a. a. O., S. 46.

72 Ebd., S. 28.
73 Ebd.
74 Mises, *Die Gemeinwirtschaft*, a.a.O., S. 499.
75 Mises, *Nation, Staat und Wirtschaft*, a.a.O., S. 46.
76 Mises, *Die Gemeinwirtschaft*, a.a.O., S. 436.
77 Ebd., S. 435.
78 Ebd.
79 Ebd., S. 301.
80 Ludwig von Mises, *Liberalismus*, Jena: Gustav Fischer 1927, S. 145.
81 Ebd., S. 110.
82 Ebd., S. 19f., S. 46f.
83 Mises, *Die Gemeinwirtschaft*, a.a.O., S. 220.
84 Benjamin H. Williams, »Review: Leo Pasvolsky, *Economic Nationalism of the Danubian States*«, in: *American Journal of International Law* 23/2 (1929), S. 492.
85 Kari Polanyi-Levitt, *From the Great Transformation to the Great Financialization: On Karl Polanyi and Other Essays*, London: Zed 2013, S. 27f.
86 Mises, *Liberalismus*, a.a.O., S. 115.
87 Williams, »Review: Leo Pasvolsky, *Economic Nationalism of the Danubian States*, a.a.O.
88 Max Sylvius Handman, »Review: Leo Pasvolsky, *Economic Nationalism of the Danubian States*«, in: *Journal of Political Economy* 38/4 (1930), S. 488.
89 Lionel Robbins, *The Economic Causes of War*, London: J. Cape 1939, S. 79.
90 Jörg Guido Hülsmann, *Mises: The Last Knight of Liberalism*, Auburn: Ludwig von Mises Institute 2007, S. 808.
91 Ludwig von Mises, »An Eastern democratic union: A proposal for the establishment of a durable peace in Eastern Europe« (Oktober 1941), in: Richard M. Ebeling (Hg.), *Selected Writings of Ludwig von Mises*, Bd. 3, *The Political Economy of International Reform and Reconstruction*, Indianapolis: Liberty Fund 2000, S. 169-201, S. 193.
92 Ludwig von Mises, »Guidelines for a new order of relationships in the Danube region« (1938), in: Richard M. Ebeling (Hg.), *Selected Writings of Ludwig von Mises*, Bd. 2, *Between the Two World Wars, Monetary Disorder, Interventionism, Socialism, and the Great Depression*, S. 315-322, S. 318.
93 Mises, *Liberalismus*, a.a.O., S. 114.
94 Ludwig von Mises, »An international loan as the ›breathing room‹ for Austrian economic reform«, in: Ebeling (Hg.), *Selected Writings of Ludwig von Mises*, Bd. 2, S. 251-285, S. 270.
95 Ebd., S. 268.

96 N.N., »Letters from citizen readers«, in: *Ottawa Citizen* (19. August 1944).
97 Rappard, *The Geneva Experiment*, a.a.O., S. 66.
98 Mises, »An Eastern democratic union«, a.a.O., S. 197.
99 Ebd., S. 196.
100 Ludwig von Mises, *Omnipotent Government: The Rise of the Total State and Total War*, New Haven: Yale University Press 1944.
101 Mises, »An Eastern democratic union«, a.a.O., S. 197.
102 F.A. Hayek, »Nationalities and states in central Europe«, in: *Central European Trade Review* 3/3 (1945), S. 49-52.
103 Wilhelm Röpke, *Die Gesellschaftskrisis der Gegenwart*, Zürich: Eugen Rentsch 1948, S. 385.
104 Ebd., S. 376.
105 Wilhelm Röpke, *Die deutsche Frage*, Zürich: Eugen Rentsch 1948, S. 270-280.
106 F.A. Hayek, »Einleitung«, in: Wilhelm Röpke, *The German Question*, London: Allen and Unwin 1946, S. 13.
107 Wilhelm Röpke (1939), »The economics of international federation«, in: Institut Universitaire de Hautes Études Internationales (Hg.), *40ème anniversaire 1927-1967*, Genf: Institut Universitaire de Hautes Études Internationales 1967, S. 95 f.
108 Wilhelm Röpke, »Die internationale Wirtschaftsordnung der Zukunft: Pläne und Probleme«, in: *Schweizer Monatshefte* 22/7 (Oktober 1942), S. 371-378, S. 375.
109 Colloque Walter Lippmann, *Compte-rendu des séances du Colloque Walter Lippmann* (26.-30. August 1938), a.a.O., S. 65.
110 Wilhelm Röpke, »International economics in a changing world«, in: Institut Universitaire de Hautes Études Internationales (Hg.), *The World Crisis*, London: Longmans, Green and Co. 1938, S. 278.
111 Wilhelm Röpke, »Wirtschaftssystem und internationale Ordnung: Prolegomena«, in: *Ordo* 4 (1951), S. 261-297, S. 275.
112 Robbins, *Economic Planning and International Order*, a.a.O., S. 91.
113 Walter Eucken, »Staatliche Strukturwandlungen und die Krisis des Kapitalismus«, in: *Weltwirtschaftliches Archiv* 36 (1932), S. 297-321, S. 307.
114 Ebd., S. 307, S. 314.
115 Röpke, »Die internationale Wirtschaftsordnung der Zukunft«, a.a.O., S. 382.
116 Walter Eucken, Franz Böhm und Hans Großmann-Doerth, »Vorwort«, in: Franz Böhm, *Die Ordnung der Wirtschaft als geschichtliche Aufgabe und rechtschöpferische Leistung*, Stuttgart: W. Kohlhammer 1937, S. xix.
117 Colloque Walter Lippmann, *Compte-rendu des séances du Colloque Walter Lippmann* (26.-30. August 1938), a.a.O., S. 58.

118 Röpke an Marcel van Zeeland (20. Oktober 1940), RA, Ordner 7 (Hervorhebung und französische Ergänzung im Original).
119 Wilhelm Röpke, »Kapitalismus und Imperialismus«, in: *Zeitschrift für schweizerische Statistik und Volkswirtschaft* 3 (1934), S. 370-386, S. 384.
120 Röpke, *International Economic Disintegration*, a.a.O., S. 96.
121 Timothy Mitchell, *Rule of Experts: Egypt, Techno-Politics, Modernity*, Berkeley: University of California Press 2002, S. 70.
122 Röpke, *International Economic Disintegration*, a.a.O., S. 96.
123 Eucken, »Staatliche Strukturwandlungen und die Krisis des Kapitalismus«, a.a.O., S. 314.
124 Walter Lippmann, *Die Gesellschaft freier Menschen*, Bern: A. Francke 1945, S. 463.
125 F.A. Hayek, »The present state of the debate«, in: ders. (Hg.), *Collectivist Economic Planning*, London: Routledge and Kegan Paul 1935, S. 201-243, S. 241.
126 Ebd.

4. *Eine Welt der Rechte*

1 F.A. Hayek, *Der Weg zur Knechtschaft*, Zürich: Eugen Rentsch 1952, S. 116; vgl. auch Roger Normand und Sarah Zaidi, *Human Rights at the UN: The Political History of Universal Justice*, Bloomington: Indiana University Press 2008, S. 77.
2 Vgl. z.B. Hans-Hermann Hoppe, der erklärt, Hayeks Vorstellungen von der Rolle des Marktes und des Staates seien »nicht systematisch von denen eines Sozialdemokraten zu unterscheiden« (Hans-Hermann Hoppe, »F.A. Hayek on government and social evolution: A critique«, in: *Review of Austrian Economics* 7/1 [1994], S. 67-93, S. 67).
3 Hayek, *Der Weg zur Knechtschaft*, a.a.O., S. 157f.
4 Ebd., S. 116; vgl. auch Normand/Zaidi, *Human Rights at the UN*, a.a.O., S. 77.
5 Barbara Wootton, »Economic problems of federal union«, in: *New Commonwealth Quarterly* 5/2 (September 1939), S. 150-156; Jan Herman Burgers, »The road to San Francisco: The revival of the human rights idea in the twentieth century«, in: *Human Rights Quarterly* 14/4 (November 1992), S. 447-477, S. 465; Or Rosenboim, »Barbara Wootton, Friedrich Hayek and the debate on democratic federalism in the 1940s«, in: *International History Review* 36/5 (2014), S. 894-918, S. 910.
6 H.G. Wells, »The survival of homo sapiens«, in: *New Commonwealth Quarterly* 7/3 (Januar 1942), S. 163-171.
7 Burgers, »The road to San Francisco«, a.a.O., S. 466.

8 Vgl. zu dieser Einschätzung Manfred B. Steger, *The Rise of the Global Imaginary: Political Ideologies from the French Revolution to the Global War on Terror*, New York: Oxford University Press 2008, S. 168.

9 Angus Burgin, *The Great Persuasion: Reinventing Free Markets since the Depression*, Cambridge, MA: Harvard University Press 2012, S. 90; Ben Jackson, »At the origins of neo-liberalism: The free economy and the strong state, 1930-1947«, in: *Historical Journal* 53/1 (2010), S. 129-151, S. 145; Jeremy Shearmur, *Hayek and After: Hayekian Liberalism as a Research Programme*, London: Routledge 1996, S. 140f.; vgl. zu negativen Rechten F.A. Hayek, *Recht, Gesetzgebung und Freiheit. Eine neue Darstellung der liberalen Prinzipien der Gerechtigkeit und der politischen Ökonomie*, Bd. 2: *Die Illusion der sozialen Gerechtigkeit*, Landsberg: Verlag Moderne Industrie 1981, S. 15-20.

10 Hayek, *Der Weg zur Knechtschaft*, a.a.O., S. 286.

11 Ebd., S. 118.

12 Ebd., S. 124.

13 Ebd., S. 286.

14 F.A. Hayek, *Die verhängnisvolle Anmaßung. Die Irrtümer des Sozialismus*, Tübingen: Mohr-Siebeck 1996, S. 43.

15 F.A. Hayek, *Recht, Gesetzgebung und Freiheit. Eine neue Darstellung der liberalen Prinzipien der Gerechtigkeit und der politischen Ökonomie*, Bd. 1: *Regeln und Ordnung*, Landsberg: Verlag Moderne Industrie 1980, S. 148.

16 Walter Eucken, »Staatliche Strukturwandlungen und die Krisis des Kapitalismus«, in: *Weltwirtschaftliches Archiv* 36 (1932), S. 297-321.

17 Röpke an Hanna Seiler (13. November 1965), RA, Ordner 23, S. 9.

18 Und das trotz der konservativen Absichten der Gründer der Vereinten Nationen; vgl. Mark Mazower, *No Enchanted Palace: The End of Empire and the Ideological Origins of the United Nations*, Princeton: Princeton University Press 2009.

19 Röpke an Hanna Seiler (13. November 1965), RA, Ordner 23.

20 Jamie Peck, *Constructions of Neoliberal Reason*, New York: Oxford University Press 2010, S. 49.

21 Rorden Wilkinson, *Multilateralism and the World Trade Organisation: The Architecture and Extension of International Trade Regulation*, New York: Routledge 2000, S. 16.

22 Douglas A. Irwin, Petros C. Mavroidis und A.O. Sykes, *The Genesis of the GATT*, New York: Cambridge University Press 2008, S. 72ff.

23 Ebd., S. 76ff.

24 Zitiert in: ebd., S. 95.

25 F.A. Hayek, »A rebirth of liberalism«, in: *The Freeman* (28. Juli 1952), S. 731.

26 Ebd.

27 F.A. Hayek (1949), »Die Intellektuellen und der Sozialismus«, in: *Schweizer Monatshefte: Zeitschrift für Politik, Wirtschaft, Kultur* 72 (1992), Sondernummer Heft 5a, S. 41-54.

28 Internationale Chamber of Commerce, *Resolutions Adopted by the Twelfth Congress of the International Chamber of Commerce, Québec, 13th-17th June 1949*, Paris: International Chamber of Commerce 1949.

29 Olivier Longchamp und Yves Steiner, »Comment les banquiers et industriels suisses ont financé le renouveau libéral«, in: *L'Économie politique* 4/44 (2009), S. 76-92, S. 79; Jean Solchany, »Wilhelm Röpke et la Suisse: La dimension helvétique d'un parcours transnational«, in: *Traverse: Zeitschrift für Geschichte* (2010), S. 23-37, S. 32.

30 Joint Committee of the Carnegie Endowment for International Peace and the International Chamber of Commerce, *The Improvement of Commercial Relations between Nations and the Problems of Monetary Stabilization*, Paris: International Chamber of Commerce 1936, S. 4; vgl. für die wichtigste Publikation unter Federführung von Bertil Ohlin, Theodore Gregory und J.B. Condliffe Joint Committee of the Carnegie Endowment for International Peace and the International Chamber of Commerce, *International Economic Reconstruction: An Economists' and Businessmen's Survey of the Main Problems of Today*, Paris: International Chamber of Commerce 1936.

31 Gespräch zwischen JVS [John Van Sickle] und Dr. Michael Heilperin, polnischer Fellow (25. Oktober 1934), RPA, Ordner 482, Schachtel 12, Reihe 100, RG 1.1, Officers' Diaries, FA 118.

32 Victor Monnier, *William E. Rappard: Défenseur des libertés, serviteur de son pays et de la communauté internationale*, Genf: Slatkine 1995, S. 491.

33 Zitiert in: Joseph T. Salerno, »Gold and the international monetary system: The contribution of Michael A. Heilperin«, in: Llewellyn H. Rockwell (Hg.), *The Gold Standard: An Austrian Perspective*, Lexington: Lexington Books 1985, S. 108.

34 Colloque Walter Lippmann, *Compte-rendu des séances du Colloque Walter Lippmann* (26.-30. August 1938).

35 Heilperin selbst befürwortete eine Rückkehr zum Goldstandard; vgl. Anthony M. Endres, *Great Architects of International Finance: The Bretton Woods Era*, London: Routledge 2005, S. 162-173. Zur Rolle der Bellagio Group im Kampf für einen Übergang zu flexiblen Wechselkursen vgl. Carol Connell, *Reforming the World Monetary System: Fritz Machlup and the Bellagio Group*, London: Pickering and Chatto 2013; Matthias Schmelzer, *Freiheit für Wechselkurse und Kapital: Die Ursprünge neoliberaler Währungspolitik und die Mont Pèlerin Society*, Marburg: Metropolis 2010.

36 Jim Cox, *Sold on Radio: Advertisers in the Golden Age of Broadcasting*, Jefferson: McFarland 2008, S. 96.
37 International Business Conference (Hg.), *Final Reports of the International Business Conference*, New York: International Business Conference 1944, S. 17.
38 N. N., »Big business at Montreux«, in: *The Economist* (21. Juni 1947).
39 United States House Committee on Foreign Affairs, *Membership and Participation by the U.S. in the International Trade Organization: Hearings before the United States House Committee on Foreign Affairs, Eighty-First Congress, Second Session, on Apr. 19-21, 25-27, May 1-5, 9-12, 1950*, Washington, D.C.: U.S. GPO 1950, S. 561.
40 Ebd., S. 570.
41 Michael A. Heilperin, *The Trade of Nations*, 2. Auflage, New York: Knopf 1952, S. 151.
42 Zitiert in: N. N., »Big business at Montreux«, a. a. O. (Hervorhebung im Original).
43 Michael A. Heilperin, »Elephant traps in the World Trade Charter«, in: *American Affairs* (Juli 1950), S. 149-153, S. 150 (Hervorhebung im Original).
44 United States House Committee on Foreign Affairs, *Membership and Participation by the U.S. in the International Trade Organization*, a. a. O., S. 569.
45 Michael A. Heilperin (1950), »An economist's views on international organization«, in: ders., *Studies in Economic Nationalism*, Genf: Librairie E. Droz 1960, S. 181-189, S. 181.
46 Ebd., S. 184.
47 N. N., »Chemical makers hear I. T. O. Attack«, in: *The New York Times* (9. Februar 1950).
48 Heilperin, *The Trade of Nations*, a. a. O., S. 3.
49 Heilperin, *Studies in Economic Nationalism*, a. a. O., S. 27.
50 Ders. (1952), »Economic nationalism as an obstacle to free world unity«, in: ders., *Studies in Economic Nationalism*, a. a. O., S. 210-223, S. 214.
51 Ebd., S. 215.
52 Heilperin, *The Trade of Nations*, a. a. O., S. 133.
53 Heilperin, »An economist's views on international organization«, a. a. O., S. 184.
54 Heilperin, *The Trade of Nations*, a. a. O., S. 175.
55 George L. Ridgeway, *Merchants of Peace: The History of the International Chamber of Commerce*, Boston: Little Brown and Co. 1959, S. 193.
56 Jörg Guido Hülsmann, *Mises: The Last Knight of Liberalism*, Auburn: Ludwig von Mises Institute 2007, S. 1005.
57 Ridgeway, *Merchants of Peace*, a. a. O., S. 194 f.

58 William Diebold Jr., *The End of the I. T. O., Essays in International Finance* 16, Princeton University, Department of Economics 1952, S. 22.
59 Ebd., S. 21.
60 Heilperin, *The Trade of Nations*, a.a.O., S. 19.
61 Hayek, »Die Intellektuellen und der Sozialismus«, a.a.O., S. 53.
62 Heilperin, *The Trade of Nations*, a.a.O., S. 151.
63 Die Neigung, »den Westen« als eine homogene Kategorie zu behandeln, gehört zu den wenigen Mängeln von Antony Anghies ausgezeichneter Arbeit *Imperialism, Sovereignty, and the Making of International Law* (New York: Cambridge University Press 2007, S. 210).
64 Für weitere Ausführungen zur alternativen Vision der Weltordnung, die in der Charta von Havanna zum Ausdruck kommt, vgl. Martin Daunton, »Presidential address: Britain and globalisation since 1850: III. Creating the world of Bretton Woods, 1939-1958«, in: *Transactions of the Royal Historical Society* 6/18 (2008), S. 14-18.
65 Thomas W. Zeiler, *Free Trade, Free World: The Advent of GATT*, Chapel Hill: University of North Carolina Press 1999, S. 151.
66 Vgl. N. N., »Philip Cortney, Ex-head of Coty«, in: *The New York Times* (16. Juni 1971); N.N. »Cortney, Philip«, in: *Current Biography Yearbook* (1958), S. 4.
67 Zur NAM vgl. Kim Phillips-Fein, *Invisible Hands: The Making of the Conservative Movement from the New Deal to Reagan*, New York: W.W. Norton 2009.
68 Hülsmann, *Mises*, a.a.O., S. 822-825, S. 829.
69 Ludwig von Mises, »Government vs. liberty«, in: *The Freeman* (Mai 1955), S. 396.
70 Philip Cortney, *The Economic Munich*, New York: Philosophical Library 1949, S. 131.
71 Ebd., S. 27, S. 50.
72 Ebd., S. xvii.
73 Heilperin, *The Trade of Nations*, a.a.O., S. 264.
74 Cortney, *The Economic Munich*, a.a.O., S. 132.
75 Ebd., S. 71.
76 Philip C. Jessup, *A Modern Law of Nations: An Introduction*, New York: Macmillan 1948, S. 79; vgl. auch Hersch Lauterpacht, *An International Bill of the Rights of Man*, Oxford: Oxford University Press 2013, S. 129-133.
77 Cortney, *The Economic Munich*, a.a.O., S. 132.
78 N.N., »Capital is urged to return abroad«, in: *The New York Times* (6. Juni 1947).
79 E. Wyndham White, »Report by the committee of the International Chamber of Commerce on the legal treatment of foreign companies«, in: *Modern Law Review* 3/1 (1939), S. 54-58, S. 55.

80 International Chamber of Commerce, *International Code of Fair Treatment for Foreign Investments*, Paris: International Chamber of Commerce 1949, online verfügbar unter: {https://www.international-arbitration-attorney.com/wp-content/uploads/73-volume-3.pdf}, S. 6.
81 Ebd., S. 9.
82 Ebd., S. 14.
83 Heilperin, *The Trade of Nations*, a.a.O., S. 26.
84 Wilhelm Röpke, *Internationale Ordnung – heute*, Bern/Stuttgart: Paul Haupt 1979 [1952], S. 115.
85 Loftus E. Becker, »Just compensation in expropriation cases: Decline and partial recovery«, in: *Department of State Bulletin* 40 (1. Juni 1959), S. 784-792, S. 785.
86 Zur »Nostrifizierung« vgl. Leo Pasvolsky, *Economic Nationalism of the Danubian States*, New York: Macmillan 1928, S. 73.
87 Noel Maurer, *The Empire Trap: The Rise and Fall of U.S. Intervention to Protect American Property Overseas, 1893-2013*, Princeton: Princeton University Press 2013, S. 22.
88 Cortney, *The Economic Munich*, a.a.O., S. 135.
89 Wilhelm Röpke, »Wirtschaftssystem und internationale Ordnung: Prolegomena«, in: *Ordo* 4 (1951), S. 261-297, S. 277.
90 Nico Schrijver, *Sovereignty over Natural Resources: Balancing Rights and Duties*, New York: Cambridge University Press 1997, S. 31.
91 UN General Assembly, »Resolution 626 (VII): Right to exploit freely natural wealth and resources«, 411. Plenarsitzung der UN-Generalversammlung (21. Dezember 1952), online verfügbar unter: {https://www.refworld.org/docid/3b00f0853e.html}.
92 Zitiert nach: N.N., »Vermögensschutz«, in: *Die Zeit* (5. April 1956).
93 A.A. Shenfield, »Liberalism and colonialism«, MPS Proceedings (1957), Friedrich A. von Hayek Papers, Hoover Institution Archives, Stanford University (im Folgenden: Hayek Papers), Schachtel 82; vgl. auch die 1950 formulierte Kritik des MPS-Mitglieds Henry Hazlitt an der amerikanischen Entwicklungshilfe: »Das wahre Hindernis für internationale Kredite ist kein Mangel an privaten amerikanischen Investmentfonds, sondern das Fehlen angemessener Garantien für ihre Sicherheit seitens ausländischer Regierungen, die sich Geld leihen wollen.« (Henry Hazlitt, *Illusions of Point Four*, Irvington-on-Hudson: Foundation for Economic Education 1950, S. 46).
94 Ludwig von Mises, »The plight of the underdeveloped nations« (1952), in: ders., *Money, Method, and the Market Process: Essays*, herausgegeben von Richard M. Ebeling, Norwell: Kluwer Academic Publishers 1990, S. 166-173, S. 167.
95 Wilhelm Röpke, »Unentwickelte Länder«, in: *Ordo* 5 (1953), S. 63-113, S. 69.

96 N.N., »The capitalist Magna Carta«, in: *Time* (28. Oktober 1957), S. 67.
97 Michael Brandon, »An international investment code: Current plans«, in: *Journal of Business Law* 3/7 (1959), S. 12-15, S. 14.
98 Hermann Josef Abs, »The safety of capital«, in: James Daniel (Hg.), *Private Investment: The Key to International Industrial Development*, New York: McGraw-Hill 1958, S. 69-77, S. 72.
99 Ebd., S. 73.
100 Ebd., S. 75.
101 Becker, »Just compensation in expropriation cases«, a.a.O., S. 789.
102 »Statement issued by Celler in Chicago on Dec 9 prior to returning to NY« sowie »Statements read at press conference held by Celler, Amerika Haus, Frankfurt am Main, 21. November 1957«, Congressional Record, Bd. 104, Teil 1 (21. Januar 1958), S. 727ff.
103 »Statements read at press conference held by Celler«, a.a.O., S. 729.
104 Stanley D. Metzger, »Multilateral conventions for the protection of private foreign investment«, in: *Journal of Public Law* 9/1 (1960), S. 133-146, S. 144.
105 Hermann Josef Abs und Hartley Shawcross, »Draft convention on investments abroad«, in: *Journal of Public Law* 9/1 (1960), S. 115-118.
106 Richard N. Gardner, »International measures for the promotion and protection of foreign investment«, in: *Proceedings of the American Society of International Law at Its Annual Meeting* 53 (1959), S. 255-266, S. 259.
107 Metzger, »Multilateral conventions for the protection of private foreign investment«, a.a.O., S. 133.
108 Georg Schwarzenberger, »The Abs-Shawcross draft convention on investments abroad: A critical commentary«, in: *Journal of Public Law* 9/1 (1960), S. 151-157.
109 Ebd., S. 157.
110 Metzger, »Multilateral conventions for the protection of private foreign investment«, a.a.O., S. 142.
111 Gardner, »International measures for the promotion and protection of foreign investment«, a.a.O., S. 260.
112 Brandon, »An international investment code«, a.a.O., S. 8.
113 Stephan Schill, *The Multilateralization of International Investment Law*, New York: Cambridge University Press 2009, S. 36.
114 Congressional Record, Bd. 104 (2. Juni 1958), S. 9959-9960.
115 Chamber of Commerce, *Intelligent International Investment*, New York: International Chamber of Commerce 1949, S. 9.
116 International Chamber of Commerce, *Resolutions Adopted by the Twelfth Congress of the International Chamber of Commerce*, a.a.O., S. 26.

117 Heilperin, »Elephant traps in the World Trade Charter«, a.a.O., S. 152.
118 Michael A. Heilperin, *The Trade of Nations*, 2. Auflage, New York: Knopf 1952, S. 241; vgl. zur früheren Geschichte des Investitionsschutzes Kate Miles, *The Origins of International Investment Law: Empire, Environment and the Safeguarding of Capital*, New York: Cambridge University Press 2013; A. Claire Cutler, »Artifice, ideology and paradox: The public/private distinction in international law«, in: *Review of International Political Economy* 4/2 (1997), S. 261-285.
119 N.N., »Bonn economics buoys Pakistan«, in: *The New York Times* (26. Februar 1959).
120 Egon Sohmen, »Competition and growth: The lesson of West Germany«, in: *American Economic Review* 49/5 (Dezember 1959), S. 986-1003, S. 1000.
121 Vgl. Röpke, »Unentwickelte Länder«, a.a.O., S. 89.
122 Erhard an den Bundestagspräsidenten (15. Februar 1961), Deutscher Bundestag, 3. Wahlperiode, Drucksache 2495.
123 »Gesetz zu dem Vertrag vom 25. November 1959 zwischen der Bundesrepublik Deutschland und Pakistan zur Förderung und zum Schutz von Kapitalanlagen«, Art. 8, Abs. 4(a), in: *Bundesgesetzblatt*, Teil II, 1961, Nr. 33, S. 796; online verfügbar unter: {http://www.bgbl.de/xaver/bgbl/start.xav?startbk=Bundesanzeiger_BGBl&jumpTo=bgbl261s0793b.pdf}.
124 Hayek, *Die Illusion der sozialen Gerechtigkeit*, a.a.O., S. 19.
125 Heilperin, *Studies in Economic Nationalism*, a.a.O., S. 43.
126 Vgl. Clavin, *Securing the World Economy*, a.a.O.
127 Arthur S. Miller, »Protection of private foreign investment by multilateral convention«, in: *American Journal of International Law* 53 (1959), S. 371-378, S. 376.
128 Enrique Prieto-Rios, »Neoliberal market rationality: The driver of international investment law«, in: *Birkbeck Law Review* 3/1 (Mai 2015), S. 55-76, S. 59.
129 Danny Nicol, *The Constitutional Protection of Capitalism*, London: Bloomsbury 2010; ders., »Business rights as human rights«, in: Tom Campbell, K.D. Ewing und Adam Tomkins (Hg.), *The Legal Protection of Human Rights: Sceptical Essays*, New York: Oxford University Press 2011, S. 229-243.
130 Frederick Cooper, »Afterword: Social rights and human rights in the time of decolonization«, in: *Humanity: An International Journal of Human Rights, Humanitarianism, and Development* 3/3 (Winter 2012), S. 473-492, S. 487.
131 Zitiert in: Eric Helleiner, *States and the Reemergence of Global Finance: From Bretton Woods to the 1990s*, Ithaca: Cornell University Press 1994, S. 59.

5. *Eine Welt der Rassen*

1 A. A. Shenfield, »Liberalism and colonialism«, MPS Proceedings (1957), Hayek Papers, Schachtel 82.

2 Fritz Machlup an Gottfried Haberler (13. September 1967), Fritz Machlup Papers, Hoover Institution Archives, Stanford University (im Folgenden: Machlup Papers), Schachtel 41.

3 Elizabeth Borgwardt, *A New Deal for the World: America's Vision for Human Rights*, Cambridge, MA: Belknap Press of Harvard University Press 2005; Nils Gilman, *Mandarins of the Future: Modernization Theory in Cold War America*, Baltimore: Johns Hopkins University Press 2003. Es erübrigt sich zu erwähnen, dass in der amerikanischen Außenwirtschaftspolitik eine große Lücke zwischen Rhetorik und Praxis klaffte; für eine Auswahl aus der umfangreichen Literatur zu diesem Thema vgl. Nick Cullather, »Miracles of modernization: The Green Revolution and the apotheosis of technology«, in: *Diplomatic History* 28/2 (April 2004), S. 227-254; Michael E. Latham, *The Right Kind of Revolution: Modernization, Development, and U.S. Foreign Policy from the Cold War to the Present*, Ithaca: Cornell University Press 2010; Greg Grandin, *Empire's Workshop: Latin America, the United States, and the Rise of the New Imperialism*, New York: Metropolitan Books 2006; Odd Arne Westad, *The Global Cold War: Third World Interventions and the Makings of Our Times*, New York: Cambridge University Press 2007.

4 Für den maßgeblichen Text vgl. Walt Whitman Rostow, *The Stages of Economic Growth, a Non-Communist Manifesto*, Cambridge: Cambridge University Press 1960.

5 Zitiert in: Michael Latham, »Introduction«, in: David C. Engerman (Hg.), *Staging Growth: Modernization, Development, and the Global Cold War*, Amherst: University of Massachusetts Press 2003, S. 1.

6 Vgl. z.B. Peter T. Bauer, »The United Nations report on the economic development of under-developed countries«, in: *Economic Journal* 63/249 (März 1953), S. 210-222; Gottfried Haberler, »The case for minimum interventionism«, in: James W. Wiggins (Hg.), *Foreign Aid Reexamined: A Critical Appraisal*, Washington, D.C.: Public Affairs Press 1958, S. 139-150; Henry Hazlitt, *Illusions of Point Four*, Irvington-on-Hudson: Foundation for Economic Education 1950; Gaston Leduc, »Le sous-développment et ses problèmes«, in: *Revue d'économie politique* 62/2 (Mai 1952), S. 133-189; Wilhelm Röpke, *The Economics of Full Employment: An Analysis of the UN Report on National and International Measures for Full Employment*, New York: American Enterprise Association 1952; Wilhelm Röpke, »Unentwickelte Länder«, in: *Ordo* 5 (1953), S. 63-113; für einen Überblick über die Entwicklungs-

debatte in der MPS vgl. Dieter Plehwe, »The origins of the neoliberal economic development discourse«, in: Philip Mirowski und Dieter Plehwe (Hg.), *The Road from Mont Pèlerin: The Making of the Neoliberal Thought Collective*, Cambridge, MA: Harvard University Press 2009, S. 238-279; Jean Solchany, *Wilhelm Röpke, l'autre Hayek: Aux origines du néolibéralisme*, Paris: Sorbonne 2015, S. 371-383.

7 F.A. Hayek, *Die Verfassung der Freiheit*, Tübingen: Mohr-Siebeck 1960, S. 452.

8 John Gerard Ruggie, »International regimes, transactions, and change: Embedded liberalism in the postwar economic order«, in: *International Organization* 36/2 (1982), S. 379-415.

9 F.A. Hayek, »Substitute for foreign aid«, in: *The Freeman* (6. April 1953), S. 484.

10 Ludwig von Mises, »Economic nationalism and peaceful economic cooperation« (1943), in: ders., *Money, Method, and the Market Process: Essays*, herausgegeben von Richard M. Ebeling, Norwell: Kluwer Academic Publishers 1990, S. 161-164, S. 164.

11 Röpke, »Unentwickelte Länder«, a.a.O., S. 102.

12 Ebd., S. 103. Dieselben Ansichten wiederholte er acht Jahre später in einem fast identischen Artikel: Wilhelm Röpke, »Die unentwickelten Länder als wirtschaftliches, soziales und gesellschaftliches Problem«, in: Albert Hunold und Wilhelm Röpke (Hg.), *Entwicklungsländer, Wahn und Wirklichkeit*, Zürich: Eugen Rentsch 1961, S. 11-82, S. 52.

13 Röpke, »Unentwickelte Länder«, a.a.O., S. 105.

14 Ebd.

15 Wilhelm Röpke, »Die Entwicklungsländer als Partner von morgen«, in: Ludwig Alsdorf (Hg.), *Das Ende der Kolonialzeit und die Welt von morgen*, Stuttgart: Alfred Kröner 1961, S. 200-212, S. 206.

16 Shula Marks, »Southern Africa«, in: Judith M. Brown (Hg.), *The Oxford History of the British Empire*, Oxford: Oxford University Press 1999, S. 545-573.

17 Dieses Kapitel beruht im Wesentlichen auf Quinn Slobodian, »The world economy and the color line: Wilhelm Röpke, apartheid, and the White Atlantic«, in: *German Historical Institute Bulletin Supplement* 10 (2014), S. 61-87; für eine ausführliche Auseinandersetzung mit Röpkes Beziehung zu Südafrika vgl. Solchany, *Wilhelm Röpke, l'autre Hayek*, a.a.O., S. 390-404; vgl. zu den Arbeiten über Röpke, in denen Südafrika nicht erwähnt wird, Samuel Gregg, *Wilhelm Röpke's Political Economy*, Northampton: Edward Elgar 2010; Hans Jörg Hennecke, *Wilhelm Röpke: Ein Leben in der Brandung*, Stuttgart: Schäffer-Poeschel 2005; Razeen Sally, *Classical Liberalism and International Economic Order: Studies in Theory and Intellectual History*, New York: Routledge 1998, Kap. 7; Sylvia Hanna Skwiercz, *Der Dritte Weg im*

Denken von Wilhelm Röpke, 2 Bde., Würzburg: Creator 1988; Sara Warneke, *Die europäische Wirtschaftsintegration aus der Perspektive Wilhelm Röpkes*, Stuttgart: Lucius und Lucius 2013; John Zmirak, *Wilhelm Röpke: Swiss Localist, Global Economist*, Wilmington: ISI Books 2001.

18 Für einen erhellenden Überblick über diese transatlantische Formation vgl. David Sarias Rodríguez, »›We are all Europeans‹: Toward a cosmopolitan understanding of the American traditionalist right«, in: Daniel Scroop und Andrew Heath (Hg.), *Transatlantic Social Politics: 1800-Present*, New York: Palgrave Macmillan 2014, S. 213-234.

19 Fritz Machlup, »Liberalism and the choice of freedoms«, in: Erich W. Streissler (Hg.), *Roads to Freedom: Essays in Honour of Friedrich A. von Hayek*, London: Routledge and Kegan Paul 1969, S. 117-146, S. 142.

20 William H. Hutt an F.A. Hayek (21. Juni 1948), Hayek Papers, Schachtel 76.

21 William H. Hutt, *The Economics of the Colour Bar*, London: Andre Deutsch 1964, online verfügbar unter: {https://mises.org/library/economics-colour-bar}.

22 F.A. Hayek, »Internationaler Rufmord. Eine persönliche Stellungnahme«, in: *Politische Studien* 1 (1978), S. 44f., S. 45.

23 Zur wachsenden Kritik vgl. Ryan M. Irwin, *Gordian Knot: Apartheid and the Unmaking of the Liberal World Order*, New York: Oxford University Press 2012. Ein UN-Sonderausschuss zur Apartheid wurde 1962 ins Leben gerufen; vgl. Roland Burke, *Decolonization and the Evolution of International Human Rights*, Philadelphia: University of Pennsylvania Press 2010, S. 60.

24 Thomas Borstelmann, *The Cold War and the Color Line: American Race Relations in the Global Arena*, Cambridge, MA: Harvard University Press 2001, S. 124.

25 Ebd., S. 155.

26 Wilhelm Röpke, »Südafrika: Versuch einer Würdigung«, in: *Schweizer Monatshefte* 44/2 (1964), S. 97-112, S. 104. Ein Jahr früher hatte Röpke in einem kürzeren Artikel ähnliche Ansichten geäußert: Wilhelm Röpke, »Wege und Irrwege der Apartheid«, in: *Frankfurter Allgemeine Zeitung* (18. Oktober 1963).

27 Röpke, »Südafrika«, a.a.O., S. 99.

28 Ebd.

29 Ebd., S. 106. Dass Röpke diese Begriffe in Anführungszeichen setzte, deutet darauf hin, dass er an der Gültigkeit dieser Kategorien zweifelte.

30 Röpke, »Wege und Irrwege der Apartheid«, a.a.O.

31 Röpke, »Südafrika«, a.a.O., S. 109.

32 Eine der wenigen Äußerungen Röpkes zu Rassenunterschieden findet

sich in einem Kapitel eines erstmals 1942 erschienenen Buchs, das er mit einer mitfühlenden Anekdote über einen Afroamerikaner schloss, der durch Deutschland reiste; Wilhelm Röpke, *Die Gesellschaftskrisis der Gegenwart*, Zürich: Eugen Rentsch 1948, S. 313.

33 Röpke, »Südafrika«, a.a.O., S. 111.

34 Hunold an Röpke, 15. August 1964, Röpke-Archiv, Institut für Wirtschaftspolitik, Köln (im Folgenden als RA), Ordner 22, S. 259.

35 Röpke an Hunold (28. August 1965), RA, Ordner 23, S. 313.

36 Afrikaans-Deutsche Kulturgemeinschaft, »Wenn die Nashörner stampfen: Deutscher Jurist über den Alexander-Prozess«, ADK-Botschaft (Januar 1964), RA, Panzerschrank, S. 596.

37 Vgl. zu seiner Zusammenarbeit mit der NZZ Hennecke, *Wilhelm Röpke*, a.a.O., S. 129.

38 N.N., »Zur Diskussion über den Afrika-Vortragszyklus«, in: *Neue Zürcher Zeitung* (21. Juli 1964).

39 Röpke an Hunold (16. Januar 1965), RA, Ordner 22, S. 203.

40 Für Röpkes Verteidigungsschrift vgl. Röpke an Eberhard Ernst Reinhardt (18. August 1964), RA, Panzerschrank, Korrespondenz 1, S. 615; vgl. auch Wahrhold Drascher, *Die Vorherrschaft der Weißen Rasse: Die Ausbreitung des abendländischen Lebensbereiches auf die überseeischen Erdteile*, Stuttgart: Deutsche Verlags-Anstalt 1936; ders., *Schuld der Weißen? Die Spätzeit des Kolonialismus*, Tübingen: Verlag Fritz Schlichtenmeyer 1960; vgl. zu Kontinuität und Brüchen in Draschers Kategorien vor und nach 1945 Katrina Hagen, »Internationalism in Cold War Germany«, Dissertation, University of Washington, Seattle 2008, S. 65-71.

41 Drascher an Röpke (15. Mai 1964), RA, Panzerschrank, Korrespondenz 1, S. 584.

42 Hunold an Röpke (3. Oktober 1965), RA, Ordner 23, S. 304.

43 Die New Right konzentrierte sich im Wesentlichen auf innenpolitische Fragen. Nancy MacLean erklärt, die »Verteidigung der weißen Herrschaft im Süden« sei eine »einigende Kraft« gewesen, die die unterschiedlichen Strömungen der konservativen Bewegung verbunden habe (Nancy MacLean, »Neo-confederacy versus the New Deal: The regional utopia of the modern American right«, in: Matthew D. Lassiter und Joseph Crespino [Hg.], *The Myth of Southern Exceptionalism*, New York: Oxford University Press 2009, S. 308-330, S. 313 ff.).

44 Im Gegensatz zu seiner engen Beziehung zu Röpke war Buckleys Verhältnis zu Hayek distanziert. Hayek stand der Haltung der *National Review* skeptisch gegenüber; vgl. Angus Burgin, *The Great Persuasion: Reinventing Free Markets since the Depression*, Cambridge, MA: Harvard University Press 2012, S. 138 ff.

45 Buckley an Röpke (25. April 1956), RA, DVD 11, S. 460.

46 Kirks Biograf erklärt, dass Kirk Röpke »häufig lobte«, während er »die moralische Isolation in der Sozialphilosophie von Mises ablehnte« (W. Wesley McDonald, *Russell Kirk and the Age of Ideology*, Columbia: University of Missouri Press 2004, S. 168); vgl. auch Kirk an Röpke (14. Februar 1955), RA, DVD 2, S. 150.

47 Lawrence Fertig an Röpke (13. Januar 1965), RA, Ordner 22, S. 96.

48 Brandt an Röpke (8. Dezember 1964), RA, Ordner 22, S. 31.

49 Bill [Buckley] an Röpke (25. Februar [1963]), RA, Ordner 21, S. 576. In Anbetracht des Zeitpunkts handelte es sich bei dem Report mit einiger Sicherheit um Buckleys Bericht über seine von der Regierung finanzierte Reise nach Südafrika; vgl. William F. Buckley, »South African fortnight«, in: *National Review* (15. Januar 1963).

50 Wilhelm Röpke, *International Order and Economic Integration*, Dordrecht: D. Reidel 1959, S. 74.

51 Sally, *Classical Liberalism and International Economic Order*, a. a. O., S. 139.

52 Wilhelm Röpke, *Internationale Ordnung – heute*, Bern/Stuttgart: Paul Haupt 1979 [1952], S. 13.

53 Vgl. Matthew Connelly, »Taking off the Cold War lens: Visions of North–South conflict during the Algerian war for independence«, in: *American Historical Review* 105/3 (2000), S. 753-769.

54 Röpke, *Internationale Ordnung – heute*, a. a. O., S. 38.

55 Ebd., S. 68 f.

56 Helge Peukert, *Das sozialökonomische Werk Wilhelm Röpkes*, Bd. 1, Frankfurt am Main: Peter Lang 1992, S. 86.

57 Bernhard Walpen, *Die offenen Feinde und ihre Gesellschaft: Eine hegemonietheoretische Studie zur Mont Pèlerin Society*, Hamburg: VSA-Verlag 2004, S. 278.

58 Zu Röpkes Kritik am Wohlfahrtsstaat vgl. Keith Tribe, *Strategies of Economic Order: German Economic Discourse, 1750-1950*, New York: Cambridge University Press 1995, S. 240.

59 Röpke, *Internationale Ordnung – heute*, a. a. O., S. 77.

60 Ebd., S. 74.

61 Ebd., S. 81.

62 Es lohnt sich zu erwähnen, dass Röpke im Jahr 1944 versuchte, eine Zeitschrift mit der Bezeichnung *Occident* zu gründen; vgl. Walpen, *Die offenen Feinde und ihre Gesellschaft*, a. a. O., S. 99.

63 Vgl. Duncan Bell, »Project for a new Anglo century: Race, space and global order«, in: Peter J. Katzenstein (Hg.), *Anglo-America and Its Discontents: Civilizational Identities beyond West and East*, New York: Routledge 2012, S. 33-55; Clarence K. Streit, *Union Now: A Proposal for a Federal Union of the Democracies of the North Atlantic*, New York: Harper and Bros. 1939; Valérie Aubourg, Gérard Bossuat und

Giles Scott-Smith (Hg.), *European Community, Atlantic Community?*, Paris: Éditions Soleb 2008.

64 Rachel S. Turner, *Neo-Liberal Ideology: History, Concepts and Policies*, Edinburgh: Edinburgh University Press 2008, S. 88 f.

65 Anthony James Nicholls, *Freedom with Responsibility: The Social Market Economy in Germany, 1918-1963*, New York: Oxford University Press 1994, S. 341-347.

66 Milène Wegmann, *Früher Neoliberalismus und europäische Integration: Interdependenz der nationalen, supranationalen und internationalen Ordnung von Wirtschaft und Gesellschaft (1932-1965)*, Baden-Baden: Nomos 2002, S. 326.

67 Wilhelm Röpke, »Südafrika in der Weltwirtschaft und Weltpolitik«, in: Albert Hunold (Hg.), *Afrika und seine Probleme*, Zürich: Eugen Rentsch 1965, S. 125-158, S. 130.

68 Nathaniel Weyl und Stefan Possony, *The Geography of Intellect*, Chicago: Henry Regnery 1963, S. 288; für weitere Zitate vgl. Robert Vitalis, *White World Order, Black Power Politics*, Ithaca: Cornell University Press 2015, S. 152.

69 Sally, *Classical Liberalism and International Economic Order*, a. a. O. S. 139.

70 Wilhelm Röpke, »The malady of progressivism«, in: *The Freeman* (30. Juli 1951), S. 690.

71 Josef Mooser, »Liberalismus und Gesellschaft nach 1945: Soziale Marktwirtschaft und Neoliberalismus am Beispiel von Wilhelm Röpke«, in: Manfred Hettling und Bernd Ulrich (Hg.), *Bürgertum nach 1945*, Hamburg: Hamburger Edition 2005, S. 152.

72 Zu den verschiedenen Formen der Planung vgl. Tony Judt, *Geschichte Europas von 1945 bis zur Gegenwart*, München: Hanser 2006, Kap. III.

73 Congressional Record, Bd. 96, Teil 5 (3. Mai 1950), S. 6222. Das Zitat wurde 1957 in einer von 17 Kongressabgeordneten in Auftrag gegebenen und in der nationalen Zeitschrift der amerikanischen Handelskammer veröffentlichten Studie wiederholt: »Adverse effects of expanding government«, in: *Nation's Business* 45/9 (September 1957), S. 39-94, S. 89.

74 Zitiert in: Wegmann, *Früher Neoliberalismus und europäische Integration*, a. a. O., S. 317.

75 Röpke, *The Economics of Full Employment*, a. a. O.; J. F. J. Toye und Richard Toye, *The UN and Global Political Economy: Trade, Finance, and Development*, Bloomington: Indiana University Press 2004, S. 93.

76 Röpke, *The Economics of Full Employment*, a. a. O., S. 5, S. 31.

77 Wilhelm Röpke, »Washington's economics: A German scholar sees nation moving into fiscal socialism«, in: *Wall Street Journal* (1. April 1963).

78 Ebd.; vgl. zum Terminus unterentwickelt/unentwickelt Röpke, »Die un-

entwickelten Länder als wirtschaftliches, soziales und gesellschaftliches Problem«, a. a. O., S. 15, S. 59. Myrdal wurde von neoliberalen Kritikern der Entwicklungshilfe wie Peter T. Bauer und Fritz W. Meyer oft besonders scharf angegriffen; vgl. Plehwe, »Origins of the neoliberal economic development discourse«, a. a. O., S. 262 ff.; Fritz W. Meyer, »Entwicklungshilfe und Wirtschaftsordnung«, in: *Ordo* 12 (1960/1961), S. 279 f.; vgl. zu Myrdal William J. Barber, *Gunnar Myrdal: An Intellectual Biography*, New York: Palgrave Macmillan 2008; Andrés Rivarola Puntigliano und Örjan Appelqvist, »Prebisch and Myrdal: Development economics in the core and on the periphery«, in: *Journal of Global History* 6/1 (2011), S. 29-52.

79 Röpke, »Washington's economics«, a. a. O.

80 Toye/Toye, *The UN and Global Political Economy*, a. a. O., S. 108.

81 Wilhelm Röpke, »The free West«, in: Albert Hunold (Hg.), *Freedom and Serfdom: An Anthology of Western Thought*, Dordrecht: D. Reidel 1961, S. 76.

82 Röpke, »Unentwickelte Länder«, a. a. O., S. 89.

83 Wilhelm Röpke, »Die Nationalökonomie des ›New Frontier‹«, in: *Ordo* 9 (1963), S. 79-107, S. 106.

84 Ebd.

85 Plehwe, »Origins of the neoliberal economic development discourse«, a. a. O., S. 249.

86 Sally, *Classical Liberalism and International Economic Order*, a. a. O., S. 132.

87 Kristin Ross, *Fast Cars, Clean Bodies: Decolonization and the Reordering of French Culture*, Cambridge, MA: MIT Press 1995, S. 10.

88 Patrick Boarman an Röpke (12. April 1963), RA, Ordner 21, S. 598. Die Abgeordneten waren Steven B. Derounian (New York), Bruce Alger (Texas), Thomas B. Curtis (Missouri) und Bob Wilson (California); Congressional Record 1963-0401 (1. April 1963), 88-1, A1867, A1879, 5207; Congressional Record 1963-0422 (22. April 1963), A2339.

89 Bruce Alger (Texas), Congressional Record 1963-040, A1879.

90 Thomas B. Curtis (Missouri) in ebd., 5208. Curtis zählte zu den führenden Köpfen der »Jungtürken«-Gruppe gemäßigter Republikaner Ende der fünfziger und Anfang der sechziger Jahre. Sein Eintreten für den Freihandel war mit der Haltung vieler Mitglieder der Republikanischen Partei unvereinbar; vgl. Geoffrey M. Kabaservice, *Rule and Ruin: The Downfall of Moderation and the Destruction of the Republican Party, from Eisenhower to the Tea Party*, New York: Oxford University Press 2012, S. 55.

91 Kim Phillips-Fein, *Invisible Hands: The Making of the Conservative Movement from the New Deal to Reagan*, New York: W.W. Norton 2009, S. 56 ff.

92 Rick Perlstein, *Before the Storm: Barry Goldwater and the Unmaking of the American Consensus*, New York: Hill and Wang 2001, S. 33.

93 Röpke an Paul Wilhelm Wenger (5. August 1964), RA, Ordner 89, S. 568.

94 Phillips-Fein, *Invisible Hands*, a.a.O., S. 57, S. 59; dies., »Business conservatives and the Mont Pèlerin Society«, in: Mirowski/Plehwe (Hg.), *The Road from Mont Pèlerin*, a.a.O., S. 280-302.

95 Vgl. George H. Nash, *The Conservative Intellectual Movement in America since 1945*, Wilmington: ISI Books 2006, S. 69; Rodríguez, »›We are all Europeans‹«, a.a.O., S. 213; Christopher S. Allen, »The underdevelopment of Keynesianism in the Federal Republic of Germany«, in: Peter A. Hall (Hg.), *The Political Power of Economic Ideas: Keynesianism across Nations*, Princeton: Princeton University Press 1989; Fabio Masini, »Luigi Einaudi and the making of the neoliberal project«, in: *History of Economic Thought and Policy* 1/1 (2012), S. 39-59.

96 William F. Buckley, »Buckley supports De Gaulle's views«, in: *Boston Globe* (17. Februar 1963).

97 William Henry Chamberlin, »A powerful argument for a free economy«, in: *Wall Street Journal* (15. April 1963).

98 Zu Röpkes Bevorzugung der externen Liberalisierungspolitik der Schweiz und der Bundesrepublik vgl. Sally, *Classical Liberalism and International Economic Order*, a.a.O., S. 140.

99 William R. Van Gemert, »Letter to the editor«, in: *Wall Street Journal* (22. April 1963).

100 *Rundt's Weekly Intelligence: A Service to Exporters, Bankers and Overseas Investors* (30. April 1963), RA, Ordner »Vorträge«.

101 Edwin McDowell, »A mountain where thinkers dwell«, in: *Wall Street Journal* (20. September 1972).

102 Wilhelm Röpke, »Amerikanische Intellektuelle von Europa gesehen«, in: *Deutsche Rundschau* (Februar 1957), S. 136-141, S. 137.

103 Ebd., S. 138.

104 Nash, *The Conservative Intellectual Movement*, a.a.O., S. 58f., S. 69f.

105 Röpke, »Amerikanische Intellektuelle von Europa gesehen«, a.a.O., S. 139.

106 Eines von vielen Beispielen war ein Beitrag zu einer Sendung, die U.S. Steel in den Radiosendern von Eliteuniversitäten ausstrahlte; vgl. C.M. Underhill, Memo, U.S. Steel an Röpke (29. September 1961), RA, Ordner 88, S. 576.

107 Röpke an Fred Clark (22. September 1962), RA, Ordner 20, S. 50.

108 T.R.B., »The fair«, in: *New Republic* (25. September 1965), S. 4.

109 Röpkes Biograf bezeichnet ihn als »Orakel von Genf«; Hennecke, *Wilhelm Röpke*, a.a.O., S. 182.

110 Ricardo A. Ball, Harvard University, an Röpke (8. Dezember 1961), RA, Ordner 20, S. 37.

111 N. N., »Book shelf: Anatomy of the welfare state«, in: *Pittsburgh Courier* (2. Januar 1965); Chamberlin, »A powerful argument«, a. a. O.

112 Internationale Bank für Wiederaufbau und Entwicklung, Memo (20. April 1960), Politisches Archiv des Auswärtigen Amts, Bd. 61-411, Bd. 128.

113 Christopher S. Allen, »›Ordo-liberalism‹ trumps Keynesianism: Economic policy in the Federal Republic of Germany and the EU«, in: Bernard H. Moss (Hg.), *Monetary Union in Crisis: The European Union as a Neo-Liberal Construction*, New York: Palgrave Macmillan 2005, S. 199-221.

114 Alexander Nützenadel, *Stunde der Ökonomen: Wissenschaft, Politik und Expertenkultur in der Bundesrepublik, 1949-1974*, Göttingen: Vandenhoeck & Ruprecht 2005, S. 12; Michael A. Bernstein, *A Perilous Progress: Economists and Public Purpose in Twentieth-Century America*, Princeton: Princeton University Press 2001, Kap. 5-6.

115 Hennecke, *Wilhelm Röpke*, a. a. O., S. 219; für weitere Details zu Röpke und Lateinamerika vgl. Solchany, *Wilhelm Röpke, l'autre Hayek*, a. a. O., S. 383-390.

116 Röpke an Velasco (18. November 1963), RA, Ordner 21, S. 69; vgl. zu Velascos Aktivitäten in der MPS Plehwe, »Origins of the neoliberal economic development discourse«, a. a. O. S. 244.

117 Zuloaga an Röpke (9. Mai 1963), RA, Ordner 89, S. 318.

118 Hunold an Röpke (2. April 1962), RA, Ordner 20, S. 230.

119 Röpke an Karl Brandt (26. April 1963), RA, Ordner 21, S. 597. Abgesehen von gegensätzlichen Persönlichkeiten entsprang der Konflikt der Tatsache, dass Hunold und Röpke eine apokalyptischere Vorstellung von der Geopolitik hatten und der MPS größere öffentliche Geltung verschaffen und ihre Mitgliedschaft stärker kontrollieren wollten; für Einzelheiten vgl. Walpen, *Die offenen Feinde und ihre Gesellschaft*, a. a. O., S. 145-151.

120 Hunold an Röpke (20. März 1964), RA, Ordner 22, S. 298.

121 Hunold an Röpke (1. Januar 1965), RA, Ordner 22, S. 206; Hunold an Röpke (5. Januar 1965), RA, Ordner 22, S. 205; Jesús Arboleya, *The Cuban Counterrevolution*, Athens: Ohio University Center for International Studies 2000, S. 41.

122 Hunold an Röpke (13. November 1962), RA, Ordner 20, S. 178.

123 Juan Gabriel Valdés, *Pinochet's Economists: The Chicago School in Chile*, New York: Cambridge University Press 1995, S. 224 f.

124 Kirk an Röpke (19. März 1963), RA, Ordner 21, S. 649.

125 Ebd.; Hunold an Röpke (1. Januar 1965), RA, Ordner 22, S. 206.

126 Röpke an Kirk (14. Februar 1963), RA, Ordner 21, S. 269.

127 Mit dem Neologismus »sinistriert« meinte Röpke einen Linksruck; Röpke an Hunold (18. August 1962), RA, Ordner 20, S. 220.

128 Röpke an Karl Brandt (26. April 1963), RA, Ordner 21, S. 597; Röpke an

Hunold (30. April 1959), RA, Ordner 18, S. 230; Röpke an Schoeck (17. November 1958), RA, Ordner 18, S. 623.

129 Röpke an Karl Mönch (18. Oktober 1961), RA, Ordner 20, S. 397.

130 Röpke an Willi Bretscher (3. November 1962), RA, Ordner 89, S. 148.

131 Hunold an Röpke (20. März 1964), RA, Ordner 22, S. 298; vgl. zu Goodrichs Rolle in der Finanzierung der MPS-Treffen Phillips-Fein, *Invisible Hands*, a. a. O., S. 48-51.

132 Hennecke, *Wilhelm Röpke*, a. a. O., S. 224.

133 Kirk an Röpke (19. März 1963), RA, Ordner 21, S. 649.

134 Für seine Rücktrittserklärung vgl. Brandt an die Mitglieder der MPS (8. Januar 1962), Machlup Papers, Schachtel 279.

135 Brandt an Röpke (8. Dezember 1964), RA, Ordner 22, S. 30.

136 Walpen, *Die offenen Feinde und ihre Gesellschaft*, a. a. O., S. 108.

137 Burgin, *The Great Persuasion*, a. a. O., S. 146.

138 Hunold an Röpke (1. Januar 1965), RA, Ordner 22, S. 206.

139 Burgin, *The Great Persuasion*, a. a. O., S. 145.

140 Röpke verwendete den Ausdruck in einem Brief an Alexander Rüstow; zitiert in: Philip Plickert, *Wandlungen des Neoliberalismus: Eine Studie zu Entwicklung und Ausstrahlung der »Mont Pèlerin Society«*, Stuttgart: Lucius und Lucius 2008, S. 189.

141 Zu Spiritual Mobilization vgl. Phillips-Fein, *Invisible Hands*, a. a. O., S. 71-74.

142 Hunold an Röpke (20. März 1964), RA, Ordner 22, S. 298.

143 Wilhelm Röpke, *Against the Tide*, Chicago: H. Regnery Co. 1969.

144 Nicholls ist der Ansicht, Röpke sei in den fünfziger Jahren nach rechts gerückt; Nicholls, *Freedom with Responsibility*, a. a. O., S. 324. Dieses Kapitel bestätigt diese Deutung.

145 William F. Buckley, »Why the South must prevail«, in: *National Review* (24. August 1957), S. 149. Derart klare Aussagen waren selten. Im Allgemeinen diente die Verteidigung der staatlichen Rechte und des Föderalismus in konservativen Publikationen wie *National Review* und *Modern Age* als identifizierbarer Code zur Ablehnung der politischen Gleichstellung; vgl. Joseph E. Lowndes, *From the New Deal to the New Right: Race and the Southern Origins of Modern Conservatism*, New Haven: Yale University Press 2008, S. 50.

146 Buckley, »Why the South must prevail«, a. a. O., S. 149 (Hervorhebung ergänzt); für eine Ausnahme vgl. Rodríguez, »›We are all Europeans‹«, a. a. O., S. 220f.

147 Allan J. Lichtman, *White Protestant Nation: The Rise of the American Conservative Movement*, New York: Atlantic Monthly Press 2008, S. 227.

148 Röpke an Hunold (27. Juni 1963), RA, Ordner 21, S. 354. Damit meinte er insbesondere David Abner Morse, den Leiter der US-Delegation bei

der Internationalen Arbeitskonferenz; vgl. zu Morse und der »Südafrikakrise« von 1963, auf die Röpke zweifellos anspielte, Daniel Maul, *Human Rights, Development, and Decolonization: The International Labour Organization, 1940-70*, New York: Palgrave Macmillan 2012, S. 236-245.

149 Sara Diamond, *Roads to Dominion: Right-Wing Movements and Political Power in the United States*, New York: Guilford Press 1995, S. 118, S. 346.

150 Congressional Record 1967-0322 (22. März 1967), 7710.

151 Congressional Record 1967-0322 (22. März 1967), 7711.

152 Wilhelm Röpke, »The place of the nation«, in: *Modern Age* 10/2 (Frühjahr 1966), S. 119-130, S. 121; für eine frühere Version dieser Argumentation vgl. Röpke, »Unentwickelte Länder«, a.a.O., S. 103.

153 Röpke, »Die unentwickelten Länder als wirtschaftliches, soziales und gesellschaftliches Problem«, a.a.O., S. 50.

154 Röpke an Hunold (15. November 1965), RA, Ordner 23, S. 300.

155 Hunold an Röpke (4. Januar 1966), RA, Ordner 23, S. 104.

156 Hunold an Röpke (3. Oktober 1965), RA, Ordner 23, S. 304.

157 Hunold an Röpke (17. November 1965), RA, Ordner 23, S. 20.

158 Schoeck an Röpke (16. Dezember 1964), RA, Ordner 23, S. 551.

159 Vgl. Ludwig von Mises, *Nationalökonomie. Theorie des Handelns und Wirtschaftens*, Genf: Éditions Union Genf 1940, S. 157ff.; Nash, *The Conservative Intellectual Movement*, a.a.O., S. 148. Es sollte erwähnt werden, dass sowohl Mises als auch Hayek Vorbehalte gegenüber der Einwanderung äußerten, jedoch nicht aufgrund eines biologischen Rassismus, sondern aus Sorge über durch ethnische Ressentiments hervorgerufene gesellschaftliche Spannungen. Mises schrieb im Jahr 1944, dass »es nur wenige Weiße gibt, die bei der Vorstellung, in ihren Ländern könnten viele Millionen schwarze oder gelbhäutige Menschen leben, nicht erschaudern würden«; Ludwig von Mises, *Omnipotent Government: The Rise of the Total State and Total War*, New Haven: Yale University Press 1944, S. 107. Hayek verteidigte Margaret Thatchers restriktive Einwanderungspolitik in einer Reihe von Artikeln und Leserbriefen in *The Times* (London); vgl. u.a. F.A. Hayek, »The politics of race and immigration«, in: *The Times* (11. Februar 1978); ders., »Origins of racialism«, in: *The Times* (1. März 1978); ders., »Integrating immigrants«, in: *The Times* (9. März 1978).

160 Einige prominente Neoliberale vermuteten jedoch Zusammenhänge zwischen Klima, kulturellen Merkmalen und wirtschaftlicher Unterentwicklung. Bauer sah eine »Verbindung zu Klima und materieller Rückständigkeit« (Peter T. Bauer, »Development economics: The spurious consensus and its background«, in: Streissler [Hg.], *Roads to Freedom*, a.a.O., S. 30). Louis Rougier erklärte im Jahr 1960 »die Unterschiede beim Entwicklungsstand durch Unterschiede der Mentalität« und ver-

wies auf den »arabischen Fatalismus« und die »magische prälogische Mentalität« der indigenen Völker Zentralafrikas und Australasiens (zitiert in: Solchany, *Wilhelm Röpke, l'autre Hayek*, a.a.O., S. 381); vgl. zum Zusammenhang zwischen Klima und Arbeitsethik auch Frederick C. Benham (zitiert in: ebd., S. 380).

161 N.N., »New books and articles«, in: *New Individualist Review* 3/3 (1964), S. 47.

162 Für Einzelheiten vgl. »Autobiography copy 2« (10. August 1984), Hutt Papers, Schachtel 11.

163 Vgl. z.B. Peter T. Bauer und Basil S. Yamey, »Against the new economic order«, in: *Commentary* 1 (April 1977), S. 25-31.

164 »Autobiography copy 2«, a.a.O.

165 Hutt erhielt die Erlaubnis Friedmans, eine Seite aus *Capitalism and Freedom* in die Einleitung zu seinem Buch aufzunehmen; Friedman an Hutt (16. Juli 1963), Hutt Papers, Schachtel 40.

166 Peter Lewin, »William Hutt and the economics of apartheid«, in: *Constitutional Political Economy* 11 (2000), S. 255-264, S. 255.

167 Ebd., S. 257; vgl. zu den nicht eingestandenen Ähnlichkeiten zwischen Hutts Argumentation und der parallelen Diskussion über die Neue Politische Ökonomie Ben Jackson, »Hayek, Hutt and the trade unions«, in: Robert Leeson (Hg.), *Hayek: A Collaborative Biography*, Teil V: *Hayek's Great Society of Free Men*, Basingstoke: Palgrave Macmillan 2015, S. 169.

168 Hutt, *The Economics of the Colour Bar*, a.a.O., S. 27.

169 J. Enoch Powell, »How money works for integration«, in: *The Sunday Times* (London), 14. Juni 1964.

170 Hutt, *The Economics of the Colour Bar*, a.a.O., S. 173.

171 Ebd., S. 115.

172 Ebd., S. 178 (Hervorhebung im Original).

173 Ebd., S. 180.

174 Buckley, »South African fortnight«, a.a.O.

175 »Apartheid in South Africa and its foreign critics« (o.D. [1963]), Hutt Papers, Schachtel 31.

176 Ebd.

177 Hutt an Herausgeber, *Cape Times* (18. Januar 1957), Hutt Papers, Schachtel 14.

178 »Apartheid in South Africa and its foreign critics«, a.a.O.

179 Hayek, *Die Verfassung der Freiheit*, a.a.O., S. 19.

180 Ebd., S. 19f.

181 Von Hutt als Anhang an Victor Norton, Herausgeber der *Cape Times* (abgeschickt am 2. Oktober 1961), Hutt Papers, Schachtel 14.

182 William H. Hutt, »The abuse of parliamentary majority in multi-racial society« (o.D.), Hutt Papers, Schachtel 14.

183 Ebd.

184 William H. Hutt, »›Fragile‹ constitutions«, in: *New Individualist Review* 4/3 (Frühjahr 1966), S. 47-51, S. 48.

185 Ebd.

186 Hutt an Smith (28. Oktober 1964), Hutt Papers, Schachtel 14.

187 Hutt an Smith (12. Oktober 1965), Hutt Papers, Schachtel 14.

188 William H. Hutt, »The Rhodesian calumny«, in: *New Individualist Review* 5/1 (Winter 1968), S. 3-12, S. 3, S. 12.

189 Hutt an Reagan (9. März 1977), Hutt Papers, Schachtel 14; Hutt an Carter (1. März 1977), Hutt Papers, Schachtel 14.

190 Sean Wilentz, *The Age of Reagan: A History, 1974-2008*, New York: HarperCollins 2008, S. 103.

191 Hutt an Owen Horwood (20. September 1978), Hutt Papers, Schachtel 14.

192 Hutt an R.F. Botha (9. März 1983), Hutt Papers, Schachtel 14.

193 Hutt an Owen Horwood (20. September 1978), a.a.O.

194 Es ist erwähnenswert, dass Fritz Machlup sich als Präsident der International Economic Association im Jahr 1971 dem Druck, offiziell Stellung zur Apartheid zu beziehen, mit dem Argument entzog, dass »wir uns aus ideologischen oder politischen Kontroversen heraushalten müssen« (Machlup an Luc Fauvel [22. Dezember 1971], Machlup Papers, Schachtel 291).

195 Arthur Shenfield, »The ideological war against Western society«, in: *Modern Age* 14/2 (Frühjahr 1970), S. 158-173, S. 168.

196 Philip Mirowski und Dieter Plehwe, »Preface«, in: Mirowski/Plehwe (Hg.), *The Road from Mont Pèlerin*, a.a.O., S. 21.

197 Hutt an Susan M. Haufe, Department of State (23. November 1977), Hutt Papers, Schachtel 14.

198 Les de Villiers, Information Service of South Africa, an John Davenport (2. August 1972), John A. Davenport Papers, Hoover Institution Archives, Stanford University (im Folgenden: Davenport Papers), Schachtel 3; John A. Davenport, »Namibia – victim or beneficiary of South African rule?«, in: *The New York Times* (19. Juli 1972).

199 K.H. Towsey, Rhodesian Information Office, Washington, D.C., an Davenport (7. April 1978), Davenport Papers, Schachtel 4; Towsey an Davenport (18. Mai 1978), Davenport Papers, Schachtel 4.

200 Borstelmann, *The Cold War and the Color Line*, a.a.O., S. 256; Brenda Gayle Plummer, »Race and the Cold War«, in: Richard H. Immerman und Petra Goedde (Hg.), *The Oxford Handbook of the Cold War*, Oxford: Oxford University Press 2013, S. 503-522, S. 517; Einladung der American-Rhodesian Association (13. Oktober 1978), Davenport Papers, Schachtel 28.

201 The American-Rhodesian Association, Grundsatzerklärung (o.D.), Davenport Papers, Schachtel 28.

202 John A. Davenport, »The anti-apartheid threat«, in: *The Freeman* (August 1985), S. 454.

203 Patrick J. Buchanan, Weißes Haus, an Davenport (28. August 1985), Davenport Papers, Schachtel 28.

204 Milton Friedman, »Rhodesia«, in: *Newsweek* (3. Mai 1976), S. 77. Derselbe Artikel war am Vortag in der *Sunday Times* erschienen; vgl. Milton Friedman, »Suicide of the West«, in: Meyer Feldberg, Kate Jowell und Stephen Mulholland (Hg.), *Friedman in South Africa*, Kapstadt: Graduate School of Business 1976, S. 58 ff. Der zweite Artikel Friedmans erschien unter dem Titel »Economic sanctions« am 21. Januar 1980 in *Newsweek*.

205 Friedman, »Rhodesia«, a.a.O., S. 77.

206 Milton Friedman, »The fragility of freedom«, in: Feldberg, Jowell und Mulholland (Hg.), *Friedman in South Africa*, a.a.O., S. 3-10, S. 7.

207 Für eine theoretische Grundlegung dieses Arguments vgl. Mancur Olson, *Die Logik des kollektiven Handelns: Kollektivgüter und die Theorie der Gruppen*, Tübingen: Mohr 1968.

208 Friedman, »The fragility of freedom«, a.a.O., S. 9.

209 Milton Friedman, »The Milton Friedman view«, in: Feldberg, Jowell/Mulholland (Hg.), *Friedman in South Africa*, a.a.O., S. 42-52, S. 49.

210 Friedman, »Rhodesia«, a.a.O., S. 77.

211 Friedman, »Economic sanctions«, a.a.O.

212 Hayek, »Internationaler Rufmord«, a.a.O., S. 44. Hayek wollte den Artikel in der *Frankfurter Allgemeinen Zeitung* unterbringen, die ihn jedoch ablehnte; vgl. Bruce Caldwell und Leonidas Montes, »Friedrich Hayek and his visits to Chile«, in: *Review of Austrian Economics* 28/3 (2015), S. 261-309, S. 282; vgl. zu Chile und den Neoliberalen auch Andrew Farrant, Edward McPhail und Sebastian Berger, »Preventing the ›abuses‹ of democracy: Hayek, the ›military usurper‹ and transitional dictatorship in Chile?«, in: *American Journal of Economics and Sociology* 71/3 (Juli 2012), S. 513-538; Karin Fischer, »The influence of neoliberals in Chile before, during, and after Pinochet«, in: Mirowski/Plehwe (Hg.), *The Road from Mont Pèlerin*, a.a.O., S. 305-346; vgl. zum Einfluss von James Buchanan auf die chilenische Verfassung Nancy MacLean, *Democracy in Chains: The Deep History of the Radical Right's Stealth Plan for America*, New York: Viking 2017, Kap. 10.

213 Hayek, »Internationaler Rufmord«, a.a.O., S. 45. Er griff die Kritik einige Jahre später in einem Interview erneut auf und beklagte sich über mit Menschenrechtserwägungen gerechtfertigten Interventionen in die Politik anderer Länder: »Die Leute in Südafrika müssen ihre Probleme selbst lösen«, erklärte er, »und die Vorstellung, man könne Menschen, die eine eigene Zivilisation aufgebaut haben, mit äußerem Druck verändern, scheint mir moralisch sehr zweifelhaft.« (»Nobel-Prize winning econo-

mist«, Oral-History-Interview mit F. A. Hayek, a. a. O., S. 439) Caldwell und Montes weisen mit Recht darauf hin, dass sich Hayeks Betonung der »Bedeutung der Einhaltung allgemeiner Regeln« in diesem Artikel mit seinem übrigen Werk deckt; Caldwell/Montes, »Friedrich Hayek and his visits to Chile«, a. a. O., S. 283.

214 Röpke, »Kapitalismus und Imperialismus«, a. a. O., S. 370.

215 Ebd., S. 384 ff.

216 Röpke, »Südafrika in der Weltwirtschaft und Weltpolitik«, a. a. O., S. 158.

217 Ebd., S. 156.

6. *Eine Welt der Verfassungen*

1 John Gillingham, *European Integration, 1950-2003: Superstate or New Marketing Economy?*, New York: Cambridge University Press 2003, S. 6; Werner Bonefeld, »European economic constitution and the transformation of democracy: On class and the state of law«, in: *European Journal of International Relations* 21/4 (2015), S. 867-886, S. 876 f.; Bernard H. Moss (Hg.), *Monetary Union in Crisis: The European Union as a Neo-Liberal Construction*, New York: Palgrave Macmillan 2005, S. 12, S. 29.

2 Milène Wegmann, *Früher Neoliberalismus und europäische Integration: Interdependenz der nationalen, supranationalen und internationalen Ordnung von Wirtschaft und Gesellschaft (1932-1965)*, Baden-Baden: Nomos 2002, S. 368.

3 Jacques Stohler, »Neoliberalismus und europäische Integration«, in: *Europa-Archiv* 17/1 (1962), S. 99.

4 Hans von der Groeben, *The European Community: The Formative Years*, Luxemburg: Amt für Veröffentlichungen der Europäischen Union 1987, S. 48.

5 Peo Hansen und Stefan Jonsson, »Imperial origins of European Integration and the case of Eurafrica: A reply to Gary Marks's ›Europe and Its Empires‹«, in: *Journal of Common Market Studies* 50/6 (2012), S. 1028-1041, S. 1038.

6 Katja Seidel, »DG IV and the origins of a supranational competition policy: Establishing an economic constitution for Europe«, in: Wolfram Kaiser, Brigitte Leucht und Morten Rasmussen (Hg.), *The History of the European Union: Origins of a Trans-and Supranational Polity, 1950-72*, New York: Routledge 2009, S. 129-147, S. 132; Christian Joerges, »Three transformations of Europe and the search for a way out of its crisis«, in: Christian Joerges und Carola Glinski (Hg.), *The European Crisis and the Transformation of Transnational Governance: Authori-*

tarian Managerialism versus Democratic Governance, Portland: Hart 2014, S. 25-46, S. 27.

7 Zitiert in: Susan Howson, *Lionel Robbins*, New York: Cambridge University Press 2011, S. 665.

8 Wegmann, *Früher Neoliberalismus und europäische Integration*, a.a.O., S. 326.

9 Gottfried Haberler, »Economic aspects of a European union«, in: *World Politics* 1/4 (1949), S. 431-441, S. 434f.

10 Patricia Clavin, *Securing the World Economy. The Reinvention of the League of Nations, 1920-1946*, New York: Oxford University Press 2013.

11 Haberler, »Economic aspects of a European union«, a.a.O., S. 436.

12 Stohler, »Neoliberalismus und europäische Integration«, a.a.O., S. 99.

13 Wilhelm Röpke, »Gemeinsamer Markt und Freihandelszone: 28 Thesen als Richtpunkte«, in: *Ordo* 10 (1958), S. 31-62, S. 35.

14 Michael A. Heilperin, »Future of E.R.P.«, in: *The New York Times* (6. November).

15 Zitiert in: Sara Warneke, *Die europäische Wirtschaftsintegration aus der Perspektive Wilhelm Röpkes*, Stuttgart: Lucius und Lucius 2013, S. 170.

16 Röpke, »Gemeinsamer Markt und Freihandelszone«, a.a.O., S. 33.

17 Ludolf Herbst, »Integrationstheorie und europäische Einigung«, in: *Vierteljahrshefte für Zeitgeschichte* 34/2 (1986), S. 161-205, S. 164.

18 Heilperin, »Future of E.R.P.«, a.a.O.

19 Ebd.

20 Wilhelm Röpke, *Internationale Ordnung – heute*, Bern/Stuttgart: Paul Haupt 1979 [1952], S. 13.

21 Fritz Machlup, *A History of Thought on Economic Integration*, London: Macmillan 1977; vgl. Wilhelm Röpke, *International Economic Disintegration*, London: William Hodge and Co. 1942.

22 Wilhelm Röpke, »Integration und Desintegration der internationalen Wirtschaft«, in: Erwin von Beckerath (Hg.), *Wirtschaftsfragen der freien Welt. Zum 60. Geburtstag von Bundeswirtschaftsminister Ludwig Erhard*, Frankfurt am Main: Knapp 1957, S. 494; vgl. Wilhelm Röpke, *Weltwirtschaft und Außenhandelspolitik*, Berlin: Industrieverlag Spaeth und Linde 1931.

23 Wilhelm Röpke, »International economics in a changing world«, in: Genfer Hochschulinstitut für internationale Studien (Hg.), *The World Crisis*, London: Longmans, Green and Co. 1938, S. 275-292, S. 278; Ludwig von Mises, »The disintegration of the international division of labour«, ebd., S. 245-274; vgl. auch Moritz Julius Bonn, *The Crumbling of Empire: The Disintegration of World Economy*, London: Allen and Unwin 1938, S. 203.

24 Michael A. Heilperin, *The Trade of Nations*, 2. Auflage, New York: Knopf 1952, S. 293.
25 Röpke, »Gemeinsamer Markt und Freihandelszone«, a.a.O., S. 38.
26 Thomas W. Zeiler, *Free Trade, Free World: The Advent of GATT*, Chapel Hill: University of North Carolina Press 1999, S. 28; A.M. Endres und Grant A. Fleming, *International Organizations and the Analysis of Economic Policy, 1919-1950*, New York: Cambridge University Press 2002, S. 126.
27 Wilhelm Röpke, »European free trade: The great divide«, in: *The Banker* (September 1958), S. 4.
28 Zitiert in: Nicholls, *Freedom with Responsibility*, a.a.O., S. 345; vgl. auch Alfred C. Mierzejewski, *Ludwig Erhard: A Biography*, Chapel Hill: University of North Carolina Press 2004, S. 147-150.
29 Röpke, »Gemeinsamer Markt und Freihandelszone«, a.a.O., S. 39.
30 Anthony James Nicholls, *Freedom with Responsibility: The Social Market Economy in Germany, 1918-1963*, New York: Oxford University Press 1994, S. 346.
31 Wilhelm Röpke, »Report on an uneasy common market«, in: *National Review* (10. März 1964), S. 195.
32 Von der Groeben, *The European Community*, a.a.O., S. 48.
33 Röpke, »Gemeinsamer Markt und Freihandelszone«, a.a.O., S. 32.
34 Michael A. Heilperin, »Freer trade and social welfare. Some marginal comments on the Ohlin report«, in: *International Labour Review* 75/3 (1957), S. 173-192, S. 173.
35 Ebd., S. 178.
36 Michael A. Heilperin, »Europe edges toward a common market«, in: *Fortune* (September 1956).
37 Ralf Ptak, *Vom Ordoliberalismus zur sozialen Marktwirtschaft: Stationen des Neoliberalismus in Deutschland*, Opladen: Leske und Budrich 2004, S. 85.
38 Ebd., S. 86.
39 Nils Goldschmidt (2004), »Alfred Müller-Armack and Ludwig Erhard: Social market liberalism«, Freiburger Diskussionspapiere zur Ordnungsökonomik 4 (2012), Albert-Ludwigs-Universität Freiburg, Institut für Allgemeine Wirtschaftsforschung, online verfügbar unter: {http://hdl.handle.net/10419/4344}, S. 16.
40 Warneke, *Die europäische Wirtschaftsintegration aus der Perspektive Wilhelm Röpkes*, a.a.O., S. 186.
41 Ptak, *Vom Ordoliberalismus zur sozialen Marktwirtschaft*, a.a.O., S. 214.
42 Alfred Müller-Armack, »Fragen der europäischen Integration«, in: von Beckerath (Hg.), *Wirtschaftsfragen der freien Welt*, a.a.O., S. 531-540, S. 532, online verfügbar unter: {https://www.cvce.eu/content/publica

tion/2006/10/3/a6a2383a-55bf-4887-a760-5b8a1a6a60ed/publishable_de.pdf}.

43 Ebd., S. 533.

44 Alfred Müller-Armack, *Auf dem Weg nach Europa*, Stuttgart: C.E. Poeschel 1971, S. 99.

45 Ulrich Enders, »Integration oder Kooperation? Ludwig Erhard und Franz Etzel im Streit über die Politik der europäischen Zusammenarbeit 1954-1956«, in: *Vierteljahrshefte für Zeitgeschichte* 45/1 (1997), S. 143-171, S. 150.

46 Ralf Kowitz, *Alfred Müller-Armack: Wirtschaftspolitik als Berufung*, Köln: Deutscher Instituts-Verlag 1998, S. 268; Hans von der Groeben, »Die Anfänge der europäischen Wirtschaftsgemeinschaft«, in: Rudolf Hrbek und Volker Schwarz (Hg.), *40 Jahre Römische Verträge: Der deutsche Beitrag*, Baden-Baden: Nomos 1998, S. 165-170, S. 165.

47 Kowitz, *Alfred Müller-Armack*, a.a.O., S. 276-281.

48 Ebd., S. 282.

49 Details aus Müller-Armack, *Auf dem Weg nach Europa*, a.a.O., S. 125.

50 David J. Gerber, »Constitutionalizing the economy: German neoliberalism, competition law and the ›new‹ Europe«, in: *American Journal of Comparative Law* 42/1 (Winter 1994), S. 25-84, S. 73.

51 Hubert Buch-Hansen und Angela Wigger, *The Politics of European Competition Regulation: A Critical Political Economy Perspective*, New York: Routledge 2011, S. 53f.; Matthieu Montalban, Sigfrido Ramirez-Perez und Andy Smith, »EU competition policy revisited: Economic doctrines within European political work«, Cahiers du Gretha (Groupe de Recherche en Économie Théorique et Appliquée) 33 (2011), S. 21.

52 Herbert Giersch, Karl-Heinz Paqué und Holger Schmieding, *The Fading Miracle: Four Decades of Market Economy in Germany*, New York: Cambridge University Press 1994, S. 174.

53 Zitiert in: Rachel S. Turner, *Neo-Liberal Ideology: History, Concepts and Policies*, Edinburgh: Edinburgh University Press 2008, S. 88.

54 Kym Anderson (2004), »Setting the trade policy agenda: What roles for economists?«, in: *Journal of World Trade* 39/2 (2005), S. 341-381, S. 345.

55 Moss (Hg.), *Monetary Union in Crisis*, a.a.O., S. 10.

56 Alfred Müller-Armack, »Vorwort«, in: Reinhold Biskup, Ronald Clapham und Joachim Starbatty, *Das Bananen-Protokoll im EWG-Vertrag*, Köln: Institut für Wirtschaftspolitik 1966, S. 13.

57 Peo Hansen und Stefan Jonsson, *Eurafrica: The Untold History of European Integration and Colonialism*, London: Bloomsbury 2014, S. 244.

58 Müller-Armack, *Auf dem Weg nach Europa*, a.a.O., S. 188f.

59 Stefan Tangermann, »European Interests in the banana marketing«, in:

T.E. Josling und T.G. Taylor (Hg.), *Banana Wars: The Anatomy of a Trade Dispute*, Cambridge: CABI 2003, S. 17-66, S. 20.

60 Vgl. für Einzelheiten ebd., S. 21.

61 Müller-Armack, *Auf dem Weg nach Europa*, a.a.O., S. 190.

62 Röpke, »Gemeinsamer Markt und Freihandelszone«, a.a.O., S. 53.

63 Müller-Armack, »Vorwort«, in: Biskup/Clapham/Starbatty, *Das Bananen-Protokoll im EWG-Vertrag*, a.a.O., S. 39.

64 James Wiley, *The Banana: Empires, Trade Wars, and Globalization*, Lincoln: University of Nebraska Press 2008, S. 125.

65 Für Ausnahmen vgl. neben anderen hier zitierten Arbeiten Muriam Haleh Davis, »Restaging mise en valeur: ›Postwar imperialism‹ and the Plan de Constantine«, in: *Review of Middle East Studies* 44/2 (2010), S. 176-186; Giuliano Garavini, *After Empires: European Integration, Decolonization, and the Challenge from the Global South, 1957-1986*, New York: Oxford University Press 2012.

66 Von der Groeben, *The European Community*, a.a.O., S. 33.

67 Ders., »Die Anfänge der Europäischen Wirtschaftsgemeinschaft«, a.a.O., S. 168.

68 Müller-Armack, *Auf dem Weg nach Europa*, a.a.O., S. 130.

69 Hansen/Jonsson, *Eurafrica*, a.a.O., S. 238.

70 Röpke, »Integration und Desintegration der internationalen Wirtschaft«, a.a.O., S. 499.

71 Wilhelm Röpke, »Nation und Weltwirtschaft«, in: *Ordo* 17 (1966), S. 37-56, S. 41.

72 Röpke, »Kapitalismus und Imperialismus«, a.a.O., S. 386.

73 Thomas Moser, *Europäische Integration, Dekolonisation, Eurafrika: Eine historische Analyse über die Entstehungsbedingungen der Eurafrikanischen Gemeinschaft von der Weltwirtschaftskrise bis zum Jaunde-Vertrag, 1929-1963*, Baden-Baden: Nomos 2000, S. 353.

74 Gary Wilder, »Eurafrique as the future past of ›Black France‹: Sarkozy's temporal confusion and Senghor's postwar vision«, in: Trica Danielle Keaton, T. Denean Sharpley-Whiting und Tyler Edward Stovall, *Black France/France Noire: The History and Politics of Blackness*, Durham: Duke University Press, 2012, S. 57-87, S. 70; vgl. auch Frederick Cooper, *Citizenship between Empire and Nation: Remaking France and French Africa, 1945-1960*, Princeton: Princeton University Press 2014, S. 202-210; Kaye Whiteman, »The rise and fall of Eurafrique: From the Berlin Conference of 1884-1885 to the Tripoli EU-Africa Summit of 2010«, in: Adekeye Adebajo und Kaye Whiteman (Hg.), *The EU and Africa: From Eurafrique to Afro-Europa*, New York: Columbia University Press 2012, S. 23-43, S. 30.

75 Frederick Cooper, »Writing the history of development«, in: *Journal of Modern European History* 8/1 (2010), S. 5-23, S. 14.

76 Wilder, »Eurafrique as the future past of ›Black France‹«, a.a.O., S. 75.
77 Müller-Armack, *Auf dem Weg nach Europa*, a.a.O., S. 119.
78 Zitiert in: Martin Evans, »Colonial fantasies shattered«, in: Dan Stone (Hg.), *The Oxford Handbook of Postwar European History*, Oxford: Oxford University Press 2012, S. 480-501, S. 493.
79 Moser, *Europäische Integration, Dekolonisation, Eurafrika*, a.a.O., S. 101.
80 Carl Schmitt, *Der Nomos der Erde im Völkerrecht des Jus Publicum Europaeum*, Berlin: Duncker & Humblot 1974 [1950], S. 188.
81 Véronique Dimier, »Bringing the neo-patrimonial state back to Europe: French decolonization and the making of the European Development Aid Policy«, in: *Archiv für Sozialgeschichte* 48 (2008), S. 433-457, S. 441.
82 Moser, *Europäische Integration, Dekolonisation, Eurafrika*, a.a.O., S. 107.
83 Zitiert in: Thomas Oppermann, »Eurafrika – Idee und Wirklichkeit«, in: *Europa-Archiv* 23 (1960), S. 695-706, S. 700.
84 Moser, *Europäische Integration, Dekolonisation, Eurafrika*, a.a.O., S. 410f.
85 Gerhard Pohl und Piritta Sorsa, *European Integration and Trade with the Developing World*, Washington, D.C.: World Bank 1992, S. 18; Ann-Christina L. Knudsen, *Farmers on Welfare: The Making of Europe's Common Agricultural Policy*, Ithaca: Cornell University Press 2009.
86 Martin Rempe, »Airy promises: Senegal and the EEC's Common Agricultural Policy in the 1960s«, in: Kiran Klaus Patel (Hg.), *Fertile Ground for Europe? The History of European Integration and the Common Agricultural Policy since 1945*, Baden-Baden: Nomos 2009, S. 221-240, S. 228.
87 Zitiert in: ebd., S. 231.
88 »Vortrag des Präsidenten der EWG-Kommission Walter Hallstein vor dem Hamburger Überseeklub am 8. Mai 1961, in: Deutsche Gesellschaft für Auswärtige Politik (Hg.), *Dokumente zur auswärtigen Politik*, Bonn: Auswärtiges Amt 1961, D341.
89 Zitiert in: Moser, *Europäische Integration, Dekolonisation, Eurafrika*, a.a.O., S. 483.
90 Hannedore Kahmann, »Der Gemeinsame Markt im Kreuzfeuer der GATT-Kritik«, in: *Europa-Archiv* (5.-20. März 1958), S. 10583-10592, S. 10583.
91 Afro-Asian Peoples' Solidarity Organization, *Afro-Asian Peoples' Solidarity Conference Cairo, December 26, 1957-January 1, 1958*, Moskau: Foreign Languages Press 1958, S. 246.
92 Moser, *Europäische Integration, Dekolonisation, Eurafrika*, a.a.O., S. 394.

93 Robert E. Hudec, *Developing Countries in the GATT/WTO Legal System*, überarbeitete Neuauflage, London: Rowman and Littlefield 2007, S. 43.

94 In den historischen Darstellungen des GATT wird der Haberler-Bericht als »erste Leitlinie für die Arbeit des GATT« bezeichnet: »A 40 year chronology of events and achievements« (30. Oktober 1987), GATT Digital Library, Stanford University 40/2.

95 E. Wyndham White an Haberler (10. Januar 1958), Gottfried Haberler Papers, Harvard University Archives (im Folgenden: Haberler Papers), Schachtel 1, Ordner »GATT Panel«.

96 Meade hatte sich in den sechziger Jahren in einem bekannten Fall selbst für den Schutz junger Industrien auf Mauritius ausgesprochen; vgl. Dani Rodrik, *Das Globalisierungs-Paradox. Die Demokratie und die Zukunft der Weltwirtschaft*, Beck: München 2011, Kap. 8; vgl. zu Tinbergens Arbeit im Völkerbund Mary S. Morgan, *The History of Econometric Ideas*, New York: Cambridge University Press 1990, S. 101-133. Für eine konstruktivistische Einordnung Tinbergens als Schlüsselfigur in der »Geburt der Idee von der Wirtschaft« vgl. Timothy Mitchell, »Fixing the economy«, in: *Cultural Studies* 12/1 (1998), S. 82-101, S. 86ff. Dieter Plehwe bezeichnet Campos als einen »der wichtigsten neoliberalen Intellektuellen Brasiliens«; Dieter Plehwe, »The origins of the neoliberal economic development discourse«, in: Mirowski/Plehwe (Hg.), *The Road from Mont Pèlerin*, a.a.O., S. 274.

97 Robert Leonard, »The collapse of interwar Vienna: Oskar Morgenstern's community, 1925-50«, in: *History of Political Economy* 43/1 (2011), S. 83-130, S. 116; Olav Bjerkholt, »Tracing Haavelmo's steps from confluence analysis to the probability approach«, Abteilung für Wirtschaftswissenschaften, Universität Oslo (Mai 2001), online verfügbar unter: {https://www.duo.uio.no/bitstream/handle/10852/17314/4845.pdf?sequence=1}, S. 16. Nach Aussage von Hagemann arbeitete Staehle (geb. 1903) von 1930 bis 1939 für die ILO, von 1946 bis 1947 für den IWF, von 1947 bis 1953 als Leiter der UN-Wirtschaftskommission für Europa in Genf und von 1953 bis 1961 für die GATT-Organisation; vgl. Harald Hagemann, Claus-Dieter Krohn und Hans Ulrich Esslinger, *Die Emigration deutschsprachiger Wirtschaftswissenschaftler nach 1933: Biographische Gesamtübersicht*, Stuttgart: Universität Hohenheim 1992, S. 272.

98 Haberler an Staehle (28. Januar 1958), Haberler Papers, Schachtel 1, Ordner »GATT Panel«.

99 Zu Bauer vgl. Plehwe, »Origins of the neoliberal economic development discourse«, a.a.O., S. 262f.

100 Haberler an Staehle (28. Januar 1958), Haberler Papers, Schachtel 1, Ordner »GATT Panel«.

101 Haberler an Staehle, 20. Oktober 1958, sowie Staehle an Haberler (1. Mai 1958), beide in: Haberler Papers, Schachtel 1, Ordner »GATT Panel«.

102 Haberler an Staehle (11. April 1958), Haberler Papers, Schachtel 1, Ordner »GATT Panel«.

103 Zu seiner Kritik an der inflationären Politik der Entwicklungsländer vgl. Gottfried Haberler, »Inflation«, in: Melvin R. Laird (Hg.), *The Conservative Papers*, Chicago: Quadrangle Books 1964; Gottfried Haberler, »The case for minimum interventionism«, in: James W. Wiggins (Hg.), *Foreign Aid Reexamined: A Critical Appraisal*, Washington, D.C.: Public Affairs Press 1958.

104 Paul Samuelson, »Gottfried Haberler (1900-95)«, in: *Journal of International Trade and Economic Development* 4/3 (1995), S. 409-415, S. 414.

105 General Agreement on Tariffs and Trade (Organization), *Trends in International Trade: Report by a Panel of Experts*, Genf: GATT 1958, S. 119.

106 A.B. Hersey, Associate Adviser, Division of International Finance, Board of Governors of the Federal Reserve (6. April 1959), Haberler Papers, Schachtel 1, Ordner »GATT Panel«; J.H. Richter, »Trends in international trade«, maschinengeschriebenes Manuskript (o.D.), Haberler Papers, Schachtel 1, Ordner »GATT Panel«.

107 General Agreement on Tariffs and Trade (Organization), *Trends in International Trade*, a.a.O., S. 122.

108 Ebd., S. 123.

109 Eric Wyndham White an Haberler (2. Dezember 1958), Haberler Papers, Schachtel 1, Ordner »GATT Panel«.

110 Information Service, European Office of the UN, GATT, Thirteenth Session of the Contracting Parties (18. Oktober 1958), Haberler Papers, Schachtel 1, Ordner »GATT Panel«.

111 Staehle an Haberler (16. Oktober 1958), Haberler Papers, Schachtel 1, Ordner »GATT Panel«.

112 Die Länder waren Brasilien, Burma, Kambodscha, Ceylon, Chile, Kuba, die Föderation Malaya, Rhodesien und Nyasaland, Ghana, Griechenland, Indien, Indonesien, Pakistan, Peru und Uruguay. »Expansion of international trade«, Note submitted by the less-developed countries, 20. Mai 1959, GATT Digital Library, Stanford University, W14/15.

113 Vgl. Richard Gibb, »Post-Lomé: The European Union and the South«, in: *Third World Quarterly* 21/3 (Juni 2000), S. 457-481. Die ehemaligen britischen Kolonien profitierten bis zur Gründung der AKP-Gruppe (Gruppe der afrikanischen, karibischen und pazifischen Staaten) im Jahr 1975 nicht von den bevorzugten Handelsbeziehungen zur EWG; vgl. R.J. Barry Jones, *Routledge Encyclopedia of International Political*

Economy, Bd. 1, New York: Routledge 2001, S. 12. Die Folge war, dass frühere britische Kolonien wie Indien und Pakistan in den Jahren 1957 bis 1975 eine gemeinsame Front mit Großbritannien und Australien gegen den Handelsblock bildeten, der aus den EWG-Ländern (vor allem Frankreich) mit ihren früheren Kolonien bestand.

114 Vgl. z.B. die Beschreibung in dem Dokumentarfilm *Life and Debt* (Regie: Stephanie Black, 2001).

115 »Consultation with the member states of the EEC on cocoa«, EWG-Vertrag (10. Juli 1959), Anhang II, Vorlage der Delegationen Ghanas, Brasiliens, Indonesiens und Großbritanniens, GATT Digital Library, Stanford University, L/994.

116 Garavini, *After Empires*, a.a.O., S. 68.

117 Für eine ähnliche Argumentation in Bezug auf die UN-Konferenz für Handel und Entwicklung in den sechziger Jahren vgl. Johanna Bockman, »Socialist globalization against capitalist neocolonialism: The economic ideas behind the new international economic order«, in: *Humanity: An International Journal of Human Rights, Humanitarianism, and Development* 6/1 (Frühjahr 2015), S. 109-128, online verfügbar unter: {http://humanityjournal.org/wp-content/uploads/2014/06/HUM-6.1-final-text-BOCKMAN.pdf}, S. 110.

118 Vgl. Ankie Hoogvelt, *Globalization and the Postcolonial World: The New Political Economy of Development*, Basingstoke: Palgrave 2001, S. 42.

119 Ebd., S. 241 ff.; Jeffry A. Frieden, *Global Capitalism: Its Fall and Rise in the Twentieth Century*, New York: W.W. Norton 2006, S. 319 f.; vgl. zu den Versuchen neoliberaler Ökonomen, die exportorientierte Industrialisierung als Modell für eine funktionierende Laissez-faire-Entwicklungsökonomie darzustellen, Mark T. Berger, *The Battle for Asia: From Decolonization to Globalization*, New York: Routledge 2004, S. 4 f.

120 Für eine ähnliche Argumentation vgl. Rorden Wilkinson, »Developing country participation in the GATT: A reassessment«, in: *World Trade Review* 7/3 (2008), S. 473-510.

121 Für eine überzeugende Version dieser Deutung vgl. Raewyn Connell und Nour Dados, »Where in the world does neoliberalism come from?«, in: *Theory and Society* 43/2 (2014), S. 117-138, S. 133.

122 Röpke, »Gemeinsamer Markt und Freihandelszone«, a.a.O., S. 37.

123 Vgl. zum »Liberalismus von unten« Sally, *Classical Liberalism and International Economic Order*, a.a.O., S. 139.

124 Haberler, »Implications of the European common market and free trade area project for United States foreign economic policy«, in: *Foreign Trade Policy: Compendium of Papers on United States Foreign Trade Policy Collected by the Staff for the Subcommittee on Foreign Trade*

Policy of the Committee on Ways and Means, Washington, D.C.: U.S. GPO 1957, S. 478.

125 Gottfried Haberler, »Die wirtschaftliche Integration Europas«, in: von Beckerath (Hg.), *Wirtschaftsfragen der freien Welt*, a.a.O., S. 521-530, S. 526.

126 Ebd., S. 527.

127 Ebd., S. 529.

128 General Agreement on Tariffs and Trade (Organization), »The launching and organization of trade negotiations in the GATT« (26. September 1984), GATT Digital Library, Stanford University, SPEC 85/46, S. 4.

129 Hudec, *Developing Countries in the GATT/WTO Legal System*, a.a.O., S. 43.

130 Ebd., S. 35.

131 Jennifer Bair, »Taking Aim at the New International Economic Order«, in: Mirowski/Plehwe (Hg.), *The Road from Mont Pèlerin*, a.a.O., S. 347-385, S. 359.

132 Gottfried Haberler, »Integration and growth of the world economy in historical perspective«, in: *American Economic Review* 54/2 (1964), S. 1-22, S. 14, S. 17.

133 F.A. Hayek, *Die Verfassung der Freiheit*, Tübingen: Mohr-Siebeck 1960, S. 334.

134 Ebd.

135 Hayek, »Wirtschaft, Wissenschaft und Politik«, a.a.O., S. 1.

136 Ebd., S. 3.

137 Ebd., S. 10ff., Zitat S. 12.

138 Ebd., S. 13.

139 Ebd., S. 14.

140 Ebd., S. 13.

141 Ebd., S. 16.

142 F.A. Hayek (1963), »Recht, Gesetz und Wirtschaftsfreiheit«, in: ders., *Freiburger Studien*, Tübingen: Mohr-Siebeck 1969, S. 47-55, S. 47.

143 F.A. Hayek, *Recht, Gesetz und Freiheit*, Tübingen: Mohr-Siebeck 2003 [1979], S. 250.

144 Ebd., S. 251.

145 Giersch/Paqué/Schmieding, *The Fading Miracle*, a.a.O., S. 27.

146 Hayek, »Recht, Gesetz und Wirtschaftsfreiheit«, a.a.O., S. 54.

147 Ebd., S. 55.

148 F.A. Hayek, »A new look at economic theory: Four lectures given at the University of Virginia, 1961«, in: Bruce Caldwell (Hg.), *The Market and Other Orders*, Chicago: University of Chicago Press 2014, Appendix A, S. 373-426, S. 425.

149 F.A. Hayek, »Der Wettbewerb als Entdeckungsverfahren«, Kieler Vorträge 56 (1968).

150 Hans von der Groeben, »Competition policy in the common market and in the Atlantic partnership«, in: *Antitrust Bulletin* 10/1-2 (1965), S. 125-153, S. 129.
151 Ebd., S. 152.
152 Von der Groeben, *The European Community*, a. a. O., S. 48.
153 Unter den Spezialisten für europäisches Recht wird eine intensive Debatte über den neoliberalen Charakter der Wettbewerbspolitik geführt; vgl. z. B. Pinar Akman, »Searching for the long-lost soul of article 82EC«, in: *Oxford Journal of Legal Studies* 29/2 (2009), S. 267-303; Montalban, Ramirez-Perez und Smith, »EU competition policy revisited«, a. a. O., S. 21.
154 Wolfram Kaiser, »Quo vadis, Europa? Die deutsche Wirtschaft und der Gemeinsame Markt 1958-1963«, in: Hrbek/Schwarz (Hg.), *40 Jahre Römische Verträge*, a. a. O., S. 195-213.
155 Buch-Hansen/Wigger, *The Politics of European Competition Regulation*, a. a. O., S. 54 f.
156 Antoine Vauchez, *Brokering Europe: Euro-Lawyers and the Making of a Transnational Polity*, New York: Cambridge University Press 2015, S. 60.
157 Buch-Hansen/Wigger, *The Politics of European Competition Regulation*, a. a. O., S. 54 f.
158 Vauchez, *Brokering Europe*, a. a. O., S. 60.
159 Ernst-Joachim Mestmäcker, »Auf dem Wege zu einer Ordnungspolitik für Europa«, in: ders., Hans Möller und Hans-Peter Schwarz (Hg.), *Eine Ordnungspolitik für Europa: Festschrift für Hans von der Groeben zu seinem 80. Geburtstag*, Baden-Baden: Nomos 1987, S. 9-49, S. 11.
160 Peter Behrens, »The ordoliberal concept of ›abuse‹ of a dominant position and its impact on article 102 TFEU«, Diskussionsunterlage, Institute for European Integration, Europa-Kolleg Hamburg 7/15 (2015), online verfügbar unter: {http://hdl.handle.net/10419/120873}.
161 Ernst-Joachim Mestmäcker, »Power, law and economic constitution«, in: *German Economic Review* 11/3 (1973), S. 177-192, S. 182.
162 Ders., »Offene Märkte im System unverfälschten Wettbewerbs in der Europäischen Wirtschaftsgemeinschaft«, in: Helmut Coing, Heinrich Kronstein und Ernst-Joachim Mestmäcker (Hg.), *Wirtschaftsordnung und Rechtsordnung*, Karlsruhe: C. F. Müller 1965, S. 345-391, S. 390.
163 Christian Joerges, »The science of private law and the nation-state«, in: Francis G. Snyder (Hg.), *The Europeanisation of Law: The Legal Effects of European Integration*, Portland: Hart 2000, S. 47-82, S. 69.
164 Mestmäcker, »Offene Märkte im System unverfälschten Wettbewerbs in der Europäischen Wirtschaftsgemeinschaft«, a. a. O., S. 348.
165 Ebd., S. 353.
166 Ebd., S. 390.

167 Mestmäcker, »Power, law and economic constitution«, a.a.O., S. 187.

168 Ernst-Joachim Mestmäcker, *A Legal Theory without Law: Posner v. Hayek on Economic Analysis of Law*, Tübingen: Mohr-Siebeck 2007, S. 40.

169 Fritz W. Scharpf, »Economic integration, democracy and the welfare state«, in: *Journal of European Public Policy* 4/1 (1997), S. 18-36, S. 28.

170 Ernst-Joachim Mestmäcker, »Competition law in the European Economic Community«, in: H.L. Pinner (Hg.), *World Unfair Competition Law: An Encyclopedia*, Leiden: A.W. Sijthoff 1965, S. 38-74, S. 39.

171 Ebd., S. 73.

172 Ebd., S. 70.

173 Vgl. Adam Harmes, »Neoliberalism and multilevel governance«, in: *Review of International Political Economy* 13/5 (2006), S. 725-749; Ernst-Ulrich Petersmann, »Multilevel trade governance in the WTO requires multilevel constitutionalism«, in: Christian Joerges und Ernst-Ulrich Petersmann (Hg.), *Constitutionalism, Multilevel Trade Governance and International Economic Law*, Portland: Hart 2011, S. 5-57; für einen bahnbrechenden Artikel, in dem der Begriff anders definiert wird, vgl. Gary Marks, »Structural policy and multilevel governance in the EC«, in: Alan Cafruny und Glenda Rosenthal (Hg.), *The State of the European Community*, Boulder: Lynne Rienner 1993, S. 391-410; vgl. zu den unterschiedlichen Anwendungen des Konzepts Simona Piattoni, *The Theory of Multi-Level Governance: Conceptual, Empirical, and Normative Challenges*, Oxford: Oxford University Press 2010.

174 Kowitz, *Alfred Müller-Armack*, a.a.O., S. 271.

175 Mestmäcker, »Power, law and economic constitution«, a.a.O., S. 190.

176 Mestmäcker, »Competition law in the European Economic Community«, a.a.O., S. 73.

177 Mestmäcker, »Power, law and economic constitution«, a.a.O., S. 190.

178 Mestmäcker, »Offene Märkte im System unverfälschten Wettbewerbs in der Europäischen Wirtschaftsgemeinschaft«, a.a.O., S. 391.

179 Joerges, »Science of private law and the nation-state«, a.a.O., S. 79.

180 Michelle Cini und Lee McGowan, *Competition Policy in the European Union*, New York: St. Martin's Press 1998, S. 22.

181 Von der Groeben, *The European Community*, a.a.O., S. 195.

182 Mestmäcker, »Offene Märkte im System unverfälschten Wettbewerbs in der Europäischen Wirtschaftsgemeinschaft«, a.a.O., S. 391. Vauchez weist mit Recht darauf hin, dass Carl Ophüls der Erste war, der den Begriff in Zusammenhang mit der europäischen Integration verwendete; Ophüls war freilich der Ansicht, dass noch keine solche »europäische Wirtschaftsverfassung« existierte; vgl. Vauchez, *Brokering Europe*, a.a.O., S. 59; vgl. C.F. Ophüls, »Grundzüge europäischer Wirtschaftsverfassung«, in: *Zeitschrift für das gesamte Handelsrecht und Wirtschaftsrecht* 124 (1962), S. 136-181, S. 137.

183 Mestmäcker, »Power, law and economic constitution«, a.a.O., S. 190.
184 Reinhard Behlke, *Der Neoliberalismus und die Gestaltung der Wirtschaftsverfassung in der Bundesrepublik Deutschland*, Berlin: Duncker & Humblot 1961, S. 96.
185 Tamara Zieschang, *Das Staatsbild Franz Böhms*, Stuttgart: Lucius und Lucius 2003, S. 177.
186 Behlke, *Der Neoliberalismus und die Gestaltung*, a.a.O., S. 134f.
187 Zieschang, *Das Staatsbild Franz Böhms*, a.a.O., S. 179.
188 Vgl. z.B. Ernst Rudolf Huber, *Wirtschaftsverwaltungsrecht*, 2 Bde., 2. Auflage, Tübingen: Mohr 1953, Bd. 1, S. 24; Gerber, »Constitutionalizing the economy«, a.a.O., S. 44.
189 Franz Böhm, *Die Ordnung der Wirtschaft als geschichtliche Aufgabe und rechtschöpferische Leistung*, Stuttgart: W. Kohlhammer 1937, S. 54, S. 56.
190 Ebd., S. 56f.
191 John Gray, *Freiheit im Denken Hayeks*, Tübingen: Mohr-Siebeck 1995, S. 71.
192 F.A. Hayek, »Die Ergebnisse menschlichen Handelns, aber nicht menschlichen Entwurfs«, in: ders., *Freiburger Studien*, a.a.O., S. 97-107.
193 Mestmäcker, »Power, law and economic constitution«, a.a.O., S. 183.
194 Ernst-Joachim Mestmäcker, *Die Vermittlung von europäischem und nationalem Recht im System unverfälschten Wettbewerbs*, Bad Homburg: Gehlen 1969, S. 170.
195 Ebd., S. 173.
196 Erich Hoppmann, »Zum Schutzobjekte des GWB«, in: Ernst-Joachim Mestmäcker (Hg.), *Wettbewerb als Aufgabe: Nach zehn Jahren Gesetz gegen Wettbewerbsbeschränkungen*, Bad Homburg: Gehlen 1968, S. 61-104, S. 78.
197 Ebd., S. 97.
198 Ebd., S. 90.
199 Erich Hoppmann, »Wettbewerb als Norm der Wettbewerbspolitik«, in: *Ordo* 18 (1967), S. 77-94, S. 84.
200 Ebd.
201 Ebd., S. 92.
202 Mestmäcker, *Die Vermittlung von europäischem und nationalem Recht im System unverfälschten Wettbewerbs*, a.a.O., S. 173.
203 Mestmäcker, »Power, law and economic constitution«, a.a.O., S. 183.
204 Ebd., S. 192.
205 Ernst-Joachim Mestmäcker, »Concentration and competition in the EEC«, in: *Journal of World Trade Law* 6 (1972), S. 615-647, S. 621 (Hervorhebung ergänzt).
206 Röpke, »Report on an uneasy common market«, a.a.O., S. 195.
207 Christian Joerges, »The European economic constitution and its trans-

formation through the financial crisis«, Zentra Working Papers in Transnational Studies 47 (2015), S. 10.

208 Gottfried Haberler, »Economic consequences of a divided world«, in: *Review of Politics* 18/1 (1956), S. 3-22, S. 10.

209 Hudec, *Developing Countries in the GATT/WTO Legal System*, a. a. O., S. 49.

210 Garavini, *After Empires*, a. a. O., S. 49.

211 Ebd., S. 77; vgl. zum Haberler-Bericht als Wendepunkt auch Andrew Lang, *World Trade Law after Neoliberalism: Reimagining the Global Economic Order*, Oxford: Oxford University Press 2011, S. 45.

212 Haberler, »Integration and growth of the world economy in historical perspective«, a. a. O., S. 20.

213 Gerard Curzon, »Crisis in the international trading system«, in: Hugh Corbet und Robert Victor Jackson (Hg.), *In Search of a New World Economic Order*, New York: Wiley 1974, S. 33-47, S. 37.

214 Haberler, »Integration and growth of the world economy in historical perspective«, a. a. O., S. 21.

215 Gerard Curzon und Virginia Curzon Price, *Hidden Barriers to International Trade*, London: Trade Policy Research Centre 1970, o. S.

216 Ebd.

217 Harry G. Johnson, »World inflation, the developing countries and an ›integrated programme for commodities‹«, in: *Banca Nazionale del Lavoro Quarterly Review* 119 (Dezember 1976), S. 309-335, S. 335.

218 Martin Wolf, »An unholy alliance: The European Community and developing countries in the international trading system«, in: L. B. M. Mennes und Jacob Kol (Hg.), *European Trade Policies and the Developing World*, London: Croom Helm 1988, S. 41-64, S. 45.

219 Gerard Curzon und Victoria Curzon Price, *Global Assault on Non-tariff Trade Barriers*, London: Trade Policy Research Centre 1972, S. 3.

7. Eine Welt der Signale

1 Robert E. Hudec, *Developing Countries in the GATT/WTO Legal System*, überarbeitete Neuauflage, London: Rowman and Littlefield 2007, S. 31.

2 Mahbub ul Haq, *The Poverty Curtain: Choices for the Third World*, New York: Columbia University Press 1976, S. 169.

3 Balakrishnan Rajagopal, *International Law from Below: Development, Social Movements and Third World Resistance*, New York: Cambridge University Press 2003, S. 79, S. 82; vgl. zur früheren Geschichte der Forderung nach permanenter Hoheit über die Bodenschätze in den Vereinten Nationen Nico Schrijver, *Sovereignty over Natural*

Resources: Balancing Rights and Duties, New York: Cambridge University Press 1997, Kap. 1-3. Die NWWO (engl. NIEO) hat in jüngster Zeit neues Interesse in der Forschung geweckt; für einen Überblick über die Geschichte der NWWO vgl. Frühjahrsausgabe (6/1 [2015]) der Zeitschrift *Humanity: An International Journal of Human Rights, Humanitarianism, and Development*; auch Umut Özsu, »Neoliberalism and the new international economic order: A history of ›contemporary legal thought‹«, in: Christopher L. Tomlins und Justin Desautels-Stein (Hg.), *In Search of Contemporary Legal Thought*, Cambridge: Cambridge University Press 2017, S. 330-347.

4 Jagdish N. Bhagwati (Hg.), *The New International Economic Order: The North-South Debate*, Cambridge, MA: MIT Press 1977, S. 3.

5 Kwame Nkrumah, *Neo-Colonialism: The Last Stage of Imperialism*, New York: International Publishers 1965, S. xi.

6 N. Raghavan Pillai, zitiert in: Amrita Narlikar, *International Trade and Developing Countries: Bargaining Coalitions in the GATT and WTO*, London: Routledge 2003, S. 55.

7 Ernst-Ulrich Petersmann, »Die Nationalisierung der chilenischen Kupferindustrie als Problem des internationalen Wirtschaftsrechts«, in: *Wirtschaftsrecht* 3 (1973), S. 274-307, S. 278.

8 Andrew Lang, *World Trade Law after Neoliberalism: Reimagining the Global Economic Order*, Oxford: Oxford University Press 2011, S. 49; Daniel J. Whelan, »›Under the aegis of man‹: The right to development and the origins of the new international economic order«, in: *Humanity: An International Journal of Human Rights, Humanitarianism, and Development* 6/1 (Frühjahr 2015), S. 93-108; Samuel Moyn, *The Last Utopia: Human Rights in History*, Cambridge: Belknap Press of Harvard University Press 2010.

9 Frieder Roessler (1979), »The international law commission and the new international economic order«, in: ders. (Hg.), *The Legal Structure, Functions and Limits of the World Trade Order*, London: Cameron May 2000. Der Artikel erschien ursprünglich unter dem Pseudonym Damian Hubbard in: *German Yearbook of International Law* 22 (1979), S. 80-99.

10 Charles Lipson, *Standing Guard: Protecting Foreign Capital in the Nineteenth and Twentieth Centuries*, Berkeley: University of California Press 1985, S. 98.

11 Noel Maurer, *The Empire Trap: The Rise and Fall of U.S. Intervention to Protect American Property Overseas, 18932013*, Princeton: Princeton University Press 2013, S. 350.

12 Jennifer Bair, »Taking aim at the new international economic order«, in: Philip Mirowski und Dieter Plehwe (Hg.), *The Road from Mont Pèlerin: The Making of the Neoliberal Thought Collective*, Cambridge, MA:

Harvard University Press, S. 347-385; Özsu, »Neoliberalism and the new international economic order«, a. a. O.

13 Herbert G. Grubel, »The case against the new international economic order«, in: *Weltwirtschaftliches Archiv* 113/2 (1977), S. 284-307.

14 Gottfried Haberler, »The liberal international economic order in historical perspective«, in: Ryan C. Amacher, Gottfried Haberler und Thomas D. Willett (Hg.), *Challenges to a Liberal International Economic Order*, Washington, D. C.: American Enterprise Institute for Public Policy Research 1979, S. 44.

15 Peter T. Bauer und Basil S. Yamey, »Against the new economic order«, in: *Commentary* 63 (1. April 1977), S. 25-31, S. 31.

16 Hollis B. Chenery, zitiert in: Amacher, Haberler und Willett (Hg.), *Challenges to a Liberal International Economic Order*, a. a. O., S. 76.

17 Bhagwati, *The New International Economic Order*, a. a. O., S. 7; vgl. zur Reaktion auf die NIEO Daniel J. Sargent, »North/South: The United States responds to the new international economic order«, in: *Humanity: An International Journal of Human Rights, Humanitarianism, and Development* 6/1 (Frühjahr 2015), S. 201-216.

18 Craig N. Murphy, *Global Institutions, Marginalization, and Development*, London: Routledge 2005, S. 34. Das Etikett des »globalen Reformismus« stammt von P. D. Henderson, »Survival, development and the report of the Brandt commission«, in: *The World Economy* 3/1 (1980), S. 87-118, S. 107.

19 Mihajlo D. Mesarović und Eduard Pestel, *Menschheit am Wendepunkt: 2. Bericht an den Club of Rome zur Weltlage*, Stuttgart: DVA 1974, S. 132.

20 Philippe de Seynes, »Preface«, in: Sam Cole, *Global Models and the International Economic Order*, Oxford: Pergamon Press 1977, o. S.

21 Kees van der Pijl, »The sovereignty of capital impaired: Social forces and codes of conduct for multinational corporations«, in: Henk Overbeek (Hg.), *Restructuring Hegemony in the Global Political Economy: The Rise of Transnational Neo-Liberalism in the 1980s*, London: Routledge 1993, S. 28-57, S. 36; vgl. Jan Tinbergen et al., *Reshaping the International Order: A Report to the Club of Rome*, London: Hutchinson 1977.

22 Wassily Leontief, »For a national economic planning board«, in: *The New York Times* (14. März 1974).

23 Wassily Leontief, *The Future of the World Economy*, New York: United Nations 1976.

24 Tinbergen et al., *Reshaping the International Order*, a. a. O.

25 Vgl. Sarah Babb, *Behind the Development Banks: Washington Politics, World Poverty, and the Wealth of Nations*, Chicago: University of Chicago Press 2009.

26 Hank Overbeek und Kees van der Pijl, »Restructuring capital and rest-

ructuring hegemony: Neo-liberalism and the unmaking of the post-war order«, in: Overbeek, *Restructuring Hegemony in the Global Political Economy*, a. a. O., S. 1-27, S. 19; vgl. auch Bair, »Taking aim at the new international economic order«, a. a. O., S. 360f.; Martijn Konings, »Governing the system: Risk, finance, and neoliberal reason«, in: *European Journal of International Relations* 22/2 (2016), S. 268-288; Greta R. Krippner, *Capitalizing on Crisis. The Political Origins of the Rise of Finance*, Cambridge, MA: Harvard University Press 2012.

27 Die maßgebliche Darstellung Robert Hudecs ist ausgezeichnet und von hohem wissenschaftlichem Niveau, aber sie wurde von der neoliberalen Denkfabrik Trade Policy Research Centre in Auftrag gegeben; daher war Hudec eher ein Akteur der Konterrevolution als ein außenstehender Beobachter. Hudecs Buch ist dem Andenken Jan Tumlirs gewidmet; Hudec, *Developing Countries in the GATT/WTO Legal System*, a. a. O.

28 Jan Tumlir, »Need for an open multilateral trading system«, in: *The World Economy* 6/4 (1983), S. 393-408, S. 407.

29 Ders., »National sovereignty, power and interest«, in: *Ordo* 31 (1980), S. 1-26, S. 24.

30 Vgl. z. B. William N. Butos und Thomas J. McQuade, »The sensory order, neuroeconomics, and Austrian economics«, in: Peter J. Boettke und Christopher J. Coyne (Hg.), *The Oxford Handbook of Austrian Economics*, New York: Oxford University Press 2015, S. 612-642, S. 616; Bruce Caldwell, »F. A. Hayek and the economic calculus«, in: *History of Political Economy* 48/1 (2016), S. 151-180, S. 176; Paul Lewis, »The emergence of ›emergence‹ in the work of F. A. Hayek: A historical analysis«, in: *History of Political Economy* 48/1 (2016), S. 111-150, S. 113; Gabriel Oliva, »The road to servomechanisms: The influence of cybernetics on Hayek from the sensory order to the social order«, CHOPE Working Paper 11 (2015), Durham Center for the History of Political Economy; David G. Tuerck, »Economics as mechanism: The mind as machine in Hayek's sensory order«, in: *Constitutional Political Economy* 6/3 (1995), S. 281-292, S. 281. Für eine frühe Auseinandersetzung mit dem Einfluss der Psychologie auf Hayeks Denken vgl. John Gray, *Freiheit im Denken Hayeks*, Tübingen: Mohr-Siebeck 1995.

31 P. A. Lewis, »Systems, structural properties, and levels of organisation: The influence of Ludwig von Bertalanffy on the work of F. A. Hayek«, in: *Research in the History of Economic Thought and Methodology* 11 (noch nicht erschienen), online verfügbar unter: {http://dx.doi.org/10.2139/ssrn.2609349}.

32 Ebd., S. 18.

33 F. A. Hayek, »Die Anmaßung von Wissen« (1974), in: Wolfgang Kerber (Hg.), *Die Anmaßung von Wissen. Neue Freiburger Studien*, Tübingen: Mohr-Siebeck 1996, S. 3-15, S. 14f.

34 F. A. Hayek, »Die Anmaßung von Wissen«, in: *Ordo* 26 (1975), S. 12-21, S. 21.

35 F. A. Hayek, *Recht, Gesetzgebung und Freiheit. Eine neue Darstellung der liberalen Prinzipien der Gerechtigkeit und der politischen Ökonomie*, Bd. 1: *Regeln und Ordnung*, Landsberg: Verlag Moderne Industrie 1980, S. 30.

36 F. A. Hayek, *Law, Legislation and Liberty*, London: Routledge and Kegan Paul 1982, S. xviii-xix.

37 Philip Mirowski, *Untote leben länger: Warum der Neoliberalismus nach der Krise noch stärker ist*, Berlin: Matthes & Seitz 2015, S. 66.

38 Peter Galison, »The ontology of the enemy: Norbert Wiener and the cybernetic vision«, in: *Critical Inquiry* 21/1 (Herbst 1994), S. 228-266, S. 232. Vgl. Norbert Wiener, *Kybernetik. Regelung und Nachrichtenübertragung im Lebewesen und in der Maschine*, Düsseldorf: Econ 1963.

39 Hayek, »Die Anmaßung von Wissen« (1975), a. a. O., S. 21.

40 F. A. Hayek, »Degrees of explanation« (1955), in: ders. (Hg.), *Studies in Philosophy, Politics and Economics*, London: Routledge and Kegan Paul 1967, S. 3-21, S. 19.

41 Viktor Vanberg, *The Constitution of Markets: Essays in Political Economy*, New York: Routledge 2001, S. 46.

42 F. A. Hayek, »Die Ergebnisse menschlichen Handelns, aber nicht menschlichen Entwurfs«, in: ders., *Freiburger Studien*, Tübingen: Mohr 1969, S. 97-107.

43 F. A. Hayek, »Szientismus und das Studium der Gesellschaft«, in: *Mißbrauch und Verfall der Vernunft*, Frankfurt am Main: Knapp 1959, S. 51.

44 Lewis, »Systems, structural properties, and levels of Organisation«, a. a. O., S. 6.

45 Ludwig von Bertalanffy, *General System Theory*, New York: George Braziller 1968, S. 12-15.

46 Ebd., S. 14.

47 Ebd., S. 113.

48 Ludwig von Bertalanffy, »An outline of general system theory«, in: *British Journal for the Philosophy of Science* 1/2 (1950), S. 134-165, S. 137 ff.

49 Bertalanffy, *General System Theory*, a. a. O., S. 19.

50 F. A. Hayek, *Recht, Gesetzgebung und Freiheit. Eine neue Darstellung der liberalen Prinzipien der Gerechtigkeit und der politischen Ökonomie*, Bd. 3: *Die Verfassung einer Gesellschaft freier Menschen*, München: Verlag Moderne Industrie 1981, S. 216.

51 Erich Hoppmann, »Die Interdependenz der Ordnungen«, in: *Ordo* 49 (1998), S. 3-14, S. 6.

52 F.A. Hayek, »Wahrer und falscher Individualismus«, in: ders. (Hg.), *Individualismus und wirtschaftliche Ordnung*, Salzburg: Neugebauer 1976, S. 9-48, S. 47.

53 Ders., »Die Verwertung des Wissens in der Gesellschaft«, in: ders. (Hg.), *Individualismus und wirtschaftliche Ordnung*, Salzburg: Neugebauer 1976, S. 103-121, S. 115.

54 Ebd.

55 Paul Lewis und Peter Lewin, »Orders, orders, everywhere ... On Hayek's *The Market and Other Orders*«, in: *Cosmos and Taxis* 2 (2015), S. 1-17, S. 15.

56 Philip Mirowski, »On the origins (at Chicago) of some species of neoliberal evolutionary economics«, in: Robert van Horn, Philip Mirowski und Thomas A. Stapleford (Hg.), *Building Chicago Economics: New Perspectives on the History of America's Most Powerful Economics Program*, New York: Cambridge University Press 2011, S. 237-275, S. 262.

57 Lewis, »The emergence of ›emergence‹ in the work of F.A. Hayek«, a.a.O., S. 120.

58 C. Judson Herrick, zitiert in: F.A. Hayek, *Die Theorie komplexer Phänomene*, Tübingen: Mohr-Siebeck 1972, S. 286 (bei Hayek englisch).

59 Ebd., S. 287.

60 Ebd., S. 291.

61 F.A. Hayek, »Arten der Ordnung«, in: ders., *Freiburger Studien*, a.a.O., S. 32-46, S. 38.

62 Hayek, »Die Theorie komplexer Phänomene«, a.a.O., S. 281-306, S. 283.

63 F.A. Hayek, »Der Primat des Abstrakten«, in: ders., *Die Anmaßung von Wissen*, a.a.O., S. 114-129, S. 117.

64 Ebd., S. 124.

65 Kommentar zu J.R. Smythies, »Aspects of consciousness«, in: Arthur Koestler und J.R. Smythies (Hg.), *Beyond Reductionism. The Alpbach Symposium 1968*, New York: Macmillan 1968, S. 254.

66 F.A. Hayek, »Notes on the evolution of systems of rules of conduct«, in: ders. (Hg.), *Studies in Philosophy, Politics and Economics*, a.a.O., S. 66-81, S. 76.

67 Ebd.

68 F.A. Hayek, *Die sensorische Ordnung: Eine Untersuchung der Grundlagen der theoretischen Psychologie*, Tübingen: Mohr-Siebeck 2006, S. 123.

69 Hayek, *Recht, Gesetzgebung und Freiheit*, Bd. 1, a.a.O., S. 34.

70 Hayek, »Arten der Ordnung«, a.a.O., S. 37.

71 Hayek, *Recht, Gesetzgebung und Freiheit*, Bd. 1, a.a.O., S. 66.

72 Ebd., S. 62.

73 Zitiert in: Steve Fleetwood, *Hayek's Political Economy: The Socio-Economics of Order*, New York: Routledge 1995, S. 113.
74 Hayek, »Der Primat des Abstrakten«, a.a.O., S. 121.
75 Hayek, *Recht, Gesetzgebung und Freiheit*, Bd. 1, a.a.O., S. 35.
76 Ebd., S. 27.
77 Manfred E. Streit, »Institutionen als Kognitionsproblem – Bemerkungen zu einer neurosensorischen Vermutung«, in: *Ordo* 51 (2000), S. 119-126; vgl. auch Roger Koppl, »Confessions of a Neuro-Hayekian«, in: *Advances in Austrian Economics* 13 (2010), S. 391-397; J. Barkley Rosser Jr., »How complex are the Austrians?«, in: *Advances in Austrian Economics* 14 (2010), S. 165-179; Filomena de Sousa, »Hayek and individualism: Some Question Marks«, in: *History of Economic Ideas* 13/2 (2005), S. 111-127.
78 Gray, *Freiheit im Denken Hayeks*, a.a.O., S. 28; Mark Pennington, »Hayek on socialism«, in: Roger W. Garrison und Norman Barry (Hg.), *Elgar Companion to Hayekian Economics*, Cheltenham: Edward Elgar 2014, S. 246-277, S. 251.
79 Raymond Plant, *The Neo-Liberal State*, Oxford: Oxford University Press 2010, S. 72.
80 Fleetwood, *Hayek's Political Economy*, a.a.O., S. 112.
81 Jean-Pierre Dupuy, »The autonomy of social reality: On the contribution of systems theory to the theory of society«, in: Elias L. Khalil und Kenneth E. Boulding (Hg.), *Evolution, Order and Complexity*, New York: Routledge 1996, S. 61-88, S. 79.
82 Hayek, *Recht, Gesetzgebung und Freiheit*, Bd. 3, a.a.O., S. 181.
83 Philip Mirowski, *Machine Dreams: Economics Becomes a Cyborg Science*, New York: Cambridge University Press 2002, S. 18.
84 Franz Böhm, »Rule of law in a market economy«, in: Alan T. Peacock und Hans Willgerodt (Hg.), *Germany's Social Market Economy: Origins and Evolution*, New York: St. Martin's Press 1989, S. 46-67, S. 53.
85 Franz Böhm, »Privatrechtsgesellschaft und Marktwirtschaft«, in: *Ordo* 17 (1966), S. 74-151, S. 74.
86 Hayek, »Arten der Ordnung«, a.a.O., S. 38.
87 »Nobel-Prize winning economist«, Oral-History-Interview mit F.A. Hayek, Oral History Program, UCLA, 1983, S. 315, online verfügbar unter {https://archive.org/details/nobelprizewinninoohaye}.
88 Hayek, *Recht, Gesetzgebung und Freiheit*, Bd. 1, a.a.O., S. 144.
89 F.A. Hayek, *Recht, Gesetzgebung und Freiheit. Eine neue Darstellung der liberalen Prinzipien der Gerechtigkeit und der politischen Ökonomie*, Bd. 2: *Die Illusion der sozialen Gerechtigkeit*, Landsberg: Verlag Moderne Industrie 1981, S. 130.
90 Wilhelm Röpke, »Die Stellung des Unternehmers auf dem Markte«, in: *Schweizer Monatshefte* 26/11 (1946/1947), S. 663-673, S. 663, S. 664.

91 Ebd., S. 664.
92 Hayek, »Die Verwertung des Wissens in der Gesellschaft«, a.a.O., S. 115.
93 Hayek, »Planning, science and freedom«, in: *Nature* (15. November 1941), S. 580-584, S. 581.
94 James M. Buchanan, *Freedom in Constitutional Contract: Perspectives of a Political Economist*, College Station: Texas A&M University Press 1977, S. 34.
95 Gray, *Freiheit im Denken Hayeks*, a.a.O., S. 71.
96 Gerard Curzon und Victoria Curzon Price, »The undermining of the world trade order«, in: *Ordo* 30 (1979), S. 383-407.
97 Er feierte seinen achtzigsten Geburtstag am 8. Mai 1979, aber dies war das letzte MPS-Treffen vor diesem Tag, weshalb Hayek ein Geschenk überreicht wurde; vgl. Tibor Machan, »Meeting of the (free) minds«, in: *Reason* (Dezember 1978), online verfügbar unter: {https://reason.com/1978/12/01/meeting-of-the-free-minds/}.
98 Alvin Rabushka, »How goes the underdeveloped world?« (MPS-Treffen, Brüssel 1974), Hutt Papers, Schachtel 5.
99 Hayek, *Recht, Gesetzgebung und Freiheit*, Bd. 3, a.a.O., S. 226.
100 Machan, »Meeting of the (free) minds«, a.a.O.
101 Barry Naughton, *The Chinese Economy: Transitions and Growth*, Cambridge, MA: MIT Press 2007, S. 382; vgl. zu den Exportproduktionszonen Patrick Neveling, »The global spread of export processing zones and the 1970s as a decade of consolidation«, in: Knud Andersen und Stefan Müller, *Changes in Social Regulation: State, Economy, and Social Protagonists since the 1970s*, Oxford: Berghahn Books 2017, S. 23-40.
102 George J. Stigler, »Why have the socialists been winning?«, in: *Ordo* 30 (1979), S. 61-68, S. 63; vgl. James M. Buchanan und Gordon Tullock, *The Calculus of Consent*, Ann Arbor: University of Michigan Press 1962.
103 Stigler, »Why have the socialists been winning?«, a.a.O.
104 Wendy Brown, »Neoliberalized knowledge«, in: *History of the Present* 1/1 (Sommer 2011), S. 113-129, S. 119.
105 James M. Buchanan, »Constitutional constraints on governmental taxing power«, in: *Ordo* 30 (1979), S. 349-359, S. 358.
106 Ebd.
107 Hutt an Owen Horwood, Finanzminister von Südafrika (20. September 1978), Hutt Papers, Schachtel 14.
108 Ernest van den Haag, »Mont Pelerin strikes again«, in: *National Review* (16. Februar 1979).
109 Hayek, *Recht, Gesetzgebung und Freiheit*, Bd. 3, a.a.O., S. 211.
110 Vgl. z.B. Gerald F. Gaus, »Hayek on the evolution of society and mind«,

in: Edward Feser (Hg.), *The Cambridge Companion to Hayek*, Cambridge: Cambridge University Press 2007, S. 232-258; Mirowski, »On the origins (at Chicago) of some species of neoliberal evolutionary economics«, a.a.O., S. 258-265.

111 Hayek, *Recht, Gesetzgebung und Freiheit*, Bd. 3, a.a.O., S. 217.

112 Hayek, *Recht, Gesetzgebung und Freiheit*, Bd. 1, a.a.O., S. 69.

113 F.A. Hayek, *Die Verfassung der Freiheit*, Tübingen: Mohr-Siebeck 1960, S. 228.

114 Manfred E. Streit, »Economic order, private law and public policy: The Freiburg school of law and economics in perspective«, in: *Journal of Institutional and Theoretical Economics (JITE)/Zeitschrift für die gesamte Staatswissenschaft* 148/4 (1992), S. 675-704, S. 680.

115 Hayek, *Recht, Gesetzgebung und Freiheit*, Bd. 1, a.a.O., S. 16.

116 Ebd., S. 68.

117 Garrett Hardin, »The cybernetics of competition: A biologist's view of society«, in: Paul Shepard und Daniel McKinley (Hg.), *The Subversive Science: Essays toward an Ecology of Man*, Boston: Houghton Mifflin 1969, S. 275-296, S. 295.

118 Hayek, *Recht, Gesetzgebung und Freiheit*, Bd. 1, a.a.O., S. 35, S. 69.

119 Hayek, *Recht, Gesetzgebung und Freiheit*, Bd. 3, a.a.O., S. 202 (Hervorhebung im Original).

120 World Trade Organization, *The WTO Building: Art and Architecture at the Centre William Rappard*, Genf: World Trade Organization 2015, S. 34.

121 Ebd., S. 32.

122 N.N., »Socialist realism comes to light at WTO after 30 year cover-up«, in: *Economic Times* (28. März 2008).

123 Craig van Grasstek, *The History and Future of the World Trade Organization*, Genf: World Trade Organization 2013, S. 539.

124 Olivier Long, »International trade under threat: A constructive response«, in: *The World Economy* 1/3 (1978), S. 251-262, S. 257.

125 Zu den Kampagnen Haberlers, Fritz Machlups, Milton Friedmans und anderer Ökonomen für frei fluktuierende Wechselkurse vgl. Carol Connell, *Reforming the World Monetary System: Fritz Machlup and the Bellagio Group*, London: Pickering and Chatto 2013; Robert Leeson, *The Eclipse of Keynesianism: The Political Economy of the Chicago Counter-Revolution*, New York: Palgrave 2000; Matthias Schmelzer, *Freiheit für Wechselkurse und Kapital: Die Ursprünge neoliberaler Währungspolitik und die Mont Pèlerin Society*, Marburg: Metropolis 2010.

126 Eric Helleiner, *States and the Reemergence of Global Finance: From Bretton Woods to the 1990s*, Ithaca: Cornell University Press 1994, S. 103.

127 Barry Eichengreen, *Globalizing Capital: A History of the International Monetary System*, Princeton: Princeton University Press 2008, S. 178 f.

128 Zitiert in: Jeffrey M. Chwieroth, *Capital Ideas: The IMF and the Rise of Financial Liberalization*, Princeton: Princeton University Press 2010, S. 70. Haberler hatte dieses Argument bereits 1960 in einer Streitschrift vorgebracht, die er im Auftrag des American Enterprise Institute verfasste und später unter dem Titel »Inflation« erneut veröffentlichte in: Melvin R. Laird (Hg.), *The Conservative Papers*, Chicago: Quadrangle Books 1964, S. 175-199.

129 Ernst-Ulrich Petersmann, »The establishment of a GATT office of legal affairs and the limits of ›public reason‹ in the GATT/WTO dispute settlement system«, in: Gabrielle Marceau (Hg.), *A History of Law and Lawyers in the GATT/WTO: The Development of the Rule of Law in the Multilateral Trading System*, New York: Cambridge University Press 2015.

130 Long, »International trade under threat«, a.a.O., S. 257.

131 Ebd., S. 256.

132 John H. Jackson, »Crumbling institutions of the liberal trade system«, in: *Journal of World Trade Law* 12/2 (1978), S. 93-106, S. 95; vgl. ders., *World Trade and the Law of GATT*, Indianapolis: Bobbs-Merrill 1969.

133 David Kennedy, »The international style in postwar law and policy: John Jackson and the field of international economic law«, in: *American University International Law Review* 10/2 (1995), S. 671-716, S. 672.

134 Jackson, »Crumbling institutions of the liberal trade system«, a.a.O., S. 102.

135 Vgl. z.B. W.M. Corden, *The NIEO Proposals: A Cool Look*, London: Trade Policy Research Centre 1979; Staffan Burenstam-Linder, »How to avoid a new international economic disorder«, in: *The World Economy* 3/3 (November 1980), S. 275-285.

136 »CBE for FT's economics commentator«, in: *Financial Times* (13. Dezember 2000).

137 Martin Wolf, »Two-edged sword: Demands of developing countries and the trading system«, in: Jagdish Bhagwati und John Gerard Ruggie (Hg.), *Power, Passions, and Purpose: Prospects for North-South Negotiation*, New York: Columbia University Press 1984, S. 201-229, S. 202.

138 Brian Scott, *Has the Cavalry Arrived? A Report on Trade Liberalisation and Economic Recovery*, London: Trade Policy Research Centre 1984, S. 78.

139 Stuart Harbinson, »Lessons from the launching of the Doha round negotiations«, Cordell Hull Institute Trade Policy Analyses 4/3 (April 2002), online verfügbar unter: {http://cordellhullinstitute.org/pubs/index.html}, S. 7. Vgl. auch die zu Ehren Tumlirs vom European Centre for International Political Economy in Brüssel veranstaltete Vortragsreihe.

140 N.N., »Jan Tumlir, GATT's chief economist, retires« (28. Februar 1985), GATT Digital Library, Stanford University, GATT/1370.

141 Peter Sutherland, »A future for the World Trade Organisation?«, Jan Tumlir Policy Essays 1/2010, S. 4.

142 Gabrielle Marceau, »From the GATT to the WTO: The expanding duties of the legal affairs division in non-panel matters«, in: dies. (Hg.), *A History of Law and Lawyers in the GATT/WTO*, a.a.O., S. 244-263, S. 252.

143 Ernst-Ulrich Petersmann, *Constitutional Functions and Constitutional Problems of International Economic Law*, Freiburg: University Press Fribourg 1991, S. xxxi.

144 Marceau, »From the GATT to the WTO«, a.a.O., S. 252.

145 Dongsheng Zang, »Divided by common language: ›Capture‹ theories in GATT/WTO and the communicative impasse«, in: *Hastings International and Comparative Law Review* 32/2 (2009), S. 426.

146 Jan Tumlir, »Can the international economic order be saved?«, in: *The World Economy* 1/1 (Oktober 1977), S. 3-20.

147 Tumlir an Hayek (17. September 1975), F.A. Hayek Papers, Economists' Papers Archive, Duke University Library (im Folgenden: Hayek Papers, Duke), Schachtel 53, Ordner 28.

148 Dieser Prozess ist in der vom TPRC in Auftrag gegebenen und ursprünglich von Martin Wolf konzipierten Studie im Detail beschrieben; vgl. Hudec, *Developing Countries in the GATT/WTO Legal System*, a.a.O.

149 Frieder Roessler, »The role of law in international trade relations and the establishment of the legal affairs division of the GATT«, in: Marceau (Hg.), *A History of Law and Lawyers in the GATT/WTO*, a.a.O., S. 161-174, S. 161 f.

150 Ders., »Law, de facto agreements and declarations of principle in international economic relations«, in: *German Yearbook of International Law* 21 (1978), S. 27-59, S. 38.

151 Ebd., S. 39.

152 Ebd., S. 40.

153 Ebd., S. 51.

154 Ebd., S. 59.

155 Ebd., S. 56.

156 Ernst-Ulrich Petersmann, »Die Dritte Welt und das Wirtschaftsvölkerrecht«, in: *Zeitschrift für ausländisches öffentliches Recht und Völkerrecht* 36/16 (1976), S. 492-550, S. 494.

157 Ebd., S. 496.

158 Ernst-Ulrich Petersmann, »The new international economic order: Principles of politics and international law«, in: Ronald St. John Macdonald und Douglas M. Johnston (Hg.), *The International Law and Policy of Human Welfare*, Alphen am Rhein: Sijthoff & Noordhoff 1978, S. 449-469, S. 466.

159 Ernst-Ulrich Petersmann, »Das neue Recht des Nord-Süd-Handels«, in: *Zeitschrift für ausländisches öffentliches Recht und Völkerrecht* 32 (1972), S. 339-391, S. 345.
160 Petersmann, »The new international economic order«, a.a.O., S. 449.
161 Ernst-Ulrich Petersmann, »Internationales Recht und Neue Internationale Wirtschaftsordnung«, in: *Archiv des Völkerrechts* 18/1 (1978), S. 17-44, S. 32.
162 Petersmann., »Die Dritte Welt und das Wirtschaftsvölkerrecht«, a.a.O., S. 498.
163 Ernst-Ulrich Petersmann, »Völkerrecht und Entwicklung«, in: *Verfassung und Recht in Übersee* 5/2 (1972): S. 161-173, S. 167.
164 Petersmann, »The new international economic order«, a.a.O., S. 450.
165 Petersmann, »Völkerrecht und Entwicklung«, a.a.O., S. 169.
166 Petersmann, »Internationales Recht und Neue Internationale Wirtschaftsordnung«, a.a.O., S. 376.
167 Ebd., S. 36.
168 Petersmann, »Die Nationalisierung der chilenischen Kupferindustrie«, a.a.O., S. 278.
169 Petersmann, »Internationales Recht und Neue Internationale Wirtschaftsordnung«, a.a.O., S. 37.
170 Ebd.
171 Ernst-Ulrich Petersmann, »The changing structure of international economic law: On a recent book by P. VerLoren van Themaat«, in: *Verfassung und Recht in Übersee* 17/4 (1984), S. 503-522, S. 503. Das Zitat stammt aus: Hayek, *Recht, Gesetzgebung und Freiheit*, Bd. 1, a.a.O., S. 95.
172 Petersmann, »Internationales Recht und Neue Internationale Wirtschaftsordnung«, a.a.O., S. 21.
173 Ebd., S. 20. Andernorts verwendete er ebenfalls Begriffe aus der Kybernetik, darunter »Rückkoppelungsschleifen in geschlossenen Regelkreisen«, »Kreislaufkausalität«, »Spill-over« und »Spill-back-Mechanismen«; vgl. Petersmann, »Die Dritte Welt und das Wirtschaftsvölkerrecht«, a.a.O., S. 513.
174 Petersmann, »Völkerrecht und Entwicklung«, a.a.O., S. 161.
175 Richard Blackhurst, Nicolas Marian und Jan Tumlir, *Trade Liberalization, Protectionism, and Interdependence*, Genf: GATT 1977, S. 5.
176 Tumlir, »National sovereignty, power and interest«, a.a.O., S. 21.
177 Jan Tumlir, »How the West can pay the new Arab oil bill«, in: *Sunday Times* (3. Februar 1974).
178 Tumlir, »National sovereignty, power and interest«, a.a.O., S. 2.
179 Ebd.
180 Jan Tumlir, »International economic order and democratic constitutionalism«, in: *Ordo* 34 (1983), S. 71-83, S. 72.

181 Jan Tumlir, »Notes on the theory and present state of international economic order«, Diskussionspapier, vorgelegt bei der Internationalen Konferenz über die Freihandelsbewegung in Lateinamerika (21.-24. Juni [1981]), Haus Rissen, Hamburg, Hayek Papers, Duke, Schachtel 53, Ordner 28.

182 Ebd.

183 Tumlir, »National sovereignty, power and interest«, a.a.O., S. 24.

184 Richard Blackhurst, Nicolas Marian und Jan Tumlir, *Adjustment, Trade and Growth in Developed and Developing Countries*, Genf: GATT 1978, S. 1.

185 Blackhurst, Marian und Tumlir, *Trade Liberalization, Protectionism, and Interdependence*, a.a.O., S. 49.

186 Tumlir, »International economic order and democratic constitutionalism«, a.a.O., S. 72.

187 Ebd., S. 80.

188 Tumlir, »Need for an open multilateral trading system«, a.a.O., S. 403.

189 Ebd. (Hervorhebung im Original). In den Debatten, die in diesem Kapitel rekapituliert werden, war das Feld der Neuen Politischen Ökonomie und der sogenannten konstitutionellen Ökonomik (den Begriff prägte Richard B. McKenzie im Jahr 1982) ein wichtiger Bezugspunkt; diese Theorie wird hier jedoch nicht ausdrücklich behandelt, weil das den Rahmen der Untersuchung sprengen würde. Eine Auseinandersetzung mit der vom früheren MPS-Präsidenten James M. Buchanan entwickelten Auffassung von Steuerverfassung und Föderalismus wäre eine wichtige Ergänzung des hier vorgelegten Arguments; für einen Überblick vgl. James M. Buchanan, »The domain of constitutional economics«, in: *Constitutional Political Economy* 1/1 (1990), S. 1-18; vgl. zum vertragstheoretischen Konstitutionalismus James M. Buchanan, *The Limits of Liberty: Between Anarchy and Leviathan*, Indianapolis: Liberty Fund 2000 [1975], S. 23/24; Geoffrey Brennan und James M. Buchanan, *The Power to Tax: Analytical Foundations of a Fiscal Constitution*, Indianapolis: Liberty Fund 2000 [1980]; vgl. zu Buchanans Föderalismustheorie James M. Buchanan, »Federalism as an ideal political order and an objective for constitutional reform«, in: *Publius* 25/2 (1995), S. 19-27; Lars P. Feld, »James Buchanan's theory of federalism: From fiscal equity to the ideal political order«, in: *Constitutional Political Economy* 25 (2014), S. 231-252; Adam Harmes, »The political economy of open federalism«, in: *Canadian Journal of Political Science* 40/2 (2007), S. 418-428; Richard E. Wagner, *James M. Buchanan and Liberal Political Economy: A Rational Reconstruction*, Lanham: Lexington 2017, S. 85-108; vgl. zur institutionellen Geschichte der Neuen Politischen Ökonomie und von Recht und Ökonomie Steven M. Teles, *The*

Rise of the Conservative Legal Movement: The Battle for Control of the Law, Princeton: Princeton University Press 2008.

190 Jan Tumlir, »Strong and weak elements in the concept of European integration«, in: Fritz Machlup, Gerhard Fels, and Hubertus Müller-Groeling (Hg.), *Reflections on a Troubled World Economy: Essays in Honour of Herbert Giersch*, London: Trade Policy Research Centre 1983, S. 29-56, S. 31.

191 Tumlir, »International economic order and democratic constitutionalism«, a.a.O., S. 73.

192 Jan Tumlir, »International economic order – Can the trend be reversed?«, in: *The World Economy* 5/1 (März 1982), S. 29-42, S. 34.

193 Tumlir, »International economic order and democratic constitutionalism«, a.a.O., S. 75.

194 Ebd.

195 Jan Tumlir, »The new protectionism, cartels, and the international order«, in: Amacher, Haberler und Willett (Hg.), *Challenges to a Liberal International Economic Order*, a.a.O., S. 246.

196 Ebd., S. 256.

197 Ebd., S. 257.

198 Jan Tumlir, »The contribution of economics to international disorder«, in: *The World Economy* 3/4 (Januar 1981), S. 387-401, S. 399.

199 Tumlir, »International economic order and democratic constitutionalism«, a.a.O., S. 74.

200 Tumlir bezieht sich bei der Auseinandersetzung mit Böhms diesbezüglichen Vorstellungen auf die Zeit nach 1945, was irreführend ist, denn eigentlich sollte das Augenmerk auf den dreißiger Jahren liegen.

201 Jan Tumlir, »Franz Böhm and the development of economic-constitutional analysis«, in: Alan T. Peacock, Hans Willgerodt und Daniel Johnson (Hg.), *German Neo-Liberals and the Social Market Economy*, New York: St. Martin's Press 1989, S. 125-141, S. 140.

202 Ebd.

203 Heinz Hauser et al., »Der Beitrag von Jan Tumlir zur Entwicklung einer ökonomischen Verfassungstheorie internationaler Handelsregeln«, in: *Ordo* 39 (1988), S. 219-237, S. 219.

204 Tumlir, »Need for an open multilateral trading system«, a.a.O., S. 396.

205 Ebd.

206 Ebd., S. 407.

207 Jan Tumlir, »Clash of security and progress: The constitutional resolution«, in: *Ordo* 36 (1985), S. 3-10, S. 10.

208 Tumlir, »International economic order and democratic constitutionalism«, a.a.O., S. 80.

209 Hayek, »Notes on the evolution of systems«, a.a.O., S. 66.

210 Tumlir an Hayek (6. Juni 1979), Hayek Papers, Duke, Schachtel 53, Ordner 28.

211 Tumlir, »Need for an open multilateral trading system«, a. a. O., S. 407. Er griff auch auf Hayeks Konzept des »selbststeuernden Systems« aus dem Buch *The Sensory Order* zurück (1952, deutsch als *Die sensorische Ordnung*, a. a. O.); vgl. Tumlir, »National sovereignty, power and interest«, a. a. O., S. 4.

212 Tumlir, »Strong and weak elements in the concept of European integration«, a. a. O., S. 55.

213 Petersmann, *Constitutional Functions and Constitutional Problems of International Economic Law*, a. a. O., S. 16.

214 Ebd., S. 19.

215 Ebd., S. 403.

216 Tumlir verlieh seiner Hoffnung Ausdruck, dass Mestmäcker das Konzept der Wirtschaftsverfassung bei einer von Hernando de Soto organisierten Konferenz in Peru vorstellen würde. Es gelang Tumlir, Hayek als Redner für diese Konferenz zu gewinnen (Tumlir an Hayek [10. April 1979], Hayek Papers, Duke, Schachtel 53, Ordner 28). De Soto hatte 1967 ein Studium des Völkerrechts und der Ökonomie am Genfer Hochschulinstitut abgeschlossen und arbeitete anschließend beim GATT. Bei der Konferenz im November 1979 wurde sein Institute for Liberty and Democracy ins Leben gerufen, das Anfang des 21. Jahrhunderts ein mit mehreren Millionen Dollar dotiertes Programm der Weltbank zur Formalisierung von Eigentumsrechten in Peru durchführte; vgl. Mario Vargas Losar, »In defense of the black market«, in: *The New York Times* (22. Februar 1987); Peter H. Schuck und Robert E. Litan, »Regulatory reform in the Third World: The case of Peru«, in: *Yale Journal on Regulation* 4/1 (1986), S. 51-78, S. 58; Timothy Mitchell, »How neoliberalism makes its world: The urban property rights project in Peru«, in: Mirowski und Plehwe (Hg.), *The Road from Mont Pèlerin*, a. a. O., S. 389 f.; zu de Sotos einflussreichsten Arbeiten zählen *The Other Path: The Invisible Revolution in the Third World*, New York: Harper and Row 1990; ders., *Freiheit für das Kapital! Warum der Kapitalismus nicht weltweit funktioniert*, Berlin: Rowohlt 2002.

217 Tumlir, »International economic order and democratic constitutionalism«, a. a. O., S. 81.

218 Ebd.

219 Ebd.

220 Tumlir, »Strong and weak elements in the concept of European integration«, a. a. O., S. 33.

221 Vgl. unter zahlreichen Artikeln zu diesem Thema insbesondere Ernst-Ulrich Petersmann, »How to promote the international rule of law? Con-

tributions by the World Trade Organization appellate review system«, in: *Journal of International Economic Law* 1/1 (1998), S. 25-48.

222 Tumlir, »Strong and weak elements in the concept of European integration«, a.a.O., S. 31.

223 Joel P. Trachtman, »The international economic law revolution«, in: *University of Pennsylvania Journal of International Economic Law* 17/1 (1996), S. 33-61, S. 48f.

224 Kristen Hopewell, *Breaking the WTO: How Emerging Powers Disrupted the Neoliberal Project*, Stanford: Stanford University Press 2016, S. 55.

225 Vgl. z.B. Nitsan Chorev, *Remaking U.S. Trade Policy: From Protectionism to Globalization*, Ithaca: Cornell University Press 2007; Bernard M. Hoekman und M.M. Kostecki, *The Political Economy of the World Trading System: The WTO and Beyond*, 3. Auflage, New York: Oxford University Press 2009; van Grasstek, *The History and Future of the World Trade Organization*, a.a.O.

226 Benjamin Lazier, »Earthrise or the globalization of the world picture«, in: *American Historical Review* 116/3 (2011), S. 602-630, S. 606.

227 Adlai Stevenson, »Strengthening the international development institutions«, Rede vor dem Wirtschafts- und Sozialrat der Vereinten Nationen, Genf (9. Juli 1965), online verfügbar unter: {http://www.adlaitoday.org/article.php?id=6}.

228 Vgl. Jo-Anne Pemberton, *Global Metaphors: Modernity and the Quest for One World*, London: Pluto Press 2001, S. 147f.

229 Seynes, »Preface«, a.a.O., o.S.

230 Willy Brandt (Hg.), *Das Überleben sichern: Bericht der Nord-Süd-Kommission*, Köln: Kiepenheuer und Witsch 1982.

231 Ernst-Ulrich Petersmann, *Wirtschaftsintegrationsrecht und Investitionsgesetzgebung der Entwicklungsländer*, Baden-Baden: Nomos 1974, S. 141.

232 Zitiert in: Antony Anghie, »Legal aspects of the new international economic order«, in: *Humanity: An International Journal of Human Rights, Humanitarianism, and Development* 6/1 (Frühjahr 2015), S. 145-158, S. 145.

233 Sylvia Ostry, »The Uruguay round North-South grand bargain: Implications for future negotiations«, in: Daniel M. Kennedy und James D. Southwick (Hg.), *The Political Economy of International Trade Law*, New York: Cambridge University Press 2002, S. 285-300, S. 285.

234 Tuerck, »Economics as mechanism«, a.a.O., S. 281.

235 Mirowski, *Machine Dreams*, a.a.O., S. 240.

236 Blackhurst, Marian und Tumlir, *Adjustment, Trade and Growth in Developed and Developing Countries*, a.a.O., S. 74.

237 Tumlir, »National sovereignty, power and interest«, a.a.O., S. 7.

238 Ebd., S. 8.

239 Vgl. z.B. Philip G. Cerny, »Paradoxes of the competition state: The dynamics of political globalization«, in: *Government and Opposition* 32/2 (1997), S. 251-274.

Schluss: Eine Welt der Völker ohne Volk

1 George H.W. Bush, »Remarks on presenting the Presidential Medal of Freedom awards«, 18. November 1991, online verfügbar unter: {https://bush41library.tamu.edu/archives/public-papers/3642}.

2 F.A. Hayek, *Recht, Gesetzgebung und Freiheit. Eine neue Darstellung der liberalen Prinzipien der Gerechtigkeit und der politischen Ökonomie*, Bd. 3: *Die Verfassung einer Gesellschaft freier Menschen*, Landsberg: Verlag Moderne Industrie 1981, S. 183.

3 F.A. Hayek, *Die Verfassung der Freiheit*, Tübingen: Mohr-Siebeck 1960, S. S. 63.

4 Ebd.

5 Hans Willgerodt, »Staatliche Souveränität und die Ordnung der Weltwirtschaft«, in: *Ordo* 40 (1989), S. 401-427, S. 404, S. 407.

6 Ebd., S. 421.

7 Ebd., S. 413.

8 Ebd., S. 423.

9 Ebd.

10 »Weit davon entfernt, verwerflich zu sein, ist der Imperialismus genau das, was wir brauchen, um die Ordnung im Nahen Osten wiederherzustellen.« (Deepak Lal, *In Praise of Empires: Globalization and Order*, New York: Palgrave Macmillan 2004, S. 2-18, S. 10)

11 Ebd., S. 3.

12 Für eine Diskussion der »Synthese von distributiver und kommutativer Gerechtigkeit« im Ordoliberalismus vgl. Manuel Wörsdörfer, »Von Hayek and ordoliberalism on justice«, in: *Journal of the History of Economic Thought* 35/3 (2013), S. 301-308.

13 Vgl. z.B. Wilhelm Röpke, *Die Gesellschaftskrisis der Gegenwart*, Zürich: Eugen Rentsch 1942, S. 360.

14 Ebd.; vgl. Wilhelm Röpke, *International Economic Disintegration*, London: William Hodge 1942.

15 Vgl. Ralf Ptak, *Vom Ordoliberalismus zur sozialen Marktwirtschaft. Stationen des Neoliberalismus in Deutschland*, Opladen: Leske und Budrich 2004, S. 214. Hayek lehnte den von Müller-Armack geprägten Begriff ab und erklärte zur »sozialen Marktwirtschaft«, das Wort »sozial« sei »zu einem der verwirrendsten und schädlichsten Worte unserer Zeit ausgeartet« (F.A. Hayek, »Arten des Rationalismus«, in: *Freiburger Studien*, Tübingen: Mohr 1969, S. 75-89, S. 76).

16 Danny Nicol, *The Constitutional Protection of Capitalism*, London: Bloomsbury 2010.

17 Wolfgang Streeck, »Small-state nostalgia? The currency union, Germany, and Europe: A reply to Jürgen Habermas«, in: *Constellations* 21/2 (2014), S. 213-221, S. 216.

18 Stephen Gill, »New constitutionalism, democratisation and global political economy«, in: *Pacifica Review: Peace, Security and Global Change* 10/1 (1998), S. 23-28, S. 23.

19 Neil Brenner, Jamie Peck und Nik Theodore, »New constitutionalism and variegated neo-liberalization«, in: Stephen Gill und A. Claire Cutler (Hg.), *New Constitutionalism and World Order*, New York: Cambridge University Press 2014, S. 126-142, S. 129.

20 Alasdair Roberts, *The Logic of Discipline: Global Capitalism and the Architecture of Government*, New York: Oxford University Press 2011.

21 Fritz W. Scharpf, »The asymmetry of European integration, or Why the EU cannot be a ›social market economy‹«, in: *Socio-Economic Review* 8 (2010), S. 211-250.

22 Ronen Palan, *The Offshore World: Sovereign Markets, Virtual Places, and Nomad Millionaires*, Ithaca: Cornell University Press 2003.

23 Herbert Giersch, »The age of Schumpeter«, in: *American Economic Review* 74/2 (1984), S. 103-109, S. 106; vgl. Philip G. Cerny, »Paradoxes of the competition state«, a.a.O.; Dieter Plehwe und Quinn Slobodian, »Landscapes of unrest: Herbert Giersch and the origins of neoliberal economic geography«, in: *Modern Intellectual History* 16/1 (2017), S. 185-215.

24 Adam Harmes, »New constitutionalism and multilevel governance«, in: Gill und Cutler, *New Constitutionalism and World Order*, S. 143-158, S. 150f.

25 Michael S. Greve, »The AEI federalism project«, AEI Federalist Outlook 1 (Juli/August 2000), online verfügbar unter: {http://www.aei.org/publication/the-aei-federalism-project}, S. 2.

26 Zur »Gesellschaft ohne Staat« vgl. Jamie Peck, »Explaining (with) neoliberalism«, in: *Territory, Politics, Governance* 1/2 (2013), S. 132-157, S. 147.

27 F.A. Hayek, *Die verhängnisvolle Anmaßung. Die Irrtümer des Sozialismus*, Tübingen: Mohr-Siebeck 1988, S. 76.

28 Vgl. Mitchell Dean, *The Signature of Power: Sovereignty, Governmentality and Biopolitics*, Los Angeles: Sage 2013, S. 179-183.

29 F.A. Hayek, *Recht, Gesetzgebung und Freiheit. Eine neue Darstellung der liberalen Prinzipien der Gerechtigkeit und der politischen Ökonomie*, Bd. 1: *Regeln und Ordnung*, Landsberg: Verlag Moderne Industrie 1980, S. 203.

30 Augustinus, *Die Ordnung (De Ordine)*, Paderborn: F. Schöningh 1966, S. 4f.

31 Franz Böhm, »Die Idee des Ordos im Denken Walter Euckens: Dem Freunde und Mitherausgeber zum Gedächtnis«, in: *Ordo* 3 (1950), S. xv-lxiv, S. xvii.

32 Hayek, *Die verhängnisvolle Anmaßung*, a.a.O., S. 107.

33 Stephen Kresge und Leif Wenar (Hg.), *Hayek on Hayek: An Autobiographical Dialogue*, London: Routledge 1994, S. 128.

34 Ernst-Ulrich Petersmann, *International Economic Law in the 21st Century: Constitutional Pluralism and Multilevel Governance of Interdependent Public Goods*, Portland: Hart 2012, S. 174.

35 Petersmann, »Theories of justice, human rights, and the constitution of international markets«, in: *Loyola of Los Angeles Law Review* 37/2 (2003), S. 407-459, online verfügbar unter: {https://digitalcommons.lmu.edu/llr/vol37/iss2/6}, S. 425.

36 Wolfgang Schäuble, »Germany and the global financial crisis: Lessons we need to learn«, Rede an der London School of Economics, 18. Februar 2009, online verfügbar unter: {https://www.wolfgang-schaeuble.de/rede-von-bundesminister-dr-wolfgang-schaeuble-an-der-london-school-of-economics-am-18-februar-2009-in-london}.

37 William Davies und Linsey McGoey, »Rationalities of ignorance: On financial crisis and the ambivalence of neo-liberal epistemology«, in: *Economy and Society* 41/1 (2012), S. 64-83, S. 65. Martijn Konings schreibt, »dass der Neoliberalismus die Ungewissheit produktiv macht« (Konings, »Governing the system«, a.a.O., S. 282).

38 Kristin Ross, *Fast Cars, Clean Bodies: Decolonization and the Reordering of French Culture*, Cambridge, MA: MIT Press 1995, S. 160.

39 Ernst-Ulrich Petersmann, *The GATT/WTO Dispute Settlement System*, London: Kluwer Law 1997, S. xiii.

40 Röpke, *Die Gesellschaftskrisis der Gegenwart*, a.a.O., S. 365.

41 F.A. Hayek, »Reflections on constitutional economics«, in: Richard B. McKenzie (Hg.), *Constitutional Economics: Containing the Economic Powers of Government*, Lexington: Lexington Books 1984, S. 235-237, S. 237.

42 Vgl. die Darstellung in: Nitsan Chorev, *Remaking U.S. Trade Policy: From Protectionism to Globalization*, Ithaca: Cornell University Press 2007.

43 Peter Sutherland, »A new framework for international economic relations«, 3. jährliche Hayek Memorial Lecture, Institute of Economic Affairs, London (16. Juni 1994), GATT Digital Library, Stanford University, GATT/1640.

44 John Gillingham, *European Integration, 1950-2003: Superstate or New Marketing Economy?*, New York: Cambridge University Press 2003, S. 251.

45 Angela Wigger, *Competition for Competitiveness: The Politics of the Transformation of the EU Competition Regime*, Dissertationsschrift, Universität Amsterdam 2008, S. 200.

46 Hayek, *Recht, Gesetzgebung und Freiheit*, Bd. 3, a.a.O., S. 232.

47 Vgl. Markus Krajewski, »Democratic legitimacy and constitutional perspectives of WTO law«, in: *Journal of World Trade Law* 35/1 (2001), S. 167-186, S. 167.

48 Peter Sutherland, »A future for the World Trade Organisation?«, Jan Tumlir Policy Essays 1/2010, S. 6.

49 Martin Wolf, »Does the trading system have a future?«, Jan Tumlir Policy Essays 1/2009, S. 7.

50 Joost Pauwelyn, »The transformation of world trade«, in: *Michigan Law Review* 104/1 (Oktober 2005), S. 1-65, S. 17.

51 Ebd., S. 59.

52 Ebd., S. 42.

53 Wendy Brown, *Die schleichende Revolution. Wie der Neoliberalismus die Demokratie zerstört*, Berlin: Suhrkamp 2015.

54 Zitiert in: Hopewell, *Breaking the WTO*, a.a.O., S. 74.

55 Pascal Lamy, *The Geneva Consensus: Making Trade Work for All*, Cambridge: Cambridge University Press 2013, S. vii.

56 Ebd., S. 9; Pascal Lamy, »Towards global governance«, Antrittsrede am Institut d'Études Politiques, Paris, 21. Oktober 2005, online verfügbar unter: {https://www.wto.org/english/news_e/sppl_e/sppl12_e.htm}.

57 Erklärung von Pascal Lamy, 26. Januar 2005, WTO-Generalrat, online verfügbar unter: {https://www.wto.org/english/thewto_e/dg_e/stat_lamy_e.htm}.

58 Zum IWF vgl. Alexander E. Kentikelenis, Thomas H. Stubbs und Lawrence P. King, »IMF conditionality and development policy space, 1985-2014«, in: *Review of International Political Economy* 23/4 (2016), S. 543-582.

59 Zitiert in: Bruce Caldwell und Leonidas Montes, »Friedrich Hayek and his visits to Chile«, in: *Review of Austrian Economics* 28/3 (2015), S. 261-309, S. 298. Es sollte darauf hingewiesen werden, dass der Autor insgesamt der Meinung ist, dass Hayeks Naheverhältnis zu Pinochet von seinen Kritikern übertrieben worden ist; für weitere Hinweise zur Beziehung der Neoliberalen zu Chile vgl. Kap. 5 oben.

60 Röpke an Marcel van Zeeland (20. Oktober 1940), RA, Ordner 7, S. 729; Ludwig von Mises, *Liberalismus*, Jena: Gustav Fischer 1927.

61 Ludwig von Mises, *Die Gemeinwirtschaft: Untersuchungen über den Sozialismus*, Jena: Gustav Fischer 1922, S. 29.

62 Ernst-Ulrich Petersmann, »Legal, economic and political objectives of national and international competition policies: Constitutional functions of WTO ›linking principle‹ for trade and competition«, in:

New England Law Review 34/1 (Herbst 1999), S. 145-162, S. 153, S. 162.

63 Ernst-Ulrich Petersmann, »From negative to positive integration in the WTO: Time for mainstreaming human rights into WTO law«, in: *Common Market Law Review* 37 (2000): S. 1363-1382.

64 Ernst-Ulrich Petersmann, »The WTO constitution and human rights«, in: *Journal of International Economic Law* 3/1 (2000), S. 24.

65 Ernst-Ulrich Petersmann, »How to promote the international rule of law? Contributions by the World Trade Organization appellate review system«, in: *Journal of International Economic Law* 1/1 (1998), S. 31f.

66 Ernst-Ulrich Petersmann, »Human rights and international economic law in the 21st century: The need to clarify their interrelationships«, in: *Journal of International Economic Law* 4/1 (2001), S. 3-39, S. 5.

67 Ebd.

68 Petersmann, »From negative to positive integration in the WTO«, a.a.O., S. 1377.

69 Petersmann, »Human rights and international economic law in the 21st century«, a.a.O., S. 27.

70 Ebd., S. 24.

71 Andrew Lang, *World Trade Law after Neoliberalism. Reimagining the Global Economic Order*, Oxford: Oxford University Press 2011, S. 347.

72 Petersmann, »Human rights and international economic law in the 21st century«, a.a.O., S. 30.

73 Petersmann, *International Economic Law in the 21st Century*, a.a.O., S. 2f.

74 Petersmann, »The WTO constitution and human rights«, a.a.O., S. 25.

75 Streeck, »Small-state nostalgia?«, a.a.O., S. 216.

76 Tore Fougner, »The state, international competitiveness and neoliberal globalisation: Is there a future beyond ›the competition state‹?«, in: *Review of International Studies* 32/1 (2006), S. 165-185, S. 178.

77 Philip Alston, »Resisting the Merger and Acquisition of Human Rights by Trade Law: A Reply to Petersmann«, in: *European Journal of International Law* 13/4 (2002), S. 815-844, S. 816.

78 J. Michael Finger und Julio J. Nogués, »The unbalanced Uruguay round outcome: The new areas in future WTO negotiations«, in: *World Economy* 25/3 (März 2002), S. 321-340, S. 335.

79 World Trade Organization, *The WTO Building: Art and Architecture at the Centre William Rappard*, Genf: World Trade Organization 2015, S. 9.

80 Petersmann, *International Economic Law in the 21st Century*, a.a.O., S. 9.

81 F.A. Hayek, »Die Botschaft des Nationalökonomen Adam Smith«, in: *Frankfurter Allgemeine Zeitung* (6. März 1976). Andere führende Or-

doliberale teilten Hayeks kategorisches Urteil nicht; vgl. zu den verschiedenen Definitionen der Gerechtigkeit Wörsdörfer, »Von Hayek and ordoliberalism on justice«, a. a. O.

82 Petersmann, *International Economic Law in the 21st Century*, a. a. O., S. 2.

83 Für eine frühe Auseinandersetzung mit dem Einsatz der Multi-Level-Governance zur Sicherung von »Eigentumsrechten« und »privaten Rechten auf nichtdiskrimierenden, unverfälschten Wettbewerb im Außenhandel« vgl. Ernst-Ulrich Petersmann, »Trade policy as a constitutional problem: On the ›domestic policy functions‹ of international trade rules«, in: *Außenwirtschaft* 41/2-3 (1986), S. 405-439, S. 431; für einen kritischen Kommentar vgl. Robert Howse, »Human rights in the WTO: Whose rights, what humanity? Comment on Petersmann«, in: *European Journal of International Law* 13/3 (2002), S. 651-659, S. 654.

84 Siv O'Neall, »Stop WTO international demonstration in Geneva on 15 October, 2005«, auf: axisoflogic.com (17. Oktober 2005), online verfügbar unter: {http://www.axisoflogic.com/artman/publish/Article_20145.shtml}.

85 Hopewell, *Breaking the WTO*, a. a. O.

86 M. Sornarajah, *Resistance and Change in the International Law on Foreign Investment*, New York: Cambridge University Press 2015.

87 Lang, *World Trade Law after Neoliberalism*, a. a. O.

88 Brown, *Die schleichende Revolution*, a. a. O.

Bildnachweise

Abb. 1: Das Foto ist abgedruckt in: Clive Morrison-Bell, *Tariff Walls: A European Crusade*, London: John Murray Press 1930, S. 43.
Abb. 2: Monatsbericht des Österreichischen Konjunkturforschungsinstituts, November 1933, S. 183.
Abb. 3: Roger W. Babson, *Business Barometers Used in the Accumulation of Money: A Text Book on Applied Economics for Merchants, Bankers and Investors*, 4. Auflage, Wellesley Hills: Babson's Compiling Offices 1911, S. 94.
Abb. 4: Warren M. Persons, *Interpretation of the Index of General Business Conditions*, Cambridge: Harvard Economic Service 1922, S. 9.
Abb. 5: Pascal Lamy, *The Geneva Consensus: Making Trade Work for All*, Cambridge: Cambridge University Press 2013; Umschlag. Das abgebildete Gemälde stammt aus der Serie *Danaé World Suite*, 2001 von Jean-Claude Prêtre.
Abb. 6: Foto: Quinn Slobodian

Danksagung

Dieses Buch hat eine lange Entstehungsgeschichte, die bis zu den Protesten gegen die Ministerkonferenz der Welthandelsorganisation in Seattle im Jahr 1999 zurückreicht. Ich gehöre einer Generation an, die nach dem Ende des Kalten Kriegs volljährig wurde. Wir wuchsen in einer Zeit auf, in der viel von der Globalisierung und vom »Ende der Geschichte« die Rede war. In den hyperaktiven Varianten dieses Diskurses machte man uns glauben, die Zeit der Nationalstaaten sei vorüber und es gebe nur noch ein Band, das die Menschheit unbestreitbar zusammenhielt: die Weltwirtschaft. In Seattle begannen wir, uns kollektiv bewusst zu machen, was tatsächlich vorging, und die Geschichte wieder selbst in die Hand zu nehmen. Ich reiste damals nicht von Portland Richtung Norden, aber viele meiner Freunde und Bekannten fuhren nach Seattle. Sie befestigten große rot bemalte Fäuste aus Pappmaschee an ihren Rucksäcken und kehrten mit Berichten über Kabelbinder und Pfefferspray, Nächte im Gefängnis und Zusammenstöße mit der Polizei zurück – Geschichten, die sie zu Kriegsberichten und Doktorarbeiten verarbeiteten. Dieses Buch ist eine Entschuldigung für mein Fehlen und ein Versuch, das Konzept in Worte zu fassen, gegen das meine Freunde damals kämpften.

Ich schulde den zahlreichen Gesprächspartnern, Freunden und Kollegen Dank, die mich auf der Entdeckungsreise begleitet haben, deren Ergebnis in diesem Buch festgehalten ist. Mit der Bitte um Entschuldigung an jene, die ich vergessen habe, danke ich Hadji Bakara, Bruce Caldwell, Frederick Cooper, Andrew Daily, Rüdiger Graf, Eric Helleiner, Ryan Jeffery, David Kool, Leigh Claire La Berge, Boaz Levin, Molly Lynch, Owen Lyons, Ian Malcolm, James Mark, Jamie Martin, Malgorzata Mazurek, Philip Mirowski, Craig Murphy, Molly Nolan, Subodh Patil, Dieter Plehwe,

Ryan Quintana, Glenda Sluga und Heidi Tworek. Ich danke in Liebe meiner Familie, insbesondere meiner Großmutter Stella Deloris Edgar, die starb, während ich an diesem Buch arbeitete, und sich sicher gefreut hätte, ihren Namen darin zu finden. Mein letzter Dank geht an die wichtigsten Personen in meinem Leben, Michelle und Yann, der heute Morgen seine ersten Schritte getan hat. Möge er noch viele mehr tun.

Personenregister

Sachregister

50 Jahre suhrkamp taschenbuch wissenschaft
1973-2023
Das Jubiläumsprogramm

Aleida Assmann. Im Dickicht der Zeichen. stw 2429. 360 Seiten

Judith Butler. Die Macht der Geschlechternormen und die Grenzen des Menschlichen. Übersetzt von Karin Wördemann und Martin Stempfhuber. stw 2422. 414 Seiten

Esther Duflo. Kampf gegen die Armut. Übersetzt von Andrea Hemminger. stw 2428. 182 Seiten

Philippa Foot. Die Natur des Guten. Übersetzt von Michael Reuter. stw 2421. 162 Seiten

Eva Illouz. Gefühle in Zeiten des Kapitalismus. Übersetzt von Martin Hartmann. stw 2423. 170 Seiten

Rahel Jaeggi. Kritik von Lebensformen. stw 2424. 451 Seiten

Karin Knorr Cetina. Die Fabrikation von Erkenntnis. Zur Anthropologie der Wissenschaft. Mit einem Vorwort von Rom Harré. stw 2427. 372 Seiten

Martina Löw. Raumsoziologie. stw 2425. 320 Seiten

Beate Rössler. Autonomie. Ein Versuch über das gelungene Leben. stw 2426. 443 Seiten

Lucie Varga. Zeitenwende. Mentalitätshistorische Studien 1936-1939. Herausgegeben, übersetzt und eingeleitet von Peter Schöttler. stw 2430. 247 Seiten

NF 185/1/1.23